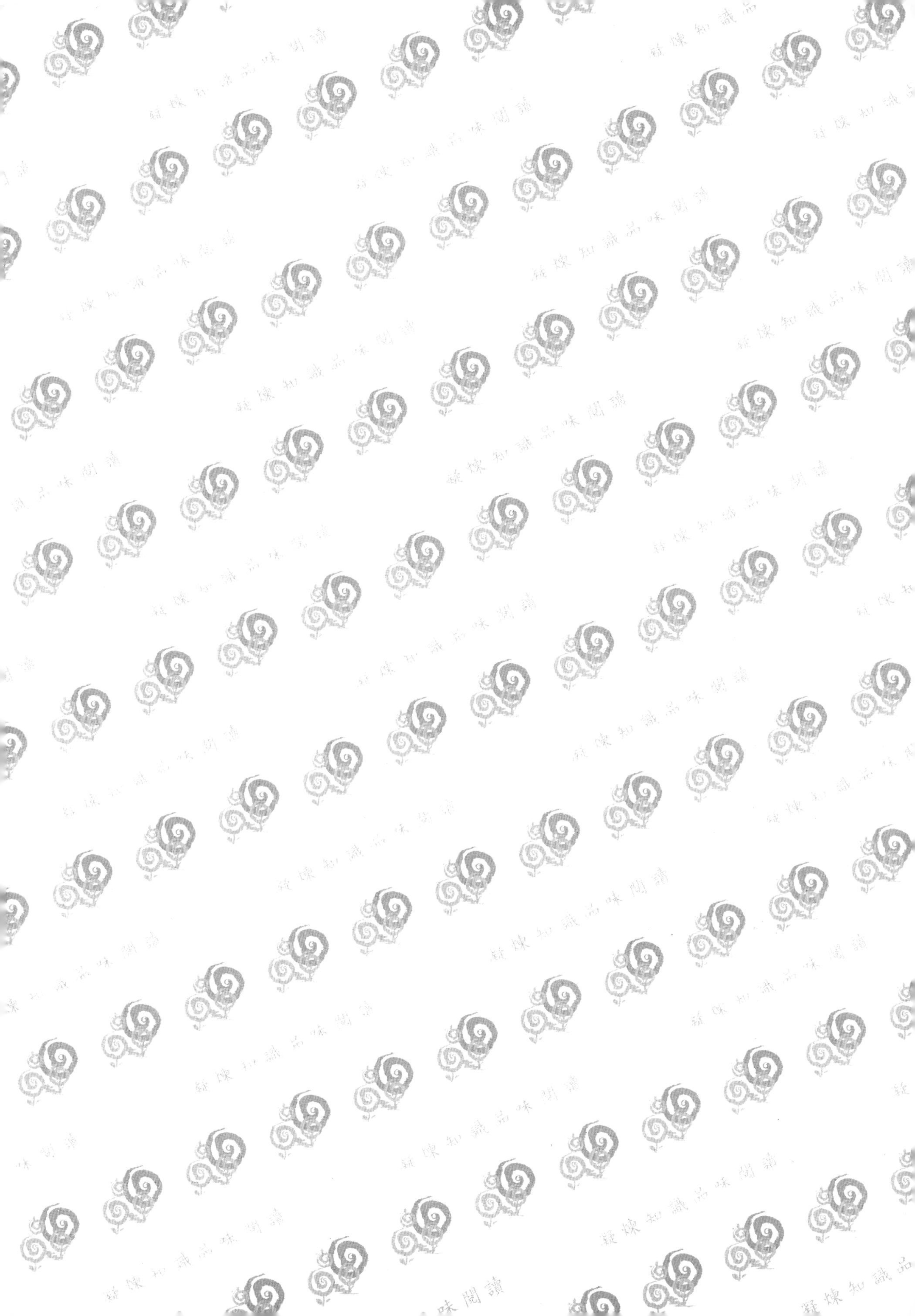

因素分析

余桂霖 著

五南圖書出版公司 印行

序

因素分析的多變項統計技術在過去二十多年期間，行為科學與所有商業相關研究的領域中已逐漸增加其使用性，本書所探究的因素分析，尤其是適合於提供由行為科學研究者與商業人士所遭遇到複雜的、多元面向或多元維度關係問題的分析。他們以廣泛概念的條件方式（in broad, conceptual terms）界定與解釋因素分析技術的基本面向（the fundamental aspects of）。因素分析可以被利用與檢測很多的變項之基本組型（patters）或關係，與可以去決定資訊內容（the information）是否可以被濃縮（be condensed）或被摘要成（summated）一個較少的因素或成分（components）的組合。利用這些技術分析所呈現與所解釋的種種結果之基本指引（basic guidelines）亦可以更進一步去澄清方法論的種種概念（Hair, Anderson, Tatham, & Black, 1995, p365）。因素分析的各種技術可以從一個探索性（exploratory）或一個驗證性（confirmatory）的研究觀點（respective）來區分它們的目的。

因素分析的使用不必僅受限於資料基本維度或面向的探索性分析，是否可使用於驗證性分析，端視研究者個人學術的素養而定。驗證性因素分析可以被使用去檢定特殊的假設。例如，研究者可以預期有兩個不同的基本維度（或面向），即某些變項屬於第一個維度（或面向）而其他變項屬於第二個維度（或面向）。如果因素分析被使用去檢定這樣的預期（或假設），那麼它就可以被使用為驗證某一個假設（a certain hypothesis）的方法，而不是被使用為探索基本維度（或面向）的方法。如此，它就被歸之為驗證性因素分析（Kim & Mueller, 1978, p9）。

吾人要再次強調因素分析不僅可被使用為探索基本因素結構的一種形式方法，而且亦可被使用為啟發式的設計（Stinchcombe, 1971）。在本書的論述中可以理解到因素分析為吾人學習統計方法中所不可或缺的必要技術之一。因而，在所有多變項統計方法的教科書中都必然有因素分析的專題介紹被提出，所以，如果讀者有意深入結構方程式模型研究的探究，因素分析的技術是必備的方法之一，因為結構方程式模型的組合方法之一是驗證性因素分析模型，而驗證性因素分析模型是以探索性因素分析模型為其分析模型的雛型。這樣分析的進階過程與方法，吾人可以探究結構方程式模型即可體認到學習探索性因素分析模型的重要性。

「因素分析：從探索性到驗證性因素分析」，一書的撰寫是基於前述因素而發展的系絡。因而，本書以建構因素分析模型的架構與步驟開始，探究建構因素分析的雛型，接著再以各專題探索的方式，使用 SPSS 軟體去進一步說明因素分析模型的建構目標、假設、因素萃取、轉軸（正交與斜交）、因素命名，與因素分數等問題。然後再使用 MATLAB 軟體程式去探究主成分與共同因素萃取與轉軸等矩陣代數演算的問題。最後，再以 LISREL 軟體去執行驗證性因素分析模型與結構方程式模型分析的問題。本書可以說，是一本很完整地從探索性到驗證性因素分析，再深入進行到建構結構方程式模型分析的一本書。其中以各案例檔案為範例使用 SPSS、MATLAB、與 LISREL 軟體程式去處理與執行分析，並製作檔案光碟可供讀者研習。

本書是適用提供於研究所碩士班與博士班研究生在社會及行為科學領域的教學，撰寫量化論文使用統計學分析技術或方法的參考，並適用於對矩陣代數，共變數結構模型的演算與其演算軟體的操作有興趣的讀者提供其基礎數學的認知。由於著作者個人所學有限，拙作歷經多年的琢磨與教學的驗證，著作雖歷經不斷的修正，其中仍然會有謬誤與疏漏之處，尚祈各方先進、學者、與專家不吝指正。

余桂霖　謹誌於國防大學

北投復興崗

民國 98 年 10 月

Contents

Chapter 02 建構因素分析模型的基本架構與步驟 59

部分 II　專題的探索，SPSS 的應用與說明

Chapter 03 因素分析：一個管理範例的說明 93

Contents

部分Ⅲ　矩陣代數的使用與 MATLAB 電腦軟體的操作

Contents

Contents

Part 1

建構因素分析模型的基本概念、架構、與步驟

Chapter 01

因素分析的
基本概念與認知

最近幾年以來，因素分析已廣泛地被研究者與學者所接受，基本上，是由於高速電腦與套裝電腦軟體程式發展的結果（例如：BMD，DATATEXT，MATLAB，OSIRIS，SAS，and，SPSS）。這些套裝軟體程式的相繼發展與改進已使很多數學素養不足的研究者或學習者，可以熟練這些套裝軟體程式與因素分析的基本原理和計算方法，而達成其研究的目的。

在個人從事「研究方法」課程教學多年中，深刻體驗到研究生若要撰寫經驗性量化論文時，在問卷與研究設計中首先要面臨到的是因素分析的基本原理和計算方法。因而，本章的撰寫目標就在於對有興趣從事因素分析的研究者提供一些指引與認知，使他們對於統計與計算問題的憂慮得以克服。

第一節　緒　言

一、基本的取向

本章所提出的假設，對一位專業者而言會是顯然清楚的，但對一位生手而言會是不知所以然。所以，對於因素分析的基本假設與其邏輯的基本理論有必要詳細探討。因素分析的邏輯（或數學）基本理論可以從統計因素因解中分離，因為方法的邏輯基本理論是直進的（straightforward）與容易去理解，與這種邏輯基本理論的理解將會給予這種方法提供智力運作的基礎。

所謂邏輯與統計基本理論之間的差異在研究的最初階段並不是有很清楚的區分；由此，某些解釋可以依序進行探究。因素分析係假設觀察的（測量的）變項是某些因素或潛在變項的基本來源（some underlying source），是一種線性的組合（linear combinations）。即是，假設一個基本因素與一個觀察系統的存在。這兩種系統之間有某種一致性（correspondence）存在，因而因素分析就是在於利用這種一致性去達成有關因素的種種推論。例如，這種一致性的數學（或邏輯）的屬性是諸如各因素的一個因果系統總是會導致各觀察變項產生一個唯一性（unique）的相關系統。因此，僅僅在真正有限制的條件之下吾人才可毫無疑問地從各觀察變項之間相關的各因素之中去決定其基本的因果結構。在因素分析中這種基本理論的不確定性（indeterminacy）是出自相關結構中對有關因果結構作推論中所產生；它是一種邏輯的或是數學的不確定性。無論如何，亦有一種不同性質（nature）的問題，如在實際的問題中吾人必須去辯論由抽樣與測量誤差所引發的種種不確定性（uncertainties）。如何在這些不確定性之下從樣本的檢定中去評估基本的母群體或母數參數（underlying population parameters）是一種統計的問題。我們的立場（our position）就是去使有關統計學者所憂慮的問題可以提供最有效的方法去評估母體的參數與回答其他統計的問題，而邏輯的問題亦將作說明與解釋。

在因素分析的計算過程中，我們不能與無法承諾不依賴數學，但是我們使用數學基本上僅限於簡單的代數。其計算的結果，我們必須要誠實嘗試去遵循數學所呈現的結果。可以預見某些研究生或讀者看到數學數字與公式（或方程式）就會感到沮喪或有挫折感，然而我們強調我們的研究途徑在數學上並不是相當嚴密的。我們將嘗試使用說明與解釋的方法去界定諸如「因素」、「變項」、「變項的線性組合」、「線性的因果系統」等名詞。對於研究生與讀者統計素養背景的預期，我們將假定熟悉相關與迴歸。在因素分析的過程中，我們將使用徑路圖（path diagrams）來描述各因素與各變項之間基本因果關係，並將依據徑路圖解釋其種種的要素。以徑路圖來表示線性關係的方法與有關它們必要假設之使用，對於凡是過去未學習徑路分析（path analysis）者，我相信要他們閱讀徑路圖應該是不會有困難。若想要更深入研究可參考 Duncan（1966），Land（1969），與 Pedhazur（1997）的著作。

二、何謂因素分析

因素分析的多變項（multivariate）統計技術在過去二十多年期間，行為科學與所有商業相關研究的領域中已逐漸增加其使用性，本章所探究的因素分析，尤其是適合於提供由行為科學研究者與商業人士（business people）所遭遇到複雜的，多元面向（multidimensional，多元維度）關係問題的分析。他們以廣泛的、概念的條件方式（in broad, conceptual terms）界定與解釋因素分析技術的基本面向（the fundamental aspects of）。因素分析可以被利用與檢測很多的變項（a large number of variable）之基本組型（patters）或關係，與可以去決定資訊內容（the information）是否可以被濃縮（be condensed）或被摘要成（summated）一個較少的因素或成分（components）的組合。利用這些技術分析所呈現與所解釋的種種結果之基本指引（basic guidelines）亦可以更進一步去澄清方法論的種種概念（Hair, Anderson, Tatham, & Black, 1995, p365）。

因素分析是一種屬性（a generic）的命名，被賦予為多變項統計方法的一種分類，它的基本目的是在於界定在一個資料矩陣中的基本結構（the underlying structure）。更廣義的說，它可引導我們去分析很多的變項（a large number of）

之間交互關係的結構（structure）問題（例如，我們可以利用因素分析去檢定因素分數、檢定各題項、問卷反映），以界定共同基本維度（common underlying dimensions）的組合，稱之為因素。以因素分析而言，分析者首先可以界定（identify 確認）結構的各個個別維度（面向），然後去決定每一個變項可以由每一個維度（或面向，向度）來解釋其程度。一旦這些維度（或面向）與每一個變項的解釋被決定，因素分析的兩個基本用法，概述（summarization）與資料減縮（data reduction）就可以被達成。在概述資料中，因素分析是在於獲得基本的各維度（或面向），一旦該維度（或面向）在被解釋與被理解時，會比原始各個變項中還要少的題項數來描述或概述其維度。而資料的縮減可以由對每一個基本維度（或面向）進行計算，並以其計算的分數來替代原始的各個變項來達成其縮減的目標。

因素分析並不像多元迴歸、區別分析、變異數的多變項分析，或典型相關中所使用的相依技術（the dependence techniques），在相依的技術中有一個或更多的依變項可明確地被認為是效標（criterion）變項或依變項，而所有其他的變項則可被界定為預測變項（predictor）或自變項。而因素分析是一種相互依存（interdependence 相倚）的技術其中所有變項都同時地被考慮，每一個變項都和所有其他變項相關。雖然因素分析不是一種相依技術，但在因素分析中仍然可使用變異量的形式（variate），變項線性合成的概念。在因素分析中，其變異量的形式（variate）被發現，是類似於區別分析或典型（canonical）相關的方式所形成，並以不同的目的被應用。在這些相依（dependence）的技術中，各變異量的形式（variates）（各因素 factors）被形成而把它們整個變項組合的解釋力（explanation）極大化，而不再去預測一個依變項（或一個以上的依變項）。如果我們準備去引用一個類似於相依的種種技術，它會使每一個觀察的（原始的）變項成為一個依變項，而這個依變項會是某些基本的與潛在因素組合的一個函數，而這些因素本身即是所有其他的變項所組合而成的。如此，每一個變項可以由所有其他的變項來進行預測。相反地，吾人可以把每一個因素（或變異）視為是一個依變項，即是整個觀察變項組合的一個函數。由此可類推去說明相依（預測）與相互依存（結構的辨識）技術之間目的的不同來進行兩者之一的說明。

因素分析的各種技術可以從一個探索性（exploratory）或一個驗證性（confirmatory）的研究觀點（respective）來區分它們的目的，關於因素分析的適當性角色在本文中會有持續性的討論。許多研究者若把因素分析視為僅是探索性的，那在探究一個變項組合之間的結構關係或資料的減縮方面是有用的。依這方面的研究觀點（respective 角度），因素分析的各種技術即是在於「你要取甚麼樣的資料就給你甚麼樣的資料」（take what the data give you），因而對於各成分的估計或對要被萃取（抽取）成分的數目並沒有作預先限制（prior constraint）的設定。對許多研究而言，因素分析的這樣應用是適當的。但是，在其他的研究情境中，分析家已預想到資料的真實結構，係基於理論的支撐與預先的研究（prior research）（Hair, Anderson, Tatham, & Black, 1995, p367）。分析者可以希望去考驗或檢定涉及諸如那些變項應該被匯集（be grouped）在一個因素上或各因素的精確數目上之諸問題的種種假設（Comrey, 1973）。在這些例證中，分析者要求因素分析採取一種驗證性的研究途徑。即是，去評估那種資料可符合分析者所預期結構的程度。對於這樣的研究途徑我們將在本書的最後三章去作重點地探討驗證性的研究途徑，對於因素分析的系統探究，可參考專書作詳細地與深入地探究。在本章與本書前面的八章中，無論如何，我們把因素分析的種種技術問題集中焦點在於一種探索性或非驗證性的觀點上（viewpoint）。

因素分析涉及一種多樣性（a variety）的統計技術，其目標是在於依據假設的各變項以一種較少的變項數目去代表或呈現一個變項的組合（Kim & Mueller, 1978, p9）。為了使我們對因素分析的探討更加具體，假設我們可以採取民調的方式，訪問一千位受訪問者或受試者，他們隨機地從母群體中被選取，然後對這些被隨機選取的受訪問者或受試者，進行訪談或實施檢測有關他們對租稅政策、勞基法、公民權、社福政策等問題的政治意見或態度。隨後，對這些問題的各項反應（或答覆）可以建構為可觀察的變項。

一般而言，分析的第一個步驟就涉及到這些觀察變項之間相互關係的檢定（或考驗）問題。假設我們使用相關係數作為關聯（association）的一種測量，並準備一個相關係數矩陣。我們只要檢視這個相關係數矩陣就可由此矩陣中顯示這些觀察變項之間是否有正向的關係，與顯示這些變項的次級組合（within some subsets of variables）之內的關係是否比該組合之間的關係還要高。因而，一個因素分析的途徑就可以被使用去說明或解釋這些觀察變項之間的相關是否可由假定一個較少變項數的組合來進行解釋。例如，我們可以發現在一個自由派與保守派之間的關連續統（continuum）之中是否可描述一般人民的政治觀點。或由此，我們可以推測自由主義與保守主義之間是否有若干次級派系（subdivisions）存在。例如，吾人可從自由主義與保守主義之間去發現它們在經濟問題與公民權問題上有些不同的維度

（dimension 向度；面向）是可能的。依此，我們就可考慮這些潛在的次級派系是否可從資料之中把它們呈現出來。由此觀之，這些潛在問題的探究是可由因素分析的途徑透過其技術運作把它們呈現出來。

從另一個完全不同的角度而言，若研究者並沒有任何理念可提供假定的資料以形成某些基本問題的維度（或向度與面向）時。此時，因素分析僅可被使用去作為探索假設最少的因素數目以解釋可觀察的共變數（co-variation）之方法，與提供可能減縮的資料為手段以探索資料的方法，這種使用的形式就是探索性的，在社會科學中大多數使用因素分析的形式是屬於這種的範疇。

然而，因素分析的使用不必僅受限於資料基本維度或面向的探索性分析，是否可使用於驗證性分析，端視研究者個人學術的素養而定。驗證性因素分析可以被使用去檢定特殊的假設。例如，研究者可以預期（expectation 假設）有兩個不同的基本維度（或面向），即某些變項屬於第一個維度（或面向）而其他變項屬於第二個維度（或面向）。如果因素分析被使用去檢定這樣的預期（或假設），那麼它就可以被使用為驗證某一個假設（a certain hypothesis）的方法，而不是被使用為探索基本維度（或面向）的方法。如此，它就被歸之為驗證性因素分析（Kim & Mueller, 1978, p9）。

這兩種用法之間的區分總是無法很清楚地被理清。例如，研究者可以界定或規劃，將有兩個因素，但無法精確地預期多少變項將呈現在每一因素上。要去說明或去解釋許多策略之一，那一個可以被使用，研究者可以使用樣本的一半去探索可能的因素結構，然後再使用樣本的另一半去檢定因素的假設（factorial hypothesis），而這樣的因素假設是由第一個樣本的一半被檢測所發展而形成的。

因素分析不僅可被使用為探索基本因素結構的一種形式方法，而且時常亦可使用作為啟發式的設計（Stinchcombe, 1971）。例如，假定研究者確定是基於過去的研究或有足夠的理論基礎上有兩個自由主義的個別維度或面向，一個主要關切經濟問題，而另一個則關切公民權的問題。這個研究者主要關切於建構經濟的自由主義的一個比例量尺，但是無法確定有關未婚的母親對提供財政補助之意見是否可反映在經濟自由主義的維度（或面向），或最好被統攝於在公民權的維度（或面向）之下。在此種情況之下，因素分析可以被使用作為檢視一個個別變項或各變項其意義的工具。研究者可以透過因素分析去發現變項 X_1, X_2, X_3 是很清楚地反應經濟的自由主義，而變項 X_5, X_6 反應社會的自由主義，而變項 X_4 是與兩個維度（或面向）有關，而依其意義，假定係以經濟的自由主義所建構的比例量尺來界定其研究目標，是有曖昧的含意（ambiguous）。因此，變項 X_4 就可從經濟自由主義的指數中被刪除。

從以上對於何謂因素分析，我們已作了很詳細的討論。若想更深入的探究可研讀 Harman（1976），Horst（1965），Lawley and Maxwell（1971），與 Mulaik（1972）等學者的著作。

三、因素分析的執行

要去研究與理解因素分析的諸原則是一回事，而如何把因素分析應用於事實資料的研究又是另一回事。在個人學習與研究的過程中，深深體驗到除了要具備英文的閱讀能力與基本的矩陣代數的學養之外，若沒有現代電腦與套裝電腦軟體的幫助是不切實際的。因為只有少數的人具有專業的技術與知識學養可以製作適當的程式，所以，吾人必須信賴某些現行的電腦程式是必要的。

很幸運地，有某些知名的，而且廣泛被使用的一般性電腦套裝軟體都包含有因素分析的程式。對於要選那一公司的電腦套裝軟體最合適；就個人的學習、研究，與教學的過程，依個人接觸學習的科系領域與環境都以 SPSS 的套裝軟體為主。因而本文或以下各章都使用 SPSS 來進行各研究主題的分析，以下各章的探究中也許會使用 LISREL 與 MATLAB 的套裝軟體，然而在本章的探究中仍然以 SPSS 為主。如果各位研究者與讀者都是熱衷於社會科學領域的愛好者，而有興趣更深入學習或進行操作複雜的研究，可從 SPSS 的語法指令（Syntax Command）開始，如此，我們就可使用相關矩陣，或共變數矩陣資料的輸入方式，進行因素分析中更複雜的問題。

第二節　關鍵詞的概念意義

關鍵詞的理解是非常重要的，如果我們在建構因素分析模型的基本架構之前已理解，或熟識其關鍵詞的概念意義，我們就會利用它們去進行因素分析與建構其分析模型。關於分析因素模型的關鍵詞是以粗體字（in boldface）的方式來呈現。

反形象（anti-image）的相關矩陣　在因素分析之後各變項之間淨相關（partial correlation）的矩陣，或各因素彼此「解釋」各種結果的程度。對角線包括每一個變項抽樣足夠的量數，或測量（the measures of sampling adequacy），而非對角線（off-diagonal）的各值是各變項的淨相關。

Bartlett 的球體檢定　在一個相關矩陣之內所有相關整體顯著性的統計檢定。

叢集分析（Cluster analysis） 以分組回答者（grouping respondents）為目標或以有關一個以界定種種特徵組合的相似之側面（similar profiles）案例為目標和 Q 因素分析相同。

共同因素的分析（Common factor analysis） 因素模型其中各因素是基於一個被簡化的相關矩陣之上。即是，各共同性（Communalities）被插入於相關矩陣的對角線上，而被萃取的因素（extracted factors）僅被基於共同變異數之上，特殊的（specific）與誤差的變異數則被排除分析之外。

共同變異數（common variance） 在因素分析中和其他變項所共持的變異數。

共同性（communality） 一個原始變項（a original variable）和在分析中所有其他變項共同持有的變異量（Amount of variance）。

成分分析（component analysis） 因素模型其中各因素是基於整體變異數之上，以成分分析，各單元（unites）被使用於相關矩陣的對角線中，這種程序（procedure）在計算上意指所有的變異數是共同的或共持的。

相關矩陣（correlation matrix） 顯示所有變項之間交互相關（inter-correlation）的表。

特徵值（Eigenvalue） 提供一個因素平方負荷量的縱行之總和（Column Sum）；亦被歸之為潛在的特質根（latent root），它代表由一個因素所提供解釋的變異量。

誤差變異數（Error variance） 在資料蒐集或測量（量數）中所產生誤差的一個變項的變異數。

因素（factor） 原始變項的線性組合（liner combination）。各因素亦代表其基本的各面向，或各向度，或各維度（dimensions），或各構念（constructs），以這樣的因素構念可以摘述或解釋各觀察變項的原始組合。

因素的不確定（factor indeterminacy） 以描述共同因素分析為特徵的這種分析使若干不同因素分數可以為一個回答者進行計算，每一個適合估計因素的模型，這意指各因素分數對每個個體並不是獨特唯一的。

因素負荷量（factor loadings） 各原始變項與各因素之間的相關，與去理解一個個別（particular）因素本質（性質）的鑰匙，平方的因素負荷量係指示由一個因素所提供解釋一個原始變項變異數的多少比例（比率）。因素矩陣表在於顯示有關每一個因素所有變項的因素負荷量。

因素轉軸（factor rotation） 操弄或調整因素轉軸（axes）以達成一個較簡單（simpler）與在實用上獲得更有意義因素解答的過程。

因素分數（fact score） 在因素分析中被抽取（萃取）每一個因素有關每一個觀察值所創造的合成的數量或測量（composite measure）。因素加權（the factor weights）被使用於連接原始變項的各值以去計算每一個觀察分數，然後因素分數可以被使用去代表（呈現 represent）其後分析的各因素潛在的特質。

特質根（latent root） 參考 eigenvalue。

抽樣足夠量數或測量（measure of sampling adequacy） 提供整個相關矩陣與每一個個體變項計算的量數以評估應用因素分析的適當性，對整個矩陣或一個個體有 .50 以上的值時即指示其適當性。

斜交的因素轉軸（oblique factor rotation） 已計算的因素轉軸，如此被萃取的（抽取的）各因素是相關的，不是任意的（arbitrarily）抑制因素的求解（factor solution），如此各因素是彼此獨立的，而該分析就被引導去表示各因素之間的關係可以或不可以是正交的。

正交的或直交的（orthogonal） 因素軸心彼此的數學獨立（mathematical independence of）（即是，在右角上，或成 90 度）。

正交的因素轉軸（orthogonal） 因素轉軸其中各因素被萃取如此它們的各軸心維持在 90 度，每一個因素是獨立的，或來自所有其他因素的正交。

Q 因素分析（Q factor analysis） 來自它們相同性或同質性特徵的一個組合基礎上的各團體（分組）或各回答者。

R 因素分析（R factor analysis） 分析各變項之間的關係以便去辨識（確認 identify）形成潛在的面向（dimension 維度）（因素 factors）各變項的各分組。

特殊的變異數（specific variance） 每一個變項的變異數對於因素的分析中變項無法解釋或和其他不關聯的唯一因素。

跡（trace） 被使用於因素分析中相關矩陣在對角線上各元素的和。它呈現基於因素求解（solution）基礎上變異數的整體量，以成分的分析而言，跡是等於各變項的數目（個數），基於每一個變項的變異數是等於 1 的假設上，以共同因素分析而言，跡是等於在被簡化（減少）相關矩陣對角線上共同性（communalities）的和（亦等於被分析的各變項共同變異數的量）。

最大變異數法（varimax） 最普通正交因素轉軸方法之一。

第三節　因素分析的邏輯基礎

一、因素分析的基本概念

（一）因素與變項

因素分析是基於某些基本因素的基本假設之上，這些基本因素，在因素的數目上是比觀察變項的變項數目少，是對應於觀察變項之間的共變量（co-variation）。要去說明這樣的模型，讓我們以最簡單的案例（case）來檢測，其中一個基本的共同因素是對應於兩個觀察變項之間的共變量。這樣的假設可以以一個徑路分析的因果圖解來呈現如下：

這個圖解指出 X_1 是 F 與 U_1 的一個加權總和（a weighted sum），而 X_2 是 F 與 U_2 的一個加權總和。因為 F 是 X_1 與 X_2 兩者的共同因素，所以 F 可以被稱為共同因素；同樣地，U_1 與 U_2 對每一個觀察變項是唯一的（unique），它們可以被歸之為唯一的因素。依代數的形式，該圖解意指下列兩個方程式（或公式）：

$$X_1 = b_1F + d_1U_1$$
$$X_2 = b_2F + d_2U_2 \qquad (1\text{-}1)$$

而且，該圖解亦可指示在 F 與 U_1 之間，F 與 U_2 之間，U_1 與 U_2 之間沒有共變量，即是，

$$\text{Cov}(F, U_1) = \text{cov}(F, U_2) = \text{cov}(U_1, U_2) = 0 \qquad (1\text{-}2)$$

前述的二個方程式，然後把它們組合起來描述一個因素分析的線性系統，可顯示於圖 1-1 中。

若要去理解下列徑路圖解有困難，我們可進一步提出一個具體的範例來加以說明，假定有三個來源的變項，F、U_1、與 U_2，與八個案例（或輸入項）如在表 1-1 中。每一個來源的變項都有二個可能的值，不是 1 就是 −1，而且它們彼此是不相關的。現在假定你被要求依一組規則從這些來源的資料中去創造各個變項。這些特殊的規則是由圖 1-2 中的因果圖解來指示：這些特殊的規則是把 F 與 U_1，各別地以 .9 與 .6 的負荷量組合起來去創造 X_1，而以 F 與 U_2，各別地以 .8 與 .6 的負荷量組合起來去創造 X_2。

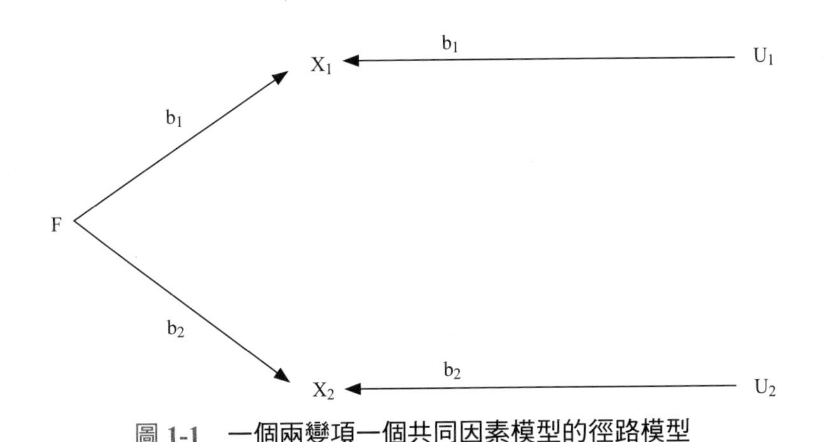

圖 1-1　一個兩變項一個共同因素模型的徑路模型

以這樣方式運作而成的一個組合可以由下列兩個方程式加總起來呈現之：

$$X_1 = .9F + .6U_1$$
$$X_2 = .8F + .6U_2$$

或可由圖 1-2 中的徑路圖解來呈現。

以徑路圖解的方式可呈現去包括二個方程式以上的資料，若在來源的變項之間沒有直接的或間接的關聯（connections）係在於指示它們之間沒有相關，由此，來源的變項之間的關係被遺留而未被界定或規劃於二個方程式之中。為了去指出變項 X_1 與 X_2 是由不相關的來源變項所創造，我們必須增加下列各方程式的條件：

$$Cov(F, U_1) = Cov(U_i, U_j) = 0$$

由應用這些規則所創造的各變項被呈現在表 1-1 的第四與第五縱行中。

如果把 X_1 與 X_2 視為是可觀察的變項，而把 F、U_1、與 U_2 視為是無法觀察的變項，那我們就擁有最簡單的一個共同因素的模型。

由上述的徑路圖解可知，唯一的因素 F 才是 X_1 與 X_2 的共同因素，依此可知，共同因素的數目是比觀察變項的數目少。在創造各個 X 變項中我們已使用的僅是數學運作的某些類型：（1）由常數乘來源的變項，與（2）加這些乘積。我們就不必由一因素來乘或除另一因素。以一般的技術語言而言，我們正使用的僅是線性的運作，依此創造或建立一個線性的系統。

現在我們將上述的觀察變項與因素，如何被使用與如何使用它們相關來推

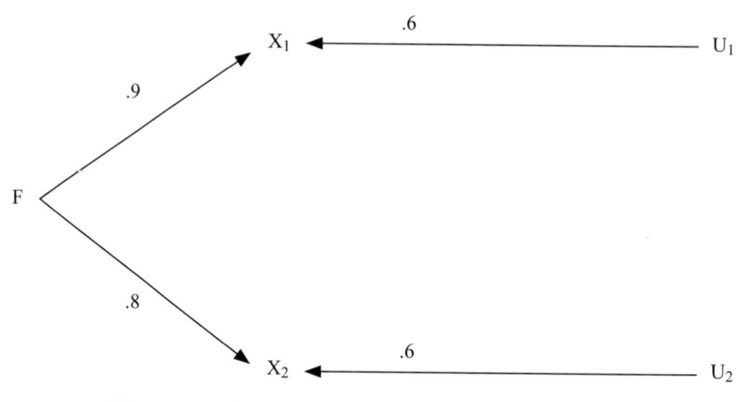

圖 1-2　一個兩變項，一個共同因素的徑路模型

論。一個變項是一個概念，而該概念有二個或更多的值。在本範例之中，F、U_1、與 U_2 都有二個值。我們假定這些變項賦予我們，我們就不必關切它們的來源，因而，從來源變項中透過線性的運作所創造或所建立的 X_1 與 X_2 是觀察變項，而每一個變項都擁有四個可能的值。來源變項通常是研究者所無法觀察的，而可觀察的變項係由這些來源變項或研究者所無法觀察的變項所創造或所建立。因而，我們稱呼這些來源變項為基本因素。因為我們之中無人真正地參與真實世界中各變項的創造，我們可以應用以上所描述的各種運作方式來創造。所以，我們把這些來源變項稱為假設的構念（hypothetical constructs）、假設的變項（hypothetical variables），或假設的因素（hypothetical factors）。這些因素之中，被包括或被涉及去創造或去建立一個以上的觀察變項的這些因素被稱為共同因素；而被使用於僅由一個觀察變項所產生的這些因素就被稱為唯一的因素。

表 1-1　說明因素與變項：兩個變項，一共同因素

案例	來源變項			觀察變項	
	F	U_1	U_2	$X_1 = .9F + .6U_1$	$X_2 = .8F + .6U_2$
1	1	1	1	1.5	1.4
2	1	1	−1	1.5	.2
3	1	−1	1	.3	1.4
4	1	−1	−1	.3	.2
5	−1	1	1	−.3	−.2
6	−1	1	−1	−.3	−1.4
7	−1	−1	1	−1.5	−.2
8	−1	−1	−1	−1.5	−1.4

（二）變異數，共變數，與相關

一個變項有兩個屬性（properties）在統計學中扮演重要角色：平均數與變異數。平均數（或一個變項的預期值）指示一個變項的集中趨勢，而變異數則指示離散的程度（或變異量），它們被界定為：

$$平均數 = \Sigma(X_i)/N \qquad (i = 1, 2, ..., N)$$
$$= E(X) = \overline{X} \qquad (1\text{-}3)$$
$$變異數 = \Sigma[X_i - E(X)]^2/N \qquad (i = 1, 2, ..., N)$$
$$= E[X - E(X)]^2 = V_X \qquad (1\text{-}4)$$

我們將使用預期值的符號 E 為增加所有值的一個縮寫體，與由個案的總和來除。如果這個變項是常態地分配，那麼就有二個統計量足以去描述這個變項的整體機率分配。

在我們範例中的五個變項（F, U_1, U_2, X_1，與 X_2）所有的平均數是 0，與所有的變異數是 1。這樣的變項被稱為標準的變項（normed variables）或稱為標準化的變項（standardized variables）。任何的變項都可被轉換成這樣形式的標準化的變項，只要從觀察值之中減去平均數，與由變異數的平方根除以結果值。所以，當我們僅僅處理標準化的變項時，並不會喪失總體的任何部分。

在描述各變項之間線性關係的特性中，共變數的概念扮演一個決定性的角色，它的定義（或界定）是：

$$Cov(X, Y) = \Sigma[(X_i - \overline{X})(Y_i - \overline{Y})]/N \qquad (i = 1, 2, ..., N)$$
$$= E[(X - \overline{X})(Y - \overline{Y})] \qquad (1\text{-}5)$$

共變數是在於測量一變項的多少值傾向於與另一變項產生多少共變數的程度。標準化變項之間的共變數（以一個平均數是 0 與一個共變數是 1）有一個特殊的名稱：相關係數或交叉乘積（Pearson's 皮爾森）相關係數：

$$Cov(X, Y) = E(XY) \qquad (1\text{-}6)$$

如果 $\overline{X} = \overline{Y} = 0$；

$$= r_{xy} \qquad (1\text{-}7)$$

如果 $V_x = V_y = 1$

如果一變項可以以另一變項的線性函數來呈現，就如在 $Y = a + bx$（或如另一變項的一個線性組合），其相關係數將不是 1 就是 −1，而其決定係數（R^2）將會是 1。如果二個變項在統計上是彼此獨立的，那其相關的大小將是 0。在不同情況之下，r 的大小將在 + 1 與 −1 之間發生變化。（如果該分配是兩變數的常態分配，那其平均數、變異數，與該兩變項之間的相關可完全地規劃成兩變數的分配）。

要注意到共變量（co-variation）的概念和基本的因素結構是無關的；二變項可以共變是因為一變項是另一變項的原因，或是二變項至少共同持有。共同的原因，或兩者，在線性系統中被顯示於圖 1-1 中，X_1 與 F 之間有共變量就是因為 F 是來源變項之一。無論如何，X_1 與 X_2 之間有共變量係因為兩者共持一個來源的變項（F）。

（三）線性組合，變異數與共變數的導數

我們相信為什麼許多人無法領會因素分析的數學基礎之主要原因之一，是對於變項的線性組合的若干特性缺乏理解。在此，我們的主要任務是在於協助對此問題的理解。我們將檢測共變數結構的數學基礎（或相關結構）或線性系統（諸如顯示在圖 1-1 與圖 1-2 之中的一共同因素模型）。我們在此提醒讀者本文將是數學基礎上較為困難之一，但卻是提供理解因素分析的數學基礎。其中涉及代數的部分，例如，線性代數與矩陣代數的基本問題，只要我們能夠掌握其操作的要領，就會不覺得困難。

在 X_1 方面的變異數的變異量與 X_1 與 F 之間共變數的導數（derivations），可能是由於 X_1 是 F 與 U_1 的一種線性組合之事實所致（即是，$X_1 = b_1F + d_1U_1$）。因為我們假定 F 與 U_S 都有 0 的平均數與 1 的變異數，這些導數可以被簡化（或化約），而不會喪失其整體的值（without loss of generality）（事實上，縱然有一個附加的常數如在 $X_1 = a + b_1F + d_1U_1$ 中，但是其導數仍然是一樣或相同）。X_1 的變異數，$\mathrm{Var}(X_1)$，可以被呈現為

$$\mathrm{Var}(X_1) = E(X_1 - \overline{X})^2$$

（它是由變異數定義的界定所賦予，如在方程式（1-4）中所界定）

$$= E(X_1)^2$$

（它是由假定 X_1 的平均數是 0 所獲得）

$$= E[b_1F + d_1U_1]^2$$

（此是由 X_1 依來源變項的界定方式所獲得）

透過簡單的展開式可以呈現如

$$= E[b_1^2F^2 + d_1^2U_1^2 + 2b_1d_1FU_1]$$

由於獲知一個常數的預期值是常數，所以各常數可以被因素因解出如

$$= b_1^2E[F^2] + d_1^2E[U_1^2] + 2b_1d_1E[FU_1]$$

此允許我們去認知和預期值符號關聯的各項在先前已被界定不是變異數就是共變數。由此，X_1 的變異數就可以被解構（decompose）如下：

$$= b_1^2Var(F) + d_1^2Var(U_1) + 2b_1d_1Cov(F, U_1) \quad (1\text{-}8)$$

方程式（1-8）是一般的程式，在於處理一個案例時其中一變項是二個來源變項的一種線性組合。簡言之，在 X_1 所產生的變異數是由（1）F 的變異數乘以 F 有關聯的負荷量之平方，（2）U_1 的變異數乘 U_1 對負荷量之平方，與（3）2 乘以由二個個別負荷量乘來源變項之間的共變數。

方程式（1-8）可以簡化，如果來源變項是標準化的與這二個來源變項之間的共變數是 0（如我們以上所舉的範例）：

$$變異數\ (X_1) = b_1^2Var(F) + d_1^2Var(U_1) \quad (1\text{-}9)$$

$$如果\ (F, U_1) = 0$$

式中 X_1 的變異數可被解構成二個部分：由共同因素 F 所決定的一個成分與由唯一因素 U_1 所決定的一個成分。這種解構方式會變得更簡單，如果各個變項都是以標準化的形式來呈現的話：

$$Var(X_1) = b_1^2 + d_1^2 = 1 \quad (1\text{-}10)$$

如果 $Var(F) = Var(U_1) = Var(X_1) = 1$ 與 $Cov(F, U_1) = 0$

同樣地，$Var(X_1) = b_2^2 + d_2^2$

在我們的範例中，我們已設計與係數（負荷量）以這樣的方法

$Var(F) = Var(U_i) = Var(X_i) = 1$（即是，所有的變項是以標準化的形式）與 $Cov(F, U_j) = 0$

其結果，

$$Var(X_1) = b_1^2 + d_1^2 = (.9)^2 + (.6)^2 = .81 + .36$$
$$Var(X_2) = 1 = b_2^2 + d_2^2 = (.8)^2 + (.6)^2 = .64 + .36$$

由此，在我們的範例中，由共同因素來決定 X_1 變異數的部分是 .81。此時由唯一因素所決定的部分是 .36。

依同樣方式決定因素與決定觀察變項之間的共變數可以被獲得：

$$Cov = (F, X_1) = E[(F-\overline{F})(X_1-\overline{X}_1)]$$
（從共變數的基本定義，如在方程式（1-5）所賦予）
$$= E[FX_1]$$
（因為我們已假定 $\overline{F} = \overline{X}_1 = 0$，所以此結果是可能的）
$$= E[(F)(b_1F + d_1U_1)]$$
（依它的來源變項界定方式由呈現 X_1 來獲得）
$$= b_1E[F^2] + d_1E[FU_1]$$
（依此獲知各常數可以被因素因解）
$$= b_1Var(F) + d_1Cov(FU_1) \quad (1\text{-}11)$$
（此依據變異數與共變數的基本定義而產生）

方程式（1-11）是一般的方程式，依此可處理任何情境其中一個變項是二個來源變項的一種線性組合。總而言之，一個來源變項與結果變項之間的共變數是由下列（1）、（2）的總和所產生。（1）線性的負荷量乘來源變項的變異數，與（2）另一個變項的線性負荷量乘二個來源變項之間的共變數。

當來源變項是彼此獨立時，方程式（1-11）可以簡化為

$$Cov(F, X_1) = b_1Var(F) \quad (1\text{-}12)$$

當來源變項是有單元（unit）變異數時，它可以更進一步簡化為

$$Cov(F, X_1) = b_1 \quad (1\text{-}13)$$

而且，如果觀察變項 X_1 亦是以標準化的形式呈現的話，那麼

$$\text{Cov}(F, X_1) = r_{FX_1} = b_1 = \beta_1 \qquad (1\text{-}14)$$

即是，該共變數是等同於其相關與線性的負荷量 b_1，此（b_1）是等同於一個標準化迴歸係數 β_1。（在此自變項是因素，而依變項是觀察變項。）同樣地，$\text{Cov}(F, X_2) = r_{FX_2} = b_2 = \beta_2$。而且，$X_1$ 與唯一性因素（the unique factor）之間相關，可以依精確的相同方法來獲得：

$$\text{Cov}(X_1, U_1) = r_{X_1U} = d_1 = \text{標準化迴歸係數}$$

現在我們可以考量到已檢測的種種相關，而依序去解釋因素分析系絡中的種種相關。在圖 1-2 中現在我們可以確認負荷量 .9 與 .8 為標準迴歸係數。同時，我們知道假定在我們的範例中個別的線性系統，它們亦等於已創造的或已建立的變項與來源變項之間的相關。這些相關的平方（.81 與 .64）可正確地描述 X_1 與 X_2 變異數的部分，此是由共同因素所決定。相關係數的平方在傳統上是以決定係數著稱。如果我們有一個如圖 1-1 所顯示的一個因果系統，那它是適合使用的名詞或條件。而且它已是習慣地被使用，一般而言，它僅作為陳述線性關係的方法而無需再參考任何基本因果關係。

最後，我們可獲得 X_1 與 X_2 之間的共變數：

$$\text{Cov}(X_1, X_2) = E[(X_1-\overline{X}_1)(X_2-\overline{X}_2)]$$

（從如方程式（1-5）中所假定共變數的定義）

$$= E[(b_1F + d_1U_1)(b_2F + d_2U_2)]$$

（因為我們已假定各變項是以平均數等於 0 被標準化，而依來源變項界定的方式以呈現 X_S）

$$= E[b_1b_2F^2 + b_1d_2FU_2 + b_2d_1FU_1 + d_1d_2U_1U_2]$$

（依簡單的代數的展開式）

$$= b_1b_2\text{Var}(F) + b_1d_2\text{Cov}(F_1U_2) + b_2d_1\text{Cov}(F, U_1) + d_1d_2\text{Cov}(U_1, U_2) \qquad (1\text{-}15)$$

（隔離各常數與認知剩餘的預期不是變異數就是共變數）。

方程式（1-15）對一般的案例是適當的。無論如何，它可以簡化成下列的程式，如果共變數的各項消失（如我們假設資料所提供的案例）

$$\text{Cov}(X_1, X_2) = b_1b_2\text{Var}(F) \qquad (1\text{-}16)$$

這個程式可進一步簡化，

$$Cov(X_1, X_2) = r_{X_1X_2} = b_1b_2 = \beta_1\beta_2 \quad (1\text{-}17)$$

如果所有變項被標準化，換言之，二個觀察變項之間的共變數共持一個共同因素是同等於該因素的共變數乘所涉及的二個個別線性負荷量。當所有的變項是以標準化的形式呈現時，共持一個共同因素的二個觀察變項之間的相關是由二個標準化迴歸係數相乘來獲得，或由觀察變項與共同因素之間的二個相關相乘來獲得。

（四）因素負荷量，相關，與因果的圖解

回顧到圖 1-1 與 1-2，我們可以重審以上所檢測的概念與定義。如果所有的變項（就假設的與觀察的變項兩者而言）被標準化使擁有單元的（unit）變異數，那在圖 1-1 中的 b_1 與 b_2，線性負荷量（linear weights），被稱為標準化迴歸係數（如在迴歸分析中）、徑路分析係數（如在因果分析中），或因素負荷量（如在因素分析中）。因素負荷量是等於各因素與各變項之間的相關其中僅一個單一的共同因素被包含，或一個案例其中多元的共同因素是彼此正交的（orthogonal）。

一個觀察變項的共同性（the communality）（h^2）僅是提供該變項因素負荷量的平方（或該變項與共同因素之間相關的平方），而唯一性的成分（the uniqueness of component）只是（$1-h^2$）。

任何二個觀察變項之間的相關將由二個相關因素負荷量相乘所給予：$r_{ij} = (b_{iF})(b_{jF})$。這意指 X_i 與 X_j 之間的殘差相關將會是 0，如果共同因素的影響受到控制：$r_{ijF} = 0$。

表 1-2 已被提供去說明各種係數的計算，與去證明我們已獲得各定理（theorems）之間的一致性與去證實我們從資料中已計算的各種係數。從這個觀點而言，我們將假定這些定理是不證自明的。

最後，我們應該可觀察到一個共同因素模型並不意指在一個可觀察變項中的變異量（variation）是完全由共同因素來決定，而唯一性成分（the unique component）可以真正地大於共同性（the common factor）；但是我們觀察到觀察變項之間的共變量（covariation）是完全由共同因素來決定；如果共同因素被消除，那 X_1 與 X_2 之間將沒有相關。

摘要言之，因素分析研究途徑，其傑出的特性假定觀察的共變量是由於某些基本的共同因素所產生。雖然在常態上我們並無企圖去把因素，分析為一種兩變數的

表 1-2 變異數與共變數的說明：二變項，一個共同因素

來源變項			觀察變項		某些乘積項目				
F	U_1	U_2	X_1	X_2	F^2	FU_1	FX_1	FX_2	X_1X_2
1	1	1	1.5	1.4	1	1	1.5	1.4	2.1
1	1	−1	1.5	.2	1	1	1.5	.2	.3
1	−1	1	.3	1.4	1	−1	.3	1.4	.42
1	−1	−1	.3	.2	1	−1	.3	.2	.06
−1	1	1	−.3	−.2	1	−1	.3	.2	.06
−1	1	−1	−.3	−1.4	1	−1	.3	1.4	.42
−1	−1	1	−1.5	−.2	1	1	1.5	.2	.3
−1	−1	−1	−1.5	−1.4	1	1	.5	1.4	2.1
總和					8	0	7.2	6.4	5.76
預期值或平均數[a] = SUM/N					1	0	.9	.8	.72

a. 數字的最後一列，從左到右，為 Var(F)，Cov(F, U)，Cov(F, U_1)，Cov(F, X_2)，Cov(X_1, X_2)。而且，因為所有變項被標準化，所有的共變數是等於相關。

關係（a bivariate relationship）（其理由在後面會作詳細的討論），然而我們在應用因素分析模型之際會考量二個觀察變項之間的相關是它們共持共同來源或因素的一種結果，而不會考量一變項是另一變項的一個直接影響的原因所產生的一種結果。

二、因素分析模型與共變數結構之間的一致性

在一個典型的因素分析情境中，研究者在進行分析時，會被給予一個共變數的矩陣，而這個矩陣係從一個樣本中所獲得的一個變項的組合。然後研究者必須嘗試面對二個不同類型的推論。第一個類型涉及基於觀察共變數的結構做有關因素結構的種種推論；第二類型涉及基於一個假定的樣本去把第一個類型的推論通則化。第一類型是邏輯的推論，而第二類型是屬於統計的推論。對研究者而言，在致力於達成研究分析的過程中，統計的推論是邏輯推論的輔助方法。

在本段中我們將解釋說明邏輯的不確定（logical uncertainties）之本質係承繼因素分析的研究途徑；我們將檢測因素模型的各種屬性之間的一致性，諸如共同因素的數目與各因素之間沒有正交（lack of orthogonality）；與共變數矩陣的屬性，諸如一個已調整共變數矩陣的秩（the rank）。

現在我們從因素結構去探究共變數結構的導數。

（一）許多變項形成一個共同因素

（One-Common Factor with Many Variables）：我們可從圖 1-1 的檢測情境類推到另一個情境，其中可從有許多觀察變項中獲得種種結果的研究擴大到更形複雜模型的研究，是簡單的與直進的。下列圖 1-3 顯示以 m 個觀察變項形成一個共同因素的範例。

這個圖解意指 $Cov(F, U_i) = 0$，與 $Cov(U_i, U_j) = 0$ 與 $Cov(F, U_i) = 0$ 與涉及線性組合是：

$$X_1 = b_1F + d_1U_1$$
$$X_2 = b_2F + d_2U_2$$
$$X_m = b_mF + d_mU_m$$

即是，如果我們被給予 m + 1 的來源變項（F 與 U_S），而且它們是彼此正交的（或直交的），與各 m 變項是由線性組合所建立或所創造的，那我們就可獲得如圖 1-3 所顯示的模型。因為我們假定我們知道這個因素模型是一個先驗的（a priori），我們在辨識 $b_1, b_2, \ldots b_m$ 為因素負荷量，與在辨識 $b_1^2, b_2^2, \ldots b_m^2$ 為各別的共同性中並沒有問題。那就表示共同因素與各變項之間的相關亦是等於 $b_1, b_2, \ldots b_m$，是由於假定 $Var(F) = Var(U_i) = 1$ 與 $Cov(F, U_i)$ 與 $Cov(U_i, U_j) = 0$ 所致。

各觀察變項之間所產生的相關是來自前述討論所發展的定理，

$$r_{12} = b_1b_2, r_{13} = b_1b_3, \ldots r_{1m} = b_1b_m，等等。$$

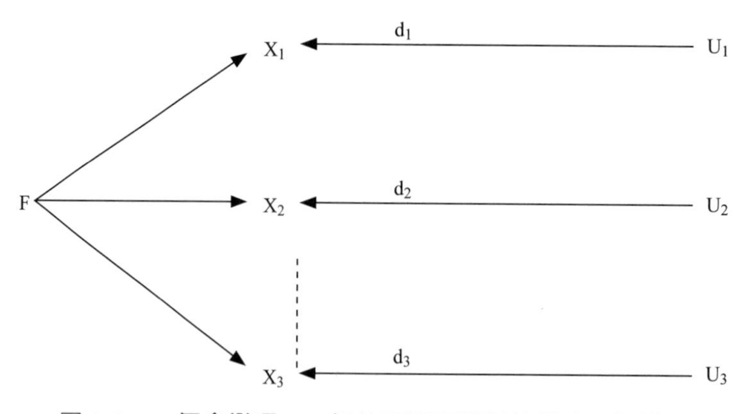

圖 1-3　一個多變項，一個共同因素模型的徑路分析模型

最後，任何二個變項之間的殘差相關是 0 時，$r_{12.F} = r_{13.F} \ldots r_{1m.F} = 0$。

在描述一個共同因素（the one common factor）的模型中，我們引用二個附加的概念：一個變項因素因解的複雜性（factorial complexity）與變項因素因解測定（factorial determination）的程度。因素因解的複雜性係在於指示因素的數目，這些因素對某一假定的變項有（顯著的）負荷量。在本範例中，每一個變項僅負荷在一個單一的共同因素上。所以，每一個變項因素因解的複雜性是 1。但是一個共同因素提供解釋共變數結構的事實卻無法告訴我們有關觀察變項受到由共同因素所決定的程度是多少的資訊。因而，要有一個指數可以指示這樣的決定的程度到底多少才是有效的。基於這個目的，我們時常使用由共同因素提供解釋的變異數比例（the proportion of variance）這樣的概念，

$$\Sigma b_i^2/m \qquad (1\text{-}18)$$

（式中 m 代表觀察變項的數目）這個指數可測量由單一的共同因素提供解釋觀察變項變異數的平均比例。

（二）二共同因素（Two-Common Factors）

正交的案例（The Orthogonal）：上述一個共同因素模型，雖然在說明某些基本屬性是有效的，但是太簡單而無法證實因素模型的其他屬性。現在我們提出可描述一種情境，其中各觀察變項的共變數可由二共同因素來提供解釋的，而且這二共同因素是彼此不相關的。在進行探究二共同因素之中，我們亦可利用機會去詳細解說在因素分析中所面臨到的許多專業上的術語。

現在考量到一種情境其中我們被給予若干的來源變項，它們是彼此不相關的。我們被要求去建立五個變項（觀察變項），其建立過程係由二個來源變項與這五個新的變項作線性的組合，而且每一個被建立（或被創造）的觀察變項（X_i）都有一個唯一性變項（或唯一性因素）。

以下我們必須使徑路係數或因素負荷量的下標（subscripts 足標）複雜化，以便去界定或規劃不同的因素加入被包括的各變項上。這個圖解（1-4）意指下列的假設與線性組合的規則：

假設：$Cov(F_1, F_2) = Cov(F_i, U_j) = Cov(U_j, U_k) = 0$。

線性組合：$X_1 = b_{11}F_1 + b_{12}F_2 + d_1U_1$

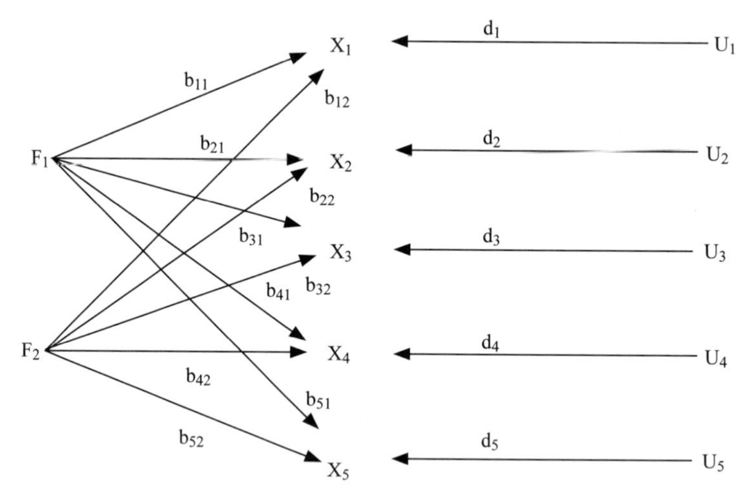

圖 1-4　五個變項兩個共同因素正交的模型

$$X_2 = b_{21}F_1 + b_{22}F_2 + d_2U_2$$
$$X_3 = b_{31}F_1 + b_{32}F_2 + d_3U_3$$
$$X_4 = b_{41}F_1 + b_{42}F_2 + d_4U_4$$
$$X_5 = b_{51}F_1 + b_{52}F_2 + d_5U_5$$

依界定，F_1 與 F_2 是共同因素因為它們是由二個或更多變項所共持，而 $U_1...U_5$ 是唯一性因素。當線性的負荷量結合著或關聯著二共同因素，被以長方形的形式排列著，如以下所顯示，它們是共同地被歸之為一個因素組型矩陣（a factor pattern matrix）或因素結構矩陣（factor structure matrix），或簡稱為一個因素負荷量的矩陣（a matrix of factor loadings）。一般而言，一個因素組型矩陣是不等於一個因素結構矩陣，因為組型矩陣是由標準化的線性負荷量（徑路係數）所組成，然而結構矩陣包含各因素與各觀察變項之間的各別相關係數。無論如何，因為其中各因素是彼此不相關的，所以一個因素組型矩陣是等於一個因素結構矩陣。一個共同因素（F_j）與一個變項（X_i）之間的相關（r_{FjXi}）是等於線性負荷量（b_{ij}）之事實是從方程式（1-11）到（1-14）一個簡單的展開式中所獲得。

X_i 變異數的解構（decomposition）是由下列方程式所給予：

$$\mathrm{Var}(X_i) = b_{i1}^2 + b_{i2}^2 + d_i^2 \qquad (1\text{-}19)$$

由各共同因素所提供解釋一個觀察變項（X_i）變異數的比例，時常被歸之為變項 i 的共同性（the communality）（h_i^2），是由下列方程式所給予：

$$h_i^2 = b_{i1}^2 + b_{i2}^2 \tag{1-20}$$

此方程式是方程式（1-8）到方程式（1-10）的一種簡單的展開式。

任何二個觀察變項（i 與 k）之間的共變數同樣地是可由下列方程式所給予：

$$r_{ik} = b_{i1}b_{k1} + b_{i2}b_{k2} \tag{1-21}$$

一個二因素模型的一個特別範例被顯示在圖 1-5 中，其適當統計量的因素負荷量的矩陣被呈現在表 1-3 中，下列為報告因素分析結果的普通構成格式。整體因素因解的決定（或判定）是 .570，此指示觀察變項變異數的比例 .57（或 57%）是由二個共同因素所決定。這樣的因素結構是非常簡易的，其中所有的變項除了觀察變項 X_3 之外，都有唯一一個因素因解的複雜性。當然，因素負荷量（the factor loadings）係指示因果負荷量（the causal weights）和被假定的變項與因素之間的相關。

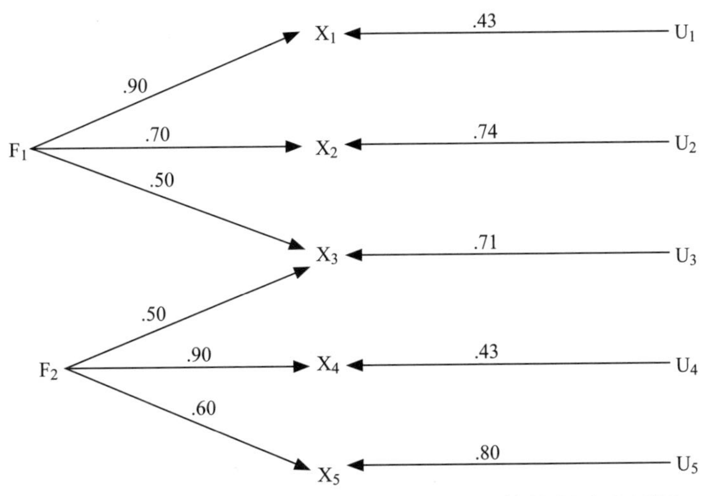

圖 1-5　兩個共同因素模型與表 1-3 資料相符的徑路分析圖

對應的相關矩陣被呈現在表 1-4 中，注意到表 1-4 中各變項之間有零相關存在，此意指 X_1 與 X_4，X_1 與 X_5，X_2 與 X_4，X_2 與 X_5 之間並沒有共持一個共因素，也就是說零相關的各變項之間並沒有共持一個共因素。

表 1-3 提供圖 1-5 的因素負荷量矩陣

變 項	共同因素			唯一成分
	F_1	F_2	h^2	
X_1	.90		.81	.19
X_2	.70		.49	.51
X_3	.50	.50	.50	.50
X_4		.90	.81	.19
X_5		.60	.36	.64

表 1-4 對應於圖 1-5 中所顯示因素模型的相關矩陣

變 項	X_1	X_2	X_3	X_4	X_5
X_1	1.00	.63	.45	0	0
X_2		1.00	.35	0	0
X_3			1.00	.45	.30
X_4				1.00	.54
X_5					1.00

（三）二個共同因素（Two-Common Factors）

斜交的案例（The Oblique Case）：何謂斜交？我們在後面的章節再作詳加說明。現在我們考量一種情境，其中有五個觀察變項係從七個來源變項中被建立或被創造，如前述的範例，再加上一個更複雜的情境是其中二個來源變項之間是相關，同時這二個來源變項又被使用為共同因素。

有一個一般的圖解可描述這樣的一種情境，被呈現在圖 1-6 中。

對這種模型的線性組合之假設與規則是和圖 1-4 的假設與規則一樣，除了在斜交的案例中 $Cov(F_1, F_2) \neq 0$ 之外。對計算其共同性與各種共變數的規則是比正交案例的規則有些更加複雜。但是我們已獲得的各定理已包含在前述的一個複雜組合中。因而要去說明，首先僅考量如圖 1-7 提出部分的細節或片段來加以說明。

以方程式（1-8）與（1-9）的簡單展開式，X_1 的變異數可以被解構如下：

$$\begin{aligned} Var(X_i) &= (b_{11}^2 + b_{12}^2 + b_{11}b_{12}2r_{F_1F_2}) + d_1^2 \qquad (1\text{-}22) \\ &= （共同性）+ d_1^2 \end{aligned}$$

其他變項的變異數同樣地也可以被解構。

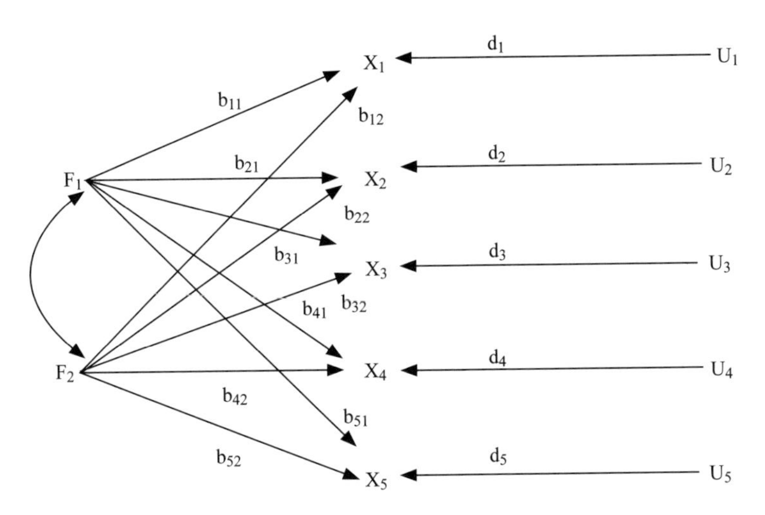

圖 1-6　五個變項兩個共同因素斜交的案例

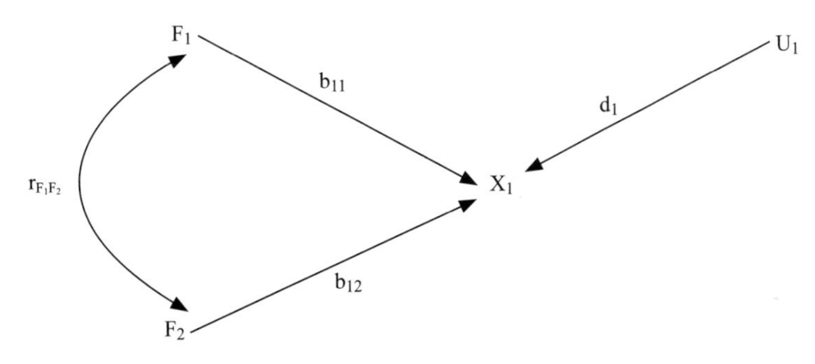

圖 1-7　提供圖 1-6 之部分的徑路分析圖

一個共同因素與一個假定的變項之間的相關有二個可能的成分，即是一個直接的關係與一個間接的關係：

$$r_{F_1X_1} = b_{11} + b_{12}r_{F_1F_2} \tag{1-23}$$

此是方程式（1-11）的一個展開式。所以，只要（$b_{12}r_{F_1F_2}$）$\neq 0$，那 b_{11}（因果的負荷量）將與相關 $r_{F_1X_1}$ 是不一樣的（或不相同的）。依斜交的模型，這就是為什麼，因素結構與因素組型（the factor pattern）不是相同的。

就二個觀察變項之間的相關，一般而言，將會有四個成分。現在考量一個包括 X_1 與 X_2 的次級圖解：圖解（1-8）

X_1 與 X_2 之間的相關被呈現如：

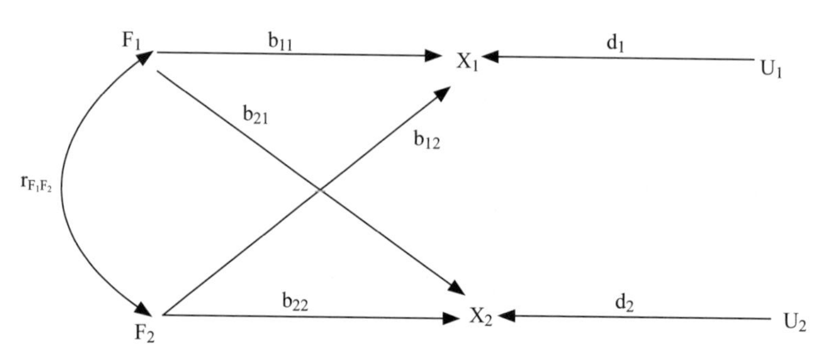

圖 1-8　提供圖 1-6 中部分的徑路分析圖

$$r_{12}=b_{11}b_{21}+b_{12}b_{22}+b_{11}b_{22}r_{F_1F_2}+b_{21}b_{12}r_{F_1F_2} \quad (1\text{-}24)$$

其中第一個成分（或元素）是由於共同持有 F_1 所致，第二個成分是由於共同持有 F_2 所致，而第三個與第四個成分是由於各因素之間的相關而產生。如果 $r_{F_1F_2} \neq 0$，那方程式（1-24）將會和方程式（1-21）相同。因此，方程式（1-24）亦是方程式（1-21）的一個展開式。

因素因解因果（factorial causation）的一個具體範例，其精確性和圖 1-5 一樣，除了對共同因素與唯一性因素負荷量（weights）的調整之間的相關，一個具體範例被呈現在圖 1-9 中。（唯一性因素負荷量的調整被製作，是為了使結果的變項有單元的變異數。）

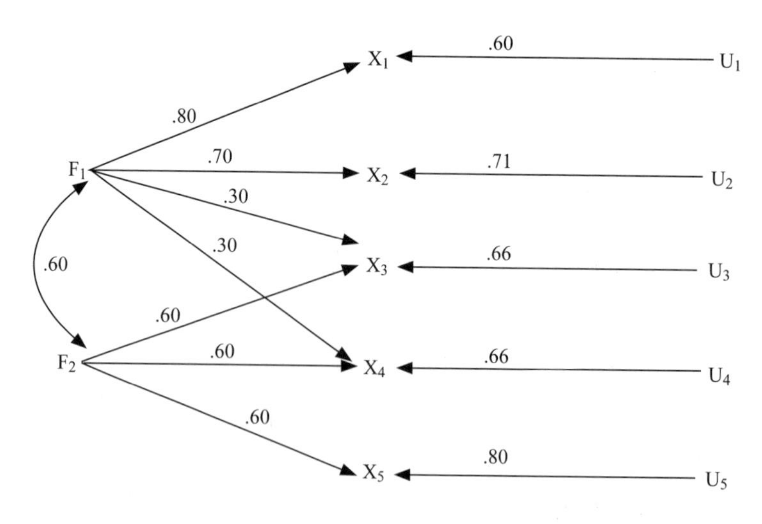

圖 1-9　兩個共同因素斜交的模型與表 1-5 中的資料符合的徑路分析圖

在本案例中，組型的矩陣和正交的案例一樣有相同元素（或成分），但是結構矩陣將會包含不同的元素。表 1-5 顯示所有必要的統計量。

表 1-5　一個斜交的兩個共同因素模型

變　項	組型矩陣			結構矩陣	
	F_1	F_2	h_i^2	F_1	F_2
X_1	.8	--	.64	.80	.48
X_2	.7	--	.49	.70	.42
X_3	.3	.6	.56	.66	.78
X_4	.3	.6	.56	.66	.78
X_5	--	.6	.36	.36	.60

由兩個共同因素所提供解釋變異數的百分比 =

$$h_i^2/m = 2.61/5 = .522$$

各因素之間的相關		
	F_1	F_2
F_1	1.0	.6
F_2	.6	1.0

我們應該注意到組型矩陣與結構矩陣之間的差異，尤其是組型矩陣相較於結構矩陣，我們會發現組型矩陣的結構是比較簡單。例如，雖然 X_1 與 F_2 之間沒有直接的因果關聯（即是，F_2 沒有被使用去創造 X_1），二個（.48）之間有一種實質的相關是由於透過 F_1 而有間接的關聯所致。每一個矩陣可以告訴我們有關各因素與各變項之間相關的不同面向：組型矩陣反映因果的負荷量（the causal weights），而結構矩陣則反映種種的相關。

第四節　共同因素的數目與已調整相關矩陣的秩（the Rank）

在因素分析進行估計過程中，都會面臨到矩陣代數的演算中矩陣的秩（rank）之問題。對於矩陣的秩之認知，矩陣的秩，即是非零矩陣 A（Rencher, 1998, p.406），若至少有一 r 階子行列式異於零，而（r + 1）階子行列式為零，則 A 有 r 秩。零矩陣的秩為零。如

$$A=\begin{bmatrix}1 & 2 & 3\\ 2 & 3 & 4\\ 3 & 5 & 7\end{bmatrix} \text{的秩為 } r=2\text{，因為 } \begin{vmatrix}1 & 2\\ 2 & 3\end{vmatrix}=-1\neq 0 \text{ 而 } |A|=0\text{。}$$

若 n 階方矩陣的秩 r = n，亦即 $|A|\neq 0$，則 A 稱為非特異（nonsingular）矩陣；反之 $|A| = 0$ 稱為特異（singular）矩陣。

因為「行列式中的一列（或一行）如為其他一列（或一行）之倍數，則其值為 0」，因此，由方程式

$$A^{-1}=\frac{C'}{|A|} \tag{1-25}$$

可知：如果矩陣 A 有一列（或一行），與其他一列（或一行）完全相似，或者為其一列（或一行）之倍數，則因為 $|A| = 0$，使 $A^{-1} = C'/|A| = C'/0$，所以反矩陣 A^{-1} 並不存在。此時，A 是為特異。例如：下列的矩陣 X 與矩陣 Y 就是。

$$\text{當 } X=\begin{bmatrix}1 & 2 & 3\\ 2 & 1 & 0\\ 7 & 8 & 9\end{bmatrix}\text{時，}|X|=\begin{vmatrix}1 & 2 & 3\\ 2 & 1 & 0\\ 7 & 8 & 9\end{vmatrix}=0$$

$$\text{或 } Y=\begin{bmatrix}2 & 3 & 3\\ 3 & 4 & 5\\ 3 & 4 & 5\end{bmatrix}\text{時，}|Y|=\begin{vmatrix}2 & 3 & 3\\ 3 & 4 & 5\\ 3 & 4 & 5\end{vmatrix}=0$$

此時矩陣 X 的第一列與第二列為「線性相依」（linearly dependent）；矩陣 Y 的第二列與第三列為線性相依。由此可知，矩陣 X 與矩陣 Y 均無反矩陣存在。

假定有一矩陣 G，其 $|G|\neq 0$，則反矩陣 G^{-1} 就會存在。此時，矩陣 G 是為「非特異」（nonsingular）。例如：

$$G=\begin{bmatrix}1 & 2 & 3\\ 2 & 1 & 2\\ 7 & 8 & 9\end{bmatrix}\text{時，}|G|=\begin{vmatrix}1 & 2 & 3\\ 2 & 1 & 2\\ 7 & 8 & 9\end{vmatrix}=12\neq 0$$

矩陣 G 的三列（或行）彼此為「線性獨立」（linearly independent）。

一個矩陣裡面彼此線性獨立的列數（或行數）是為該矩陣的「秩」（rank）。矩陣 A 如有 m 個線性獨立的列數，其秩數就是 m，要牢記 $R(A) = m$。前述的矩陣 G 有 3 個彼此線性獨立的列，故矩陣 G 為 3 秩的矩陣，就記為 $R(G) = 3$。前述的矩陣 X 雖為 3×3 階矩陣，但只有兩列是彼此線性獨立的，故 $R(X) = 2$，因為至少還有 $|M_{11}| = \begin{vmatrix} 2 & 3 \\ 1 & 0 \end{vmatrix} \neq 0$。

任何 n×m 階矩陣，其秩數不會超過 n 或 m 二者之中較小的一個數目。用方程式表示為：

$$R(A) \leq \min(n, m) \tag{1-26}$$

例如：

$$H = \begin{bmatrix} 3 & 5 & 6 \\ 4 & 7 & 9 \end{bmatrix} \text{時，} R(A) \leq \min(2, 3)$$

亦即是，矩陣 H 的秩數不會超過 2。因為矩陣 H 的列或行均沒有線性相依者，因此，矩陣 H 的秩數正好是 2。

如果 $R(A) = \min(n, m)$，則矩陣 A 就是「滿秩」（full rank）的矩陣，例如上述的矩陣 A 就是。如果 $R(A) < \min(n, m)$，則這樣的矩陣 A 就是「缺秩」（deficient rank）的矩陣，例如，上述的矩陣 X 與 Y 便是。

在把兩個矩陣相乘之後，所得到的新矩陣的秩數，也不能超過這個矩陣分開時，秩數較小的一個矩陣的秩數。也就是：

$$R(AB) \leq [R(A), R(B)] \tag{1-27}$$

例如：

$$XG = \begin{bmatrix} 1 & 2 & 3 \\ 2 & 1 & 0 \\ 7 & 8 & 9 \end{bmatrix} \begin{bmatrix} 1 & 2 & 3 \\ 2 & 1 & 2 \\ 7 & 8 & 9 \end{bmatrix} = \begin{bmatrix} 26 & 28 & 34 \\ 4 & 5 & 8 \\ 86 & 84 & 118 \end{bmatrix}$$

$$R(X) = 2 \quad R(G) = 3 \qquad R(XG) = 2$$

矩陣秩數多少的決定方法有很多，可更進一步參考（Timm, 1975, pp.40-45;

Tatsuoka, 1971, pp.131-135; Bock, 1975, pp.42-44）。在對於矩陣秩數問題的概略認知之後，我們回顧到因素分析的矩陣秩數問題的探討。

在前述的探究中，我們說明若干範例，如果因素結構是已知的，那對應的共變數的結構就可以被獲得而沒有誤差。但是，在實際的應用中，我們很少會獲知因素結構其先驗的結構是甚麼。如此，我們開始可從各觀察變項之間的已知相關中去獲得基本的各因素以檢測更實際的情境是必要的。無論如何，將被顯示，要從已知的相關做有關因素的推論策略，已關聯到它很多不確定性或無法克服的問題（indeterminacies）。這些問題將在本文中被辨識。我們開始將檢測各因素與各相關的結構屬性之間一致性的另一類型。關切結構屬性是共同因素的數目與在某些調整已被執行之後產生相關矩陣各獨立的維度（independent dimensions 或各獨立的面向）之間的關係。在進行之前，無論如何，小心謹慎是必要的。本段的探討對某些數學背景受到限制的研究生或讀者，我們會盡可能以簡效的方式來傳輸其意義。

我們再次言及到一個共同因素的模型如在圖 1-3 所示，假定因素負荷量，我們可以複製觀察變項之間的相關而沒有誤差。在表 1-6 之中這些相關是以基本因素負荷量的方式來呈現，而對角線的元素（entries）是由共同性來替代（這是可能假定若干基本的定理係獲自前述的探索）。

由一個共同因素所產生的所有已調整的相關矩陣（這些與主要對角線上的共同性）共持一個基本結構的特性，即是矩陣的秩是 1。無需提供形式數學的基礎與定義，我們就可說一個矩陣的秩涉及到在形成矩陣中其各向量的一個組合中線性相依的程度（the degree of linear dependence）。我們相信去簡要地描述這個概念與指出它如何和因素的數目發生相關是必要的。要去證實一個矩陣有一個 K 的秩（a rank of K）之方法去發現以 K + 1 的次級矩陣的行列式是 0，與去發現至今一個 K 維度（或向度，或面向）的次級矩陣的行列式不是 0。

表 1-6 依因素負荷界定方式呈現相關與共同性的結果，所假定的一個共同因素模型

	X_1	X_2	X_3	X_4
X_1	b_1^2	b_1b_2	b_1b_3	b_1b_4
X_2	b_1b_2	b_2^2	b_2b_3	b_2b_4
X_3	b_1b_3	b_2b_3	b_3^2	b_3b_4
X_4	b_1b_4	b_2b_4	b_3b_4	b_4^2

如果該維度或矩陣的秩是 1，那麼涉及二或更多變項的行列式都應該是 0。這種屬性可以檢測表 1-6 資料來說明。例如，對包括第一個二變項的行列式是

$$\det\begin{vmatrix} b_1^2 & b_1b_2 \\ b_1b_2 & b_2^2 \end{vmatrix}$$

$$= b_1^2b_2^2-(b_1b_2)(b_1b_2)$$

（依一個行列式的界定，在 2×2 的矩陣中告訴我們可從主要對角線的各元素乘積減次對角線的各元素乘積）

$$= b_1^2b_2^2-b_1^2b_2^2 = 0 \tag{1-28}$$

（依乘法與減法）

由於得知主要對角線的各元素是共同性估計值，與在一共同因素的案例中，各個 b 的值是和各變項與各因素之間對應的相關是一樣的。所以，我們可寫成

$$\det\begin{vmatrix} h_1^2 & r_{12} \\ r_{12} & h_2^2 \end{vmatrix} = 0 \tag{1-29}$$

同樣地，每一個可能平方矩陣包含二或更多列與行，有一個 0 的行列式

$$\text{例如：}\det\begin{vmatrix} r_{12} & r_{13} \\ b_2^2 & r_{23} \end{vmatrix} = \det\begin{vmatrix} b_1b_2 & b_1b_3 \\ b_2^2 & b_2b_3 \end{vmatrix} \tag{1-30}$$

$$= (b_1b_2)(b_2b_3)-(b_1b_3)(b_2^2) = 0$$

每一個經驗的說明，假定我們被給予一個四變項的相關矩陣，此矩陣始基於圖 1-10 所描述的因素矩陣。其結果無需主要對角線的相關矩陣被呈現在表 1-7 所顯示的。

依據秩的定理意指，假定只有一個共同因素，那下列的關係應該維持恆定：

$$r_{13}r_{24}-r_{14}r_{23} = 0 \tag{1-31}$$

$$r_{12}r_{34}-r_{14}r_{23} = 0 \tag{1-32}$$

$$r_{13}r_{24}-r_{12}r_{34} = 0 \tag{1-33}$$

因為如前述的部分所顯示，方程式（1-31）、（1-32）與（1-33）可以以等於因素負荷量的方式來呈現，

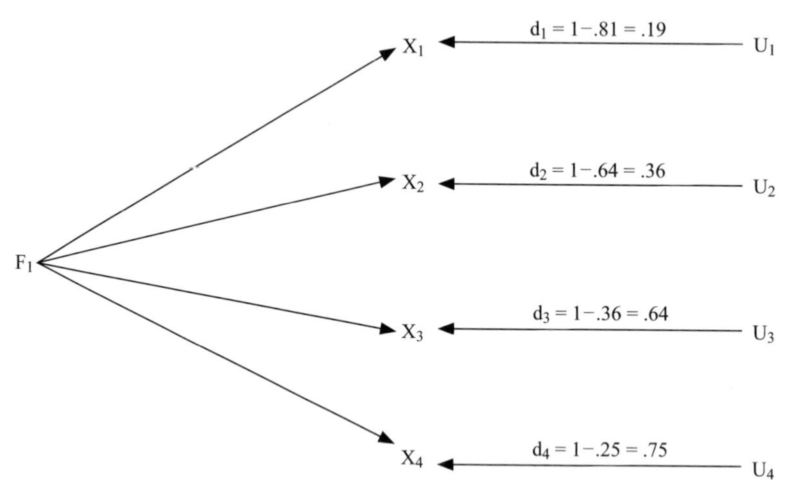

圖 1-10　因素模型與表 1-7 中的資料相符的徑路分析圖

表 1-7　從圖 1-10 中因素模型所獲得的相關矩陣

	X_1	X_2	X_3	X_4
X_1	b_1^2	.72	.54	.45
X_2	.72	b_2^2	.48	.40
X_3	.54	.42	b_3^2	.30
X_4	.45	.40	.30	b_4^2

$$(b_1b_3)(b_1b_4)-(b_1b_4)(b_2b_3) = 0$$
$$(b_1b_2)(b_3b_4)-(b_1b_4)(b_2b_3) = 0$$
$$(b_1b_3)(b_2b_4)-(b_1b_2)(b_3b_4) = 0 \qquad (1\text{-}34)$$

很容易地就可檢查其顯示的等值（the equality）因為任一邊減其量都相同 $(b_1b_2b_3b_4)$，因為在表 1-7 中的相關符合這樣的標準。

$$(.32)(.12)-(.16)(.24) = 0$$
$$(.48)(.08)-(.16)(.24) = 0$$
$$(.32)(.12)-(.48)(.08) = 0$$

由此，我們可能證實一個共同因素模型符合該資料的標準。

同時，持續去使用該定理，我們可以探究每個共同性的值，由此，再去探究基本因素負荷量。例如，秩的定理亦指示

$$b_1^2 r_{23} - r_{13} r_{12} = b_1^2 r_{24} - r_{14} r_{12} = 0$$
$$b_1^2 r_{34} - r_{14} r_{13} = 0 \quad (1\text{-}35)$$

此依序意指，

$$b_1^2 = r_{13} r_{12} / r_{23} = r_{14} r_{12} / r_{24} = r_{14} r_{13} / r_{34} \quad (1\text{-}36)$$

在我們的範例中，

$$b_1^2 = (.32)(.48)/.24 = (.16)(.48)/.12 = (.16)(.32)/.08 = .64$$

.64 的平方根是 .8，此值符合在圖 1-10 中所顯示的因素負荷量。

當有二個共同因素時，已調整相關矩陣的秩將會是 2，而不是 1。至少包括二行與列的一個行列式將會不是 0，但是對三或更多的行與列的行列式將會是 0，這種形式的證據（proof）並沒有被包括。大部分標準的讀本，例如，Harman（1976）與 Mulaik（1972）的著作就有提出這樣的論據。只要我們參考這些論據與熟練矩陣代數就可以各維度（或各面向；各向度）次級矩陣計算各個行列式，而獲得其種種結果來獲益。凡是在迴歸分析中對於多元共線的問題的人，可以依據多元迴歸中完全判定（complete determination）的界定方式去思考有關矩陣的秩之問題，如果已調整相關矩陣的秩是 1，它意指在一行的所有元素（entries 項目；輸入項）可由另一行的所有元素來預測（而沒有誤差）；如果秩是 2，那在任一行的所有元目就可完全由任何其他二行元目的線性組合來決定。無論如何，要記得我們正在進行評估的是在一個相關矩陣中的各元目，而不是在評估一個標準資料矩陣中的各值。

總之，我們已嘗試就各矩陣、各秩、各行列式，等問題的討論所作的證實，其目的是在於探究有關共同因素的數目與已調整相關矩陣的秩之間的對應或一致性的一個基本原則。其原則是：如果因素的數目已知是 K，那我們就可推論對應已調整相關矩陣的秩亦是 K。這樣的對應一致性可指出這種推論過程的反矩陣（the reverse）是可能的，即是，基本共同因素的數目可以從已調整相關矩陣的檢測中來探知。事實上，這種一致性的檢測使因素分析成為可能，至少，在因素分析發展的初期是如此。無論如何，如將被顯示的，這種推論方式並不像是直進的與不容爭辯的，如當因素結構是已知時。尤其是，因為下列的含意，秩的定理是受到限制的：（1）當有二個或更多的共同因素時，負荷量的精確輪廓（the exact configuration）若沒有附加的假設，就無法被探究；（2）秩的定理僅應用於當因果的運作（組合各因素去建立各變項的規則）符合各種條件狀況中的某一組合時；（3）觀察的相關是受到樣本的與測量的誤差所混淆而無法使用；（4）在真實世界的種種關係縱然沒有抽樣與測量誤差亦無法精確地適應任何因素模型。

抽樣與測量誤差的問題將以一個個別章節作進一步解釋與探究，其中各種統計的問題都可被討論。而其餘的三個問題是概念上的問題，發生於因素結構與共變數結構之間的關係上由於先天的不確定性所致。在討論處理這些問題的策略之間，我們將說明這些問題的主要來源。

第五節　來自共變數結構中獲取因素所產生的不確定性

線性因果系統的種種性質是簡單的與直進的。而且，有一個不容爭辯的共變數結構與每一個線性因果系統結合著，即是，如果因素負荷量是已知，那麼各變項之間的相關可以唯一地或獨特地被獲得。但是，亦如已提及相反的必然不是真的。獲知觀察變項之間的相關並沒有導致或促成對基本因果結構的認知，因為相同共變數的結果可以由許多不同的因果結果來產生。如此，因素分析的主要目標，要從一個共變數結構的檢測中去發現基本因素因解結構（the underlying factorial structures）是不容易被實現的。

無論如何，如果以上種種的不確定性的本質可以完全地被理解的，我們能夠去消除這些不確定性到何種的程度。這些問題有三種基本的類型：（1）一個個別共變數結構可以由共同因素的相同數目而且以一個不同因素負荷量形狀來產生；（2）一個個別共變數結構可以由不同共同因素數目的因素模型來產生；（3）一個個別共變數結構可以由一個因素分析的因果模型和由一個非因素分析的因果模型來產生（Kim & Mueller, 1978, p38）。在討論這三種不確定性來源的意義之前，每一個類型的某些具體範例被呈現如下。

1. 一共變數結構（One Covariance Structure）－不同因素負荷量（Different Factor Loadings）

這種不確定類型有兩種特別的式樣（version）。在圖 1-11 的二個因果結構有二個正交的因素，但是其因素負荷量是不同的。然而，觀察變項之間產生的相關矩陣是相同的，除了四捨五入的誤差之外。

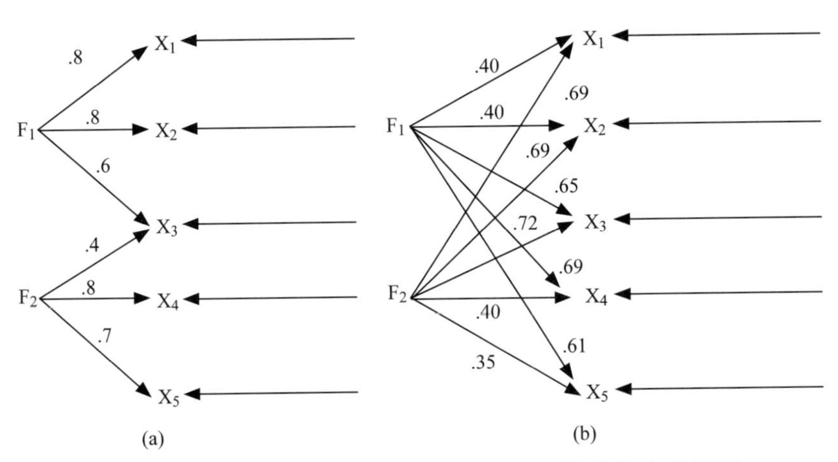

圖 1-11　因素模型與一個單一相關矩陣相符的徑路分析圖

一般而言，這樣不同的形狀（such different configuration），有很大不同的形狀，可以導致相同的相關矩陣。所以，這種線性負荷量（the linear weights）形狀運作於事實中採取檢測觀察變項之間的相關的決定是除了臆測之外，並沒有任何理論與過去研究發現的假定。

第二範例被說明於圖 1-12 中，其中一個因果系統是基於斜交的因素之上而另一因果系統是基於正交的因素之上時，兩者對觀察變項產生相同的相關矩陣。

在因素分析的許多著作之中，對於這種不確定的類型時常稱為是轉軸的問題，對於轉軸的問題我們留待下一章再深入探討。

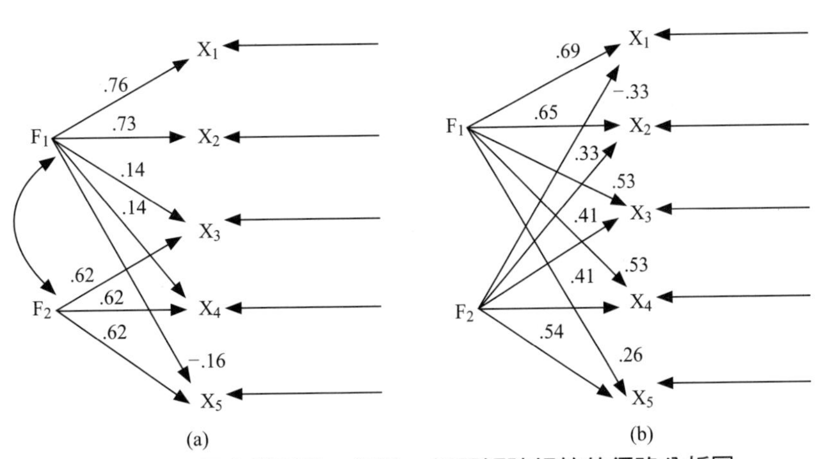

圖 1-12　因素模型與一個單一相關矩陣相符的徑路分析圖

2. 一共變數結構（One Covariance Structure）－因素數目的不同（Varying Number of Factors）

當我們討論共同因素數目與已調整變項相關矩陣的秩之間的一致性時，若沒有完整地界定或規劃在這種一致性之下的種種條件狀況，那就會產生如圖 1-13 所顯示二個因果的結構，而產生相同的相關矩陣。

從這個說明中要記住的要點是我們從對應假定的相關矩陣中無法推論共同因素的數目；所以，以很多共同因素數目的模型可以產生相同類型的相關矩陣。因而這種不確定性亦可以被認為是一個一般轉軸問題的特別案例。

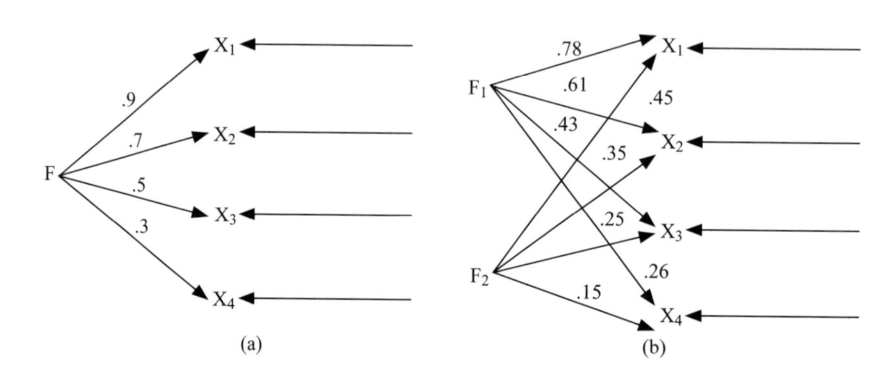

圖 1-13 因素模型與一個單一相關矩陣相符的徑路分析圖

3. 競爭的因果結構（Competing Causal Structures）

另一個基本的不確定性是不同因果關係的一個另一種變異形式（a variety of）可以產生相同相關結構。回顧在前一節的開始就提到因素分析的研究途徑在典型上假定各變項之間的相關是由於它們共同持有共同因素所致。二個變項 X_1 與 X_2 之間的相關可以以若干方法來產生：（1）X_1 是 X_2 的原因，（2）X_1 與 X_2 共同持有某些共同原因，或（3）由於兩者的關聯。

圖 1-14 假定有三個變項二個因果的結構，每一個因果的結構可產生相同的相關結構。一個是一共同因素模型，而另一個則不是一個因素模型。

因而，上述的主要問題就變成要以經驗上的資料檢測因果模型是否適合於資料的問題。其答案是「不」。這種不確定性的類型僅可利用因素分析結構依據一種理論論證之上，或基於前述研究各變項之間因果順序的認知之上來進行分析。

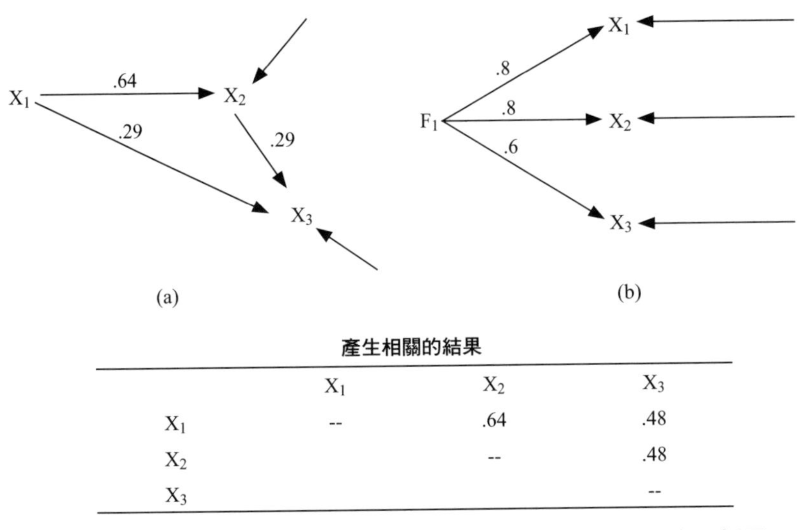

產生相關的結果

	X_1	X_2	X_3
X_1	--	.64	.48
X_2		--	.48
X_3			--

圖 1-14　呈現兩個因果結構所產生相同的相關之徑路分析圖

依其意義，以上所述不確定性問題的研究，可發現問題 3 是比問題 2 嚴重，而問題 2 比問題 1 嚴重，因為問題 3 意指因素分析解釋的適當性無法被證明，而問題 2 意指共同因素的數目無法被證實，而問題 1 僅意指因素負荷量是可以不同的。這些兩難的問題僅可由製作假設來解決。

第六節　因素分析的基本假定（Fundament Postulates）

在檢測因素結構與共變數結構之間關係中面對這些似乎是具有無法克服的種種不確定性，我們如何應用因素分析與如何保證這些發現可以被有意義地作解釋？以大部分科學的其他方法，我們嘗試去把這些不確定性極小化，而信賴某些基本假定（Fundament Postulates）。我們可以使用基本假定（Postulate）一詞去指涉基本假設（basic assumptions）或原則（principles），這樣的基本假定必須由因素分析的使用者來堅持，如果這些不確定性是可以被極小化的話。某些基本假定的使用可以比其他方法對一個假定的問題是更加適當，但是它們最後的效度總是會受到質疑。

我們必須製作這樣的假定企圖於使用因素分析之前，這樣的假定被稱為因素因解因果的假定（the postulate of factorial causation）。假定各變項之間的關係。這種假定把一個個別因果的順序課加在資料上，即是可觀察的變項是某些基本因果變項的線性組合。研究者必須使基於資料其他實質認知的基礎上證實這個基本假定；應用因素分析技術所產生的種種結果無法被使用於去證實或去加強這個基本假定的效度（validity）。可以被達成的大部分是推論觀察資料的結構與基於這樣基本假定之上的一個個別因素模型是不一致的。換言之，以假定的這些變項與它們之間的共變數，去論證基本因果結構是因素因解（factorial）如以圖 1-14b 替代圖 1-14a，是研究者的重責。

第二個不確定性（一共變數結構－因素數目的不同）是可採用簡效假定（the postulate of parsimony）來解決。例如，假定一個共同因素與二個共同因素模型兩者與觀察資料是一致的，我們接受簡效模型的信心就愈大。如此，假定的二個基本假定的模型被顯示在圖 1-13 中，我們會選擇（a）優於（b）。這樣的假定是無法證明的，但是在其他的研究領域是被廣泛接受的。

接受這樣的原則的優點是它時常會導致一個唯一性的推論（或結論），其中這樣的推論在不同情況之下是不可能的。再次回顧到圖 1-13，有很多的因素模型的數目，已產生觀察的相關矩陣，但是僅一個別因素負荷量的形狀與一個共同因素模型是一致的。共同因素的數目與已調整相關矩陣維度（或面向）的數目之間對秩的理論一致性，可以是一個有用的方法。關切該假定是有一個單一的共同因素，此是簡效原則所假定的目標。秩的定理之應用將允許我們去拒絕或不拒絕這個假定。但是未能去拒絕它，就無法證明一個單一的共同因素可提供解釋各變項之間的共變數。以另一方式陳述，要去決定該資料與一個一共同因素模型（a one-common factor model）是否一致，但是假定一致性被指示，那要去證實唯有一因素是不可能的。

再檢測圖 1-13 中二個模型在這一點上是可提供有價值的資訊。在圖 1-15 中我們呈現圖 1-13b 的因素負荷量在一個笛卡爾座標上。

所有這些因素負荷量往上排列在點綴的線上。如果我們是去使用點綴的線（從向順時鐘方向轉 30 度），如在新的座標系統，我們將發現在這個新軸上負荷量將是同等於圖 1-13a 中所顯示的負荷量。依此意義，簡效假定是關係到轉軸（或資料的轉換）此更經常被使用去發現一個更「富有意義的」或「可解釋的」因素因解的結構。

如已指出的，第一個不確定性（一個共變數結構－不同的因素負荷量）時常被稱為是轉軸的問題。依此，共同因素的數目就不再是一個問題。在轉軸的過程只要選擇共同因素的最少量數目就可達到某程度的簡效原則，依此簡效原則可產生觀察

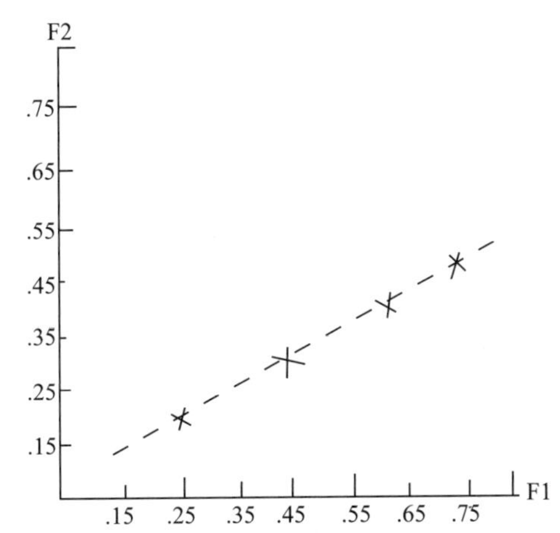

圖 1-15　在圖 1-13a 中因素模型的笛卡爾座標系統

的共變數結構。然而問題是如何在圖 1-11 與 1-12 中的 (a) 與 (b) 之間做選擇。

假定在這些模型中的個別因素組型（pattern），要去辯論「a」模型顯示比「b」模型有更簡化的程度是相當容易，可以以「a」模型中的某些變項有一個因素的複雜性，而在「b」模型中有兩個因素的複雜性之比較來推論。

在實際的因素分析中，其中我們必須處理抽樣的與測量的誤差，因而在（a）與（b）之間做選擇就不是毫無疑義的問題。最後的選擇可以是個人偏好的問題，因為各軸的適當旋轉，無論進行正交或斜交的轉軸，會使一個系統轉變成為另一系統，但不會影響任何已轉軸的因素因解系統，也不會影響假定共變數結構之間適配度的問題。因而對於轉軸問題就會有「較簡單結構」（simpler structure）的認知選擇問題（Carroll, 1953）。對於轉軸問題在以下的各章我們將會有更深入與詳細的探究。

摘要言之，因素分析的研究途徑只有在因素因解因果與簡效原則的假定被接受時，才有可能達成。我們已說明為甚麼這些假定（postulates）是必要的原因，它們顯示從觀察變項共變數結構的觀察值中做有關基本結構的種種推論以說明其固有的不確定性，這些不確定性是邏輯的問題，而不是統計的問題。在本質上，我們將因素分析視為是一種統計的方法，並將深入與詳細的探究（Kim & Mueller, 1978）。

第七節　SPSS 軟體程式與語法指令的應用

從前述各節的探討中，尤其是在第三節因素分析的邏輯基礎因素分析中所提到的模型與共變數結構之間的一致性問題時，我們會體認到模型與共變數結構之間的一致性問題是要經歷數學方程式的演算過程。這樣的演算過程是複雜的，並需要矩陣代數去進行因素模型分析中的估計演算過程。因而，對於因素模型分析的進行就需要依據研究者個人的研究需求去應用各種軟體程式以達成他所要的研究目的。

就社會科學的研究領域而言，SPSS 軟體程式與語法指令的應用是很普遍的。因而，在本書中對於探索性的因素分析，係以使用 SPSS 軟體程式與語法指令為主。以下就個人在這方面學習與應用的心得摘要報告如下：

一、基本語法

依據基本語法的界定線順序：

FACTOR VARIABLES = 變項名稱串

/ MISSING = LISTWISE（內設的處理方式） PAIRWISE

MEANWIDE INCLUDE

/WIDTH = SET 指令所界定的輸出欄位（內設的處理方式）

輸出欄位

/ANALYSIS = 變項名稱串

ALL

/ FORMAT = SORT BLANK(n) DEFAULT

/ PRINT = DEFAULT INITIAL EXTRACTION CORRELATION

DET INV KMO FSCORE SIG ROTATION FROR

ALL UNIVARIATE AIC

/ PLOT = EIGEN

ROTATION（橫軸因素 縱軸因素）

DIAGONAL = 數值串（內設的處理方式）

/ CRITERIA = FACTOR 最大之因素數目

MINEIGEN 最低之特徵值

ITERATE 反覆聚合之次數

ECONVERGE 聚合之標準

RCONVERGE 聚合之標準

KAISER

NOKAISER

DELTA　　　　斜交度
DEFAULT（內設的處理方式）
/ EXTRACTION = PC（內設的處理方式）PA1（內設的處理方式）或
DEFAULT
PAF　PA2
ALPHA
IMAGE
ULS
GLS
ML
/ ROTATION = VARIMAX（內設的處理方式）EQUAMAX
QUARTIMAX
OBLIMIN　NOROTION

（一）VARIABLES = **變項名稱串或** ALL

VARIABLES 副指令是 FACTOR 指令中唯一不可省略的副指令。界定時只須列舉想要進行因素分析的變項其數字值（阿拉伯數字）所代表的變項即可。如果想要進行所有變項的因素分析，則以 ALL 的關鍵字界定之。

（二）MISSING = LISTWISE（**內設的處理方式**）　PAIRWISE　MEANWIDE　INCLUDE

界定 MISSING 副指令，可以設定缺乏資料值的處理方式。在此所界定的處理方式，影響 FACTOR 指令內所有的分析，因此它僅須界定一次即可。MISSING 副指令可以省略，省略時或者界定 MISSING 而未加關鍵字時，缺失資料係採取內設之串列刪除法（LISTWISE）處理之。

（三）WIDTH = SET **指令所界定的輸出欄位（內設的處理方式）**

輸出欄位

WIDTH 副指令用以界定輸出資料時每一行的寬度。

WIDTH 副指令可以省略而不予界定，輸出寬度係依 SET 指令所界定者為標準。若僅界定寬度時，內設之輸出資料寬度為 132 個欄位。

（四）ANALYSIS = 變項名稱串 或 ALL

ANALYSIS 副指令取 VARIABLES 副指令裡所界定之所有變項或部分變項，進行因素分析。每一個 ANALYSIS 副指令都重新開始一個因素分析。一個 FACTOR 指令中，最多可界定 10 個 ANALYSIS 副指令。換言之，VARIABLES 副指令裡所界定之變項，依不同的組合，最多可進行十個因素分析。

ANALYSIS 副指令可以界定進行因素分析的變項時，這些變項係取自 VARIABLES 副指令所界定者。因此，在 ANALYSIS 副指令中，以「TO」可含入多個變項，或以 ALL 代表所有的變項。每一個 ANALYSIS 副指令都將可指示進行一個因素分析，但是省略所有 ANALYSIS 時，仍將進行一個因素分析，不過加入一個因素分析，是 ANALYSIS 副指令中界定的所有的變項。

（五）/FORMAT = SORT　BLANK(n)　DEFAULT

FORMAT 副指令的功能要將因素組型矩陣或樣式矩陣和因素結構矩陣的輸出格式加以重組，使研究者閱讀與解釋因素結構較為容易。

利用 FORMAT 副指令可以將因素負荷量過小的，不給予輸出，或者可依因素負荷量依其大小順序排列。如以 SORT1 指示因素負荷量依因素負荷量大小順序排列，以 BLANK(n) 指示因素負荷量的絕對值小於所界定的 n 值將不給予輸出。

（六）PRINT = 關鍵字

利用 PRINT 副指令可以指示輸出進行每一次因素分析的一些統計量，一次因素分析僅需界定一次 PRINT 副指令，如果界定一次以上時，只有最後一次的界定有效。換言之，PRINT 副指令只影響一次因素分析所輸出的結果，而對於下一次因素分析並不產生效果。因此，每一次因素分析如果要產生與內設之輸出項目不同的統計量，就有必要逐一界定 PRINT 副指令，列舉所要的輸出項目。

（七）/PLOT = EIGEN

ROTATION（橫軸因素　縱軸因素）

PLOT 副指令可用於繪製特徵值的陡坡圖（scree plot）與變項在二個轉軸因素負荷量的座標圖。在省 PLOT 副指令時，其內設處理方式是不會輸出任何圖形。如果只有界定 PLOT 而沒有加上要選用圖形的關鍵字，此種界定是無效的。

由於 PLOT 副指令只得影響一次因素分析。因此，接下去的因素分析若也要繪製任何圖形時，就必須再度界定 PLOT 副指令一次。換言之，每因一個 ANALYSIS

副指令而開始一次因素分析時，內設的處理方式是不產生任何圖形。除非界定了 PLOT 副指令，將內設處理方式給予改變，才可能產生圖形。

一次的因素分析，只需界定一個 PLOT 副指令，如果界定一個以上時，僅最後一次的界定有效。PLOT 副指令可產生二種圖形，各以下列的關鍵字表示之。界定時，可依需要只界定其中之一，或二個同時界定。

EIGEN 繪出特徵值的陡坡圖（參考 Cattell，1966b）。每一次萃取因素所獲得之特徵值，將被繪製以因素數目為橫軸，以特徵值的數值為縱軸的呈現在座標圖中。由於特徵值會隨萃取因素數目的增加而減少，因而所繪製的圖形會呈現陡坡後逐漸成水平線。

ROTATION（橫軸因素　縱軸因素）

繪出轉軸後因素負荷量在二個因素上的座標圖。界定時，關鍵字 ROTATION 後必須列舉一個配對的因素，藉以決定座標圖之橫軸及縱軸。界定一個配對因素的方法是以因素產生之順序（由 1 開始依次排列），作為因素的代號，將代表兩軸的因素之代號列舉於左、右括號之內。界定的每一對因素，都將產生一個對應的座標圖。如果想產生未經轉軸之因素負荷量的座標圖，必須在 ROTATION 副指令中界定關鍵字 NOROTATION。

（八）EXTRACTION = PC　PAP　ALPHA　IMAGE　ULS　GLS　ML

EXTRACTION 副指令的功能是界定萃取因素所採用的方法。省略此副指令時，內設萃取因素的方法是主成分分析。

每一種萃取因素的方法，都有一個相對應的關鍵字代表之。在一個 EXTRACTION 副指令中，只界定一個關鍵字，以執行一種萃取因素的方法。在一次因素分析的界定中，可以界定一個以上的 EXTRACTION 副指令，以進行各種不同的因素萃取方式。

在一次因素分析的界定中，如果省略 EXTRACTION 副指令時，即表示是以內設的處理方式以主成分分析法萃取因素之後，以 VARMAX 轉軸方法將因素加以轉軸。

（九）ROTATION = VARIMAX **（內設的處理方式）** EQUAMAX　QUARTIMAX　OBLIMIN　NOROTION

萃取因素之後，如果想要以何種方法進行轉軸，或不想要以何種方法進行轉軸時，可以利用 ROTATION 副指令界定之。

每一個 EXTRACTION 副指令之後，可界定一個或多個 ROTATION 副指令，在每一個 ROTATION 副指令中，可界定一個代表轉軸方法的關鍵字。

（十）CRITERIA = 關鍵字

CRITERIA 副指令的界定，可以取代軟體內設有關萃取因素與轉軸的一些標準。因此，它的界定位置在 EXTRACTION 與 ROTATION 副指令之前。

在未界定 CRITERIA 副指令，或只界定 CRITERIA 而未加任何的關鍵字時，萃取因素與轉軸的執行係依據內設的一些標準去進行。所以，在界定 CRITERIA 副指令並列舉代表標準的關鍵字時，只有依據被界定這些標準進行改變，其他未加界定的仍然維持內設的一些標準。

（十一）DEFAULT = 關鍵字

DEFAULT 副指令被使用在採取主軸因素萃取方法時，界定相關矩陣中對角線元素的數值。換言之，此一副指令只有在 EXTRACTION = PAF（或 PA2）也同時界定時，才會產生作法。對於其他因素萃取方法而言，DEFAULT 的界定是無效的。

（十二）READ

當輸入的資料不是原始資料，而是相關矩陣或因素負荷量時，必須利用 READ 副指令界定輸入的資料是何種矩陣。在界定 READ 時，VARIABLES 副指令一定是第一個被界定的副指令。而READ 副指令則必須呈現在有關因素分析的副指令之前，而且只界定一次。

如果要界定 READ 副指令時，在界定 FACTOR 指令之前，必須先界定 DATA LIST 指令，標明矩陣型式資料的所在、輸入格式及變項名稱。而且在 FACTOR 指令內界定 VARIABLES 副指令時，所列舉之變項名稱的個數、順序，必須與 DATA LIST 內所界定者相符。

以上只是對於 SPSS 語法指令的各個副指令的概述進行說明，詳細的說明可參考（SPSS, 1990）與（SPSS 12, Command Syntax Reference, pp546-563）。如果要付予執行，是需要實際的操作與應用方可勝任。

二、實際的操作與應用

以下我們就前述各節問題的探討，以實際的語法指令操作與應用來執行上述的問題。在此，我們以二個範例，如前述二個問題，其一以五個測量變項二個共同因素的模型，其二以六個測量變項二個共同因素的模型來進行因素分析。其中，分別以主成分萃取因素與最大變異法進行轉軸，及以最大概似法萃取因素與最小斜交法進行轉軸。

（一）範例（1-1）以前述五個測量變項二個共同因素的模型為例

1. 五個測量變項二個共同因素的模型以主成分萃取因素與最大變異法進行轉軸

（本語法指令儲存在本書 SPSS 的 Syntax CH1-1 檔案中）

```
MATRIX DATA VARIABLES =  X1 X2 X3 X4 X5
    /CONTENTS =  N CORR
    /FORMAT = UPPER NODIAGONAL.
BEGIN DATA
1000   1000   1000   1000   1000
 .560   .480      0      0
 .560      0      0
 .480   .360
 .480
END DATA.
subtitle '因素分析'.
FACTOR
        /MATRIX =  IN(CORR = *)
        /ANALYSIS = X1 to X5
        /PRINT = ALL
        /CRITERI = FACTORS(2)／EXTGACTION
        /EXTRATION = PC
        /ROTATION = VARIMAX
        /FORMAT
        /PLOT = EIGEN ROTAION(1 2).
```

表 1-8 SPSS 輸出結果報表資料

表 1-8 之 1 Total Variance Explained

Component	Initial Eigenvalues			Extraction Sums of Squared Loadings			Rotation Sums of Squared Loadings		
	Total	% of Variance	Cumulative %	Total	% of Variance	Cumulative %	Total	% of Variance	Cumulative %
1	2.249	44.985	44.985	2.249	44.985	44.985	2.000	40.006	40.006
2	1.511	30.215	75.199	1.511	30.215	75.199	1.760	35.194	75.199
3	.538	10.753	85.952						
4	.448	8.969	94.921						
5	.254	5.079	100.000						

Extraction Method: Principal Component Analysis.

表 1-8 之 2 Component Matrix(a)

	Component	
	1	2
X1	.664	−.533
X2	.704	−.529
X3	.906	.050
X4	.526	.690
X5	.463	.684

萃取方法：主成分分析
a. 2 components extracted.

表 1-8 之 3 Rotated Component Matrix(a)

	Component	
	1	2
X1	.850	−.048
X2	.880	−.022
X3	.709	.567
X4	.028	.868
X5	−.020	.826

萃取方法：主成分分析
旋轉方法：含 Kaiser 常態化的 Varimax 法
a. Rotation converged in 3 iterations.

2. 五個測量變項二個共同因素的模型以最大概似法萃取因素與最小斜交法進行轉軸

（本語法指令儲存在本書 SPSS 的 Syntax CH1-2 檔案中）

```
MATRIX DATA VARIABLES =  X1 X2 X3 X4 X5
        /CONTENTS =     N CORR
        /FORMAT = UPPER NODIAGONAL.
BEGIN DATA
1000    1000    1000    1000    1000
.560    .480       0       0
.560       0       0
.480    .360
.480
END DATA.
subtitle '因素分析'.
FACTOR
        /MATRIX =  IN (CORR = *)
        /ANALYSIS = X1 to X5
        /PRINT = ALL
        /CRITERI = FACTORS (2)/EXTGACTION
        /EXTRATION = ML
        /ROTATION = OBLIMIN
        /PLOT = EIGEN ROTAION(1 2).
```

表 1-9 **SPSS 輸出結果報表資料**

表 1-9 之 1 **Total Variance Explained**

	Initial Eigenvalues			Extraction Sums of Squared Loadings			Rotation Sums of Squared Loadings(a)
Factor	Total	% of Variance	Cumulative %	Total	% of Variance	Cumulative %	Total
1	2.249	44.985	44.985	1.920	38.406	38.406	1.689
2	1.511	30.215	75.199	1.053	21.061	59.466	1.407
3	.538	10.753	85.952				

Factor	Initial Eigenvalues			Extraction Sums of Squared Loadings			Rotation Sums of Squared Loadings(a)
	Total	% of Variance	Cumulative %	Total	% of Variance	Cumulative %	Total
4	.448	8.969	94.921				
5	.254	5.079	100.000				

Extraction Method: Maximum Likelihood.
a. When factors are correlated, sums of squared loadings cannot be added to obtain a total variance.

表 1-9 之 2 **Factor Matrix(a)**

	Factor	
	1	2
X1	.543	−.430
X2	.633	−.502
X3	.916	.040
X4	.497	.627
X5	.373	.470

萃取方法：最大概似
a. 2 factors extracted. 4 iterations required.

表 1-9 之 3 **Pattern Matrix(a)**

	Factor	
	1	2
X1	.700	−.066
X2	.816	−.077
X3	.666	.538
X4	−.045	.805
X5	−.034	.604

萃取方法：最大概似
旋轉方法：含 Kaiser 常態化的 Oblimin 法
a. Rotation converged in 5 iterations.

表 1-9 之 4 **Structure Matrix**

	Factor	
	1	2
X1	.690	.038
X2	.805	.045

	Factor	
	1	2
X3	.746	.638
X4	.075	.799
X5	.056	.599

萃取方法：最大概似
旋轉方法：含 Kaiser 常態化的 Oblimin 法

表 1-9 之 5　Factor Correlation Matrix

Factor	1	2
1	1.000	.149
2	.149	1.000

萃取方法：最大概似
旋轉方法：含 Kaiser 常態化的 Oblimin 法

（二）範例（1-2）以前述六個測量變項二個共同因素的模型為例

1. 六個測量變項二個共同因素的模型以主成分萃取因素與最大變異法進行轉軸

（本語法指令儲存在本書 SPSS 的 Syntax CH1-3 檔案中）

```
MATRIX DATA VARIABLES = X1 X2 X3 X4 X5 X6
        /CONTENTS =  N CORR
        /FORMAT =  UPPER NODIAGONAL.
BEGIN DATA
 100    100    100    100    100    100
.560   .480   .224   .192   .160
.420   .196   .168   .140
.168   .144   .120
.420   .350
.300
END DATA.
subtitle '因素分析'.
FACTOR
        /MATRIX = IN (CORR = *)
        /ANALYSIS = X1 to X6
```

```
/PRINT = ALL
/CRITERIA = FACTORS(2)／EXTRACTION
/EXTRACTION = PC
/ROTATION = VARIMAX
/PLOT = EIGEN ROTATION(1 2) .
```

表 1-10 SPSS 輸出結果報表資料

表 1-10 之 1 Total Variance Explained

Component	Initial Eigenvalues			Extraction Sums of Squared Loadings			Rotation Sums of Squared Loadings		
	Total	% of Variance	Cumulative %	Total	% of Variance	Cumulative %	Total	% of Variance	Cumulative %
1	2.372	39.527	39.527	2.372	39.527	39.527	1.973	32.888	32.888
2	1.323	22.051	61.577	1.323	22.051	61.577	1.721	28.690	61.577
3	.711	11.842	73.419						
4	.592	9.873	83.292						
5	.572	9.530	92.823						
6	.431	7.177	100.000						

Extraction Method: Principal Component Analysis.

表 1-10 之 2 Component Matrix(a)

	Component	
	1	2
X1	.747	−.395
X2	.706	−.409
X3	.651	−.417
X4	.595	.519
X5	.548	.529
X6	.488	.526

萃取方法：主成分分析
a. 2 components extracted.

表 1-10 之 3 **Rotated Component Matrix(a)**

	Component	
	1	2
X1	.831	.149
X2	.808	.113
X3	.770	.072
X4	.149	.775
X5	.105	.755
X6	.060	.715

萃取方法：主成分分析
旋轉方法：含 Kaiser 常態化的 Varimax 法
a. Rotation converged in 3 iterations.

2. 六個測量變項二個共同因素的模型以最大概似法萃取因素與最小斜交法進行轉軸

（本語法指令儲存在本書 SPSS 的 Syntax CH1-4 檔案中）

```
MATRIX DATA VARIABLES = X1 X2 X3 X4 X5 X6
          /CONTENTS =  N CORR
          /FORMAT =  UPPER NODIAGONAL.
BEGIN DATA
 100    100    100    100    100    100
.560   .480   .224   .192   .160
.420   .196   .168   .140
.168   .144   .120
.420   .350
.300
END DATA.
subtitle '因素分析'.
FACTOR
          /MATRIX =  IN (CORR = *)
          /ANALYSIS = X1 to X6
          /PRINT = ALL
          /CRITERIA = FACTORS(2)／EXTRACTION
```

```
/EXTRACTION = ML
/ROTATION = OBLIMIN
/PLOT = EIGEN ROTATION(1 2).
```

表 1-11 **SPSS 輸出結果報表資料**

表 1-11 之 1 **Total Variance Explained**

	Initial Eigenvalues			Extraction Sums of Squared Loadings			Rotation Sums of Squared Loadings(a)
Factor	Total	% of Variance	Cumulative %	Total	% of Variance	Cumulative %	Total
1	2.372	39.527	39.527	1.827	30.458	30.458	1.666
2	1.323	22.051	61.577	.763	12.709	43.167	1.338
3	.711	11.842	73.419				
4	.592	9.873	83.292				
5	.572	9.530	92.823				
6	.431	7.177	100.000				

Extraction Method: Maximum Likelihood.
a. When factors are correlated, sums of squared loadings cannot be added to obtain a total variance.

表 1-11 之 2 **Communalities**

	Initial	Extraction
X1	.398	.640
X2	.348	.490
X3	.267	.360
X4	.249	.490
X5	.212	.360
X6	.156	.250

Extraction Method: Maximum Likelihood.

表 1-11 之 3 **Factor Matrix(a)**

	Factor	
	1	2
X1	.766	−.232
X2	.670	−.203
X3	.574	−.174
X4	.454	.533

	Factor	
	1	2
X5	.389	.457
X6	.324	.381

萃取方法：最大概似
a. 2 factors extracted. 4 iterations required.

表 1-11 之 4　Pattern Matrix(a)

	Factor	
	1	2
X1	.800	1.15E−006
X2	.700	−6.61E−007
X3	.600	−2.98E−007
X4	1.96E−007	.700
X5	−1.16E−007	.600
X6	−4.32E−008	.500

萃取方法：最大概似
旋轉方法：含 Kaiser 常態化的 Oblimin 法
a. Rotation converged in 3 iterations.

表 1-11 之 5　Structure Matrix

	Factor	
	1	2
X1	.800	.320
X2	.700	.280
X3	.600	.240
X4	.280	.700
X5	.240	.600
X6	.200	.500

萃取方法：最大概似
旋轉方法：含 Kaiser 常態化的 Oblimin 法

表 1-11 之 6　Factor Correlation Matrix

Factor	1	2
1	1.000	.400
2	.400	1.000

萃取方法：最大概似
旋轉方法：含 Kaiser 常態化的 Oblimin 法

第八節　電腦軟體程式的應用

從以上本書分析架構的陳述中，我們呈現出 SPSS 軟體程式，矩陣代數的演算，與 LISREL 軟體程式的應用。由此就可以看出本書所要呈現統計分析技術的內容是多麼豐富，多麼完整，與多樣性。一本書要使用三種相輔相成的軟體程式是一件相當不容易的事，因此對讀者而言也是相當不容易的事。因為對讀者而言，除了一方面，要研習各種統計分析技術；另一方面要熟練矩陣代數的演算之外，又要學習這些軟體程式。

以下就本書所要使用的三種軟體程式，摘要報告如下：

一、SPSS 軟體程式

SPSS 統計分析軟體是「社會科學統計套裝軟體」（Statistical Package for the Social Science）的簡稱，由於其簡易操作的界面，可以很容易地與 PC 個人電腦相容，並可相容於 SPSS 的作業系統的視窗（SPSS for Windows）。如此，使得使用者可以很容易地去應用它，對於 SPSS 統計分析軟體的學習，在國內有很多的出版著作可以提供參考，讀者可以很容易地從這些中文 SPSS 統計分析的出版著作中得到內建的 SPSS 操作方法。然而，如果讀者想要更精進的研究，需要參考很多的外文（英文）出版著作與期刊，以提升自己的專業知識，就有待學習語法（syntax）指令的應用，例如在我們在探索性因素分析中就使用 SPSS 語法指令去獲得 SPSS 輸出結果報表資料以提出進一步的進行驗證性因素分析。語法指令的學習與熟練對一個想更進一步提升自己專業能力的讀者而言是必要的。在本書中所使用的 SPSS 統計分析軟體版本是 12 與 13。

二、LISREL 軟體程式

在我們想以結構方程式模型從事研究工作時，必須要有 SEM 分析的軟體程式才能勝任，而有關分析的軟體程式，目前在國內學術界對 SEM 分析的軟體程式是以使用 LISREL 的軟體程式較為普遍，而且在前述第三章所提出模型的檢定與適配度的評估是以使用 LISREL 的軟體程式所分析的輸出結果為範例，因而持續本文的探討當然是以認知 LISREL 與 SIMPLE 程式指令為主。對於 LISREL 與 SIMPLE 程式指令的認知，即是從如何學習 LISREL 與 SIMPLE 程式指令開始。這是個人學習 LISREL 與 SIMPLE 程式指令從何處著手的問題，如依據個人的學習經驗，可提供如下幾點以供參考：

1. 從 LISREL 軟體程式所提供的介面（interface）開始：當我們打開 LISREL 軟體時，可從 Help contents 中，學習到 LISREL 的基本操作方法。
2. 從 LISREL 軟體程式所提供的程式檔案（program files）開始。
3. 研讀相關文獻，建構模型雛型。

在一個 LISREL 模型的建構中，有兩種基本的方法，第一是以徑路分析圖的方法進行，研究者只要打開 LISREL 的軟體，開啟徑路分析圖的新檔案，給予設定一個新檔名之後，我們即可把 SPSS 的原始資料轉換成 LISREL 的 PRELIS 資料，然後逐步輸入觀察變項、潛在變項的代號與名稱，在依探究性因素分析的方法中，獲得各個觀察變項對各因素的因素負荷量，拉出一個徑路分析圖來。接著，就可將徑路分析圖轉換成 LISREL 或 SIMPLE 模型的語法。第二種方法是直接建立 LISREL 語法，如前述的方法，告知相關的資訊，即可以執行 LISREL 的 SEM 分析。

LISREL 分析的語法通常是由如前述的三個部分所組成：資料設定、模型設定與輸出設定。研究者可以在打開 LISREL 的軟體之後，點選「FILE」當中的「NEW」的「SYNTAX only」開啟一個新的語法視窗，以便可以輸入 LISREL 語法。

LISREL 語法的長度，每一行上限為 127 位元。原始資料或變項標籤等資料可以儲存於外部檔案，需要時再讀入 LISREL 程式。外掛檔案若以固定格式儲存資料時，系統對於固定格式資料所支援的總長度為 1024 位元。在本書中所使用的 LISREL 統計分析軟體版本是 8.87。

三、MATLAB 軟體程式

在我們以矩陣代數進行本書中統計分析技術的演算時，如果我們用手計算 2×3，或 3×3 的矩陣時，需要花費很多的時間與繁雜的過程。所以，只要讀者熟悉矩陣（matrix）的類型、行列式（determinant）、和向量（vector）的基本運算和概念。然後，學習 MATLAB 軟體程式的操作就可以進行種種統計分析技術的演算。

MATLAB 是由美國 Mathworks 公司於 1984 年所推出的一套數學計算軟體，它的名稱是由矩陣實驗室（Matrix Laboratory）縮寫而成，由此不難看出 MATLAB 是以矩陣代數運算和概念為發展而成的。由於 MATLAB 易於使用而且其功能完整，可以節省時間的花費，因而廣受科學家、工程師、研究者、與學生的喜愛。在本書中所使用的 MATLAB 軟體程式版本是 7.10。

第九節 結 論

從以上的論述中，吾人已對於因素分析的基本認知作了很完整的探討與論述。在前述的論述中，吾人首先強調假設有一個基本因素的系統與一個觀察的系統存在。這兩種系統之間有某種一致性（correspondence）存在，因而因素分析就是在於利用這種一致性去達成有關因素的種種推論。例如，這種一致性的數學（或邏輯）的屬性是諸如各因素的一個因果系統總是會導致各觀察變項產生一個唯一性（unique）的相關系統。因此，僅僅在真正有限制的條件之下吾人才可毫無疑問地從各觀察變項之間相關的各因素之中去決定其基本的因果結構。

在因素分析的過程中，我們使用徑路圖（path diagrams）來描述各因素與各變項之間基本因果關係，並依據徑路圖解釋其種種的要素。以徑路圖來表示線性關係的方法與有關它們必要假設之使用，對於凡是過去未學習徑路分析（path analysis）者，吾人相信只要他們能夠仔細閱讀徑路圖，就應該會理解到因素分析過程中的各個相關概念，諸如：依變項、自變項、變異數、共變數、徑路分析、線性組合、潛在變項、徑路係數、因素負荷量、迴歸係數、標準化迴歸係數、相關係數矩陣、共變數矩陣、組型矩陣、結構矩陣、與正交或直交，及斜交的轉軸概念。在以上的論述中，吾人把這些概念結合著徑路圖分析的過程，可以把它們的概念意義與功能完全地呈現出來，使讀者能夠充分體驗到因素分析過程中的最基本的認知。除此之外，吾人還特別提到在矩陣操作中有關秩的定理與跡的概念，這對於吾人在以下各章的因素分析中矩陣演算的過程中會有所助益。

在此，吾人要再次強調因素分析不僅可被使用為探索基本因素結構的一種形式方法，而且時常亦可被使用為啟發式的設計（Stinchcombe, 1971）。在前述的論述中已提到因素分析為吾人學習統計方法中所不可或缺的必要技術之一。因而，在所有多變項統計方法的教科書中都必然有因素分析的專題介紹被提出，所以，如果讀者有意深入結構方程式模型研究的探究，因素分析的技術是必備的方法之一，因為結構方程式模型的組合方法之一是驗證性因素分析模型，而驗證性因素分析模型是以探索性因素分析模型為其分析模型的雛型。這樣分析的進階過程與方法，吾人可以探究結構方程式模型即可體認到學習探索性因素分析模型的重要性。

Chapter 02

建構因素分析模型的基本架構與步驟

第一節　前　言

因素分析在它的整體發展中已引發相當激烈的爭議，在二十世紀初 Karl Pearson，Charles Spearman，與其他的學者都嘗試去界定與測量智力。因為諸如智力分析組合的這種研究，使因素分析被心理計量學家所關切，並為他們所滋養與所發展。若干早期的研究有關心理學解釋的種種論證，因為缺乏快速計算的設備與程式，以致阻礙它初期的發展。由於快速計算的電腦與程式的出現引發新的動力，致使在因素分析的理論與技術有新的發展與突破（Johnson, & Wichern, 1998, p514）。因而大部分原初的技術已被逐漸淘汰，以致初期因素分析的理論與技術的爭議亦由於新的發展與突破而逐漸獲得解答。

因素分析的基本目的，是在於依據若干基本的，而且無法觀察的，與被稱為因素的隨機數量（randon quantity）的方式來描述其共變關係。基本上，因素分析的模型可由下列的論證所引發：假定各變項可以由於它們相關而被類聚，即是假定一個個別的類群之中其所有的變項之間有很高的相關，而與一個不同的類群的所有變項只有很小的相關。此際，各變項所形成的類群即代表一個單一的基本構念，或構面，或因素。這樣的構念或因素是與觀察的變項發生對應的相關。所以，因素分析就是在於尋求去驗證由各變項所形成的類群之過程（Lawley & Maxwell 1971）。

因素分析可以被認為是主成分分析的一種擴張。其實兩者都可視為是去估計共變數矩陣 Σ 的種種企圖。無論如何，因素分析的基本問題是在於使研究的資料是否與一個被指定的結構一致的探索（Johnson, & Wichern, 1998, p515）。

第二節　建構多變項分析模型的結構途徑

因素分析模型的建構是多變項模型建構的一種結構途徑（a structured approach to multivariate model building），因而，如果我們想要建構因素分析模型就需從多變項模型建構的途徑開始去探究（Harman, 1976）。

很多變項的技術對研究者與使用者而言，是可資利用的，然而在應用這些技術之中會涉及到很多問題的考量。所以，一種多變項技術應用的成功就不僅只包括正確方法的選擇問題。其問題範圍從其研究問題的界定到其結果的判斷都必須被解釋與說明。在應用多變項方法中有助益於研究者與使用者的，有六個研究多變項分析的途徑，或步驟被提出，其目的並不在於提供一個嚴格可致力達成的規則以便吾人可以有遵行的程序，而是在於提供一系列可以達成建構多變項模型途徑的指引。

一種模型建構的途徑是集中焦點於一個良好界定研究方案的分析上，以一個概念模型的探究為起點開始詳細探討其關係，並檢測其關係。一旦依其概念意義被界定之後，其經驗性的問題就有待被解釋，其中包括特殊多變項技術的選擇與其技術的執行。在經驗性的顯著性結果被達成之後，隨之而來的，它們的解釋問題就變成焦點，尤其值得注意的焦點是其變異量形式（variate）的解釋。最後，診斷種種的測量以確信所提出的模型對研究的資料不僅是有效的，而且是可以被通則化的或被普遍化的。下列簡要的討論是在描述這種研究途徑中的每一步驟。

多變項模型建構過程的六個步驟可提供多變項模型建構的發展與解釋，並使任何多變項分析成為一個有效的分析架構（Hair, Anderson, Tatham, & Black, 4th, 1995, pp366-405）。每位研究者必須發展他或她在每一步驟的分析上有其「成功與失敗」的標準。而且每種技術的討論亦可提供我們甚麼樣的技術在甚麼樣的情況之下是可資利用的指引。所以，強調在甚麼樣的情況之下可採用甚麼樣的模型建構途徑是我們所期盼的。這樣的期盼將提供我們在建構模型的發展、估計、解釋上有一種更寬闊的基礎。如此，將有助於從事多變項模型建構的研究者與學習者在其研究技術與方法上會有所精進與突破。

一、步驟 1：界定研究的問題、目標、與多變項技術

在界定任何變項與測量問題之前，任何多變項分析的起始點是在於依據概念上的意義來界定其研究的問題與分析的目標。不管是學術性的或應用性的研究，其概念模型的發展，或理論的建構，都不能過份誇大其陳述或其角色。因而，研究者首先必須依據其概念上的意義審視問題以界定概念與辨識其所研究的基本關係。因為發展一個概念的模型，絕非學術研究者所擁有排他性的研究領域；它只是適合於真實世界經驗性應用的領域。

一個概念的模型不必然是複雜而有精細的內容，而是以一種簡單的方式來呈現其種種的關係以便於被研究。如果一種相依的（dependence）關係被提出，如其研究目標的關係，研究者必須去界定其相依的與獨立自主的概念。注意此為概念的界定，而不是變項的界定。對一種相互依存（interdependence）技術的應用，其結構性與相似性的各面向或向度應該被界定。在相依的與相互依存的兩種情況中，研究者首先要去辨識吾人所關切的理念或主題，而不是集中焦點在特殊測量被使用的問題上。這種把相關概念的機會極小化將可省去我們去發展種種測量與去界定研究的設計上所付出的努力。

二、步驟 2：發展分析的方案

由於概念的模型被建立之後，我們的關注焦點回到選擇技術的執行問題。就技術的選擇而言，此時研究者應該發展一個明確的研究方案以便於個別地去說明其目的與設計問題的組合。其問題範圍從一般性的考量、樣本大小的問題、可容許的變項數目、米制或非米制（metric or nonmetric）測量類型與估計的方法，到多元面向測量量尺（multidimensional scaling）等等問題的考量。

三、步驟 3：評估多變項分析技術的種種基本假設

資料蒐集之後，首先要分析的，不是在估計多變項分析的模型，而是在於評估基本的假設。所有的多變項分析技術都有其基本的假設，即統計的與概念的假設，這些假設在實際的運作上會影響它們使多變項關係能夠呈現其分析能力的程度。就基於統計推論的技術而言，多變項的常態性、線性、誤差項的獨立或不相關，與在一個相依關係中其變異數相等的假設，必須都完全符合。每一種技術亦都有其處理諸如多變項模型規劃設計的能力與使其關係類型呈現一系列概念上的假設。所以，在任何模型被嘗試進行假設之前，研究者必須確定其統計的與概念的假設是符合的。

四、步驟 4：估計多變項的模型與評估整體模型的適配度

在符合基本的假設之後，其分析繼續進行多變項模型的真正估計與整體模型適配度的評估。在估計進行過程之際，分析者可以從各選項中去選擇符合資料特性的使用，或去把適合於資料的適配度極大化（例如：把各因素進行轉軸或把區別的函數加大）。在模型被估計之後，整體模型適配度被評估是在於去探究該模型是否可以在統計的標準上達成可接受的水準（例如：達成顯著性的水準），辨識已提出的種種關係，與達成實質的顯著性（practical significance）。一個模型在嘗試達成較好的整體模型適配度或達成較好的解釋水準中需要經過多次的被界定過程。

不管整體模型適配度水準如何？分析者亦必須決定與判斷其結果是否過份地受到任何單一的或較少觀察值所影響。因為其結果若是過份地受到影響會導致其研究結果的不穩定。所以，種種的努力是在於可能確信其結果是「穩定的」（robust）。而對於適配度不良的觀察值可以被辨識為極端值或界外值（outliers）。

五、步驟 5：解釋各變異量

在模型的適配度達到可接受的水準之後，各變異量的解釋可揭示多變項關係的本質或屬性（nature）。各個個體變項的解釋是可由檢測每個變項變異量的估計係數（如加權指數或負荷量，因素負荷量）來產生。

六、步驟 6：使多變項的分析模型有效

在接受其結果之前，研究者必須使其結果受制於由一組最後診斷的分析去評估其所使用多變項分析模型可有效的使其研究的結果達到通則化的程度。評估多變項分析模型是否有效的方法是直接審視其研究的結果可能通則化或普遍化（generalizability）到母群體的驗證。

第三節　因素分析的一個假設範例

假定透過質化的研究零售商已辨識或確認零售商與它們服務的 80 個不同項目（或題項）的特徵，這些為消費者已提到影響他們在各商店之間惠顧的選擇。零售商則想要去理解消費者如何做決定，但是感覺到無法評估（evluate）80 個個別特徵項或對這樣許多的變項無法推展行動方案，因它們是太特殊（specific）。反之，要知道消費者是否和更一般性的評估面向（維度；向度），而不是以特殊的題項來思考。要去辨識（identify 認定）這些面向（維度），零售商可以委託一個調查詢問消費者的機構對於這些特殊題項的每一個題項作評估。那麼因素分析就可以被使用去辨識（界定：認定）基本評估各面向（維度）特殊的題項，即相關很高的特殊題項可以被假定是一種更廣或面向（維度）的「數目」。這些面向或（維度）就變成特殊變項的種種合成，依序將各面向（維度）的範圍來進行解釋與描述。在我們的範例中，因素分析可以把諸如產品分類（成品分類 assortment）、產品品質、價格、商店人員（store personal）、服務、商店環境的面向或各維度就其各面向（或維度），或各變項的內容範圍辨識受訪者或回答者所使用評估的面向。這些面向（或維度）是由特殊的題項所組成，而這些題項是更寬廣評估的一個面向（或維度）。從這些研究發現，零售商就可使用各面向或各維度（各因素）去為計畫與行動界定主要的各領域。

第四節　建構因素分析模型決定的分析圖與步驟

有關多變項分析模型的建構，我們集中討論在前述所引介的六個建構模型步驟上。我們可遵循上述的步驟建立如圖 2-1 所展示在任何因素分析技術應用中所遵循的一般步驟。在我們因素分析模型中亦增加一個超越因素模型估計、解釋與效度的步驟（步驟 7）。這些是在於輔助選擇代替變項與計算因素的分數以提供在其他多變項技術的使用，其每個步驟的討論如下：

一、步驟 1：因素分析的目標（Objectives）

在因素分析中的起始點，就如和其他的統計技術一樣，是研究問題為起始點。因素分析各技術的一般目的是在於尋求（發現）把包含於很多原始分數中的資訊濃縮或概述成一組較小的新組合之一種方法，這種新的，合成的各維度或各變項（各因素）以一種最小表達資訊的方式來組織，即是，去尋求與界定被假定基於原始各變項的基本結構或維度，（參考 Gorsuch,1983; Rummel, 1970）更特殊而言，因素分析的技術是在符合以下目標的任一目標之達成。

（一）辨識（或認定）各變項或各個回答者之間的關係結構

因素分析可以檢測各變項之間的相關。例如，假定你有 100 個受訪者，或回答者依 10 種特徵的題項方式界定之資料，如果研究者的目標是在於概述各個特徵，因素分析可以被應用於一個各變項的相關矩陣來進行分析。這種因素分析的最普通的型式被歸之為 R 因素分析。R 因素分析是以一組變項去辨識其各面向，而這些面向是潛在的（不容易被觀察的）。因素分析亦可以被應用於個體的回答者其特徵的一個相關矩陣的基礎上去進行分析。這種分析被歸之為 Q 因素分析，即是把很多的人結合或濃縮成在一個較大母群體之分成不同的各分組，Q 因素分析的研究途徑不是時常可以被使用的，因為有計算的種種困難。反之，大部分的分析者把叢集分析（cluster analysis）的某種型式利用到分組個體的回答者（或受試者）。（Stewart, D.W., 1981）亦可提供各分組（或團體）與各變項型式其他可能結合方法的參考。

（二）從一個更大變項組合中去辨識或確認具有代表性的各變項

以提供其後多變項分析的使用（參考以下步驟 7：選擇提供其後分析的替代性變項）。

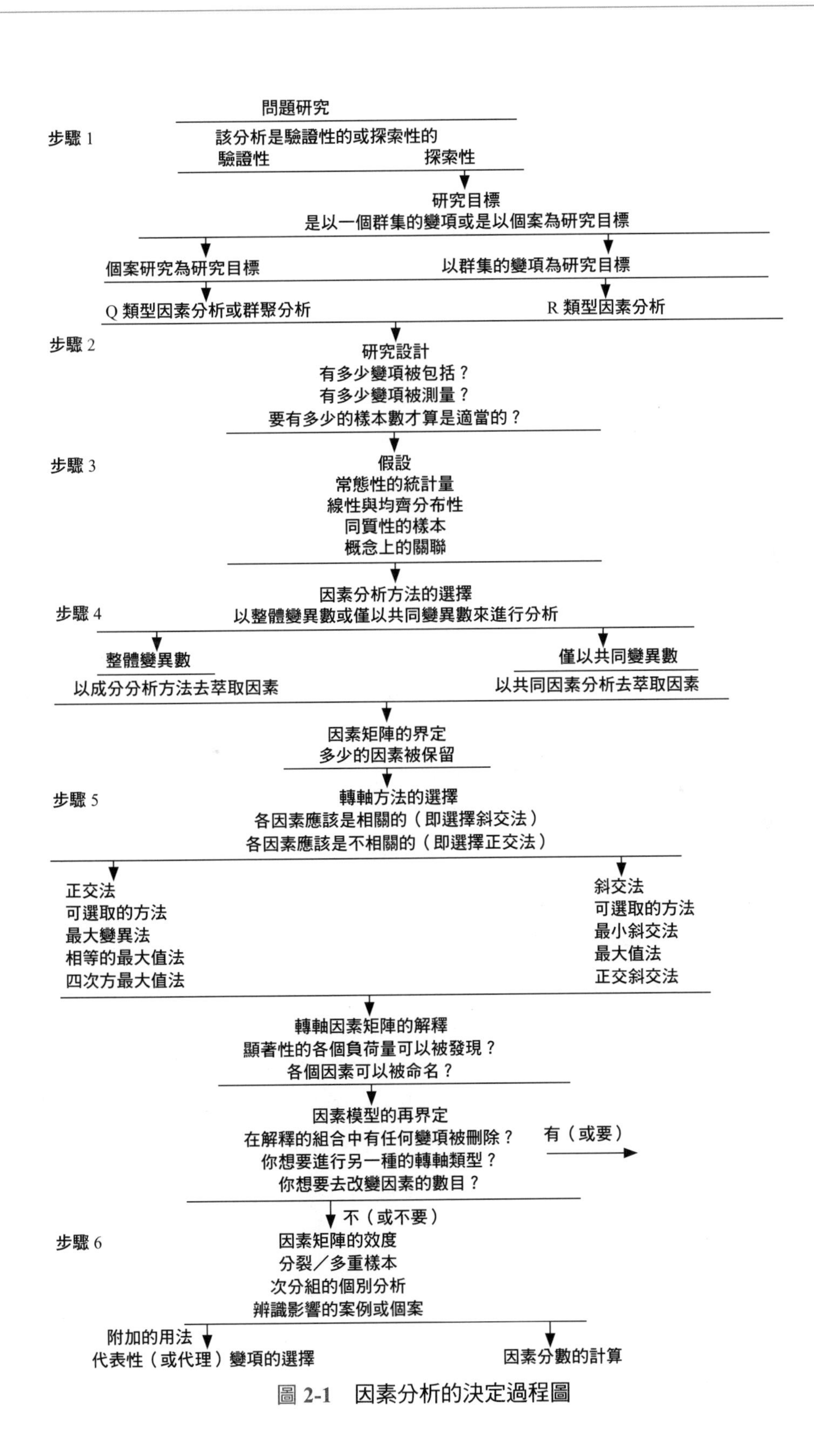

圖 2-1　因素分析的決定過程圖

（三）創造一個完全新的變項組合

如果以更少的變項數目，去部分地或完全地替代其後各技術所含入原始各變項的組合，其範圍可以從回歸相關，或區別分析或叢集分析的相依（dependence）方法，到另一種相互依存的技術（interdependence technique）（可參考以下，「步驟7：使用因素分數」）。

第一個目標使基本的各面向或維度或因素的辨識（界定：認定）終歸於其維度或因素之內；各因素的估計與每一變項對各因素（被稱為負荷量）的促成是可以完全地提供分析所要求的條件。第二目標係基於各因素的負荷量之上而且僅把它們使用為提供其後與其他技術分析辨識各變項的基礎。第三個目標要求各因素它本身（各因素的分數）的估計值可以被獲得；然後各因素的分數取代各原始變項，諸如使用在一個迴歸、區別、或相關分析中的自變項。而計算與解釋各因素負荷量的方法留待其後被討論。

對資料減縮與概述因素分析可以以先前存在的各變項組合或以研究者致力於一種新研究的努力所界定的與所選擇的各變項拿來使用。當研究者使用一個現行各變項的組合時，他們應該把各變項在概念上的支持基礎與使用其判斷作為是提供因素分析各變項適當性的基礎。這些考量對種種的結果會發生實質的效果，當因素分析以一種新的研究成果來使用時，該因素分析亦可以決定結構與／或創造提供原始變項新的合成分數。例如，在建構一個加總的量尺中第一個步驟之一是在於透過因素分析評估其所選擇各變項的面向或維度與其適當性（appropriateness）。如此，縱然這種因素分析並不是真正的驗證性，而這樣的探索因素分析可以被使用去評估已定為目標的維度（proposed dimensionality）。

因素分析的目的已被界定，那麼研究者就必須界定可以被檢測（to be examined）各變項的組合。在 R 型式或 Q 型式因素分析中，研究者界定（指定：說明）各潛在的維度。即透過被提交於因素分析的各變項之特性與本質可以被辨識（確認）的各潛在面向或維度。在我們假設的範例中，如果問題沒有商店人員被包括在內，那因素分析就無法去辨識這個維度。研究者亦必須記住因素分析將產生各因素。如此，因素分析總是會有提供的現象從多餘無用之中被放棄，或從多餘無用之中被檢查出來而成為一個變項的潛在候選者。研究者會無偏袒地包括很多的變項，與希望把因素透過演算的過程把它計算。然後，其中會有不良的種種結果發生之可能性是很高的。已獲得各因素的「品質」與「意義」反映在與分析中被使用的各變項在概念上是會有所支撐的基礎存在。由此可知，因素分析為一種資料概述技術的使用，因而並不排除需求被分析的任何變項提供一個概念上有所支撐的基礎存在。縱然因素分析只在於提供資料減縮的使用，然而因素分析其最有效的方法是在於其概念上被界定的各維度可以依其概念的界定呈現其各因素時。

二、步驟 2：設計一個因素分析

一個因素分析的設計涉及三個基礎的決定：（1）輸入資料（一個相關矩陣）的計算能夠符合對分組的各變項或各受訪者已界定（specified 已規劃）所要達成的目標。（2）依據變項的數目（number 個數），各變項的測量屬性，與各變項允許可被歸屬的類型式之界定方式來做研究設計，與（3）樣本大小的必要，依據絕對條件的界定方式與以在分析中變項數目的一種函數，兩者來設計一個因素分析。

（一）變項與受訪者（受試者）之間的相關

在一個因素分析設計中的第一個決定集中焦點於被使用於 R 型式或 Q 型式因素分析中被使用於計算相關矩陣中被使用的研究途徑上。分析者可以從各變項之間各相關的計算中去獲得輸入資料矩陣。這會是一種 R 型式的因素分析，而依 R 型式產生的因素模式可證實各變項的基本關係。分析者亦可以選擇去從個體的受訪者（受試者）之間的相關中獲得相關的矩陣。在一種 Q 型式的因素分析中，其結果會是一個因素矩陣，該矩陣可辨識相同的各個個體。例如，假如個體的受訪者是由數目來辨識（認定），依 Q 型式產生結果的因素模式會告訴你各個個體 1、5、7 與 10 是相同的。這些受訪者（受試者）會被聚集在一起因為他們在相同的因素顯示了一個很高的負荷量。同樣地，受訪者（受試者）2、3、4 與 8 也許一起負荷在另一個因素上，我們可以把這些個體標示為是相同的，從一個 Q 因素分析上所獲得的結果，我們可以辨識各個個體的各分組或各類聚證實被包括在分析中的各變項是在一個相同的組型（pattern）上。

在這點上有一個邏輯的問題會是，Q 型式因素分析如何不同於類聚分析（cluster analysis）？答案是兩者可以在各研究途徑上一系列比較很多變項的反應與可把各受訪者（受試者）置於若干分組中作一系列的比較。該差異是提供一個 Q 型式因素分析其產生結果的各分組會是基於受訪者的平均數與標準差之間的交互相關上作比較。而在一個典型類聚分析的研究途徑中，各分組被設計基於受試者（受試者）對各變項被分析的得分之間一種差異的量數（測量）上作比較。要去說明這種差異，可考量表 2-1，它包括四個變項大約有三個不同變項的得分。這四個受訪者的一個 Q 型式因素分析會以相同的變異數結構產生兩個分組。這兩個分組

表 2-1 提供 Q 型式因素分析與階層類聚分析的分數橫斷面圖比較

受訪者	1	2	3
A	7	6	7
B	6	7	6
C	4	3	4
D	3	4	3

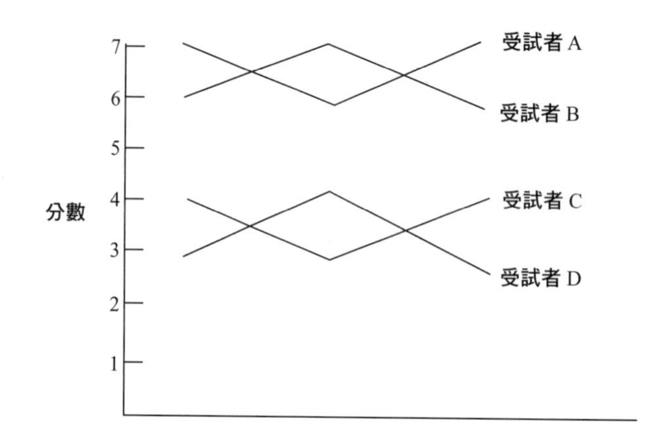

係由受訪者 A 與 C 對 B 與 D 所組成。在對比中，聚類的研究途徑會對各受試者得分之間的差異是敏銳的而會導致產生最接近配對的一種分組。如此，以一種聚類分析的研究途徑，受訪者 A 與 B 會被置一個分組中，而 C 與 D 被置於另一個分組中，如果研究者決定去使用 Q 型式因素分析，來自傳統聚類分析技術中所產生的這些個別的差異應該被注意到，而其他分組技術的可資利用與對資料減縮與概述因素分析的普及使用，在本章其餘的討論集中焦點於 R 型式因素分析，各變項的分組而不是受試者的分類上。

（二）變項的選取與量數（測量）的問題

分析者在這一點上亦需要去回答二個特殊的問題：各變項如何被量數（測量）？許多變項應該如何被含入？對因素分析的各變項一般而言被假定是米突制（依據標準量 R 製作的量表，metric）的或是等距與等比的量數（測量）。在某些案例中，虛擬的各變項（被編碼為 0-1），雖然考量到非米突制（nonmetric），可以被使用。如果所有的變項是虛擬的變項，那麼因素分析專業化的各種形式，諸如可參考 Booleau 因素分析，是更適當的，研究者亦應該嘗試去把被含入的各變項之數目極小化，但仍然維持每個因素一種合理的數目。假如一個研究已被設計去評估一個被提出的結構，需確信去包含若干變項（五個或更多），這些變項可以代表每個已被提出的因素。因素分析的力量是基於在發現各變項分組之間的種種組型（pattern 模式），而它卻很少使用辨識（或確認）僅一個單一變項所組成的各因素。最後，當設計一個研究是以因素來作分析時，去辨識（確認）可能的若干主要變項是否接近反映被假設的基本因素。這將可有助於解釋已獲得的各因素與評估各結果是否有實際的解釋值。

（三）樣本的大小

關於樣本大小的問題，一般而言研究者作因素分析時樣本的大小不可少於 50 個觀察值的樣本，而較喜歡的樣本大小是 100 或較大的，如依一般的規則，最小量是至少有五倍觀察值之多的變項可以被分析，最可能接受的範圍是 10 比 1 的比率。某些研究者提出每個變項最少有 20 個案例。吾人必須記住以 30 個變項而言，例如，在因素分析中就會有 435 個相關。以一個 .05 的顯著水準，也許這些相關中有 20 個被視為是顯著的與正好顯然地顯示在因素分析中。研究者總是應該嘗試去獲得最高案例對每個變項的比率（the higtest cases-per-variable ratio）去把「過度適配」（overfitting）的資料極小化。在本案例中獲得的各因素是特別很少有概括的樣本（sample specific with little generalizability）。研究者可以執行這兩者以採取使用最極度簡效變項組合為原因，由概念上與實際上的考量來指引，然後由獲得一種足夠的樣本大小以提供檢測變項的數目。當處理更小的樣本大小與/或一種較小案例對變項的比率，分析者應該總覺得小心地解釋任何的發現，樣本大小的問題亦會在下一節解釋因素負荷量的問題中會有詳細的討論。

三、步驟 3：在因素分析中的種種假定

基本因素的主要假定是概念的假定多於統計的假定，從一種統計的觀點而言，背離常態性，變異量均等性分布（homoscedasticity）與線性僅可應用於它們可減少（縮小）可觀察相關的程度。如果一個統計的檢定被應用於各因素的顯著性，而且這些檢定量很少被使用時，唯有常態性是必要的。事實上，某程度的多元共線（multicollinearity）是可欲的，因為該目標是在於辨識（或確認）各變項交互相關的各組合。

除了提供資料矩陣種種相關的統計基礎之外，因素分析者亦須確信資料矩陣有足夠的相關去證明因素分析應用的正當性。如果視覺的檢查揭示實質的相關的數據沒有大於 .30，那麼該因素分析可能是不適當的。各變項之間的相關亦可以由計

算各變項之間的淨相關來分析，即是，變項之間的相關當有其他變項的影響被解釋時。如果「真正的」因素存在於資料之中，淨相關應該是小的，因為該變項可以由各因素來提供解釋。如果淨相關是高的，那就沒有基本的「真正的」因素，因而因素分析就不是適當的。SPSS 與 SAS 的軟體可提供反形象或反映象相關矩陣，此正好是淨相關的負值（the negative value），而 BMDP 的軟體可直接地提供淨相關。在每一個案例中，較大的淨相關或反映象（反形象）相關值是指示一個資料矩陣，也許不適合於因素分析。

如另一個決定因素分析的適當性方式（mode），某種量數（measure 測量）可以檢驗整個相關矩陣，Bartlett 球形檢定，是對變項之間相關呈現的一個統計檢定，這樣的量數或測量方式之一，提供相關矩陣至少在某些變項之間有顯著性相關的統計機率。無論如何，因素分析應當注意到，逐漸增加樣本的大小會造成 Bartlett 檢定使偵測變項之間的相關變得更敏銳（more sensitive）。另一可以勝任測量或變項之間交互程度與測量因素分析的適當性是抽樣足夠的量數（measure of sampling adequacy）。Bartlett 球形檢定，其測量指數範圍從 0 到 1，當每一個變項可完全地由其他變項來預測而沒有誤差時其指數值達到 1，這種量數（測量 measure）可以以下列的指引（guideline）來解釋：90 或以上，是卓越的（marvelous 不平常；不可能的；了不起的）；80 或以上，是有價值的（meridorious）；70 或以上，中等的（middling）；60 或以上；平常的（mediocre）；50 或以上，是不良的（miserable）；50 以下，是無法接受的（Kaiser, 1970; Kaiser, 1974），抽樣足夠的量數指數的增加是如（1）樣本大小增加，（2）平均相關（the average correlations）增加，（3）變數的數目增加，或（4）因素的數目增加（Kaiser, 1974），。抽樣足夠的量數與其相同的指引（guirleline）亦可以被擴展到各個個體的變項（midividual variables）。因素分析者應該首先檢測每一個體變項的抽樣足夠的量數值與排除在無法接受範圍中這些很低的（falling）值。一旦各個個體的變項達到一個可接受的水準，那麼整個抽樣足夠的量數就可以被評估，而可作提供因素分析可以持續進行的決定（on continuance of the factor analysis）。

基本因素分析其概念的假定是在於處理被選擇的各變項之組合與處理被選取的樣本，一個因素分析的基本假定是在於確認某些基本結構的確存於被選擇的的各變項之組合中。因素分析者的責任在於保證可觀察的組型（observed pathern 可觀察的模式），對因素分析的研究在概念上是有效的與對該研究使用因素分析是適當的，因為因素分析技術沒有方法（has no means）去決定適當性與變項之間相關的不同（other than）。如以一個範例，把依變項與自變項混合於一個單一的因素分析之中，然後使用已獲得因素去支持相依的關係是不適當的。所以，研究者亦必須保證樣本與基本因素結構是同質性（homogeneous），把因素分析應用於男性與女性的一個樣本，以提供意見不同為名的各個項目或題項的一個組合之中（a set items knoun to differ because of gender inappropriate），因為其性別是不適當的。當兩個次級樣本（subsamples 子樣本）（男性與女性）被結合時，其產生的相關會是每個分組唯一性的結構，會有一種不良的呈現（representation 代表），如此，無論什麼時候意見相左的分組（differing group）可以預期在樣本中，個別的因素分析應該被執行時，其結果應該可以被比較去辨識（或確認）在結合的樣本所產生的結果中沒有反映其差異。

四、步驟 4：獲得各因素與評估整體的適合度

一旦各變項已被界定（或被規劃）與其相關矩陣已準備妥當，研究者即可準備應用因素分析以企圖去辨識（或確認）基本關係的結構。在如此進行中，必須做有關的種種決定（1）萃取各因素的方法（共同因素分析對主成分分析）與（2）選擇因素的數目去代表（呈現）資料中的基本結構。萃取方法的選擇端視分析者的目標而定。主成分因素（component analysis）被使用於其目標是在於概述大部分的原始資訊（變異數）其以因素的最小數目能達到預測的目的時。在對照之下，共同因素分析（common factor analysis）被使用基本上在於辨識（或認定）反應各變項共持多少的基本因素或維數。這兩種因數模型在下列的各節中將會更詳細地討論。

（一）共同因素分析與（versus）主成分分析

分析者可以利用二個基本方法去獲得因素的因解（factor solution）。它們以共同因素分析與主成分分析著稱（聞名）。要去選擇適當的模型，分析家必須理解有關變異數各種類型的某種問題。為了因素分析的目的，整體變異數係由三種所組成（形成）：（1）共同的（common），（2）特殊的（specific）（亦稱為唯一性或獨特性 unique）與（3）誤差（error）。變異數的這三種類型與它們因素模型選擇過程的關係被說明在圖 2-2，共變數或共同變異數（common variance）被界定為一個變項與所有其他變異數在分析中被共有的變異數。特殊變異數是和唯一特殊變項結合的變項。誤差變異數是由於在資料蒐集過程中，測量誤差所產生的，或在已測量的現象中一個隨機的成分（a random component）所產生信度的不足，當吾人使

用主成分分析時，吾人必須考量整體的變異數與獲得包含唯一性（unique）變異數其中小部分的各因素，而在某些例證中，無論如何，誤差變異數，首先由於很少的因素（few factors）因而無法足夠地包含唯一性或誤差變異數，以致扭曲（distort）整體因素的結構。尤其是，以主成分分析，各單位（單元 muties）被插入相關矩陣的對角線中，如此完整的變異數被促成而成為因素矩陣，就如圖 2-2 所示。相反地，以此共同因素分析，共同性（communalitios）被插入對角線中。各共同性是變項之間共同持有的或共同的（common）變異數之估計值。從共同因素分析中獲得的各因素（factors）是僅基於共變數或共同變異數的基礎上。

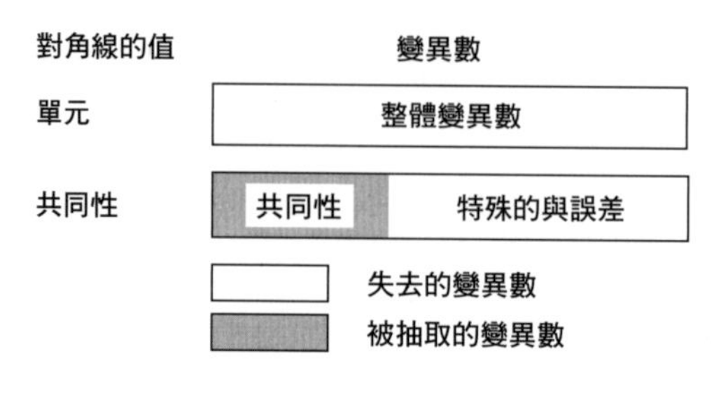

圖 2-2　變異數可以容納因素矩陣的類型

共同因素與主成分分析模型兩者都廣泛地被利用。一個模型的選擇優於另一個模型是基於兩個準繩：（1）研究者指導（conducting）因素分析的目標與（2）先前認知有關各變項中變異數的量。成分因素模型在分析者基本上是關切著預測或在各變項的原始組合中所呈現變異數提供最大量部分解釋所需求各因素的最小量數目時，是適當的，與當因素分析者擁有先前的認知提出（建議）特殊的與誤差變異數呈現佔整體變異數一個相當小的比例時，是適當的。對比之下，當基本的目標是在於辨識（或確認）原始變項中所呈現的潛在維度（dimensions）或構念（constructs）時，與研究者對於唯一性誤差變異數的量認知很少，所以希望去消減這樣的變異數，共同因素方法是適當的模型。由於更多限制的假設與它僅僅用於潛在的維數，共同因素分析時常被視為更有理論上的基礎。無論如何，縱然在理論上是有依據的，但是共同因素分析仍然有若干問題。第一，共同因素分析仍然受到因素的不確定性（factor indeterminacy）所困擾，此意指對任何個體的受訪者（或受試者），若干不同的因素得分可以從因素模型所獲得的種種結果來計算。沒有單一的唯一因解法可以在主成分的分析中被發現，但是在大部分的例證中這些差異不是實質的（substantial）問題。第二問題涉及到被使用去呈現（表示；代表）共同持有的變異數其共同性計算的問題。就樣本較大的問題而言，種種計算在電腦實質計算所需時間與資源取得的問題。而且，其各共同性不是總是可估計的或會是無效（例如，各變項的值有大於 1 或小於 0 的問題），因而要求淘汰分析中的變項問題。

共同因素分析的種種意涵，已有助於成分分析的擴大使用。在對於哪一個因素模型是更適當的問題仍然有相當的討論空間時（Borgatta, Kercher, & Stull, 1986; Gorsuch, 1990; Mulaik, 1990; Snook, & Gorsuch, 1989），經驗的研究已證實在許多實例中其結果的相同性。在大部分的應用中，成分分析與共同因素分析可達到實質上相同的結果，如果變項的數目超過 30 或對大部分的變項其共同性超過 .60。如果研究者是關切著成分分析的種種假定，那麼共同因素分析應該可以被應用去評估其結構的形成過程。

當因素模型與萃取方法的決定被形成時，分析者即準備去萃取最初未轉軸的因素。在檢驗未轉軸的因素矩陣之際，分析者可以從各變項的一個組合中去探索其資料縮減的可能性與去獲得因素數目要萃取的一個基本估計。各因素數目的最後測定，無論如何必須等到因素矩陣被轉軸與各因素被解釋為止。

（二）因素數目被萃取的準繩

如何決定去萃取因素數目？當一個大的變項的組合要被因素因解時，分析者首先萃取最大的與最好的變項組合，然後繼續進行到最小的，較無法理解的變項組合，再決定甚麼時候去停止因素分解（即是，要萃取多少因素）。分析家一般係以某種預先決定的標準開始進行，諸如一個預先的或潛在本質的標準以達到去萃取一個特殊因素的數目。（這兩種技術將在後面作詳細的討論）在最初因解已被獲得之後，分析者做若干附加的試驗因解時，通常比最初（原始）數目少，因而進行二或三以上因素因解後，其因素會比原始已獲得的少。那麼，在這些若干試驗分析種種結果中所獲得資訊的基礎之上，因素矩陣可以被檢測，資料呈現的過程可以被使用去幫助因素數目的萃取（去萃取因素的數目）。採取類推的方法，選擇因素數目被解釋就像將顯微鏡焦點置於某事之上一樣。當一個調整是正好時，若作太高或太低的一個調整將使一個明顯的（顯然的）結構會變得含糊不清。由此，可檢測從若干試驗因解中所獲得很多不同因素結構，分析者可進行比較與對照去達到資料形成過程的最佳呈現。一個提供決定去萃取因素數目的精確量化基礎並沒有被發展。但是，無論如何，下列對因素數目停止萃取（萃取因素數目）的標準目前已被利用。

潛在本質根的標準（latent root criterion）：最常被使用的技術是潛在本質根的標準，這種技術是完全的可應用於成分分析或共同因素分析。唯有擁有潛在本質根的標準或特徵值（eigenvalues）大於 1 的各因素才可以被認為是顯著性的；而潛在本質根小於 1 的所有因素被認為是不顯著性的，即可以被放棄。提供潛在本質根標準的原理是任何個體的因素應該至少可提供解釋一個單一的變項（a single variable），如果它的被保留是為了提供解釋。當變項的數目是介於 20 與 50 之間時，為了建立一種捷徑，使用特徵值可能是最可靠的方法。在許多例證中若其變項數目少於 20，就有一種傾向，會採取一種保守的萃取方法去萃取較少的因素數目。當 50 個變項以上被涉入時，無論如何，會有太多的因素被萃取是常見的。

一個先驗的標準（a priori criterion）：在某些環境的條件之下，一個先驗的標準是一個簡單合理的標準（a simple yet reasonable criterion）。當應用它時，分析者在從事因素分析之前已經知道要萃取多少因素。分析家只要在因素所欲的數目已被萃取之時，就下指令電腦停止即可。這樣的途徑是有用的，如果分析者正在檢定（testing 檢測；考驗）一個有關因素數目被萃取的理論或假設時，在種種例證之中亦被證明是適當的，其中因素分析者亦可以嘗試去複製同類研究者的著作與萃取過去被視為是最接近相同的因素數目去進行辯護其適當性。

一個考驗標準的另一種方式（variant）涉及選擇足夠的因素去呈現在原始資料組合中的所有變項。如果理論上與實際應用上的理由要使每個變項的共同性呈現（表示；表現）是足夠的，那研究者就將要包含許多因素才足以去呈現每一個原始變項所需要的因素。

變異數標準的百分比（percentage of varirance criterion）：變異數百分比的標準是一種研究途徑，其中以持續因素被萃取中其變異數的累積百分比為標準。其目的是在於保證提供（給予）已獲得因素實際的顯著性。並沒有絕對的門檻已被採用以提供所有範例的應用。在自然科學中因素因解的程序，通常不應該被停止直到被萃取的因素可以解釋變異數至少 95% 為止，或直到最後一個因素僅能提供一小小的部分的解釋而已（少於百分之五），在對比之下，在社會科學，其中資料時常是不精確的，對分析者而言要去考慮一個因解（solution）能夠提供解釋整體變異數達百分之六十就可以被視為是一個令人滿意的因解。

陡坡圖檢定標準（scree test criterion）：回顧成分分析模型，其後被萃取的因素包含共同的與唯一的變異數兩者，在所有因素至少包含少許唯一的變異數之際，唯一的變異數比例實質上在最後其因素的比例會比前面的比例多。陡坡圖檢定被使用於唯一的變異數開始去支配共同變異數結構之前去辨識可以被萃取因素的最適切數目。陡坡圖檢定係由圖解標示潛在本質根對因素數目依它們萃取的順序去進行檢定以獲得。以第一個因素開始，圖示開始斜坡陡峭向下，然後緩慢性變成一條近似水平線。坡度轉為平坦，在曲線上開始平正的第一個點被認為是在於指示萃取因素數目的最適量。在本案例中如圖 2-3 所示，首先 3 個因素是適當的。若超過 3 個因素，唯一的變異數比例若被包括會太大；如此，這些因素無法被接受。此時，注意使用潛在本質根的標準，僅有 3 個因素可以被考慮。對照之下，使用陡坡圖檢定可以提供我們 3 個以上的因素。以一般的規則，陡坡圖檢定產生至少一，有時候二，或三個以上的因素被認為顯著的甚於潛在本質根的標準（Cattell, Balcar, Horn, & Nesselroade. 1969）。

受訪者的異質性（heterogeneity of the respondent）：變項之間所持有的變異數是為共同的與成分的因素模型兩者的基礎。一個基本的假設是共同持有的變異數可以擴大交叉到整個樣本。如果樣本對於至少有一個變項組合是異質性（heterogeneous）時，那麼最先獲得的因素將是這些很多同質性交叉整體樣本（more homogeneous across the entire sample）之因素。因而樣本次分組（subgroups of sample）之間較好的區別指標（discriminators）將會是負荷在其後所獲得因素的變項上，這些變項如以上所討論的標準，是經過幾次沒有被選擇的這些變項（Dillon, Mulani, & Frederick, 1989）。當其目標是在去辨識（或確認）時，區別於一個樣本各次分組之間的因素時，因素分析者應該萃取超出以上所討論各種方法所指示這些附加因素與檢驗附加（增加）因素的能力去於各分組之間作區別，如果它們在區別之中證實沒有裨益，那該因解可以再次進行而這些後面的因素可以被剔除。

因素選擇標準的概述（summary of factor selection criterion）：在實際應用中大部分的因素分析者很少使用一個單一的標準於決定多少因素可以萃取。反之，它們最初使用諸如潛在本質根為一個標準去做為第一個嘗試解釋的一個指南。在各因素已被解釋之後，就如下列各節所討論的，各因素的實際性（practicality）可以被評估與從另一嘗試在解釋上被含入或被排除的各因素中可以被保留（retained），因素數目的選取與一種結構評估的是相關的，此被揭示於解釋階段。如此，對於討論選擇因素數目的問題，持有不同意見的若干因素因解方法，在結構被界定之前可以被檢驗。

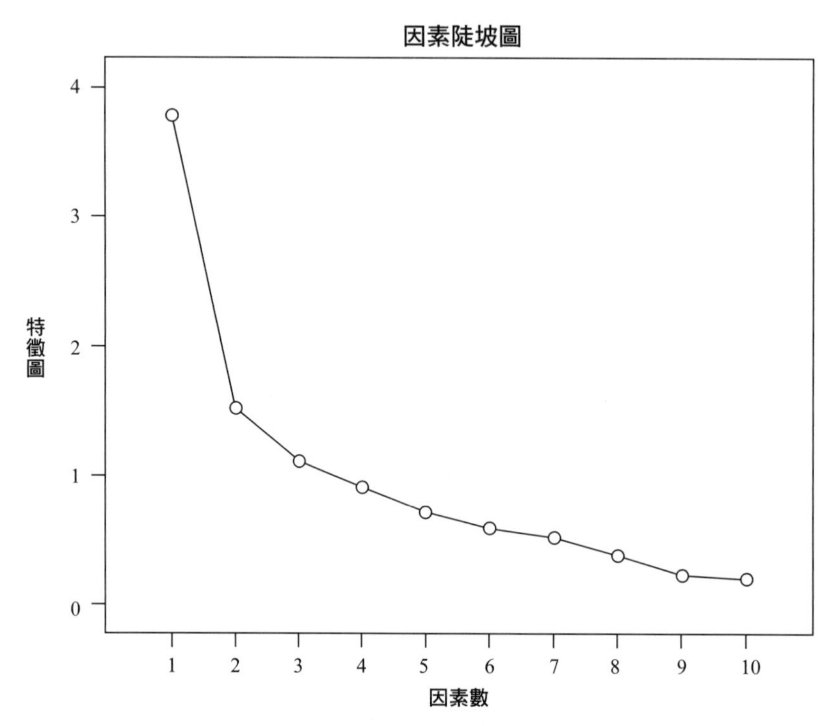

圖 2-3 陡坡圖檢定標準其特徵值散佈點的分布

在選取因素的最後組合中，要謹慎記住（one word of caution），就是選取太多或太少的因素去代表（呈現）資料，會有若干負面的種種後果。如果太少因素被使用，那麼正確的結構就無法被顯示，而若干重要的面向，或維數會被省略，如果太多的因素被保留，那麼該解釋，在種種結果被轉軸之後，就會變得很難解釋（在下一節被討論）。在各因素是獨立之際，你正好可以檢驗太多因素就如擁有太少一樣，如此就多變項模型的其他層面而言，簡效（parsimony）是重要的。值得注意的例外是當因素分析被使用去提供資料的減縮與被萃取的變異數的一個組合水準（a set level）被辨識時，因素分析者應該總是拼命擁有最能客觀（代表）與最簡效的因素可能組合。

五、步驟 5：解釋因素

有三個步驟被涉及於一個最後因素分析因解（solution）的引出中，第一，原初未轉軸的因素矩陣可以被計算以協助於獲得萃取因素數目的一個基本指示。在計算未轉軸的因素矩陣中，分析者是完全地在於關切各變項的最佳線性的組合（組合 combination）上。依最佳意義而言，原始變項（original variables）的個別組合可以在解釋資料中提供更多整體變異數的解釋，希望甚於任何各變項的其他線性組合。由此，第一個因素可以被視為是資料中所顯示線性關係後的最佳概述。第二因素被界定為第二個最佳線性的變項組合，受制於它對第一個因素是正交的（orthogonal）。對第一個因素是正交的，那第二個因素吾人就必須從第一個因素被萃取之後剩餘變異率比例中去獲取。如此第二個因素可以被界定為第一個因素的影響（effect 效應；效果）已從資料中被排除之後提供解釋大部分剩餘變異數的各變項線性組合。其後，各因素可以以同樣方式被界定，直到資料所有變異數被窮盡為止。

未轉軸因素的因解（solutions）可以達到資料減縮的目標，但是分析家必須問及未轉軸的因素因解（在充滿可欲的數學要求條件之際）將提供資訊而這樣的資訊是否在檢驗之下可給予各變項最足夠的解釋。在大部的例證中對這樣問題的解答是不。因素的負荷量是在於解釋每個變項在界定每個因素中扮演其角色的意義。所以，負荷量（factor loadings）是每個變項與因素的相關。負荷量指示變項與因素之間對稱的程度（the degree of correspondence），負荷量愈高使變項與因素愈對稱。未轉軸的因素因解是否可以提供變項負荷量具有充滿著意義的組型。如果未轉軸的因素被預期是充滿著意義（meaning），那使用者可以界定（或規劃）沒轉軸（no rotation）來執行。一般而言，轉軸將是值得要做的（desirable），因為它可簡化（simplifies）因素的結構，而且要決定未轉軸的因素將是有意義或沒有意義通常是困難的，所以，第二步驟在於使用一個轉軸的方法去達成更簡單與在理論上更富有意義的因素因解（solution）。在大部分的案例中各因素的轉軸可改進由簡化某些時常隨原始的未轉軸因素因解所產生含糊不清的解釋。

在第三步驟中因素分析者評估需要去重新界定（respecify 重新規劃）因素模型是由於（1）要從分析中剔除一個變項，（2）渴望去使用一種不同的轉軸方法以提供解釋，（3）需要去萃取一個不同的因素數目，或（4）渴望從一個轉軸方法中改變到另一種的轉軸方法。一個因素模型的再界定（再確認）是由回轉到轉軸步驟的進行，各因素的萃取，與再次解釋它們來完成。

（一）因素的轉軸

解釋因素的一個重要工具是因素的轉軸（Rotation of Factors）。轉軸這個名詞它精確地可意指的，是甚麼。尤其是，各因素的參照軸（the reference axes）是從原點（the origin）開始轉，直到某些其他點的位置（Some other position）被達成為止。如前述已指示的，未轉軸因素因解（solutions）各因素依它們重要性的秩序被萃取。第一個因素傾向於成為一個具有幾乎真正變項負荷量顯著性的一般因素（a general factor with almost every variable loading significantly），而它可以提供變異數最大量的解釋。第二個與其後的因素係基於變異數的剩留量（the residual amouut of variance）。每個持續地提供解釋變異數的較小部分，進行轉軸因素矩陣的最後影響（effect 成效）是在於重分配從前述各因素到其後的各因素以達成一個較小的、在理論上更有意義的因素組型（pattern 模式）。

轉軸的最簡單案例是一種正交的轉軸（orthogonal rotation）其中各軸被維持在 90 度左右（degree）。如果要去旋轉各軸與在參照軸之間（the reference axes）不維持在 90 度角（90-degree angle）亦是可能的。當不限制於是正交時，這樣的轉軸秩序被稱為一個斜交的轉軸（ablique rotation），正交的與斜交的因素轉軸可以由圖 2-4 與圖 2-5 來證實說明。

因素轉軸的一個說明，圖 2-4 其中五個變項是以一個兩度空間（兩個維度）因素圖示方式來描述，說明因素轉軸。垂直軸代表未轉軸的因素 II，而水平軸代表未轉軸的因素 I。這兩軸以在原點的 0 被標示，與擴展向外到一個 +10 或一個 −10，在各軸上的數目代表因素負荷量。五個變項被標示為 V_1、V_2、V_3、V_4 與 V_5，對變項 2（V_2）在未轉軸因素 II 上的因素負荷量是由從資料點到因素 II 的垂直軸引出一條水平線上的破扣線來決定。同樣的，一條垂直線是從變項 2 到為轉軸因素 I 的水平線軸被引出去決定在因素 I 上變項 2 的負荷量。相同程序被遵循提供剩餘的各變項直到所有的負荷量被決定已提供（給予）所有的因素變項為止。對未轉軸與已轉軸因解（solutions）的各因素負荷量被顯示在表 2-2 中以提供比較為目的。在未轉軸的第一個因素上，所有的變項之負荷量是相當的高（fairly）。在未轉軸的第二個因素上，變項 1 與變項 2 在正的方向上是非常高的，而變項 5 在負的方向上是中度的高（moderately 適度地），此際變項 3 與 4 在負的方向上則有相當低的負荷量。

從視覺檢查圖 2-4，有兩個變項類聚（clusters）為很明顯。變項 1 與 2 進行聚集在一起，如變項 3、4 與 5 亦進行聚集在一起。無論如何，這種變項類聚的組型（模式）從未轉軸因素負荷量觀之，並不如此明顯。在原始軸（the original axes）向順時針方向移動轉軸時，就如在圖 2-4 中所指出的，我們獲得一個完全不同因素負荷量的組型（模式）。注意在轉軸（旋轉）各因素之中，各軸（兩軸）被維持在 90 度。這樣的程序表示（signify）各因素在數學上是獨立的，與表示轉軸已是正

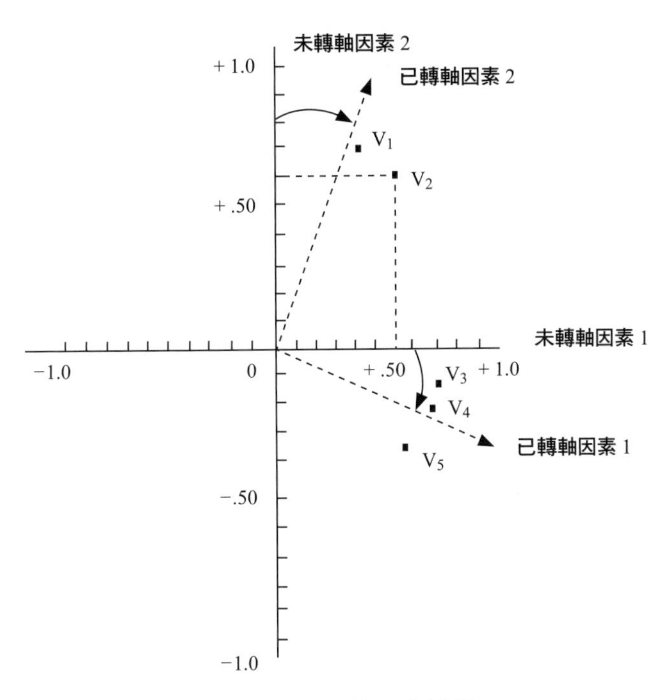

圖 2-4　正交的因素轉軸

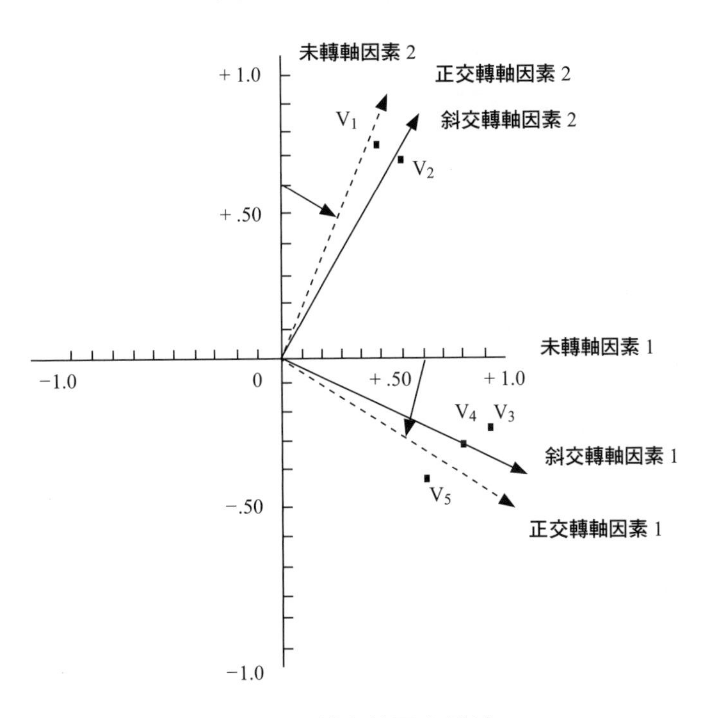

圖 2-5　斜交的因素轉軸

交的（或直交）之意義。在旋轉因素軸之後，變項 3、4 與 5 在因素上負荷量是很高，而變項 1 與 2 負荷量在因素 II 是很高的。如此，把這些變項的類聚在轉軸之後就形成為二個分組或二個類聚，這種現象是比在轉軸之前更加明顯，縱然各變項的相對位置（relative position）或方位（configuration，形狀；外貌）仍然未改變。

關於斜交的轉軸法（oblique rotation）的一般原則，就如正交的（或直交的）轉軸法一樣。斜交轉軸法是更加的具有彈性（flexible）因為因素的各軸（二軸）不需要是正交的（直交的）。它亦是更實際的（realistic）因為在理論上重要的基本維度（dimensions 面向；向度；空間）不被假定是彼此不相關的。圖 2-5 中二個轉軸的方法被比較。注意斜交因素轉軸代表各變項的類聚更加精確。這樣的精確度是每個已轉軸（已旋轉軸）的軸現在是更接近各變項的個別分組（respective group of variables）之事實的結果。而且斜交的因解（solution）可以提供有關那些因素才是真正地彼此相關的程度之資訊。

表 2-2 已轉軸與未轉軸因素負荷量之間的比較

變 項	未轉軸的因素負荷量		已轉軸的因素負荷量	
	1	2	1	2
V_1	.50	.80	.03	.94
V_2	.60	.70	.16	.90
V_3	.90	−.25	.95	.24
V_4	.80	−.30	.84	.15
V_5	.60	−.50	.76	−.13

大部分因素分析者同意（agree）許多直接未轉軸的因解（solutions）不是足夠（are not sufficient）；即是，在大部分的案例中，轉軸可以藉由減縮基本分析時所伴隨的某些曖昧語意而增進解釋力。在轉軸中對分析者可資利用的重要選擇是可選取一種正交的（直交的）或斜交的方法。任何轉軸的最後目的是在於獲得某些在理論上是具有意義的因素，如果是可能的，是在於獲得最簡單的因素結構。正交轉軸的研究途徑是更廣泛地被使用因為所有電腦的套裝軟體（packages）其因素分析都含有正交轉軸的選項（options），在斜交方法未普及之際，正交的轉軸更經常被利用，因為執行斜交轉軸的分析程序仍然未發展成熟，而仍然受制於相當大的爭議。總之，對於執行正交的或斜交的轉軸仍然有若干不同的研究途徑是可資利用的。無論如何，在大部分的統計套裝軟體中，唯有一種有限的斜交轉軸程序是可資

利用的；如此，分析者將可能被迫便去接受該套裝軟體所提供的方法。

正交轉軸法，在實際應用中，所有轉軸方法的目標是在於簡化因素矩陣的各列與各行以有助於解釋。在一個因素矩陣中，各行（columns）代表各因素與每一列（each row）對應於（responding to 對稱、相稱）一個變項的負荷量交叉於各因素，採取把各列簡化，我們意指使在每一行的許多值儘量地接近 0（即是，把「高」負荷量的數目儘量變少）。三種主要的正交的研究途徑已被發展：四次方最大值法（QUARTIMAX）、最大變異法（VARIMAX）、平衡最大值法（EQUIMAX）。

四次方最大值法（QUARTIMAX）：一個四次方最大值法的轉軸之最後目標是去簡化一個因素矩陣的各列；即是，它集中焦點於原初（the imitative）因素的轉軸上，如此一個變項在一個因素上的負荷量是高而所有其他因素上是儘量的低（負荷量）。在四次方最大值的轉軸中，許多變項可以負荷量是高的或接近在相同因素上（or near on the same factor），因為技術集中於簡化各列上。四次方最大值法在產生較簡單的結構中無法證實是非常有成就的（successful）。它的困難是它傾向於（易於）產生一般的因素如第一個因素在此因素上負荷量最多，如果不是所有的變項都有高的負荷量的話，而無視於吾人對一個「較簡單」（simple）的結構概念，那無可避免地就涉及到處理各變項的類聚（luster）；傾向（易於）產生一個大的一般因素（to create a large general factor）的方法（即是，四次方最大值法）無法達成轉軸的種種目標（is not is line with to goals of rotations）。

最大變異法（VARIMAX）：比較於四次方最大值法，最大變異法的標準集中於簡化因素矩陣的各行。以最大變異法轉軸的研究途徑，如果在一個單一的橫行中只有 1 與 0 時最大量（maximum）可能的簡化（simplification）是可以達到。即是，最大變異法可以把因素矩陣所要求的負荷量變異數的和（the sum of variance）極大化。回顧在四次方最大值法的研究途徑，許多變項可以負荷很高或直接地在相同因素上，因為該技術集中焦點於各列（rows）的簡化上，以最大變異法轉軸的研究途徑，有傾向於某些高的負荷量（即是，接近 +1 或 −1）與某些負荷量接近 0 於矩陣的每一行（columm）中，這樣的邏輯是當變項一因素的相關是接近（a）+1 或 −1 時解釋是最容易，如此指示變項與因素之間有一個清楚的正向或負向的關聯（association），或（b）接近於 0 時，指出很清楚的缺乏關聯（沒有關聯），這樣的結構基本上是簡單的。雖然四次方最大值法因解（solution）在分析上是比最大變異法因解要簡單，但是最大變異法似乎給予各因素一種更清楚的分離（separation）。一般而言，Kaiser's 實驗中（Kaiser, 1970; Kaiser, 1974）指出由最大變異法轉軸所獲得的因素組型（pattern 模式）傾向比由四次方最大值法所獲得的因素組型（模式）是不變的（invariant），當在不同變項的次組合（subset 子集）被分析時。所以，如以一個分析的途徑是在於獲得各因素的一個正交的（直交的）轉軸而言，最大變異法已證實是非常有成效的。

平衡最大值法（EQUIMAX）：平衡最大值法的途徑是四次方最大值法與最大變異法研究途徑之間的一種妥協（compromise），因而其方法，不是集中於各列（rows）的簡化就是各行（columns）的簡化，它嘗試去實現每一種方法的某些特點，但是，平衡最大值法並沒獲得普遍地接受與不常被使用。

斜交轉軸的方法（Oblique Rotation Methods）：斜交轉軸和正交（直交）的轉軸是相似的，除了斜交的轉軸允許已轉軸因素之間以相關的因素（correlated factor）以替代維持之間的獨立。然而在正交（直交）的途徑之間有若干的選擇，在大部分統計套裝軟體中對斜交的轉軸典型地僅提供有限的選擇。例如，SPSS 僅提供最小斜交法（OBLIMIN），SAS 有（PROMAX）與正交斜交法（ORTHOBLIQUE）；而 BMDP 提供直接四次方最大值法（DQUART），四次方斜交法（DOBLIMIN）與正交斜交法（ORTHOBLIQUE）。簡化（simplication 單純化、簡易化）的目標是可比較於正交方法，與已相關因素已增加的特徵作比較。以相關因素的可能性（possibility），因素分析者需加以注意到使在斜交上已轉軸因素的有效問題，如它們有附加的方法（非正交性 nonorthogonality）使樣本變成特殊的而不是一般的（generalizable），尤其是以小的樣本或案例對變項（case-to-variable）的低比率。

在轉軸方法之間作選擇，沒有特別的方法已被發展出可引導分析者選擇一種個別的正交的或斜交的轉軸技術。在大部分的例證中，分析者只可利用由電腦程式（computer program）所提供的轉軸技術，大部分的程式有最大變異法不履行的（或內定的）轉軸（the defalt rotation）。但是所有重要的轉軸方法是可資利用的，無論如何，沒有強迫分析者去支持一轉軸方法勝過另一轉軸方法的理由，選擇一種正交的或斜交的轉軸方法應該是基於一個假定的研究問題特別需求的基礎上做決定。假如研究的目標是在於減縮原始（original）變項的數目時，就無視於會使因素產生結果會是如何有意義的問題。適當的因解方法會是一種正交的方法（之一），而且，如果研究者想要去把很多的變項縮減成未被轉軸變項的一個較小的組合以提供其後使用於一個迴歸或其他預測的技術，一種正交的因解法是最好的。無論如何，如果因素分析的最後目標是在於去獲得若干在理論上富有意義的因素或概念（constricts），一種斜交的因解方法是適當的，這種結論被達成係因為在實際上，非常少的變項是不相關的，如在一種正交的轉軸中其變項是不相關的。

（二）因素負荷量的顯著標準

在解釋因素中，對於那一因素負荷量是值得考慮必須做決定，下列的討論提出三個建議有助於因素負荷量的解釋：

1. 第一個建議不是基於任何數學的命題之上，而是和實際的顯著性更有關。它是一個經驗法則，該法則經常被因素分析者使用為製作因素矩陣的一個基本預測方法。簡言之，大於 ±.30 的因素負荷量被認為符合最小水準；大於 ±.40 的負荷量被認為更重要；而如果負荷量是 ±.50 或更大，它們被認為是實際上的顯著性，如此，因素負荷量的大小愈大，則解釋因素矩陣的負荷量就愈重要因為因素負荷量是變項與因素的相關，其平方的負荷量就是由因素所提供解釋變項整體變異數的量。由此，一個 .30 的負荷量可轉換解釋（translate）大約百分之十的解釋量，而一個 .50 的負荷量指示（denote）由因素可提供解釋百分之二十五的變異數。所以，因素分析者應該體驗到極端高的負荷量（.80 及以上的）不是典型的（typical），及負荷量的實際顯著性是一個重要的標準。這些指南在樣本的大小是 100 或更大時是可應用的，依這種研究途徑是強調實際的顯著性，而不是統計的顯著性。
2. 如前述已指出，一個因素負荷量代表（呈現）一個原始（original）變項與它的因素之間的相關，在以負荷量解釋來決定一個顯著性的水準中，相似於決定相關係數統計顯著性的一種研究途徑可以被使用。無論如何，研究（Cliff, & Hamburger, 1967）已證實因素負荷量實質上比典型的相關（typical correlations）有較大的標準誤；如此，因素負荷量應該以更相當嚴格（stricter）的水準來評估。因素分析者可以使用統計考驗力（power）的概念去界定（specify 規劃）因素負荷量對不同樣本大小其顯著性所考量的問題。以獲得百分之八十的一個考驗力水準為陳述的目標，以一個 .05 顯著水準為準，與提出因素負荷量標準誤（standard errors）所假定的膨脹（inflation），表 2-3 包括樣本的大小考慮對每個因素負荷量值的顯著性是必要的條件。例如，在一個樣本有 100 個受訪者中，.55 以上的因素負荷量是顯著性的。無論如何，在 50 個受訪者的樣本中，.75 的因素負荷量被要求以提供顯著性，在與方法 1 的比較中，它指示所有 .30 的負荷量有實際的顯著性，這樣的途徑把 .30 的負荷量認為是顯著性的，僅提供有樣本大小 350 或更大的樣本作參考，當與前節的指引（guideline 指導方針）或甚至與傳統相關係數關聯的統計水準作比較時，這些是十分保守的指南。如此，這些指引（指導方針）在因素負荷量解釋中應該被使用為一個起始點，被考慮以較低的負荷量為顯著性，與基於其他的種種考慮上增加解釋力（interpretation）。下一節將詳細討論解釋的過程與其他種種考慮可以扮演的角色。

表 2-3 提供基於樣本大小界定顯著性因素負荷量的指引

因素負荷量	對樣本大小所要求的顯著性
.30	350
.35	250
.40	200
.45	150
.50	120
.55	100
.60	85
.65	70
.70	60
.75	50

a.顯著性被基於一個 0.05 顯著性水準（α），一個百分之八十的考驗力水準，被假定標準誤是這些傳統相關係數的兩倍。

資料來源：計算以 SOLO 考驗力分析來執行，BMDP statistical Software, Inc.,1993

3. 方法 1 與方法 2 的劣勢（disadvantage 缺點）是被進行分析的變項數目與被進行檢測的特殊因素（specific factor）是不被考慮的，如分析者從第一個因素進行分析到後面（later）的因素中已被顯示，對一個負荷量被判斷其顯著性的可接受水準應該增加。唯一性變異性與誤差變異數開始去呈現於其後（later 後來的）的因素之適時意指在顯著性水準中向上的某種調整應該被包括，被進行分析的變項數目在決定那些負荷量是顯著性時亦是重要。如被進行分析的變項數目被增加時，其考慮一個負荷量顯著性可接受的水準亦增加。所以，對變項數目的調整在吾人進行一個因素萃取到其後的因素中是逐漸重要性的。

要去摘述因素負荷量顯著性的標準，下列的指導方向可以被陳述：（1）樣本大小越大，被考慮負荷量的顯著性越小；（2）被進行分析的變項數目越大，被考慮負荷量顯著性越小；（3）因素數目越大，在其後因素被考慮負荷量的大小其提供解釋的顯著性越大。

（三）因素矩陣的解釋

要去解釋被呈現在一個因素矩陣中的複雜關係不是簡單的問題。簡述在下列各段落中的細節，無論如何，吾人可以相當地簡化因素的解釋過程。

1. 檢驗因素負荷量的矩陣。如果一個斜交轉軸已經被使用，兩個因素負荷量的矩陣被提供。第一是有負荷量的因素組型（模式）矩陣，這些負荷量代表每個變項對因素的唯一貢獻。第二個矩陣是因素結構矩陣，它有各變項與各因素之間的簡單關係，但是這些負荷量包括各變項與各因素之間的唯一變異數與因素之間的相關兩者，如各因素之間的相關變得愈大，那要去區分那一個變項唯一的負荷在因素結構矩陣中是很難的。所以，大部分的因素分析者就要報告組型（pattern 模式）矩陣的結果。

   數目的每一行代表一個各別的因素，數目的各行是每個變項對每個因素的因素負荷量。就辨識（或確定）目的而言，電腦的輸出通常可以辨識從左到右的各因素採 1、2、3、4 等等數目字，它亦要辨識由數目從上到下的各變項，為了要更進一步有利於解釋，分析者應該記下在左邊緣下每個變項的各字在變項的數目旁邊。

2. 開始解釋，分析者應該以在第一個因素上的第一個變項開始，然後在水平線上從左移動到右，尋找在任何因素上最高負荷量的變項。當最高負荷量被辨識時，如果它是顯著性的，分析者就應該在它下面畫線。然後分析者繼續尋求第二個變項，再次在水平線上從左邊移動到右邊，尋找在任何因素上變項的最大負荷量，及在它之下畫線加強之。這樣的程序應該對每一個變項持續進行，直到所有變項一旦在一個因素上有最高負荷量，並且在它們之下劃線強調之為止。回顧樣本大小少於 100，被考慮其顯著性之最低因素負荷量在大部分的例證中是 ±0.3。

   僅強調單一最高負荷量為每一個變項，顯著性的過程是一種理想，即分析者致力應該去達成的，但很少能夠達成的理想。當每一個變項在一個因素上僅有一個負荷量是相當顯著的，每個因素意義的解釋被相當的簡化。無論如何，在實際上，許多變項可以有若干適量大小的負荷量（moderate-size loadings），而其中所有的負荷量是顯著性的，那解釋各因素的任務是更加困難。而困難來自於因為一個有若干顯著性的負荷量必須被考量在解釋它有一個顯著性負荷量的所有因素。因為大部分因素的因解並沒有產生一個簡單結構的因解（一個單一高負荷量對每一個變項僅在一因素上），對每一個變項在它下面畫線強調高負荷量之後，分析者將持續去評估因素矩陣採取強調一個變項對所有因素所有顯著性的負荷量。最後，分析者嘗試去把對因素矩陣每一列顯著性負荷量的數目極少化（即是使每個變項與一因素結合）。

3. 一旦所有變項已在他們各列的因素上被強調，即分析者就應該檢測因素矩陣去辨識未被強調的各變項，與沒有負荷在任何因素上的變項，對每個變項的共同性被提供，代表由因素因解對每個變項提供解釋的變異數。因素分析者應該審視每個變項的共同性去評估它是否符合可接受的解釋水準，例如，一個研究者可以界定（specify 規劃）每個變項至少一半的變異數必須被解釋，使用這個指引原則，研究者可辨識（認定）所有具有共同性的變項少於 .5 的就不具有充分的解釋。

如果有變項，沒有負荷量在任何因素上或其共同性被認為太低，那分析者就有兩個選擇：（1）解釋它原來的因解與完全地忽略這些變項；（2）評估可能剔除的每個變項。如果其目標是在於資料的簡化，那就可忽視可以成為適當的各變項，但是分析者仍然必須注意到有問題的變項，呈現在因素的因解中是不良的變項，剔除的考慮應該端視各變項對研究整體的助益及其共同性的指數而定，如果變項對於研究目的較不重要的或有一個無法接受的共同性質，分析者就可決定去剔除該變項然後重新界定或重新規劃因素模型以獲得具有沒有負荷量變項被剔除的一個新因素的因解。

當一個因素因解已被獲得時其中所有的變項對一個因素有一個顯著性的負荷量，分析者企圖去分配某些意義賦於因素負荷量的組型（或模式）具有意義。具有較高負荷量的變項被認為是更重要的，被選定命名或標示去代表一個因素，如此分析者將檢測對一個別因素被強調的各變項，然後，即更大的強調放在這些具有較高負荷量的變項上，將嘗試去分配一個命名或一個標示給一個因素，這個因素可反映各變項對它的負荷量。這樣的標示（the signs）正如以任何其他相關係數被解釋。在每一個因素上，像這樣的標示意指各變項是正相關的，而相反的標示意指各變項是負相關的，在正交的因解中，各因素彼此是獨立自主的，所以，這樣的標示對於因素負荷量而言，它們的出現僅和它們相關的因素有關，在因解中和其他的因素無關。

這個標示不是由因素分析的電腦軟體程式來獲得來分派，反之，這樣的告示是由因素的分析者基於呈現一個個別因素的基本面向其適當性直覺上所形成的，這樣的過程被遵行提供每個萃取的因素。最後的結果將是代表屬最可能精確被獲得每個因素的一個命名或標示。

在某些實例中，要去分派一個命名賦於每個因素是不可能的，當一個這樣的情境被遇到時，分析者可以希望去標示由該因解如「未被界定的因解所獲得的一個個別因素或各因素」，在這樣的案例中，分析者僅解釋具有意義的這些因素，而忽視未被界定的或許有意義的各因素，在描述因素的因解中，無論如何，分析者指出這些因素被獲得，但是並沒有被界定與這些因素僅代表有意義的關係被解釋。

如以上所討論，很多特定數的因素被選擇與轉軸的方法是交互相關的。若干附加的實驗性轉軸可以被採取，與考慮最初的校標（criterion）與對若干不同實驗的轉軸之因素解釋做比較，分析者可以選擇因素數目去萃取。簡言之，去分派某意義對於各因素的能力，或去解釋各變項的本質，再決定多少因素數目要去萃取就變成第一種極為重要的重點。

六、步驟 6：因素分析的效度

第六個步驟涉及評估把結果通則化到母群體的程度與個體實例或受訪者對整體結果的潛在影響，通則化的問題對每一個多變項的方法（multivariate methods）是具有決定性的，但是它是對相互依存方法是相關的，因為它們描述一個資料的結構，而此結構應該要是母群體的代表。研究結果的最直接有效方法是去採取一種驗證性的研究方法與評估研究結果的複製（replicability），即取最初資料組合中的一個分裂樣本，或採一個個別的樣本重作實驗。兩個因素模型或兩個以因素模型結果的比較總是會有問題的，無論如何，對於分析者希望去作一種客觀的比較存在有若干選擇的問題。驗證性因素分析（CFA）係透過結構方程式模型的呈現已提供了一個選擇，但是一般而言它是更加複雜的，與它要求附加的套裝軟體，諸如 LISREL、或 EQS（Bentler, 1992; Jöreskog, & Sörborm, 1993c）。第 11 章以更詳細的方式討論驗證性因素分析。不同於驗證性因素分析（CFA），有若干其他的方法已被提出，範圍從一個單一的配對指數，到特別被設計的程式可評估因素矩陣之間的相稱性（Smith, Scott, 1989）。這些方法已零星分散的使用，部分地由於（1）它們被感覺缺乏人為經驗的製作（sophistication）；（2）軟體或分析程式無法有效去自動作比較。如此，當驗證性因素分析（CFA）不適用時，這些方法可提供某些客觀的比較基礎。

通則化的另一個面向是因素模型結果的穩定性，因素的穩定性基本上是依據樣本的大小與每一變項的案例數（the number of cases per variable）。研究者總是被鼓勵去獲得最大可能的樣本數與開展簡效模型去增加案例對變項的比率（the case-to-variables ratio）。

除了通則化之外，對於因素分析效度的另一重要問題是影響觀察值的檢查，例如極端值的辨識（或認定），與有關迴歸的影響觀察值，這兩者已應用於因素分析中。分析者被鼓勵去估計具有與無具有被辨識（或被認為）為極端值的觀察值，以評估它們對種種結果所產生的影響。如果極端值的忽略被認為是正當的，即種種結果應該獲得更大的通則化。而且有若干影響的測量反映吾人對所有其他相對的觀察立場（例如，共變數的比率），是可應用於因素的分析。最後，最近的研究已提出辨識影響觀察值的方法，尤其是對因素的分析（Chatterjee, Jamieson, &Wiseman, 1991），但是其複雜性已限制了這些方法的應用性。

七、步驟 7：因素分析結果的附加用法

研究者若要停止因素的解釋或進行因素分析的其他用法，包括因素分數的計算、或對其後分析替代變項（surrogate variables），以其他統計技術的選擇，端視應用因素分析技術的原因而定時。如果其目標只是去辨識各變項或受訪者的邏輯關聯性（目標 1），即分析者將停止因素的解釋。如果其目標是在於去辨識（或認定）適當的變項以供其後其他技術的應用（目標 2），即分析者將檢測因素矩陣與選擇最高因素負荷量的變項為一個個別因素面向（dimension 維度；向度）的一個替代的代表（a surrogate representative）。如果其目標是在於去創造一個完全是新的、較小的變項組合，去以一個其後統計分析類型的含入替代原始變項的組合（目標 3），即合成的因素分數可以被計算去呈現每一個因素，所以，因素分數可以被使用，例如，為一個迴歸或區別分析中的自變項，或為多變項變異數分析中的依變項。

（一）選擇其後分析的替代變項

如果研究者的目標是在於為其後其他統計技術的應用去辨識（或認定）適當的變項（目標 2），研究者可以檢測因素矩陣其選擇對每一個因素具有最高因素負荷

量的變項為個別因素的一個替代代表。如果有一個變項是實際上比所有其他因素負荷量唯一較高之因素負荷量，即明顯地有較高負荷量的這個變項可以被選擇其後分析代表該因素。在許多的例證中，無論如何，其選擇的進行是更加困難，因為會有兩個或更多變項的負荷量是顯著的而彼此相當接近。在這些案例中，分析者就必須在重要關鍵上去檢測若干因素負荷量，而這些負荷量是大約接近樣本大小，而選擇唯一一個為一個個別面向（dimension 維度；向度）的一個代表，這個決定是基於研究者的一種先驗的理論知識。這樣的知識可以指出一個個別的變項，在邏輯上會更具面向的（dimension 維度；向度）代表性，而且，分析者已知提出一個變項的原始資料，即是負荷量較低的，而這原始資料事實上是比最高負荷量的變項之原始資料更可信。在這些案例中，分析者可以選擇負荷量低的變項為去代表一個個別因素的變項。

在各例證之中，若干高負荷量使一個單一變項的選擇變得更複雜，因素分析可以作為一個總和的量尺以提供為計算替代變項的基礎，在這些例證之中，負荷量在一個因素上高的所有變得可以被總和。該總和，或它的平均數，可以成為替代變項。該目標，正如選擇一個單一變項的案例一樣，是去最具代表因素或成分的基本本質。

（二）使用因素分數

當分析者關切於創造一個完全新的與較小合成變項的組合，以部分或以整體的方式，替代原始的組合，依此方式，因素分數可以被計算（目標 3）。因素分數是合成的測量為提供每個因素呈現（或代表）每個主題（subject）的測量。最初基本資料的測量與因素分析的種種結果可以被利用去計算每個個體的因素分數。就概念上而言，因素分數代表每個個體在各題項的分組中在一個因素上有高負荷量的程度。如此，凡是在若干變項上有高得分的個體，即對一個因素的值擁有很高的負荷量，即對該因素將獲得一個高的因素分數。由此可知，因素分數就可顯示一個個體擁有一個高程度的代表該因素的一個個別特性，大部分因素分析電腦套裝軟體對每個受試者對每個因素計算其分配，以備可以被利用於其後的分析。而分析者僅選擇因素分數的選擇鍵（option），而且這些分數可以被保留以備在其後的分析中提供更進一步的使用。

創造因素分數以代表因素的各結構，對分析者而言並非難事。如此問題就可能引發因素分數或替代變項，與加總的量尺是否應該被使用。因素分數與加總的量尺兩者有其優點與缺點，與對所有的情境不清晰的解答是可資利用的。因素分數可使所有變項對因素負荷量呈現合成之優點。由此，替代的各變項僅呈現或代表一個單一的變項。無論如何，因素分數的一個缺點是它們是基於與因素中所有變項是相關基礎之上。因為這些相關很可能是低於 1.0 是各因素大約的分數，諸如，是基本因素傾向誤差的指示。單一替代的變項是完全的可解釋的，但是將無法代表因素的所有「各面」（facets），而且易傾向產生測量誤差，最後，被加總的量尺是一種妥協。它包括對因素負荷量很高的各變項而排除對因素影響很少的這些變項，對其後各樣本它是很容易被複製，由此，的確可比較的因素分數要提供其他樣本去計算是更加困難。這會產生因為另一樣本的因素分析在計算因素分數中很可能沒有相同的衡量被使用，因而因素的分析者，如果精確的比較是必要的，他就必須用手操作去計算它們，但是就總和的量尺而言，各變項正好可以被平均，與各樣本之間是可比較。而且，像代替的各變項一樣，總和量尺不必然是正交的，因此在正交上已轉軸的各因素是正交的或不相關的。由此，其決定法則，會是如果資料僅被使用在最初的樣本中或正交就必須被維持，那因素分數是完全合適的。如果具可轉換性（transferability）是被希望的，那麼各量尺與替代的各變項是更加適用，如果量度是一個很好的構念（a well-sonstructed），有效的、與可信的工具，那總和尺度可能是最好的選擇之一。但是如果量尺是無法檢測的與探索性的，及其信度與效度很低或證據不足，那替代的變項應該可能被使用。

第五節　結　語

從以上的探討可知，因素分析的基本目的，是在於依據若干基本的、無法觀察的、隨機數量的（quantity）、與被稱為因素的方式來描述其共變關係。基本上，因素分析的模型是假定各變項之間由於它們的相關而被類聚，此種各變項所形成的類群即代表一個單一的基本構念，或構面，或因素。這樣的構念或因素是與觀察的變項發生對應的相關。所以，因素分析就是在於尋求去驗證由各變項所形成的類群之過程（Lawley & Maxwell, 1971）。

因素分析可以被認為是主成分分析的一種擴張。其實兩者都可視為是去估計共變數矩陣 Σ 的種種企圖。無論如何，因素分析的基本問題是在於使研究的資料是否與一個被指定的結構一致的探索。多變項模型建構過程的六個步驟可提供多變項模型建構的發展與解釋，並使任何多變項分析中因素分析得以依據有六個步驟來進行因素分析模型的建構、發展、與解釋。

Part 2

專題的探索，SPSS 的應用與說明

Chapter 03

因素分析：一個管理範例的說明

在前一章中我們已從建構因素分析模型的基本架構與步驟中，接觸到分析因素分析的關鍵詞、建構多變項分析模型的結構途徑、決定建構因素分析模型的分析圖與步驟。從其中我們已熟悉與理解建構因素分析的原理、方法、與步驟。

在本章我們依據前一章中，建構因素分析的原理、方法、與步驟，以一個管理的範例來說明。

第一節　因素分析的目標

以下我們以管理學的理論觀點來考量下列的每一個情境（Sharma, 1996, p.90）：

1. 一位從事消費性產品製造業公司的市場管理者，想要瞭解愛國主義與消費者對於國內與國外產品的消費態度是否為一種相關的關係存在，以決定其經營策略。
2. 一位從事金融業，其組織規模龐大公司的董事長，想要去測量公司的形象，以建立商譽。
3. 一位規模龐大公司的銷售部經理，想要去測量公司銷售員銷售產品的能力，以決定公司訓練銷售員的課程與方法。
4. 一位高科技公司的管理者，想要去測量高科技引發對改革產生抗拒的決定因素。

以上的每一個範例是在要求建構一種量尺（a scale），或一種工具（an instrument），以便可以去測量各種構念（constructs），即是；態度、形象、愛國主義、銷售能力、與對改革產生抗拒的構念。有很多測量的類型與範例為商業管理學科的研究者所嘗試與使用，因素分析就是可以被使用去發展量尺以便可以去測量這些構念的種種技術之一。

第二節　因素分析的一個假設範例

要去解釋與說明因素分析的問題，我們可使用假設資料的組合。這些資料獲自 the Hair，Anderson，and Tatham Company（HATCO），一個大工業製造業的供應商。其資料組合的基本項目，由 100 位的受試者或受訪者，七個個別變項所組成，是 HATCO 對其顧客所進行的調查研究。每一個變項的界定與它的編碼（its coding）解釋被給予在表 3-1 中。

表 3-1 各變項之間的相關

變項	送貨速度 (X_1)	價格水準 (X_2)	價格彈性 (X_3)	製造商形象 (X_4)	服務 (X_5)	銷售形象 (X_6)	產品品質 (X_7)
X_1 送貨速度	1.000						
X_2 價格水準	−.349*	1.000					
X_3 價格彈性	.509*	−.487*	1.000				
X_4 製造商形象	.050	.272*	−.116	1.000			
X_5 服務	.610*	.510*	.060	.290*	1.000		
X_6 銷售形象	.077	.186	−.034	.788*	.240	*1.000	
X_7 產品品質	−.483*	.470*	−.448*	.200	−.050	.177	1.000

*指示達到 .01 的顯著性水準

本研究的調查報告，其受訪者是 HATCO 的經銷商或其上下游廠商負責向 HATCO 採購產品的採購經理，本研究的目標應該會給予 HATCO 理解它的顧客或客戶特性，與顧客或客戶對 HATCO 的知覺（perception）。其問卷調查資料附錄檔案儲存在本書 SPSS 的 CH3-8 檔案中。

本研究的調查報告就誠如本章前一節所強調因素分析的目標是 HATCO 想要以因素分析的技術去建構或發展一個量尺，去測量以引出其公司的經營策略（strategy）與形象（image）的構念。

第三節　一個管理的範例說明

在前面的各章中，關於因素分析應用的重要問題大約都已被討論。為了更進一步澄清與驗證這些問題，我們使用基於前面各章所呈現的資料來提出因素分析應用的一個範例說明。以下我們所討論的經驗性範例亦遵循前述六個建立因素分析模型的過程與步驟。首先，先行探討前面的三個步驟，這些步驟所討論的不是常見的主成分的就是共同的因素分析。然後，從步驟四到步驟六將依據因素結構的探究途徑以主成分分析方法來進行討論。最後，我們將以步驟四與步驟五的共同因素分析方法檢測其差異性。

一、步驟 1：因素分析的目標

依據我們前述因素分析的目標，本範例因素分析的目標是在於辨識一個變項組合的結構與提供本範例資料減縮的過程。在我們的範例中，HATCO 以七個變項（從 X_1 到 X_7）的知覺作檢測去（1）理解這些知覺是否可以被「類聚」（grouped），與（2）把七個變項簡化成一個合成的較少的數目來呈現。在本章中被檢測的知覺之數目，雖然很少，然而在相關矩陣之中卻可以以 21 個個別的相關係數呈現出一個複雜生動的描述。由於類聚（grouped）的各個知覺，HATCO 將能夠依據它們顧客或客戶的意義界定方式去理解到這個「富有意義的認知」（big picture），與理解到它們顧客或客戶對 HATCO 的認知或想法是甚麼。如果七個變項可以以一個合成的較少的變項數目來呈現，那麼其他的多變項技術亦可以更簡效的方式來製作。當然，這樣的研究途徑係假定有某程度的基本秩序存在於被分析的資料之中。

二、步驟 2：設計一個因素分析

理解這些知覺變項的結構可以使用一個 R 矩陣的因素分析，它是一個各個變項之間所形成的相關矩陣，而不是由受訪者之間所形成的相關矩陣，所有的這些知覺變項是米制的（metric），可以建構一個同質性（homogeneous）知覺變項的相關矩陣。對於樣本足夠適當性，在本範例中其觀察值對變項數目比是 11 比 1 的比率，依此比率就可落入可接受的限制之內。而且，以樣本大小 100 對提供各個變項之間相關的計算是有一個足夠適當性的基礎。

三、步驟 3：因素分析的假定

基本統計的假定會影響因素分析的穩定性。如果背離常態性（normality）、散佈點均等分布性（homoscedasticity）、線性（linearity）的假定，都會減低變項之間的相關。

因素分析者亦必須評估相關矩陣使用因素因解法的可行性。首先，第一個步驟就是使用一種視覺的（visual）檢測，辨識這些相關是否是統計的顯著性。SPSS 輸出結果表 3-1 是對 HATCO 的七個知覺變項的相關矩陣。檢視這個相關矩陣可揭示在 21 個相關係數之中有 12 個是有 .01 的顯著性水準。如此，我們已知大約超過一半的相關是具有顯著性水準。這樣以視覺來檢定的方法可給予其次繼續進行的因素分析在整體的分析上與對每一個變項可提供足夠適當性檢測水準的基礎。

(一) SPSS 程式語法的撰寫

我們在以 100 位受試者或受訪者的調查資料輸入 SPSS，經過其內定操作的程序之後，就可以獲得上述表 3-1 的相關係數的矩陣，獲得相關係數矩陣的過程可以參考下一章（第四章）SPSS 的內定操作程序。然後再依據表 3-1 的相關係數矩陣，來撰寫我們所想要資料的程式指令。依據需求撰寫 SPSS 程式語法如下：

（本語法指令儲存在本書 SPSS 的 CH3-1 檔案中）

```
MATRIX DATA VARIABLES = X1 X2 X3 X4 X5 X6 X7
    /CONTENTS = N CORR
    /FORMAT = UPPER NODIAGONAL.
BEGIN DATA
 100    100    100    100    100    100    100
−.349   .509   .050   .610   .077  −.483
−.487   .272   .510   .186   .470
−.116   .060  −.034  −.448
 .290   .788   .200
 .240  −.050
 .177
END DATA.
subtitle '因素分析'.
FACTOR
    /MATRIX = IN(CORR = *)
    /FACTOR VARIABLES = X1 X2 X3 X4 X5 X6 X7
    /ANALYSIS = X1 to X7
    /PRINT = ALL.
```

(二) SPSS 輸出結果報表資料與解釋

表 3-2 SPSS 輸出結果報表資料

表 3-2 之 1 SPSS 輸出結果報表資料

KMO 與 Bartlett 檢定

Kaiser-Meyer-Olkin 取樣適切性量數		.456
Bartlett 球形檢定	近似卡方分配	534.219
	自由度	21
	顯著性	.000

表 3-2 之 2 **SPSS 輸出結果，相關係數矩陣**

		X1	X2	X3	X4	X5	X6	X7
相　關	X1	1.000	−.349	.509	.050	.610	.077	−.483
	X2	−.349	1.000	−.487	.272	.510	.186	.470
	X3	.509	−.487	1.000	−.116	.060	−.034	−.448
	X4	.050	.272	−.116	1.000	.290	.788	.200
	X5	.610	.510	.060	.290	1.000	.240	−.050
	X6	.077	.186	−.034	.788	.240	1.000	.177
	X7	−.483	.470	−.448	.200	−.050	.177	1.000
顯著性（單尾）	X1		.000	.000	.311	.000	.223	.000
	X2	.000		.000	.003	.000	.032	.000
	X3	.000	.000		.125	.277	.369	.000
	X4	.311	.003	.125		.002	.000	.023
	X5	.000	.000	.277	.002		.008	.311
	X6	.223	.032	.369	.000	.008		.039
	X7	.000	.000	.000	.023	.311	.039	

a. 行列式 = .004

表 3-2 之 3 **SPSS 輸出結果表**

反映像矩陣

		X1	X2	X3	X4	X5	X6	X7
反映像共變數	X1	.038	.039	−.009	.006	−.034	.000	.007
	X2	.039	.045	.018	.004	−.037	.002	−.018
	X3	−.009	.018	.613	.039	−.004	−.039	.091
	X4	.006	.004	.039	.356	−.008	−.279	−.013
	X5	−.034	−.037	−.004	−.008	.032	−.001	.006
	X6	.000	.002	−.039	−.279	−.001	.372	−.047
	X7	.007	−.018	.091	−.013	.006	−.047	.626
反映像相關	X1	.352(a)	.940	−.056	.049	−.969	−.001	.042
	X2	.940	.340(a)	.106	.031	−.965	.017	−.106
	X3	−.056	.106	.934(a)	.083	−.029	−.081	.147
	X4	.049	.031	.083	.580(a)	−.075	−.766	−.028
	X5	−.969	−.965	−.029	−.075	.293(a)	−.011	.041
	X6	−.001	.017	−.081	−.766	−.011	.555(a)	−.097
	X7	.042	−.106	.147	−.028	.041	−.097	.940(a)

a. 取樣適切性量數（MSA）

從這個步驟中，吾人是以球體檢定（Bartlett test）去評估相關矩陣的整體顯著性水準。在本範例中，其相關，當以整體相關作評估時，是已達 .0001 顯著性水準。但是，這樣的檢定僅對非 0 相關的提出，而不是對這些相關的組型（the pattern）作檢定。其他整體的檢定是抽樣足夠適當性的測量（Kaiser-Meyer-Olkin Measure of Sampling Adequacy），在本範例中此檢定是落入無法接受的範圍（在 .50 以下），其值是 .456，對每一個變項作檢定，吾人可以辨識有三個變項（X_1，X_2，與 X_5）其值在 .50 以下。因為其中變項 5（X_5）的值最低，在企圖獲得一個變項組合可以超過這個最低量的顯著性水準中，我們只好考量把變項 5（X_5）刪除。

此時，吾人即要依據上述的資料輸出結果報表去作判決，然後提出下列的修正。

（三）修正因素分析模型的語法（本語法指令儲存在本書 SPSS 的 CH3-2 檔案中）

```
MATRIX DATA VARIABLES =  X1 X2 X3 X4 X5 X6 X7
        /CONTENTS =   N CORR
        /FORMAT = UPPER NODIAGONAL.
BEGIN DATA
  100      100      100      100      100      100      100
 −.349     .509     .050     .610     .077    −.483
 −.487     .272     .510     .186     .470
 −.116     .060    −.034    −.448
  .290     .788     .200
  .240    −.050
  .177
END DATA.
subtitle '因素分析'.
FACTOR
        /MATRIX = IN(CORR = *)
        /ANALYSIS = X1 X2 X3 X4 X6 X7
        /PRINT = ALL
        /CRITERIA = FACTORS(2)／EXTRACTION
        /EXTRACTION = PC
        /ROTATION = VARIMAX
        /PLOT = EIGEN ROTATION (1 2).
```

SPSS 輸出結果表 3-3 包括變項已修正或已調整的組合（X_1, X_2, X_3, X_4, X_6 與 X_7）之相關矩陣，此組合係依據抽樣足夠適當性的測量與球體檢定（Bartlett test）測量之後所作的修正。在已縮減的相關矩陣中，在 15 個相關之中有 8 個是達統計上的顯著性。如以變項的整個組合而言，球體檢定（Bartlett test）已顯示非 0 的相關係已達到 .0001 的顯著性水準。所以，已縮減的變項組合是已集體地符合抽樣足夠適當性的必要門檻。每一個變項亦超過其門檻值，此指示已縮減的變項組合已符合因素分析的基本要求。最後，除了一淨相關之外，它們都是很低，此為在已縮減的變項組合中其各變項之間的另一個交互相關的測量指標。以上這些測量都一再地指出已縮減的變項組合是適合於因素分析。

四、步驟 4：獲取因素與評估整體適配度

如前述，因素分析的諸過程是基於各變項之間交互相關的最初計算所獲得的一個完整的相關係數表（相關矩陣）。然後，這個相關矩陣係透過一個因素分析模型的轉換以獲得一個因素矩陣。隨之，每一個變項對各因素的負荷量可以被解釋以便能夠去辨識在本範例 HATCO 的知覺中各個變項的基本結構。在步驟四、五、與步驟六中所包含的這些因素分析的步驟，首先將以主成分分析進行檢測。然後，再執行共同因素分析，與在兩個因素模型之間作比較。

首先，去選擇被保留的成分數目以提供更進一步的分析。SPSS 輸出結果表 3-3 包含六個測量變項的可能因素資訊與它們相對的解釋力，並呈現它們的特徵值。除了評估每一個成分的重要性之外，我們亦可以使用特徵值的大小去協助因素數目的選取。如果我們以潛伏根的效標為標準（latent root criterion），那在本範例中將有因素成分被保留。但是，陡坡圖的檢測（如輸出結果圖 3-1 所示）指示若想要選取三個因素亦是適當的。然而，我們可以對第三個因素進行評估，可以發現它的值相對於 1.0 潛伏根的標準值作比較是很低（.598），因而它從可能被含入成為第三個因素之列中被排除。如果它的特徵值是十分接近 1.0，那分析者亦可考慮把它含入而成為第三個因素。這些結果說明在決定保留多少因素成分或數目中，端視多元決定的效標（multiple decision criteria）而定。

表 3-3 SPSS 輸出結果報表

表 3-3 之 1 SPSS 輸出結果報表，相關矩陣（a）

		X1	X2	X3	X4	X6	X7
相關	X1	1.000	−.349	.509	.050	.077	−.483
	X2	−.349	1.000	−.487	.272	.186	.470
	X3	.509	−.487	1.000	−.116	−.034	−.448
	X4	.050	.272	−.116	1.000	.788	.200
	X6	.077	.186	−.034	.788	1.000	.177
	X7	−.483	.470	−.448	.200	.177	1.000
顯著性（單尾）	X1		.000	.000	.311	.223	.000
	X2	.000		.000	.003	.032	.000
	X3	.000	.000		.125	.369	.000
	X4	.311	.003	.125		.000	.023
	X6	.223	.032	.369	.000		.039
	X7	.000	.000	.000	.023	.039	

a. 行列式＝.118

表 3-3 之 2 SPSS 輸出結果報表

反映像矩陣

		X1	X2	X3	X4	X6	X7
反映像共變數	X1	.629	.047	−.210	−.046	−.022	.208
	X2	.047	.650	.190	−.077	.013	−.162
	X3	−.210	.190	.613	.038	−.039	.092
	X4	−.046	−.077	.038	.358	−.281	−.012
	X6	−.022	.013	−.039	−.281	.372	−.047
	X7	.208	−.162	.092	−.012	−.047	.627
反映像相關	X1	.721(a)	.074	−.338	−.098	−.045	.331
	X2	.074	.787(a)	.301	−.159	.025	−.254
	X3	−.338	.301	.748(a)	.081	−.081	.149
	X4	−.098	−.159	.081	.542(a)	−.769	−.025
	X6	−.045	.025	−.081	−.769	.532(a)	−.097
	X7	.331	−.254	.149	−.025	−.097	.779(a)

a. 取樣適切性量數（MSA）

KMO 與 Bartlett 檢定

Kaiser-Meyer-Olkin 取樣適切性量數		.665
Bartlett 球形檢定	近似卡方分配	205.838
	自由度	15
	顯著性	.000

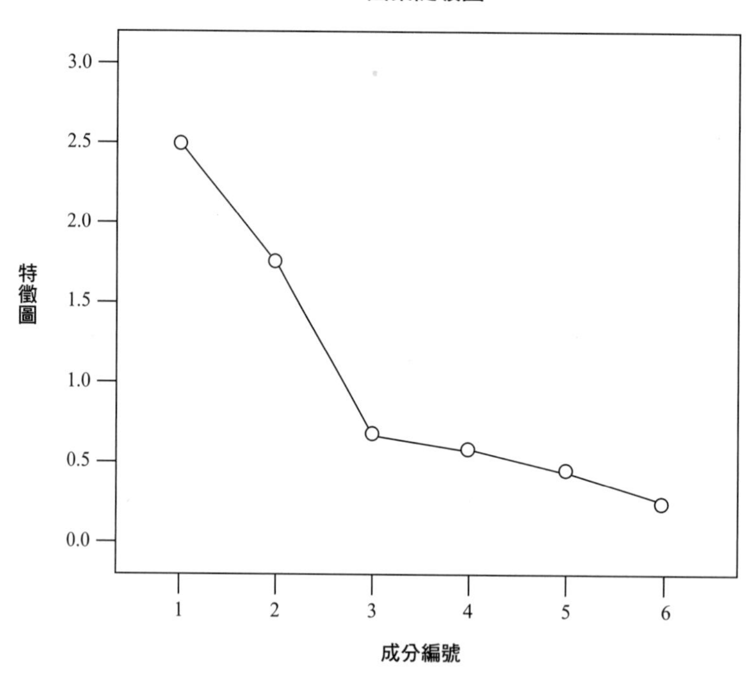

圖 3-1　SPSS 輸出結果

五、步驟 5：解釋各因素

進行步驟四的結果被顯示於 SPSS 輸出結果表 3-4 中，為未轉軸主成分分析的因素矩陣。在因素分析進行中，讓我們解釋被包括在輸出結果表 3-4 中的數據（the numbers）。表中各行的數據被顯示，前面的二行是二個因素被萃取（或抽取）的結果，即是每一個變項對每一個因素的因素負荷量。

第三行提供摘要的統計量，詳述由萃取的二個成分對每一個變項所提供的解釋，而將於下一節進行。在每一行的底部第一列的數目字是平方因素負荷量（或特徵值）為該行被萃取因素的總和，與指示每一因素在提供被分析變項組合中所結合

表 3-4 **SPSS 輸出結果報表，解說總變異量**

成分	初始特徵值			平方和負荷量萃取			轉軸平方和負荷量		
	總和	變異數的%	累積%	總和	變異數的%	累積%	總和	變異數的%	累積%
1	2.513	41.887	41.887	2.513	41.887	41.887	2.370	39.495	39.495
2	1.739	28.988	70.874	1.739	28.988	70.874	1.883	31.379	70.874
3	.598	9.963	80.837						
4	.530	8.828	89.666						
5	.416	6.927	96.593						
6	.204	3.407	100.000						

萃取法：主成分分析

或所關聯變異數提供多少解釋量的重要性。我們注意到這二個因素的平方是各別地為 2.513 與 1.739。就如所預期的，未轉軸的因素因解中已被萃取的各因素會依它們提供解釋量的大小而排列，以因素 1 提供大部分變異數的解釋量，而因素 2 會稍微少點。在右手邊的平方和的這一列的數字是 4.252，此代表整體解釋的平方和。整體因素負荷量平方和是由每一個變項提供每一個因素的平方和相加來獲得。它代表被因素因解所萃取的整體變異數的量。

對兩個因素中每一個因素提供的跡（trace）的百分比亦被顯示在 SPSS 輸出結果表 3-4 中的最後一列，對兩個因素的跡之百分比，個別地是 41.887 與 28.988。跡的百分比是由每一個因素的平方和除 6.0 的跡。例如，如因素 1 的平方和 2.513 除 6.0 的跡，其結果將是跡的百分比，我們可以以因素因解萃取整個跡的百分比。整個跡的百分比可以被使用為一種測量指標。以作為一個個別因素因解為所有變項在一起呈現提供多少解釋量的決定。如果各變項是彼此完全不同的，那這個測量指數將會是很低。如果各變項落入 1 或更多的重疊（redundant）或所有相關的類群（related groups）中，與如果被萃取的因素為對所有類群（all the groups）提供的解釋量，那測量指數將達到 100%。在本研究範例中對解釋量因素因解的測量指數顯示其整體變異數是 70.874%。由此觀之，本研究範例因素因解的測量指數是高的，而且，事實上各變項彼此是有很高的相關。

因素負荷量平方和這列被顯示在表的右手邊解釋量，其所呈現的數據在表中被歸之為共同性，顯示一個變項中其變異數的解釋量，在本研究範例中即是由兩個因素被置在一起所提供變異數的解釋量。共同性大小的顯示也是一個有用的測量指數，可提供評估在一個個別變項中有多少變異數可由因素因解中提供其解釋。若有大的共同性即指示在一個變項中已被因素因解萃取很大變異數的解釋量，而小的共同性則顯示在一個變項中有一個實質變異數的部分為各因素所無法解釋的部分。例如，變項 X_3 的共同性為 0.645 係指示它與被包括在分析中的其他變項所共同持有的，比變項 X_4 少，而變項 X_4 有 0.881 的一個共同性（參考 SPSS 輸出結果報表 3-5）。

表 3-5 SPSS 輸出結果報表，共同性

	初 始	萃 取
X1	1.000	.657
X2	1.000	.580
X3	1.000	.645
X4	1.000	.881
X6	1.000	.872
X7	1.000	.616

萃取法：主成分分析

已界定了未轉軸因素矩陣的各元素之後，現在就讓我們檢測因素負荷量的組型（pattern），如所預期，第一個因素提出變異數最大的解釋量，是一般的因素，與每一個變項擁有一個很高的負荷量。基於這個因素負荷量的組型之上，作解釋會有困難，因為在理論上它是不具有意義的。因此，分析者應該去把因素矩陣進行轉軸，換言之，就是把前面各因素中的變異數進行再分配到其後的各因素，經由這種轉軸的過程可以產生一個較簡單的與理論上會產生一個更具有意義的因素組型。

（一）一個正交（最大變異法）轉軸的應用

最大變異法的主成分分析因素矩陣被顯示在 SPSS 輸出結果表 3-4 中，要注意的是被萃取的整體變異數的解釋量，在轉軸的因解之後，是相同於它在未轉軸的整體變異數的解釋量，70.874。無論如何，兩者的重大差異是明顯的，第一、變異數被進行再分配，因而其因素組型是不同的，與對每一個因素的變異數百分比亦是不同的。尤其是，在最大變異法轉軸因素的因解中，第一個因素提供解釋的變異數為 39.495%，而第二個因素提供解釋的變異數為 31.379%。經由最大變異法轉軸的過程之後，使其解釋力已更均勻地被重分配。第二、因素矩陣的解釋已被簡化。回顧在未轉軸的因素因解中所有對第一個因素有負荷量的所有變項，無論如何，在未轉軸的因素因解中，變項 X_4 與 X_6 變項的負荷量是顯著地，變項 X_1, X_2, X_3 與 X_7 對因素 1 的負荷量亦是顯著地。沒有變項顯著地對一因素有更多的負荷量。所以，因素的解釋由於轉軸因素矩陣因而被相當地單純化或簡單化（simplified）應該是很明顯的。

（二）各因素的命名

當一個令人滿意的因素因解已被獲得時，分析者通常會嘗試去指定賦予它某意義。其過程涉及對各變項給予因素負荷量組型的實質性解釋，涉及依它們隱語的跡象，致力於每一個因素的命名。在解釋之前，對一個因素負荷量一個最少量可接受的顯著性水準必須被選擇。所有顯著性的因素負荷量在典型上係被習慣使用於解釋的過程。但是，具有較高負荷量的各變項會被選取去影響代表一個因素命名或標示其意義的一個較高程度。

讓我們注意到表 3-4 中的種種結果去說明這樣的過程。我們的因素因解係從主成分分析到以一個最大變異法轉軸 HATCO 對六種供應者的知覺，其所獲得在本範例中對解釋目的的切入點（cutoff point）是所有負荷量 ±.57 或以上（參考前一章表 2-3）。這是一個相當保守的切入點，如果有需要可以被調整。但是，在本範例中所有的負荷量實質上是落在這個門檻的上下，使解釋的問題變成是非常直進的問題。

從上述 SPSS 輸出結果報表 3-6 與輸出結果圖 3-2 轉軸後空間中的成分圖，我們依據這些資料，在實質上基於顯著性較高的負荷量上來考量，然後去解釋因素轉軸後其因素類聚或群集與各因素命名的問題。從輸出結果報表 3-6 之 1 中，我們發現因素 1 有 4 個顯著性的負荷量，而因素 2 則有 2 個。然後再檢視輸出結果圖 3-2 轉軸後空間中的成分圖可發現到有若干變項所形成的二個類聚或群集（tow groups of variables）。第一個類聚是價格水準（X_2）與產品品質（X_7），兩者是正的符號。而另外二個變項是送貨速度（X_1）與價格彈性（X_3），兩者是負的符號。如此表示產品品質（X_7）與價格水準（X_2）會一起發生變化，而送貨速度（X_1）與價格彈性（X_3）也是一樣。無論如何，此種現象即表示這二個類聚或群集彼此之間會向相反或對立的方向移轉。在本範例中這樣的結果即指示價格水準（X_2）與產品品質（X_7）的上升或增加，而送貨速度（X_1）與價格彈性（X_3）則會下降或減低，反之亦然。其次回顧到因素 2，我們可以注意到變項 X_4（製造商的形象）與變項 X_6（銷售的形象）兩者都與形象的成分有關。兩者變項的符號是相同的，此現象指出這些知覺（perception）在受訪者之間是完全相同的。而價格彈性

表 3-6 SPSS 輸出結果報表

成分矩陣（a）

	成分	
	1	2
X1	−.627	.514
X2	.759	−.068
X3	−.729	.337
X4	.494	.798
X6	.425	.832
X7	.767	−.168

萃取方法：主成分分析
a. 萃取了 2 個成分

表 3-6 之 1 轉軸後的成分矩陣（a）

	成分	
	1	2
X1	−.787	.194
X2	.714	.265
X3	−.803	−.010
X4	.102	.933
X6	.025	.934
X7	.764	.179

萃取方法：主成分分析
旋轉方法：含 Kaiser 常態化的 Varimax 法
a. 轉軸收斂於 3 個疊代

（X_3）、送貨速度（X_1）、產品品質（X_7）、與價格水準（X_2）都與策略的成分有關。因而在本範例呈現兩個因素，依據變項的內容或其意含，我們把它們命名為「製造商的經營策略」與「製造商的形象」，簡化為「策略」F1 與「形象」F2。

在本範例中，我們應該已注意到變項 5（X_5），服務品質並沒有被包括在因素分析中。當因素負荷量的解釋被提出時，它應該被注意到沒有被包括在因素分析中。如果其研究結果是使用其他的多變項技術或方法來分析，變項 5（X_5）可以被包括為一個個別（a separate）變項，雖然它無法被確信其因素分數會是正交的。

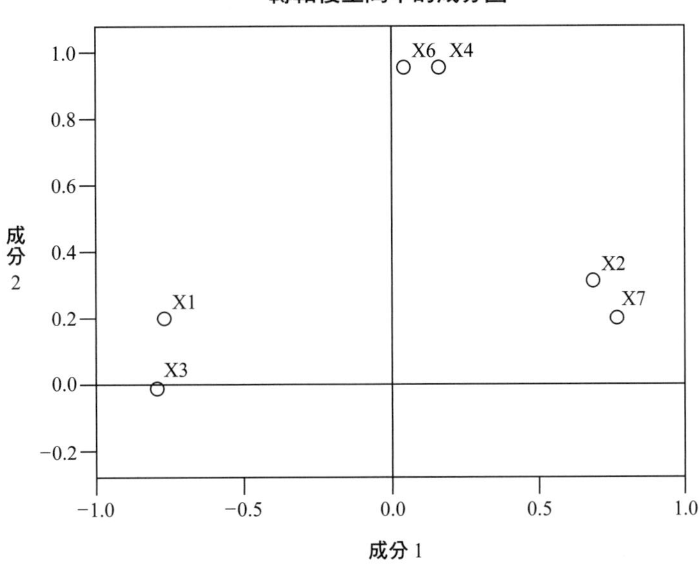

圖 3-2　SPSS 輸出結果轉軸後空間中的成分圖

由以上的探討可知，命名的過程並不是非常科學的，並證實它是基於分析者的主觀判斷與決定。在許多研究的例證中可以發現不同的分析者將無疑地會指定或賦予不同的命名於相同的研究結果上，因為這會是依他們的背景與訓練的不同而會有所不同。基於這樣的理由，標示各因素或各因素的命名過程是受到相當多的批評。但是，如果一個合於邏輯的命名是可以被指定的或被賦予的。質言之，若可以呈現各因素的基本本質（nature），這樣的命名過程通常亦可促成因素解釋的呈現與理解，由此觀之，它仍然是一種辯護性的問題。

（三）一個斜交轉軸的應用

最大變異法的轉軸是正交的，此意指在整體轉軸的過程中各因素仍然是不相關的。但是，在許多情境中，各因素不必然是不相關的，而可以在概念上是關聯的，如此就要求各因素之間是相關的。在我們的範例中，去預期知覺的各面向（或維度）會是相關的，是十分合理的；如此一個斜交轉軸的應用被視為是正當的。SPSS 輸出結果表 3-7 包括形成每一個變項對每一個因素有因素負荷量的組型與結構矩陣。如前面已討論的，組型矩陣在點型上是為解釋的目的。尤其是，如果各因素在它們之間有實質的相關。在我們的例證中，各因素之間的相關是 .12。如此組型矩陣與結構矩陣就有完全可供比較的負荷量。由此，我們就可檢測在每一個因素上有高負荷量的各個變項，而發現這種解釋其精確性就和最大變異法的轉軸一樣。

斜交轉軸的程式（本語法指令儲存在本書 SPSS 的 CH3-3 檔案中）

```
MATRIX DATA VARIABLES =  X1 X2 X3 X4 X5 X6 X7
      /CONTENTS = N CORR
      /FORMAT = UPPER NODIAGONAL.

BEGIN DATA
  100    100    100    100    100    100    100
 -.349   .509   .050   .610   .077  -.483
 -.487   .272   .510   .186   .470
 -.116   .060  -.034  -.448
  .290   .788   .200
  .240  -.050
  .177
END DATA.

subtitle '因素分析'.
FACTOR
      /MATRIX = IN(CORR = *)
      /FACTOR VARIABLES = X1 X2 X3 X4 X5 X6 X7
      /PRINT = ALL
      /ANALYSIS = X1 X2 X3 X4 X6 X7
      /CRITERIA = FACTORS(2)／EXTRACTION
      /EXTRACTION = PC
      /ROTATION = OBLIMIN
      /PLOT = EIGEN ROTATION (1 2).
```

表 3-7 SPSS 輸出結果報表

表 3-7 之 1

共同性

	初　始	萃　取
X1	1.000	.657
X2	1.000	.580
X3	1.000	.645
X4	1.000	.881
X6	1.000	.872
X7	1.000	.616

萃取法：主成分分析

表 3-7 之 2

解說總變異量

	初始特徵值			平方和負荷量萃取			轉軸平方和負荷量（a）
成分	總和	變異數的%	累積%	總和	變異數的%	累積%	總和
1	2.513	41.887	41.887	2.513	41.887	41.887	2.408
2	1.739	28.988	70.874	1.739	28.988	70.874	1.917
3	.598	9.963	80.837				
4	.530	8.828	89.666				
5	.416	6.927	96.593				
6	.204	3.407	100.000				

萃取法：主成分分析
a. 當成分產生相關時，無法加入平方和負荷量以取得總變異數。

表 3-7 之 3

樣式矩陣（a）

	成　分	
	1	2
X1	−.803	.248
X2	.704	.219
X3	−.807	.044
X4	.052	.931
X6	−.026	.937
X7	.759	.128

萃取方法：主成分分析
旋轉方法：含 Kaiser 常態化的 Oblimin 法
a. 轉軸收斂於 4 個疊代

表 3-7 之 4

結構矩陣

	成　分	
	1	2
X1	−.773	.151
X2	.730	.304
X3	−.802	−.054
X4	.164	.937
X6	.087	.934
X7	.774	.220

萃取方法：主成分分析
旋轉方法：含 Kaiser 常態化的 Oblimin 法

表 3-7 之 5

成分相關矩陣

成　分	1	2
1	1.000	.121
2	.121	1.000

萃取方法：主成分分析
旋轉方法：含 Kaiser 常態化的 Oblimin 法

從以上執行主成分斜交轉軸 SPSS 輸出結果報表 3-7 中的資料與前述主成分最大變異法 SPSS 輸出結果報表作比較，可以發現上述兩種方法都可執行因素分析，其結果的精確性是相近的，其唯一的差異是以最大變異法執行轉軸其因素之間是獨立不相關的，而以斜交法進行轉軸是假定其因素，或潛在構念之間是相關的。因而，如果我們嘗試以探索性因素模型分析的結果，在理論的支撐之下，進一步去進行驗證性因素模型分析時，就可執行最大概似法（ML）進行萃取，配合斜交轉軸，其結果就可提供進行驗證性因素模型分析的參考。

六、步驟 6：因素分析的效度

任何因素分析結果的效果是我們分析結果所要求的必要條件，尤其是，當企圖去界定各個變項之間的基本結構時。在我們使用因素分析方法時，若依循驗證性因素分析的某種形式來進行分析，諸如可依循結構方程式模型的建構方式來進行，但是，這時常是不容易實現的。因而我們必須尋求其他的方法，諸如分裂樣本的分析或新樣本的應用。

在我們的例證中，可把樣本分派成（或劈開成）二個同樣 50 位受訪者的樣本。其分裂樣本 1 與分裂樣本 2 的執行過程如下列（一）分裂樣本 1 與分裂樣本 2 的分析。然後，再估計（或重估計）因素模型去比較並作檢定。SPSS 輸出結果表 3-8 包括對二個因素模型進行最大變異法的轉軸。如我們可以看到，依據對所有六個知覺的分析二個樣本的負荷量與共同性界定的方式它們是可完全作比較的。一個值得注意的問題是在分裂樣本 1 對分裂樣本 2 中會出現在因素 1 的符號是負的或反向的（reversal）。但是，各變項之間關係的解釋（例如，送貨速度 X_1 獲得稍微提升，而價格水準的知覺 X_2 稍微減低）沒有改變，因為它們在各因素之間的負荷量是相對的。

以上這些結果，我們更可確信在我們的樣本之中進行因素分析的結果是穩定的。如果可能，我們若想去執行附加的研究，可透過附加的受訪者去驗證其結果是否可進行通則化（generalize）到交叉的母群體。

（一）分裂樣本 1

我們可以使用原始資料分裂成二個分裂樣本，首先我們使用分裂樣本 1（儲存在 SPSS 的 CH3-6 檔案中），去獲得相關矩陣，然後撰寫 SPSS 的語法指令（Syntax）如下：

分裂樣本 1 的語法指令儲存在本書 SPSS 的 Syntax CH3-5 檔案中。

```
MATRIX DATA VARIABLES = X1 X2 X3 X4 X6 X7
     /CONTENTS = N CORR
     /FORMAT = LOWER DIAGONAL.
BEGIN DATA
   50      50      50      50      50      50
 1.000
-.384   1.000
  .531  -.531   1.000
  .226   .182    .115   1.000
  .231   .056    .134    .796   1.000
-.500    .545   -.528    .166    .050   1.000
END DATA.
subtitle '因素分析'.
```

```
FACTOR
      /MATRIX = IN(CORR = *)
      /ANALYSIS = X1 X2 X3 X4 X6 X7
      /PRINT = ALL
      /CRITERIA = FACTORS(2)／EXTRACTION
      /EXTRACTION = PC
      /ROTATION = VARIMAX
      /PLOT = EIGEN ROTATION (1 2).
```

依據上述的語法我們可以獲得如下所需要的 SPSS 輸出結果資料。

表 3-8 SPSS 輸出結果報表

表 3-8 之 1

分裂樣本 1 共同性

	初 始	萃 取
X1	1.000	.647
X2	1.000	.652
X3	1.000	.688
X4	1.000	.903
X6	1.000	.854
X7	1.000	.703

萃取法：主成分分析

表 3-8 之 2

分裂樣本 1 轉軸後的成分矩陣（a）

	成 分	
	1	2
X1	−.741	.313
X2	.785	.190
X3	−.815	.154
X4	.041	.949
X6	−.052	.923
X7	.824	.154

萃取方法：主成分分析
旋轉方法：含 Kaiser 常態化的 Varimax 法
a. 轉軸收斂於 3 個疊代

（二）分裂樣本 2

我們可以使用分裂樣本 2（儲存在 SPSS 的 CH3-7 檔案中），去獲得相關矩陣，然後撰寫 SPSS 的語法指令（Syntax）如下：

分裂樣本 2 語法指令儲存在本書 SPSS 的 Syntax CH3-6 檔案中。

```
MATRIX DATA VARIABLES =  X1 X2 X3 X4 X6 X7
        /CONTENTS = N CORR
        /FORMAT = LOWER DIAGONAL.
BEGIN DATA
    50       50       50       50       50       50
 1.000
 −.299    1.000
  .476    −.432    1.000
 −.125     .355    −.353    1.000
 −.108     .336    −.242     .787    1.000
 −.456     .387    −.357     .228     .328    1.000
END DATA.
subtitle '因素分析'.
FACTOR
        /MATRIX = IN(CORR = *)
        /ANALYSIS = X1 X2 X3 X4 X6 X7
        /PRINT = ALL
        /CRITERIA = FACTORS(2)／EXTRACTION
        /EXTRACTION = PC
        /ROTATION = VARIMAX
        /PLOT = EIGEN ROTATION (1 2).
```

依據上述的語法我們可以獲得如下所需要的 SPSS 輸出結果資料。

表 3-8 之 3

分裂樣本 2 共同性

	初 始	萃 取
X1	1.000	.705
X2	1.000	.492
X3	1.000	.589
X4	1.000	.870
X6	1.000	.868
X7	1.000	.547

萃取法：主成分分析

表 3-8 之 4

分裂樣本 2 轉軸後的成分矩陣（a）

	成 分	
	1	2
X1	−.835	.089
X2	.590	.379
X3	−.735	−.221
X4	.158	.919
X6	.138	.921
X7	.714	.194

萃取方法：主成分分析
旋轉方法：含 Kaiser 常態化的 Varimax 法
a. 轉軸收斂於 3 個疊代

七、步驟 7：因素分析結果的附加用法

（一）選取其後分析的替代變項

讓我們檢測輸出結果表 3-4 與表 3-6 中的資料說明替代變項（surrogate variables）。第一，回顧前述替代變項，唯有當轉軸是正交的時候，才可以被選取。因為分析者是有興趣其後分析中使用替代變項的問題時，他或她想要去觀察自變項應該彼此是不相關的可能假設到甚麼樣的程度。如此一個正交的因解法被選取以替代一個斜交的因解法。

如果我們假定因素分析者所想要的是去選取唯一一個單一的變項以提供更進一步的使用。甚於去建構總和量尺或加法量尺（summated scale）（可參考以下

的討論），或使用因素分數（可參考次一節），我們可以檢測因素負荷量的大小程度。集中焦點於因素 2 的因素負荷量上（參考輸出結果表 3-6 中轉軸後的成分矩陣），我們看到變項 X_4 的負荷量是 .933，而變項 X_6 的負荷量 .934。因為在本例中其負荷量的大小基本上是相同的，因而一個替代變項的選取是困難的。無論如何，若分析者並每沒有一個先驗的論證去指出原始資料（raw data）的信度（reliability）或效度（validity），在各變項中那一個比那一個好，而如果兩者在理論上對因素的解釋都沒有具有更多意義，那分析者選取變項 X_6 為替代變項，係獲知它是一個高程度的代表兩個變項所具有的形象元素。假定對兩個高負荷量的變項，只選取唯一的一個就足夠了因為它們之後交互相關的程度很高。在比較對照之下，因素 1 的負荷量，變項 X_2 是 .714，而變項 X_7 是 .764，在以變項 X_1 為 −.787 與變項 X_3 為 −.803 的值作比較之後。我們看到沒有單一的變項可「代表」；如此一個總和量尺是可適用。

一個總和量尺可發展成一個變項組合的一個合成值（a composite value），使用這樣簡單的程序以取得該量尺的變項平均數這是很類似於在其他多變項技術中的變異量（the variates）一樣，除了對每一個變項負荷量被假定在平均數的程序上是相等之外。因素分析的適用性是它可界定那一個變項依總和量尺應該可以加在一起以確認該量尺有較大的信度。

（二）因素分數的使用

對於替代總和量尺的計算問題，因素分析者可以以主成分分析計算二個因素中每一因素的因素分數。以這種方法，每一個受訪者有二個新變項（為因素 1 與因素 2 的因素分數）可以以其他多變項技術來替代原始的六個變項（the original six variables）。表 3-9 說明因素分數或總和量尺的使用可取代原始變項。我們可取一個範例，依此範例可辨識受訪者是小的與大的公司之間的差異，從受訪者兩個分組或團體之間平均數的差異檢定，我們看到對因素 1 有高負荷量的所有變項（X_1, X_2, X_3, 與 X_7）從小的與大的公司受訪者之間觀之是有很顯著性差異，此際對因素 2 則有高負荷量的變項（X_4 與 X_6）並沒有顯著的差異。因素分數與總和量尺，如果它們是各變項的真正代表，應該顯示相同的組型。如在表 3-9 中所見，因素分數依據或符合這個組型而不同，因素分數 1 顯示有顯著的差異，而在因素分數 2 則沒有顯著的差異。兩個分組或團體之間若有相同的差異則以總和量尺來理解，而且因素分數與總和量尺有非常高的相關。如此，在本範例之中，二個因素分數與總和量尺可精確地描述它們所代表的各變項。

如果原始的變項是由因素分數與總和量尺來取代，那因素分析者就必須決定使用那一個。若這個決定是基於為了可以在其他的研究中被複製的需求，此種狀況有利於總和量尺的使用。若想使用正交的測量則有利於因素分數的使用。在 SPSS 輸出結果表 3-9 中亦包括因素分數與總和量尺的相關矩陣。因為我們使用一個正交的轉軸，所以，因素分數之間的相關是 .000。然而，總和量尺亦可以是相關的，在本範例之中其相關是 0.1545。所以，研究者探索基於對正交的或對複製的需求，來選擇因素分數或總和量尺。

表 3-9 SPSS 輸出結果表

表 3-9 之 1

報表

X8		X1	X2	X3	X4	X6	X7
GROUP1	平均數	4.192	1.948	8.622	5.213	2.692	6.090
	個數	60	60	60	60	60	60
	標準差	1.0375	1.0262	1.1642	1.2918	.8664	1.2931
GROUP2	平均數	2.500	2.988	6.803	5.300	2.625	8.292
	個數	40	40	40	40	40	40
	標準差	1.0190	1.1711	.8905	.8488	.6084	.9297
總　和	平均數	3.515	2.364	7.894	5.248	2.665	6.971
	個數	100	100	100	100	100	100
	標準差	1.3207	1.1957	1.3865	1.1314	.7709	1.5852

表 3-9 之 2

ANOVA

		平方和	自由度	平均平方和	F 檢定	顯著性
X1	組間	68.682	1	68.682	64.716	.000
	組內	104.006	98	1.061		
	總和	172.688	99			
X2	組間	25.917	1	25.917	21.968	.000
	組內	115.614	98	1.180		
	總和	141.530	99			
X3	組間	79.425	1	79.425	70.191	.000
	組內	110.892	98	1.132		
	總和	190.316	99			

		平方和	自由度	平均平方和	F 檢定	顯著性
X4	組間	.180	1	.180	.140	.709
	組內	126.549	98	1.291		
	總和	126.730	99			
X6	組間	.107	1	.107	.178	.674
	組內	58.721	98	.599		
	總和	58.827	99			
X7	組間	116.424	1	116.424	86.200	.000
	組內	132.362	98	1.351		
	總和	248.786	99			

第四節　共同因素分析：步驟 4 與步驟 5

共同因素分析是第二個重要的因素分析模型。共同因素與主成分分析之間的基本區分是共同因素分析只關切一個變項組合所關聯的共同變異數，其目標是由因素因解在對角線上而不是單元（unities）估計最初的共同性，係由一個「被縮減的」相關矩陣來執行。共同因素與主成分分析之間的差異僅發生在因素的估計與解釋階段（在步驟 4 與步驟 5），一旦共同性在對角上被替代，那共同因素模型就和主成分分析的相同方式萃取各因素。因素分析者可使用其選取與解釋因素的相對標準。要去說明其差異係發生於共同因素與主成分分析之間，以下就詳細討論一個共同因素分析前述 HATCO 的六個知覺的萃取與解釋。

一、步驟 4：獲得各因素與評估整體的適配度

（一）共同因素分析程式語法（本語法指令儲存在本書 SPSS 的 CH3-4 檔案中）

```
MATRIX DATA VARIABLES =  X1 X2 X3 X4 X5 X6 X7
        /CONTENTS =   N CORR
        /FORMAT = UPPER NODIAGONAL.
BEGIN DATA
   100      100      100      100      100      100      100
 −.349     .509     .050     .610     .077    −.483
 −.487     .272     .510     .186     .470
 −.116     .060    −.034    −.448
```

```
  .290    .788    .200
  .240   −.050
  .177
END DATA.

subtitle '因素分析'.
FACTOR
        /MATRIX = IN(CORR = *)
        /ANALYSIS = X1 X2 X3 X4 X6 X7
        /PRINT = ALL
        /CRITERIA = FACTORS(2)／EXTRACTION
        /EXTRACTION = PAF
        /ROTATION = VARIMAX
        /PLOT = EIGEN ROTATION (1 2).
```

從上述程式語法指令所獲得 SPSS 輸出結果報表資料中，首先，要決定保留因素的數目以便可提供檢測與可能的轉軸，SPSS 輸出結果表 3-10 顯示萃取的統計量。如果我們準備去使用潛在的根（latent root）以一個 1.0 的特徵值為切入點的標準，有二個因素可以被保留。無論如何，依陡坡圖分析指示有三個因素可以被保留（參考 SPSS 輸出結果圖 3-3）。從以上二個標準我們將維持二個因素以提出更進一步的分析，因為第三個因素的特徵值很低，這可參考比較於主成分分析的結果。

未轉軸的因素矩陣（參考 SPSS 輸出結果表 3-10 與 3-11）顯示共同因素的因解提供整體變異數 58.589% 的解釋量（參考 SPSS 輸出結果表 3-10 中平方和負荷量萃取）。最後共同因素模型有時候會不同於最初萃取的估計值（參考表 3-11），如此要確定去評估最後共同因素模型所萃取的統計量。如果分析者不滿意於供整體變異數所提供的解釋量，那一個共同因素模型萃取三個因素的模型亦可以被估計。此時讀者可以注意到每一個變項的共同性是低於在主成分分析之中所發現的共同性。這是由於在基本上其所提供解釋整體變異數較低所致，而不是由於任一個變項被執行萃取的表現或變異數所致。若一個以三因素的模型的探究被執行，可以致力於增加共同性，與提供解釋的整體變異數。基於研究的目的，我們仍然將解釋二個共同因素的因解。

表 3-10　SPSS 輸出結果報表

解說總變異量

因子	初始特徵值			平方和負荷量萃取			轉軸平方和負荷量		
	總和	變異數的%	累積%	總和	變異數的%	累積%	總和	變異數的%	累積%
1	2.513	41.887	41.887	2.070	34.503	34.503	1.858	30.960	30.960
2	1.739	28.988	70.874	1.445	24.086	58.589	1.658	27.629	58.589
3	.598	9.963	80.837						
4	.530	8.828	89.666						
5	.416	6.927	96.593						
6	.204	3.407	100.000						

萃取法：主軸因子萃取法

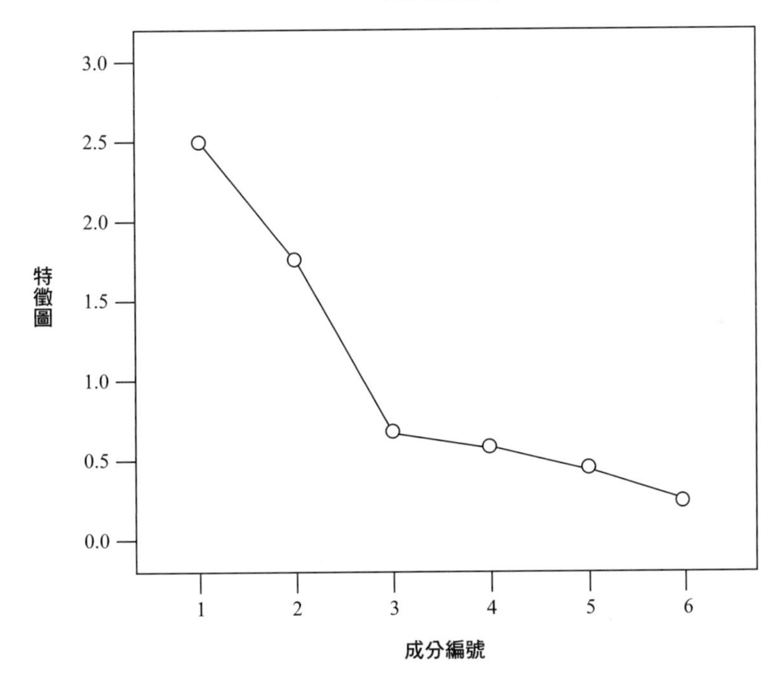

圖 3-3　SPSS 輸出結果

表 3-11 SPSS 輸出結果報表

表 3-11 之 1

因子矩陣（a）

	因 子	
	1	2
X1	−.485	.511
X2	.629	−.187
X3	−.601	.400
X4	.625	.683
X6	.525	.670
X7	.641	−.269

萃取方法：主軸因子
a. 嘗試萃取 2 個因子。需要 25 個以上的疊代。（收斂 = .001）。萃取會被終止。

表 3-11 之 2

轉軸後的因子矩陣（a）

	因 子	
	1	2
X1	−.692	.132
X2	.620	.215
X3	−.722	−.025
X4	.109	.919
X6	.036	.851
X7	.678	.155

萃取方法：主軸因子
旋轉方法：含 Kaiser 常態化的 Varimax 法
a. 轉軸收斂於 3 個疊代

二、步驟 5：解釋各因素

檢測未轉軸的負荷量，我們注意基於一個因素矩陣轉軸的要求，最後回到最大變異法轉軸共同因素分析因素矩陣（參考 SPSS 輸出結果表 3-11）。讓我們檢測它是如何與主成分分析轉軸因素矩陣作比較。在共同因素因解法中所提供的資訊是相同於主成分分析因解法中所提供的資訊。平方和、變異數百分比、共同性、平方的總和、與萃取的整體變異數，等等所提供的就如主成分分析因解法中所提供的。

轉軸共同因素分析因素矩陣所提供的資訊比較於轉軸的主成分分析轉軸因素矩

陣所提供的資訊，顯示它們相當的相似性。由此可知，主成分分析與共同因素分析之間主要的差異是在共同因素分析中一般而言有較低的負荷量，此基本上是由於被使用於共同因素分析的各變項其較低的共同性所致。另一個對分析者可以是有用的比較，是由每一個因素所提供解釋整體變異數的百分比。在主成分分析中二個已轉軸的因素差 8%（個別上，是 39.495% 與 31.379）（參考 SPSS 輸出結果表 3-4）。而在共同因素分析中二個已轉軸的共同因素在提供解釋整體變異數的百分比幾乎是同等的（因素 1 為 30.960% 對因素 2 為 27.629%）（SPSS 輸出結果表 3-10）。

第五節　結　語

因素分析的多變項統計技術已以廣義的意義被呈現，解釋結果的基本指南可以更進一步去澄清說明方法論的概念。

因素分析可從大的資料基礎中有效的萃取資訊是一種很有效與有解釋力的多變項統計技術。由此可知，因素分析是有助於研究者更加地理解到相關資料的重要部分之所在。當執行因素分析的技術相當熟練時，它可以指出在僅由原始資料或由一個相關矩陣檢測中所無法呈現的真正關係。因素分析對商業問題的解決與其決策的決定有相當大的發展潛力。這些技術的使用將會因為如由學術研究者與專家研究者對於這些技術程序使用的熟練度增加而持續被使用。

因素分析是一種非常複雜的，其所涉及的學科領域可由以上章節所呈現的事實來獲知。所以，對於因素分析技術的應用最普遍被引述的限制有三：第一，有許多執行因素分析的技術，這樣的技術被視為是最有用的仍然存有爭議。第二，因素分析的主觀的面向，諸如，要萃取多少因素的決定，這樣的技術是否應該被使用於去旋轉因素軸，這樣的旋轉因素軸可使因素負荷量達到顯著性，這樣的決定是有許多不同主觀的面向。第三，信度的問題是真正的，就像任何其他統計的程序一樣，因素分析是以一個不完全的資料開始進行分析。當資料改變時，是由於樣本的改變，資料蒐集的過程，或多種的測量誤差所產生時，其分析的結果亦會改變。任何單一技術分析的結果是不完全可信的，對於這個問題的體驗是特別重要的因為一個單一因素分析的因解法經常看起來似乎是真正的。但是，其所要強調的是它看起來似乎是真正的，並無法保證其分析的效度與穩定。

Chapter 04

因素分析：一個心理學範例的說明

從前述的三章中，我們已接觸到因素分析的基本概念、建構因素分析模型的基本架構、一個管理範例的說明。從其中我們已概略地瞭解因素分析的重要步驟與方法，並從因素的分析中我們已使用了 SPSS 電腦套裝軟體中分析因素的語法指令（syntax）。因而，本章將以一個心理學範例的說明，使用 SPSS 電腦套裝軟體中分析因素的內定或內設指令之選項。

第一節　問卷設計

因素分析經常被使用去形成問卷：畢竟如果你想要去測量（或量數）一種能力或特性（ability or trait），你需要去保證所有被問到的問題和你企圖去測量（量數）的構念（construct）有關。我們已注意到有很多的學生對 SPSS 已變得非常緊張或壓力，所以我想要去設計一個問卷去量數（測量）我們稱呼為「SPSS 的焦慮」之特性。我們決定去設計一個問卷去測量（量數）學生對學習 SPSS 感到焦慮的各種不同面向（various aspects），我們的製作是基於訪談學生的焦慮與非焦慮（nonanxious）的問卷而發展形成 11 個可能的問題去選擇，每一個問題是遵循一個五點的李克特量尺（Likert scale），其範圍從強烈地不同意、經由不同意、沒有意見、同意、到強烈的同意，的一個陳述，問卷被提出於圖 4-1 中。

該問卷被設計去預測一個假定的個人對於如何學習去使用 SPSS 會有多少的焦慮。尤其是，我想要去獲知關於 SPSS 的焦慮是否可以被細分成（be broken down into）焦慮的特別各別形式（specific forms of anxiety），如此，換言之，對 SPSS 產生焦慮的其他特性的研究亦有助益？本問卷係從 Field（2000, p.442）著作中所引用的問卷與資料，其中蒐集 1225 完整的問卷（在這一點上這個案例是虛構是應該變得很明顯）。這種資料被儲存在本書 SPSS 的（CH4-1）檔案中，把資料安裝在 SPSS 的資料編輯檔中。其中要去注意每一個問題（變項）係由一種不同的各行（column 橫行）來呈現。其次要注意的是有 11 個變項其標示從 X1 到 X11，每一個都有一個標示其問題。在標示著各變項時，我們可以非常清楚地理解每一個變項代表甚麼意義。

SD：完全不同意　D：不同意　N：沒有意見　A：同意　SA：完全同意

1. 統計學使我哭泣
2. 我做夢皮爾森（pearson）正以相關係數在考我
3. 我不懂統計學
4. 我對電腦沒有操作的經驗
5. 所有電腦都會令我感到厭惡
6. 我的數學向來一直就不擅長
7. 我在學校就不擅長於數學
8. 我焦慮我將會有無法挽回的損失因為我不懂電腦
9. 在公開的場合一提到集中趨勢我就會哭泣
10. 每當我看到方程式時，我就會很快地頭昏
11. 當我嘗試去使用 SPSS 時，我總是無法上線而失敗

圖 4-1　對 SPSS 焦慮的問卷

第二節　最初的考慮

一、樣本的大小

對於樣本大小的問題，我們在前述的第二章中已作了很詳細的探討。在本章中基於本研究主題的完整性，在此再次引用如下學者的觀點作簡單的探討。

相關係數會隨一個樣本到另一個樣本之間而上下波動，在小樣本比大樣本波動更大。由此，因素分析的信度亦端視樣本的大小而定。對於因素分析所需樣本大小的必要，產生許多的經驗法則（rules of thumb），並已有很多著作進行討論，而形成的共同規則是在於建議一個研究者在設計每一個變項時，至少要有 10 到 15 位受試者或受訪者。雖然我們已聽說這個規則已在很多問卷設計的場合有這樣的傳統，但是它的經驗基礎是不清楚的。雖然 Nunnally（1978）建議受試者的人數或樣本數要有所研擬變項數目的十倍那麼樣的多。Kass and Teisley（1979）建議每一個變項至少有 5 到 10 受試者之間，直到總數 300 位受試者（超過檢定參數會傾向於穩定而無視於受試者人數對變項數目的比率）。事實上，Tabachnick and Fidell（1996）同意對於因素分析至少有 300 案例才是合適的（p.640），而 Comrey and Lee（1992）把 300 列為一個好的樣本大小，100 為差的（poor）而 1000 為特優的樣本大小。

很幸運地，近年來已有經驗的研究以實驗（experiments）的形式使用擬態的資料（using simulated data）來執行（Moute Carlo studies）。Arrindell and van der Ende（1985）使用真正現實生活（real-life）資料去研究不同受試者對變項比率（ratios）的影響。他們推論這種比率的變化（changes）並沒對因素因解法（solutions）的穩定產生差異。最近，Guadagnoli and Velicer（1988）發現在決定可信度的（或可靠的）因素因解法中最重要的因素是絕對樣本的大小與絕對因素負荷量的大小（the absolute magnitude of factor loadings）。簡言之，他們認為如果一個因素有四個或更多個負荷量大於 .6，那麼它就是可信的而無視於樣本大小。而且，如果樣本大小是大於 150 以上的話，有 10 個以上或更多個負荷量大於 .4，其可信度就夠了。最後，若干低負荷量的因素不應該被解釋，除非樣本大小是 300 或更多。最近，MacCallum et al.（1999）已顯示最小量的樣本大小或樣本對變項比率端視研究設計的其他面向而定。簡言之，他們的研究指出當共同性（communalities）變得越低時，那樣本大小的增加就變得更重要。如果所有的共同性超過 .6，那相當小的樣本（少於 100）就可以是完全足夠的適當性。若共同性在 .5 的範圍內，樣本大小在 100 與 200 之間就可以足夠的被提供相當少的因素其每個因素僅具有一個小量的指標變項。在低共同性的最差的方案中（in the worst scencrio）（在 .5 以下），而有很多的基本因素時，他們建議樣本大小在 500 以上，才會有完全足夠的適當性。

這樣的著作中對於樣本大小的問題都有很詳細說明，並提出一個樣本大 300 或更多將可能提供一種穩定的因素因解法，但是一個聰明的研究者將測量足夠的變項以足於去測量在理論上他們預期去發現的所有因素。

二、資料的篩選（Data Screening）

我們經常使用的措辭（expression）「如果你把它丟入垃圾桶，你也可從垃圾桶把它找出來」，這種說法特別可應用於因素的分析，因為 SPSS 將總是會發現一個變項組合的一個因素因解法。無論如何，如果被分析的各變項是不敏銳的（sensible），那要使用因素因解法去因解其中任何真實的意義是不可能的。所以，當指導進行一個因素分析時，要去做的第一件事是去注意變項之間的交互相關（the inter-correlation）。如果我們檢定的問題可以測量相同的基本面向或維度（dimension），或各面向（dimensions），然後我們可預期它們是彼此相關（因為他們正在測量相同的問題），如果我們可測量相同問題的不同面向，例如我們可以測量整體的焦慮依其次級成分界定的方式去界定諸如煩惱（worry）、打擾的想法（intrusive thought）與生理的覺醒（physiological arousal）等次級成分的方式來界定整體的焦慮。在有關於這些次級特徵的變項之間仍然有很高的相互相關。如果我發現任何變項和任何其他變項（或非常少）不相關時，那麼我們就應該考慮在因素分析進行之前就排除這些變項。這個問題的一個極端是當 R 矩陣相似於（resembles）一個單元矩陣（identity matrix）。在這個本案例中，各變項僅與它們自己相關而與所有其他相關係數是接近 0，SPSS 檢定這個使用 Bartett's test of sphericity。各變項之間的相關可以使用相關的程度去檢查以便製作一個所有相關的矩陣；這個矩陣亦可以被建立為主要因素分析的部分。

對立的問題是當各變項相關太高時。雖然有幾分的多元共線（mild multicolinearity）對因素分析並不是問題，而要如何去規避極端的多元共線才是重要的（即是，各變項有很高的相關），與特異性（singularity）（即是，各變項是完全相關的）。如此就迴歸來說；特異性在因素分析中會造成問題的原因係因為它要去決定各變項獨特地有助於形成一個因素是不可能，因為各變項有很高的相關（如多元迴歸的案例）。由此可知，在這個最初步驟我們留心去削除與任何其他變項沒有相關的任何變項或去削除與其他變項有相當高的變項（R < .9）。多元共線性可留心觀察 R 矩陣的行列式來檢查。

如尋求交互相關，你應該可確信各變項有大約地常態的分配，與依一個間距的水準（at an interval level）作測量（此就是 likert 量尺，也許是錯誤，被假定）。常態性的假定是重要的，只有假定你希望你的研究之結果其通則化超越收集的樣本。

第三節　進行分析

接近主要對話盒，圖 4-2 使用分析 Analyze→Data Reduction→Fact Menu path。只選取你想要去包括的變項（記住去排除在資料篩選期間被認為有問題的各變項）與把它們轉換到標示有變項的盒中由按上因素執行。

有若干選擇可資利用，可以由按在「Descriptives」上去進入圖 4-2 的對話盒中。「Univariate decriptives」（單一變數的敘述）選項可提供每一個變項的平均數與標準差。大部分的其他選項與變項的相關矩陣有關（前述的 R-矩陣）。「The Coefficients」（係數）選項可製作 R-矩陣，而「the Significance levels」（顯著性水準）選項將產生一個矩陣指出在矩陣中每一個相關的顯著值。你可以要求這個矩陣的行列式「the determinant」與這個選項為對多元共線（multicollinearity）與特異

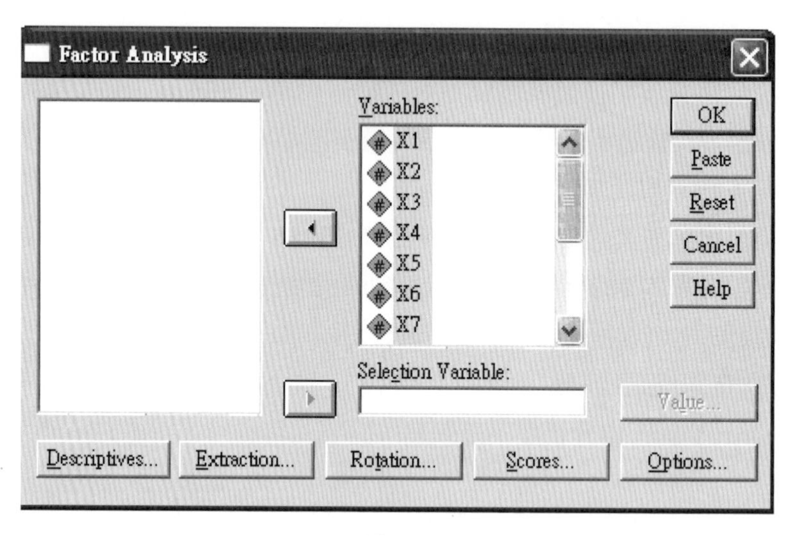

圖 4-2

性（singularity）的檢定或考驗是重要的。R 矩陣的行列式應該是比 0.00001 大；如果它是少於這個值，那麼可由各變項相關矩陣中看出相關非常高的值（R > .8）與考慮刪除其中的變項（刪除多少端視問題的程度而定）於進行分析之前。在此要注意到的是，二個變項之中要去刪除其一的選擇將會是相當武斷的（arbitrary），若在資料中發現多元共線應該會發生在你的問卷調查題項選擇的問題上。

「KMO and Bartlett's test of sphericity」可以產生抽樣足夠的 the Kaiser-Meyer-Olkin 測量與 Bartlett's test。以 12250 的一個樣本，我們不應該有理由去焦慮有關問題大小的問題。如果本範例樣本是足夠的適當性，KMO 的值應該是會比 .5 大。現在我們應該知道 Bartlett's test 是在於檢測母群體的相關矩陣是否相似於一個單元矩陣（identity matrix）（即是檢定非對角線的元素是否是 0），如果母群體的相關矩陣相似於一個單元矩陣，那麼它意指每一個變項與所有其他變項的相關不良（即是，所有相關係數是接近 0）。如果母群體的相關矩陣是一個單元矩陣，那麼它意指所有變項是彼此獨立（所有相關係數是 0），如果我們正尋找變項的類聚（clusters of variables），這些類聚是相同的問題或相同的因素會聚集在一起。換言之，若沒有變項發生相關的問題就沒有類聚的問題。

「Reproduced」（複製）的選項可以產生一個基於模型的相關矩陣（而不是真正的資料），基於模型的相關矩陣與基於觀察資料的矩陣之間的差異係在於指示模型的殘差。SPSS 產生這些殘差在複製相關矩陣之下的一個殘差表，這些值其中大於 .05 會相對的少。為了免於審查這個矩陣，SPSS 可以製造多少基於 .05 以上的殘差摘要表。The Reproduced option（複製的選項）應該可以被選擇去獲得這個摘要表。「The Anti-image」（反映像）選項可以產生反映像的共變數與相關矩陣。這些矩陣包括測量沿在對角線上的每一個變項其抽樣足夠的適當性，與測量沿在非對角線上的淨相關／共變數的負數。對角線上的元素，像 the KMO 的測量一樣，如果該樣本對一個假定變項的配對是足夠適當性，即表示所有的元素應該是大於 .5。如果任何變項的配對有小於這個值的，就應該考慮從這個分析中刪除它們其中之一。非對角線上的元素在一個良好的模型中所有的元素應該是非常小的（或接近 0）。當我們已完成這個對話盒的選項時，我們可以按一下「Continue」回到主要對話盒。

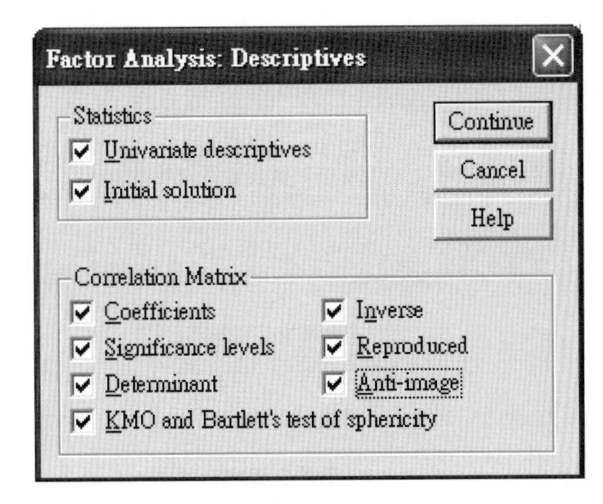

圖 4-3

第四節　SPSS 對因素的萃取（抽取）

要進入「the extraction dialog box」（萃取對話盒），參考圖 4-4，按一下在主要對話盒中的「Extraction」。要進行研究一個因素分析有很多方法，當我們使用各種不同方法時，我們可進行選項。基於我們的目的，我們可使用主成分分析，此種分析方法嚴格來說並不是因素分析。無論使用主成分分析或因素分析，這兩種方法通常會產生相同的結果。選擇那一種方法將端視我們想要去利用分析的是甚麼而定。Tinsley and Tinsley（1987）提出不同分析方法的優異說明，是可提供吾人參考與利用。有兩個問題有待考慮：我們的目標是否想去把我們從樣本中的發現通則化到一個母群，與我們是否在作探索性研究，或檢定一個特別的假定。本章的範例是

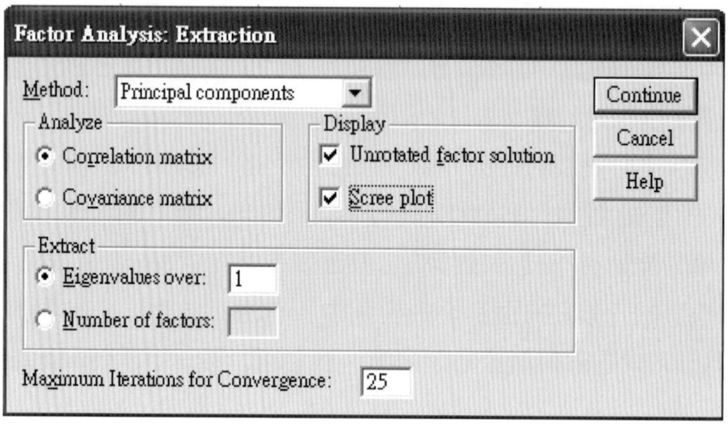

Factor Analysis: Extraction	
Method: Principal components	Continue
Analyze: (•) Correlation matrix ( ) Covariance matrix	Cancel
Display: [✓] Unrotated factor solution [✓] Scree plot	Help
Extract: (•) Eigenvalues over: 1 ( ) Number of factors:	
Maximum Iterations for Convergence: 25	

圖 4-4

在於作探索性研究因素分析，而關於假設的檢定是非常複雜的，是驗證性因素分析的問題，不是本範例所使用的分析技術。假定我們想要去探索我們的資料，以我們的資料作探索性因素分析，那就需要去考量是否把我們的研究發現應用於被蒐集的樣本（描述性的方法），或去把我們的研究發現通則化於一個母群體（推論的方法）。

當因素分析最初的發展它被假定它被使用去探索資料去產生未來的假設。諸如，它被假定該技術被應用於去關切整個母群體。所以，某些技術假定被使用的樣本是母群體，那其結果就無法被延伸超越個別的樣本。主成分分析是這些技術之一，這些技術如主成分分析（主軸因素因解法）與映像共變數分析（映像因素因解法）。主成分分析與主因素分析（principal factors analysis）是較被喜歡的方法，它們通常會產生相同的因解。當這些方法被使用時其結果或結論會被限制於被蒐集的樣本，與其結果的通則化（普遍化 generalization）可以被達成，因而唯有如果在分析使用不同的樣本時，才可揭示相同的因素結構。

另一研究途徑已被去假定受訪者隨機地被選擇與被測量的各變項建構關切的母群體。在假設這種研究途徑，去從其結果可以從樣本受訪者中通則化到一個較大的母群體中去發展這樣的技術是可能的。無論如何，一個限制是任何的研究發現僅適用於被測量的變項組合，這個範疇的技術包括最大概率法（the maximum likelihood method）（參考，Harman，1976）與開塞阿發因解法（Kaiser’s alpha factoring）。由此可知，因素分析的選擇，大部分端視要執行甚麼樣程度的通則而定。

在分析盒中有二個選項：去分析相關矩陣或去分析共變數矩陣。我們應該理解到在 SPSS 的語法中（syntax），無論輸入相關矩陣或共變數矩陣其輸出的內容與結果是一樣的。但是，在此在分析盒中其內定的二個選項，我們勾選的不同其輸出的內容是不一樣的。質言之，相關矩陣是變數矩陣的標準範本（standardized version）。分析相關矩陣是一種 SPSS 的內定的（default）方法因為它採取矩陣標準化形式；由此可知，在各變項被測量時，如果我們使用不同的量尺將不會影響其分析的結果。在本範例中，所有變項被測量使用相同的量尺（一個五點李克特量尺），但是，我們時常想要去分析使用不同量尺的變項時，使用相關矩陣是適當的。由此觀之，使用相關矩陣可以確信量尺的差異是可以被計算與解釋。然而，縱然使用相同的量尺，其被測量的變項亦會產生不同的變異數，而這樣的問題亦會產生於主成分分析中，其理由是因為相關係數在資料的離勢中（dispersion）對各變項的測量是不敏銳的（insensitive），而共變數卻可產生界定較好的因素結構（Tinsley and Tinsley, 1987）。

「Display box」有二個選項在內：去顯示「Unrotated factor solution」（未轉軸因素因解法）與「Scree plot」（陡坡圖）。陡坡圖在前述已被描述，是一個分析中應該維持多少個因素的方法。未轉軸因素因解法在評估由於轉軸所產生的解釋有多少改善是有用的。如果轉軸因素因解法沒有比未轉軸因素因解法有多大的改善，那對轉軸因素因解法的使用就有待評估與考量。

「Extract box」（萃取盒）提供有關因素想要保留多少個的選項，我們可選擇特徵值大於 1 的值或選擇維持因素於一個固定數。對「Eigenvalues over」選項，電腦內定（default）是 Kaiser's 建議特徵值大於 1，但是我們可以把這個改變為 Jolliffe's 建議為 .7 或改變為我們所想要的。以「Eigenvalues over：1」選項去進行一種基本分析是最可能的方法。可選擇一個陡坡圖與其結果進行比較。如果注視選擇陡坡圖與特徵值大於 1，可導引我們保留因素數目的方法，然後持續分析，直到令人滿意為止。若以上二個選擇產生不同的結果，那麼就要檢測共同性（communalities），與決定以上二個選擇我們應該相信那一個。如果我們決定去使用陡坡圖，那麼我們可以去重新執行分析，重新萃取使用者自定因素的個數，可由「Number of factors」選項來自定。

一、轉軸

我們已理解到因素的解釋可以透過轉軸來改善，轉軸可以把被萃取因素之一的每一個變項的負荷量極大化。這樣的過程使每一個變項與各因素的相關更加清楚。轉軸透過每一個變項絕對值（the absolute values of the variables）的改變來發生作用於使它們區別的各值維持恆定或不變（constant）。按「Rotation」就進入在圖 4-5 中的對話盒。

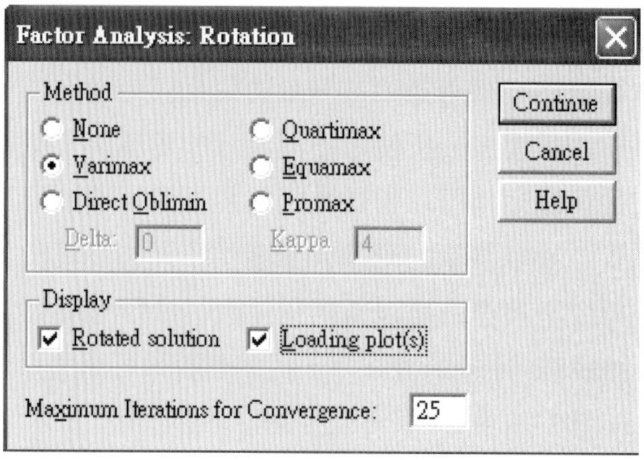

圖 4-5

在此對話盒中有最大變異法（Varimax）、四次方最大值法（Quartimax）、與平衡最大值法（Equamax），是完全正交的轉軸法，而直接斜交法（Direct Oblimin）與可能的最大值法（Promax）是斜交轉軸法。四次方最大值法企圖去把因素負荷量極大化以提供每一個變項可以交叉所有因素。由此，使解釋每一個變項變得更容易。但是，這時常會產生有很多的變項對一個單一的因素持有很高的負荷量。而最大變異法是正好相反，其中它企圖把各因素之內的負荷量儘量使其離散極大化。由此，它嘗試使小負荷量的變項在每一因素上增值其負荷量，致使產生更多可解釋因素的類聚（clusters）。平衡最大值法是其他兩種途徑的一種混合（a hybrid），它會產生相當不穩定或不規律的問題（Tabachnick and Fidell, 1996）。就從事第一次分析者而言，可以以學習的態度嘗試選擇「Varimax」因為它是一個很好的一般性研究途徑，是可簡化因素解釋的途徑。

而斜交轉軸法是更複雜因為各因素之間的相關是被允許的。所以，在直接斜交法的案例中，各因素被允許發生相關的程度是由三角的值（the value of delta）來決定。其內定值是 0，此在於確信因素之間高相關是不被允許的（這被稱為直接四次方最小值轉軸法）。如果我們選擇去設定三角值（delta）大於 0（到 .8），那麼我們就可預期各因素之間會有高的相關；如果我們選擇去設定三角值（delta）小於 0（到 −.8）那麼我們就可預期各因素之間會有很低的相關。所以，內定值為

0 的設定對大部分的分析而言是敏銳的，因而我們建議不要去改變它，除非我們知道我們正在執行的是甚麼（Pedhazur and Schmelkin, 1991, p.620）。可能最大值法（Promax）是一種最快速的程序，被設計提供很大的資料組合來使用。

轉軸的正確選擇端視我們考量到基本的各因素是否應該是相關的。如果我們可預期各因素是獨立的，我們就應該選擇正交的轉軸法（建議選擇最大變異法）。無論如何，如果有理論的根據支持我們分析的因素可以是相關的，那我們就應該選擇直接斜交法。

對話盒中亦提供有「Rotated solution」與「Loading plots」選項。轉軸因解法可以由內定的方式來展現，以解釋最後轉軸的分析是必要的。負荷量的散佈點（loading plot）將提供每一個變項以散佈點被標示對照被萃取的因素，直到達成三個因素的最大為止之分析圖（很可惜 SPSS 無法產生四個或五個面向或向度的分析圖）。

最後的一個選項是去設定聚合的最大反覆次數「Maximum Iterations for Convergence」，此選項在於辨識電腦尋求一個最適當因素因解的次數。在大部分的情境條件之下其內定的 25 次是為 SPSS 去發現一個假定資料組合會聚合的一個因素因解的適當次數。無論如何，如果我們有一個大的資料組合（就像本範例所使用的資料），電腦要尋求一個最適當因素因解的次數是有困難（尤其是對斜交的轉軸），因而我們可以把它調整到 30。

二、分數

因素分數對話盒可以由按「Scores」進入，這個選項允許我們儲存在資料編輯中每一位受訪者的因素分數。SPSS 建立一個新的欄位提供被萃取的每一個因素，然後對該欄位中的每一位受訪者列出其因素分數。這些分數可以提供於更進一步的分析中來使用，或僅在於辨識凡是在個別因素上獲得高分的受訪者之各分組（groups）。要獲得這些分數有三種方法，這三種方法在前述的各章節已探究。如果我們想要去確信因素分數是不相關的，可以選擇「Anderson-Rubin method」；如果各因素分數之間的相關是可接受的，就可選擇「Regression method」。

最後的一個選項是我們可要求 SPSS 去產生因素分數的係數矩陣，這樣的矩陣，如果我們有任何理由，諸如我們想要去建構像方程式一樣的因素分數的方程式，就可使用，因為它會以每一個變項的 B 值提供給我們。

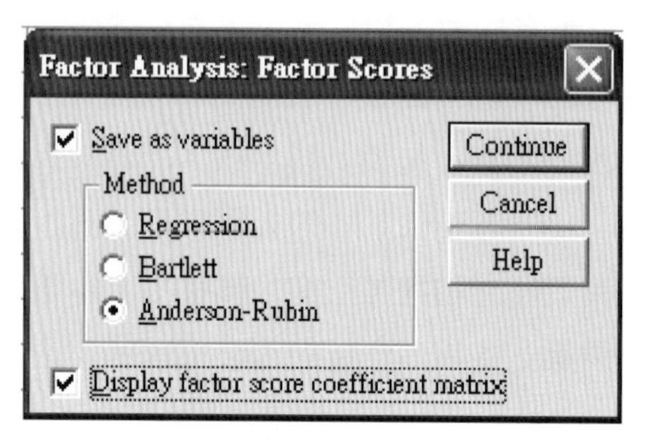

圖 4-6

三、選項

選項這個組合可由按主要對話盒中的「Options」來獲得。遺漏的資料對因素分析而言是一個問題，其處理程序就像 SPSS 對排除案例或對評估一個案例的值會提供其選擇。Tabachnick and Fidell（1996）關於資料的篩選有一篇研究。基於他們所提出的忠告，我們應該考量到遺漏資料的分配問題。如果遺漏的資料是非常態的分配或在進行排除之後的樣本大小仍然是太少，那麼進行估計是必要的。SPSS 使用平均數為一種估計值「Replace with mean」。這些程序可減低各變項的標準差，如此可以導致產生顯著性的結果，即在其他方面是非顯著性的。由此，如果遺漏的資料是隨機的，那我們就可以排除這些案例。SPSS 允許我們去選擇「Exclude cases listwise」，其中遺漏的資料所屬任何受訪者或受試者的案例所作的任何變項可被排除，換言之，就是只分析合理的觀察值，或去選擇「Exclude case pairwise」其中受訪者資料的排除僅僅排除資料遺漏的部分之計算。

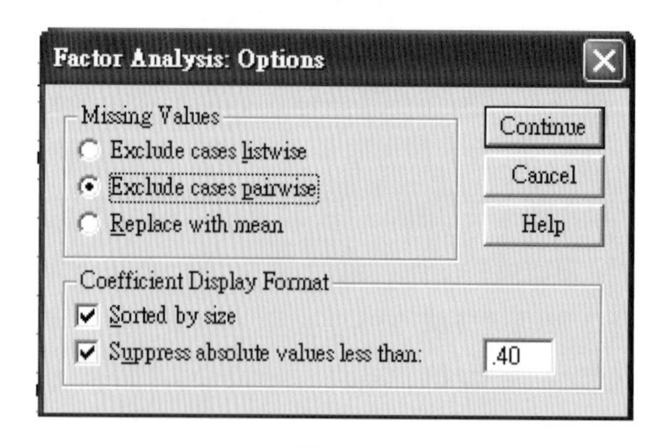

圖 4-7

最後二個選項和係數如何被展示有關，由 SPSS 內定登錄的變項係依它們輸入資料編輯的順序。通常這種形式是最方便的。但是，有時候基於研究的需要，在解釋因素時可依其因素負荷量的大小與高低來排列是有用。此時可選擇「Sorted by size」，SPSS 將依指令使各個變項依它們因素負荷量的大小來排列。事實上，SPSS 執行這樣的排列是相當有智慧的，如此所有在相同因素上負荷量高的變項就會被一起按高低排列顯示出來。第二個選項是「Suppress absolute values less than」為一個被界定的值（依內定為 .1），意指其絕對值小於 .1 的係數將不被列印出來。我們建議為了解釋的目的，可把它改變到 .4 或改變到一個固定值，如此 .4 以下的值就不被列印出來，而可以很清楚地觀察到那幾個變項很顯著地類聚在那一個因素上。

第五節　從 SPSS 中解釋其輸出的結果

選擇相同的選項，如我們在篩選或審查的分析圖中所進行的一個附有正交轉軸的一個因素分析。執行這種選項過程之後，選擇在圖 4-5 中直接斜交轉軸的選項，與重覆該分析。在這種過程之中，我們除了使用一個正交轉軸與一個斜交轉軸之外，我們進行因素分析所有面向或向度其所獲得兩個結果應該是一樣的。

在本節中基於簡效的目的，我們選擇設定內定的 SPSS 選項，這樣每一個變項僅涉及它對資料編輯所標示的（例如，X_1, X_2, 與 X_{11}）。在我們所獲得的輸出結果中，我們應該發現 SPSS 使用的各值標示在所有的輸出結果的變項上。在本範例中 X_1 代表變項 1 或問題 1，X_2 代表變項 2 或問題 2，…，X_{11} 代表變項 11 或問題 11。

一、基本的分析

結果輸出的第一個部分，我們所關切的是資料的篩選或審查、假設的檢定、與抽取樣本的足夠適當性。我們將發現若干大的表（或矩陣），這些表或矩陣會告訴我們有關我們研究資料所關切的問題。如果選擇圖 4-3 中的「Univariate descriptive」選項，那麼第一個表將會包括每一個變項的描述統計量（平均數、標準差、與案例數）。這些統計量在此不被包括在內，但是我們應該有足夠的經驗能夠去解釋這個表。該表亦包括遺漏案例數；這種的摘要表對提供我們決定遺漏資料的程度是有用的。

SPSS 輸出結果表 4-1 顯示所產生的 R 矩陣（或相關矩陣），可使用圖 4-3 中的選項「Coefficients」and「Significance levels」。本表的上半包括所有變項配對之間的皮爾森相關係數。而本表的下半包括這些係數單側的顯著性。要去執行一個因素分析，我們需要擁有相關程度相當高的相關係數，而不需要擁有各變項配對之間完全相關的理念，反而要求任何與其他變項沒有相關的變項應該被刪除。

表 4-1 SPSS 輸出結果

相關矩陣（a）

		X1	X2	X3	X4	X5	X6	X7	X8	X9	X10	X11
相關	X1	1.000	.444	.411	.192	.300	.330	.337	.336	.483	.354	.350
	X2	.444	1.000	.412	.285	.411	.384	.397	.349	.440	.406	.390
	X3	.411	.412	1.000	.267	.355	.304	.337	.293	.419	.341	.329
	X4	.192	.285	.267	1.000	.533	.252	.360	.457	.276	.318	.494
	X5	.300	.411	.355	.533	1.000	.354	.406	.481	.396	.421	.517
	X6	.330	.384	.304	.252	.354	1.000	.666	.349	.355	.593	.295
	X7	.337	.397	.337	.360	.406	.666	1.000	.449	.391	.600	.381
	X8	.336	.349	.293	.457	.481	.349	.449	1.000	.372	.423	.546
	X9	.483	.440	.419	.276	.396	.355	.391	.372	1.000	.405	.416
	X10	.354	.406	.341	.318	.421	.593	.600	.423	.405	1.000	.370
	X11	.350	.390	.329	.494	.517	.295	.381	.546	.416	.370	1.000
顯著性（單尾）	X1		.000	.000	.000	.000	.000	.000	.000	.000	.000	.000
	X2	.000		.000	.000	.000	.000	.000	.000	.000	.000	.000
	X3	.000	.000		.000	.000	.000	.000	.000	.000	.000	.000
	X4	.000	.000	.000		.000	.000	.000	.000	.000	.000	.000
	X5	.000	.000	.000	.000		.000	.000	.000	.000	.000	.000
	X6	.000	.000	.000	.000	.000		.000	.000	.000	.000	.000
	X7	.000	.000	.000	.000	.000	.000		.000	.000	.000	.000
	X8	.000	.000	.000	.000	.000	.000	.000		.000	.000	.000
	X9	.000	.000	.000	.000	.000	.000	.000	.000		.000	.000
	X10	.000	.000	.000	.000	.000	.000	.000	.000	.000		.000
	X11	.000	.000	.000	.000	.000	.000	.000	.000	.000	.000	

a. 行列式 = .015

由此可知，我們可以使用這種相關矩陣去其檢查其關係的組型（pattern of relationship），去執行這種檢查的最容易方法是審查顯著性的各值，與尋求多數的值是大於 .05 的任何變數。然後審查相關係數本身與尋找任何大於 .9 的相關係數。如果有任何發現，那麼我們就應該知道有問題會發生因為在資料之中有特異性

（singularity）的問題：檢查相關矩陣的行列式（determinant），如果必要，我們可考慮消除造成問題的變項。行列式被列在矩陣的底部（瀏覽一下，我們會遺漏它）。對這些資料它的值是 .015，此值大於 .00001 的必要值。由此，我們可以確信多元共線問題就其資料顯示並不會有影響。摘要言之，在本範例之中的所有變項與所有其他變項之間的相關程度相當好（這部分是由於大樣本的關係）與所有相關係數都不是很大；由此觀之，在此階段就不必去刪除任何一個變項。

SPSS 輸出結果表 4-2 顯示相關矩陣（R^{-1}）的反矩陣，此矩陣可被使用各種分數的矩陣計算上，諸如因數分數的矩陣。這種矩陣可使用圖 4-3 中「Inverse」的選項，就會顯示。就事實而言，這種矩陣的使用只有在我們想要繼續進行因素分析去檢查種種的計算值時才會使用。所以，這種矩陣的使用性較少，我們不作進一步探討。

SPSS 輸出結果表 4-3 顯示有若干重要部分：Kaiser-Meyer-Olkin 抽樣足夠適當性的測量，Bartlett's test of sphericity，反映像相關與共變數矩陣。反映像相關與共變數矩陣提供相同的資訊（若已熟知相關與共變數之間的關係），如此，我們在此僅詳細探討「KMO and Bartlett's test of sphericity」與「Anti-image」選項。

表 4-2 SPSS 輸出結果

相關矩陣轉換

	X1	X2	X3	X4	X5	X6	X7	X8	X9	X10	X11
X1	1.535	−.292	−.258	.114	.038	−.088	−.011	−.130	−.386	−.074	−.125
X2	−.292	1.576	−.222	−.002	−.200	−.139	−.078	−.013	−.192	−.113	−.136
X3	−.258	−.222	1.421	−.067	−.129	−.019	−.075	.021	−.227	−.070	−.049
X4	.114	−.002	−.067	1.612	−.513	.081	−.187	−.256	.032	−.017	−.368
X5	.038	−.200	−.129	−.513	1.817	−.083	−.018	−.217	−.141	−.168	−.307
X6	−.088	−.139	−.019	.081	−.083	2.051	−.953	.010	−.041	−.553	.069
X7	−.011	−.078	−.075	−.187	−.018	−.953	2.226	−.254	−.094	−.479	−.052
X8	−.130	−.013	.021	−.256	−.217	.010	−.254	1.729	−.065	−.164	−.480
X9	−.386	−.192	−.227	.032	−.141	−.041	−.094	−.065	1.627	−.134	−.202
X10	−.074	−.113	−.070	−.017	−.168	−.553	−.479	−.164	−.134	1.923	−.033
X11	−.125	−.136	−.049	−.368	−.307	.069	−.052	−.480	−.202	−.033	1.811

表 4-3 **SPSS 輸出結果**

KMO 與 Bartlett 檢定

Kaiser-Meyer-Olkin 取樣適切性量數		.904
Bartlett 球形檢定	近似卡方分配	5131.247
	自由度	55
	顯著性	.000

反映像矩陣

		X1	X2	X3	X4	X5	X6	X7	X8	X9	X10	X11
反映像共變數	X1	.652	−.121	−.118	.046	.014	−.028	−.003	−.049	−.155	−.025	−.045
	X2	−.121	.634	−.099	−.001	−.070	−.043	−.022	−.005	−.075	−.037	−.048
	X3	−.118	−.099	.704	−.029	−.050	−.007	−.024	.009	−.098	−.026	−.019
	X4	.046	−.001	−.029	.620	−.175	.024	−.052	−.092	.012	−.005	−.126
	X5	.014	−.070	−.050	−.175	.550	−.022	−.004	−.069	−.048	−.048	−.093
	X6	−.028	−.043	−.007	.024	−.022	.488	−.209	.003	−.012	−.140	.019
	X7	−.003	−.022	−.024	−.052	−.004	−.209	.449	−.066	−.026	−.112	−.013
	X8	−.049	−.005	.009	−.092	−.069	.003	−.066	.578	−.023	−.049	−.153
	X9	−.155	−.075	−.098	.012	−.048	−.012	−.026	−.023	.615	−.043	−.069
	X10	−.025	−.037	−.026	−.005	−.048	−.140	−.112	−.049	−.043	.520	−.009
	X11	−.045	−.048	−.019	−.126	−.093	.019	−.013	−.153	−.069	−.009	.552
反映像相關	X1	.899(a)	−.188	−.174	.072	.023	−.050	−.006	−.080	−.244	−.043	−.075
	X2	−.188	.937(a)	−.148	−.001	−.118	−.078	−.042	−.008	−.120	−.065	−.080
	X3	−.174	−.148	.933(a)	−.044	−.080	−.011	−.042	.014	−.149	−.043	−.030
	X4	.072	−.001	−.044	.878(a)	−.300	.044	−.099	−.153	.020	−.010	−.215
	X5	.023	−.118	−.080	−.300	.913(a)	−.043	−.009	−.122	−.082	−.090	−.169
	X6	−.050	−.078	−.011	.044	−.043	.852(a)	−.446	.005	−.022	−.279	.036
	X7	−.006	−.042	−.042	−.099	−.009	−.446	.874(a)	−.129	−.049	−.231	−.026
	X8	−.080	−.008	.014	−.153	−.122	.005	−.129	.921(a)	−.039	−.090	−.271
	X9	−.244	−.120	−.149	.020	−.082	−.022	−.049	−.039	.926(a)	−.076	−.118
	X10	−.043	−.065	−.043	−.010	−.090	−.279	−.231	−.090	−.076	.921(a)	−.018
	X11	−.075	−.080	−.030	−.215	−.169	.036	−.026	−.271	−.118	−.018	.907(a)

a. 取樣適切性量數（MSA）

KMO 的統計量（Kaiser, 1970）可提供個體與多元變項的計算，可呈現各變項之間相關的平方對各變項之間淨相關的平方的比率。依本範例有 11 個變項被計算的統計量。KMO 的統計量係介於 0 與 1 之間變動。若 KMO 的統計量是 0 係指示淨相關的平方和是相對大於相關的平方和，此呈現相關組型（the pattern of correlation）的擴散（diffusion），由此可判斷該因素分析可能是不適當的。反之，若 KMO 的統計量是接近 1 的值即表示相關的組型是相當簡化結實，如此可推論該因素分析是清晰確實的，與可產生可信的各因素。Kaiser（1974）建議接受值大於 .5 為接受（低於 .5 值即會令我們不要去蒐集更多的資料，就是去重新思考要去包括那些變項），而且，.5 與 .7 之間是中度適當的（mediocre），.7 與 .8 之間是好的，.8 與 .9 之間是超好的（superb）（Hutcheson and Sofroniow, 1999, pp.224-225）。依本範例有 11 個變項被計算的統計量，其值是 .904 在超好的等級，如此可推論本範例的因素分析就資料而言，是適當的，可產生清晰確實的，與可信的各因素。

反映像相關矩陣在非對角線上的元素代表各變項之間的淨相關，對一個好的因素分析而言，我們想要使這些淨相關越小越好。因而，我們最後必須檢查非對角線上的元素，並確認它們的值是小的。

Bartlett's measure 在於檢定虛無假設（null hypothesis）即假定原始的相關矩陣是一個單元矩陣（an identity matrix）。若執行因素分析，我們需要各變項之間的某種關係，與如果 R 的矩陣是單元矩陣，那所有的相關係數會是 0，所以我們要這個檢定是顯著性的（即是，必須有小於 .05 的一個顯著性的值）。一個顯著性的檢定告訴我們 R 的矩陣不是一個單元矩陣；如此，各變項之間就會有某些關係，我們希望去把它們（某些關係）包括在分析之內，對這些資料而言 Bartlett's test 是很高的顯著性（$p < .001$），由此檢定，可知該因素分析是適當的。

二、因素的萃取

因素萃取過程的第一步驟是在於決定資料組合之中其線性的成分（特徵向量）以計算 R 矩陣的特徵值。我們知道在 R 矩陣中有許多成分（特徵向量）就如許多變項一樣，但是大部分是不重要的。因而要去決定一個個別向量的重要性，我們可以以它們組合特徵值大小的程度而定。由此，我們可以以組合特徵值大 1 的為標準應用於去決定那些因素要保留與那些因素要放棄。依內定的 SPSS 可使用 Kaiser 保留因素以特徵值大 1 的為標準。

SPSS 輸出結果表 4-4 列出結合每一個線性的成分（因素）於萃取之前、萃取之後，與轉軸之後的特徵值。在萃取之前，SPSS 已辨識 11 個線性的成分於資料組合之內。每一個因素所組合的特徵值其呈現的方式可由個別線性的成分來解釋其變異數，而 SPSS 亦依變異數解釋的百分比的方式來展示特徵值。如此，本範例在萃

表 4-4 **SPSS 輸出結果**

解說總變異量

成分	初始特徵值			平方和負荷量萃取			轉軸平方和負荷量		
	總和	變異數的%	累積%	總和	變異數的%	累積%	總和	變異數的%	累積%
1	4.935	44.866	44.866	4.935	44.866	44.866	2.495	22.681	22.681
2	1.157	10.515	55.381	1.157	10.515	55.381	2.376	21.598	44.279
3	1.045	9.502	64.883	1.045	9.502	64.883	2.267	20.605	64.883
4	.651	5.921	70.804						
5	.576	5.239	76.043						
6	.532	4.838	80.881						
7	.493	4.478	85.359						
8	.451	4.099	89.458						
9	.431	3.921	93.379						
10	.412	3.743	97.122						
11	.317	2.878	100.000						

萃取法：主成分分析

取之前的因素 1 解釋整體變異數的 44.866%。由輸出結果表 4-4 中，我們可看到在因素分析中前面的因素解釋變異數的百分比相當大，尤其是因素 1，依此其後的因素解釋變異數的百分比會逐漸一個比一個小。在本範例中 SPSS 依特徵值大 1 為標準去萃取有三個因素。這些因素所組合的特徵值（與解釋變異數的百分比）再次被展出於被標示著「Extraction Sums of Squared Loading」的欄位中。在表中這部分的各值是和萃取之前的各值是一樣的。在表中最後部分標示著「Rotation Sums of Squared Loading」的欄位中，轉軸之後的特徵值亦被顯示。轉軸的目的是在使因素的結構能夠發揮到最理想的影響，因而轉軸使本範例所萃取的三個因素其相對重要性被平等化。在轉軸之前，因素 1 提供解釋變異數的百分比大於其後因素 2 與因素 3（為 44.866% 比較於 10.515%，與 9.502%）。然而，轉軸之後，個別地，其提供解釋變異數的百分比為因素 1 是 22.681，因素 2 是 21.598，因素 3 是 20.605%。

SPSS 輸出結果表 4-5 顯示萃取之前與萃取之後的共同性（communalities），記住共同性是一個變項之內共同變異數的比率（或比例）。主成分分析運作最初的假定，假定所有的變異數是共同的；由此可知，萃取之前共同性是完全的 1，該欄標示著 initial。事實上，一個變項所組合的變異數全部被假定是共同變異數。一旦各因素已被萃取，那究竟有多少變異數，實際上是共同的，在標示著 Extraction 這一欄中的各個共同性就反映這個共同變異數。如此，例如我們可以說變項 1 或問

表 4-5 **SPSS 輸出結果**

共同性

	初　始	萃　取
X1	1.000	.650
X2	1.000	.540
X3	1.000	.538
X4	1.000	.696
X5	1.000	.630
X6	1.000	.794
X7	1.000	.765
X8	1.000	.588
X9	1.000	.589
X10	1.000	.690
X11	1.000	.656

萃取法：主成分分析

成分矩陣（a）

	成　分		
	1	2	3
X7	.733		−.410
X10	.720		
X5	.707		
X11	.693	.409	
X8	.691		
X9	.671		
X6	.670	−.402	−.428
X2	.667		
X1	.607		.453
X4	.596	.569	
X3	.595		

萃取方法：主成分分析
a. 萃取了 3 個成分

題 1 所組合的 65% 的變異數是共同性的，或共同持有的變異數。另一個方法要去注視這些共同性是依據由基本的各因素所解釋變異數的比例方式來界定。所以，萃取之前，有多少因素就有多少變項，如此，所有由各因素與各變項所提供解釋的所有變異數都是 1。無論如何，在萃取之後，有某些因素被刪除，就有某些資料被遺失。因而被保留的因素就無法解釋在資料中所呈現的所有變異數，而只能解釋某些變異數。因此，在每一個變項的變異數可由被保留的各因素所提供解釋的量，就可由萃取後的各個共同性來呈現。

SPSS 輸出結果表 4-5 亦顯示在萃取之前的成分矩陣，這個矩陣包括每一個變項對每一個因素的負荷量；由 SPSS 內部設定可展示所有的負荷量。無論如何，我們要求所有不超過 .4 的負荷量被抑制於結果的輸出中，如此就有變項的負荷量是空白的。這樣的矩陣對解釋目的而言並不是特別重要的，但是它引人注目的是在轉軸之前大部分的變項對第一個因素都有很高的負荷量，即是為什麼這個因素（因素 1）可解釋大部分變異數的原因。

在這個階段 SPSS 萃取三個因素。而因素分析是一種探索性的方法或工具，所以，它應該被使用去引導研究者做種種的決定：我們不應該聽任電腦去執行。此階段我們應該決定要萃取多少個因素，其評估要萃取多少個因素的標準，我們可參考前述卡塞的標準（Kaiser's criterion）。無論如何，這樣的標準在當變項數目少於 30，與其萃取之後其共同性是大於 .7，或在當樣本數（或樣本大小）超過 250 與其平均的共同性是 .6 時，這樣的標準才是精確的。而在本範例中 SPSS 輸出結果表 4-5 中顯示各變項的共同性，很多並未超過 .7。然而其樣本數大於 250 與其共同性的平均數等於 6.978/11 = .63436，大於 .6。所以，依據卡塞的標準（Kaiser's criterion）本範例對於萃取多少個因素的標準是正確的。另一評估要萃取多少個因素的標準，我們亦可參考陡坡圖，如使用圖 4-4 的選項，這樣的陡坡圖被顯示在 SPSS 輸出結果圖 4-8 中，以一個陡坡突然向下墜落至第二因素點開始呈現緩和平行向下至第三因素點剛好正是特徵值 1 的標示上。所以，依據陡坡圖特徵值標示的標準本範例萃取三個因素的標準是正確的。

SPSS 輸出結果表 4-6 中顯示一個相關矩陣複製的編輯範本，這種被複製的相關矩陣可以使用圖 4-3 中的選項來呈現。這種相關矩陣的上半（標示著被複製的相關）包含基於因素模型所形成所有變項之間（或所有問題之間）的相關係數。這個矩陣的對角線包含對每一個變項被萃取之後的共同性。

在複製矩陣中的相關不同於在 R 矩陣中的相關因為它們的產生來自模型而不是來自觀察的資料，如果這個模型是完全適合這個資料那我們就可預測複製的相關係數和原始的相關係數是相同的。由此，要去評估模型的適配度我們可以注意到觀察的相關與基於模型的相關之間的差異。例如，如果我們取變項 1（或問題 1）與變項 2（或問題 2）的相關，基於觀察資料的相關是 .444（取自 SPSS 輸出結果表

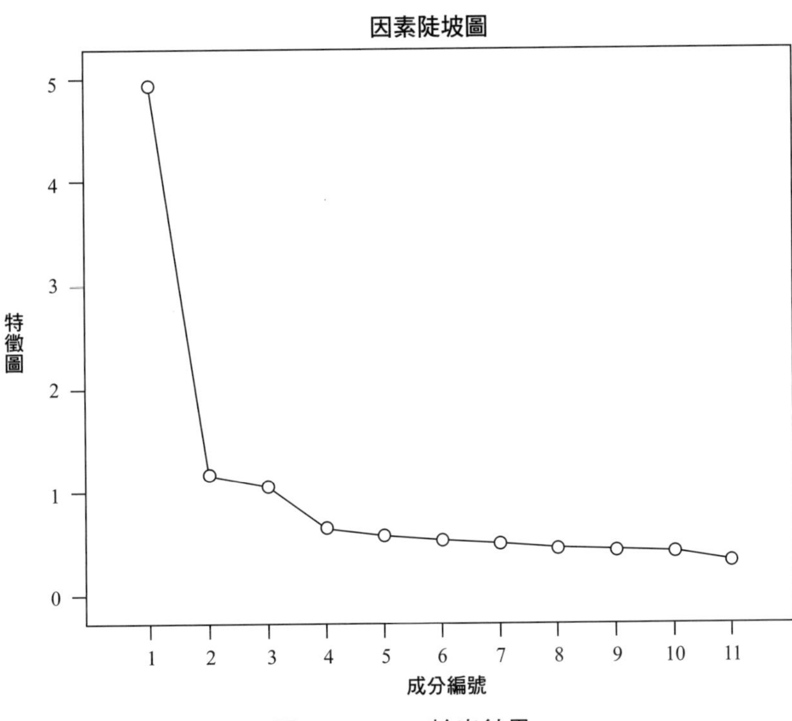

圖 4-8　**SPSS 輸出結果**

表 4-6　**SPSS 輸出結果**

重製相關

		X1	X2	X3	X4	X5	X6	X7	X8	X9	X10	X11
重製相關	X1	.650(b)	.569	.585	.145	.318	.324	.327	.289	.603	.361	.349
	X2	.569	.540(b)	.528	.271	.406	.397	.419	.384	.562	.435	.421
	X3	.585	.528	.538(b)	.214	.355	.290	.310	.324	.559	.338	.386
	X4	.145	.271	.214	.696(b)	.630	.227	.353	.606	.273	.326	.634
	X5	.318	.406	.355	.630	.630(b)	.339	.441	.606	.413	.424	.635
	X6	.324	.397	.290	.227	.339	.794(b)	.765	.375	.361	.725	.261
	X7	.327	.419	.310	.353	.441	.765	.765(b)	.467	.387	.724	.371
	X8	.289	.384	.324	.606	.606	.375	.467	.588(b)	.385	.446	.601
	X9	.603	.562	.559	.273	.413	.361	.387	.385	.589(b)	.409	.437
	X10	.361	.435	.338	.326	.424	.725	.724	.446	.409	.690(b)	.364
	X11	.349	.421	.386	.634	.635	.261	.371	.601	.437	.364	.656(b)
殘差(a)	X1		−.125	−.174	.047	−.018	.006	.010	.047	−.120	−.006	.001
	X2	−.125		−.116	.013	.005	−.013	−.022	−.036	−.122	−.029	−.031
	X3	−.174	−.116		.053	.001	.014	.027	−.031	−.140	.003	−.056
	X4	.047	.013	.053		−.097	.025	.007	−.149	.003	−.008	−.140

		X1	X2	X3	X4	X5	X6	X7	X8	X9	X10	X11
	X5	−.018	.005	.001	−.097		.015	−.034	−.124	−.017	−.003	−.118
	X6	.006	−.013	.014	.025	.015		−.099	−.026	−.006	−.133	.034
	X7	.010	−.022	.027	.007	−.034	−.099		−.019	.004	−.124	.009
	X8	.047	−.036	−.031	−.149	−.124	−.026	−.019		−.013	−.023	−.055
	X9	−.120	−.122	−.140	.003	−.017	−.006	.004	−.013		−.004	−.021
	X10	−.006	−.029	.003	−.008	−.003	−.133	−.124	−.023	−.004		.006
	X11	.001	−.031	−.056	−.140	−.118	.034	.009	−.055	−.021	.006	

萃取法：主成分分析

a. 殘差的計算介於觀察相關值和重製相關值之間。絕對值大於 .05 的非多餘殘差共有 17（30.0%）個。

b. 重製共同性

4-1）。而基於模型的相關是 .569，此值是稍為高一點。我們可以計算其差如下：

$$殘差 = r（觀察資料的相關）- r（模型的相關）$$

$$殘差\ Q_1Q_2 = (.444) - (.569)$$

$$= -.125$$

我們從上述的計算中，可注意到這樣的差是在複製矩陣的下半中所引出取變項 1（或問題 1）與變項 2（或問題 2）的值。由此觀之，複製矩陣的下一半包含觀察的相關係數與從模型所預測相關係數之間的差異。對一個好的模型而言將都會是小的。事實上，我們想要的是大部分值是小於 .05。質言之，就是希望上述的計算`觀察的相關係數與從模型所預測相關係數之間的差異，其大部分的值小於 .05。就本範例而言，在所顯示的資料中有 17 個殘差值（佔 30%）是大於 .05。依據標準如果殘差值有 50% 以上大於 .05，那我們就需要提出理論根據來解釋。

三、因素的轉軸

我們在前述的因素分析中已使用一種正交的轉軸。無論如何，我們需要再使用斜交的轉軸來進行因素分析。在本節中我們將進行這兩種轉軸方法，並進行這兩種轉軸方法所產生結果的差異作比較與說明。

（一）正交的轉軸（最大變異值法）

SPSS 輸出結果表 4-7 顯示已轉軸主成分矩陣（亦被稱為因素分析已轉軸的因素矩陣），此矩陣是為每一個變項對每一個因素的因素負荷量之矩陣。這個矩陣

表 4-7 **SPSS 輸出結果**

轉軸後的成分矩陣（a）

	成分		
	1	2	3
X4	.821		
X11	.730		
X5	.711		
X8	.675		
X1		.782	
X3		.694	
X9		.693	
X2		.639	
X6			.857
X7			.801
X10			.744

萃取方法：主成分分析
旋轉方法：含 Kaiser 常態化的 Varimax 法
a. 轉軸收斂於 5 個疊代

成分轉換矩陣

成分	1	2	3
1	.595	.582	.554
2	.798	−.345	−.495
3	−.096	.736	−.670

萃取方法：主成分分析
旋轉方法：含 Kaiser 常態化的 Varimax 法

所包含的主成分和 SPSS 輸出結果表 4-4 中的資訊是一樣，除了它是在轉軸後被計算之外。有關這個矩陣的構成格式我們有若干的問題要去考量。第一，在本範例中，小於 .4 的因素負荷量並沒有被列出，因為我們使用在圖 4-7 中「Suppress absolute values less than」的選項，要求這些值被抑制。如果我們不把它調整到 .4，那 SPSS 輸出結果將會不同。第二，各變項依它們因素負荷量的大小依順序被列出。如果我們使用在圖 4-7 中「Sorted by size」的選項，就會依指令依因素負荷量的大小依順序被列出，反之，若不使用這個選項，那就會依各變項被輸入順序列出其因素負荷量。最後，對輸出結果的其他部分，我們會在其後的分析中再作解釋。

抑制小於 .4 的因素負荷量的列出之思考是基於 Stevens（1992）的建議，Stevens 認為這樣的切斷點（cut-off）對提供解釋的目的而言是適當的（換言之，因素負荷量大於 .4 的值才可呈現）。無論如何，這意指我們已抑制若干小於 .4 的因素負荷量，雖然它們有些因素負荷量是顯著性的，但是顯著性本身並不是重要的。

我們可以把這個矩陣和未轉軸的因素因解法作比較。在轉軸之前，我們可以看到大部分的變項對第一個因素的負荷量是高的，而其餘的因素並沒有真正的獲得較顯著的值。然而，經過因素結構的轉軸已澄清與說明了很多問題。所以，抑制小於 .4 的因素負荷量與使各變項依它們因素負荷量的大小依順序被列出，使我們對本範例的解釋就變得比較容易。

次一步驟是去注意到各變項或各問題的內容，即各變項負荷量在相同因素上去嘗試辨識其共同的主題。如果由分析所產生的數學因素（mathematical factor）代表某真實世界的構念，那麼只要我們留意在高負荷量的變項之間其所共同涉及的主題上，就可以幫助我們辨識其構念是甚麼。那對因素 1 負荷量很高的各變項似乎是完全都與使用電腦或 SPSS 有關。由此，我們就可把這個因素標示為畏懼電腦。而對因素 2 負荷量很高的各變項似乎是完全都與統計學的不同面向有關；由此，我們就可把這個因素標示為或命名為畏懼統計學。最後，對因素 3 負荷量很高的三個變項似乎是完全都與數學有關；由此，我們就可把這個因素標示為或命名為畏懼數學。這樣的分析似乎可揭示本範例最初的問卷，實際上，是由三個次級量尺（subscales）所組成：畏懼電腦、畏懼統計學、與畏懼數學。

輸出結果的最後部分是因素轉換的矩陣（factor transformation matrix），這個矩陣可提供有關各因素被轉軸去獲得一個因素因解（solution）的程度。如果轉軸是不必要的，那這個矩陣會是一個單元的矩陣。如果正交的轉軸是完成適當的，那我們就可預期會有一個對稱的矩陣（symmetrical matrix）（在對角線上下的各值是一樣的）。無論如何，雖然非常不對稱的矩陣可以被視為是去嘗試進行斜交轉軸的一個理由，因為在實際上這種矩陣是不容易去解釋的。對缺乏經驗的分析者而言，可能會被建議儘量去避免使用因素轉換的矩陣問題。

（二）斜交的轉軸

當嘗試進行一個斜交轉軸時，因素矩陣就會被分裂成兩個矩陣：組型矩陣（the pattern matrix）與結構矩陣（the structure matrix）。對正交的轉軸而言這些矩陣是相同的，因而沒有這樣的問題。組型矩陣包含因素的負荷量，是可與因素矩陣作比較。而結構矩陣要考量到各因素之間的關係（事實上，它是組型矩陣與包含有各因素之間相關係數矩陣的一個交叉乘積）。大部分的研究者會解釋組型矩陣，因為它比較簡單；但是，有種種的情境其中組型矩陣的各值，因為各因素之間的相關，會被抑制或被隱匿。由此觀之，結構矩陣是一種有效的可仔細檢查的方法（a useful double-check）。

SPSS 輸出結果表 4-8 中，組型矩陣顯示因素 1 似乎是呈現（或代表）畏懼統計學，因素 2 似乎是呈現（或代表）畏懼電腦，而因素 3 似乎是呈現畏懼數學。這些資料的呈現方式與 SPSS 輸出結果表 4-7 中所呈現方式是相同的，只是一個斜交轉軸所呈現的各因素與正交的轉軸所呈現的各因素其解釋與命名不同而已。結構矩陣不同於共持的變異數，不可被忽視。其描述變得更加複雜，因為有若干變項對一個以上的因素負有很高的負荷量。如 SPSS 輸出結果表 4-9 所顯示的，這是因為因素 1、因素 2、與因素 3 之間的相關呈現出來所致。這樣的呈現促成為什麼組型矩陣較令人喜好使用，以提供解釋的原因：因為它提供有關一個變項對一個因素唯一負荷量的資訊。

表 4-8 **SPSS 輸出結果**

樣式矩陣（a）

	成　分		
	1	2	3
X1	.849		
X3	.734		
X9	.701		
X2	.624		
X4		.899	
X11		.737	
X5		.705	
X8		.661	
X6			−.932
X7			−.835
X10			−.760

萃取方法：主成分分析
旋轉方法：含 Kaiser 常態化的 Oblimin 法
a. 轉軸收斂於 8 個疊代

表 4-9 **SPSS 輸出結果**

結構矩陣

	成 分		
	1	2	3
X1	.801		
X9	.762	.435	−.431
X3	.733		
X2	.721	.428	−.470
X4		.823	
X11	.504	.793	
X5	.467	.784	−.447
X8	.429	.752	−.482
X6	.424		−.887
X7	.444	.479	−.871
X10	.480	.455	−.825

萃取方法：主成分分析
旋轉方法：含 Kaiser 常態化的 Oblimin 法

輸出結果的最後部分是各因素之間的一個相關矩陣如 SPSS 輸出結果表 4-10，這個矩陣包括各因素之間的相關係數。如從結構矩陣中所預測的各因素之間有很高的相關呈現，這些相關存在的事實告訴我們其被測量的各個構念（constructs 構面）可以是交互相關的。如果各個構念（或構面）是獨立的，那麼我們可預期斜交的轉軸可提供與正交的轉軸一樣的因素因解，而其成分的相關矩陣應該是一個單元矩陣（即是，所有的相關係數是 0）。由此可知，這個最後的矩陣給我們提供一個指引，就是要去假定各因素之間是獨立的，是否合理；就這些資料而言它呈現出我們無法假定各因素之間是獨立的。由以上的資料顯示與其推論可知，正交轉軸的結果應該不會被信賴的；而斜交轉軸的因素因解法可能是更富有意義。

表 4-10 **SPSS 輸出結果**

成分相關矩陣

成 分	1	2	3
1	1.000	.469	−.501
2	.469	1.000	−.467
3	−.501	−.467	1.000

萃取方法：主成分分析
旋轉方法：含 Kaiser 常態化的 Oblimin 法

依據一個理論的論述本範例所研究的，各因素之間的相依（the dependence）是合理的。依此，我們可預期畏懼統計學、畏懼電腦、與畏懼數學之間有一個很強的關係存在。

（三）因素的分數

在達成一個適合的因素因解法與轉軸因解法之後，我們可以注意到因素分數的因解法。SPSS 輸出結果表 4-11 顯示成分分數的矩陣 B，該矩陣係從因素分數的被計算與因素分數共變數矩陣中獲得。成分分數的矩陣就其本身而言不是可個別使用的，它在理解因素分數如何被計算是有效的，但是要以一個大的資料組合或以本範例的樣本數來進行計算是不可能的。因為這個矩陣實際上可以告訴我們因素分數之間的關係，它是一個非標準化的相關矩陣。如果因素分數是不相關的，那表示這個矩陣應該是一個單元矩陣（即是，對角線上的各元素將是 1，而所有其他的元素是 0）。就這些資料而言，共變數的所有元素是 0，即表示所產生結果的分數是不相關的。

表 4-11 **SPSS 輸出結果**

成分分數係數矩陣

	成分		
	1	2	3
X1	−.159	.473	−.104
X2	−.055	.313	−.027
X3	−.072	.398	−.123
X4	.476	−.192	−.092
X5	.336	−.042	−.059
X6	−.157	−.103	.522
X7	−.042	−.130	.449
X8	.312	−.080	.001
X9	−.051	.364	−.082
X10	−.060	−.068	.399
X11	.357	.024	−.155

萃取方法：主成分分析
旋轉方法：含 Kaiser 常態化的 Varimax 法。成分分數。

在最初的（或原始的）分析中我們要求基於 Anderson-Rubin 方法所計算的分數（在此為什麼它們是不相關的），我們將發現在資料編輯中的這些資料有三個新的欄位（為每一個因素之一），個別地標示著 FAC1-1、FAC2-1、與 FAC3-1。如果我們要求斜交轉軸中的因素分數，然後這些分數將在三個其他的欄位中出現標示著 FAC2-1 等等的資料編輯中。這些因素分數可以被登錄在輸出結果的視窗中（viewer），可能使用 Analyze → Reports → Case Summaries... 指令其路徑。假定大約有 1225 的樣本數，我們可以限制其輸出結果為 10-20。輸出結果表 4-13 顯示 10 個受訪者或受試者的因素分數。它應該是受訪者或受試者分數對所有三個因素上，例如，第九位受訪者的分數對所有三個因素上有很高的分數，如此就可評估這位受訪者或受試者對統計學、電腦、與數學有很高程度的焦慮或畏懼。由此，我們可使用因素分數去評估一個人比另一個人有相對焦慮或畏懼的程度。我們亦可使用因素分數於迴歸分析中，當預測各分組的相關很高時，就可評估是否有多元共線的問題。

表 4-12 SPSS 輸出結果

Case Summaries(a)

		A-R factor score 1 for analysis 1	A-R factor score 2 for analysis 1	A-R factor score 3 for analysis 1
1		.14478	−.16719	−1.74292
2		−.64989	−.64006	−.03611
3		−.72705	.39783	.05395
4		.88441	.97794	−.93420
5		1.01275	−1.14044	−.32913
6		2.21551	−.55757	−.57158
7		−.39696	−.86888	−.04471
8		−.39696	−.86888	−.04471
9		1.40024	1.30058	3.09666
10		−.93383	.02812	−.08079
總和	個數	10	10	10

a. 限於前 10 個觀察值

第六節　結　語

總之，以上的分析可揭示本範例中有三個基本的量尺，而這些量尺可以或不可以與 SPSS 的焦慮的真正次成分（sub-components）有關。它亦似乎好像一個斜交轉軸的因素因解法比較被喜愛是由於因素之間相關的原因。因素分析的使用，純粹完全是探索性的，它應該僅可以被使用於引導未來的假設，或去提供研究者獲得有關資料組合內組型的資訊。很多的決定被留給研究者，與我們鼓勵研究者去做富有創造力的決定，而不是把決定基於你想要去獲得的結果上。

Chapter 05

因素分析：一個政治態度範例的說明

從前述各章中，各位讀者已從因素分析的基本概念、因素模型的分析圖、因素分析所使用的關鍵詞、建構因素分析模型的基本架構、一個管理範例的說明、與一個心理範例的說明中。經過以上各章節的學習、認識、與探索的過程之後，相信各位讀者已具備了因素分析的基本認識，如何去建構一個因素分析的模型，和如何去分析與解釋一個因素分析，與如何去使用 SPSS 的內定選項進行一個因素分析，等等的基本能力。為了更詳細深入研究與擴大其研究領域，我們以下各章即朝這個方向來規劃與探究，以期在多變項因素分析的研究有一個系統的建立與研究發現的擴大。

個人從大學政治系到政治研究所博士的專業學習過程，都朝著以成為一個政治的哲學家與科學家為職志的方向全力以赴。所以，個人在西方政治的哲學的研究有二十多篇研究論文發表之後，多年以來致力於統計學、數學、SPSS、LISREL、與 MATLAB 的學習，只是嘗試把這些方法、技術、與電腦軟體融入政治的研究之中使政治學的研究邁向科學化的途徑。

本章要以一個政治態度範例的說明為題，來更進一步深入探討因素分析的問題。雖然在第三章中已使用 SPSS 的語法（syntax）來進行分析，但是，並沒有做詳細的說明。在本章之中為配合探討因素分析的問題使用 SPSS 的語法（syntax）來進行分析。

第一節　獲得因素分析的因素因解法概述

在本章的分析過程之中，我們將透過現行電腦套裝軟體的使用來描述執行因素分析的基本步驟。我們相信有潛力的研究者或讀者可依據以下的分析過程之中 SPSS 語法的使用，去理解與熟悉 SPSS 語法的使用。

一、因素分析的基本步驟

首先我們可以檢測各因素與各變項之間的關係假定因素結構是已知，沒有抽樣的，與沒有測量誤差。依前述第一章的說明，我們已辨識有基本的不確定性係來自共變數結構的檢測中做有關基本因素結構的推論過程中。我們已提到這些不確定性僅可以以因素因果的與簡效的假設（the postulates factorial causation and parsimony）的引進來減少這些不確定性。無論如何，就實際的狀況而言，我們必須考量到這些因素因果的與簡效的假設如何被應用到真實資料的分析，而這些真實資料又會受到抽樣誤差與測量誤差的影響。在受到這些問題與影響之下，我們不僅必須從共變數結構的檢測中做有關因素因解結構的種種推論，而且亦要從樣本統計量的檢測中做有關母群體值（the population value）的種種推論。雖然這樣會引進很多複雜的問題，但是卻可提供處理它們的標準程序。這些處理的過程我們會在以下作充分的討論。

在使用與電腦套裝軟體之前，我們首先要去描述探索性因素分析應用於真實資料之中究竟有哪些步驟。（1）蒐集資料與準備有關的共變數矩陣，（2）原始因素的萃取，（3）轉軸到一個因素因解的獲得，與因素的命名和解釋，（4）因素量尺的建構與在未來更進一步分析中因素量尺的使用。這些步驟其中每一個步驟的討論假定讀者將依據電腦提供輸出結果的資料進行分析。

（一）蒐集資料與準備有關的共變數矩陣

如果吾人是一位政治的科學家，若想到探索有關政治態度的問題。首先自己本身必須精通意識形態、政治態度、政治行為、政治信仰、與政治價值等科學概念的界定，與其理論的建構、功能、解釋與預測的理解與應用。如此，在問卷的設計與量尺的建構中才會有所依據。

一位政治的科學家在因素分析的第一個步驟就是蒐集相關資料以提供分析，如前兩章所提出的，第一，以問卷調查的資料輸入到 SPSS，然後再以前述第四章以 SPSS 內設或內定選項的操作方式進行分析，第二，以前述第四章以 SPSS 內定選項的操作方式獲得相關矩陣，然後再以 SPSS 的語法的操作方式進行因素分析。本章的範例就以相關矩陣，然後再以 SPSS 的語法的操作方式進行因素分析。一般而言，我們可以以共變數矩陣，或以相關矩陣作為因素分析的資料。無論如何，以 SPSS 的語法的操作方式，不管以共變數矩陣，或以相關矩陣作為因素分析的資料，其 SPSS 輸出結果的內容是一樣的。而本範例以相關矩陣作為因素分析的資料，有兩個優點：第一，因為現行的許多電腦程式並不接受共變數矩陣為基本輸入的資料，與第二，在許多研究著作之中所有的範例幾乎都是基於相關矩陣作為因素分析的資料，由此研究者或讀者要去進行理解與比較就會比較容易。

（二）萃取最初的因素

因素分析的第二步驟是去發現因素萃取或抽取的數目，這樣的因素數目可足以解釋觀察變項之間可觀察的種種相關（或共變數）。在這個階段其典型的途徑就是去把相關矩陣輸入一個因素分析的程式中，與從許多方法之中選取一種適當的方法以獲得最初的因素因解（initial solution）。有若干重要可選取的方法（可參考前述第二章）：（1）最大概率法（maximum likelihood method，輸入電腦是以 ML 為代號）或典型因素因解法（canonical factoring），（2）最小平方法（least-squares method），或主軸因素因解法（variants are principal axis factoring with iterated communalities or Minres，以 PAF 為代號），（3）阿爾發因素因解法（Alpha factoring），形象因素因解法（image factoring，以 IMAGE 為代碼），（4）主成分分析（principal component analysis 以 PC 為代碼）。以上這些代碼或代號都在「/EXTRACTION = 」副指令之下，輸入這些代碼即可。這些方法的詳細內容可參考前述第一章、第二章、與下章會深入探討。

分析在這個階段，我們不應該關注於基本因素是正交的或斜交的，我們應該理解到所有最初的因素因解是基於正交的。所以，此時我們不必關注我們所萃取的因素是否可解釋我們所輸入的各個變項，其關注所要的是若以較少的因素數目是否可解釋一個較多變項數目之中的共變數。並注意到一個最初因素因解的獲取。研究者必須提供（1）我們想要萃取共同因素的數目，或（2）對於萃取這樣一個共同因素的數目提供其決定的標準。讀者可以回顧到因素分析中有關秩的理論（the rank-theorem），它陳述免於誤差的資料，在已調整相關矩陣中的秩，由 K 個共同因素所產生的秩，是 K。無論如何，為什麼在因素分析中無法使用這個定理有兩個理由。第一，可觀察的資料是受制於許多隨機誤差，或至少受制於抽樣誤差之影響。所以，資料與該模型之間其精確的適配度無法被估計。第二，和第一個問題有關的是吾人無法發現精確的共同性之事實。

最初因素被萃取數目的決定，經常是使用一種經驗的法則（a rule of thumb），就已知的法則如 Kaiser 或特徵值的標準（即特徵值大於 1 或等於 1）。然後對應的共同性（the corresponding communalities）作反覆地估計，通常以某些最初值開始，透過斂聚或聚合（converge）作連續的估計與精煉其值為止。依經驗的法則決定了萃取因素的數目之後，我們以 SPSS 的語法輸入「/CRITERIA = 」副指令，隨後可依我們的需求，選擇輸入如 FACTORS（最大因素數目）、MINEIGEN（最低的特徵值）、ITERATE（反覆聚合的次數）、ECONVERGE（聚合標準）、KAISER（聚合標準）、NOKAISER、DELTA（斜交度）、DEFAULT。

（三）一個最後的轉軸

要獲得一個最初的因素因解，在典型上是會被強加某些限制，這些限制是（1）有 K 個共同因素，（2）其基本的因素彼此是正交的，與（3）第一個因素盡可能地提供更多變異數的解釋，第二個因素提供第一個因素無法解釋所留下的殘餘變異數。第三個因素提供前面二個因素無法解釋所留下的殘餘變異數，等等。第一個限制實際上在一個假定的因素分析中仍然是普遍存在的，雖然它可以部分地依最初的因素因解的某些方法來檢定是否足夠正當性，與可以在其次的因素分析中作修正。第二個限制與第三個限制被認為是武斷的，這兩個限制其中會有一個或兩個都在轉軸階段被解除以便獲得較小的與更容易解決的結果。

依我們的經驗提醒讀者，不是使用轉軸就可改善資料與因素結構之間的適配度。任何轉軸的因素因解究竟可以解釋資料中多少的共變量，如以最初的因素因解被嘗試透過轉軸的過程是一種可能的「簡化」，對於這樣簡化的方法現存有不同的標準（criteria），此導致產生不同的轉軸方法（這些轉軸方法可參考前述第二章）。這些不同的「簡單結構」（simple structure），可依我們研究的資料情況來考慮，選擇輸入 SPSS 的語法如「/ROTATION =」副指令，隨後可依我們的需求，選擇輸入如「VARIMAX」、「EQUAMAX」、「QUARTIMAX」、「OBLIMIN」、「NOROTATE」。

對於轉軸因素因解法的選擇，我們不必過分關切。如果變項基本結構的辨識在理論上具有次面向的意義才是研究者所基本關切的，那在探索性因素分析中亦是常例，幾乎任何可靠的轉軸方法將可執行這樣的工作。各因素是否相關的問題在探索性因素分析的階段是不會產生多大差異。不過，對於正交與斜交轉軸因素因解法之間的區別與應用，我們建議讀者要對因素結構有一個較充分的理解才是最重要的。所以，對初學者而言，就如我們在前兩章所建議的，可選取普遍被使用的轉軸方法之一，諸如，如果是正交的可選取最大變異法（varimax），如果是斜交的可選取直接的斜交（direct oblimin）。如讀者想要更深入研究，與想要更熟悉因素分析的種種結果，就可依據我們前面已提出的因素分析的轉軸方法，輸入 SPSS 的語法進行操作與實驗。

二、因素量尺的建構與未來分析的使用

除了心理學與教育學之外，因素分析的使用其背後的主要動機並不在於一組變項之中其因素結構的探索，而是在於達成其研究資料的減縮與獲得因素量尺以便其所獲得因素量尺可以在一個不同的研究中作為其研究的變項。大部分因素分析的電腦程式通常都可產生係數或負荷量，以此負荷量去關聯各觀察變項以呈現其基本的因素，而可以給予研究者提供這樣的因素量尺。所以，要從因素分析中產生因素量

尺並不是困難的事，但是對於研究者而言，必須提醒的是量尺的製作，不論我們選擇使用甚麼樣的方法，其所獲得的基本因素是會不一樣的。不僅是假設的因素與其對應的量尺之間是可能小於 1，而且量尺之間的關係亦可能是不相同的。在此我們所要強調的是我們不應該忘記因素量尺，其基本因素是有誤差傾向指數的事實。

更多有關建構因素量尺的各種不同方法將會在其後的章節中再進行詳細的探討。在此我們只提到由於使用不同方法所建構基本因素的各個因素量尺通常彼此有很高的相關，反之對照於一個假定的量尺與基本假定的因素並沒有很高的相關之事實。這一事實不僅可以消除研究者他們必須選擇建構因素量尺的許多選項之一的疑慮，而且亦可消除研究者不必選擇建構因素量尺而信賴所使用的程式之疑慮。

第二節　一個政治態度範例的說明，資料的應用與基本分析

如果我們想要測量若干變項，或想要問某些人有關他們對政治問題的看法時，在其測量或問卷中每一個變項配對（或問題配對）之間的相關可以被排列（arrange 安排）於被稱為一個 R 的矩陣之中，一個 R 的矩陣正是一個各變項之間相關係數的表。一個 R 矩陣對角線的各元素（element 成分）都是 1 因為每一個變項將與本身是完全的相關，而非對角線的元素是各變項配對之間，或各問題之間的相關係數。各變項次組合（subsets 子集）之間大的相關係數之各類聚（clusters）的存在提示（suggests）這些變項正可以測量（或量數）相同的基本維度（same underlying dimension 向度）的各面向（aspects）。這些基本的維度、或向度、或面向（underlying dimension）被稱為因素（或潛在的變項）。由於它從各相關變項的一個組合中的一個資料組合簡化成一個不相關因素的一個較小組合，因素分析使用最少解釋概念的數目（using the smallest number explanatory concepts）以解釋一個相關矩陣中共同變異數（common variance）的最大量以達到簡效（parsimony 簡約）的境界。

在社會科學中有很多使用因素分析的範例，在心理學中特性的（trait 個性）理論家不停地使用因素分析去測量人格特質（personality traits）。大部分的讀者將會熟悉由 Eysenck（1953）所測量的外向－向外（extraversion-introversion）與神經質的特性（neuroticism traits）。其他大部分人格的問卷都是以因素的分析為基礎（值得注意的是 Catiell's, 1966a, 16 personality factor questionnaire），而這些列入詳細

的研究目錄（inventories）經常被工業方面招募人才時所使用，甚至由某些宗教團體所使用。無論如何，雖然因素分析可能是由於心理學家所使用而著名。然而，它的使用決不受限制於去測量人格的維度（dimension 面向；向度），例如，經濟學家就可以使用因素分析去探究生產力（productivity）、利潤（profits）、與勞力（workforce）是否可以被減化成公司營運成長的基本向度（underlying dimension 基本面向）。

讓我們把這些理念中的某些理念放入實際應用中去測量我們想像中想要研究的問題，可以使人民政治意見的不同面向（different aspects），實施種種的測量，這樣的測量相信可輕輕敲開人民政治態度的不同面向（aspects）。如此，我們可以設計有六個變項的問卷。然後我們可以計算各變項每一個配對的相關係數而建立一個 R 矩陣。表 5-1 顯示這樣的矩陣。在此矩陣中很清楚的有二個交互相關的變項之類聚（clusters）由此可知，這些變項可以進行測量某共同基本的維數（some common underlying dimension），在 X_1, X_2 與 X_3 之間形成很高的相關並類聚為一個因素 1，而 X_4, X_5 與 X_6 之間形成很高的相關並類聚為一個因素 2。在因素分析中我們致力於去把這種 R 矩陣簡化為成分的向度或面向（component dimensions），並注意到有那些變項似乎以一種有意義的方式類聚在一起。在本範例中，顯然有二個類聚適合於這樣的條件，第一個因素似乎是和人民對經濟政策的意見相關，而第二個因素似乎是與人民權利的訴求有關。

如何把上述的理念付諸實現，有待以下的說明。

一、資料的應用

首先我們將把因素分析應用到一個資料組合來說明其基本結構是已知的，而且其觀察資料是沒有抽樣與測量誤差。

假定有下列六個變項的組合：

X_1 = 政府是否應該支出更多經費去支持學校的教育

X_2 = 政府是否應該支出更多經費去減低失業率

X_3 = 政府是否應該控制大企業的壟斷

X_4 = 政府是否應該加速消除種族的隔離，透過公車的政策

X_5 = 政府是否體察到少數人可獲得個別的工作配額

X_6 = 政府是否應該支持學前的啟蒙教育計劃

以上的六個變項的組合依據前述第三章問卷調查的方式，獲得受訪者 1000 人

的問卷資料，輸入電腦獲得下列相關矩陣的資料如表 5-1。

表 5-1 政治意見變項的相關矩陣

	X_1	X_2	X_3	X_4	X_5	X_6
X_1	1.000	.560	.480	.224	.192	.160
X_2	.560	1.000	.420	.196	.168	.140
X_3	.480	.420	1.000	.168	.144	.120
X_4	.224	.196	.168	1.000	.420	.350
X_5	.192	.168	.144	.420	1.000	.300
X_6	.160	.140	.120	.350	.300	1.000

因素（不可和在因子變異數分中的自變項混淆不清）是統計的單元（statistical entities），各單元被想像為各測量的變項沿著軸散佈，可以以點來標示的分類軸（classification axes）。以一般的英文而言，這樣的陳述意指如果你把各因素想像為一個曲線（graph）的軸，那樣我們可以沿著這些軸標示著各變項，沿著每一個軸上各變項的座標點（coordinates）代表變項與每一個因素之間的相關。圖 5-1 顯示政治意見資料的一個標示圖（plot）（其中只有二個因素）。要注意的是對這兩個因素而言，軸線範圍從 −1 到 1，此是這一個相關係數的外部限制（the outer limits）。所以，一個假定變項的位置端視它與二個因素的相關而定。各點（dots）代表與因素 1（經濟政策的意見：垂直軸）有很高相關的三個變項（X_1, X_2 與 X_3），但是和因素 2（人民權利的訴求：水平軸）有一種低的相關。相反的，因素 2 與另三個變項（X_4, X_5, 與 X_6）有很高相關。換言之，三個變項（X_1, X_2 與 X_3）呈現一個類聚，而形成因素 1 為人民對經濟政策意見的態度；而另三個變項（X_4, X_5, 與 X_6）呈現一個類聚，而形成因素 2 為人民對權利訴求的態度。這樣的分析圖（diagram）支持顯示於 R 矩陣的結構中。當然，如果出現一個第三軸，那就可建立一個 3D 的曲線圖。總之，如果有三個以上的因素存在於一個資料組合中，那麼它們就無法完全地由一個兩個向度或兩個面向的分析圖示來呈現。

如果在曲線圖上的每一個軸代表一個因素，那麼進行去形成一個因素的各變項就可以依據它們與一個假定因素有關的程度來標示。一個變項的座標點（coordinates），表示（代表）它與各因素的關係，在一個理想的世界中應該有一個大座標（have a large co-ordinates）在各軸的其中之一上，與有低座標提供任何其他的各因素，這樣的說明指示這種個別的變項僅和一個因素相關。有大的各座標點

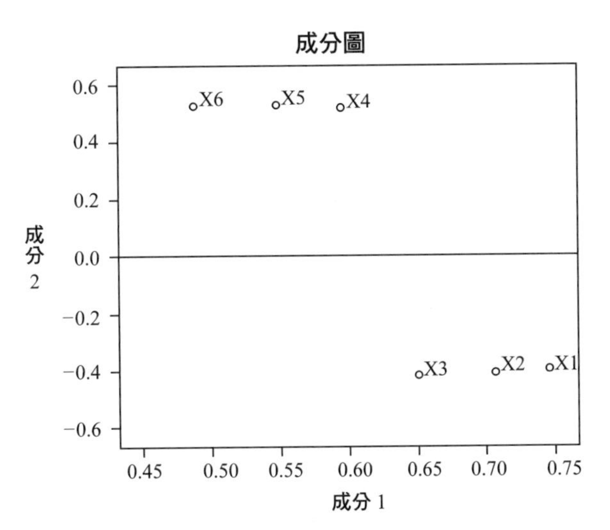

圖 5-1　一個因素其散佈點標示的範例

在相同軸上的各變項被假定是在於去測量某共同基本維度（dimension）的不同面向，沿著一分類軸的一個變項的座標點（coordinate）被稱為一個因素的負荷量。一個因素負荷量就是一個因素與一個變項之間的皮爾森相關係數。我們從有關解釋相關係數中獲知，應該可以理解，假如我們把因素負荷量平方，我們就可獲得一個特別變項（個別變項）對一個因素其實際重要性的一種量數（測量）。

要製作一個因素其散佈點的座標標示圖，需要使用 SPSS 語法指令來操作其方式如下：（本語法指令儲存在本書 SPSS 的 CH5-1 檔案中）

```
MATRIX DATA VARIABLES = X1 X2 X3 X4 X5 X6
        /CONTENTS = N CORR
        /FORMAT = UPPER NODIAGONAL.
BEGIN DATA
1000  1000  1000  1000  1000  1000
 .560  .480  .224  .192  .160
 .420  .196  .168  .140
 .168  .144  .120
 .420  .350
 .300
END DATA.
subtitle '因素分析'.
```

```
FACTOR
    /MATRIX = IN (CORR = *)
    /ANALYSIS = X1 to X6
    /ROTATION = NOROTATE
    /PLOT = EIGEN ROTATION (1 2)
    /PRINT.
```

二、因素以數學形式的呈現

在圖 5-1 中所繪製的各軸是直線的，如此，可以在數學上由一個直線方程式來描述。所以，各因素亦可以依這種方程式的方式來描述。方程式（5-1）提示我們該方程式在描述一個線性模型，然後把這個方程式應用到描述一個因素的細節內容（scenario），我們將注意到在方程式中沒有截距，該理由是各線（the lines）交叉在 0 點（由此截距亦是 0），在方程式中的各個 β 就表示因素的負荷量

$$Y = \beta_1X_1 + \beta_2X_2 + ... + \beta_nX_n \qquad (5\text{-}1)$$

$$\text{因素 } 1 = \beta_1 \text{ 變項 } 1 + \beta_2 \text{ 變項 } 2 + ... + \beta_n \text{ 變項 } n$$

在本範例中，我們發現有二個因素隱含（underlying）這樣的構念（construct）：經濟政策的意見，我們可以建構一個方程式，以這個方程式依已被測量的各變項條件，以方程式來描述每一個因素。該方程式被顯示在方程式（5-2）中

$$Y = \beta_1X_1 + \beta_2X_2 + ... + \beta_nX_n$$

$$Y\text{（經濟政策的意見）} = \beta_1X_1 + \beta_2X_2 + \beta_3X_3 + \beta_4X_4 + \beta_5X_5 + \beta_6X_6$$

$$Y\text{（人民權利的訴求）} = \beta_1X_1 + \beta_2X_2 + \beta_3X_3 + \beta_4X_4 + \beta_5X_5 + \beta_6X_6 \qquad (5\text{-}2)$$

第一、注意這二個方程式形式上是相同的：它們兩者都包括被測量的所有變項。但是，在這兩個方程式中 β 的各值將會是不同的（端視每一個變項對個別因素的相對重要性而定）。事實上，我們可以在圖 5-1 中曲線圖上變項的座標點（the coordinate）來替代 β 的每一個值（即是以因素負荷量替代 β 的各值）結果的方程式被顯示於方程式（5-3）。

$$Y = \beta_1 X_1 + \beta_2 X_2 + ... + \beta_n X_n$$

$$Y（經濟政策的意見）= .831X_1 + .808X_2 + .770X_3 + .149X_4 + .105X_5 + .060X_6$$

$$Y（人民權利的訴求）= .149X_1 + .113X_2 + .072X_3 + .775X_4 + .775X_5 + .715X_6 \quad (5\text{-}3)$$

注意，對經濟政策意見的因素而言，前面三變項的各值是高的，而對剩餘的變項其 β 的各值是非常低。這個告訴我們前面三個變項對該因素是非常重要的（其變項具有 β 的高值），而後面三個變項的值是非常不重要的（因為這三個變項具有低的 β 值）。我們看到前面三個變項形成一個類聚在因素 1 的標示圖上。對人民權利的訴求的第二因素而言，以對立的模式可以被理解，其後面都有很高的 β 值而前面的三個變項有幾乎接近 0 的 β 值。

這些因素負荷量可以被置於一個矩陣之中，其中各縱行（columns）代表每一個因素而各橫列（rows）代表各變項在每一個因素的負荷量。對人民政治意見的資料而言這樣的矩陣有二個縱行（two columns）（每一個因素一行），而有六個橫列（rows）（為代表每一個變項）。這樣的矩陣，通常指示 A，可以被理解如下。要去理解矩陣意指的意義，係嘗試去把各元素（the element）與方程式（5-3）中負荷量發生相關，例如，上述的列代表第一個變項，此有 .831 的一個負荷量以提供第一個因素（經濟政策的意見），而有 .149 一個負荷量提供第二因素（人民權利的訴求）。這樣的矩陣被稱為因素組型矩陣或因素樣式矩陣（factor pattern matrix）或成分組型矩陣（component pattern matrix）。和在本範例 SPSS 輸出結果表 5-8 中已轉軸成分矩陣（Rotated Component Matrix）一樣。

$$A = \begin{bmatrix} .8310 & .1490 \\ .8080 & .1130 \\ .7700 & .0720 \\ .0600 & .7750 \\ .1050 & .7550 \\ .0600 & .7150 \end{bmatrix}$$

在因素分析中主要的假設是這些代數（algebraic）因素代表真實世界的向度（real world dimensions，面向），我們必須臆測那一個變項的屬性（nature 本質）以檢視那一變項在相同的因素上有高的負荷量。如此，心理學家相信各因素可代表（表示）心理分析（psyche）的各向度（dimensions），教育研究者相信它們可表示（代表）種種能力（abilities），而社會學家相信它們可以表示種族（races），或社會階級。無論如何，它是一個極端足以引起爭論的問題，這種假設是否有理論的支持（tenable），有些人相信從因素分析獲得的向度（dimensions）是否具有真正統計的意義，是否真實世界的杜撰、虛構或想像，是令人質疑的。

三、因素的分數

一個因素可以依被測量的各變項其條件狀況來描述，而各變項對因素的相對重要性則可由 B 值的大小來描述。由此，若已發現了那一個因素的存在，與若已發現了描述它們的方程式之後，要去計算本範例中人民或受訪者對一個因素的得分有多少應該是可能的，我們可基於它們對組成（constituent 成分）變項的得分上來計算。例如，如果我們想要去獲得某一個因素的分數，我們就可以把它們在種種測量上的分數放入方程式（5-3）中，這種方法被稱為一個加權的平均數（a weighted average）。事實上，這種方法是過於（only）簡化（simplistic），而很少被使用，但是要去解釋該原則，它可能是最普及的方法。例如，想像六個尺度（six scales 量尺）含蓋所有範圍都從 1 到 10，假定其受訪者的得分如下：$X_1(4)$，$X_2(9)$，$X_3(8)$，$X_4(6)$，$X_5(8)$，and $X_6(6)$。我們就可以把這些值代入方程式（5-3）去獲得受訪者對個別項目的得分（參考方程式 5-4），個別得分 18.8500 與 17.1690 反映這個受訪者對經濟政策的意見與人民權利的訴求的程度。無論如何，被使用的測量的尺度（scales）將影響結果的分數。與如果不同的變項使用不同的尺度，那麼對不同因素的因素得分就無法作比較。像這樣，這樣計算因素得分的方法是不良的，因而會有更多人為設計的方法可以被使用。

$$\begin{aligned}
&Y\text{（經濟政策的意見）} = .831X_1 + .808X_2 + .770X_3 + .149X_4 + .105X_5 + .060X_6 \\
&Y\text{（人民權利的訴求）} = .149X_1 + .113X_2 + .072X_3 + .775X_4 + .775X_5 + .715X_6 \\
&Y\text{（經濟政策的意見）} = (.831\times4) + (.808\times9) + (.770\times8) + (.149\times6) + (.105\times8) \\
&\qquad + (.060\times6) \\
&\qquad = 18.8500 \\
&Y\text{（人民權利的訴求）} = (.149\times4) + (.113\times9) + (.072\times8) + (.775\times6) + (.755\times8) \\
&\qquad + (.715\times6) \\
&\qquad = 17.1690 \qquad (5\text{-}4)
\end{aligned}$$

四、迴歸的方法

有若干計算因素分析的人為所設計的技術（sophisticated techniques），使用因素分數係數作為方程式（5-1）中考量的砝碼（weights 加權）而不使用因素負荷量，方程式的形式仍然是一樣的，只是在方程式的各個 B 是以這些因素分數的係數來替代。因素分數的係數可以以若干方式來計算。最簡單的方式是迴歸方法。以這種方法因素負荷量可被使用於去調適考量各變項之間最初的相關（initial correlation）；如此在進行迴歸分析中，其測量單位的差異與變項的變異數會是穩定的（are stabilized）。

要去獲得因素分析的係數（B）的矩陣我們可以由最初的相關或 R 矩陣的反矩陣（inverse）（R^{-1}）乘因素負荷量的矩陣。我們知道矩陣無法被除，所以我們若想要用一個矩陣來除，它是無法直接地被執行，反之我們可由它的反矩陣（its inverse）來乘之。由此，由相關係數的反矩陣來乘因素負荷量矩陣，由相關係數來除因素負荷量。由此，獲得結果的因素分數矩陣，就可呈現每一個變項與每一個因素之間的關係，而每一個因素要考慮到各變項配對之間的最初關係。這樣的矩陣可使各變項與各因素之間的唯一性或關係（unique relationship）呈現出更單純的測量（a purer measure）。

人民政治意見的矩陣資料被顯示如下。因素分析係數 B 的結果矩陣，從 SPSS 獲得，R^{-1} 與 A 矩陣可以用手計算去乘以獲得矩陣 B 與這些熟悉的矩陣代數（參考 Namboodiri，1984，or Stevens，1992）可以去證實該結果。要去獲得相同精確計算的值，如使用 SPSS 的計算操作，我們應該至少要計算到小數點五位數，使用 SPSS 的語法計算操作所獲得的結果在 SPSS 輸出結果表 5-12 中的成分分數係數矩陣（component score coefficient matrix）是一樣的。以下的計算，我們使用 MATLAB 程式的套裝軟體來操作：

```
R = [1.000 .560 .480 .224 .192 .160; .560 1.000 .420 .196 .168 .140; .480 .420 1.000 .168 .144 .120; .224 .196 .168 1.000 .420 .350; .192 .168 .144 .420 1.000 .300; .160 .140 .120 .350 .300 1.000]

R =

    1.0000     .5600     .4800     .2240     .1920     .1600
     .5600    1.0000     .4200     .1960     .1680     .1400
     .4800     .4200    1.0000     .1680     .1440     .1200
```

```
        .2240    .1960    .1680   1.0000    .4200     .3500
        .1920    .1680    .1440    .4200   1.0000     .3000
        .1600    .1400    .1200    .3500    .3000    1.0000
>>A = [.831 .149; .808 .113; .770 .072; .149 .775; .105 .755; .060 .715]
A =
        .8310    .1490
        .8080    .1130
        .7700    .0720
        .1490    .7750
        .1050    .7550
        .0600    .7150
>>inv(R)
ans =
       1.6598    -.6905    -.4716    -.1079    -.0737    -.0524
       -.6905    1.5343    -.2913    -.0667    -.0455    -.0324
       -.4716    -.2913    1.3635    -.0455    -.0311    -.0221
       -.1079    -.0667    -.0455    1.3321    -.4294    -.3054
       -.0737    -.0455    -.0311    -.4294    1.2692    -.2086
       -.0524    -.0324    -.0221    -.3054    -.2086    1.1850
>>inv(R)*(A)
ans =
        .4312    -.0414
        .4249    -.0597
        .4112    -.0796
       -.0435     .4630
       -.0652     .4580
       -.0830     .4401
```

負荷量的組型（樣式 pattern）是和因素得分係數一樣，即是第一個三個變項對第一個因素有很高的負荷量，而對第二個因素有低的負荷量，雖然該組型（樣式）對最後三個變項的反矩陣。這樣的差異是僅在加權（weightings）的真正值

（true value），此值會是較小的，因為現在考量到變項之間的相關。這些因素分數的係數可以被使用去替代方程式（5-4）中的各個 β 值。

Y（經濟政策的意見）$= .4312X_1 + .4249X_2 + .4112X_3 - .435X_4 - .0652X_5 - .0830X_6$

Y（人民權利的訴求）$= -.0414X_1 - .0597X_2 - .0796X_3 + .4630X_4 + .4580X_5 + .4401X_6$

Y（經濟政策的意見）$= .4312\times4 + .4249\times9 + .4112\times8 - .0435\times6 - .0652\times8 - .0830\times6$

$= 7.5579$

Y（人民權利的訴求）$= -.0414\times4 - .0597\times9 - .0796\times8 + .4630\times6 + .4580\times8 + .4401\times6$

$= 7.7429$ （5-5）

方程式（5-5）顯示這些係數的得分如何被使用去產生提供每一個受訪者的二個因素的得分。在這個案例中，受訪者對於每一個變項有相同的得分就如在方程式（5-4）中被使用的。這樣結果的得分是更相似於當因素的負荷量被使用為加權（weights）時，因為六個變項之間的變異數現在已被控制，所以各個值是非常相似的，事實反映這樣的個人不僅在各變項對人民權利的訴求有較高得分的事實，而且亦是不值得考慮的事實（即是，它在兩個因素上得分同樣地是很高的）。對於產生因素得分的技術在於保證獲得結果的得分有 0 的平均數與變異數等於已估計因素得分與真正因素值之間的平方多元的相關。無論如何，迴歸方法的操作計算之下（the downside of）其得分不僅是各因素它們所基於的因素其相關的程度不同（other than）而有差異，而且亦可以來自一個不同的正交（直交）因素的得分而有差異。

五、其他的方法

要去克服與迴歸技術關聯的種種問題，二個調整的方法（adjustments）已被提出，如 Bartlett 的方法與 Anderson-Rubin 的方法。SPSS 可以基於這兩種之任何一個方法獲得因素的得分。以 Bartlett 方法產生的得分，是不偏的估計值的（unbiased），而僅與它的自己的因素相關。其得分的平均數與標準差是和以迴歸方法所獲得的得分是相同的。但是，各因素的得分仍然可彼此相關。最後的方法是 the Anderson-Rubin method，此方法是 Bartlett method 的一種修改形式（a modification），以此一方法所獲得的因素得分是不相關的，與標準化的分數（它們有 0 的一個平均數，一個 1 的標準差），Tabachnick and Fidell（1996）推論（conclude）當不相關的得分被要求而且迴歸方法在其他種種條件狀況中被喜愛時 the Anderson-Rubin method 是最好的方法，只因為它是最容易被理解的，雖然我們理解在任何方法之後所隱含的數學精確性並不是重要的，但我們要理解呈現甚麼樣因素的得分才是重要的，即是，在一個個別的因素上對每個個體所獲得的一個合成的分數（a composite score）才是重要的。

六、因素分數（得分）的使用

有若干因素分數（得分）的使用，第一種的使用，如果因素分析的目的是在於把一個大的資料組合簡化成測量變項的一個較小次組合（subset），那麼因素分析可以告訴我們一個個體在測量這個次組合（subset 子集）上的得分。由此，任何更進一步的分析可以依因素的分數來實施而不是依原始的資料。例如，我們可以實施一個 t 檢定（t-test），使用經濟政策意見的因素得分去看看女性是否顯著地比男性更支持或更關切。第二種的使用是在於克服迴歸中的共線問題（collinearity）。如果遵循一種多元迴歸的分析，我們就已辨識或已確認多元共線的來源（sources of multicollinearity），那麼該分析的解釋就會被質疑。在這種情形之下，我們只可以實施一個因素分析於預測的各變項上（on the predictor variables）去把他們簡化到成為不相關因素的一個次組合。而產生多元共線的各變項將結合形成一個因素。然後如果我們回轉到迴歸而使用各因素的分數（得分）作為預測的變項（predictor），那麼多元共線的問題應該會消失，因為現在各變項已被結合成一個單一的因素。有若干的方法可以使用，其中我們可以保證各因素是不相關的（一個方法是去使用 the Anderson-Rubin method，如參考上述所提到的）。在使用不相關的因素分數作為迴歸中的預測變項（predictor）時，我們可以相信（確信）預測變項之間將是不相關的；由此，就沒有多元共線的問題！

七、基本的分析

從以上就資料的應用，因素以數學形式的呈現，因素分數、迴歸方法、其他方法，與因素分數的使用等標題中，對人民政治態度的範例進行因素分析，其中從資料到相關矩陣的建構，如何把本範例所形成兩個因素，以因素座標來標示，並以 SPSS 語法操作來製作因素散佈點座標圖。

從因素以數學形式的呈現中，我們知道因素可以在數學上由一個直線方程式來

描述。以多元迴歸方程式

$$Y（經濟政策的意見）= \beta_1X_1 + \beta_2X_2 + \beta_3X_3 + \beta_4X_4 + \beta_5X_5 + \beta_6X_6$$
$$Y（人民權利的訴求）= \beta_1X_1 + \beta_2X_2 + \beta_3X_3 + \beta_4X_4 + \beta_5X_5 + \beta_6X_6$$

來呈現其中以 Y 為因素，求得 B 值，並獲得各因素的一個直線方程式。

在因素分數中，假定受訪者的得分，然後代入上述各因素的方程式中，以求得各因素的分數，並獲得受訪者對各別變項的得分。接著我們可以以相關矩陣的反矩陣（R^{-1}）與 A 矩陣相乘，以獲得 B 矩陣，其計算過程我們若使用簡單的計算機來計算，加、減、乘，由於我們的能力有限，因而使用 MATLAB 軟體程式來計算以獲得 B 矩陣。這個矩陣的各元素或成分與我們從 SPSS 語法操作所獲輸出結果表 5-12 中的成分是一樣的。此時，即可將各 B 值代入各因素的方程式中並依受訪者的得分代入方程式以獲得受訪者對各別變項的得分。

由上述可知，對本範例人民政治態度的研究進行探索性因素分析，其目標是在於建立因素分析的方程式，若以更學術性的名詞言之，就是在於建立探索性因素分析的模型，以便去建立分析人民政治態度的因素模型。若依上述迴歸方程式或模型的建構，其目的是在於使其方程式或模型能夠對我們所要研究的問題與資料作科學的解釋與預測。

一個分析的方程式或模型是否可作科學的解釋與預測，有很多的假設與檢定（或考驗）。因而對本範例人民政治態度的研究進行探索性因素分析，其分析的模型的建構也需要有很多的假設與檢定（或考驗）。以下就進行資料的審查、假設的檢定、與抽取樣本是否足夠適當性的檢定。

本範例的資料與前述第三章一樣使用相關矩陣，所以必須使用 SPSS 的語法指令來操作，其語法指令的學習可參考（SPSS 12, Command Syntax Reference, pp546-563）。（本語法指令儲存在本書 SPSS 的 CH5-1 檔案中）

```
MATRIX DATA VARIABLES = X1 X2 X3 X4 X5 X6
    /CONTENTS = N CORR
    /FORMAT = UPPER NODIAGONAL.
BEGIN DATA
```

```
1000  1000  1000  1000  1000  1000
.560  .480  .224  .192  .160
.420  .196  .168  .140
.168  .144  .120
.420  .350
.300
END DATA.
subtitle '因素分析'.
FACTOR
    /MATRIX = IN (CORR = *)
    /ANALYSIS = X1 to X6
    /PRINT = ALL
    /ROTATION = NOROTATE
    /PLOT = EIGEN ROTATION(1 2).
```

依上述的指令，會呈現 SPSS 輸出結果從表 5-2 至表 5-8。

首先 SPSS 輸出結果表 5-2 中，其主要關切的部分是資料的審查、假設的檢定、與抽取樣本是否足夠適當性的檢定。我們會發現一個相關矩陣，由此相關矩陣的下半表可以檢定其變項的相關是否顯著性。然後，查證行列式值（在相關矩陣的底部）。其值是 .325，是大於 .00001。由此可推論，就我們所研究人民政治態度的資料而言，可確信不會有多元共線的問題。

表 5-2 SPSS 輸出結果

相關矩陣（a）

		X1	X2	X3	X4	X5	X6
相關	X1	1.000	.560	.480	.224	.192	.160
	X2	.560	1.000	.420	.196	.168	.140
	X3	.480	.420	1.000	.168	.144	.120
	X4	.224	.196	.168	1.000	.420	.350
	X5	.192	.168	.144	.420	1.000	.300
	X6	.160	.140	.120	.350	.300	1.000

		X1	X2	X3	X4	X5	X6
顯著性（單尾）	X1		.000	.000	.000	.000	.000
	X2	.000		.000	.000	.000	.000
	X3	.000	.000		.000	.000	.000
	X4	.000	.000	.000		.000	.000
	X5	.000	.000	.000	.000		.000
	X6	.000	.000	.000	.000	.000	

a. 行列式 = .325

接著 SPSS 輸出結果表 5-3 顯示相關矩陣的反矩陣（R^{-1}），此種相關矩陣的反矩陣最主要被使用在因素分數的計算上，因而在此暫不討論。

表 5-3 SPSS 輸出結果

相關矩陣轉換

	X1	X2	X3	X4	X5	X6
X1	1.660	−.691	−.472	−.108	−.074	−.052
X2	−.691	1.534	−.291	−.067	−.046	−.032
X3	−.472	−.291	1.364	−.046	−.031	−.022
X4	−.108	−.067	−.046	1.332	−.429	−.305
X5	−.074	−.046	−.031	−.429	1.269	−.209
X6	−.052	−.032	−.022	−.305	−.209	1.185

接著 SPSS 輸出結果表 5-4 顯示若干非常重要部分：the Kaiser-Meyer-Olkin 的抽樣足夠適當性，Bartlett’s test of sphericity，與反映像相關與共變數矩陣。KMO 是 the Kaiser-Meyer-Olkin 的抽樣足夠適當性，當 KMO 值愈大時，即指示變項之間的共同因素愈多，就愈適合進行因素分析。反之，當 KMO 值愈小時，即指示不適合進行因素分析。依前述第四章已提到若 KMO 值小於 .5 時，即不適合進行因素分析。本範例 KMO 值是 .718，表示適合進行因素分析。

接著 Bartlett’s test of sphericity（球體檢定）χ^2（卡方值）為 1118.968（自由度為 15）達到顯著性，表示母群體的相關矩陣間的確有共同因素存在，因而可推論就我們所研究人民政治態度的資料而言，是適合進行因素分析。

反映像相關與共變數矩陣提出相同的資訊，在反映像相關矩陣對角線上的各值或各元素是各變項抽樣足夠適當性的測量，非對角線上的各值或各元素是反映像相關（是負的淨相關），此指示本範例的樣本數是抽樣足夠的適當性。

表 5-4 **SPSS 輸出結果**

KMO 與 Bartlett 檢定

Kaiser-Meyer-Olkin 取樣適切性量數		.718
Bartlett 球形檢定	近似卡方分配	1118.968
	自由度	15
	顯著性	.000

表 5-5 **SPSS 輸出結果**

反映像矩陣

		X1	X2	X3	X4	X5	X6
反映像共變數	X1	.602	−.271	−.208	−.049	−.035	−.027
	X2	−.271	.652	−.139	−.033	−.023	−.018
	X3	−.208	−.139	.733	−.025	−.018	−.014
	X4	−.049	−.033	−.025	.751	−.254	−.193
	X5	−.035	−.023	−.018	−.254	.788	−.139
	X6	−.027	−.018	−.014	−.193	−.139	.844
反映像相關	X1	.690(a)	−.433	−.314	−.073	−.051	−.037
	X2	−.433	.713(a)	−.201	−.047	−.033	−.024
	X3	−.314	−.201	.769(a)	−.034	−.024	−.017
	X4	−.073	−.047	−.034	.702(a)	−.330	−.243
	X5	−.051	−.033	−.024	−.330	.712(a)	−.170
	X6	−.037	−.024	−.017	−.243	−.170	.751(a)

a. 取樣適切性量數（MSA）

第三節　因素的發現與萃取

現在，我們應該已領會到一個因素是甚麼的概念，它是如何以圖解方式來表示，它在代數上（algebraically）是如何被呈現，與我們如何計算其合成的分數以呈現在一個單一的因素上一個個體的「表現」（a individual's performance）。我們已深思熟慮地考量到受限制於一個概念層次的討論，而沒有深入探求我們如何真正地發現被稱為因素這個東西究竟是這麼樣的怪獸（these mythical beasts）。

經過上述資料的審查、假設的檢定、與抽取樣本是否足夠適當性的檢定。我們可以確信本範例就我們所研究人民政治態度的資料而言，是適合進行因素分析，並確信不會有多元共線的問題。因而，本範例就我們所研究人民政治態度的資料而言，我們可以繼續去領會到一個因素是甚麼的概念，它是如何以甚麼樣的方法去發現與萃取因素。

本節將注意到我們如何發現各因素。尤其是我們將檢測方法的不同類型，注意一個方法（principal components 主成分）之後所隱含的各種數學上的精確度問題，去研究決定各因素是否有重要的效標（the criteria）與發現如何去改進一個假定的因解方法（solution）。

一、共同性

在持續探討之前，我們要理解有關在一個 R 矩陣之內變異數的某些基本概念是重要的，對任何假定的測量（或變項）計算其得分（變異數）的變異量（variability）是可能的。現在開始我們應該熟悉變異數的概念，並且熟練於它如何被計算。一個個別變項（particular variable）的整個變異數（total variance）將有二個成分（元素）：它在某方面將是和其他變項共同持有的或數量的，是共同的變異數（common variance），它的某方面其測量是特殊的（specific），是唯一性變異數（unique variance）的測量。我們傾向於去使用「唯一性變異數」一詞去涉及變異數，這樣的變異數可以被可信地歸屬於唯一的一個測量（only one measure）。無論如何，亦有變異數，這樣的變異數對一個測量（one measure）是特殊的（specific）但並不如此可靠（but not reliably so），這樣的變異數被稱為誤差值或隨機變異數（error or random variance）。在一個變項中所呈現的變異數比例被稱為共同性（communality）。如沒有特殊變異數（specific variance）（或隨機變異數）的一個變項會有 1 的一個共同性，若一個變項和任何其他變項並沒有共持它的變異數時，其共同性會是 0。

在因素分析中我們是關切於發現在其資料之內具有共同的基本向度或面向（common underlying dimensions）。所以，我們基本上僅關切於共同變異數。由此，當我們進行一個因素分析時，基本上是在於我們認知在我們的資料中呈現多少變異數是共同變異數。這個以一種邏輯上的僵局呈現在我們面前（a logical impasse）。要去執行因素分析我們需要去認知在資料中所呈現共同變異數的比例，但是要去尋找共同變異數比例的程度之唯一方法是實施一個因素分析！有兩個研究這個問題的途徑。第一個是去假定所有的變異數（all of the variance）是共同變異數，如我們假定每一個變項的共同性（communality）是 1；由於做這樣的假設我們只要把我們的原始資料轉置（transpose）或組成成分或線性的元素（constituent linear component）（稱為主成分分析）。第二研究途徑是在於去估計共同變異數的量，由採取對每一個變項進行估計共同性的值（communality values）。有各種不同估計共同性（communalities）的方法，但是最多廣泛被使用的方法（包括 SPSS）是去使用每一個變項與所有其他變項多元相關的平方。如此，對人民政治態度的資料，我們若想進行一種多元迴歸分析，而想以 X_1 為一個依變項，而以其他五個變項為自變項，結果多元的 R^2 被使用為提供 X_1 變項之共同性的估計值（estimate）。第二研究途徑是在因素分析中要執行的是甚麼，這些估計值允許因素分析被執行。一旦基本的因素已被萃取，即新的共同性可以被計算，呈現每一個變項與被萃取的因素之間的多元相關。所以，共同性是由已被萃取的各因素所解釋變異數比例的一種測量。

二、因素分析與主成分分析

對於因素分析與主成分分析的問題，在前述第二章我們已很詳細地作了探究。在本節中依據研究主體，正如我們已解釋的，有二個研究途徑可以去尋出一個資料組合的基本向度（dimensions）。因素分析與主成分分析，這兩種技術依被使用於共同性估計值的不同而有所不同。簡言之，雖然，因素分析係從被估計的那些因素中獲得一個數學的模型（a mathematical model），而主成分分析只是把原始資料分解成線性變數（linear variates）的一個組合，（See Dunteman, 1989, Chapter 8 for more detail on the difference between the procedures）。諸如，因素分析僅可估計基本的因素，與它須依賴於這些估計值（estimates）是精確的假定之上，而主成分分析所關切的只是在於建立那些成分（元素）可存在於該資料之內與一個個別的變項如何有助於該成分（元素）上。依理論的條件狀況本節所致力於探討的是主成分的分析，而不在於因素的分析，其理由是由於主成分分析是精神測定學上（psychometrically）健全的程序（sound procedure），它在概念上不比因素分析複雜，與它具有很多類似於區別分析。

無論如何，我們應該考慮這兩種技術對於相同的問題是否可提供不同的因解法（solution），基於一個擴大著作評論的基礎上，Guadagnoli and Velicer（1988）推論從主成分分析中所產生的因解（solution）並沒有不同於獲自因素分析技術的因解。實際上，有某些條件狀況這樣的陳述是不正確的。Stevens（1992）摘述這樣的證明（evidence）與推論其研究變項有 30 個或 30 個以上的，與其所有變項的共同性大於 .7 的，會有不同因解（solutions）的發生是不可能的；無論如何，小於 20 個變項與任何變項其共同性低的（< .4），其發生因解答案的不同是可能發生

的。

這種論證（argument）的反面，由 Cliff（1987）雄辯地所描述，他觀察到因素分析的支持者（proponents）堅持認為主成分分析充其量只是一個共同因素分析加上某種誤差而已，而在最壞的情形之下是甚麼事都無法決定的一個未被承認的諸方法的一種混合（hodgepodge）（Cliff, p.349）。實際上在這個問題上對於某些論證上的感受是強烈的，當主成分分析被使用時它不應該被描述為一個因素分析，與我們不應該把實際的意義歸咎於產生結果的各成分。但是，對非統計學家而言一個主成分的概念與一個因素的概念是相同的，而差異多半是來自計算所產生的問題。

三、隱含在主成分分析之後的理論

主成分分析以一個非常相同於多變項變異數分析（MANOVA）與區別函數分析（discriminate function analysis）的運作方法。雖然要以任何詳細的方式去理解數學的原則（principles）不是必要的，讀者可以從這兩種技術之間的某些比較獲益。

在多變項變異數分析（multivariate analysis of variance, MANOVA）之中，其所謂離均差平方和與交叉乘積和矩陣（various sum of squares and cross-products matrices, SSCP）的被計算，這些包括有關依變項之間關係的資訊。這些的矩陣可以容易地被轉換（be converted）成變異數—共變數矩陣，此種矩陣可經由其計算與轉換呈現相同的資料，但是以平均的形式（but in averaged）呈現（即是，考慮各觀察值的數目）。換言之，由相關的標準差（the relevant standard deviation）除以每一個成分（元素 element）變異數—共變數矩陣就變成標準化，其結果是一個相關矩陣。在因素分析中我們通常是以相關矩陣來進行分析（雖然亦可以使用一個變異數—共變數矩陣來進行分析），而且要去注意的要點是這種矩陣頗佳地（pretty much）呈現相同的資訊就如在 MANOVA 中的一個 SSCP 矩陣所呈現的一樣，其差異正是相關矩陣是 SSCP 已被標準化的一個平均的特別形式（an averaged version）。

在 MANOVA 中，我習慣於若干 SSCP 矩陣，即呈現實驗變異量（experimental variation）的不同成分（模型變異量與殘差變異量），在主成分分析中，共變數（covariance）（或相關）矩陣無法以這種方法被細分（因為所有資料係來自相同受試者的分組），在 MANOVA 中，我們特別注意到 SSCP 矩陣的變異量或成分（components），即呈現模型變異數對誤差變異數的比例（比率 ratio）。這些變異量（variates）是線性的維數（linear dimensions），即被隔離檢測的各個分組，我們看到各依變項被繪製在這些基本的成分上。簡言之，我們注視各分組是否可以由各依變項的某種線性的組合所分隔，這些變數可由 SSCP 特徵值的計算來發現。被獲得變異量（variates 變數）的數目 P 是較小的（依變項的數目）或 K−1（其中 K 是分組數）較小。在主成分分析中我們執行相同的問題，即是我們取一個相關矩陣與計算各變異量（variates 變數）的問題。只是沒有各分組的觀察值，如此被計算的變異量（variates 變數）的數目將總是等於已被測量各變項的數目（p）。其各變異量（variates 變異數）的描述，就如 MANOVA 一樣，使各特徵值向量與相關矩陣相結合，使各特徵值向量的元素成為每一個變項在變異數上的負荷量，這些負荷量的值就是前面所描述的因素負荷量。每一個特徵值向量所結合或所關聯的最大特徵值可提供每一個變異量（或成分）實質上重要性的一個單一指標（indicator）。這樣的基本理念是我們可保留特徵值相當大的因素，而忽視那些特徵值比較小的因素。

摘要言之，主成分分析是一種相同於 MANOVA 的運作方法。我們開始以一個矩陣來表示各變項之間的關係。這種線性成分（亦被稱為變異量 variates 或因素），是經由特徵值的計算去形成矩陣。這些特徵值被使用去計算特徵值向量，提供一個個別變項對一個個別（particular）因素負荷量的各元素（element）。特徵值亦是一種特徵值向量實質重要性的一種測量，即與特徵值有關聯的（結合的）測量。

四、因素的萃取：特徵值與陡坡圖

不是所有因素可以被保留在一個分析中，使用於去決定一個因素是否是統計上的重要性之效標（criterion 標準）是有爭論的，上述已提到的和一個變異量（variate）關聯的各特徵值係在於指示該因素實質的重要性。所以，我們應該僅保留具有大特徵值的各因素似乎是邏輯上的合理性。然而我們如何去決定一個特徵值是否是夠大到足以去表示一個有意義的因素？由 Cattell（1966b）所提倡（advocated）的一種技術是以點來標示每一個特徵值（在 Y －軸）對照它關聯的因素（在 X 軸）之一個圖示。這個圖解（graph）被稱為一個陡坡圖（a scree plot）。我們在前面已提到若要去獲得多少變項就有多少因素是可能的，與每一個都有一個關聯的特徵值，由圖標示各特徵值，每一個因素的相對重要性就變得很明顯。在典型上除有若干因素具有相當高的特徵值，而許多因素具有相對低的特徵值，如此這樣的曲線圖有一非常特色（characteristic）數字所形成：在曲線上有一個陡峭下降的線，隨之由一個尾隨的切點（a tailing off）呈現（參考圖 5-2），Cattell（1966b）認為選擇因素的切點（cut-off）應該是在這個曲線上發生變化的點，以一個超過 200 個受試者的樣本，陡坡圖對因素的選擇提供一個相當可靠信度的效標（Stevens, 1992）

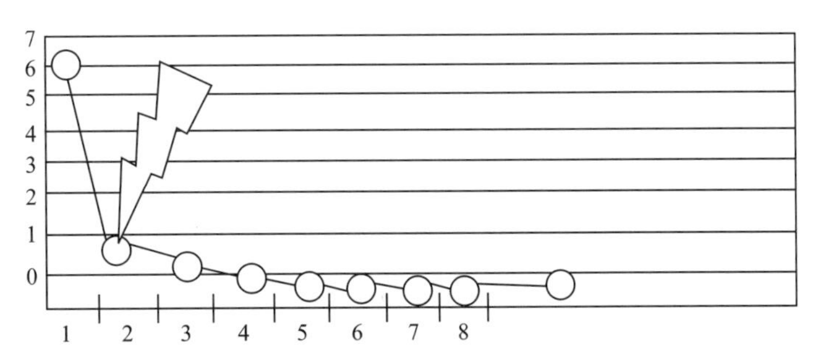

圖 5-2　基本因素的陡坡圖的資料所呈現之範例，反映點是由顯著點來指示

雖然陡坡圖是非常有用的，然而對於因素數目的選擇不應只是基於這樣的效標上。所以，Kaiser（1960）推薦保留具有特徵值大於 1 的所有因素。這樣的效標是基於各特徵值呈現由一個因素所解釋的變異量上（the amount of variation）之理念與一個特徵值 1 表示一個實際變異量的理念上。在統計中像這樣案例是時常發生的。時常有兩個效標（criteria）可提供不同的因素因解法（solution）。另一個是由 Jolliffe（1972, 1986）所提出，他更進一步報告 Kaiser's 的效標是太嚴格（strict），而建議保留具有特徵值超過 0.7 的所有因素。因而，對於多少因素被保留的問題，使用 Kaiser 的方法與 Jolliffe 的方法之間的差異作比較是具有戲劇性的，會令人感覺到有些混淆，然而，以上兩者的選擇端視研究者的認知與需求而定。

在主成分的分析中我們對已具有共同性 1 的所有因素被保留開始（因為我們假定所有的變異數是共同變異數）。在這個階段我們所要執行的就是去發現存在資料中線性的各變異量（variates 變數），如我們已轉換的資料並無需拋棄任何的資訊，但是，要去發掘在各變項之間真正已存在的共同變異數有多大，我們就必須決定那些因素是有意義的與丟棄認為是太瑣碎無意義的（trivial 無舉足輕重）的任何因素。因此，我們就要丟棄某種資訊。此時，必須認知我們所保留的各因素將不是可以完全地解釋資料的所有變異數（因為我們已丟棄了某些資訊），而如此在萃取後的各共同性將總是會小於 1。而被保留的各因素就無法完全地繪製在原始的變項上，它們僅反映呈現在資料中的共同變異數，如果各共同性呈現有資訊的遺失（消失）而它們是重要的統計量。那麼，各共同性是愈接近 1，我們的各因素在解釋原始資料是愈好。各因素被保留愈多，那各共同性將是愈大是合乎邏輯的（因為較少的資訊被丟棄）；因此，各共同性是，多少因素可以被保留的最好的指數。

一般而言，研究已指示 Kaiser 的指南（guideline）是精確的，當變項的數目（變項數）少於 30 與產生各共同性（在萃取之後）是所有的都大於 .7 的。然而 Kaiser 的效標亦是精確的，當樣本大小超過 250 與平均共同性是大於或等於 .6 時。在任何其他的條件狀況之下我們最好接受勸告在樣本大小是大於 200 時，去使用由一個陡坡圖所提供的檢測指示（參考 Stevvens, 1992, pp.378-380）。依 SPSS 使用 Kaiser 的效標去萃取各因素係由 SPSS 內定的（by default）。因此，如果我們使用陡坡圖去決定要有多少因素可以被保留你必須自己去設定 SPSS 萃取我們所要求的因素數目。

五、SPSS 語法指令的操作與其輸出結果的解釋

在我們對於上述本節中所討論的共同性、主成分分析、特徵值、與陡坡圖等，其概念、理論與應用的問題有了充分理解之後，我們就可把本範例人民政治態度的資料，依據其理論根據，實際進行因素的發現與萃取。

（一）SPSS 語法指令的操作

在此階段我們要獲得的是共同性、主成分分析、特徵值、與陡坡圖等資料為主，所以，其語法如下：（本語法指令儲存在本書 SPSS 的 Syntax CH5-2 檔案中）

```
MATRIX DATA VARIABLES = X1 X2 X3 X4 X5 X6
    /CONTENTS = N CORR
    /FORMAT = UPPER NODIAGONAL.
BEGIN DATA
1000 1000 1000 1000 1000 1000
.560 .480 .224 .192 .160
.420 .196 .168 .140
.168 .144 .120
.420 .350
.300
END DATA.
```

```
subtitle '因素分析'.
FACTOR
        /MATRIX =  IN (CORR = *)
        /ANALYSIS = X1 to X6
        /PRINT = ALL
        /CRITERIA = FACTORS(2)／EXTRACTION
        /EXTRACTION = PC
        /ROTATION = VARIMAX
        /PLOT = EIGEN ROTATION(1 2).
```

（二）輸出結果的解釋

因素萃取過程的第一步驟是在於決定資料組合之中其線性的成分（特徵向量）以計算 R 矩陣的特徵值。我們知道在 R 矩陣中有許多成分（特徵向量）就如許多變項一樣，但是大部分是不重要的。因而要去決定一個個別向量的重要性，我們可以以它們組合特徵值大小的程度而定，以其組合特徵值大 1 的為標準。由此，我們可以以組合特徵值大 1 的為標準應用於去決定那些因素要保留與那些因素要放棄。依內定的 SPSS 可使用 Kaiser 保留因素以特徵值大 1 的為標準。

表 5-5 SPSS 輸出結果列出結合每一個線性的成分（因素）於萃取之前、萃取之後、與轉軸之後的特徵值。在萃取之前，SPSS 已辨識 6 個線性的成分於資料組合之內。每一個因素所組合的特徵值其呈現的方式可由個別線性的成分來解釋其變異數，而 SPSS 亦依變異數解釋的百分比的方式來展示特徵值。如此，本範例在萃取之前的因素 1 解釋整體變異數的 39.527%。由表 5-5 輸出結果中，我們可看到在因素分析中前面的因素解釋變異數的百分比相當大，尤其是因素 1，依此其後的因素解釋變異數的百分比會逐漸一個比一個小。在本範例中 SPSS 依特徵值大 1 為標準去萃取有二個因素。這些因素所組合的特徵值（與解釋變異數的百分比）再次被展出於被標示著「Extraction Sums of Squared Loading」的欄位中。在表中這部分的各值是和萃取之前的各值是一樣的。在表中最後部分標示著「Rotation Sums of Squared Loading」的欄位中，轉軸之後的特徵值亦被顯示。轉軸的目的是在使因素的結構能夠發揮到最理想的影響，因而轉軸使本範例所萃取的二個因素其相對重要性被平等化。在轉軸之前，因素 1 提供解釋變異數的百分比大於其後因素 2（為 39.527% 比較於 22.051%）。然而，轉軸之後，個別地，其提供解釋變異數的百分

表 5-6 **SPSS 輸出結果**

解說總變異量

成分	初始特徵值			平方和負荷量萃取			轉軸平方和負荷量		
	總和	變異數的%	累積%	總和	變異數的%	累積%	總和	變異數的%	累積%
1	2.372	39.527	39.527	2.372	39.527	39.527	1.973	32.888	32.888
2	1.323	22.051	61.577	1.323	22.051	61.577	1.721	28.690	61.577
3	.711	11.842	73.419						
4	.592	9.873	83.292						
5	.572	9.530	92.823						
6	.431	7.177	100.000						

萃取法：主成分分析

比為因素 1 是 32.888%，因素 2 是 28.690%。

表 5-7 SPSS 輸出結果顯示萃取之前與萃取之後的共同性（communalities），記住共同性是一個變項之內共同變異數的比率（或比例）。主成分分析運作最初的假定，假定所有的變異數是共同的；由此可知，萃取之前共同性是完全的 1，該欄標示著 initial。事實上，一個變項所組合的變異數全部被假定是共同變異數。一旦各因素已被萃取，那究竟有多少變異數，實際上是共同的，在標示著 Extraction 這一欄中的各個共同性就反映這個共同變異數。如此，例如我們可以說變項 1 或問題 1 所組合的 71.3% 的變異數是共同性的，或共同持有的變異數。另一個方法要去注視這些共同性是依據由基本的各因素所解釋變異數的比例方式來界定。所以，萃取之前，有多少因素就有多少變項，如此，所有由各因素與各變項所提供解釋的所有變異數都是 1。無論如何，在萃取之後，有某些因素被刪除，就有某些資料被遺

表 5-7 **SPSS 輸出結果**

共同性

	初 始	萃 取
X1	1.000	.713
X2	1.000	.666
X3	1.000	.598
X4	1.000	.623
X5	1.000	.581
X6	1.000	.514

萃取法：主成分分析

失。因而被保留的因素就無法解釋在資料中所呈現的所有變異數，而只能解釋某些變異數。因此，在每一個變項的變異數可由被保留的各因素所提供解釋的量，就可由萃取後的各個共同性來呈現。

表 5-6 SPSS 輸出結果亦顯示在萃取之前的成分矩陣。這個矩陣包括每一個變項對每一個因素的負荷量；由 SPSS 內部設定可展示所有的負荷量；無論如何，我們要求所有不超過 .4 的負荷量被抑制於結果的輸出中，如此就有變項的負荷量是空白的。這樣的矩陣對解釋目的而言並不是特別重要的，但是它引人注目的是在轉軸之前大部分的變項對第一個因素都有很高的負荷量，即是為什麼這個因素（因素 1）可解釋大部分變異數的原因。

在這個階段 SPSS 萃取二個因素。而因素分析是一種探索性的方法或工具，所以，它應該被使用去引導研究者做種種的決定：我們不應該聽任電腦去執行。此階段我們應該決定要萃取多少個因素，其評估要萃取多少個因素的標準，我們可參考前述卡塞的標準（Kaiser's criterion）。無論如何，這樣的標準在當變項數目少於 30，與其萃取之後其共同性是大於 .7，或在當樣本數（或樣本大小）超過 250 與其平均的共同性是 .6 時，這樣的標準才是精確的。而在本範例中表 5-7 SPSS 輸出結果中顯示各變項的共同性，很多並未超過 .7。然而其樣本數大於 250 與其共同性的平均數等於 3.695/6 = .6158，大於 .6。所以，依據卡塞的標準（Kaiser's criterion）本範例對於萃取多少個因素的標準是正確的。另一評估要萃取多少個因素的標準，我們亦可參考陡坡圖，這樣的陡坡圖被顯示在 SPSS 輸出結果圖 5-3 中，以一個陡坡突然向下墜落至第三因素點開始呈現緩和平行向下至第四因素點，而第二因素剛好正是特徵值 1 的標示上。所以，依據陡坡圖特徵值標示的標準本範例萃取二個因素的標準是正確的。

表 5-8 SPSS 輸出結果中顯示一個相關矩陣複製的編輯範本。這種相關矩陣的上半（標示著被複製的相關）包含基於因素模型所形成所有變項之間（或所有問題之間）的相關係數。這個矩陣的對角線包含對每一個變項被萃取之後的共同性。

在複製矩陣中的相關不同於在 R 矩陣中的相關因為它們的產生來自模型而不是來自觀察的資料。如果這個模型是完全適合這個資料那我們就可預測複製的相關係數和原始的相關係數是相同的。由此，要去評估模型的適配度我們可以注意到觀察的相關與基於模型的相關之間的差異。例如，如果我們取變項 1（或問題 1）與變項 2（或問題 2）的相關，基於觀察資料的相關是 .560（取自表 5-1 的 SPSS 輸出結果）。而基於模型的相關是 .689，此值是稍為高一點。我們可以計算其差如下：

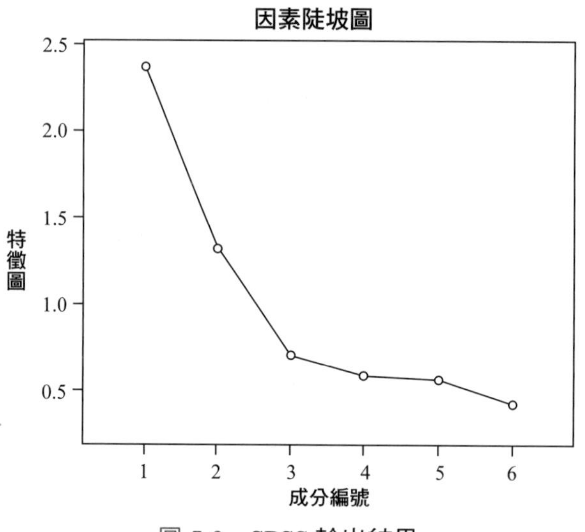

圖 5-3 SPSS 輸出結果

表 5-8 SPSS 輸出結果

重製相關

		X1	X2	X3	X4	X5	X6
重製相關	X1	.713(b)	.689	.651	.239	.200	.157
	X2	.689	.666(b)	.630	.208	.170	.129
	X3	.651	.630	.598(b)	.170	.136	.098
	X4	.239	.208	.170	.623(b)	.601	.563
	X5	.200	.170	.136	.601	.581(b)	.546
	X6	.157	.129	.098	.563	.546	.514(b)
殘差（a）	X1		−.129	−.171	−.015	−.008	.003
	X2	−.129		−.210	−.012	−.002	.011
	X3	−.171	−.210		−.002	.008	.022
	X4	−.015	−.012	−.002		−.181	−.213
	X5	−.008	−.002	.008	−.181		−.246
	X6	.003	.011	.022	−.213	−.246	

萃取法：主成分分析

a. 殘差的計算介於觀察相關值和重製相關值之間。絕對值大於 .05 的非多餘殘差共有 6（40.0%）個。

b. 重製共同性

$$殘差 = r（觀察資料的相關）- r（模型的相關）$$

$$殘差\ Q_1Q_2 = (.560) - (.689)$$

$$= -.129$$

我們從上述的計算中，可注意到這樣的差是在複製矩陣的下半中所引出取變項1（或問題1）與變項2（或問題2）的值。由此觀之，複製矩陣的下一半包含觀察的相關係數與從模型所預測相關係數之間的差異。對一個好的模型而言將都會是小的。事實上，我們想要的是大部分值是小於 .05。質言之，就是希望上述的計算觀察的相關係數與從模型所預測相關係數之間的差異，其大部分的值小於 .05。就本範例而言，在所顯示的資料中有6個殘差值（佔40%）是大於 .05。依據標準如果殘差值有50%以上大於 .05，那我們就需要提出理論根據來解釋。

第四節　解釋的改進

一、因素的轉軸

一旦各因素已被萃取，要去計算各變項符和這些因素到甚麼樣的程度是可能的（即是，計算變項在每一個因素的負荷量）。一般而言，我們將會發現大部分的變項有高的負荷量於最重要的因素上，而小的負荷量於所有其他的因素上。這樣的特徵使解釋感到困難，而如此一種被稱為因素轉軸的技術就被使用於因素之間作區分。如果一個因素是在一個分類軸（classification axis）上各變項沿著該軸散佈著可以以點來標示（can be plotted），然後因素轉軸可以有效地施轉（rotates）這些因素軸，這樣各變項可以以最大的負荷量符合在唯一的一個因素上。圖 5-4 顯示這些過程如何使用一個範例運作於僅有兩個因素的範例中。想像一位社會學家有興趣於把大學的講師（lectures）分類為一個人口學的團體（a demographic group），他發現兩個基本的維度（dimensions 面向；向度）最善於描述這個團體：酒精中毒（alcoholism）與成就（achievement）。第一個因素，酒精中毒和它有關聯（黑色的各點）的各變項的一個類聚（a cluster），而這些可以測量諸如在一星期之內飲酒多少單位的數（單位數），依賴（dependence）與分神的人格（obsessive personality）行為的呈現有關。第二個因素，成就，亦有和它相關聯各變項的類聚（白色的各點）而這些可以是和薪資（salary）、工作地位（job status）、與研究著作發表的數目有關。最初，有很多散佈點著落在線上呈現一種類聚而形成各個因素，注視各座標上淡白色的各點對因素 2 有很高的負荷量（它們是一條長長向上延伸的這條軸線），而對因素 1 有中等的負荷量（它們是離這條軸並不遠）。相反地，濃黑的各點對因素 1 有高的負荷量，而對因素 2 則有中等的負荷量。然後，旋轉各軸（標示各點的線）我們可以保證各變項的兩個類聚會與它們最相關的因素進行相交。如此，在轉軸之後，各變項的負荷量被極大化在一個因素上（貫穿類聚的因素）與被極小化在於剩餘的因素上。如果一個軸穿過（pass though）各變項的一個類聚（a cluster），那麼這些變項將有一個近似於 0 的負荷量在對立的軸上。如果這種理念是混淆的，那麼注意圖 5-4 與思考在轉軸的前後座標點示的各值（在當你注意到已旋轉的軸時，參考本圖所示就可理解）。

對於轉軸的方法，有二個轉軸的類型可以被執行。第一是正交（直交）的轉軸，如在圖 5-4 左手邊呈現這種方法。我們看過「正交的」這個名詞意指是不相關的，而在本系絡中它意指我們旋轉各因素時仍然保持它們的獨立性。在轉軸之前，所有的因素是獨立的（即是，它們的確不完全地相關），而正交的轉軸保證各因素仍然是不相關。即是為什麼在圖 5-4 中各軸（the axes）被旋轉時仍然保持垂直線的直角（perpendicular）。轉軸的另一種形式是斜交的轉軸，與正交轉軸的差異是斜交轉軸的各因素被允許發生相關（由此，圖 5-4 中右邊的圖示並沒維持成垂直的直角）。

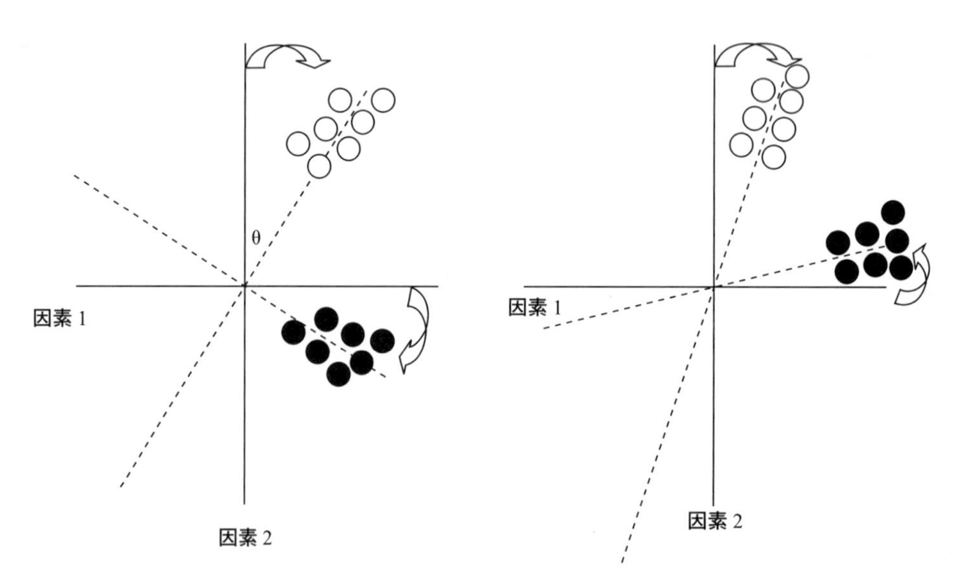

圖 5-4　因素轉軸依規劃的呈現，左邊的圖示顯示正交的轉軸而右邊的圖示顯示斜交的轉軸，θ 是穿過各軸被旋轉的角。

轉軸的選擇端視是否有一個好的理論根據（theoretical reason）去支持各因素應該是相關的或應該是獨立的，與各變項在轉軸之前如何類聚在各因素上。在第一點上，我們沒有預期酒精中毒是完全地和成就不相關（畢竟，高成就會導致高的壓力，此可能導致以酒來舒緩壓力）。由此，在理論的基礎上，我們可以選擇斜交轉軸。在第二點上，圖 5-4 證實類聚點的標示位置在決定轉軸中會有多少的成效是如何重要（注意有轉向箭矢各點的位置）。尤其是，如果一個正交的轉軸被執行於右邊的圖解上，它在極大化負荷量方面會比斜交轉軸所顯示的負荷量所獲得成效少。對於使用轉軸的兩個類型，如何使用於去進行因素分析的問題。Pedhazur and Schmelkin（1991）提出假如斜交轉軸證實已被萃取的因素之間相關是不關重要的（negligible 可忽略的），那麼去使用正交轉軸的因素因解法是合理的。如果斜交轉軸是在揭示一個已相關的因素結構，那麼正交轉軸的因素因解法（solution）應該被放棄。在任何情形之下，一個斜交轉軸因素因解法應該僅被使用於，如果有很好的理由去假定（suppose）基本的因素依理論的界定是相關時。

在因素轉軸之後所隱含的數學（mathematics）是複雜的（尤其是斜交的轉軸），但是，要去獲得已轉軸因素負荷量的一個矩陣，未轉軸因素負荷量的矩陣 A，必須是由一個所謂因素轉換矩陣 Λ 的矩陣來乘。因素轉換（transformation）矩陣是一個正方形的矩陣（a square matrix），而它的大小端視多少因素如何從資料中被萃取而定。如果有二個因素被萃取，那它將是一個 2×2 的矩陣，然而如果有四個因素被萃取，那麼它就變成是一個 4×4 矩陣。在因素轉換矩陣中的各值是由軸的旋轉（θ）角度的正弦（sine）與餘弦（cosines）所組成。就二個因素的案例而言其矩陣是：

$$\Lambda = \begin{bmatrix} \cos\theta & -\sin\theta \\ \sin\theta & \cos\theta \end{bmatrix}$$

由此，我們應該想到上述的矩陣是表示各軸之角度係透過各軸被轉軸的方法，或各因素被轉軸的程度。要把轉軸的角度發揮最大作用，因素因解法係以一種反覆解法（a iterative way）與各種不同方法的被使用。

二、因素負荷量的實質重要性

一旦一個因素結構已被發現，去決定那些變項形成（組成）那些因素是重要的。前面我們已提到因素的負荷量是一個假定變項對一個假定因素具有實質重要性的一個臆測（a gauge）。由此，我們使用這些值（負荷量）去把各變項與各因素置在一起是合理。去評估一個因素負荷量的統計顯著性是可能的（畢竟它僅是一個相關係數）；無論如何，為什麼這種選擇（option）並不如它似乎的那麼容易有若干的理由（see Stevens, 1992, p.382）。典型地，研究者取一個超過 .3 絕對值的負荷量是重要的，無論如何，一個因素負荷量的顯著性將端視樣本的大小而定，Stevens（1992）製作了一個臨界值（critical value），提出多大樣本顯著性多少負荷量才可達到顯著性的顯著性表。摘要言之，他推薦對一個樣本大小 50 時，.722 的負荷量才可以被考量其顯著性。對 100 樣本大小的，其負荷量應該是大於 .512。對樣本大小 200，它應該大於 .364。對樣本大小 300 的，它應該是大於 .298。對樣本大小 600 的它應該是大於 .21。而對樣本大小 1000，它的負荷量應該是大於 .162。這些值是基於一個 $\alpha = .01$ 的水準上（雙側），此為多少負荷量被需求才可被檢定的事實（Stevens，1992，pp.382～384 更進一步詳細討論）。由此可知，以一個非常大的樣本，只要小的負荷量就可以被考慮統計上的顯著性，SPSS 並沒有提供因素負荷量的顯著性檢定，但可使用 Stevens 的指引（guidelines），我們應該可以獲悉變項與因素結構的某種洞察力。

一個負荷量的顯著性對於一個變項對一個因素的實質重要性並沒給予我們多大的指示。但是，這個值可由負荷量平方來發現由一個變項可提供解釋一個因素變異數的量來給予（像 R^2），在這方面 Stevens（1992）推薦僅此一個絕對大小 .4 的因素負荷量來解釋（此可以解釋大約變異數的 16%）。

三、SPSS 語法指令的操作與其輸出結果的解釋

對因素分析中使用正交轉軸與使用斜交轉軸的問題，在前述第二、第三、與第四章都已作了詳細解說。在本文中我們將進行這兩種轉軸方法所產生結果的差異作比較與說明。

（一）斜交的轉軸 SPSS 語法指令的操作

對於正交的轉軸與斜交的轉軸在 SPSS 語法指令的操作，我們可依前述操作方式，當視資料狀況需要進行斜交的轉軸時，只要在（/ROTATION = ）副指令等號之後輸入（OBLIMIN）即可，其方式如下：（本語法指令儲存在本書 SPSS 的 CH5-3 檔案中）

```
MATRIX DATA VARIABLES = X1 X2 X3 X4 X5 X6
```

```
        /CONTENTS = N CORR
        /FORMAT = UPPER NODIAGONAL.
BEGIN DATA
1000   1000   1000   1000   1000   1000
 .560   .480   .224   .192   .160
 .420   .196   .168   .140
 .168   .144   .120
 .420   .350
 .300
END DATA.
subtitle '因素分析'.
FACTOR
        /MATRIX = IN (CORR = *)
        /ANALYSIS = X1 to X6
        /PRINT = ALL
        /CRITERIA = FACTORS(2)／EXTRACTION
        /EXTRACTION = PC
        /ROTATION = OBLIMIN
        /PLOT = EIGEN ROTATION(1 2).
```


（二）正交的轉軸（最大變異值法）

SPSS 輸出結果表 5-9 顯示已轉軸主成分矩陣（亦被稱為因素分析已轉軸的因素矩陣），此矩陣是為每一個變項對每一個因素的因素負荷量之矩陣。這個矩陣所包含的主成分和 SPSS 輸出結果表 5-7 中的資訊是一樣，除了它是在轉軸後被計算之外。

我們可以把這個矩陣和未轉軸的因素因解法作比較。在轉軸之前，我們可以看到大部分的變項對第一個因素的負荷量是高的，而其餘的因素並沒有真正的獲得較顯著的值。然而，經過因素結構的轉軸已澄清與說明了很多問題，使我們對本範例的解釋就變得比較容易。

表 5-9 SPSS 輸出結果

轉軸後的成分矩陣（a）

	成分	
	1	2
X1	.831	.149
X2	.808	.113
X3	.770	.072
X4	.149	.775
X5	.105	.755
X6	.060	.715

萃取方法：主成分分析
旋轉方法：含 Kaiser 常態化的 Varimax 法
a. 轉軸收斂於 3 個疊代

成分轉換矩陣

成分	1	2
1	.787	.616
2	−.616	.787

萃取方法：主成分分析
旋轉方法：含 Kaiser 常態化的 Varimax 法

次一步驟是去注意到各變項或各問題的內容，即各變項負荷量在相同因素上去嘗試辨識其共同的主題。如果由分析所產生的因素代表某真實世界的構念，那麼只要我們留意在高負荷量的變項之間其所共同涉及的主題上，就可以幫助我們辨識其構念是甚麼。那對因素 1 負荷量很高的各變項似乎是完全都與經濟政策問題有關。由此，我們就可把這個因素標示為經濟政策的意見。而對因素 2 負荷量很高的各變項似乎是完全都與人民權利的訴求面向有關；由此，我們就可把這個因素標示為或命名為人民權利的訴求。這樣的分析似乎可揭示本範例最初的問卷，實際上，是由二個次級量尺（subscales）所組成：經濟政策的意見與人民權利的訴求。

輸出結果的最後部分是因素轉換的矩陣（factor transformation matrix），這個矩陣可提供有關各因素被轉軸去獲得一個因素因解（solution）的程度。如果轉軸是不必要的，那這個矩陣會是一個單元的矩陣。如果正交的轉軸是完成適當的，那我們就可預期會有一個對稱的矩陣（symmetrical matrix）（在對角線上下的各值是一樣的）。無論如何，雖然非常不對稱的矩陣可以被視為是去嘗試進行斜交轉軸的一個理由，因為在實際上這種矩陣是不容易去解釋的。對缺乏經驗的分析者而言，可能會被建議儘量去避免使用因素轉換的矩陣問題。

（三）斜交的轉軸

當嘗試進行一個斜交轉軸時，因素矩陣就會被分裂成兩個矩陣：組型矩陣（the pattern matrix）與結構矩陣（the structure matrix）。對正交的轉軸而言這些矩陣是相同的，因而沒有這樣的問題。組型矩陣包含因素的負荷量，是可與因素矩陣作比較。而結構矩陣要考量到各因素之間的關係（事實上，它是組型矩陣與包含有各因素之間相關係數矩陣的一個交叉乘積）。大部分的研究者會解釋組型矩陣，因為它比較簡單；但是，有種種的情境其中組型矩陣的各值，因為各因素之間的相關，會被抑制或被隱匿。由此觀之，結構矩陣是一種有效的可仔細檢查的方法（a useful double-check）。

表 5-10 SPSS 輸出結果中，組型矩陣顯示因素 1 似乎是呈現（或代表）經濟政策的意見，因素 2 似乎是呈現（或代表）人民權利的訴求。這些資料的呈現方式與表 5-9 SPSS 輸出結果中所呈現方式是相同的，只是一個斜交轉軸所呈現的各因素與正交的轉軸所呈現的各因素其解釋與命名不同而已。結構矩陣不同於共持的變異數，不可被忽視。其描述變得更加複雜，因為有若干變項對一個以上的因素負有很高的負荷量。如表 5-11 SPSS 輸出結果所顯示的，這是因為因素 1 與因素 2 之間的相關呈現出來所致。這樣的呈現促成為什麼組型矩陣較令人喜好使用，以提供解釋的原因：因為它提供有關一個變項對一個因素唯一負荷量的資訊。

表 5-10 SPSS 輸出結果

樣式矩陣（a）

	成分	
	1	2
X1	.834	.038
X2	.815	.003
X3	.781	−.033
X4	.045	.776
X5	.003	.761
X6	−.038	.726

萃取方法：主成分分析
旋轉方法：含 Kaiser 常態化的 Oblimin 法
a. 轉軸收斂於 4 個疊代

表 5-11 **SPSS 輸出結果**

結構矩陣

	成分	
	1	2
X1	.844	.260
X2	.816	.221
X3	.772	.175
X4	.252	.788
X5	.206	.762
X6	.156	.716

萃取方法：主成分分析
旋轉方法：含 Kaiser 常態化的 Oblimin 法

輸出結果的最後部分是各因素之間的一個相關矩陣如表 5-12 SPSS 輸出結果，這個矩陣包括各因素之間的相關係數。如從結構矩陣中所預測的各因素之間有很高的相關呈現，這些相關存在的事實告訴我們其被測量的各個構念（constructs 構面）可以是交互相關的。如果各個構念（或構面）是獨立的，那麼我們可預期斜交的轉軸可提供與正交的轉軸一樣的因素因解，而其成分的相關矩陣應該是一個單元矩陣（即是，所有的相關係數是 0）。

表 5-12 **SPSS 輸出結果**

成分相關矩陣

成分	1	2
1	1.000	.267
2	.267	1.000

萃取方法：主成分分析
旋轉方法：含 Kaiser 常態化的 Oblimin 法

由此可知，這個最後的矩陣給我們提供一個指引，就是要去假定各因素之間是獨立的，是否合理：就這些資料而言它呈現出我們無法假定各因素之間是獨立的。由以上的資料顯示與其推論可知，正交轉軸的結果應該不會被信賴的；而斜交轉軸的因素因解法可能是更富有意義。

依據一個理論的論述本範例所研究的，各因素之間的相依（the dependence）是合理的。依此我們可預期之間有一個很強的關係存在。

（四）因素的分數

在達成一個適合的因素因解法與轉軸因解法之後，我們可以注意到因素分數的因解法。表 5-13 SPSS 輸出結果顯示成分分數的矩陣 B，該矩陣係從因素分數的被計算與因素分數共變數矩陣中獲得。成分分數的矩陣就其本身而言不是可個別使用的。它在理解因素分數如何被計算是有效的，但是要以一個大的資料組合或以本範例的樣本數來進行計算是不可能的。因為這個矩陣實際上可以告訴我們因素分數之間的關係，它是一個非標準化的相關矩陣。如果因素分數是不相關的，那表示這個矩陣應該是一個單元矩陣（即是，對角線上的各元素將是 1，而所有其他的元素是 0）。就這些資料而言，如果共變數的所有元素是 0，即表示所產生結果的分數是不相關的。

表 5-13　**SPSS 輸出結果**

成分分數共變數矩陣

成　分	1	2
1	1.071	.533
2	.533	1.071

萃取方法：主成分分析
旋轉方法：含 Kaiser 常態化的 Oblimin 法

成分分數係數矩陣

	成　分	
	1	2
X1	.422	.018
X2	.413	−.002
X3	.396	−.023
X4	.019	.453
X5	−.002	.445
X6	−.023	.425

萃取方法：主成分分析
旋轉方法：含 Kaiser 常態化的 Oblimin 法

第五節　結　語

在前述的第二章中我們依據 Hair, Anderson, Tatham, & Black（1995, pp.

366-405）的多變項模型建構過程的六個步驟提出多變項模型建構的發展與解釋，建構有效的因素分析模型，隨之，我們在第三章中以管理範例的研究主題依據這樣的步驟去建構有效的因素分析模型。

在本章中以我們以上述因素分析的基本步驟：（1）蒐集資料與準備有關的共變數矩陣，（2）原始因素的萃取，（3）轉軸到一個因素因解的獲得，與因素的命名和解釋，（4）因素量尺的建構與在未來更進一步分析中因素量尺的使用等等，去進行政治態度因素分析的模型。

在政治態度因素分析的模型中，我們依據某些政治的理念設計去測量我們想像中想要研究的問題，可以使人民政治意見的不同面向（different aspects）得以呈現。在進行因素分析中很清楚的有二個交互相關的變項之類聚（clusters）由此可知，這些變項可以進行測量某共同基本的維數（some common underlying dimension），在 X_1, X_2 與 X_3 之間形成很高的相關並類聚為一個因素 1，而 X_4, X_5 與 X_6 之間形成很高的相關並類聚為一個因素 2。在本範例中，顯然有二個類聚適合於這樣的條件，第一個因素似乎是和人民對經濟政策的意見相關，而第二個因素似乎是與人民權利的訴求有關。

在因素分析中，我們以建構方程式的方法使人民對經濟政策的意見與人民對權利的訴求之因素得以數學的形式呈現。接著進行因素的分數的計算，與說明迴歸的方法與因素分數（得分）的使用。這些方法是我們在本章所呈現進行因素分析方法與技術的特色。並以 SPSS 語法指令的使用去呈現正交與斜交轉軸方法，並進行解釋兩種方法的差異問題，使讀者得以可以充分認識陡坡圖與特徵值、因素負荷量與共同因素形成的過程。

從本章以上的探究內容中，我們是以政治態度因素分析的模型，參考前面四章的基本理論與建構因素分析模型的架構，去進行本範例的因素分析。依此，有意從事撰寫探索性因素分析量化研究論文的研究者，可依據這樣的理論與架構去提供自己進行撰寫探索性因素分析的參考。

Part 3

矩陣代數的使用與 MATLAB 電腦軟體的操作

Chapter 06

因素分析與結構共變數矩陣推論

第一節 概 述

在前述的五章中，我們從第一章因素分析的基本認知開始討論因素分析的基本取向，何謂因素分析，執行因素分析的工具，關鍵詞的理解，因素分析的邏輯，基本概念，變異數與共變數方程式，因素分析模型徑路分析圖，相關矩陣與秩的理論，共變數結構分析因素的不確定性。

從第二章建構因素分析模型的基本架構與步驟中，建構多變項分析模型的六個步驟以提供多變項模型建構的發展與解釋，並使任何多變項分析成為一個有效的一個分析架構，將有助於從事多變項模型建構的研究者與學習者在其研究技術與方法上會有所精進與突破。

並提出因素分析的一個假設範例來建構因素分析模型的分析圖與步驟，其步驟：設定因素分析的目標、設計一個因素分析、探討因素分析中的種種假定、獲得各因素與評估整體的適合度（共同因素分析與成分分析方法的比較；因素數目被萃取的準繩）、解釋因素（因素的轉軸、正交與斜交轉軸的比較；因素負荷量的顯著標準，因素矩陣的解釋）、因素分析的效度、因素分析結果的附加用法。

從第三章因素分析：以一個管理的範例來說明中，要去解釋與說明因素分析的問題，我們使用假設資料的組合。這些資料獲自 the Hair，Anderson，and Tatham Company（HATCO），一個大工業製造業的供應商。其資料組合的基本項目，由 100 位的受試者或受訪者，七個個別變項所組成，是 HATCO 對其顧客所進行的調查研究。本研究的調查報告，其受訪者是 HATCO 的經銷商或其上下游廠商負責向 HATCO 採購產品的採購經理，本研究的目標應該會給予 HATCO 理解它的顧客或客戶特性，與顧客或客戶對 HATCO 的知覺（perception）。強調因素分析的目標是 HATCO 想要以因素分析的技術去建構或發展一個量尺，去測量以引出其公司的經營策略（strategy）與形象（image）的構念。遵循前述六個建立因素分析模型的過程與步驟，及計算與分析是以 SPSS 的語法指令來操作。其 SPSS 輸出的結果，從因素的萃取、因素的轉軸、因素的命名與解釋、因素分析的效度、與因素分數的使用等是以第二章所提出的理論與經驗法則來假設、檢定、與解釋。

從第四章因素分析：一個心理學範例的說明中，我們製作的問卷是基於訪談學生的焦慮與非焦慮（nonanxious）的問卷而發展形成 11 個可能的問題去選擇，每一個問題是遵循一個五點的李克特量尺（Likert scale），其範圍從強烈地不同意，經由不同意、沒有意見、同意，到強烈的同意的一個陳述。該問卷被設計去預測一個假定的個人對於如何學習去使用 SPSS 會有多少的焦慮。其範例是以 SPSS 內定（default）的執行指令，其操作方式，只要在各主要對話盒內依我們所要執行的項目按其選項（option）就可按照我們的意願去執行。吾人撰寫第四章的目的與設計，完全是在於嘗試使讀者理解與熟悉 SPSS 內定（default）的執行指令，並希望提醒讀者從心理學的理論觀點去設計問卷，去邁向經歷理論、假設、與驗證的過程。雖然，探索性因素分析無法完全達到這樣的目的，然而我們可以以此範例或設計再進一步去作驗證性的因素分析。

從第五章因素分析：一個政治態度範例的說明中，我們嘗試從政治學的理論觀點去設計六個變項，以相關矩陣為資料去進行因素分析。本章的設計與目標是在於嘗試擴大讀者或研究者的研究領域，與嘗試把 SPSS 的語法指令、MATLAB 套裝軟體、與 SPSS 套裝軟體融合在本範例的研究中以期在多變項分析技術中因素分析的突破。在 SPSS 的語法指令方式，由於 SPSS 語法指令的使用，在未轉軸前因素萃取，正交與斜交轉軸因素萃取的座標點都可被標示出來，尤其是有許多變項的類聚，而形成許多因素時，都可以使用 SPSS 語法指令來操作。 MATLAB 套裝軟體的使用，使得因素得以數學形式呈現，因素分數得以計算，迴歸方法得以矩陣倒置（或反矩陣）乘 A 矩陣求出 B 值。在本範例在第五章中對於因素萃取主成分方法與因素轉軸方法有更深入的探討與論述。本範例在隨後第九章中 LISREL 套裝軟體的使用，可使本範例人民政治意見的探究從探索性因素分析邁向驗證性的因素分析。以期讀者對於因素分析，能夠隨章節的增加而有逐漸理解、熟練、啟示、突破，與創意的境界。

本章的目的，從前述五章的規劃、設計與論述可知是依內容的深度、技術方法的考量、循序漸進的原則來規劃與設計。因而，本章的目標是嘗試從一位已理解因素分析層次的讀者處境，來思考他目前最需要是甚麼？依個人的感受是要邁向熟練、啟示、突破、與創意的境界。此際，最有待加強的應該是理論邏輯的貫通與技術方法的熟練。本文以下就以此目標來探究。

第二節　正交的因素模型

觀察的隨機向量，與 p 個成分（分），有平均數 μ 與共變數 Σ。因素模型假定 X 在線性上是相依在若干無法觀察的隨機變項 $F_1, F_2, ..., F_m$ 上，被稱為共同因素（common factor），與 p 個附加變數（variation）的來源 $\varepsilon_1, \varepsilon_2, ..., \varepsilon_p$，被稱為誤差，有時候，被稱為特殊因素（specific factor）。其因素模型是

$$X_1-\mu_1=\ell_{11}F_1+\ell_{12}F_2+...+\ell_{1m}F_m+\varepsilon_1$$
$$X_2-\mu_2=\ell_{21}F_1+\ell_{22}F_2+...+\ell_{2m}F_m+\varepsilon_2$$
$$\vdots \quad \vdots \quad \vdots \quad \vdots \quad \vdots \quad \vdots$$
$$X_p-\mu_p=\ell_{p1}F_1+\ell_{p2}F_2+...+\ell_{pm}F_m+\varepsilon_p \qquad (6\text{-}1)$$

或，依矩陣符號

$$\underset{(p\times 1)}{X-\mu}=\underset{(p\times m)}{L}\ \underset{(m\times 1)}{F}+\underset{(p\times 1)}{\varepsilon} \qquad (6\text{-}2)$$

係數 ℓ_{ij} 被稱為第 i 個變項對第 j 個因素的負荷量，如此矩陣 L 是因素負荷量的矩陣。注意第 i 個特殊因素 ε_j 是僅與第 i 個反應 X_i 的結合。P 個離差（deviation）$X_1-\mu_1, X_2-\mu_2, ..., X_p-\mu_p$，是以 p + m 隨機變項 $F_1, F_2, ..., F_m$ 的方式來呈現，$\varepsilon_1, \varepsilon_2, ..., \varepsilon_p$ 是無法觀察的變項。方程式（6-2）不同於多變項迴歸模型方程式（6-3）

$$\underset{(n\times m)}{Y}=\underset{n\times(r+1)}{Z}\ \underset{(r+1)\times m}{\beta}+\underset{(n\times m)}{\varepsilon} \qquad (6\text{-}3)$$

方程式（6-3）中可以被觀察的自變項其位置可由方程式（6-2）中的 F 來替代。

由於許多數量（quantities）無法觀察，所以，$X_1, X_2, ..., X_p$ 的觀察值無法直接由因素模型證實。但是，關於隨機向量 F 與 ε 的某些附加假設，在方程式（6-2）中的模型含有某些共變數關係，這些關係可以被檢核。

我們可以假定

$$\underset{(m\times 1)}{E(F)=0}\ ，\ \underset{(m\times m)}{Cov(F)=E[FF']=I}$$

$$\underset{(p\times 1)}{E(\varepsilon)=0}\ ，\ Cov(\varepsilon)=E[\varepsilon\varepsilon']=\underset{(p\times p)}{\psi}=\begin{bmatrix}\psi_1 & 0 & \cdots & 0\\ 0 & \psi_2 & \cdots & 0\\ \vdots & \vdots & \ddots & \vdots\\ 0 & 0 & \cdots & \psi_p\end{bmatrix} \qquad (6\text{-}4)$$

F 與 ε 是獨立的，如此

$$\underset{(p\times m)}{Cov(\varepsilon, F) = 0}$$

因而方程式（6-2）中的這些假定與相關可以建構為正交的模型。

一、正交的模型具有 m 個共同因素

$$\underset{(p\times 1)}{X} = \underset{(p\times 1)}{\mu} + \underset{(p\times m)}{L}\underset{(m\times 1)}{F} + \underset{(p\times 1)}{\varepsilon}$$

μ_i = 變項 i 的平均數

ε_j = 第 i 個的特殊因素

F_j = 第 j 個的共同因素

ℓ_{ij} = 第 i 個的變項對第 j 個的因素負荷量　　（6-5）

無法觀察的隨機向量 F 與 ε 要滿足下列條件

F 與 ε 是獨立的

$E(F) = 0, Cov(F) = I$

$E(\varepsilon) = 0, Cov(\varepsilon) = \psi$，式中 ψ 是一個對角線矩陣。

正交的模型意含 X 的一個共變數結構。從方程式（6-5）中的模型

$$(X-\mu)(X-\mu)' = (LF + \varepsilon)(LF + \varepsilon)'$$
$$= (LF + \varepsilon)((LF)' + \varepsilon')$$
$$= LF(LF)' + \varepsilon(LF)' + LF\varepsilon' + \varepsilon\varepsilon'$$

如此

$$\Sigma = Cov(X) = E(X-\mu)(X-\mu)'$$
$$= LE(FF')L' + E(\varepsilon F')L' + LE(F\varepsilon') + E(\varepsilon\varepsilon')$$
$$= LL' + \psi$$

依據方程式（6-4）

亦可依據方程式（6-5）中，

$$(X-\mu)F' = (LF + \varepsilon)F' = LFF' + \varepsilon F'$$

如此

$$Cov(X, F) = E(X-\mu)F' = LE(FF') + E(\varepsilon F') = L.$$

二、對正交的模型的共變數結構

1. $Cov(X) = LL' + \psi$

或

$$Var(X_i) = \ell_{i1}^2 + ... + \ell_{im}^2 + \psi_i$$
$$Cov(X_i, X_k) = \ell_{i1}\ell_{k1} + ... + \ell_{im}\ell_{km} \quad (6\text{-}6)$$

2. $Cov(X, F) = L$

或

$$Cov(X_i, F_j) = \ell_{ij}$$

模型 $X-\mu = LF + \varepsilon$ 是共同因素之中的線性。如果 p 個 X，依事實，與基本的各因素是相關的，但是其關係是非線性的，諸如在 $X_1-\mu_1 = \ell_{11}F_1F_3 + \varepsilon_1$，$X_2-\mu_2 = \ell_{21}F_2F_3 + \varepsilon_2$，等等，那麼共變數結構 $LL' + \psi$ 由方程式（6-6）所假定是不適當的。線性真正非常重要的假定是稟承於傳統因素模型的設計與規劃。

由 m 個共同因素所產生第 i 個變項變異數的部分被稱為第 i 個共同性。$Var(X_i)$ 的部分是由於特殊的因果所造成，時常被稱為唯一性（uniqueness），或特殊的變異數（specific variance），由 h_i^2，來指示共同性，我們可從方程式（6-6）中觀察之

$$\underbrace{\sigma_{ii} =}_{Var(X_i)=} \underbrace{\ell_{i1}^2 + \ell_{i2}^2 + ... + \ell_{im}^2}_{communality} \underbrace{+ \psi_i}_{+specific-variance}$$

或 $$h_i^2 = \ell_{i1}^2 + \ell_{i2}^2 + ... + \ell_{im}^2 \quad (6\text{-}7)$$

與 $$\sigma_{ii} = h_i^2 + \psi_i，i = 1, 2, \cdots, p$$

第 i 個共同性是第 i 個變項對 m 個共同因素負荷量的平方和。

範例（6-1） 以二個共同因素驗證其相關 $\Sigma = LL' + \Psi$，或 $S = LL' + \Psi$

我們就以一個共變數矩陣來進行驗證：

$$S=\begin{bmatrix}19.2889 & 9.1778 & 4.3556 & 1.7111\\ 9.1778 & 7.9556 & 4.9111 & 1.3778\\ 4.3556 & 4.9111 & 14.2667 & 11.7556\\ 1.7111 & 1.3778 & 11.7556 & 15.1222\end{bmatrix}$$

其因素矩陣是

$$\begin{bmatrix}3.0407 & 3.0387 & -.8610 & -.2615\\ 2.0165 & 1.4006 & 1.1848 & .7238\\ 3.2342 & -1.5974 & .9198 & -.6400\\ 2.7947 & -2.4686 & -.9825 & .5029\end{bmatrix}$$

現在我們可以以矩陣代數來進行驗證（使用 MATLAB 來計算，其中以 PHI 來替代 Ψ）

```
>>S = [19.2889 9.1778 4.3556 1.7111; 9.1778 7.9556 4.9111 1.3778; 4.3556 4.9111 14.2667 11.7556; 1.7111 1.3778 11.7556 15.1222]
S =
    19.2889    9.1778     4.3556     1.7111
     9.1778    7.9556     4.9111     1.3778
     4.3556    4.9111    14.2667    11.7556
     1.7111    1.3778    11.7556    15.1222
```

由矩陣代數可以被證明。由此，Σ 可以有由一個 m = 2 正交因素模型所複製的結構，因為

$$L=\begin{bmatrix}\ell_{11} & \ell_{12}\\ \ell_{21} & \ell_{22}\\ \ell_{31} & \ell_{32}\\ \ell_{41} & \ell_{42}\end{bmatrix}$$

```
>>L = [3.0407 3.0387; 2.0165 1.4006; 3.2342 −1.5974; 2.7947 −2.4686]
L =
    3.0407     3.0387
    2.0165     1.4006
    3.2342    −1.5974
```

```
        2.7947    -2.4686

>>L*L′
ans =
   18.4796   10.3876    4.9802     .9965
   10.3876    6.0280    4.2844    2.1780
    4.9802    4.2844   13.0117   12.9820
     .9965    2.1780   12.9820   13.9043

>>PHI = S-L*L′
PHI =
     .8093   -1.2098    -.6246     .7146
   -1.2098    1.9276     .6267    -.8002
   -0.6246     .6267    1.2550   -1.2264
     .7146    -.8002   -1.2264    1.2179

>>S = L*L′+ PHI
S =
   19.2889    9.1778    4.3556    1.7111
    9.1778    7.9556    4.9111    1.3778
    4.3556    4.9111   14.2667   11.7556
    1.7111    1.3778   11.7556   15.1222
```

X_1 的共同性是獲自方程式（6-7）

$$h_1^2 = \ell_{11}^2 + \ell_{12}^2 = 3.0407^2 + 3.0387^2 = 18.479554$$

而 X_1 的變異數可以被解構為

$$\sigma_{11} = (\ell_{11}^2 + \ell_{12}^2) + \psi_1 = h_1^2 + \psi_1$$

或 $19.2889 = 3.0407^2 + 3.0387^2 + .8093$

變異數 = 共同性 + 特殊變異數

對其他變項其共同性與變異數的獲得亦可以相同的細目分析來獲得。

因素模型假定 $p + p(p-1)/2 = p(p + 1)/2$ 對 X 的變異數與共變數可以從 pm 因素負荷量 ℓ_{ij} 與 p 特殊變異數 ψ_i 中被複製。當 $m = p$ 時，任何共變數矩陣 Σ 可以精確地被複製為 LL′（可參考方程式），如此 Ψ 可以是 0 的矩陣。

第三節　估計方法

假定對 p 的觀察值 $X_1, X_2, ..., X_n$ 是相關變項，而因素分析就是在於探究這樣問題的解答。方程式（6-5）的因素模型，要以少的因素數目，是否足以代表或呈現資料的內容？在本質上，我們處理這種統計模式建構的問題可採取去證實方程式（6-6）之中共變數關係的問題。

簡易的共變數矩陣 **S** 是一個未知母群體共變數矩陣 Σ 的一個估計式。如果 **S** 非對角線的元素是小的，或簡單相關矩陣 **R** 的這些元素是 0，各變項是不相關的，而一個因素分析將無法證實是有效的。在這些情況之下，特殊的因素分析就可扮演重要的角色，由此因素分析在決定其若干共同因素中就扮演了舉足輕重的地位。

如果 Σ 顯示顯然地背離了一個對角線的矩陣原理，那麼一個因素模型就可以被考慮，而最初的問題是要估計因素負荷量 L_{ij} 與特殊變異數 ψ。我們可考慮參數估計的兩個最流行的方法：是主成分分析與最大概率方法。這兩種方法都可從被轉軸因素因解法中去簡化各因素的解釋。如在下一節所描述的，要去嘗試一個因素因解法以上的探索總是要非常謹慎的；如果因素模型對處理是適當的，那種因素因解法彼此應用是一致的。

現行估計的與轉軸的方法都要求反覆的計算，而這樣的反覆計算方法必須依賴電腦來執行。現有若干電腦程式可資利用於這樣的反覆計算方法。

一、主成分（與主因素）的方法

一種共變數矩陣 Σ 的因素因解法可提供我們來說明，假設 Σ 有特徵向量配對（λ_i, e_i）與 $\lambda_1 \geq \lambda_2 ... \geq \lambda_p \geq 0$ 然後

$$\Sigma = \lambda_1 e_1 e'_1 + \lambda_2 e_2 e'_2 + \ldots + \lambda_p e_p e'_p$$

$$= [\sqrt{\lambda_1}\, e_1 \vdots \sqrt{\lambda_2}\, e_2 \vdots \cdots \vdots \sqrt{\lambda_p}\, e_p] \begin{bmatrix} \sqrt{\lambda_1}\, e'_1 \\ \cdots\ \cdots \\ \sqrt{\lambda_2}\, e'_2 \\ \cdots\ \cdots \\ \vdots \\ \cdots\ \cdots \\ \sqrt{\lambda_p}\, e'_p \end{bmatrix} \qquad (6\text{-}11)$$

這個使已指定提供因素分析模型的共變數結果適合於因素數目與變項數目一樣（$m = p$），與特殊變異數對所有的 i，$\psi_i = 0$，而負荷量矩陣有由 $\sqrt{\lambda_j}\, e_j$ 所假定的第 j 個行。即是，我們可寫成

$$\underset{(p\times p)}{\Sigma} = \underset{(p\times p)}{L} \ \underset{(p\times p)}{L'} + \underset{(p\times 0)}{0} = LL' \qquad (6\text{-}12)$$

除了量尺的因素 $\sqrt{\lambda_j}$ 之外，在第 j 個因素上的因素負荷量是提供母群體第 j 個主成分的係數。

雖然在方程式（6-12）中 Σ 的因素分析之表示方式是正確的，但是它不是可個別使用的：它可使用於有多少共同因素 ε 就有多少變項的情況，與它不允許在方程式（6-5）中的特別因素中有任何的變異量（variaton）。所以我們寧可依據只有若干個（a few）因素來解釋共變數結構的模型。這樣的研究途徑，當最後 p−m 的特徵值是小的時候，此研究途徑是把在方程式（6-11）Σ 中的 $\lambda_{m+1} e_{m+1} e'_{m+1} + \ldots + \lambda_p e_p e'_p$ 放棄其助益，放棄其助益我們獲得近似值（the approximation）。

$$\Sigma = [\sqrt{\lambda_1}\, e_1 \vdots \sqrt{\lambda_2}\, e_2 \vdots \sqrt{\lambda_m}\, e_m] \begin{bmatrix} \sqrt{\lambda_1}\, e'_1 \\ \cdots\ \cdots \\ \sqrt{\lambda_2}\, e'_2 \\ \cdots\ \cdots \\ \vdots \\ \cdots\ \cdots \\ \sqrt{\lambda_m}\, e'_m \end{bmatrix} = \underset{(p\times m)}{L} \ \underset{(m\times p)}{L'} \qquad (6\text{-}13)$$

在方程式（6-13）中近似值的呈現假定方程式（6-5）的特殊因素是次重要的，而可以被放棄於 Σ 的因素因解之中。如果特殊因素被包含於該模型中，那它們的變異數亦可被視為是 $\Sigma-LL'$ 對角線的元素，其 LL' 亦是如在方程式（6-13）所界定。

下列的特殊因素，我們可發現其近似值變成 $\Sigma = LL' + \Psi$

$$\Sigma = \left[\sqrt{\lambda_1}\,e_1 \vdots \sqrt{\lambda_2}\,e_2 \vdots \cdots \vdots \sqrt{\lambda_m}\,e_m\right] \begin{bmatrix} \sqrt{\lambda_1}\,e'_1 \\ \cdots\ \cdots \\ \sqrt{\lambda_2}\,e'_2 \\ \cdots\ \cdots \\ \vdots \\ \cdots\ \cdots \\ \sqrt{\lambda_m}\,e'_m \end{bmatrix} + \begin{bmatrix} \psi_1 & 0 & \cdots & 0 \\ 0 & \psi_2 & \cdots & 0 \\ \vdots & \vdots & \ddots & \vdots \\ 0 & 0 & \cdots & \psi_p \end{bmatrix} \quad (6\text{-}14)$$

式中 $\psi_i = \sigma_{ii} - \sum_{j=1}^{m} \ell_{ij}^2$ 因為 $i = 1, \cdots, p.$

把這種途徑應用一個資料組合 $X_1, X_2, ..., X_n$，它首先會習慣性於集中各觀察值由減樣本平均數 $\overline{X}$。集中各觀察值

$$X_j - \overline{X} = \begin{bmatrix} x_{j1} \\ x_{j2} \\ \vdots \\ x_{jp} \end{bmatrix} - \begin{bmatrix} \overline{x}_1 \\ \overline{x}_2 \\ \vdots \\ \overline{x}_p \end{bmatrix} = \begin{bmatrix} x_{j1} - \overline{x}_1 \\ x_{j2} - \overline{x}_2 \\ \vdots \\ x_{jp} - \overline{x}_p \end{bmatrix}, J = 1, 2, \cdots, n \quad (6\text{-}15)$$

有相同樣本共變數矩陣 S 為原始的觀察值。

在諸案例中其中各變項的單元不是可以使用同一標準作比較的，因而它通常希望去以標準化變項來運作

$$Z_J \begin{bmatrix} \dfrac{(x_{j1} - \overline{x}_1)}{\sqrt{S_{11}}} \\ \dfrac{(x_{j2} - \overline{x}_2)}{\sqrt{S_{22}}} \\ \vdots \\ \dfrac{(x_{jp} - \overline{x}_p)}{\sqrt{S_{pp}}} \end{bmatrix}, j = 1, \cdots, n$$

其樣本共變數矩陣是觀察 $X_1, X_2, ..., X_n$，其樣本相關矩陣 R。標準化可以規避有任一變項具有大的變異數會過份地影響因素負荷量決定的問題。

在方程式（6-14）中的呈現，係被應用於樣本共變數矩陣 S 或樣本相關矩陣 R 時，被稱為主成分因素因解法。這樣的命名是來自於因素負荷量最先被萃取樣本的主要成分之事實而稱呼。

（一）因素模型的主成分因素因解法

樣本共變數矩陣 S 的主成分因素分析是依據它的特徵值－特徵向量配對 $(\hat{\lambda}_1, \hat{e}_1), (\hat{\lambda}_2, \hat{e}_2), ..., (\hat{\lambda}_p, \hat{e}_p)$ 的方式被界定。假設 $m < p$ 是共同因素的數目，那麼已估計的因素負荷量 $\{\tilde{\ell}_{ij}\}$ 的矩陣是下列方程式所給予

$$\tilde{L} = \left[\sqrt{\hat{\lambda}_1}\,\hat{e}_1 \,\vdots\, \sqrt{\hat{\lambda}_2}\,\hat{e}_2 \,\vdots\, \cdots \,\vdots\, \sqrt{\hat{\lambda}_m}\,e_m\right] \qquad (6\text{-}16)$$

已估計的特殊變異數是由矩陣 $S-\tilde{L}\tilde{L}'$ 對角線元素所提供，如此

$$\tilde{\psi} = \begin{bmatrix} \psi_1 & 0 & \cdots & 0 \\ 0 & \psi_2 & \cdots & 0 \\ \vdots & \vdots & \ddots & \vdots \\ 0 & 0 & \cdots & \psi_p \end{bmatrix} \quad \text{以 } \tilde{\psi}_i = s_{ii} - \sum_{j=1}^{m} \ell_{ij}^2 \qquad (6\text{-}17)$$

共同性被估計為

$$\tilde{h}_i^2 = \tilde{\ell}_{i1}^2 + \tilde{\ell}_{i2}^2 + ... + \tilde{\ell}_{im}^2 \qquad (6\text{-}18)$$

樣本相關矩陣的主成分因素分析開始是以 **R** 替代 **S** 來進行

對主成分因素因解法而言，一個假定的因素其已估計負荷量並沒有隨因素數目在萃取之中的增加而改變。例如，如果 m = 1，$\tilde{L} = \left[\sqrt{\hat{\lambda}_1}\,\hat{e}_1\right]$ 與如果 m = 2，$\tilde{L} = \left[\sqrt{\hat{\lambda}_1}\,\hat{e}_1 \,\vdots\, \sqrt{\hat{\lambda}_2}\,\hat{e}_2\right]$，其中首先 $\left(\sqrt{\hat{\lambda}_1}\,\hat{e}_1\right)$ 與 $\left(\sqrt{\hat{\lambda}_2}\,\hat{e}_2\right)$ 是為提出 **S** 或 **R** 的二個特徵值－特徵向量配對。

依 $\tilde{\psi}_i$ 的定義（界定），**S** 對角線的元素是等於 $\tilde{L}\hat{L}'+\tilde{\Psi}$ 對角線的元素。無論如何，**S** 的非對角線的元素通常不是由 $\tilde{L}\hat{L}'+\tilde{\Psi}$ 來複製。那麼我們如何選取因素 m 的

數目？如果共同因素的數目不是基於一個先驗的考量（a priori consideration）來決定，諸如基於理論或其他研究者著作的考量或依據。那我們對 m 的選擇可以基於相似於主成分其已估計的特徵值之方式來考量。現在來考量殘餘矩陣

$$S-(\tilde{L}\tilde{L}'+\tilde{\Psi}) \tag{6-19}$$

由主成分因素因解法係從 S 的近似值中所獲得的結果，對角線的元素是 0。如果其他的元素亦是很小，我們就在主觀上把 m 因素模型視為是適當的。

$$\text{平方各項的總和}\,(S-(\tilde{L}\tilde{L}'+\tilde{\Psi}))\le\hat{\lambda}_{m+1}^2+\ldots+\hat{\lambda}_p^2 \tag{6-20}$$

其結果，對被放棄的特徵值其值的平方和很小，即意指近似值誤差的平方和很小。

在理念上，最先被萃取的若干因素對各變項的樣本變異數的貢獻或助益，從第一個共同因素的樣本變異數 s_{ii} 的貢獻應該是 $\tilde{\ell}_{i1}^2$，因而整體變異數的貢獻或助益 $s_{11}+s_{22}+\ldots+s_{pp}=tr(S)$。來自第一個共同因素是

$$\tilde{\ell}_{11}^2+\tilde{\ell}_{21}^2+\ldots+\tilde{\ell}_{p1}^2=\left(\sqrt{\hat{\lambda}_1}\,\hat{e}_1\right)'\left(\sqrt{\hat{\lambda}_1}\,\hat{e}_1\right)=\hat{\lambda}_1$$

因為特徵向量 $\hat{e}_1$ 有單元的長度（length），一般而言，

$$\text{整體樣本變異數由於第 j 個因素的比例}=\begin{cases}\dfrac{\hat{\lambda}_j}{S_{11}+S_{22}+\ldots+S_{pp}}\\[2ex]\dfrac{\hat{\lambda}_j}{p}\end{cases} \tag{6-21}$$

其中 $\dfrac{\hat{\lambda}_j}{S_{11}+S_{22}+\ldots+S_{pp}}$ 為提供 **S** 的一個因素分析，$\dfrac{\hat{\lambda}_j}{p}$ 為提供 **R** 的一個因素分析。

方程式（6-21）的比例標準經常被使用為提供決定共同因素適當數目的一種啟發式設計。被保留在模型的共同因素數目被增加，直到整體樣本變異數已被解釋到一個「適當的比例」為止。

另一個傳統的標準經常被使用於電腦套裝軟體程式上，是在於設定 m 等於 R

的特徵值數目值大於 1，如果樣本的相關矩陣被使用為因素因解時，或等於 S 正數特徵值的數目值如果樣本的共變數矩陣被使用為因素因解時。經驗法則告訴我們不應該無差別地被使用。例如，m = p 時，如果 S 的規則是被遵循，因為所有的特徵值被預期對大的樣本是正數的。最佳的研究途徑是去維持或保留若干而不是很多的因素之方法，假定它們可以提供一個另人滿意的資料解釋，與產生對 S 或 R 提供一個令人滿意的適配度。

範例（6-2） **學生一般智能與才能（a general intelligence level and aptitude）資料的因素分析**

因素分析最初的發展係在於解釋學生在各學科的表現或成就，與在於理解學生在各學科的表現與一般才智之間的關聯。Spearman（1904）假定學生在各學科的表現或成就是交互相關的，與它們的交互相關是可由一般才智水準來解釋。

現在我們假定學生的各學科表現或成就有下列六個學科：X_1（數學），X_2（物理），X_3（化學），X_4（英文），X_5（歷史），X_6（國文）。更進一步的假定這些各學科的表現或成就是他們一般智能水準的一種函數關係。除此之外，它可以被假定其中某些學生具有某種才能，例如數學，或化學。由此，它可以被假定學生的各學科表現或成就的一個函數是：

1. 學生的一般智能水準。
2. 學生具有某一學科才能。

依據以上的假定，我們假定獲得 1000 位受試者的學生樣本資料，輸入電腦所輸出的相關矩陣如下：

1.0000	.6200	.5400	.3200	.2840	.3700
.6200	1.0000	.5100	.3800	.3510	.4300
.5400	.5100	1.0000	.3600	.3360	.4050
.3200	.3800	.3600	1.0000	.6860	.7300
.2840	.3510	.3360	.6860	1.0000	.7350
.3700	.4300	.4050	.7300	.7350	1.0000

此時，我們可使用如下 SPSS 的語法去獲得在以下本範例因素分析中所需要的資料，在分析過程我們需要求取一個因素時，一般而言，只要把其中 /CRITERIA

= FACTORS(2)/EXTRACTION 的 (2) 改為 (1) 即可。然而，由於本範例要取得成分圖，才以下列語法指令來獲得。本範例語法指令儲存在本書 SPSS 的 Syntax CH6-1 的檔案中。

```
MATRIX DATA VARIABLES = X1 X2 X3 X4 X5 X6
        /CONTENTS = N CORR
        /FORMAT = UPPER DIAGONAL.
BEGIN DATA
 1000    1000    1000    1000    1000    1000
1.000    .620    .540    .320    .284    .370
        1.000    .510    .380    .351    .430
                1.000    .360    .336    .405
                        1.000    .686    .730
                                1.000    .735
                                        1.000
END DATA.
subtitle '因素分析'.
FACTOR
  /MATRIX = IN (CORR = *)
  /ANALYSIS = X1 to X6
  /PRINT = ALL
  /ROTATION = NOROTATE
  /PLOT = EIGEN ROTATION(1 2)
  /PRINT.
```

表 6-1 SPSS 輸出結果報表

表 6-1 之 1

共同性

	初始	萃取
X1	1.000	.766
X2	1.000	.716
X3	1.000	.641
X4	1.000	.797

	初 始	萃 取
X5	1.000	.812
X6	1.000	.831

萃取法：主成分分析

表 6-1 之 2

成分矩陣(a)

	成 分	
	1	2
X1	.675	.557
X2	.718	.447
X3	.683	.418
X4	.793	−.410
X5	.774	−.461
X6	.838	−.359

萃取方法：主成分分析
a. 萃取了 2 個成分

表 6-1 之 3

解說總變異量

成 分	初始特徵值			平方和負荷量萃取		
	總和	變異數的%	累積%	總和	變異數的%	累積%
1	3.367	56.118	56.118	3.367	56.118	56.118
2	1.194	19.903	76.021	1.194	19.903	76.021
3	.507	8.450	84.471			
4	.372	6.197	90.669			
5	.313	5.219	95.888			
6	.247	4.112	100.000			

萃取法：主成分分析

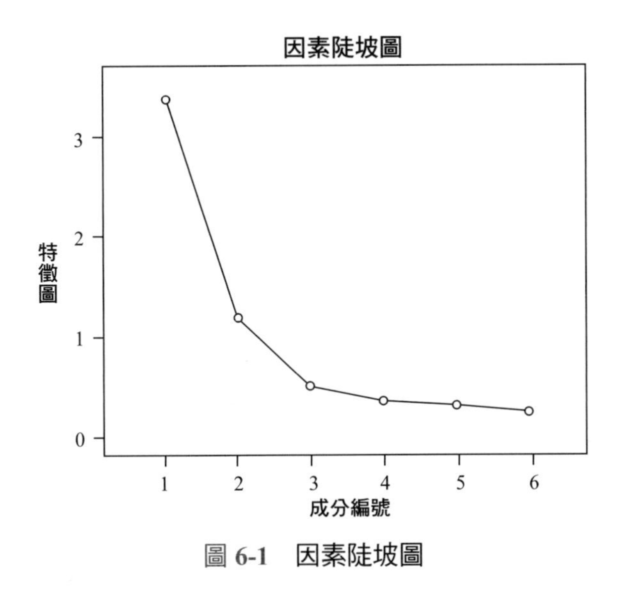

圖 6-1　因素陡坡圖

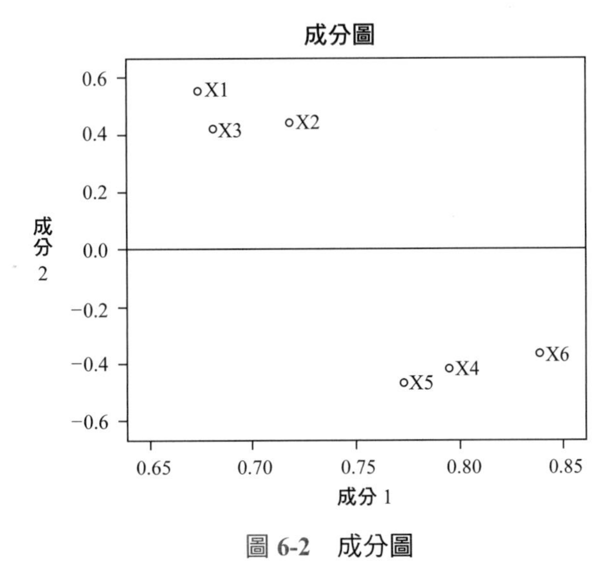

圖 6-2　成分圖

依據上述的語法指令，我們可以獲得 SPSS 輸出結果報表，在此，我們僅取上面所呈現的輸出的結果報表 6-1，以提供下列呈現主成分分析的計算過程。

首先，我們從成分矩陣萃取兩個因素，在資料與因素成分圖中我們發現 X_1, X_2 與 X_3 形成一個類聚，而 X_4, X_5 與 X_6 則形成另一個類聚。我們可依據在第二、三、與四章的解釋與命名方法在內心裡先行給予命名，只待轉軸後再正式命名。然後，我們從解說總變異量平方和負荷量萃取中獲得二個特徵值，$\hat{\lambda}_1 = 3.367$，與 $\hat{\lambda}_2 = 1.194$ 是 R 唯一大於 1 單元（unity）的特徵值。而且，m = 2，其共同因素可提供一個累積百分比變異數的解釋量。

$$\frac{\hat{\lambda}_1+\hat{\lambda}_2}{p}=\frac{3.367+1.194}{6}=.7601666$$

.7601666 是二個共同因素可提供解釋整體樣本變異數的一個累積百分比，可對照於 SPSS 輸出結果報表 6-1 中解說總變異量平方和負荷量萃取 76.021 相近（其誤差是計算過程四捨五入的問題）。我們可使用方程式（6-16）、（6-17）、與（6-18）來獲得。我們亦可使用上述語法來如 SPSS 輸出結果報表 6-1。

現在 $\tilde{L}\tilde{L}'+\Psi=R$（在使用 MATLAB 中我們以 PSI 替代 Ψ）

```
>>R = [1.000 .620 .540 .320 .284 .370; .620 1.000 .510 .380 .351 .430; .540 .510 1.000 .360 .336 .405; .320 .380 .360 1.000 .686 .730; .284 .351 .336 .686 1.000 .735; .370 .430 .405 .730 .735 1.000]
R =
    1.0000     .6200     .5400     .3200     .2840     .3700
     .6200    1.0000     .5100     .3800     .3510     .4300
     .5400     .5100    1.0000     .3600     .3360     .4050
     .3200     .3800     .3600    1.0000     .6860     .7300
     .2840     .3510     .3360     .6860    1.0000     .7350
     .3700     .4300     .4050     .7300     .7350    1.0000

>>L = [.675 .557; .718 .447; .683 .418; .793 −.410; .774 −.460; .838 −.359]
L =
     .6750     .5570
     .7180     .4470
     .6830     .4180
     .7930    −.4100
     .7740    −.4600
     .8380    −.3590
```

L 的各值是由上述表 6-1 之 2 之中的各值取得。

```
>>L*L′
ans =
   .7659   .7336   .6939   .3069   .2662   .3657
   .7336   .7153   .6772   .3861   .3501   .4412
   .6939   .6772   .6412   .3702   .3364   .4223
   .3069   .3861   .3702   .7969   .8024   .8117
   .2662   .3501   .3364   .8024   .8107   .8138
   .3657   .4412   .4223   .8117   .8138   .8311
```

PSI 代表 Ψ 是由上述表 6-1 之 1 共同性的各值如（1−.766 = .234），（1−.716 = .284）。

```
>>PSI = [0.234126 0 0 0 0 0; 0 0.284667 0 0 0 0; 0 0 0.358787 0 0 0; 0 0 0 0.203051 0 0;0 0 0 0 0.189324 0; 0 0 0 0 0 0.168875]
PSI =
   .2341       0       0       0       0       0
       0   .2847       0       0       0       0
       0       0   .3588       0       0       0
       0       0       0   .2031       0       0
       0       0       0       0   .1893       0
       0       0       0       0       0   .1689
```

```
>>(L*L′) + PSI
ans =
   1.0000    .7336    .6939    .3069    .2662    .3657
    .7336   1.0000    .6772    .3861    .3501    .4412
    .6939    .6772   1.0000    .3702    .3364    .4223
    .3069    .3861    .3702   1.0000    .8024    .8117
    .2662    .3501    .3364    .8024   1.0000    .8138
    .3657    .4412    .4223    .8117    .8138   1.0000
```

從以上的計算，我們所獲得被複製的相關矩陣幾乎很近似於原始的 R 矩陣。在這樣單純的計算與描述的基礎上，我們可以依據 SPSS 輸出結果報表 6-1 判斷，以一個二因素的模型而言，可以給予本範例的資料提供一個很好的適配度。在 SPSS 輸出結果報表 6-1 中的共同性即可指示二個因素給予每一變項提供樣本變異數解釋量的百分比。

其中特徵值與共同性的計算如下：

$$(.6750)^2 + (.7180)^2 + (.6830)^2 + (.7930)^2 + (.7740)^2 + (.8380)^2 = 3.367$$

$$(.5570)^2 + (.4470)^2 + (.4180)^2 + (-.4100)^2 + (-.4600)^2 + (-.3590)^2 = 1.194$$

Communalities($\tilde{h}_i^2$)	specific variances($\tilde{\psi}_i = 1 - \tilde{h}_i^2$)
$(.6750)^2 + (.5570)^2 = .765874$	$1 - .765874 = .234126$
$(.7180)^2 + (.4470)^2 = .715333$	$1 - .7152333 = .284667$
$(.6830)^2 + (.4180)^2 = .641213$	$1 - .641213 = .358787$
$(.7930)^2 + (-.4100)^2 = .796949$	$1 - .796949 = .203051$
$(.7740)^2 + (-.4600)^2 = .810676$	$1 - .810676 = .189324$
$(.8380)^2 + (-.3590)^2 = .831125$	$1 - .831125 = .168875$

在本範例中，我們首先使用主成分分析萃取二個因素，現在我們從 R 矩陣中萃取一個因素來與二個因素的萃取作比較。以下就一個因素的主成分分析萃取方法陳述如下：

```
>>R = [1.000 .560 .480 .224 .192 .160; .560 1.000 .420 .196 .168 .140; .480 .420 1.000 .168 .144 .120; .224 .196 .168 1.000 .420 .350; .192 .168 .144 .420 1.000 .300; .168 .140 .120 .350 .300 1.000]
R =

   1.0000    .5600    .4800    .2240    .1920    .1600
    .5600   1.0000    .4200    .1960    .1680    .1400
    .4800    .4200   1.0000    .1680    .1440    .1200
    .2240    .1960    .1680   1.0000    .4200    .3500
    .1920    .1680    .1440    .4200   1.0000    .3000
    .1680    .1400    .1200    .3500    .3000   1.0000
```

```
>>L = [.675; .718; .683; .793; .774; .838]
L =
      .6750
      .7180
      .6830
      .7930
      .7740
      .8380

>>PSI = [.544375 0 0 0 0 0; 0.484476 0 0 0 0; 0 0.53351 0 0 0; 0 0 0.371151 0 0; 0 0 0 0.400924 0;0 0 0 0 0.297756]
PSI =
       .5444        0        0        0        0        0
           0    .4845        0        0        0        0
           0        0    .5335        0        0        0
           0        0        0    .3712        0        0
           0        0        0        0    .4009        0
           0        0        0        0        0    .2978

>>(L*L′) + (PSI)
ans =
      1.0000    .4847    .4610    .5353    .5225    .5656
       .4847   1.0000    .4904    .5694    .5557    .6017
       .4610    .4904   1.0000    .5416    .5286    .5724
       .5353    .5694    .5416   1.0000    .6138    .6645
       .5225    .5557    .5286    .6138   1.0000    .6486
       .5656    .6017    .5724    .6645    .6486   1.0000
```

其中特徵值與共同性的計算如下：

$$(.675)^2 + (.718)^2 + (.683)^2 + (.793)^2 + (.774)^2 + (.838)^2 = 3.367$$

Communalities($\tilde{h}_i^2$)	specific variances($\tilde{\psi}_i = 1 - \tilde{h}_i^2$)
$(.675)^2 = .455625$	$1 - .455625 = .544375$
$(.718)^2 = .515524$	$1 - .515524 = .484476$
$(.683)^2 = .466489$	$1 - .466489 = .533511$
$(.793)^2 = .628849$	$1 - .628849 = .371151$
$(.774)^2 = .599076$	$1 - .599076 = .400924$
$(.838)^2 = .702244$	$1 - .702244 = .297756$

再從語法 SPSS 輸出結果報表 6-2 來觀察可以發現本範例若萃取一個因素，那其共同因素可提供一個累積百分比變異數的解釋量為

$$\frac{\hat{\lambda}_1}{P} = \frac{3.367}{6} = .561166$$

由累積百分比變異數的解釋量來比較萃取一個因素或二個因素對本範例較為適當的問題，就可判斷以萃取二個因素較為適當。接著，我們可再從取 m = 1，或 m = 2 中，其最後的殘餘（或殘差）矩陣來觀察與比較：

對 m = 2 因素的殘餘矩陣是 $R - \tilde{L}\tilde{L}' - \tilde{\Psi} =$

```
>>R-(L*L')-(PSI)
ans =
  -.0000   -.1136   -.1539    .0131    .0178    .0043
  -.1136        0   -.1672   -.0061    .0009   -.0112
  -.1539   -.1672   -.0000   -.0102   -.0004   -.0173
   .0131   -.0061   -.0102   -.0000   -.1164   -.0817
   .0178    .0009   -.0004   -.1164   -.0000   -.0788
   .0043   -.0112   -.0173   -.0817   -.0788        0
```

對照 m = 1 因素的殘餘矩陣是 $R - \tilde{L}\tilde{L}' - \tilde{\Psi} =$

```
>>R-(L*L')-(PSI)
ans =
  -.0000    .0754    .0190   -.3113   -.3305   -.4056
   .0754        0   -.0704   -.3734   -.3877   -.4617
```

.0190	−.0704	.0000	−.3736	−.3846	−.4524
−.3113	−.3734	−.3736	−.0000	−.1938	−.3145
−.3305	−.3877	−.3846	−.1938	−.0000	−.3486
−.3976	−.4617	−.4524	−.3145	−.3486	0

我們從取共同因素 m = 1，與 m = 2 的殘餘矩陣來比較，可以發現一個 R 矩陣以主成分因素分解法萃取二個因素之後，其殘餘矩陣幾乎接近於 0，而萃取一個因素之後，其殘餘矩陣中的各成分幾乎無法被萃取到接近於 0，這是很不理想的。由上述的分析與 SPSS 輸出結果報表 6-2 觀察可知本範例（6-1）在主成分因素分解法中選擇萃取二個因素是適當的。下列是使用 SPSS 語法指令去萃取一個共同因素 m = 1 的 SPSS 輸出結果報表資料。

表 6-2　SPSS 輸出結果報表

表 6-2 之 1

共同性

	初　始	萃　取
X1	1.000	.455
X2	1.000	.516
X3	1.000	.466
X4	1.000	.629
X5	1.000	.600
X6	1.000	.702

萃取法：主成分分析

表 6-2 之 2

解說總變異量

成　分	初始特徵值			平方和負荷量萃取		
	總和	變異數的%	累積%	總和	變異數的%	累積%
1	3.367	56.118	56.118	3.367	56.118	56.118
2	1.194	19.903	76.021			
3	.507	8.450	84.471			
4	.372	6.197	90.669			
5	.313	5.219	95.888			
6	.247	4.112	100.000			

萃取法：主成分分析

表 6-2 之 3

成分矩陣(a)

	成 分
	1
X1	.675
X2	.718
X3	.683
X4	.793
X5	.774
X6	.838

萃取方法：主成分分析
a. 萃取了 1 個成分

對於 SPSS 輸出結果報表 6-2 獲得，以下列語法指令來獲得：本範例語法指令儲存在本書 SPSS 的 Syntax CH6-2 的檔案中。

```
MATRIX DATA VARIABLES = X1 X2 X3 X4 X5 X6
        /CONTENTS = N CORR
        /FORMAT = UPPER DIAGONAL.
BEGIN DATA
 1000    1000    1000    1000    1000    1000
1.000    .620    .540    .320    .284    .370
        1.000    .510    .380    .351    .430
                1.000    .360    .336    .405
                        1.000    .686    .730
                                1.000    .735
                                        1.000
END DATA.
subtitle '因素分析'.
FACTOR
        /MATRIX = IN (CORR = *)
        /ANALYSIS = X1 to X6
        /PRINT = ALL
        /CRITERIA = FACTORS(1)／EXTRACTION
```

```
/EXTRACTION = PC
/ROTATION =
/PLOT = EIGEN ROTATION (1 2)
```

從以上兩個因素模型到一個因素模型的主成分分析的比較，可知本範例資料是以兩個因素模型分析較為適當。在本範例中所呈現的第一個類聚（X_1, X_2 與 X_3），形成一個共同因素代表數理學科的成就或表現，而呈現的第二個類聚（X_4, X_5 與 X_6）形成另一個共同因素代表人文學科的成就或表現。這樣的過程基本上是以樣本資料經由主成分分析的一個因解與檢測所達成的結論。

（二）一個修正的途徑－主成分因素因解法

主成分研究的一個修正途徑，有時候是要被考慮的。我們描述這種狀況係依據 **R** 矩陣的一個因素分析來推論，然而其推論程序對 **S** 矩陣亦是適當的。如果因素模型 $\rho = LL' + \psi$ 是正確地被界定，那 m 個共同因素應該可以對非對角線的元素提供其解釋，亦可以對角線 ρ 的元素之共同性提供其解釋。

$$\rho = 1 - h_i^2 + \psi_i$$

如果特殊因素的貢獻（contribution）ψ，從對角線上被消除，或同樣地，由 h_i^2 替代的 1，產生的矩陣是 $\rho - \psi = LL'$。

現在，假定特殊變異數的最初估計值 ψ_i^* 是可資利用的。然後由 $h_i^{*2} = 1 - \psi_i^*$ 來替代 **R** 矩陣的第 i 個對角線的元素，我們可獲得一個「縮減式的」簡單矩陣

$$R_r \begin{bmatrix} h_1^{*2} & r_{12} & \cdots & r_{1p} \\ r_{12} & h_2^{*2} & \cdots & r_{2p} \\ \vdots & \vdots & \ddots & \vdots \\ r_{1p} & r_{2p} & \cdots & h_p^{*2} \end{bmatrix}$$

現在，除了抽取的變異量（variation）之外，被縮減的樣本相關矩陣 R_r 的所有元素（或成分），應該由 m 個共同因素來解釋，尤其是，R，被因素因解為

$$R_r = L_r^* L_r^{*\prime} \qquad (6\text{-}22)$$

式中 $L_r^* = \{\ell_{ij}^*\}$ 是已估計的負荷量。

因素分析的主成分因素因解法使用估計值

$$L_r^* = \left[\sqrt{\hat{\lambda}_1^*}\,e_1^* \,\vdots\, \sqrt{\hat{\lambda}_2^*}\,e_2^* \,\vdots\, \cdots \,\vdots\, \sqrt{\hat{\lambda}_m^*}\,\hat{e}_m^*\right]$$

$$\psi_i^* = 1 - \sum_{j=1}^{m} \ell_{ij}^{*2} \qquad (6\text{-}23)$$

式中 $(\hat{\lambda}_i^*, \hat{e}_i^*)$, i = 1, 2, …，m 是（最大的）特徵值－特徵向量配對由 R_r 來決定，依序，然後共同性是（re）由下式來估計

$$h_i^{*2} = \sum_{j=1}^{m} \ell_{ij}^{*2} \qquad (6\text{-}24)$$

主成分因素因解法可反覆地被獲得，方程式（6-24）共同性估計值變成下步驟的最初估計值。

依據主成分因素因解法的精神，考慮到已估計的特徵值 $\hat{\lambda}_1^*, \hat{\lambda}_2^*, ..., \hat{\lambda}_p^*$ 有助於考量要保留多少共同因素數目的決定。有一個附加的意義是現在有一些特徵值可以是負的，由於最初共同性估計值的使用所致。在理念上，我們視共同因素的數目是等於被縮減母群體矩陣的秩。很不幸，這個秩總不是可由 R 來決定，因而要有某種判斷是必要的。

雖然對於特殊變異數的最初估計值有許多選擇，最普遍的選擇是當我們正在運作一個相關矩陣時，是選擇 $\psi_i^* = 1/r^{ii}$，其中 r^{ii} 是 R^{-1} 的第 i 個對角線的元素。因而最初的共同性估計值就會變成

$$h_i^{*2} = 1 - \psi_i^* = 1 - \frac{1}{r^{ii}} \qquad (6\text{-}25)$$

此是等於 X_i 與其他 ρ−1 變項之間多元相關係數的平方。此與多元相關係數有關的是意指 h_i^{*2} 可以被計算，縱然 R 不是在滿秩（full rank）的狀況。就因素因解 S 而言，特殊變異數的最初估計值可使用 s^{ii}，是 S^{-1} 對角線的各元素。對於這些元素與其他最初估計值的更進一步探討可參考 Harmon（1967, 1976）著作。

雖然以 **R** 矩陣的主成分因素因解法可被視為與最初的共同性估計值結合的方法，或與特殊變異數等於 0 的方法。這兩種方法在哲學上與幾何學上是不同的（Harmon, 1967）。但在實際上，如果變項數目很大，而共同因素數目很小時，這

兩種方法經常會產生可進行作比較的因素負荷量。

以下我們不更進一步去探討其他的方法，因為在我們的心理，對於因素因解法應用問題，大多數都推薦的是主成分分析與最大概率法（the maximum likelihood method）。以下我們就來探究最大概率法。

二、最大概率（或概似）法

如果共同因素 F 與特殊因素 ε 可以被假定是常態地被分配，那因素負荷量與特殊變異數的最大概率法估計值就可以被獲得。當 F_j 與 ε_j 共同地是常態的，觀察值 $X_j-\mu = LF_j + \varepsilon_j$ 是常態的，與從方程式（6-17），其概率是

$$L(\mu, \Sigma)=(2\pi)^{-\frac{np}{2}}|\Sigma|^{-\frac{n}{2}}e^{-\left(\frac{1}{2}\right)\mathrm{tr}\left[\Sigma^{-1}(x_j-x)(x_j-x)'+n(x-\mu)'\right]}$$

$$=(2\pi)^{\frac{-(n-1)p}{2}}|\Sigma|^{-\frac{(n-1)}{2}}e^{-\left(\frac{1}{2}\right)\mathrm{tr}\left[\Sigma^{-1}\left(\sum_{j=1}^{n}(x_j-x)(x_j-x)'\right)\right]}$$

$$\times(2\pi)^{-\frac{p}{2}}|\Sigma|^{-\frac{1}{2}}e^{-\left(\frac{n}{2}\right)(x-\mu)'\Sigma^{-1}(x-\mu)} \qquad (6\text{-}26)$$

此端視 L 與 Ψ 透過 $\Sigma = LL' + \Psi$ 而定。這個模型仍然沒有很好地被界定。因為對 L 選擇的乘數（the multiplicity of choices）使正交的轉換是可能的。要去執行 L 而利用計算上方便的唯一性或獨特性（uniqueness）條件來界定是可行的

$$L'\Psi^{-1}L = \Delta \qquad \text{一個對角線的矩陣} \qquad (6\text{-}27)$$

最大概似估計值 $\hat{L}$ 與 $\hat{\Psi}$ 必須由方程式（6-26）數據的極大化來獲得，這樣過程可使用電腦程式來獲得這些值。

我們可把有關最大概率估計值的某些事實作概述，以下我們可仰賴電腦程式去執行數據的極大化的詳細過程。

結果（6-1）：假定 $X_1, X_2,..., X_n$ 成為來自 $N_p(\mu, \Sigma)$ 的一個隨機樣本，其中 $\Sigma = LL' + \Psi$ 是為方程式（6-5）的 m 個共同因素模型的共變數矩陣。最大概率估計式 $\hat{L}, \hat{\Psi}$，與 $\mu = \overline{X}$ 把方程式（6-26）極大化受限於 $\hat{L}'\hat{\Psi}^{-1}L$ 是對角線的

共同性的最大概率估計值是

$$\hat{h}_i^2=\hat{\ell}_{i1}^2+\hat{\ell}_{i2}^2+...+\hat{\ell}_{im}^2 \qquad \text{因為 } i=1，2，\cdots，p \qquad (6\text{-}28)$$

$$\text{如此（由第 j 個因素所產生的整體樣本變異數比例）} = \frac{\hat{\ell}_{1j}^2 + \hat{\ell}_{2j}^2 + \ldots + \hat{\ell}_{pj}^2}{SS_{11} + SS_{22} + \ldots + SS_{pp}} \quad (6\text{-}29)$$

證據（proof 考驗）：使用最大概率估計值不變的特性 L 與 Ψ 的函數是由 $\hat{L}$ 與 $\hat{\Psi}$ 相同的函數來估計，尤其是，共同性 $h_i^2 = \ell_{i1}^2 + \ell_{i2}^2 + \ldots + \ell_{im}^2$ 有最大概率估計值 $\hat{h}_i^2 = \hat{\ell}_{i1}^2 + \hat{\ell}_{i2}^2 + \ldots + \hat{\ell}_{im}^2$。

如果在 $Z = (V^{1/2})^{-1}(X-\mu)$，各個變項是標準化的，如此 $Z = V^{-1/2}(X-\mu)$，那麼 Z 的共變數矩陣 ρ 就有其呈現的方式

$$\rho = V^{-1/2}\Sigma V^{-1/2} = (V^{-1/2}L)(V^{-1/2}L)' + V^{-1/2}\psi V^{-1/2} \quad (6\text{-}30)$$

如此，ρ 有一個類似於方程式（6-6）的因素化（factorization）具有 $L_Z = V^{-1/2}L$ 與最大概率估計式，那 ρ 的最大概率估計式是

$$\hat{\rho} = (\hat{V}^{-1/2})(\hat{V}^{-1/2})' + \hat{V}^{-\frac{1}{2}}\hat{\Psi}\hat{V}^{-1/2} \quad (6\text{-}31)$$

式中 $\hat{V}^{-1/2}$ 與 $\hat{L}$，各別地，是 $V^{-1/2}$ 與 L 的最大概率估計式。

如方程式（6-31）因素化的結果，無論何時最大概似分析包括相關矩陣時，我們就可要求

$$\hat{h}_i^2 = \hat{\ell}_{i1}^2 + \hat{\ell}_{i2}^2 + \ldots + \hat{\ell}_{im}^2, \qquad i = 1, 2, \cdots, p \quad (6\text{-}32)$$

共同性的最大概似值，與我們評估各因素的重要性可基於

$$\text{由於第 j 個因素所產生樣本整體（標準化）比例} = \frac{\hat{\ell}_{1j}^2 + \hat{\ell}_{2j}^2 + \ldots + \hat{\ell}_{pj}^2}{\rho} \quad (6\text{-}33)$$

為了規避更複雜的符號問題，先前的 $\hat{\ell}_{ij}$ 的符號係指示 $\hat{L}_z$ 的符號。

評論：通常而言，各個觀察值是被標準化的，一個樣本的相關矩陣 R 是可被插入以提供在方程式（6-26）最大概率函數中 [(n−1)n]S。而最大概率估計值 $\hat{L}_z$ 與 $\hat{\Psi}_z$ 是可使用電腦來獲得。以上這樣實際的運作是等同於去獲得最大概率估計值 $\hat{L}_z$ 與 $\hat{\Psi}_z$ 是基於一個樣本的共變數矩陣 S 來獲得其值一樣。設定 $\hat{L}_z = \hat{V}^{-1/2}\hat{L}$ 與

$\hat{\Psi}_z = \hat{V}^{-1/2}\hat{\Psi}\hat{V}^{-1/2}$。其中 $\hat{V}^{-1/2}$ 是對角線矩陣在主要對角線上樣本標準差的倒數（reciprocal）（可以以 $\sqrt{n}$ 為除數來計算）。

繼續其他方面的討論，假定已估計的負荷量 $\hat{L}_z$ 與特殊變異數 $\hat{\Psi}_z$ 獲自 R，我們可以發現會對一個共變數矩陣 [(n−1)/n]S 的因素分析所產生的最大概率估計值會是 $\hat{L} = \hat{V}^{1/2}\hat{L}_z$ 與 $\hat{\Psi} = \hat{V}^{1/2}\hat{\Psi}_z\hat{V}^{1/2}$，或

$$\hat{\ell}_{ij} = \hat{\ell}_{z,ij}\sqrt{\hat{\sigma}_{ij}} \text{ 與 } \hat{\Psi}_i = \hat{\Psi}_{z,i}\,\hat{\sigma}_{ii}$$

式中 $\hat{\sigma}_{ii}$ 結合著除數 n 被計算的變異數。各除數之間的區分可以放棄以主成分因素因解法來因解。

以 S 與 R 之間因素因解的等式問題，很明顯地在許多因素因解分析的著作之中的討論有不同的意見。以下我們可更進一步深入來探索。

範例（6-3） 七種犯罪指標變項資料的因素分析，最大概率（或概似）因素因解法的使用

本範例是取自美國 50 個州與一個哥倫比亞區，1984 年的七項犯罪類型資料，使用最大概率因素因解法，作因素分析，本資料相關矩陣來源參考 Dunteman（1989, p36）。

其 X_1 = 謀殺（murder），X_2 = 強劫、強暴（rape），X_3 = 盜取（robbery），X_4 = 攻擊、槍擊（assault），X_5 = 盜竊（burglary），X_6 = 失竊（theft），X_7 = 汽車失竊（motor vehicle theft）。其相關矩陣如下：

R =

1.0000	.6510	.8100	.8210	.5930	.4340	.4900
.6510	1.0000	.5010	.7070	.7400	.6410	.5650
.8100	.5010	1.0000	.7220	.5520	.4800	.6580
.8210	.7070	.7220	1.0000	.6860	.5570	.5630
.5930	.7400	.5520	.6860	1.0000	.7500	.5840
.4340	.6410	.4800	.5570	.7500	1.0000	.4140
.4900	.5650	.6580	.5630	.5840	.4140	1.0000

首先我們使用如下的 SPSS 語法，去執行最大概率因素因解法，以獲得已估計

的因素負荷量、共同性、特殊變異數與每一個因素所提供解釋整體（標準化）樣本變異數的比例於 SPSS 輸出結果表 6-3 中。此際，亦使用如下的 SPSS 語法（只要在 /EXTRACTION = ML 的語法改為 = CP 或 PA1 即可），去執行主成分因素因解法，提供相同的資料於 SPSS 輸出結果表 6-4 中。以進行比較與說明兩種因素因解法的不同和用法。

本範例語法指令儲存在本書 SPSS 的 Syntax CH6-3 的檔案中。

```
MATRIX DATA VARIABLES = X1 X2 X3 X4 X5 X6 X7
        /CONTENTS = N CORR
        /FORMAT = LOWER DIAGONAL.

BEGIN DATA
    51      51      51      51      51      51      51
 1.000
  .651   1.000
  .810    .501   1.000
  .821    .707    .722   1.000
  .593    .740    .552    .686   1.000
  .434    .641    .480    .557    .751   1.000
  .490    .565    .658    .563    .584    .414   1.000
END DATA.

subtitle '因素分析'
FACTOR
       /MATRIX = IN (CORR = *)
       /ANALYSIS = X1 X2 X3 X4 X5 X6 X7
       /print = ALL
       /CRITERIA = FACTORS(2)／EXTRACTION
       /EXTRACTION = ML
       /ROTATION =
       /PLOT = EIGEN ROTATION (1 2).
```

從語法的執行，我們可獲得 SPSS 輸出結果表 6-3 與表 6-4，在其中可分別地獲得最大概率與主成分因素因解法中的 $\hat{L}$（已估計的因素負荷 F_1 與 F_2），與共同性（communalities）。然後從共同性去獲取特殊變異數 $\hat{\Psi}_i = 1 - \hat{h}_i^2$。特殊變異數的計算方法和前面的計算方法一樣，如 $\hat{\Psi}_1 = 1 - .942 = .0580$，$\hat{\Psi}_2 = 1 - .685 = .3150$。

表 6-3　SPSS 輸出結果

表 6-3 之 1

共同性（a）

	初　始	萃　取
X1	.831	.942
X2	.710	.685
X3	.801	.701
X4	.755	.784
X5	.727	.844
X6	.640	.668
X7	.608	.420

萃取法：最大概似
a. 在疊代期間遇到一或多個大於 1 的公用估計值，判讀統計量的結果時必須留意。

表 6-3 之 2

因子矩陣(a)

	因　子	
	1	2
X1	.935	−.258
X2	.769	.305
X3	.825	−.140
X4	.885	.025
X5	.769	.503
X6	.617	.536
X7	.615	.204

萃取方法：最大概似
a. 萃取了 2 個因子。需要 14 個疊代。

表 6-4 **SPSS 輸出結果**

解說總變異量

因子	初始特徵值			平方和負荷量萃取			轉軸平方和負荷量		
	總和	變異數的%	累積%	總和	變異數的%	累積%	總和	變異數的%	累積%
1	4.710	67.283	67.283	4.282	61.168	61.168	2.554	36.486	36.486
2	.837	11.962	79.245	.761	10.870	72.037	2.489	35.551	72.037
3	.568	8.110	87.355						
4	.397	5.673	93.028						
5	.217	3.097	96.125						
6	.187	2.665	98.790						
7	.085	1.210	100.000						

萃取法：最大概似

我們首先進行最大概率因素因解法，參考 SPSS 輸出結果表 6-3 獲取 $\hat{L}$（已估計的因素負荷 F_1 與 F_2）與共同性（communalities）去獲取特殊變異數 $\hat{\Psi}_i = 1 - \hat{h}_i^2$。隨後可使用 MATLAB 來求取 m = 2，$\hat{L}\hat{L}' + \hat{\Psi}$ 與 $R - \hat{L}\hat{L}' - \hat{\Psi}$ 的矩陣。

```
>>R = [1.000 .651 .810 .821 .593 .434 .490; .651 1.000 .501 .707 .740 .641 .565; .810 .501 1.000 .722 .552 .480 .658; .821 .707 .722 1.000 .686 .557 .563; .593 .740 .552 .686 1.000 .750 .584; .434 .641 .480 .557 .750 1.000 .414; .490 .565 .658 .563 .584 .414 1.000]
R =
    1.0000     .6510     .8100     .8210     .5930     .4340     .4900
     .6510    1.0000     .5010     .7070     .7400     .6410     .5650
     .8100     .5010    1.0000     .7220     .5520     .4800     .6580
     .8210     .7070     .7220    1.0000     .6860     .5570     .5630
     .5930     .7400     .5520     .6860    1.0000     .7500     .5840
     .4340     .6410     .4800     .5570     .7500    1.0000     .4140
     .4900     .5650     .6580     .5630     .5840     .4140    1.0000

>>L = [.935 −.258; .769 .305; .825 −.140; .885 .025; .769 .503; .617 .536; .615 .204]
L =
     .9350    −.2580
```

```
.7690    .3050
.8250   -.1400
.8850    .0250
.7690    .5030
.6170    .5360
.6150    .2040

>>L*L′
ans =
   .9408   .6403   .8075   .8210   .5892   .4386   .5224
   .6403   .6844   .5917   .6882   .7448   .6380   .5352
   .8075   .5917   .7002   .7266   .5640   .4340   .4788
   .8210   .6882   .7266   .7839   .6931   .5594   .5494
   .5892   .7448   .5640   .6931   .8444   .7441   .5755
   .4386   .6380   .4340   .5594   .7441   .6680   .4888
   .5224   .5352   .4788   .5494   .5755   .4888   .4198

>>PSI = [.058 0 0 0 0 0 0; 0.315 0 0 0 0 0; 0 0.299 0 0 0 0; 0 0 0.216 0 0 0; 0 0 0 0.156 0 0; 0 0 0 0 0.332 0; 0 0 0 0 0 0.580]
PSI =
   .058      0      0      0      0      0      0
      0   .315      0      0      0      0      0
      0      0   .299      0      0      0      0
      0      0      0   .216      0      0      0
      0      0      0      0   .156      0      0
      0      0      0      0      0  .3320      0
      0      0      0      0      0      0  .5800
```

```
>>L = [.935 −.258; .769 .305; .825 −.140; .885 .025; .769 .503; .617 .536; .615 .204]
L =
    .9350   −.2580
    .7690    .3050
    .8250   −.1400
    .8850    .0250
    .7690    .5030
    .6170    .5360
    .6150    .2040

>>(L*L′) + (PSI)
ans =
    .9988    .6403    .8075    .8210    .5892    .4386    .5224
    .6403    .9994    .5917    .6882    .7448    .6380    .5352
    .8075    .5917    .9992    .7266    .5640    .4340    .4788
    .8210    .6882    .7266    .9999    .6931    .5594    .5494
    .5892    .7448    .5640    .6931   1.0004    .7441    .5755
    .4386    .6380    .4340    .5594    .7441   1.0000    .4888
    .5224    .5352    .4788    .5494    .5755    .4888    .9998

>>R−(L*L′)−(PSI)
ans =
     .0012     .0107     .0025    −.0000     .0038    −.0046    −.0324
     .0107     .0006    −.0907     .0188    −.0048     .0030     .0298
     .0025    −.0907     .0008    −.0046    −.0120     .0460     .1792
    −.0000     .0188    −.0046     .0001    −.0071    −.0024     .0136
     .0038    −.0048    −.0120    −.0071    −.0004     .0059     .0085
    −.0046     .0030     .0460    −.0024     .0059     .0000    −.0748
    −.0324     .0298     .1792     .0136     .0085    −.0748     .0002
```

R−(L*L′)−(PSI) 是為殘差矩陣。

接著我們的主成分因素因解法，參考 SPSS 輸出結果表 6-3 獲取 $\hat{L}$（已估計的因素負荷 F_1 與 F_2）與共同性（communalities）去獲取特殊變異數 $\hat{\Psi}_i = 1 - \hat{h}_i^2$。隨後可使用 MATLAB 來求取 m = 2，$\hat{L}\hat{L}' + \hat{\Psi}$ 與 $R - \hat{L}\hat{L}' - \hat{\Psi}$ 的矩陣。

```
>>R = [1.000 .651 .810 .821 .593 .434 .490; .651 1.000 .501 .707 .740 .641 .565; .810 .501 1.000 .722 .552 .480 .658; .821 .707 .722 1.000 .686 .557 .563; .593 .740 .552 .686 1.000 .750 .584; .434 .641 .480 .557 .750 1.000 .414; .490 .565 .658 .563 .584 .414 1.000]
R =
   1.0000    .6510    .8100    .8210    .5930    .4340    .4900
    .6510   1.0000    .5010    .7070    .7400    .6410    .5650
    .8100    .5010   1.0000    .7220    .5520    .4800    .6580
    .8210    .7070    .7220   1.0000    .6860    .5570    .5630
    .5930    .7400    .5520    .6860   1.0000    .7500    .5840
    .4340    .6410    .4800    .5570    .7500   1.0000    .4140
    .4900    .5650    .6580    .5630    .5840    .4140   1.0000

>>L = [.845 −.365; .840 .249; .824 −.424; .888 −.154; .855 .352; .739 .539; .738 −.155]
L =
    .8450   −.3650
    .8400    .2490
    .8240   −.4240
    .8880   −.1540
    .8550    .3520
    .7390    .5390
    .7380   −.1550

>>L*L′
ans =
    .8472    .6189    .8510    .8066    .5940    .4277    .6802
    .6189    .7676    .5866    .7076    .8058    .7550    .5813
```

```
    .8510    .5866    .8588    .7970    .5553    .3804    .6738
    .8066    .7076    .7970    .8123    .7050    .5732    .6792
    .5940    .8058    .5553    .7050    .8549    .8216    .5764
    .4277    .7550    .3804    .5732    .8216    .8366    .4618
    .6802    .5813    .6738    .6792    .5764    .4618    .5687

>>PSI = [.153 0 0 0 0 0 0; 0.233 0 0 0 0 0; 0 0.1410 0 0 0; 0 0 0.187 0 0 0; 0 0 0 0.145 0 0; 0 0 0 0 0.163 0; 0 0 0 0 0 0.432]
PSI =
    .1530        0        0        0        0        0        0
        0    .2330        0        0        0        0        0
        0        0    .1410        0        0        0        0
        0        0        0    .1870        0        0        0
        0        0        0        0    .1450        0        0
        0        0        0        0        0    .1630        0
        0        0        0        0        0        0    .4320

>>(L*L′) + (PSI)
ans =
   1.0002    .6189    .8510    .8066    .5940    .4277    .6802
    .6189   1.0006    .5866    .7076    .8058    .7550    .5813
    .8510    .5866    .9998    .7970    .5553    .3804    .6738
    .8066    .7076    .7970    .9993    .7050    .5732    .6792
    .5940    .8058    .5553    .7050    .9999    .8216    .5764
    .4277    .7550    .3804    .5732    .8216    .9996    .4618
    .6802    .5813    .6738    .6792    .5764    .4618   1.0007

>>>R−(L*L′)−(PSI)
ans =
    −.0002     .0321    −.0410     .0144    −.0010     .0063    −.1902
     .0321    −.0006    −.0856    −.0006    −.0658    −.1140    −.0163
```

−.0410	−.0856	.0002	−.0750	−.0033	.0996	−.0158
.0144	−.0006	−.0750	.0007	−.0190	−.0162	−.1162
−.0010	−.0658	−.0033	−.0190	.0001	−.0716	.0076
.0063	−.1140	.0996	−.0162	−.0716	.0004	−.0478
−.1902	−.0163	−.0158	−.1162	.0076	−.0478	−.0007

從上述兩種因素因解法的呈現與分析，我們可從兩個方面來說明與比較其優勢。若從矩陣中要萃取共同因素 $m = 1$，或 $m = 2$ 的過程中，依矩陣的邏輯複製的 $\hat{L}\hat{L}'+\hat{\Psi}$ 矩陣與原始 R 矩陣的各元素應該很接近。而 $R-\hat{L}\hat{L}'-\hat{\Psi}$ 的殘餘矩陣其各元素應該接近 0。從這方面來比較我們可以發現最大概率因素因解法似乎具有優勢。這就是我們比較喜愛使用最大概率法的原因，也是 LSREL 軟體較多使用最大概率法的原因。

就各因素所提供解釋整體樣本變異數的累積百分比來看，是主成分分析因素因解法具有優勢。以這樣的標準來衡量是有利於主成分分析因素因解法，由主成分因素分析所獲得的負荷量是與主成分有關。由此設計可使一個變異數的解釋量充分發揮到極致。

在本範例（6-3）中，我們使用最大概率因素因解法發現所有的變項都集中在 F_1 上有很大正數的負荷量。我們稱呼這種因素為整體的犯罪因素，就如使用主成分分析因素因解法中所觀察到的一樣。但在第二個因素上我們就可觀察到 X_2, X_5, X_6 與 X_7 隱然呈現形成一般竊盜案件的類聚，比主成分分析因素因解法中所觀察到的還是清晰。

（一）大樣本對共同因素數目的檢定

一個常態母群體的假定可直接地導致該模型有足夠正當性的檢定，假定維持 m 個共同因素。在這個案例中 $\Sigma = LL' + \Psi$，要檢定 m 個共同因素模型的足夠適當性

$$H_0: \underset{(p\times p)}{\Sigma} = \underset{(p\times m)}{L}\ \underset{(m\times p)}{L'} + \underset{(p\times p)}{\Psi} \tag{6-34}$$

對立假設 H_1：Σ 任何其他明確正數的矩陣。當 Σ 沒有任何特殊形式時，最大概率函數 $\hat{\Sigma} = (n-1)/S = S_n$ 是比例於

$$|S_n|^{-n/2}e^{-np/2} \tag{6-35}$$

在 H_1 的條件之下，Σ 受限於有方程式（6-34）的形式。在這種情形之下，最大概率函數，參考方程式（6-26）以 $\hat{\mu}=\overline{X}$ 與 $\hat{\Sigma}=\hat{L}\hat{L}'+\hat{\Psi}$，式中 $\hat{L}$ 與 $\hat{\Psi}$ 是 L 與 Ψ 的最大概率估計值，個別地是比例於

$$|\hat{\Sigma}|^{-n/2}\mathrm{ex}\left(-\frac{1}{2}\mathrm{tr}\left[\hat{\Sigma}^{-1}\left(\sum_{j=1}^{n}(X_j-\overline{X})(X_j-\overline{X})'\right)\right]\right)$$
$$=|\hat{L}\hat{L}'+\hat{\Psi}|^{-n/2}\exp\left(-\frac{1}{2}\mathrm{ntr}\left[(\hat{L}\hat{L}+\hat{\Psi})^{-1}S_n\right]\right) \qquad (6\text{-}36)$$

使用方程式（6-35）與方程式（6-36），我們可發現檢定 H_0 概率統計量是

$$-2\ln\Lambda=-2\ln\left[\frac{\text{在 } H_0 \text{ 之下把概率極大化}}{\text{把概率極大化}}\right]$$
$$=-2\ln\left(\left|\frac{\hat{\Sigma}}{S_n}\right|\right)^{-n/2}+n\left[\mathrm{tr}\left(\hat{\Sigma}^{-1}S_n\right)-p\right] \qquad (6\text{-}37)$$

以自由度，

$$v-v_0=\frac{1}{2}p(p+1)-\left[p(m+1)-\frac{1}{2}m(m-1)\right]$$
$$=\frac{1}{2}[(p-m)^2-p-m] \qquad (6\text{-}38)$$

$\mathrm{tr}\left(\hat{\Sigma}^{-1}S_n\right)-p=0$ 假定 $\hat{\Sigma}=\hat{L}\hat{L}'+\hat{\Psi}$ 是 $\Sigma=LL'+\Psi$ 的最大概率估計值。如此，我們可獲得

$$-2\ln\Lambda=n\ln\left(\frac{|\hat{\Sigma}|}{|S_n|}\right) \qquad (6\text{-}39)$$

Bartlett（1954, pp.296-298）已顯示對 $-2\ln\Lambda$ 抽樣分配卡方近似（chi-square approximation），可以以乘法的或增加的因素（$(n-1-(2p+4m+5)/6)$）置入方程式（6-39）來改進。

使用 Bartlett 的修正方法，我們可以以顯著性 α 的水準拒絕 H_0 如果

$$(n-1-(2p+4m+5)/6)\ln\frac{|\hat{L}\hat{L}'+\hat{\Psi}|}{S_n}\chi^2_{[(p-m)^2-p-m]/2}(\alpha) \qquad (6\text{-}40)$$

假定 n 與 n−1 是大的，因為自由度的數目是 $\frac{1}{2}[(p-m)^2-p-m]$，必須是正的，它要遵循

$$m < \frac{1}{2}(2p + 1 - \sqrt{8p+1}) \tag{6-41}$$

以便去應用於檢定方程式（6-40）。

註釋：在執行檢定方程式（6-40），我們可比較通則化的變異數 $|\hat{L}\hat{L}'+\hat{\Psi}|$ 與 $|S_n|$ 檢定 m 個共同因素模型的足夠適當性。如果 n 是大的，而 m 相較於 p 是小的，那虛無假設 H_0 將會被拒絕。因而導致更多共同因素的保留。無論如何，$\hat{\Sigma}=\hat{L}\hat{L}'+\hat{\Psi}$ 可以大的足夠接近 S_n，如此增加更多的共同因素並無法提供更多的洞察力（insights），縱然這些因素是「顯著性的」。某種判斷力有賴於 m 選擇的運作。

範例（6-4） 股票價格資料的因素分析使用最大概率方法

股票價格資料被分析係假定一個二因素（m = 2）模型與使用最大概率方法。已估計的因素負荷量、共同性、特殊變異數與每個因素所提供解釋整體樣本變異數的比例呈現於 SPSS 輸出結果表 6-5 中。以下我們依據前述的方法提出股票價格資料 R 矩陣，然後使用 MATLAB 來進行計算。以下本範例語法指令儲存在本書 SPSS 的 Syntax CH6-4 的檔案中。

```
MATRIX DATA VARIABLES = X1 X2 X3 X4 X5
    /CONTENTS = N CORR
    /FORMAT = UPPER NODIAGONAL.
BEGIN DATA
 100   100   100   100   100
.577  .509  .387  .462
.599  .389  .322
.436  .426
.523
END DATA
subtitle '因素分析'
FACTOR
```

```
/MATRIX = IN(CORR = *)
/ANALYSIS = X1 to X5
/PRINT = ALL
/CRITERIA = FACTOR(2)／EXTRACTION
/EXTRACTION = ML
/ROTATION.
```

表 6-5 SPSS 輸出結果

表 6-5 之 1

共同性(a)

	初 始	萃 取
X1	.433	.503
X2	.468	.751
X3	.447	.526
X4	.346	.392
X5	.370	.815

萃取法：最大概似
a. 在疊代期間遇到一或多個大於 1 的公用估計值。判讀統計量的結果時必須留意。

表 6-5 之 2

因子矩陣(a)

	因 子	
	1	2
X1	.688	.174
X2	.705	.504
X3	.687	.233
X4	.620	−.087
X5	.781	−.454

萃取方法：最大概似
a. 嘗試萃取 2 個因子，需要 25 個以上的疊代。（收斂= .007）萃取會被終止。

表 6-5 之 3

解說總變異量

	初始特徵值			平方和負荷量萃取			轉軸平方和負荷量		
因子	總和	變異數的%	累積%	總和	變異數的%	累積%	總和	變異數的%	累積%
1	2.857	57.134	57.134	2.435	48.700	48.700	1.670	33.410	33.410

因子	初始特徵值			平方和負荷量萃取			轉軸平方和負荷量		
	總和	變異數的%	累積%	總和	變異數的%	累積%	總和	變異數的%	累積%
2	.809	16.183	73.317	.552	11.045	59.746	1.317	26.336	59.746
3	.540	10.794	84.111						
4	.452	9.030	93.141						
5	.343	6.859	100.000						

萃取法：最大概似

我們首先進行最大概率因素因解法，參考 SPSS 輸出結果表 6-5 獲取 $\hat{L}$（已估計的因素負荷 F_1 與 F_2）與共同性（communalities）去獲取特殊變異數 $\hat{\Psi}_i = 1 - \hat{h}_i^2$。隨後可使用 MATLAB 來求取 m = 2，$\hat{L}\hat{L}' + \hat{\Psi}$ 與 $R - \hat{L}\hat{L}' - \hat{\Psi}$ 的矩陣。

```
>R = [1.000 .577 .509 .387 .462; .577 1.000 .599 .389 .322; .509 .599 1.000 .436 .426;
.387 .389 .436 1.000 .523; .462 .322 .426 .523 1.000]
R =
    1.0000     .5770     .5090     .3870     .4620
     .5770    1.0000     .5990     .3890     .3220
     .5090     .5990    1.0000     .4360     .4260
     .3870     .3890     .4360    1.0000     .5230
     .4620     .3220     .4260     .5230    1.0000
>>L = [.688 .174; .705 .504; .687 .233; .620 −.087; .781 −.454]
L =
     .6880     .1740
     .7050     .5040
     .6870     .2330
     .6200    −.0870
     .7810    −.4540
>>L*L′
ans =
     .5036     .5727     .5132     .4114     .4583
     .5727     .7510     .6018     .3933     .3218
     .5132     .6018     .5263     .4057     .4308
     .4114     .3933     .4057     .3920     .5237
```

```
        .4583    .3218    .4308    .5237    .8161
>>PSI = [.497 0 0 0 0; 0 .249 0 0 0; 0 0 .474 0 0; 0 0 0 .608 0; 0 0 0 0 .185]
PSI =
        .4970        0        0        0        0
            0    .2490        0        0        0
            0        0    .4740        0        0
            0        0        0    .6080        0
            0        0        0        0    .1850
>>(L*L′) + (PSI)
ans =
       1.0006    .5727    .5132    .4114    .4583
        .5727   1.0000    .6018    .3933    .3218
        .5132    .6018   1.0003    .4057    .4308
        .4114    .3933    .4057   1.0000    .5237
        .4583    .3218    .4308    .5237   1.0011
>>R−(L*L′)−(PSI)
ans =
       −.0006     .0043    −.0042    −.0244     .0037
        .0043    −.0000    −.0028    −.0043     .0002
       −.0042    −.0028    −.0003     .0303    −.0048
       −.0244    −.0043     .0303     .0000    −.0007
        .0037     .0002    −.0048    −.0007    −.0011

>>det(L*L′ + PSI)
ans =
      .1945
>>det (R)
ans =
      .1932
```

```
>>det(L*L′+ PSI)/det(R)
ans =
    1.0069
```

檢定 H_0：$\underset{(p\times p)}{\Sigma} = \underset{(p\times m)}{L}\ \underset{(m\times p)}{L'} + \underset{(p\times p)}{\Psi}$，以 m = 2，α = .05

方程式（6-40）中的檢定統計量是基於通則化變異數的比率之上。

$$\frac{|\hat{\Sigma}|}{|S_n|}=\frac{|\hat{L}\hat{L}'+\hat{\Psi}|}{|S_n|}$$

讓 $\hat{V}^{-1/2}$ 成為對角線矩陣這樣的矩陣為 $\hat{V}^{-1/2}S_n\hat{V}^{-1/2}=R$，使用行列式的特性：

$$|\hat{V}^{-1/2}||\hat{L}\hat{L}'+\hat{\Psi}||\hat{V}^{-1/2}|=|\hat{V}^{-1/2}\hat{L}\hat{L}'\hat{V}^{-1/2}+\hat{V}^{-1/2}\hat{\Psi}\hat{V}^{-1/2}|$$

與

$$|\hat{V}^{-1/2}||S_n||\hat{V}^{-1/2}|=|\hat{V}^{-1/2}S_n\hat{V}^{-1/2}|$$

結果

$$\left|\frac{\hat{\Sigma}}{S_n}\right|=\frac{|\hat{V}^{-1/2}||\hat{L}\hat{L}'+\hat{\Psi}||\hat{V}^{-1/2}|}{|\hat{V}^{-1/2}||S_n||\hat{V}^{-1/2}|}$$
$$=\frac{|\hat{V}^{-1/2}\hat{L}\hat{L}'\hat{V}^{-1/2}+\hat{V}^{-1/2}\hat{\Psi}\hat{V}^{-1/2}|}{|\hat{V}^{-1/2}S_n\hat{V}^{-1/2}|}$$
$$=\frac{|\hat{L}_z\hat{L}_z+\hat{\Psi}_z|}{|R|} \tag{6-42}$$

使用方程式（6-31）從範例（6-4）中，我們可測定

$$=\frac{|\hat{L}_z\hat{L}_z+\hat{\Psi}_z|}{|R|}$$

```
>>(L*L′) + (PSI)
ans =
    1.0006     .5727     .5132     .4114     .4583
     .5727    1.0000     .6018     .3933     .3218
     .5132     .6018    1.0003     .4057     .4308
     .4114     .3933     .4057    1.0000     .5237
     .4583     .3218     .4308     .5237    1.0011

>R = [1.000 .577 .509 .387 .462; .577 1.000 .599 .389 .322; .509 .599 1.000 .436 .426;
.387 .389 .436 1.000 .523; .462 .322 .426 .523 1.000]
R =
    1.0000     .5770     .5090     .3870     .4620
     .5770    1.0000     .5990     .3890     .3220
     .5090     .5990    1.0000     .4360     .4260
     .3870     .3890     .4360    1.0000     .5230
     .4620     .3220     .4260     .5230    1.0000

>>det(L*L′+ PSI)
ans =
    .1945

>>det (R)
ans =
    .1932

>>det(L*L′+ PSI)/det(R)
ans =
    1.0069
```

使用 Bartlett 的修正方法，我們可評估在方程式（6-40）中的檢定統計量：

$$(n-1-(2p+4m+5)/6)\ln\frac{|\hat{L}\hat{L}'+\hat{\Psi}|}{|S_n|}$$

$$\left[100-1-\frac{(10+8+5)}{6}\right]\ln(1.0069)=.6567$$

因為 $\frac{1}{2}[(p-m)^2-p-m]=\frac{1}{2}[(5-2)^2-5-2]=1$，5%的臨界值 $\chi_1^2(.05)=3.84146$ 並沒有被超過，因而我們未落入 H_0 的拒絕區。所以，我們可推論該資料沒有抵觸一個二因素的模型。事實上，可觀察的顯著性水準，或 P-value，$P[\chi_1^2>.6567]=.44$ 意指 H_0 在任何合理的水準之下是無法被拒絕的。

大的樣本變異數與共變數對最大概率估計值 $\hat{\ell}_{ij}, \hat{\Psi}$，已被獲得的，當這些估計值已從樣本共變數矩陣被測定時（Lawley and Maxwell, 1971）。一般而言，其表現形式是十分複雜的。

第四節　因素的轉軸

如前節所萃取的共同因素，只能當作暫時的參照軸之用。這些參照軸必須經過轉軸，才可呈現出其所隱含的真正意義，使研究者能夠依據其轉軸後的矩陣組型與結構作合理的解釋與命名。這就是所謂的「轉軸問題」，此為本節所要深入探究的主題。

一、簡單的結構

轉軸的方法是在於將原來的參照軸依順時鐘方向或逆時鐘方向旋轉到某一定的角度，使之旋轉到另一新位置後，各個變項的向量能夠在新軸上的投影之變異數極大化。Thurstone（1947）提出這種所謂「簡單的結構」（simple structure）的概念，以提供我們作為轉軸與探究共同因素真正意義的依據。

依據 Thurstone（1947）的觀點，我們若要達到簡單結構的要求，有若干先決條件必須符合，其要件是：

1. 在因素矩陣的因素負荷量 L 的每一個橫列上，至少要有一個因素負荷量是 0。
2. 如果在一個研究的問題上有 m 個共同因素，那在因素矩陣的每一個縱行上至少要有 m 個 0。
3. 在因素矩陣的因素負荷量 L 的每兩個縱行上，至少要有 m 個變項在某個縱行的負荷量為 0，然而在另一個縱行的負荷量則不為 0。

4. 如果在一個研究的問題上有四個或四個以上的共同因素時，那在因素矩陣的每兩個縱行上大部分的變項在這兩個縱行中的因素負荷量應是 0，而有少數的變項在這兩個縱行中的因素負荷量都不是 0。

依據前述各章的經驗，所有的因素因解法其最初產生的或萃取的因素都是正交的或直交的，因而其結果是（1）由於各變項因素因解的複雜性而使各變項的因素負荷量都集中在第一個因素上；（2）除了在第一個因素上之外，有些變項的因素負荷量是呈現正數與負數兩極的現象。

基本上有三種不同轉軸的研究途徑。第一種途徑是已圖解分析的途徑去檢測各變項的組型，然後把軸旋轉或界定新軸，而使旋轉後或界定的新軸能達到簡單與富有意義的結構標準。但是這種圖解分析的途徑對一個初學者而言是有困難的。

第二種途徑是去界定一個標的矩陣（a target matrix），或一個組型於轉軸之前。這種轉軸的目標或標的是去發展組型，並使這樣的組型儘量接近標的矩陣。這樣的組型之研究與發展，其目標是在於致力發展一種驗證性因素分析模型的建立。

第三種途徑是在於信賴某種分析的轉軸方法，這種方法在於免於主觀的判斷。一般而言，轉軸方法有「正交轉軸方法」與「斜交轉軸方法」；這兩種轉軸方法可符合 Thurstone（1947）的簡單結構的要求。

二、正交轉軸方法

正交轉軸方法的最大特色是因素軸與因素軸之間呈現保持 90 度的交叉狀態，這種轉軸方法，對我們最熟悉的是 Thurstone 的「最大變異法」（Kaiser, 1958; Harris and Kaiser, 1964）。

因素負荷量的正交轉移被稱為因素的轉軸，如果是由任何方法（如主成分、最大概率法，等等）所獲得估計因素負荷量 $p \times m$ 的矩陣，那麼

$$\hat{L}^* = \hat{L}T \text{，式中} \quad TT' = T'T = I \qquad (6\text{-}43)$$

是一個「已轉軸」因素負荷量的 $p \times m$ 的矩陣。而且，其已估計的共變數（或相關）矩陣仍然未改變。因為

$$\hat{L}\hat{L}' + \hat{\Psi} = \hat{L}TT'\hat{L} + \hat{\Psi} = \hat{L}^*\hat{L}^{*\prime} + \hat{\Psi} \qquad (6\text{-}44)$$

方程式（6-44）係指示殘餘矩陣，$S_n - \hat{L}\hat{L}' - \hat{\Psi} = S_n - \hat{L}^*\hat{L}^{*\prime} - \hat{\Psi}$，仍然未改變。而且，特殊的變異數 $\hat{\Psi}_i$，與其共同性 $\hat{h}_i^2$ 仍然是未改變。依此，從數學觀點推理，是從 $\hat{L}$ 或 $\hat{L}^{*\prime}$ 被獲得的是不重要。

因為最初的因素負荷量無法獲得很明確的解釋，所以，通常要經由實際應用轉軸方法把它轉軸到一個「較簡單的結構」被達成而能夠呈現其意義為止。所以，這種過程，基本的理論被視為類似於顯微鏡被調整到能夠很清楚地透視其研究物件為止。

在轉軸的過程其理想的狀況是要達到一個因素負荷量的組型，其每一個變項的因素負荷量很高地集中類聚在某一個單一的因素上，而只有很小的因素負荷量類聚在其他的因素上。無論如何，要達到這樣的境界或要達到這樣的簡單結構是不容易的。

現在，我們就轉軸的過程來探究。假設當 $m = 2$，或共同因素被假定為一次兩個時，我們要使用轉軸方法把它轉變為一個簡單結構，並以圖解分析的方式來說明。此時，未轉軸的共同因素可以被視為是沿著垂直座標軸的單元向量（unit vectors）。一對因素負荷量（$\hat{\ell}_{i1}, \hat{\ell}_{i2}$）產生為 p 的各點，每一個散佈點對應於一個變項。然後座標軸可以在視覺上透過一個角度被旋轉，這樣的過程被稱為 θ，而新的已轉軸的負荷量 $\hat{\ell}_{ij}^*$ 就可從其關係的轉變中被決定

$$\underset{(p\times 2)}{\hat{L}^*} = \underset{(p\times 2)}{\hat{L}} \quad \underset{(2\times 2)}{T}$$

式中

$$T = \begin{bmatrix} \cos\theta & \sin\theta \\ -\sin\theta & \cos\theta \end{bmatrix} \quad \text{順時鐘方向}$$

$$T = \begin{bmatrix} \cos\theta & -\sin\theta \\ \sin\theta & \cos\theta \end{bmatrix} \quad \text{反時鐘方向} \qquad (6\text{-}45)$$

在方程式（6-45）中的關係很少可以以二個維度或二個構面的圖解分析來執行。在此種狀況之下，其各變項的類聚之形成，我們可由視覺來觀察，而這樣的類聚方式能夠使我們可以去辨識共同因素的形成而無需去檢視已轉軸的負荷量之大小。反之，如果 $m > 2$，或共同因素是兩個以上，那其方向就不容易被視覺到，而其已轉軸的負荷量之大小就必須被檢視以便去發現其原始資料中具有意義的解

釋。那麼正交矩陣 T 的一種選舉即可滿足簡單結構的條件，因而簡單結構的一種分析測量就可被考慮為分析方法。

這樣的轉軸，其目的是在於求取一個轉換矩陣 T（且 $T'T = I$），來乘未轉軸的因素矩陣 L，以便得到轉軸後的 L* 的因素負荷量 ℓ^* 除以 h_i 之平方的變異數為最大（亦即使分配儘量成低闊峰或使四級動差儘量大）。在實際的應用中，是要轉軸到適當的位置，能夠使下式的 V 極大化：

$$V = p\sum_{j=1}^{m}\sum_{i=1}^{p}\left(\frac{\ell_{ij}}{h_i}\right)^4 - \sum_{j=1}^{m}\left(\sum_{i=1}^{p}\frac{\ell_{ij}^2}{h_i^2}\right)^2$$

或

$$V = \frac{1}{P}\sum_{j=1}^{m}\left[\sum_{i=1}^{p}\tilde{\ell}_{ij}^{*4} - \left(\sum_{i=1}^{p}\tilde{\ell}_{ij}^{*2}\right)^2 / p\right] \quad (6\text{-}46)$$

式中，ℓ_{ij} 是第 i 個變項在第 j 個共同因素方面的負荷量，而 h_i 是第 i 個變項在所有第 m 個共同因素的共同性之平方根。除以 h_i 的目的是在於消除由於各變項之共同性大小所引發的困擾，因為 h_i 較大的變項其影響力比 h_i 較小的變項為大。因而，除以 h_i 之後，每一個變項的因素負荷量之平方和就可正規化為 1。

一般而言，在正規化最大變異法中，首先要把未轉軸的因素矩陣每一個變項的因素負荷量正規化為 1，然後再進行轉軸，最後再將負荷量還原為原來的量尺單位。

雖然我們亦可以嘗試錯誤的轉軸方法，使方程式（6-46）的 V 值愈來愈大，但是這可能是相當浪費時間的事。因而，凱賽（Kaiser, 1958）提出上述方程式（6-45）證明要使每一對共同因素負荷量變異極大化的正交轉軸矩陣 T，其角度 θ 必須合乎下列方程式的條件：

$$\tan 4\theta = \frac{D - 2AB/p}{C - (A^2 - B^2)/p} \quad (6\text{-}47)$$

式中，

$$X_i = \ell_{ij}/h_i \qquad Y_i = \ell_{ik}/h_i$$

$$u_i = X_i^2 - Y_i^2 \qquad v_i = 2X_iY_i$$

而，

$$A = \Sigma u_i \quad B = \Sigma u_i \quad C = \Sigma(u_i^2 - v_i^2)$$
$$D = 2\Sigma u_i v_i \qquad (6\text{-}48)$$

為了使方程式（6-46）的第二個導數成為負數（亦即極大值），方程式（6-47）所求出 4θ 必須在正確的象限裡才可以，表 6-6 可幫助我們正確判斷 4θ 究竟在那一個象限裡。

表 6-6 轉軸角度（改自 Harman，1960，p.298）

分子的符號	分母的符號	tan 4θ 的符號	4θ 所屬象限	θ 的界限
+	+	+	I 0 度至 90 度	0 度至 22.5 度
+	−	−	II 90 度至 180 度	22.5 度至 45 度
−	−	+	III −180 度至 −90 度	−45 度至−22.5 度
−	+	−	IV −90 度至 0 度	−22.5 度至 0 度

代入方程式（6-47），求得 4θ 之後，便可根據表 6-6 來判斷 4θ 究竟在那一象限，如果在第一象限裡，將 4θ 除以 4，便是 θ 的角度。如果在第二象限裡，在 4θ 加上 180°，再除以 4，就是 θ 的角度。如果在第三象限裡，從 4θ 減掉 180°，再除以 4，就是 θ 的角度。如果在第四象限裡，則 4θ 除以 4，便是 θ 的角度。求得 θ 的角度之後，就可代入方程式（6-45），求出 cosθ 的值。這樣的方法，轉換矩陣 T 就可求出來了。此時，將未轉軸矩陣 L，乘以轉換矩陣 T，便可得到轉軸後矩陣 L*。此時，再代入方程式（6-46）的 V 值就是極大值。這是只有兩個共同因素時的情形。

如果共同因素有 m 個時，就要將方程式（6-47）用到所有 m(m−1)/2 對共同因素上面。每次用一對兩個共同因素來轉軸，m 個共同因素可能有 m(m−1)/2 對。執行完成 m(m−1)/2 對的轉軸，稱為一個「循環」（cycles）。每執行完成一個循環之後，就將轉軸後的因素負荷量代入方程式（6-46），求出 V 值，看看 V 值是否比前一個循環的 V 值增加。如此反覆進行，幾個循環之後 V 值就會聚斂在一起。換言之，當 V 值不再增加時，轉軸的動作便可停止。此時的共同因素負荷量矩陣 L* 便是變異數最大的轉軸後因素負荷量（rotated factor loading）矩陣。從此一矩陣我們就可觀察出共同因素所呈現的意義（參考，Harman, 1960, pp.301-304; Timm, 1975, pp.565-566; Overall and Klett, 1972, pp0129-131）。以下我們就以範例（6-6）

來幫助說明以最大變異法進行正交轉軸的實際計算過程。

範例（6-5） 人民對政治態度的因素轉軸

以下提出的一個因素轉軸範例是人民對政治態度樣本的相關矩陣，本範例已在前面第五章中作了詳細的探討。在本章中我們以它為範例進行最大概率因解法，然後進行轉軸。現在我們首先使用 SPSS 的語法指令，以獲得最大概率的因素矩陣作為進行轉軸的資料如 SPSS 輸出結果報表 6-7。

本範例語法指令儲存在本書 SPSS 的 Syntax CH6-5 的檔案中。

```
MATRIX DATA VARIABLES = X1 X2 X3 X4 X5 X6
          /CONTENTS = N CORR
          /FORMAT = UPPER NODIAGONAL.
BEGIN DATA
1000   1000   1000   1000   1000   1000
 .560   .480   .224   .192   .160
 .420   .196   .168   .140
 .168   .144   .120
 .420   .350
 .300
END DATA.
subtitle '因素分析'
FACTOR
         /MATRIX = IN (CORR = *)
         /ANALYSIS = X1 to X6
         /CRITERIA = FACTORS(2)／EXTRACTION
         /EXTRACTION = ML
         /ROTATION = VARIMAX
         /PLOT = EIGEN ROTATION(1 2)
         /PRINT.
```

表 6-7 **SPSS 輸出結果報表**

表 6-7 之 1

因子矩陣（a）

	因子	
	1	2
X1	.766	−.232
X2	.670	−.203
X3	.574	−.174
X4	.454	.533
X5	.389	.457
X6	.324	.381

萃取方法：最大概似

a. 萃取了 2 個因子，需要 4 個疊代。

表 6-7 之 2

共同性

	初始	萃取
X1	.398	.640
X2	.348	.490
X3	.267	.360
X4	.249	.490
X5	.212	.360
X6	.156	.250

萃取法：最大概似

在獲得因素矩陣與其共同性之後，我們可把每個共同性值開根號或成為 h_i，然後開始以兩個未轉軸的因素矩陣 L。試以凱塞的正規化最大變異法將該矩陣加以正交轉軸。在進行之前先以下列的計算（使用 MATLAB 軟體）獲得其摘要資料。

表 6-8 **最大變異法計算表格**

	f_1	f_2	h_i	X_i	Y_i	u_i	v_i	$u_i^2 - v_i^2$	$2u_iv_i$
X1	.766	−.232	.8	.9575	−.2900	.8327	−.5554	.3850	−.9249
X2	.670	−.203	.7	.9571	−.2900	.8320	−.5551	.3841	−.9238
X3	.570	−.174	.6	.9500	−.2900	.8184	−.5510	.3662	−.9019
X4	.454	.533	.7	.6486	.7614	−.1591	.9877	−.9502	−.3143
X5	.389	.457	.6	.6483	.7617	−.1598	.9876	−.9499	−.3156

	f_1	f_2	h_i	X_i	Y_i	u_i	v_i	$u_i^2 - v_i^2$	$2u_iv_i$
X6	.324	.381	.5	.6480	.7620	−.1607	.9876	−.9494	−.3175
平方和							1.3014	−1.7142	−3.6980

要獲得表 6-8 最大變異法表格中的資料數據必須歷經下列複雜與艱困的過程：

（1）**求未轉軸的因素矩陣 L 每一個變項之共同性的平方根 h_i，例如**

$$\sqrt{(.766)^2+(-.232)^2}=0.8$$

（2）**把每一橫列正規化為 1 的因素負荷量 X_i, Y_i**：再把因素矩陣 L 之每一因素負荷量除以該橫列的 h_i，使該橫列的因素負荷量正規化為 1。例如，.766 ÷ .8 = .9575，與 −.232 ÷ .8 = −.2900。此時再把 $(.766)^2+(-.232)^2=1$。

（3）**求 u_i 與 v_i**：為了要代入方程式（6-47）以求得計算轉角 4θ，須代入方程式（6-48）求出我們所要的各值，可參考以下 MATLAB 的計算：

```
>>X1 = .766/.8
X1 =
    .9575
>>Y1 = −.232/.8
Y1 =
    −.2900
>>X2 = .670/.7
X2 =
    .9571
>>Y2 = −.203/.7
Y2 =
    −.2900
>>X3 = .570/.6
X3 =
    .9500
>>Y3 = −.174/.6
Y3 =
```

```
    −.2900
>>X4 = .454/.7
X4 =
    .6486
>>Y4 = .533/.7
Y4 =
    .7614
>>X5 = .389/.6
X5 =
    .6483
>>Y5 = .457/.6
Y5 =
    .7617
>>X6 = .324/.5
X6 =
    .6480
>>Y6 = .381/.5
Y6 =
    .7620
>>U1 = X1^2−Y1^2
U1 =
    .8327
>>U2 = X2^2−Y2^2
U2 =
    .8320
>>U3 = X3^2−Y3^2
U3 =
    .8184
>>U4 = X4^2−Y4^2
U4 =
    −.1591
```

```
>>U5 = X5^2−Y5^2
U5 =
      −.1598
>>U6 − X6^2−Y6^2
U6 =
      −.1607
>>V1 = 2*X1*Y1
V1 =
      −.5554
>>V2 = 2*X2*Y2
V2 =
      −.5551
>>V3 = 2*X3*Y3
V3 =
      −.5510
>>V4 = 2*X4*Y4
V4 =
      .9877
>>V5 = 2*X5*Y5
V5 =
      .9876
>>V6 = 2*X6*Y6
V6 =
      .9876
>>U1^2−V1^2
ans =
      .3850
>>U2^2−V2^2
ans =
      .3841
>>U3^2−V3^2
```

```
ans =
    .3662
>>U4^2−V4^2
ans =
    −.9502
>>U5^2−V5^2
ans =
    −.9499
>>U6^2−V6^2
ans =
    −.9494
>>2*U1*V1
ans =
    −.9249
>>2*U2*V2
ans =
    −.9238
>>2*U3*V3
ans =
    −.9019
>>2*U4*V4
ans =
    −.3143
>>2*U5*V5
ans =
    −.3156
>>2*U6*V6
ans =
    −.3175
>>A = U1 + U2 + U3 + U4 + U5 + U6
A =
```

```
    2.0035
>>B = V1 + V2 + V3 + V4 + V5 + V6
B =
    1.3014
>>C = 0.3850 + 0.3841 + 0.3662−0.9502−0.9499−0.9494
C =
    −1.7142
>>D = −0.9249−0.9238−0.9019−0.3143−0.3156−0.3175
D =
    −3.6980
```

（4）**求轉角 θ**：將上面計算所得各值代入方程式（6-47），其中我們以 H 與 F 代替被被除數與除數：

```
>>H = D−2*A*B/4
H =
    −5.0016
>>F = C−(A^2−B^2)/4
F =
    −2.2943
>>H/F
ans =
    2.1800
```

從以上的計算結果得 $\tan\theta = 2.1800$，此時，可查表 6-6 才會知道 4θ 到底是屬於那一個象限。由於使用方程式（6-47）計算的結果，其分子是 −5.0016，是負數的，分母是 −2.2943，也是負數的，由此可查證 4θ 是在第三象限中，也就是在 −180° 至 −90° 之間。因為 $4\theta = 2.1800$，查三角函數表可獲知，$4\theta = -114.65°$，亦即在 65.35° 至 −180°。依此可見 $\theta = -28.66°$ 這就是說，我們要將原軸依順時鐘方向轉軸 28.66°，就是新軸應有的位置。

（5）求轉換矩陣 T：將 θ = -28.66° 代入方程式（6-45），便可轉換矩陣如下：

$$T=\begin{bmatrix}\cos\theta(-28.66^\circ) & -\sin\theta(-28.66^\circ)\\ \sin\theta(-28.66^\circ) & \cos\theta(-28.66^\circ)\end{bmatrix}$$

```
>>T = [cosd(−28.66)−sind(−28.66); sind(−28.66)cosd(−28.66)]
T =
        .8775     .4796
       −.4796     .8775
```

取上面表 6-8 中 X 與 Y 的資料

```
>>XY = [.9575 −.290; .9571 −.2900; .9500 −.29000; .6486 .7614; .6483 .7617; .6480 .7620]
XY =
        .9575    −.2900
        .9571    −.2900
        .9500    −.2900
        .6486     .7614
        .6483     .7617
        .6480     .7620
```

```
>>(XY)*(T)
ans =
        .9793     .2048
        .9789     .2046
        .9727     .2012
        .2040     .9792
        .2036     .9793
        .2031     .9794
```

```
>>[.9793 .2048]*0.8
ans =
        .7834     .1638
>>[.9787 .2046]*.3
ans =
        .2936     .0614
>>[.9787 .2046]*.7
ans =
        .6851     .1432
>>[.9727 .2012]*.6
ans =
        .5836     .1207
>>[.2040 .9792]*.7
ans =
        .1428     .6854
>>[.2036 .9794]*.6
ans =
        .1222     .5876

>>[.2031 .9794]*.5
ans =
        .1016     .4897

>>L = [.766 −.232; .670 −.203; .570 −.174; .454 .533; .389 .457; .324 .381]
L =
        .7660    −.2320
        .6700    −.2030
        .5700    −.1740
        .4540     .5330
        .3890     .4570
        .3240     .3810
```

```
>>T = [.8775 .4796; −.4796 .8775]
T =
        .8775      .4796
       −.4796      .8775

>>A*T（轉軸後的因子矩陣）
ans =
        .7834      .1638
        .6853      .1432
        .5836      .1207
        .1428      .6854
        .1222      .5876
        .1016      .4897
```


此時，我們可以把上述轉軸後的因素或因子矩陣結果與使用 SPSS 語法指令所獲得的輸出結果進行對照比較。

從上述正交轉軸方法的「最大變異法」，經過上述方程式，與獲得表 6-8 最大變異法表格中的資料數據的過程是複雜與艱困的，必須要仔細、謹慎、與耐心，方可達成轉軸後的因子矩陣與 SPSS 輸出結果報表 6-9 數據相符。

表 6-9　SPSS 輸出結果報表

轉軸後的因子矩陣(a)

	因　子	
	1	2
X1	.783	.163
X2	.685	.143
X3	.587	.123
X4	.143	.685
X5	.123	.587
X6	.102	.489

萃取方法：最大概似
旋轉方法：含 Kaiser 常態化的 Varimax 法
a. 轉軸收斂於 3 個疊代

三、斜交轉軸方法

除了正交轉軸方法之外，還有一種轉軸方法被稱為「斜交轉軸方法」（oblique rotation）。有關斜交轉軸方法在前述第二章已有所探討，並未在上述的各章中都有詳細討論，在此不作進一步去探究。

第五節　因素分數

在因素分析中，通常會集中焦點關切於因素模型的各個參數上。無論如何，共同因素的已估計值，就被稱之為因素分數。這些已估計的值或因素分數的數值時常被使用為診斷模型是否適配資料，與被作為其後分析的輸入資料。

因素分數依通常的意義並不是未知參數的估計值。反之，它們是可提供為無法觀察的隨機因素向量 F_j 的估計值，$j = 1, 2, \cdots n$ 即是，因素分數。

$$\hat{f}_j = \text{由 } F_j \text{（jth 個案）所獲得 } f_j \text{ 的估計值}$$

其估計的情境是由於無法觀察的 f_j 與 ε_j 的數量超過可觀察的 X_j 之事實而複雜化。要克服這樣的困境，某些相當啟發性，而且可推論性，可研究於估計因素值（factor values）問題的途徑已被提出。我們在此提出這些途徑之中的兩種方法來進行探討。

這兩種途徑的因素分數有二個共同的元素：

1. 它們處理已估計的因素負荷量 $\hat{\ell}_{ij}$ 與特殊變異數 $\hat{\Psi}_i$，就像它們是真正的值一樣。
2. 它們涉及原始資料的線性轉換（linear transformations），或許會被集中或被標準化。在象徵上，是以已轉軸的估計的因素負荷量，而不是以原始的已估計的因素負荷量，去進行估計因素分數。

一、加權的最小平方方法

首先假定平均數的向量 μ，因素負荷量 L，與特殊變異數 Ψ 提供因素模型為已知數。

$$\underset{(p\times 1)}{X} - \underset{(p\times 1)}{\mu} = \underset{(p\times m)}{L}\underset{(m\times 1)}{F} + \underset{(p\times 1)}{\varepsilon}$$

進一步，把特殊變異數 $\varepsilon' = [\varepsilon_1, \varepsilon_2, \ldots, \varepsilon_p]$ 視為是誤差。因為 $Var(\varepsilon_i) = \Psi_i$，$i = 1, 2, \cdots p$

不必要是相等的。Bartlett（1937）已提出加權的最小平方方法可以被使用去估計共同因素的值。

誤差的平方和，由它們變異數倒數的加權，是

$$\sum_{i=1}^{p}\frac{\varepsilon_i^2}{\Psi_i}=\varepsilon'\Psi^{-1}\varepsilon=(X-\mu-Lf)'\Psi^{-1}(X-\mu-Lf) \quad (6\text{-}49)$$

Bartlett 提出選擇把 f 的 $\hat{f}$ 估計值去極小化方程式（6-49），其因解法是

$$\hat{f}=(L'\Psi^{-1}L)^{-1}L'\Psi^{-1}(X-\mu) \quad (6\text{-}50)$$

由方程式（6-50）所引發，我們可取 $\hat{L}$, $\hat{\Psi}$, 與 $\hat{\mu}=\overline{X}$ 為真正的值，然後去獲得提供 jth 案例的因素分數為

$$\hat{f}_j=(\hat{L}'\hat{\Psi}^{-1}\hat{L})^{-1}\hat{L}'\hat{\Psi}^{-1}(X_j-\overline{X}) \quad (6\text{-}51)$$

當 $\hat{L}$ 與 $\hat{\Psi}$ 是由最大概率來進行測定時，這些估計值就必須滿意於唯一性的條例狀況（the uniqueness condition），$\hat{L}'\hat{\Psi}^{-1}\hat{L}=\hat{\Delta}$，一個對角線的矩陣。然後我們要進行下列：

（一）遵行最大概率估計值使用加權的最小平方所獲得因素分數

$$\hat{f}=(L'\Psi^{-1}L)^{-1}L'\Psi^{-1}(X-\mu)$$
$$=\hat{\Delta}^{-1}\hat{L}'\hat{\Psi}^{-1}(X_j-\overline{X}),\quad j=1,2,\cdots,n$$

或，如果以相關係數矩陣被因素因解 （6-52）

$$\hat{f}_j=(\hat{L}'_z\hat{\Psi}_z^{-1}\hat{L}_z)^{-1}\hat{L}'_z\hat{\Psi}_z^{-1}z_j$$
$$=\hat{\Delta}_z^{-1}\hat{L}'_z\hat{\Psi}_z^{-1}z_j,\quad j=1,2,\cdots,n$$

式中 $z_j=D^{-1/2}(X_j-\overline{X})$，與 $\hat{P}=\hat{L}_z\hat{L}'_z+\hat{\Psi}_z$。

由方程式（6-52）所產生的因素分數有樣本的平均數向量 0 與 0 樣本的共變數

如果已轉軸的因素負荷量 $\hat{L}^*=\hat{L}T$ 被使用於代替在方程式（6-52）中原始的（或原初的）因素負荷量，那其後的因素分數，$\hat{f}_j^*$，是由 $\hat{f}_j^*=T'\hat{f}_j$ 使與 $\hat{f}_j$ 相關，j = 1, 2, ⋯, n。

註釋：如果因素負荷量是由主成分方法來進行估計，它就會習慣於去使用一種未加權的最小平方方法去產生因素分數。要去假定 Ψ_j 是相等或幾乎相等的數值，其因素分數是

$$\hat{f}_j = (\hat{L}'\hat{L})^{-1}\hat{L}'(X_j - \overline{X})$$

或

$$\hat{f}_j = (\hat{L}'_z\hat{L}_z)^{-1}\hat{L}'_z z_j$$

對標準化資料。因為 $L = \left[\sqrt{\hat{\lambda}_1}\,e_1 \vdots \sqrt{\hat{\lambda}_2}\,e_2 \vdots \cdots \vdots \sqrt{\hat{\lambda}_m}\,e_m\right]$，我們可獲得

$$\hat{f}_j = \begin{bmatrix} \frac{1}{\sqrt{\hat{\lambda}_1}}\hat{e}'_1(X_j - \overline{X}) \\ \frac{1}{\sqrt{\hat{\lambda}_2}}\hat{e}'_2(X_j - \overline{X}) \\ \vdots \\ \frac{1}{\sqrt{\hat{\lambda}_m}}\hat{e}'_m(X_j - \overline{X}) \end{bmatrix} \qquad (6\text{-}53)$$

對這些因素分數，

$$\frac{1}{n}\sum_{j=1}^{n}\hat{f}_j = 0 \qquad \text{（樣本平均數）}$$

與

$$\frac{1}{n-1}\sum_{j=1}^{n}\hat{f}_j\hat{f}'_j = I \qquad \text{（樣本共變數）}$$

二、迴歸的方法

我們再次以原始的（或原初的）因素模型 $X-\mu = LF + \varepsilon$ 來開始進行討論，最初我們處理或執行因素負荷量矩陣 L 與特殊變異數矩陣 Ψ 為已知數。當共同因素 F 與特殊因素（或誤差）ε 是由方程式（6-3）所假定平均數與共變數是共同地常態

分配，$X-\mu = LF + \varepsilon$ 的線性組合有一種 $N_p(0, LL' + \Psi)$ 的分配。而且，$(X-\mu)$ 與 F 的共同地分配是 $N_{m+p}(0, \Sigma^*)$，其中

$$\underset{(m+p)\times(m+p)}{\Sigma^*} = \begin{bmatrix} \underset{(p\times p)}{\Sigma = LL'+\Psi} & \underset{(p\times m)}{L} \\ \underset{(m\times p)}{L'} & \underset{(m\times m)}{I} \end{bmatrix} \tag{6-54}$$

0 是一個 $(m + 1)\times 1$ 的 0 向量。我們發現 $F|X$ 的條件分配（conditional distribution）是多變項的常態（multivariate normal）以

$$\text{平均數} = E(F|X) = L'\Sigma^{-1}(X-\mu) = L'(LL' + \Psi)^{-1}(X-\mu) \tag{6-55}$$

與

$$\text{共變數} = Cov(F|X) = I-L'\Sigma^{-1}L = I-L'(LL' + \Psi)^{-1}L \tag{6-56}$$

在方程式（6-55）中 $L'(LL' + \Psi)^{-1}$ 的數量是在各因素對各變項迴歸的係數。這些係數的估計值可產生因素分數，這些因素分數類似於在多變項迴歸分析（multivariate regression analysis）中條件平均數值的估計值。其結果，所假定的任何觀察值 X_j 的向量，與取最大概率估計值 $\hat{L}$ 與 $\hat{\Psi}$ 為真正的值，我們可以理解到第 j 個（jth）因素分數的向量是下列方程式所假定

$$\hat{f}_j = \hat{L}'\hat{\Sigma}^{-1}(X_j - \overline{X}) = \hat{L}'(\hat{L}\hat{L}' + \hat{\Psi})^{-1}(X_j - \overline{X})，j = 1, 2, \cdots, n \tag{6-57}$$

在方程式（6-57）中 $\hat{f}_j$ 的計算可以使用矩陣單元來進行簡化

$$\underset{(m\times p)}{\hat{L}'}\underset{p\times p}{(\hat{L}\hat{L}'+\hat{\Psi})^{-1}} = \underset{(m\times m)}{(I+\hat{L}'\hat{\Psi}^{-1}\hat{L})^{-1}}\underset{(m\times p)}{\hat{L}'}\underset{(p\times p)}{\hat{\Psi}^{-1}} \tag{6-58}$$

這種單元（This identity）允許我們可以比較方程式（6-57）中的各個因素分數，由迴歸的論證（regression argument）所產生，以由加權最小平方方法所產生的這些。在暫時上，我們可指出由 $\hat{f}_j^R$ 所產生的前者與由 $\hat{f}_j^{LS}$ 所產生的後者。然後，使用方程式（6-58），我們可獲得

$$\hat{f}_j^{LS} = (\hat{L}'\hat{\Psi}^{-1}\hat{L})^{-1}(I+\hat{L}'\hat{\Psi}^{-1}\hat{L})f_j^R = (I+(\hat{L}'\hat{\Psi}^{-1}\hat{L})^{-1})f_j^R \tag{6-59}$$

對最大概率估計值 $(\hat{L}'\hat{\Psi}^{-1}\hat{L})^{-1}=\hat{\Delta}^{-1}$ 與如果這種對角矩陣的各個元素是接近 0，這種迴歸與一般化最小平方方法（generalized least squares method）將幾乎給予相同的因素分數。

在企圖去減少一個（可能的）不正確的很多因素的測定中，研究者傾向於使用 S（原始樣本的共變數矩陣）以替代 $\hat{\Sigma}=\hat{L}\hat{L}'+\hat{\Psi}$。我們要進行下列的探討：

（一）由迴歸所獲得的因素分數

$$\hat{f}_j=\hat{L}'S^{-1}(X_j-\overline{X})\text{，}j=1, 2, \cdots, n$$

或，如果以一個相關矩陣被因素因解　　(6-60)

$$\hat{f}_j=\hat{L}'_z R^{-1}z_j\text{，}j=1, 2, \cdots, n$$

其中，參考方程式（6-29），

$$z_j=D^{-1/2}(X_j-\overline{X})\text{ 與 }\hat{P}=\hat{L}_z\hat{L}'_z+\hat{\Psi}_z$$

而且，如果轉軸的負荷量 $\hat{L}^*=\hat{L}T$ 被使用替代方程式（6-60）中最初的負荷量，其後因素分數 $\hat{f}_j^*$ 是與 $\hat{f}_j$ 相關由

$$\hat{f}_j^*=T'\hat{f}_j\text{，}j=1, 2, \cdots, n$$

由二種不同計算方法所產生因素分數之間很多數據相同的測量可由相同因素分數之間的樣本的相關係數來提供。

第六節　因素分析的策略

從本章以上的探究論述中，我們可以發現在任何因素分析的研究中有許多的決定必須被決定。其中最可能的重要決定是 m 的選取，共同因素的數目。雖然一個模型有一個大的樣本對一個假定的 m 可提供一個足夠正當性的檢定，是可資利用的，但是這樣的檢定只適合於近似常態分配的資料。而且，這樣的檢定對一個小樣本的模型，如果它有大的變項數目與觀察值時，那它就將會遭到拒絕。所以，當因素分析可提供一個有效的近似值時，這樣的檢定情況才會有可能。換言之，m 選取的最後決定，時常是基於某種組合的考量：（1）樣本變異數可提出多少解釋的比例，（2）受試者問題的認知，（3）其研究結果的「合理性」。

一、因素分析的策略

在目前，因素分析仍然是處於藝術的策略運作發展的考量（the flavor of an art），而沒有單一的策略運作考量，所以，因素分析仍然是處於可以被雕塑成形的發展空間（chiseled into stone）。（Johnson & Wichern, 1998, p.557）。由此，我們提出建議與說明一個合理的選擇：

1. 執行一個主成分因素分析時，這種方法對資料的進行分析是特別的適用。（因為它並不要求 R 或 S 矩陣資料是非特異的）。

（a）可以使用散佈點標示各個因素分數，以發現可疑的觀察值。而且亦可以進行計算每一個觀察值的標準化分數與平方的離差。

（b）然後嘗試進行一個最大變異法的轉軸（a varimax rotation）。

2. 執行一個最大概似法的（a maximum likeluhood）因素分析時，可以包含執行一個最大變異的轉軸（a varimax rotation）。

3. 從二個因素分析中所獲得的因解法中進行比較。

（a）以相同的方法進行因素負荷量的群聚？

（b）以從主成分因素分析中所獲得的因素分數與從最大概似法的因素分析中所獲得的因素分數，以其散佈點標示其散佈位置進行對照比較。

4. 重複前面的三個步驟進行其他共同因素的 m 數目，執行額外的因素必然地有助於該研究資料的理解與提供其解釋。

5. 對於比較大的資料組合，可以把它們分裂成一半為二個樣本，然後再對每一個樣本進行因素分析。以彼此的分析結果進行比較，從完整的資料組合中所獲得的資訊去檢核其因解法的穩定性。

二、因素分析策略的數字範例

範例（6-6） **有某社會教育學家嘗試以探索性因素分析，去發現其所設計之企業組織文化量表**

其設計有 9 個題項包括三個面向（或構念）：其面向（或構念）與題項如下：

（一）目標成就

X_1：我覺得公司各部分的工作與效率，都在在於強調競爭力目標的達成。

X_2：我覺得公司的成功是在於強調產品與成本競爭力目標的達成。

X_3：我覺得公司的領導階層，事必躬親，致力於營運目標的達成。

（二）開放創新

X_4：我覺得公司的領導階層，都具有創業者的開放創新精神。

X_5：我覺得公司的產品與技術，都具有不斷開發創新精神。

X_6：我覺得公司的員工都具有冒險，有活力，有不斷開發創新精神。

（三）穩定成長

X_7：我覺得公司產品的生產與營運，都強調穩定成長。

X_8：我覺得公司的組織、研發、與人事制度的管理，都強調穩定成長。

X_9：我覺得公司的領導階層，都強調協調、監督、與合理的運作，使公司穩定成長。

此學者採分層隨機取樣方式，從企業組織中抽取 500 位員工為受試者進行問卷調查，建構其量表。本問卷資料儲存在本書 SPSS 的 CH6-1 檔案中。

我們可以使用 SPSS 軟體程式的內建輸入方法，如前述第四章的輸入方式，去獲得如下的資料，其輸入過程我們在此不再呈現，我們在此只以其輸入方式所獲得相關係數矩陣資料如表 6-10。然後，再以相關係數矩陣資料，以 SPSS 的 Syntax 的方法，按上述的建議去進行：（一）一個主成分因素分析，然後嘗試進行一個最大變異法的轉軸。（二）一個最大概似法的因素分析，包含執行一個最大變異的轉軸。（三）從二個因素分析中所獲得的因解法中進行比較。

接著，重複前面的三個步驟進行其他共同因素的 m 數目，執行額外的因素必然地有助於研究資料的理解與提供其解釋。然後我們使用這個資料組合，把它們分裂成一半為二個樣本，然後再對每一個樣本進行因素分析。以彼此的分析結果進行比較，從完整的資料組合中所獲得的資訊去檢核其因解法的穩定性。

三、主成分因素分析，然後嘗試進行一個最大變異法的轉軸策略

首先，我們使用被儲存在本書 SPSS 的 CH6-1 檔案資料，在 SPSS 軟體的內建作業系統，如在前述第四章的內建作業過程，就可獲得表 6-10 SPSS 輸出結果報表資料。為了進行因素分析過程的簡便與說明，我們可使用 SPSS 的 Syntax 進行如下的分析。

表 6-10 **SPSS 輸出結果報表資料**

Correlation Matrix(a)

		X1	X2	X3	X4	X5	X6	X7	X8	X9
Correlation	X1	1.000	.718	.731	.448	.396	.416	.485	.472	.464
	X2	.718	1.000	.772	.439	.444	.513	.496	.542	.572
	X3	.731	.772	1.000	.517	.430	.484	.479	.502	.534
	X4	.448	.439	.517	1.000	.584	.519	.456	.488	.511
	X5	.396	.444	.430	.584	1.000	.643	.479	.530	.532
	X6	.416	.513	.484	.519	.643	1.000	.459	.555	.584
	X7	.485	.496	.479	.456	.479	.459	1.000	.775	.653
	X8	.472	.542	.502	.488	.530	.555	.775	1.000	.762
	X9	.464	.572	.534	.511	.532	.584	.653	.762	1.000
Sig. (1-tailed)	X1		.000	.000	.000	.000	.000	.000	.000	.000
	X2	.000		.000	.000	.000	.000	.000	.000	.000
	X3	.000	.000		.000	.000	.000	.000	.000	.000
	X4	.000	.000	.000		.000	.000	.000	.000	.000
	X5	.000	.000	.000	.000		.000	.000	.000	.000
	X6	.000	.000	.000	.000	.000		.000	.000	.000
	X7	.000	.000	.000	.000	.000	.000		.000	.000
	X8	.000	.000	.000	.000	.000	.000	.000		.000
	X9	.000	.000	.000	.000	.000	.000	.000	.000	

a. Determinant = .003

（一）一個主成分因素分析，然後嘗試進行一個最大變異法轉軸的語法

本範例語法指令儲存在本書 SPSS 的 Syntax CH6-7 的檔案中。

```
MATRIX DATA VARIABLES = X1 X2 X3 X4 X5 X6 X7 X8 X9
    /CONTENTS = N CORR
    /FORMAT = UPPER DIAGONAL.
BEGIN DATA
 500    500    500    500    500    500    500    500    500
1.000   .718   .731   .448   .396   .416   .485   .472   .462
       1.000   .772   .439   .444   .513   .496   .542   .572
              1.000   .517   .430   .484   .479   .502   .534
                     1.000   .584   .519   .456   .488   .511
```

```
1.000   .643   .479   .530   .532
        1.000  .459   .555   .584
               1.000  .775   .653
                      1.000  .762
                             1.000
END DATA
SUBTITLE '因素分析'
FACTOR
     /MATRIX = IN (CORR = *)
     /ANALYSIS = X1 TO X9
     /PRINT = ALL
     /FORMAT BLANK (.4)
     /CRITERIA = FACTORS (3)／EXTRACTION
     /EXTRACTION = PC
     /ROTATION = VARIMAX
     /PLOT = EIGEN ROTATION (1 2)(1 3)(2 3).
```

（二）SPSS 輸出結果報表資料

使用上述的主成分因素分析與最大變異法的轉軸方法，可以下列我們所需要的資料，以提供進行主成分因素分析包括最大變異法的轉軸方法，與最大概似法包括最大變異法的轉軸方法，作對照比較。

表 6-11 SPSS 輸出結果報表資料

表 6-11 之 1

Communalities

	Initial	Extraction
X1	1.000	.816
X2	1.000	.822
X3	1.000	.846
X4	1.000	.676
X5	1.000	.790
X6	1.000	.713
X7	1.000	.824

	Initial	Extraction
X8	1.000	.880
X9	1.000	.773

Extraction Method: Principal Component Analysis.

表 6-11 之 2

Total Variance Explained

Component	Initial Eigenvalues			Extraction Sums of Squared Loadings			Rotation Sums of Squared Loadings		
	Total	% of Variance	Cumulative %	Total	% of Variance	Cumulative %	Total	% of Variance	Cumulative %
1	5.319	59.097	59.097	5.319	59.097	59.097	2.505	27.834	27.834
2	1.031	11.458	70.556	1.031	11.458	70.556	2.385	26.498	54.332
3	.791	8.787	79.343	.791	8.787	79.343	2.251	25.011	79.343
4	.508	5.646	84.988						
5	.383	4.259	89.248						
6	.309	3.431	92.679						
7	.257	2.860	95.538						
8	.213	2.362	97.900						
9	.189	2.100	100.000						

Extraction Method: Principal Component Analysis.

表 6-11 之 3

Component Matrix[a]

	component		
	1	2	3
X1	.741	−.517	−.003
X2	.798	−.430	−.019
X3	.790	−.467	.064
X4	.710	.145	.388
X5	.722	.334	.396
X6	.745	.245	.313
X7	.767	.214	−.435
X8	.819	.271	−.368
X9	.817	.223	−.236

萃取方法：主成分分析
a. 3 components extracted.

表 6-11 之 4

Rotated Component Matrix[a]

	Component		
	1	2	3
X1	.853	.229	.192
X2	.816	.308	.250
X3	.843	.230	.288
X4	.309	.201	.735
X5	.162	.279	.828
X6	.246	.315	.744
X7	.266	.842	.211
X8	.252	.848	.312
X9	.292	.734	.385

萃取方法：主成分分析
旋轉方法：含 Kaiser 常態化的 Varimax 法
a. Rotation converged in 5 iterations.

表 6-11 之 5

Component Score Covariance Matrix

Component	1	2	3
1	1.000	.000	.000
2	.000	1.000	.000
3	.000	.000	1.000

萃取方法：主成分分析
旋轉方法：含 Kaiser 常態化的 Varimax 法

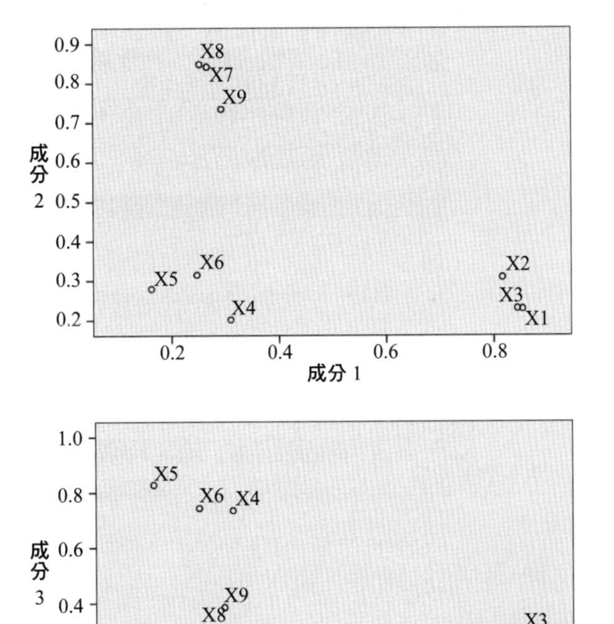

圖 6-3　轉軸後空間中的成分圖

四、最大概似法的因素分析，然後嘗試進行一個最大變異法的轉軸策略

(一) 一個最大概似法的因素分析，然後嘗試進行一個最大變異法轉軸的語法

本範例語法指令儲存在本書 SPSS 的 Syntax CH6-8 的檔案中。

```
MATRIX DATA VARIABLES = X1 X2 X3 X4 X5 X6 X7 X8 X9
    /CONTENTS = N CORR
    /FORMAT = UPPER DIAGONAL.
BEGIN DATA
 500    500    500    500    500    500    500    500    500
1.000   .718   .731   .448   .396   .416   .485   .472   .462
       1.000   .772   .439   .444   .513   .496   .542   .572
              1.000   .517   .430   .484   .479   .502   .534
                     1.000   .584   .519   .456   .488   .511
```

```
                1.000   .643   .479   .530   .532
                        1.000  .459   .555   .584
                               1.000  .775   .653
                                      1.000  .762
                                             1.000
END DATA
SUBTITLE '因素分析'
FACTOR
    /MATRIX = IN (CORR = *)
    /ANALYSIS = X1 TO X9
    /PRINT = ALL
    /CRITERIA = FACTORS (3)／EXTRACTION
    /EXTRACTION = ML
    /ROTATION = VARIMAX
    /PLOT = EIGEN ROTATION (1 2)(1 3)(2 3).
```

（二）SPSS 輸出結果報表資料

從上述的語法指令可以獲得如下的資料提供參考。

表 6-12 **SPSS 輸出結果報表資料**

表 6-12 之 1

Communalities[a]

	Initial	Extraction
X1	.608	.677
X2	.683	.754
X3	.685	.798
X4	.459	.497
X5	.521	.720
X6	.528	.594
X7	.628	.655
X8	.726	.927
X9	.650	.672

Extraction Method: Maximum Likelihood.

a. One or more communalitiy estimates greater than 1 were encountered during iterations. The resulting solution should be interpreted with caution.

表 6-12 之 2

Total Variance Explained

Factor	Initial Eigenvalues			Extraction Sums of Squared Loadings			Rotation Sums of Squared Loadings		
	Total	% of Variance	Cumulative %	Total	% of Variance	Cumulative %	Total	% of Variance	Cumulative %
1	5.319	59.097	59.097	4.881	54.229	54.229	2.316	25.737	25.737
2	1.031	11.458	70.556	.841	9.346	63.575	2.106	23.403	49.140
3	.791	8.787	79.343	.572	6.350	69.925	1.871	20.785	69.925
4	.508	5.646	84.988						
5	.383	4.259	89.248						
6	.309	3.431	92.679						
7	.257	2.860	95.538						
8	.213	2.362	97.900						
9	.189	2.100	100.000						

Extraction Method: Maximum Likelihood.

表 6-12 之 3

Factor Matrix[a]

	Factor		
	1	2	3
X1	.667	.462	−.135
X2	.739	.442	−.114
X3	.721	.517	−.104
X4	.620	.140	.303
X5	.655	.043	.538
X6	.675	.076	.364
X7	.786	−.175	−.075
X8	.906	−.312	−.094
X9	.813	−.095	.040

萃取方法：最大概似

a. 3 factors extracted. 12 iterations required.

表 6-12 之 4

Rotated Factor Matrix[a]

	Factor		
	1	2	3
X1	.754	.242	.221

	Factor		
	1	2	3
X2	.769	.299	.271
X3	.815	.237	.277
X4	.330	.263	.564
X5	.194	.272	.780
X6	.288	.323	.638
X7	.294	.699	.282
X8	.255	.875	.311
X9	.333	.632	.402

萃取方法：最大概似
旋轉方法：含 Kaiser 常態化的 Varimax 法
a. Rotation converged in 5 iterations.

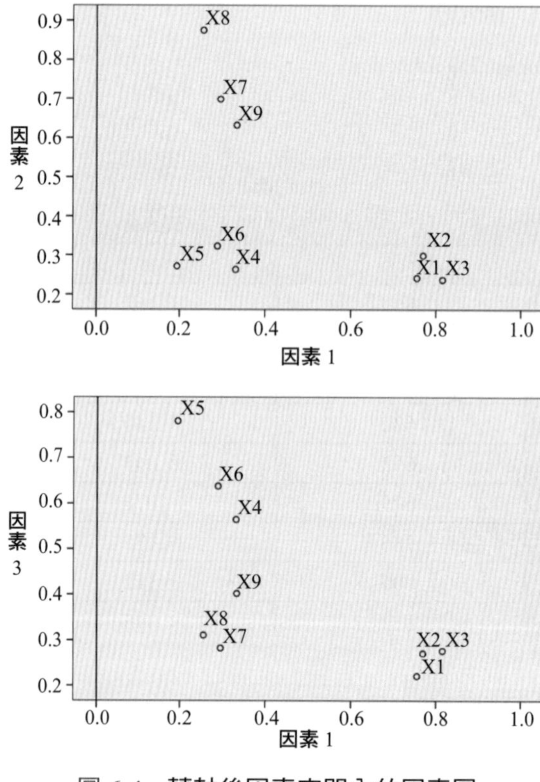

圖 6-4　轉軸後因素空間內的因素圖

五、二個因素分析方法中所獲得的因解法中進行比較

以上是以主成分與最大概率模型為一個 m = 3 因素模型來進行分析。其結果呈現在上面二個因素分析中的共同性（Communalities）、整體變異數提供解釋比例（Total Variance Explained）、因素矩陣（Factor Matrix）、轉軸後因素矩陣（Rotated Factor Matrix），等 SPSS 輸出結果報表資料。

從上面二個因素分析方法的結果中，我們發現在轉軸之後，其結果顯示有某些差異。我們把這二個因素分析方法的對照比較焦點，首先，注意到主成分分析的方法與其整體樣本提供變異數解釋的累積比例為 79.343，比最大概率分析的方法提供變異數解釋的累積比例為 69.925 高。再從二個因素分析方法在轉軸後因素矩陣（Rotated Factor Matrix）所呈現各變項對各因素所提供的因素負荷量而言，主成分分析的方法比最大概率分析的方法高。由此，我們可以確定主成分分析的方法比最大概率分析的方法好。

六、分裂樣本的因素分析以檢核其因解法的穩定性

我們可以從原來的樣本中分裂成二個樣本，為 R_1 的樣本數為 260。此時，把樣本數為 260 的資料輸入 SPSS 的作業系統中，去獲得如下的相關係數矩陣 R_1。

R_1 樣本的相關矩陣

$$R_1 = \begin{bmatrix} 1.000 \\ .656 & 1.000 \\ .703 & .736 & 1.000 \\ .488 & .448 & .579 & 1.000 \\ .387 & .422 & .477 & .542 & 1.000 \\ .371 & .489 & .456 & .486 & .577 & 1.000 \\ .511 & .472 & .468 & .416 & .476 & .437 & 1.000 \\ .497 & .561 & .498 & .422 & .494 & .545 & .730 & 1.000 \\ .432 & .541 & .499 & .464 & .457 & .522 & .599 & .735 & 1.000 \end{bmatrix}$$

以上面的 R_1 樣本的相關矩陣，可以以 SPSS 語法指令去獲得我們所需要的資料。

（一）R_1 樣本的相關矩陣，SPSS 語法指令，去獲得主成分因素分析

本語法指令儲存在本書 SPSS 的 Syntax CH6-10 檔案中。

```
MATRIX DATA VARIABLES = X1 X2 X3 X4 X5 X6 X7 X8 X9
         /CONTENTS = N CORR
         /FORMAT = UPPER DIAGONAL.
BEGIN DATA
  260    260    260    260    260    260    260    260    260
1.000   .656   .703   .488   .387   .371   .511   .497   .432
       1.000   .736   .448   .422   .489   .472   .561   .541
              1.000   .519   .477   .456   .468   .498   .499
                     1.000   .542   .486   .416   .422   .464
                            1.000   .577   .476   .494   .457
                                   1.000   .437   .545   .522
                                          1.000   .730   .599
                                                 1.000   .735
                                                        1.000
END DATA
SUBTITLE '因素分析'.
FACTOR
       /MATRIX = IN (CORR = *)
       /ANALYSIS = X1 TO X9
       /PRINT = ALL
       /FORMAT BLANK (.4)
       /CRITERIA = FACTORS (3)／EXTRACTION
       /EXTRACTION = PC
       /ROTATION = VARIMAX
       /PLOT = EIGEN ROTATION (1 2)(1 3)(2 3).
```

使用語法所獲得 SPSS 輸出結果，N = 260

Total Variance Explained

Component	Initial Eigenvalues			Extraction Sums of Squared Loadings			Rotation Sums of Squared Loadings		
	Total	% of Variance	Cumulative %	Total	% of Variance	Cumulative %	Total	% of Variance	Cumulative %
1	5.131	57.011	57.011	5.131	57.011	57.011	2.415	26.829	26.829
2	.943	10.476	67.487	.943	10.476	67.487	2.408	26.757	53.586
3	.820	9.109	76.596	.820	9.109	76.596	2.071	23.010	76.596
4	.541	6.008	82.604						
5	.462	5.133	87.737						
6	.372	4.132	91.869						
7	.277	3.081	94.950						
8	.247	2.744	97.694						
9	.208	2.306	100.000						

Extraction Method: Principal Component Analysis.

Component Matrix[a]

	Component		
	1	2	3
X1	.745	−.483	
X2	.790		
X3	.792	−.446	
X4	.696		.452
X5	.703		.448
X6	.713		
X7	.755		
X8	.813		
X9	.777		

萃取方法：主成分分析
a. 3 components extracted.

Rotated Component Matrix[a]

	Component		
	1	2	3
X1	.838		
X2	.772		
X3	.823		
X4			.718

	Component		
	1	2	3
X5			.804
X6			.719
X7		.793	
X8		.849	
X9		.764	

萃取方法：主成分分析

旋轉方法：含 Kaiser 常態化的 Varimax 法

a. Rotation converged in 5 iterations.

（二）R_2 樣本的相關矩陣，SPSS 語法指令，去獲得主成分因素分析

$$R_2 = \begin{bmatrix} 1.000 \\ .783 & 1.000 \\ .761 & .802 & 1.000 \\ .401 & .424 & .454 & 1.000 \\ .397 & .455 & .370 & .621 & 1.000 \\ .453 & .521 & .482 & .548 & .701 & 1.000 \\ .448 & .511 & .477 & .493 & .472 & .467 & 1.000 \\ .438 & .512 & .491 & .548 & .557 & .553 & .817 & 1.000 \\ .491 & .592 & .554 & .553 & .598 & .632 & .703 & .783 & 1.000 \end{bmatrix}$$

本語法指令儲存在本書 SPSS 的 Syntax CH6-11 檔案中

```
MATRIX DATA VARIABLES = X1 X2 X3 X4 X5 X6 X7 X8 X9
        /CONTENTS = N CORR
        /FORMAT = UPPER DIAGONAL.
BEGIN DATA
 240    240    240    240    240    240    240    240    240
1.000   .783   .761   .401   .397   .453   .448   .438   .491
       1.000   .802   .424   .455   .521   .511   .512   .592
              1.000   .454   .370   .482   .477   .491   .554
                     1.000   .621   .548   .493   .548   .553
                            1.000   .701   .472   .557   .598
```

```
                    1.000   .467   .553   .632
                           1.000   .817   .703
                                  1.000   .783
                                         1.000
END DATA
SUBTITLE '因素分析'.
FACTOR
    /MATRIX = IN (CORR = *)
    /ANALYSIS = X1 TO X9
    /PRINT = ALL
    /FORMATBLANK (.4)
    /CRITERIA = FACTORS (3)／EXTRACTION
    /EXTRACTION = PC
    /ROTATION = VARIMAX
    /PLOT = EIGEN ROTATION (1 2)(1 3)(2 3)
```

使用語法所獲得 SPSS 輸出結果，N = 240

Total Variance Explained

Component	Initial Eigenvalues			Extraction Sums of Squared Loadings			Rotation Sums of Squared Loadings		
	Total	% of Variance	Cumulative %	Total	% of Variance	Cumulative %	Total	% of Variance	Cumulative %
1	5.428	60.311	60.311	5.428	60.311	60.311	2.632	29.247	29.247
2	1.182	13.135	73.447	1.182	13.135	73.447	2.401	26.681	55.928
3	.791	8.791	82.237	.791	8.791	82.237	2.368	26.309	82.237
4	.478	5.314	87.552						
5	.309	3.434	90.986						
6	.257	2.861	93.847						
7	.216	2.395	96.242						
8	.182	2.022	98.264						
9	.156	1.736	100.000						

Extraction Method: Principal Component Analysis.

Component Matrix[a]

	Component		
	1	2	3
X1	.738	.546	
X2	.803	.470	
X3	.772	.509	
X4	.715		
X5	.736		.404
X6	.765		
X7	.776		−.485
X8	.822		
X9	.852		

萃取方法：主成分分析
a. 3 components extracted.

Rotated Component Matrix[a]

	Component		
	1	2	3
X1	.877		
X2	.851		
X3	.863		
X4		.719	
X5		.861	
X6		.785	
X7			.877
X8			.851
X9		.451	.696

萃取方法：主成分分析
旋轉方法：含 Kaiser 常態化的 Varimax 法
a. Rotation converged in 4 iterations.

（三）分裂樣本的比較與檢核

任何因素分析結果的效果是我們分析結果所要求的必要條件，尤其是，當企圖去界定各個變項之間的基本結構時。在我們使用因素分析方法時，若依循驗證性因素分析的某種形式來進行分析，諸如可依循結構方程式模型的建構方式來進行，但是，這時常是不容易實現的。因而我們必須尋求其他的方法，諸如分裂樣本的分析或新樣本的應用。

在我們的例證中，可把樣本分派成（或劈開成）二個樣本，分裂樣本 1 有 260 位受訪者，分裂樣本 2 有 240 位受訪者。其分裂樣本 1 與分裂樣本 2 的執行過程如下列（一）分裂樣本 1 與分裂樣本 2 的分析。然後，再估計（或重估計）因素模型去比較並作檢定。SPSS 輸出結果表 6-7 包括對二個因素模型進行最大變異法的轉軸。如我們可以看到，依據對所有六個知覺的分析二個樣本的負荷量與共同性界定的方式它們是可完全作比較的。一個值得注意的問題是在分裂樣本 1 對分裂樣本 2 中會出現在因素 1 的符號是負的或反向的（reversal）。但是，各變項之間關係的解釋（例如，送貨速度 X_1 獲得稍微提升，而價格水準的知覺是 X_2 稍微減低）沒有改變，因為它們在各因素之間的負荷量是相對的。

以上這些結果，我們更可確信在我們的樣本之中進行因素分析的結果是穩定的。我們可以從以上二個分裂樣本進行主成分分析轉軸後的結果作比較，在轉軸後的成分矩陣可以發現二個分裂樣本都可萃取三個因素，並且其中 X_1、X_2、與 X_3 形成因素 1。X_4、X_5、與 X_6 形成因素 2。及 X_7、X_8、與 X_9 形成因素 3。並且每一個變項類聚為一因素的負荷量均很高。然後，我們再從二個分裂樣本的整體變異數的比例中，可以發現它們的整體變異數的比例，一個是 76.596，另一個是 82.237。這種情況顯示本範例進行主成分分析是穩定的。

第七節　結　語

從以上的探究與分析可以理解到因素分析正交的因素模型、估計方法、因素的轉軸、與因素分數的因解方法與矩陣代數的因解過程。詳言之，其因解方法與矩陣代數的因解過程是方程式（或公式）與矩陣代數的因解交互運用的因解過程。從其因解過程觀之，是非常繁複與冗長的過程。對於數學學養不足的讀者而言，相信會造成在學習上的很大困擾與阻礙。這是由於本書的探索與分析架構所編撰的內容，在進入部分Ⅲ階段，其目標是在於使因素分析與探究能夠邁向更精進的境界。

基於本書的探究與分析架構，在此階段以前的分析與探究內容，是適合於一般只想要從事量化研究的研究者。所以，這類型的讀者與研究者務必從前述部分 I：建構因素分析模型的基本概念、架構、與步驟。至部分 II：專題的探索、SPSS 的應用與說明的研讀的過程中，細心研讀與複習之後，方可勝任進行量化研究論文的撰寫。

因而，本章的研習過程，即是想要邁向更精進境界的學習過程。在部分Ⅲ階段中，進行因素分析與探究的方法，我們是以使用矩陣代數與 MATLAB 軟體程式去進行因素分析因解的過程。

Chapter 07

主成分分析：矩陣的與 MATLAB 電腦軟體的操作

第一節　何謂主成分分析

「主成分分析」（principal component analysis），或可譯成「主份量分析」，是一種統計的技術。這種技術或方法可以把一個原始變項的組合轉變成在實質上較少不相關的變項的組合，經由這種轉變而成的變項較少組合可以呈現原始變項組合的大部分資訊。如此，一個少的，不相關變項的組合是比一個大的，相關變項的組合更容易被理解與被使用於進一步的分析中。這種技術或方法的理念原初是由皮爾森（Person, 1901）所構想而建立，然後由賀德臨（Hotelling, 1933）再加以獨立發展的一種統計的技術或方法。後來，再由若利費（Jolliffe, 1986）、傑克遜（Jackson, 1991）、貝希利夫斯基（Basilevsky, 1994）作更進一步的廣泛研究。

許多社會科學家關切於測量一個個別的研究領域，為了要達成簡化結構與利用某種結構於研究領域。因而，研究者會關切想從 P 中減縮變項數目到獲得一個更小的變項 k 組合，而 k 組合仍然可保留原始變項中的大部分資訊。例如，一個組織的心理學家有 20 個李克特（Likert-type）題項去測量工作滿意度的各個面向或維度（例如，待遇、工作條件、監督管理、共同工作者、與邊際利潤，等等。）。其中要有很多的變項被使用為自變項、中介變項、或依變項於其後滿意度研究的模型中是很清楚的。如果各變項是相關的，尤其是如果它們的相關是很高的，然後我們可以線性地把 P 個相關的變項轉變成一個相當小的 k 個不相關的變項組合。這樣的 k 個已獲得的變項可以把原始的變項所提供解釋的變異數極大化。所以，k 的變項被稱為主成分。如果有 3 個主成分可提供解釋在原始 20 個工作滿意度的測量中的大部分變異數，那麼我們已減縮了我們資料組合的面向或維度，從 20 個相關的面向到不相關的面向，如此就相當地簡化了工作滿意度變項的研究領域。由此觀之，主成分分析的目標就是在於達成簡效的原則（parsimony）。

這樣的技術已被應用到基本上非常實際的研究領域。包括生態學（biology）、醫學（medicine）、化學（chemistry）、氣象學（meteorology）、地質學（geology）、及行為的與社會的科學（the behavioral and social science）。例如，Morrison（1976）以由 Birren 與 Morrison（1961）與 Wechsler 的成人智力量尺（Wechsler Adult Intelligence Scale），簡稱為 WAIS。該量尺依據 WAIS 中的 11 個次級量尺所假定的量尺來進行一個相關矩陣的一個主成分分析，該分析依據一個樣本大小 933，依年齡與完成教育的程度，白色人種的男子與女子為研究對象。其目標是在於孤立 WAIS 次級量尺各面向的基本變異量（the variation），除此之外，還去觀察年齡與教育程度與這些面向的相關程度如何。其研究取得二個主成分或二個因素為基本面向提供原始 13 個變項所解釋變異數的 62%。其中第一個主成分提供解釋 13 個變項中整體變異數的 51%，此被解釋為一般智力的能力（general intellectual ability）測量。而教育與這個面向（或維度）有一個 .75 的相關。第二個主成分則提供解釋 13 個變項整體變異數的 11%。其中與口才的次檢定（the verbal subtests）有正的相關，而與成就表現的次檢定（performance subtests）則有負的相關。此種現象被解釋為口才與成就表現的次檢定之間的一種對照比較。簡言之，凡是在這個面向獲得口才分數很高的人，其成就表現的分數就會很低。年齡與這個面向有 .80 的相關，此指出年齡愈大的人其口才的次檢定會比成就表現的次檢定好，相較於較年青的人。

主成分分析的目標是相同於因素分析，其中兩者的技術都嘗試基於若干基本面向上去解釋在一個觀察變項組合中其變異量的部分。無論如何，在本章中兩者之間的重大差異不作詳細的探討。實質言之，主成分分析沒有觀察變項的基本統計模型，其研究焦點基於主成分的最大變異數的屬性（properties）上解釋各觀察變項的整體變異量（total variation）。另一方面，因素分析則有一個觀察變項的基本統計模型，把整體變異數分成共同的與唯一的變異數，而集中焦點在一個相對的若干基本因素的基礎上的觀察變項中，解釋共同變異數上，而不在整體變異數上。

主成分是相同於其他多項式的程序（other multi-variatie procedures）諸如區別分析（discriminate analysis）與典型相關分析（canonical correlation analysis），其中它們都涉及相關變項的線性組合，其各變項在線性區別組合中的負荷量被獲得係基於把某種統計的屬性（property）極大化所致。我們已理解到主成分是把在原始變項中所提供解釋的變異數極大化。而線性區別函數（function）分析，集中焦點在各分組之間的差異性，測定一個線性合成的負荷量（weights），即是把分組之間相對於該分組之內在該線性合成上的變異數極大化。典型相關分析則集中焦點於兩個變項組合之間的關係，從每一個變項之中獲得一個線性的合成，諸如兩個已獲得的合成之間的相關被極大化。

主成分分析有時候被使用於某種因素分析的程序之前以測定共同因素空間（space）的面向、構面或維度，它可以被使用於去從一個較大的變項組合之中選取一個變項的組合（或次子集）。那不是取代原始變項的主成分，而是可以選取與主成分有較高相關的一個變項組合。而且主成分分析亦可以被使用於迴歸分析去解釋或說明多元共線（multicollinearity）的問題。這樣的技術在以圖示陳列多項式資料亦是有效的，例如，界外點（或極端值）（outlying），與不規則（或不正常）（atypical）的觀察值亦可以被偵測。這是基於主成分在原始變項中可呈現其變異量之事實，與有相當少的主成分在圖上的陳列在視覺上可以與相對的原始變項作相對的檢測。這些與其他方面有關主成分分析的問題在我們的討論中會利用機會作更深入的探討。

由上述主成分分析的簡介，我們知道一個主成分分析是在於解釋一個變項組合的變異數——共變數結構，這樣解釋係透過這些變項的若干少數的線性組合，它的一般目標是（1）資料的減縮，與（2）解釋。

第二節　基本原理與性質

一、極大化的性質

在線性代數上，主成分是隨機變項 $X_1, X_2, ..., X_p$ 個別地線性的組合。在幾何學上，這些線性的組合是把隨機變項 $X_1, X_2, ..., X_p$ 為原始系統的座標軸旋轉所獲得一個新座標軸其選擇的呈現。這樣的新座標軸可呈現其最大變異量的取向或定向（directions of maximum variability）與可給予共變數結構提供一個更簡單與更簡效的敘述。

如我們將可看到的，主成分唯一地是依據隨機變項 $X_1, X_2, ..., X_p$ 的共變數矩陣 Σ（或相關矩陣 ρ）來推演。它們的推演並不要求一種多變項的常態假定。另一方面，對多變項的常態母群體所獲得的主成分依據密度恆定橢圓的意義（in terms of the constant-density ellipsoids）是有效的解釋。而且，當常態母群體是多變項的常態時，其種種的推論獲自樣本的成分。

假定隨機向量 $X' = [X_1, X_2, ..., X_p]$ 具有特徵值 $\lambda_1 \geq \lambda_2 \geq ... \geq \lambda_p \geq 0$ 的共變數矩陣 Σ。

其線性的組合是：

$$
\begin{aligned}
Y_1 &= a'_1X = a_{11}X_1 + a_{12}X_2 + ... + a_{1p}X_p \\
Y_2 &= a'_2X = a_{21}X_1 + a_{22}X_2 + ... + a_{2p}X_p \\
&\vdots \\
Y_p &= a'_pX = a_{p1}X_1 + a_{p2}X_2 + ... + a_{pp}X_p
\end{aligned}
\tag{7-1}
$$

我們使用線性的組合 $Z = CX$，其式中

$$\mu_Z = E(Z) = E(CX) = C_{\mu x}$$
$$\Sigma_Z = Cov(Z) = Cov(CX) = C\Sigma_x C' \quad (7\text{-}2)$$

其中 μ_X 與 Σ_X 是個別地為 X 的平均數向量與共變數矩陣。

然後，我們使用方程式（7-2）可獲得

$$Var(Y_i) = a'_i\Sigma a_i \qquad i = 1, 2, ..., p \quad (7\text{-}3)$$
$$Cov(Y_i, Y_k) = a'_i\Sigma a_k \qquad i，k = 1, 2, ..., p \quad (7\text{-}4)$$

主成分是這些 $Y_1, Y_2,..., Y_p$ 不相關的線性組合，它們在方程式（7-3）的變異數是可能很大。依據在前面各章主成分分析的經驗告訴我們，第一個主成分是具有最大量的變異數的線性組合。即是，它把 $Var(Y_1) = a'_1\Sigma a_1$ 極大化。很清楚地 $Var(Y_1) = a'_1\Sigma a_1$ 或 (a'_1Sa_1) 可以由某常數乘任何的 a_1 而增加其變異數的量。要消除這樣的不確定性，把注意力限制於單元長度（unit length）的係數向量是可行的。由此我們界定

第一個主成分 = 線性組合 a'_1X 可以把 $Var(a'_1X)$ 極大化限制於 $a'_1a_1 = 1$

第二個主成分 = 線性組合 a'_1X 可以把 $Var(a'_2X)$ 極大化限制於 $a'_2a_2 = 1$ 與 $Cov(a'_1X, a'_2X) = 0$

在第 j 個階段

第 j 個成分 = 線性組合 a'_iX 可以把 $Var(a'_iX)$ 極大化限制於 $a'_ia_i = 1$ 與 $Cov(a'_iX, a'_kX) = 0$ 因為 $k < I$

結果（7-1）：假定 Σ 是與隨機向量 $X' = [X_1, X_2, ..., X_p]$ 所結合的共變數矩陣。即假定 Σ 有特徵值—特徵向量的配對 $(\lambda_1, e_1), (\lambda_2, e_2), ..., (\lambda_p, e_p)$ 其中 $\lambda_1 \geq \lambda_2 \geq ... \geq \lambda_p \geq 0$. 然後第 i 個主成分是由下列程式所給予

$$Y_i = e'_iX = e_{i1}X_1 + e_{i2}X_2 + ... + e_{ip}X_p, \quad i = 1, 2, ..., p \quad (7\text{-}5)$$

由於這些選項（choices），

$$Var(Y_i) = e'_i\,\Sigma\, e_i = \lambda_i \qquad i = 1, 2, ..., p$$
$$Cov(Y_i, Y_k) = e'_i\Sigma e_i = 0 \qquad i \neq k \quad (7\text{-}8)$$

如果某些 λ_i 是相等的，那某些對應係數向量（the corresponding coefficient vectors）e_i 選項，與由此 Y_i，就不是唯一的或獨特的。

我們假定 $\underset{(p \times p)}{B}$ 是一個具有 $\lambda_1 \geq \lambda_2 \geq \ldots \geq \lambda_p \geq 0$ 特徵值與結合著已正規化的特徵向量 $e_1, e_2, \ldots e_p$ 的一個正定（a positive definite）矩陣。那麼

$$\max_{X \neq 0} \frac{X'BX}{X'X} = \lambda_1 \quad （當\ X = e_1\ 被獲得） \qquad (7\text{-}9)$$

$$\min_{X \neq 0} \frac{X'BX}{X'X} = \lambda_p \quad （當\ X = e_p\ 被獲得）$$

從方程式（7-9）中可以獲知，以 $B = \Sigma$，即為

$$\max_{a \neq 0} \frac{a'\Sigma a}{a'a} = \lambda_1 \quad （當\ a = e_1\ 被獲得）$$

但是 $e'_1 e_1 = 1$ 因為特徵向量被正規化。如此我們獲得，

$$\max_{a \neq 0} \frac{a'\Sigma a}{a'a} = \lambda_1 = \frac{e_1' \Sigma e_1}{e_1' e_1} = e_1' \Sigma e_1 = \text{Var}\,(Y_1)$$

同樣地，使用方程式（7-10），

$$\max_{x \perp e_1, \ldots, e_k} \frac{X'BX}{X'X} = \lambda_{k+1} \quad （當\ X = e_{k+1}，k = 1, 2, \ldots, p-1\ 被獲得） \qquad (7\text{-}10)$$

式中符號被讀為「是垂直於」，我們可以獲得

$$\max_{a \perp e_1, e_2, \ldots, e_k} \frac{a'\Sigma a}{a'a} = \lambda_{k+1} \qquad k = 1, 2, \ldots, p-1$$

因為該選項 $a = e_{k+1}$，以 $e'_{k+1} e_i = 0$，因為 $i = 1, 2, \ldots, k$ 與 $k = 1, 2, \ldots, p-1$，

$$e'_{k+1} \Sigma e_{k+1} / e'_{k+1} e_{k+1} = e'_{k+1} \Sigma e_{k+1} = \text{Var}(Y_{k+1})$$

然而 $e'_{k+1}(\Sigma e_{k+1}) = \lambda_{k+1} e'_{k+1} e_{k+1} = \lambda_{k+1}$ 如此 $\text{Var}(Y_{k+1}) = \lambda_{k+1}$。它仍然會顯示 e_i 垂直於 e_k（即是，$e'_i e_k = 0, i \neq k$）給予 $\text{Cov}(Y_i, Y_k) = 0$。現在，如果所有的特徵值 $\lambda_1, \lambda_2, \ldots, \lambda_p$ 是分開的（distinct 分別的），那 Σ 的特徵向量是正交的（或直

交的）。如果所有的特徵值不是完全分開的，那對應於共同特徵值的特徵向量可以被選擇去成為是正交的。由此，對任何兩個特徵向量 e_i 與 e_k，$e'_i e_k = 0$，$i \neq k$ 因為 $\Sigma e_k = \lambda_k e_k$，由 e'_i 先乘給予

$$Cov(Y_i, Y_k) = e'_i \Sigma e_k = e'_i \lambda_k e_k = \lambda_k e'_i e_k = 0$$

因為任何 $i \neq k$，而這樣的考驗是完整的。

結果（7-2）：假定 $X' = [X_1, X_2, ..., X_p]$ 有共變數矩陣 Σ，結合著特徵值—特徵向量的配對 $(\lambda_1, e_1), (\lambda_2, e_2), ..., (\lambda_p, e_p)$，式中 $\lambda_1 \geq \lambda_2 \geq ... \geq \lambda_p \geq 0$。假定 $Y_1 = e'_1 X, Y_2 = e'_2 X, ..., Y_p = e'_p X$ 是主成分。
然後

$$\sigma_{11} + \sigma_{22} + ... + \sigma_{pp} = \sum_{i=1}^{p} Var(X_i) = \lambda_1 + \lambda_2 + ... + \lambda_p = \sum_{i=1}^{p} Var(Y_i)$$

依據 $\sigma_{11} + \sigma_{22} + ... + \sigma_{pp} = tr(\Sigma)$ 的界定。我們可從下列方程式來獲得

$$\underset{(k\times k)}{A} = \sum_{i=1}^{k} \lambda_i \underset{(k\times k)}{e_i} \underset{(k\times k)}{e'_i} = \underset{(k\times k)}{P} \underset{(k\times k)}{\Lambda} \underset{(k\times k)}{P'} \quad (7\text{-}11)$$

式中假定 A 是一個 $k \times k$ 明確正數的矩陣具有分光譜的解構（the spectral decomposition）$A = \sum_{i=1}^{k} \lambda_i e_i e'_i$。假定被正規化的特徵向量另一矩陣的各行 $P = [e_1, e_2, ..., e_k]$。

式中 $PP' = P'P = I$ 與 Λ 是對角線的矩陣。如此

$$tr(\Sigma) = tr(P\Lambda P') = tr(\Lambda P'P) = tr(\Lambda) = \lambda_1 + \lambda_2 + ... + \lambda_p$$

如此，$\sum_{i=1}^{p} Var(X_i) = tr(\Sigma) = tr(\Lambda) = \sum_{i=1}^{p} Var(Y_i)$

依據結果（7-2）我們可推論

$$\begin{aligned} \text{整體母群體的變異數} &= \sigma_{11} + \sigma_{22} + ... + \sigma_{pp} \\ &= \lambda_1 + \lambda_2 + ... + \lambda_p \end{aligned} \quad (7\text{-}12)$$

其結果，整體變異數的比例是由於第 k 個主成分提供解釋的百分比是：

整體母群體的變異數的比例是由於第 k 個主成分提供解釋的百分比

$$= \frac{\lambda_k}{\lambda_1 + \lambda_2 + \ldots + \lambda_p} \quad k = 1, 2, \ldots, p \qquad (7\text{-}13)$$

如果整體母群體的變異數的比例在 80%到 90%，對大的 p 而言，可以被歸屬於前面的第一個，第二個，或第三個成分所提供解釋變異數的比例。然後這三個成分就可「替代」原始的 p 個變項而不會喪失很多其中的資訊。

每一個係數向量的成分 $e'_i = [e_{il}, \ldots, e_{ik}, \ldots, e_{ip}]$ 亦應得檢查。e_{ik} 的大小可測量第 i 個變項對第 j 個主成分的重要性。而無視於其他的變項。尤其甚者，e_{ik} 是對 Y_i 與 Y_k 之間相關係數的比例。

結果（7-3）：如果 $Y_1 = e'_1X, Y_2 = e'_2X, \ldots, Y_p = e'_pX$ 是獲自共變數矩陣 Σ 中的主成分，那

$$PY_i, X = \frac{e_{ik}\sqrt{\lambda_i}}{\sqrt{\sigma_{kk}}} \qquad i, k = 1, 2, \ldots, p \qquad (7\text{-}14)$$

是成分 Y_i 與 X_k 之間的相關係數。在此有 $(\lambda_1, e_1), (\lambda_2, e_2), \ldots, (\lambda_p, e_p)$ 是對 Σ 的特徵值—特徵向量的配對。

考驗：設定 $a'_k = [0, \ldots, 0, 1, 0, \ldots, 0]$ 如此 $X_k = a'_kX$ 與 $Cov(X_k, Y_i) = Cov(a'_kX, e'_iX) = a'_k\Sigma e_i$，依據下列方程式（7-2）。因為 $\Sigma e_i = \lambda_i e_i$, $Cov(X_k, Y_i) = a'_k\lambda_i e_i = \lambda_i e_{ik}$。然後 $Var(Y_i) = \lambda_i$（參考方程式 7-8）與 $Var(X_k) = \sigma_{kk}$ 產生

$$PY_i, X_k = \frac{Cov(Y_i, X_k)}{\sqrt{Var(Y_i)}\sqrt{Var(X_k)}} = \frac{\lambda_i e_{ik}}{\sqrt{\lambda_i}\sqrt{\sigma_{kk}}} = \frac{e_{ik}\sqrt{\lambda_i}}{\sqrt{\sigma_{kk}}} \quad i, k = 1, 2, \ldots, p$$

雖然各變項與各主成分的相關時常有助於去解釋各成分，但是它們僅能測量一個個體的 X 對一個成分 Y 的單一變異量之貢獻或助益（contribution）。換言之，即是，它們無法指出在其他的 X 同時出現中一個 X 對一個 Y 的重要性。基於這樣的理由，有些統計學家，例如，Rencher（1992, pp217-225）提出只有係數 e_{ik}，而不是相關，可以被使用於去解釋各成分。雖然係數與相關會導致各變項對一個假定的成分測量其重要性差異的排列順序，但是依據我們的經驗其重要性的排列順序時常並沒有呈現明顯的差異。實際上，具有相當大的係數（依其絕對值）就會傾向於有很大的相關，如此就有兩種重要性的測量，第一種是多變項，而第二種是單變

項，這兩種經常會產生相同的結果。所以，我們建議可以使用係數與相關這兩種方法來進行檢測，都有助於各主成分的解釋。

二、獲自標準化變項的主成分

主成分亦可以以標準化變項的方式來獲得

$$Z_1=\frac{(X_1-\mu_1)}{\sqrt{\sigma_{11}}}$$
$$Z_2=\frac{(X_2-\mu_2)}{\sqrt{\sigma_{22}}}$$
$$\vdots$$
$$Z_p=\frac{(X_p-\mu_p)}{\sqrt{\sigma_{pp}}} \qquad (7\text{-}15)$$

依據矩陣的符號為

$$Z=(V^{1/2})^{-1}(X-\mu) \qquad (7\text{-}16)$$

式中對角線的標準差 $V^{1/2}$ 是依據方程式（7-17）來界定的。

$$V^{1/2}=\begin{bmatrix}\sqrt{\sigma_{11}} & 0 & \cdots & 0\\ 0 & \sqrt{\sigma_{22}} & \cdots & 0\\ \vdots & \vdots & \ddots & \vdots\\ 0 & 0 & \cdots & \sqrt{\sigma_{pp}}\end{bmatrix} \qquad (7\text{-}17)$$

由此，$E(Z)=0$ 與

$$Cov(Z)=(V^{1/2})^{-1}\Sigma(V^{1/2})^{-1}=P$$

依據下列方程式（7-18）

$$P=(V^{1/2})^{-1}\Sigma(V^{1/2})^{-1} \qquad (7\text{-}18)$$

即是，Σ 是獲自 $V^{1/2}$ 與 P，其中 P 亦可以獲自 Σ。而且，依據矩陣操作的方式這種關係的呈現方式是基於電腦執行進行計算上的方便而被允許的。

由此，Z 的主成分亦可以從 X 的相關矩陣 P 的特徵向量中去獲得。因為每一

個 Z_i 的變異數是單元（unity）。所以，我們可以繼續使用 Y_i 的符號界定方法去解釋第 i 個主成分與可以從 P 或 Σ 的特徵值—特徵向量的配對 (λ_i, e_i) 中去進行推論。一般而言，獲自 Σ 的特徵值—特徵向量的配對 (λ_i, e_i) 與獲自 P 的方法是有差異的。

結果（7-4）：標準化變項的第 i 個主成分以 Cov(Z) = P 的 $Z' = [Z_1, Z_2, ..., Z_p]$ 是由下列方程式（7-19）所給予

$$Y_i = e'_i Z = e'_i (V^{1/2})^{-1}(X-\mu) \qquad i = 1, 2, ..., p$$

而且，

$$\sum_{i=1}^{p} \mathrm{Var}(Y_i) = \sum_{i=1}^{p} \mathrm{Var}(Z_i) = P \tag{7-19}$$

與 $$PY_i, Z = e_{ik}\sqrt{\lambda_i} \quad i, k = 1, 2, ..., p$$

在這樣的案例中，$(\lambda_1, e_1), (\lambda_2, e_2), ..., (\lambda_p, e_p)$ 是 P 的特徵值—特徵向量的配對，以 $\lambda_1 \geq \lambda_2 \geq, ..., \geq \lambda_p \geq 0$。

驗證：結果（7-4）是繼結果（7-1）（7-2）與結果（7-3）之後，以 $Z_1, Z_2, ..., Z_p$ 替代 $X_1, X_2, ..., X_p$，及以 P 替代 Σ 的方式。

我們從方程式（7-19）中可以觀察到整體（標準化變項）母群體變異數只是 P，而矩陣 P 為對角線各元素或成分的總和。使用方程式（7-13）以 Z 替代 X，我們可以發現由 Z 的第 kth 個主成分提出解釋整體變異數的比例是

由於第 kth 個主成分提供解釋整體（標準化）變異數的比例

$$= \frac{\lambda_k}{p}，k = 1, 2, ..., p \tag{7-20}$$

三、提供特殊結構共變數矩陣的主成分

有某些組型的共變數與相關矩陣，它們的主成分可以以簡單的形式來呈現。假定 Σ 是對角線的矩陣

$$\Sigma = \begin{bmatrix} \sigma_{11} & 0 & \cdots & 0 \\ 0 & \sigma_{22} & \cdots & 0 \\ \vdots & \vdots & \ddots & \vdots \\ 0 & 0 & \cdots & \sigma_{pp} \end{bmatrix} \tag{7-21}$$

設定 $e'_i = [0, ..., 0, 1, 0, ..., 0]$，以在第 i 個位置中的 1 ，我們可以觀察到

$$\begin{bmatrix} \sigma_{11} & 0 & \cdots & 0 \\ 0 & \sigma_{22} & \cdots & 0 \\ \vdots & \vdots & \ddots & \vdots \\ 0 & 0 & \cdots & \sigma_{pp} \end{bmatrix} \begin{bmatrix} 0 \\ \vdots \\ 0 \\ 1 \\ 0 \\ \vdots \\ 0 \end{bmatrix} = \begin{bmatrix} 0 \\ \vdots \\ 0 \\ 1\sigma_{ii} \\ 0 \\ \vdots \\ 0 \end{bmatrix} \quad \text{或} \quad \Sigma e_i = \sigma_{ii} e_i$$

我們可以推論 $(\sigma_{ii}e_i)$ 是第 i 個特徵值—特徵向量的配對。因為這種線性組合 $e'_iX = X_i$，所以主成分的設定正好是不相關隨機變項最初的設定。

就方程式（7-21）組型的一個共變數矩陣而言，其主成分並沒有被抽取到。但是，從另一方的觀點而言，如果 X 被分配為 $N_p(\mu, \Sigma)$，不變密集的外型是橢圓形的，它們各軸以已位於最大變異量的方向，其結果，就無需去旋轉座標系統。

因而，標準化並無實質地改變在就方程式（7-21）中 Σ 的情況。在這樣的案例中，P = I，P×P 的單元矩陣（identity matrix）。很明確地，$Pe_i = 1e_i$，如此特徵值 1 已乘 P 與 $e'_i = [0, ..., 0, 1, 0, ..., 0]$，i = 1, 2, ..., P, 對特徵向量是方便的選擇，不變密集的多變項常態的橢圓形是橢球體（spheroid）。

另一個組型的共變數矩陣，它時常在於描述某些生物變項，諸如生命諸事真相變項之間的對稱性，已有一般的形式

$$\Sigma = \begin{bmatrix} \sigma^2 & p\sigma^2 & \cdots & p\sigma^2 \\ p\sigma^2 & \sigma^2 & \cdots & p\sigma^2 \\ \vdots & \vdots & \ddots & \vdots \\ p\sigma^2 & p\sigma^2 & \cdots & \sigma^2 \end{bmatrix} \qquad (7\text{-}22)$$

這樣產生的相關矩陣

$$P = \begin{bmatrix} 1 & p & \cdots & p \\ p & 1 & \cdots & p \\ \vdots & \vdots & \ddots & \vdots \\ p & p & \cdots & 1 \end{bmatrix} \qquad (7\text{-}23)$$

亦是是標準化變項的共變數矩陣。在方程式（7-23）中的矩陣意指變項 $X_1, X_2, ..., X_p$ 是同等地相關。

相關矩陣方程式（7-23）p 的特徵向量可以被分成二個分組。當 p 是正相關時，最大的是

$$\lambda_1 = 1 + (P-1)p \tag{7-24}$$

以結合的特徵向量

$$e'_1 = \left[\frac{1}{\sqrt{P}}, \frac{1}{\sqrt{P}}, ..., \frac{1}{\sqrt{P}}\right] \tag{7-25}$$

剩餘的 P−1 的特徵向量

$$\lambda_2 = \lambda_3 = ... = \lambda_p = 1-p$$

對它們特徵向量的一個選擇是

$$e'_2 = \left[\frac{1}{\sqrt{1\times 2}}, \frac{-1}{\sqrt{1\times 2}}, 0, ..., 0\right]$$

$$e'_3 = \left[\frac{1}{\sqrt{2\times 3}}, \frac{1}{\sqrt{2\times 3}}, \frac{-2}{\sqrt{2\times 3}}, 0, ..., 0\right]$$

$$\vdots$$

$$e'_i = \left[\frac{1}{\sqrt{(i-1)i}}, ..., \frac{1}{\sqrt{(i-1)i}}, \frac{-(i-1)}{\sqrt{(i-1)i}}, 0, ..., 0\right]$$

$$\vdots$$

$$e'_p = \left[\frac{1}{\sqrt{(P-1)P}}, ..., \frac{1}{\sqrt{(P-1)P}}, \frac{-(P-1)}{\sqrt{(P-1)P}}\right]$$

第一個主成分

$$Y_1 = e'_1 X = \frac{1}{\sqrt{P}} \sum_{i=1}^{p} X_i$$

是對 P 個原始變項總和的比例。它可以被視為是一個同等負荷量的「指數」。這樣的主成分可以解釋整個母群體變異量的一個比例

$$\frac{\lambda_1}{P} = \frac{1+(P-1)P}{P} = P + \frac{1-P}{P} \qquad (7\text{-}26)$$

我們可以看到 $\lambda_1/P = P$ 為 P 接近 1 或 P 大於 1。例如，如果 P = .80 與 P = 5，第一個主成分可以解釋整體變異數的 84%。當 P 是接近 1，而當最後的 P−1 成分聚合地對提供整體變異數的解釋並無多少助益時，它就可以被忽視之。

如果標準化變項 $Z_1, Z_2, ..., Z_p$ 為方程式（7-23）所給予的一個多變項常態分配的一個共變數矩陣時，那其不變的橢圓形球體就會呈現為「雪茄煙的形狀」在主軸上並以按第一個主成分 $Y_1 = (1/\sqrt{P})[1, 1, ..., 1]X$ 進行分配。這樣的主成分就是在等角線（on the equiangular line）$1' = [1, 1, ..., 1]$ 上的投影或投射。其主要的各軸（與剩餘的主成分）就會呈現球狀對稱均勻的方向垂直於主要的各軸（與第一個主成分）。

第三節　主成分樣本變異量的概述

現在我們必須要有分析架構去研究有關 P 個變項在 n 的測量方面所產生變異量（variation）的問題務必深思遠慮地選擇線性組合。

假定資料 $X_1, X_2, ..., X_n$ 代表從某 P-面向（P-dimensional）母群體抽取的自變項以平均數向量 μ 與共變數矩陣 Σ 呈現。這些資料產生樣本平均數向量 $\bar{x}$，樣本共變數矩陣 S，與樣本相關矩陣 R。

本節的目標將在於建構不相關線性組合的特性以測量其樣本可以提供解釋變異量（variation）的多少。最大變異數（variance）的不相關線性組合將被稱為樣本的主成分（sample principal components）。（Johnson and Wichern, 1998, p471）。或稱之為任何線性組合（liner combination）的 n 值。

$$a'_1X = a_{11}X_{j1} + a_{12}X_{j2} + ... + a_{1p}X_{jp} \qquad j = 1, 2,..., n$$

要有樣本平均數 $a'_1\bar{X}$ 與樣本變異數 a'_1Sa_1。而且要有各值的配對 (a'_1X_j, a'_2X_j)，就二個線性組合而言，要有樣本共變數 a'_1Sa_2。所以，樣本的主成分被界定為這些的線性組合，這些的線性組合有極大或最大的樣本變異數。如母群體的量一樣，我們可以限制係數向量 a_i 以滿足 $a'_ia_i = 1$。

第一個樣本：線性組合 a'_1X_j 可以極大化。

主成分 = a'_1X_j 的樣本變異數可以使樣本極大化到限制於 $a'_1a_1 = 1$。

第二個樣本：線性組合 a'_2X_j 可以極大化。

主成分 = a'_2X_j 樣本變異數可以使樣本極大化到限制於 $a'_2a_2 = 1$ 與使其配對 (a'_1X_j, a'_2X_j) 的樣本共變數為 0。

在第 j 個階段，我們要有：第 j 個樣本線性組合 a'_iX_j 可以使樣本極大化。

第 j 個主成分 = a'_iX_j 的變異數限制 $a'_ia_i = 1$ 與使其所有配對 (a'_iX_j, a'_kX_j) 的樣本共變數為 0，$k < i$。

第一個主成分可以使 a'_1Sa_1 極大化，或同等地，

$$\frac{a'_1 Sa_1}{a'_1 a_1} \qquad (7\text{-}27)$$

使用方程式（7-9），其最大量（maximum）是最大的特徵值 $\hat{\lambda}_1$ 被獲得，因為選項 $a_1 = S$ 的特徵向量 $\hat{e}_1$。使用方程式（7-27）極大化繼續 a_i 選項的變異量，其量的極大化受限於 $0 = a'_iS\hat{e}_k = a'_i\hat{\lambda}_k\hat{e}_k$，或受限於使 a_i 垂直於 $\hat{e}_k$ 為止。如此，我們對於樣本的主成分可以獲得下列的結果：

如果 $S = \{s_{ik}\}$ 是 P×P 的樣本共變數以特徵值—特徵向量配對 $(\hat{\lambda}_1, \hat{e}_1)$，$(\hat{\lambda}_2, \hat{e}_2)$，...，$(\hat{\lambda}_p, \hat{e}_p)$，那第 ith 個樣本的主成分可以由下列方程式所給予

$$\hat{Y}_i = \hat{e}_iX = \hat{e}_{i1}X_1 + \hat{e}_{i2}X_2 + ... + \hat{e}_{ip}X_p \qquad i = 1, 2, ..., p$$

式中 $\hat{\lambda}_1 \geq \hat{\lambda}_2 \geq ... \geq \hat{\lambda}_p \geq 0$ 與 X 是 $X_1, X_2, ..., X_p$ 變項上的任何觀察值。而且，

$$\text{樣本變異數}(\hat{Y}_k) = \hat{\lambda}_k, \qquad k = 1, 2, ..., p \qquad (7\text{-}28)$$
$$\text{樣本共變數}(\hat{Y}_i, \hat{Y}_k) = 0 \qquad i \neq k$$

同時，

$$\text{整體樣本變異數} = \sum_{i=1}^{p} s_{ii} = \hat{\lambda}_1 + \hat{\lambda}_2 + ... + \hat{\lambda}_p$$

與

$$r_{\hat{y}_i, x_k} = \frac{\hat{e}_{ik}\sqrt{\hat{\lambda}_i}}{\sqrt{s_{kk}}}, \quad i, k = 1, 2, ..., p$$

接著，我們應該指示由 $\hat{Y}_1, \hat{Y}_2, ..., \hat{Y}_p$ 所呈現的樣本主成分，它們是否個別地可以從矩陣 S 或 R 中獲得。從矩陣 S 與 R 所建構的成分是不一樣的，一般而言，它可以從矩陣被使用的系絡去區別，單一的使用符號 $\hat{Y}_i$ 是基於方便。去標示成分係數向量 $\hat{e}_i$ 與成分變異數 $\hat{\lambda}_i$ 在二種情況之下亦是方便的。

由於其觀察值 X_j 的 X 減去 $\overline{X}$ 時常會「被集中」，這並不會影響到樣本共變數 S，而會給予第 i 個主成分

$$\hat{Y}_i = \hat{e}_i'(X - \overline{X}) \text{，} i = 1, 2, ..., p \tag{7-29}$$

對任何觀察值向量 X，如果我們考量到第 ith 個成分的各值

$$\hat{Y}_{ji} = \hat{e}_i'(X_j - \overline{X}) \text{，} j = 1, 2, ..., n \tag{7-30}$$

如果對方程式（7-29）中任意 X 減去每一個觀察值會產生，

$$\overline{\hat{Y}_i} = \frac{1}{n}\sum_{j=1}^{n}(X_j - \overline{X}) = \frac{1}{n}\hat{e}_i'\left(\sum_{j=1}^{n}(X_j - \overline{X})\right) = \frac{1}{n}\hat{e}_i' 0 = 0 \tag{7-31}$$

即是，如此會使每一個主成分的樣本平均數是 0。然而樣本變異數仍然會由 $\hat{\lambda}_j$'s 所給予如方程式（7-28）。

一、從矩陣 S 與 R 所建構的成分中去作區別

樣本主成分可以從 $\hat{\Sigma} = S_n$ 中獲得，共變數矩陣 Σ 的最大概似估計，如果 X_j 是常態的被分配。在這種情況之中，假定 Σ 的特徵值是有別的，那麼樣本主成分就可以被視為是對應於母群體的相似樣本。我們不應該考慮到 Σ 因為常態性的假設在本節中不被要求的。而且，$\hat{\Sigma}$ 有特徵值 $[(n-1)/n]\hat{\lambda}_i$ 與對應的特徵向量 $\hat{e}_i$，其中 $(\hat{\lambda}_i, \hat{e}_i)$ 是對 S 的特徵值—特徵向量配對。如此，S 與 $\hat{\Sigma}$ 二者會給予相同的樣本主成分 $\hat{e}_i x$（參考方程式 7-31）與會提供相同解釋變異數的比例 $\hat{\lambda}_i / (\hat{\lambda}_1 + \hat{\lambda}_2 + ... + \hat{\lambda}_p)$。最後，S 與 $\hat{\Sigma}$ 二者會給予相同的樣本相關矩陣 R，如此，如果各變項是被標準化，那無關於選擇矩陣 S 與 $\hat{\Sigma}$ 的問題。

二、樣本主成分的標準化

一般而言，樣本的主成分是與量尺的改變無關。就樣本而言，標準化是由下列

的建構去執行

$$z_j = D^{-1/2}(x_j - \bar{x}) \begin{bmatrix} \frac{X_{j1} - \overline{X}_1}{\sqrt{s_{11}}} \\ \frac{X_{j2} - \overline{X}_2}{\sqrt{s_{22}}} \\ \vdots \\ \frac{X_{jp} - \overline{X}_p}{\sqrt{s_{pp}}} \end{bmatrix} \qquad j = 1, 2, ..., n \tag{7-32}$$

標準化觀察值的 n×p 資料矩陣

$$Z = \begin{bmatrix} z_1' \\ z_2' \\ \vdots \\ z_n' \end{bmatrix} = \begin{bmatrix} z_{11} & z_{12} & \cdots & z_{1p} \\ z_{21} & z_{22} & \cdots & z_{2p} \\ \vdots & \vdots & \ddots & \vdots \\ z_{n1} & z_{n2} & \cdots & z_{np} \end{bmatrix}$$

$$= \begin{bmatrix} \frac{X_{11} - \overline{X}_1}{\sqrt{s_{11}}} & \frac{X_{12} - \overline{X}_1}{\sqrt{s_{11}}} & \cdots & \frac{X_{1p} - \overline{X}_1}{\sqrt{s_{11}}} \\ \frac{X_{21} - \overline{X}_2}{\sqrt{s_{22}}} & \frac{X_{22} - \overline{X}_2}{\sqrt{s_{22}}} & \cdots & \frac{X_{2p} - \overline{X}_2}{\sqrt{s_{22}}} \\ \vdots & \vdots & \ddots & \vdots \cdots \\ \frac{X_{n1} - \overline{X}_p}{\sqrt{s_{pp}}} & \frac{X_{n2} - \overline{X}_p}{\sqrt{s_{pp}}} & \cdots & \frac{X_{np} - \overline{X}_p}{\sqrt{s_{pp}}} \end{bmatrix} \tag{7-33}$$

產生樣本平均數向量

$$\bar{z} = \frac{1}{n}(1'Z)' = \frac{1}{n}Z'1 = \frac{1}{n} \begin{bmatrix} \sum_{j=1}^{n} \frac{X_{j1} - \overline{X}_1}{\sqrt{s_{11}}} \\ \sum_{j=1}^{n} \frac{X_{j2} - \overline{X}_2}{\sqrt{s_{22}}} \\ \vdots \\ \sum_{j=1}^{n} \frac{X_{jp} - \overline{X}_p}{\sqrt{s_{pp}}} \end{bmatrix} = 0 \tag{7-34}$$

與樣本共變數矩陣

$$S_z=\frac{1}{n-1}\left(Z-\frac{1}{n}11'Z\right)'\left(Z-\frac{1}{n}11'Z\right)$$
$$=\frac{1}{n-1}(Z-1z')'(Z-1\bar{z}')$$
$$=\frac{1}{n-1}Z'Z$$
$$=\frac{1}{n-1}\begin{bmatrix}\frac{(n-1)s_{11}}{s_{11}} & \frac{(n-1)s_{12}}{\sqrt{s_{11}}\sqrt{s_{22}}} & \cdots & \frac{(n-1)s_{1p}}{\sqrt{s_{11}}\sqrt{s_{pp}}}\\ \frac{(n-1)s_{12}}{\sqrt{s_{11}}\sqrt{s_{22}}} & \frac{(n-1)s_{22}}{s_{22}} & \cdots & \frac{(n-1)s_{2p}}{\sqrt{s_{22}}\sqrt{s_{pp}}}\\ \vdots & \vdots & \ddots & \vdots\\ \frac{(n-1)s_{1p}}{\sqrt{s_{11}}\sqrt{s_{pp}}} & \frac{(n-1)s_{2p}}{\sqrt{s_{22}}\sqrt{s_{pp}}} & \cdots & \frac{(n-1)s_{pp}}{s_{pp}}\end{bmatrix}=R \qquad (7\text{-}35)$$

標準化觀察值的樣本主成分是由方程式（7-28）所給予，以 R 矩陣替代 S 矩陣。因為各觀察值由於建構而被集中，因而無需依據方程式（7-29）的形式撰寫各成分。

如果 $z_1, z_2, ..., z_n$ 是為標準化觀察值的共變數矩陣 R，第 ith 個樣本主成分是

$$\hat{y}_i=\hat{e}'_i z=\hat{e}_{i1}z_1+\hat{e}_{i2}z_2+...+\hat{e}_{ip}z_p，i=1, 2, ..., P$$

式中 $(\hat{\lambda}_i, \hat{e}_i)$ 是 R 的第 ith 個特徵值—特徵向量配對，以 $\hat{\lambda}_1\geq\hat{\lambda}_2\geq...\geq\hat{\lambda}_p\geq 0$。而且，

$$\text{樣本變異數}(\hat{y}_i)=\hat{\lambda}_i \qquad i=1, 2, ..., p \qquad (7\text{-}36)$$
$$\text{樣本共變數}(\hat{y}_i, \hat{y}_k)=0 \qquad i\neq k$$

同時，

整體（標準化）樣本變異數 $=tr(R)=P=\hat{\lambda}_1+\hat{\lambda}_2+...+\hat{\lambda}_p$

與

$$r_{\hat{y}_i, z_k}=\hat{e}_{ik}\sqrt{\hat{\lambda}_i} \qquad i, k=1, 2, ..., p$$

如果使用方程式（7-36），我們可以理解到由第 ith 個樣本主成分所提供解釋的整體樣本變異數比例是

由於第 ith 個提供解釋樣本主成分的標準化變異數 $=\frac{\hat{\lambda}_i}{P} \quad i = 1, 2, ..., p$　（7-37）

依據經驗法規建議唯有維持這些成分它們的變異數 $\hat{\lambda}_i$ 是比單元（比 1）大或同等。這些成分在個體上至少可以提供解釋整體變異數的一個比例（1/P）。然而這樣的經驗法規並沒有很多理論上的支持。無論如何，它不應該盲目地被應用。我們應該參考前述第四章與第五章所提出的陡坡圖去決定適當的成分數。

以上我們對於主成分的探討是以一系列方程式呈現的方式被提出。

第四節　特徵值與特徵向量的反覆因解法

在變項的數目比較大或比較多時，例如 $p \geq 4$ 時，對於特徵值及特徵向量的因解法，若使用以上的方程式就變得比較困難。這時候我們便使用賀德臨（Hotelling, 1933）所發展而提出的「反覆因解法」（iterative solution）來求取特徵值及特徵向量（參考，Tatsuoka，1971，pp.269-275；Van de Geer，1971，pp.273-276）。

為了說明，我們可以以相關係數矩陣 R 來協助說明與解釋以下方程式。

相關係數 R 是 $p \times p$ 階的對稱方陣。開始進行計算時，首先要設定一個 $p \times 1$ 階的單元矩陣 u，其元素為 1。然後，再計算 Ru，可得到一向量。這一向量也是 $p \times 1$ 階的。我們可從它的 p 個元素中找出其「絕對值」最大的一個元素。接著，將向量 Ru 的各元素均除以一個元素的絕對值之後，就可獲得一個各元素之值為 1 或小於 1 的新向量。我們把這 $p \times 1$ 階的新向量稱為 b_{110}。其次，再進行計算 Rb_{11}，又可得到一向量；將 Rb_{11} 向量各元素除以各元素之絕對值的最大數之後，又可得到各元素之值為 1 或小於 1 的新向量 b_{12}。隨後，又進行計算 Rb_{12}，再計算 b_{13}，如此一直反覆進行下去。直到最後計算出一個 b_{1m} 正好與 $b_{1.m-1}$ 亦即它的前一個 b 向量可視為是相同為止。此時，我們可稱為它們終於「聚斂」（converge）在一起了。（在理論上證明用這種方法可聚斂，但必須反覆幾次方可聚斂）在聚斂之後，$Rb_{1.m-1}$ 各元素絕對值最大數便是第一個特徵值 λ_1，而將 b_{1m} 予以正規化為 1 所得到的向量 e_1 便是與 λ_1 相對應的特徵向量 ，亦即：

$$e_1 = \frac{b_{1m}}{\| b_{1m} \|} = \frac{b_{1m}}{\sqrt{b'_{1m} b_{1m}}} \tag{7-38}$$

因此，特徵值 λ_1 事實上是：

$$\lambda_1 = e'_1Re_1 \qquad (7\text{-}39)$$

如果再將向量 e_1 乘以 $\sqrt{\lambda_1}$ 就可得到正規化為 λ_1 的特徵向量 ℓ_1。因此

$$\ell_1 = e_1\sqrt{\lambda_1} \qquad (7\text{-}40)$$

接著，我們必須繼續去求得第二個特徵值 λ_2 與特徵向量 e_2。其進行方法仍然和前述一樣，但要利用下列所提出的殘餘矩陣 R_1：

$$R_1 = R - \ell_1\ell'_1 \qquad (7\text{-}41)$$

同樣地，要將殘餘矩陣 R_1 乘以 u，所得到的向量再除以各元素絕對值最大數，就可得到 b_{21}。然後求得 R_1b_{21}，再除以最大元素，得到向量 b_{22}，如此類推，直到聚斂為止。這樣就可求出 λ_2 與 e_2。再將 e_2 正規化為 λ_2 之後，又得 ℓ_2，便可求出 $R_2 = R_1 - \ell_2\ell'_2$，作為第三個特徵值 λ_3 和第三個特徵向量 e_3 之依據。

如此反覆進行，最後便可將 p 個特徵值與特徵向量求出來。

第五節　實例演算的過程：使用 MATLAB 軟體的反覆因解法

現在我們以範例（7-1）來協助說明主成分分析的計算過程。

現在研究者的興趣在於從五種滿意度之中抽取可能的共同因素，並分析那些滿意變項屬於那一種因素，他的興趣並不在於滿意度的測驗予以加權，而是在於使受試者（或受訪者）的個別差異在加權方面變得更明顯。因此，應該使用因素分析來處理。

本相關矩陣是取自美國軍人的調查資料（Statistical Abstracts of the United States, 1985），在此被分析滿意度的變項是以滿意度測量的組合來作主成分分析的計算過程。它們是工作滿意度（satisfaction with job）、工作訓練滿意度（satisfaction with job training）、工作條件滿意度（satisfaction with working conditions）、醫療照顧滿意度（satisfaction with medical care）、牙齒醫療滿意度（satisfaction with dental care）。每位受訪者被要求去評分他們的滿意度，依李克特量表從非常不滿意為 1，不滿意為 2，沒有意見為 3，滿意為 4，非常滿意為 5 來測量軍人的滿意度或計分。在表 1 中提出五個變項的相關矩陣，由 9147 位入

伍於美國陸軍的人員的一個大的次級樣本所產生（Statistical Abstracts of the United States, 1985）。

使用相關係數矩陣時，在行為科學的實際應用情境中，測量變項 Y_i 的單位，時常是不相同的，為了避免因為單位不同所產生的困難，時常把 X 矩陣的分數為 Z 分數，使成為 Z 矩陣。所以，大部分情形之下，我們用來進行成分的資料卻是主對角線元素為 1 的相關係數矩陣 R。

一、相關矩陣（R）的反覆因解法求取 λ_1 與 e_1

首先，我們要把美國軍人的調查資料的樣本資料，以相關矩陣資料輸入 MATLAB 軟體程式的作業系統。在 Command Window 的輸入視窗中的 To get started, select MATLAB Help or Demos from the Help menu. 之下，以下列方式輸入相關矩陣之後，再按鍵盤中的「enter」就會呈現 R = 之下的相關矩陣資料。

```
>>R = [1.000 .451 .511 .197 .162; .451 1.000 .445 .252 .238; .511 .445 1.000 .301 .227;
.197 .252 .301 1.000 .620; .162 .238 .227 .620 1.000]
R =
        1.0000     .4510     .5110     .1970     .1620
         .4510    1.0000     .4450     .2520     .2380
         .5110     .4450    1.0000     .3010     .2270
         .1970     .2520     .3010    1.0000     .6200
         .1620     .2380     .2270     .6200    1.0000
```

用反覆因解法來解 $(R-\lambda I)e = 0$ 的特徵值與特徵向量。以下我們使用 MATLAB 的軟體來進行計算，其中各個英文名詞，或標題都是以大寫字母來代表。其計算過程如下：

```
>>U = [1; 1; 1; 1; 1]              >> R*U
U =                                ans =
     1                                   2.3210
     1                                   2.3860
     1                                   2.4840
```

1	2.3700
1	2.2470

此向量各元素之絕對值最大數為 2.4840，將各元素除以 2.4840 之後，得：

```
>>B11 = R*U/2.4840    >> R*B11      >>B12 = R*B11/2.3974    >>R*B12
B11 =                 ans =         B12 =                   ans =
       .9344              2.2131          .9231                 2.1899
       .9605              2.2827          .9521                 2.2579
      1.0000              2.3974         1.0000                 2.3761
       .9541              2.2421          .9352                 2.2019
       .9046              2.1031          .8772                 2.0602

>>B13 = R*B12/2.3761  >>R*B13       >>R14 = R*B13/2.3696    >>R*B14
B13 =                 ans =         B14 =                   ans =
       .9216              2.1842          .9218                 2.1827
       .9503              2.2508          .9499                 2.2484
      1.0000              2.3696         1.0000                 2.3672
       .9267              2.1863          .9226                 2.1794
       .8671              2.0441          .8626                 2.0371

>>B15 = R*B14/2.3672  >>R*B15       >>B16 = R*B15/2.3663    >>R*B16
B15 =                 ans =         B16 =                   ans =
       .9220              2.1822          .9222                 2.1820
       .9498              2.2475          .9498                 2.2470
      1.0000              2.3663         1.0000                 2.3658
       .9207              2.1762          .9197                 2.1746
       .8605              2.0338          .8595                 2.0321

>>B17 = R*B16/2.3658  >>R*B17       >>B18 = R*B17/2.3656    >>R*B18
B17 =                 ans =         B18 =                   ans =
       .9223              2.1819          .9223                 2.1818
```

```
      .9498            2.2468            .9498             2.2467
     1.0000            2.3656           1.0000             2.3655
      .9192            2.1738            .9189             2.1733
      .8590            2.0313            .8587             2.0309

>>B19 = R*B18/2.3655  >>R*B19       >>B20 = R*B19/2.3654  >>R*B20
B19 =                 ans =         B20 =                 ans =
      .9224            2.1818            .9224             2.1818
      .9498            2.2466            .9498             2.2466
     1.0000            2.3654           1.0000             2.3654
      .9188            2.1731            .9187             2.1730
      .8585            2.0306            .8585             2.0305

>>B21 = R*B20/2.3654
B21 =
      .9224
      .9498
     1.0000
      .9187
      .8584
```

到此，我們可以看出，計算到 B21 時就與 B20 聚斂在一起了。因為取小數點第四位，誤差不會超過 .0005。此時，與 B21 相對應的向量 RB20 之最大元素即為第一個成分的特徵值，即是 $\lambda_1 = 2.3654$，亦是最大可能的變異數。λ（lambda），我們以 LA 為代表。

求得 λ_1

```
>> LA1 = 2.3654
LA 1 =
    2.3654
```

將 b_{21} 予以正規化為 1，得向量 e_1。根據方程式（7-20），其方法是這樣的：

$$\sqrt{b'_{21}b_{21}}=\sqrt{(0.9224)^2+(0.6498)^2+(1.0000)^2+(0.9187)^2+(0.8584)^2}=2.081778$$

$$e_1=\frac{b_{21}}{\sqrt{b'_{21}b_{21}}}=\frac{1}{2.081778}\begin{bmatrix}.9224\\.9498\\1.0000\\.9187\\.8584\end{bmatrix}=\begin{bmatrix}.4431\\.4562\\.4804\\.4413\\.4123\end{bmatrix}$$

使用 MATLAB 將 b_{21} 予以正規化為 1，得向量 e_1。

```
>>E1 = B21/sqrt(B21'*B21)
E1 =
    .4431
    .4562
    .4804
    .4413
    .4124
```

此時可以進行驗算：$e'_1e_1 = 1.000$

再將 e_1 正規化為 $\lambda_1 = 2.3654$。依據方程式（7-22），其結果可得：

$$\ell_1=e_1\sqrt{\lambda_1}=\begin{bmatrix}.4431\\.4562\\.4804\\.4413\\.4124\end{bmatrix}\sqrt{2.3654}=\begin{bmatrix}.6814\\.7017\\.7388\\.6787\\.6342\end{bmatrix}$$

```
>> L1 = E1*sqrt（LA1）
L1 =
    .6814
    .7017
    .7388
    .6787
    .6342
```

二、使用殘餘矩陣 R_1 求取 λ_2 與 e_2

此時，我們可以進行驗算：$\ell'_1\ell_1 = 2.3654$。

萃取第一個成分之後，隨後可繼續萃取第二個成分。現在我們必須根據方程式（7-23），將萃取第一個成分之後的殘餘矩陣求 R_1 求出來，並利用它來求取第二個成分：

$$\ell_1\ell_1' = \begin{bmatrix} .6814 \\ .7017 \\ .7388 \\ .6787 \\ .6342 \end{bmatrix} [.6814 \quad .7017 \quad .7388 \quad .6787 \quad .6342]$$

求得殘餘矩陣 R_1：

```
>>L1*L1′
ans =
     .4644   .4782   .5034   .4625   .4322
     .4782   .4924   .5184   .4762   .4450
     .5034   .5184   .5458   .5014   .4685
     .4625   .4762   .5014   .4606   .4304
     .4322   .4450   .4685   .4304   .4022
```

```
>> R1 = (R)−(L1*L1′)
R1 =
      .5356   −.0272    .0076   −.2655   −.2702
     −.0272    .5076   −.0734   −.2242   −.2070
      .0076   −.0734    .4542   −.2004   −.2415
     −.2655   −.2242   −.2004    .5394    .1896
     −.2702   −.2070   −.2415    .1896    .5978
```

以矩陣 R_1 為資料，又開始進行反覆因解法去萃取第二個成分：

```
>> R1*U        >> B22 = R1*U        >> R1*B22        >> B23 = R1*B22/.0716
ans =          B22 =                ans =            B23 =
```

−.0196	−.0196	−.0391	−.5461
−.0242	−.0242	−.0307	−.4288
−.0536	−.0536	−.0471	−.6574
.0388	.0388	.0553	.7723
.0686	.0686	.0716	1.0003

>> R1*B23	>> B24 = R1*B23/1.1395	>> R1*B24	>> B25 = R1*B24/1.1798
ans =	B24 =	ans =	B25 =
−.7611	−.6679	−.8477	−.7185
−.5349	−.4694	−.5768	−.4889
−.6676	−.5859	−.6504	−.5513
.9791	.8592	1.0530	.8925
1.1395	1.0000	1.1798	1.0000

>> R1*B25	>> B26 = R1*B25/1.1955	>> R1*B26	>> B27 = R1*B26/1.2013
ans =	B26 =	ans =	B27 =
−.8829	−.7385	−.8965	−.7463
−.5954	−.4980	−.6034	−.5023
−.6404	−.5357	−.6352	−.5288
1.0818	.9049	1.0927	.9096
1.1955	1.0000	1.2013	1.0000

>> R1*B27	>> B28 = R1*B27/1.2036	>> R1*B28	>> B29 = R1*B28/1.2043
ans =	B28 =	ans =	B29 =
−.9018	−.7492	−.9037	−.7504
−.6069	−.5042	−.6084	−.5052
−.6328	−.5258	−.6316	−.5245
1.0969	.9114	1.0985	.9121
1.2036	1.0000	1.2043	1.0000

```
>> R1*B29        >> B30 = R*B29/1.2047   >> R1*B30        >> B31 = R1*B30/1.2048
ans =            B30 =                   ans =            B31 =
     -.9045         -.7508                    -.9048          -.7510
     -.6091         -.5056                    -.6094          -.5058
     -.6312         -.5239                    -.6309          -.5237
     1.0992          .9124                    1.0994           .9125
     1.2047         1.0000                    1.2048          1.0000

>> R1*B31        >> B32 = R1*B31/1.2049  >> R1*B32        >> B33 = R1*B32/1.2049
ans =            B32 =                   ans =            B33 =
     -.9049         -.7510                    -.9050          -.7511
     -.6096         -.5059                    -.6096          -.5060
     -.6308         -.5236                    -.6308          -.5235
     1.0995          .9125                    1.0995           .9125
     1.2049         1.0000                    1.2049          1.0000
```

像這樣，萃取到這裡，在 b_{33} 終於又聚斂在一起了。此時 R_1b_{32} 各元素絕對值之最大數就是第二個特徵值 λ_2，它是第二個成分的變異數；亦即在第二個主成分與第一個主成分是彼此無關的條件之下（可驗算 $e'_1e_2 = 0$ 是否正確），第二個成分的最大變異數。此時的 e_2 就是與 λ_2 相對應特徵向量，也是我們所萃取到的第二個成分。

```
>> LA2 = 1.2049
LA2 =
    1.2049

>>E2 = B33/sqrt(B33'*B33)
E2 =
    -.4390
    -.2957
    -.3060
```

.5334

.5845

$$\ell_2 = e_2\sqrt{\lambda_2} = \begin{bmatrix} -.4390 \\ -.2957 \\ -.3060 \\ .5334 \\ .5845 \end{bmatrix}\sqrt{1.2049} = \begin{bmatrix} -.4819 \\ -.3246 \\ -.3359 \\ .5855 \\ .6416 \end{bmatrix}$$

```
>> L2 = E2*sqrt(1.2049)
L2 =
   −.4819
   −.3246
   −.3359
    .5855
    .6416
```

$$\ell_2\ell_2' = \begin{bmatrix} -.4819 \\ -.3246 \\ -.3359 \\ .5855 \\ .6416 \end{bmatrix}[-.4819 \quad -.3246 \quad -.3359 \quad .5855 \quad .6416]$$

```
>> L2*L2′
ans =
     .2322     .1564     .1619    −.2822    −.3092
     .1564     .1054     .1090    −.1901    −.2083
     .1619     .1090     .1128    −.1967    −.2155
    −.2822    −.1901    −.1967     .3428     .3757
    −.3092    −.2083    −.2155     .3757     .4117
```

求得 λ_2：

```
>> L2′*L2
ans =
```

1.2049

三、利用殘餘矩陣 R_2 繼續萃取 λ_3 與 e_3

接著，我們還要利用殘餘矩陣 R_2 繼續萃取第三個成分。這時殘餘矩陣 R_2 應如下：

```
>> R2 = (R1)−(L2*L2′)
R2 =
     .3034   −.1836   −.1543    .0167    .0390
    −.1836    .4022   −.1824   −.0342    .0013
    −.1543   −.1824    .3414   −.0038   −.0260
     .0167   −.0342   −.0038    .1965   −.1861
     .0390    .0013   −.0260   −.1861    .1861
```

```
>> R2*U          >> B40 = R2*U/.0252     >> R2*B40        >> B41 = R2*B40/.5077
ans =            B40 =                   ans =            B41 =
     .0212            .8400                   .3998             .7876
     .0033            .1313                   .0962             .1896
    −.0252           −.9990                  −.5077           −1.0001
    −.0108           −.4294                  −.1765            −.3477
     .0143            .5662                   .2442             .4811
```

```
>> R2*B41        >> B42 = R2*B41/.5087   >> R2*B42        >> B43 = R2*B42/.5092
ans =            B42 =                   ans =            B43 =
     .3714            .7302                   .3415             .6707
     .1266            .2489                   .1589             .3121
    −.5087          −1.0000                  −.5092           −1.0000
    −.1475           −.2899                  −.1268            −.2491
     .2113            .4153                   .1861             .3654
```

```
>> R2*B43          >> B44 = R2*B43/.5104   >> R2*B44          >> B45 = R2*B44/.5122
ans =              B44 =                   ans =              B45 =
         .3106             .6086                    .2783             .5434
         .1938             .3797                    .2314             .4518
        -.5104            -.9999                   -.5122           -1.0000
        -.1127            -.2208                   -.1034            -.2018
         .1670             .3271                    .1522             .2972

>> R2*B45          >> B46 = R2*B45/.5146   >> R2*B46          >> B47 = R2*B46/.5174
ans =              B46 =                   ans =              B47 =
         .2445             .4751                    .2090             .4040
         .2717             .5279                    .3144             .6077
        -.5146           -1.0001                   -.5174           -1.0000
        -.0976            -.1897                   -.0945            -.1827
         .1407             .2734                    .1314             .2540

>> R2*B47          >> B48 = R2*B47/.5205   >> R2*B48          >> B49 = R2*B48/.5239
ans =              B48 =                   ans =              B49 =
         .1722             .3308                    .1342             .2562
         .3593             .6902                    .4058             .7746
        -.5205           -1.0000                   -.5239            -.9999
        -.0935            -.1796                   -.0939            -.1792
         .1239             .2379                    .1175             .2243

>> R2*B49          >> B50 = R2*B49/.5274   >> R2*B50          >> B51 = R2*B50/.5310
ans =              B50 =                   ans =              B51 =
         .0956             .1813                    .0568             .1069
         .4534             .8596                    .5014             .9442
        -.5274            -.9999                   -.5310           -1.0000
        -.0954            -.1809                   -.0977            -.1840
         .1121             .2126                    .1074             .2023
```

```
>> R2*B51
ans =
     .0182
     .5492
    -.5347
    -.1005
     .1033

>> B52 = R2*B51/.5492
B52 =
     .0332
     .9999
    -.9736
    -.1831
     .1881

>> R2*B52
ans =
    -.0190
     .5802
    -.5241
    -.1009
     .0970

>> B53 = R2*B52/.5802
B53 =
    -.0328
    1.0001
    -.9033
    -.1740
     .1672

>> R2*B53
ans =
    -.0505
     .5793
    -.4895
    -.0966
     .0870

>> B54 = R2*B53/.5793
B54 =
    -.0872
     .9999
    -.8449
    -.1668
     .1502

>> R2*B54
ans =
    -.0766
     .5783
    -.4607
    -.0932
     .0789

>> B55 = R2*B54/.5783
B55 =
    -.1325
    1.0000
    -.7966
    -.1611
     .1364

>> R2*B55
ans =
    -.0982
     .5776
    -.4369
    -.0904
     .0722

>> B56 = R2*B55/.5776
B56 =
    -.1700
     .9999
    -.7564
    -.1566
     .1250

>> R2*B56
ans =
    -.1162
     .5769
    -.4171
    -.0882
     .0667

>> B57 = R2*B56/.5769
B57 =
    -.2014
    1.0001
    -.7229
    -.1529
     .1157

>> R2*B57
ans =
    -.1312
     .5765
    -.4006
    -.0864
     .0622

>> B58 = R2*B57/.5765
B58 =
    -.2276
    1.0000
    -.6949
    -.1498
     .1079

>> R2*B58
ans =
    -.1437
     .5761
    -.3868
    -.0849
     .0585

>> B59 = R2*B58/.5761
B59 =
    -.2495
    1.0000
    -.6714
    -.1473
     .1015
```

```
>> R2*B59
ans =
   -.1542
    .5757
   -.3752
   -.0836
    .0553

>> B60 = R2*B59/.5757
B60 =
   -.2678
   1.0000
   -.6518
   -.1453
    .0961

>> R2*B60
ans =
   -.1630
    .5754
   -.3656
   -.0826
    .0527

>> B61 = R2*B60/.5754
B61 =
   -.2832
   1.0000
   -.6353
   -.1436
    .0916

>> R2*B61
ans =
   -.1703
    .5752
   -.3575
   -.0818
    .0505

>> B62 = R2*B61/.5752
B62 =
   -.2961
    .9999
   -.6215
   -.1421
    .0879

>> R2*B62
ans =
   -.1765
    .5749
   -.3506
   -.0810
    .0487

>> B63 = R2*B62/.5749
B63 =
   -.3070
   1.0001
   -.6099
   -.1410
    .0847

>> R2*B63
ans =
   -.1817
    .5748
   -.3450
   -.0805
    .0472

>> B64 = R2*B63/.5748
B64 =
   -.3161
   1.0000
   -.6002
   -.1400
    .0821

>> R2*B64
ans =
   -.1860
    .5747
   -.3402
   -.0800
    .0459

>> B65 = R2*B64/.5747
B65 =
   -.3237
   1.0000
   -.5919
   -.1391
    .0799

>> R2*B65
ans =
   -.1897
    .5745
   -.3361
   -.0795
    .0448

>> B66 = R2*B65/.5745
B66 =
   -.3302
   1.0000
   -.5850
   -.1385
    .0780

>> R2*B66
ans =
   -.1928
    .5744
   -.3327
   -.0792
    .0439

>> B67 = R2*B66/.5744
B67 =
   -.3356
   1.0000
   -.5792
   -.1379
    .0764
```

```
>> R2*B67        >> B68 = R2*B67/.5744
ans =            B68 =
     -.1954           -.3410
      .5744            .9999
     -.3299           -.5743
     -.0789           -.1374
      .0431            .0751
```

第三個特徵值 λ_3，反覆萃取二十八次之後到 b_{68}，才終於聚斂在一起。像這樣，萃取到此 R_2b_{67} 各元素絕對值之最大數就是第三個特徵值 λ_3。它是第三個成分的變異數，亦即在第三個主成分與第一個、與第二個主成分是彼此無關的條件之下（可驗算 $e'_1e_3 = 0$ 與 $e'_2e_3 = 0$ 是否正確），第三個成分的最大變異數。此時的 e_3 就是 與 λ_3 相對應的特徵向量，也是我們所萃取到的第三個成分。

求得 λ_3：

```
>> LA3 = .5744
LA 3 =
     .5744

>> E3 = B68/sqrt(B68'*B68)
E3 =
     -.2805
      .8248
     -.4737
     -.1133
      .0620
>> E3'*E3
ans =
     1.0000
```

$$\ell_3 = e_3\sqrt{\lambda_3} = \begin{bmatrix} -.2805 \\ .8248 \\ -.4737 \\ -.1133 \\ .0620 \end{bmatrix} \sqrt{.5744} = \begin{bmatrix} -.2126 \\ .6251 \\ -.3590 \\ -.0859 \\ .0470 \end{bmatrix}$$

```
>> L3 = E3*sqrt(LA3)
L3 =
    -.2126
     .6251
    -.3590
    -.0859
     .0470
```


四、利用殘餘矩陣 R_3 繼續萃取 λ_4 與 e_4

$$\ell_3\ell_3' = \begin{bmatrix} -.2126 \\ .6251 \\ -.3590 \\ -.0859 \\ .0470 \end{bmatrix} [-.2126 \quad .6251 \quad -.3590 \quad -.0859 \quad .470]$$

```
>> L3*L3'
ans =
      .0452   -.1329    .0763    .0183   -.0100
     -.1329    .3907   -.2244   -.0537    .0294
      .0763   -.2244    .1289    .0308   -.0169
      .0183   -.0537    .0308    .0074   -.0040
     -.0100    .0294   -.0169   -.0040    .0022

>> L3'*L3
ans =
    .5744
```

```
>> R3 = (R2)-(L3*L3')
R3 =
     .2582   -.0507   -.2306   -.0016    .0490
    -.0507    .0115    .0420    .0195   -.0281
    -.2306    .0420    .2125   -.0346   -.0092
    -.0016    .0195   -.0346    .1892   -.1821
     .0490   -.0281   -.0092   -.1821    .1839

>> R3*U           >> B70 = R3*U/.0243     >> R3*B70         >> B71 = R3*B70/.4873
ans =             B70 =                   ans =             B71 =
     .0243             .9985                   .4873             .9999
    -.0058            -.2381                  -.1112            -.2282
    -.0199            -.8210                  -.4062            -.8336
    -.0096            -.3939                  -.1542            -.3163
     .0136             .5590                   .2377             .4878

>> R3*B71         >> B72 = R3*B71/.4864   >> R3*B72         >> B73 = R3*B72/.4859
ans =             B72 =                   ans =             B73 =
     .4864            1.0000                   .4859            1.0000
    -.1082            -.2224                  -.1059            -.2180
    -.4109            -.8447                  -.4145            -.8530
    -.1259            -.2588                  -.1044            -.2149
     .2104             .4325                   .1897             .3903

>> R3*B73         >> B74 = R3*B73/.4855   >> R3*B74         >> B75 = R3*B74/.4851
ans =             B74 =                   ans =             B75 =
     .4855             .9999                   .4851            1.0000
    -.1042            -.2145                  -.1028            -.2120
    -.4172            -.8593                  -.4192            -.8642
    -.0881            -.1814                  -.0756            -.1558
     .1739             .3581                   .1618             .3335
```

```
>> R3*B75        >> B76 = R3*B75/.4849   >> R3*B76        >> B77 = R3*B76/.4846
ans =            B76 =                   ans =            B77 =
     .4849            .9999                   .4846            1.0001
    -.1018           -.2100                  -.1010            -.2085
    -.4208           -.8679                  -.4220            -.8709
    -.0661           -.1362                  -.0588            -.1212
     .1526            .3147                   .1455             .3003
```

```
>> R3*B77        >> B78 = R3*B77/.4846
ans =            B78 =
     .4846            .9999
    -.1004           -.2073
    -.4230           -.8729
    -.0532           -.1097
     .1402            .2892
```

第四個特徵值 λ_4，反覆萃取了八次之後到 b_{78}，很快地終於聚斂在一起。像這樣，萃取到 R_3b_{77} 此各元素絕對值之最大數就是第四個特徵值 λ_4。它是第四個成分的變異數，亦即第四個主成分與第一、第二、與第三個主成分是彼此無關的條件之下（可驗算 $e'_1e_3 = 0$ 與 $e'_2e_3 = 0$ 是否正確），第四個成分的最大變異數。此時的 e_4 就是與 λ_4 相對應的特徵向量，也是我們所萃取到的第四個成分。

```
>> LA4 = .4846
LA4 =
     .4846
```

$$\ell_4 = e_4\sqrt{\lambda_4} = \begin{bmatrix} -.4390 \\ -.2957 \\ -.3060 \\ .5334 \\ .5845 \end{bmatrix} \sqrt{1.2049} = \begin{bmatrix} -.4849 \\ -.3246 \\ -.3359 \\ .5855 \\ .6416 \end{bmatrix}$$

```
>> E4 = B78/sqrt(B78'*B78)
E4 =
     .7253
    -.1504
    -.6332
    -.0796
     .2098
>> E4'*E4
ans =
    1.0000
>> L4 = E4*sqrt(LA4)
L4 =
     .5049
    -.1047
    -.4408
    -.0554
     .1460
```

五、利用殘餘矩陣 R_4 繼續萃取 λ_5 與 e_5

```
>> L4'*L4
ans =
    .4846
>> L4*L4'
ans =
      .2549   -.0529   -.2226   -.0280    .0737
     -.0529    .0110    .0461    .0058   -.0153
     -.2226    .0461    .1943    .0244   -.0644
     -.0280    .0058    .0244    .0031   -.0081
      .0737   -.0153   -.0644   -.0081    .0213
```

```
>> R4 = (R3)−(L4*L4′)
R4 =
     .0033     .0022    −.0081     .0264    −.0248
     .0022     .0006    −.0042     .0137    −.0128
    −.0081    −.0042     .0182    −.0590     .0552
     .0264     .0137    −.0590     .1861    −.1740
    −.0248    −.0128     .0552    −.1740     .1626
```

```
>> R4*U
ans =
    −.0010
    −.0005
     .0021
    −.0068
     .0063
```

```
>> B80 = R4*U/.0068
B80 =
    −.1525
    −.0796
     .3142
    −.9994
     .9216
```

```
>> R4*B80
ans =
    −.0524
    −.0272
     .1171
    −.3700
     .3459
```

```
>> B81 = R4*B80/.3700
B81 =
    −.1415
    −.0735
     .3165
    −.9999
     .9347
```

```
>> R4*B81
ans =
    −.0527
    −.0273
     .1178
    −.3721
     .3479
```

```
>> B82 = R4*B81/.3721
B82 =
    −.1416
    −.0735
     .3166
   −1.0001
     .6349
```

```
>> R4*B82
ans =
    −.0527
    −.0273
     .1178
    −.3722
     .3479
```

```
>> B83 = R4*B82/.3722
B83 =
    −.1416
    −.0735
     .3165
    −.9999
     .9347
```

```
>> R4*B83
ans =
    −.0527
    −.0273
     .1178
    −.3721
     .3479
```

```
>> B84 = R4*B83/.3721
B84 =
    −.1416
    −.0735
     .3166
   −1.0001
     .9349
```

```
>> R4*B84
ans =
    −.0527
    −.0273
     .1178
    −.3722
     .3479
```

```
>> B85 = R4*B84/.3722
B85 =
    −.1416
    −.0735
     .3165
   −1.0000
     .9348
```

```
>> R4*B85          >> B86 = R4*B85/.3721   >> R4*B86          >> B87 = R4*B86/.3722
ans =              B86 =                   ans =              B87 =
     -.0527             -.1416                  -.0527             -.1416
     -.0273             -.0735                  -.0273             -.0735
      .1178              .3166                   .1178              .3165
     -.3721            -1.0001                  -.3722            -1.0000
      .3479              .9349                   .3479              .9348

>> B87 = R4*B86/.3722   >> R4*B87   >> B88 = R4*B87/.3722   >> R4*B88
B87 =                   ans =       B88 =                   ans =
     -.1416                 -.0527       -.1415                 -.0527
     -.0735                 -.0273       -.0735                 -.0273
      .3165                  .1178        .3165                  .1178
    -1.0000                 -.3721       -.9998                 -.3721
      .9348                  .3479        .9346                  .3478

>> B89 = R4*B88/.3721   >> R4*B89   >> B90 = R4*B89/.3721
B89 =                   ans =       B90 =
     -.1416                 -.0527       -.1416
     -.0735                 -.0273       -.0735
      .3165                  .1178        .3166
    -1.0000                 -.3721      -1.0001
      .9348                  .3479        .9349
```

第五個特徵值 λ_5，反覆萃取了十次之後到 b_{90}，很快地終於聚斂在一起。像這樣，萃取到此 R_4b_{89} 各元素絕對值之最大數就是第五個特徵值 λ_5。它是第五個成分的變異數，亦即第五個主成分與第一、第二、第三、與第四個主成分是彼此無關的條件之下（可驗算 $e'_1e_3 = 0$ 與 $e'_2e_3 = 0$ 是否正確），第五個成分的最大變異數。此時的 e_5 就是與 λ_5 相對應的特徵向量，也是我們所萃取到的第五個成分。萃取到第五個成分之後，殘餘相關係數矩陣 R_5 的元素均完全萃取完了。

求得 λ_5：

```
>> LA5 = .3721
LA 5 =
     .3721

>> E5 = B90/sqrt(B90'*B90)
E5 =
    −.1001
    −.0520
      .2239
    −.7072
      .6611
```

$$\ell_5 = e_5\sqrt{\lambda_5} = \begin{bmatrix} -.1001 \\ -.0520 \\ .2239 \\ -.7072 \\ .6611 \end{bmatrix} \sqrt{.3721} = \begin{bmatrix} -.0611 \\ -.0317 \\ .1366 \\ -.4314 \\ .4033 \end{bmatrix}$$

```
>> E5'*E5
ans =
    1

>> L5 = E5*sqrt(LA5)
    −.0611
    −.0317
      .1366
    −.4314
      .4033
```

$\ell'_5\ell_5$ 以求得 λ_5：

```
>> L5'*L5
>> LA5 = .3721
```

```
LA5 =
    .3721

>> L5 = L5*sqrt(LA5)
L5 =
   -.0611
   -.0317
    .1366
   -.4314
    .4033
>> L5′*L5
ans =
    .3721
>>L5*L5′
ans =
      .0037     .0019    -.0083     .0264    -.0246
      .0019     .0010    -.0043     .0137    -.0128
     -.0083    -.0043     .0187    -.0589     .0551
      .0264     .0137    -.0589     .1861    -.1740
     -.0246    -.0128     .0551    -.1740     .1627

>> R4 = [.0033 .0022 -.0081 .0264 -.0248; .0022 .0006 -.0042 .0137 -.0128; -.0081 .0042 .0182 -.0590 .0552; .0264 .0137 -.0590 .1861 -.1740; -.0248 -.0128 .0552 -.1740 .1626 ]

R4 =
      .0033     .0022    -.0081     .0264    -.0248
      .0022     .0006    -.0042     .0137    -.0128
     -.0081     .0042     .0182    -.0590     .0552
      .0264     .0137    -.0590     .1861    -.1740
     -.0248    -.0128     .0552    -.1740     .1626
```

```
>> R5 = (R4)−(L5*L5′)
R5 =
    −.0004     .0003     .0002     .0000    −.0002
     .0003    −.0004     .0001     .0000    −.0000
     .0002     .0085    −.0005    −.0001     .0001
     .0000     .0000    −.0001    −.0000    −.0000
    −.0002    −.0000     .0001    −.0000    −.0001
```

從以上的萃取或抽取過程，即是主成分從 R 到 R_4 的萃取過程。此時，$R_5 = R_4 - \ell_4\ell'_4 = 0$。殘餘矩陣 R_5 的元素均為 0，此即表示完全萃取或抽取完了。

六、R 矩陣是五個特徵值與五個相對應特徵向量的聚合

綜合以上計算與萃取的所有結果可知，因素 R 矩陣是五秩的矩陣，所以總共獲得有五個特徵值與五個相對應的特徵向量。現在把它們聚合在一起為：

```
>> E = [.4431 −.4390 −.2805 .7253 −.1001; .4562 −.2957 .8248 −.1504 −.0520; .4804 −.3060 −.4737 −.6332 .2239; .4413 .5334 −.1133 −.0796 −.7072; .4124 .5845 .0620 .2098 .6611]

E =
     .4431    −.4390    −.2805     .7253    −.1001
     .4562    −.2957     .8248    −.1504    −.0520
     .4804    −.3060    −.4737    −.6332     .2239
     .4413     .5334    −.1133    −.0796    −.7072
     .4124     .5845     .0620     .2098     .6611

>> LA = [2.3654 0 0 0 0; 0 1.2049 0 0 0; 0 0 .5744 0 0; 0 0 0 .4846 0; 0 0 0 0 .3721]
LA =
    2.3654         0         0         0         0
         0    1.2049         0         0         0
         0         0     .5744         0         0
```

0	0	0	.4846	0
0	0	0	0	.3721

1. 驗算 ee′ = I （7-25）

>> E*E′

ans =

1.0038	−.0033	−.0016	.0062	−.0053
−.0033	1.0012	.0025	−.0011	.0005
−.0016	.0025	.9999	−.0055	.0051
.0062	−.0011	−.0055	.9986	.0025
−.0053	.0005	.0051	.0025	.9966

表示矩陣 e 各行向量互為正交，互無相關。

2. e′Re = Δ （7-26）

>> E′*R*E

ans =

2.3655	−.0000	.0001	−.0001	.0000
−.0000	1.2048	−.0000	−.0000	.0000
.0001	−.0000	.5738	−.0059	.0003
−.0001	−.0000	−.0059	.4839	−.0099
.0000	.0000	.0003	−.0099	.3722

表示相關矩陣 R 經左乘以 e′ 和右乘以 e 之後，主對角線之外的各元素變為 0（亦即共變數均為 0，或無相關）。主對角線的各元素依次為第一、二、三、四、與五個成分的變異數，其總和應等於 p = 5，亦是矩陣的跡，或是總變異數（標準分數化後，每一成分之變異數為 1，五個成分之總變異數為 5）。

2.3655 + 1.2048 + .5738 + .4839 + .3722 = 5.0002（應該等於 5，由於計算只到小數點第四位會有一點點的誤差）。

3. eΔe′ = R （7-27）

>> E*LA*E′

ans =

1.0005	.4507	.5108	.1970	.1622
.4507	1.0004	.4448	.2520	.2381
.5108	.4448	1.0006	.3011	.2270
.1970	.2520	.3011	1.0000	.6200
.1622	.2381	.2270	.6200	1.0001

第六節　演算結果的說明

由上述的計算，雖然我們算到小數點第四位，然而使用 $e\Delta e'$ 仍然可令人滿意的複製相關係數的 R 矩陣出來。反之亦然，相關係數的 R 矩陣亦可使用上述的方法分解 e, Δ 與 e′ 三個部分的乘積。從上面求得特徵值 $\lambda_1, \lambda_2, \lambda_3, \lambda_4, \lambda_5$，與它們相對應的特徵向量 e_1, e_2, e_3, e_4, e_5 和 $\ell_1, \ell_2, \ell_3, \ell_4, \ell_5$，其演算的過程是非常冗長與繁雜。於進行中務必謹慎，不能有任何的疏漏與錯誤。經過以上的萃取與演算過程所獲得的五個特徵值與特徵向量，整理列為表 7-1 主成分分析摘要表。在表 7-1 中，我們可以把 5 個特徵值 $\lambda_1, \lambda_2, \lambda_3, \lambda_4, \lambda_5$ 與 5 個被萃取或被抽取的因素成分 $\ell_1, \ell_2, \ell_3, \ell_4, \ell_5$ 置入其中，整理列為表 7-1 主成分分析摘要表去呈現以上萃取或被抽取的反覆因解法（iterative solution）過程。並可以和下列使用 SPSS 語法指令所執行的結果報告資料如表 7-2 SPSS 結果輸出報表資料相對照比較，可以發現它們是完全一樣的，此可顯示以上的反覆因解過程是正確的。

表 7-1　主成分分析摘要表（R 矩陣時）

變　項	成　分				
	1	2	3	4	5
工作滿意度	.6814	−.4819	−.2126	.5049	−.0611
工作訓練	.7017	−.3246	.6251	−.1047	−.0317
工作條件	.7388	−.3359	−.3590	−.4408	.1366
醫療照顧	.6788	.5855	−.0859	−.0554	−.4314
牙齒醫療	.6342	.6416	.0470	.1460	.4033
特徵值	2.3654	1.2049	.5744	.4846	.3721
佔總變異數之百分比	47.307	24.098	11.478	9.679	7.439
佔總變異數之累積百分比	47.307	71.405	92.883	92.561	1.0000

根據我們上述的計算所獲得的結果，我們把它們製作如表 7-1 的資料。摘錄主成分分析的幾個重要概念，必須在此特別強調。

一、表 7-1 上半部分是矩陣 L 所構成

矩陣 L 的各元素均表示「變項」與「成分」之間的積差相關。例如「工作滿意度」第一個變項與「第一個成分」的相關為 .6814，第二個變項「工作訓練」與「第二個成分」的相關為 −.3246，可依此類推。

二、表 7-1 上半部分的矩陣 L 之行向量的各元素之平方和等於特徵值

也是該一「成分」之變異數。例如第一行向量的平方和為：

$$
\begin{aligned}
\ell'_1\ell_1 &= (.6814)^2 + (.7017)^2 + (.7388)^2 + (.6787)^2 + (.6342)^2 \\
&= 2.3653573 = 2.3654 \\
&= \lambda_1
\end{aligned}
$$

$$\ell'_2\ell_2 = 1.2049 = \lambda_2 \text{（可依此類推）。}$$

然而矩陣 L 各行向量之間的交互乘積和卻等於 0，此表示各成分之間互為獨立或互為正交。L 為上面 $\ell_1, \ell_2, \ell_3, \ell_4$, 與 ℓ_5 的匯聚。現在我們可以進行驗算

$$L'L = \Delta \qquad (7\text{-}28)$$

```
>> L = [.6814 −.4819 −.2126 .5049 −.0611; .7017 −.3246 .6251 −.1047 −.0317; .7388
−.3359 −.3590 −.4408 .1366; .6787 .5855 −.0859 −.0554 −.4314; .6342 .6416 .0470
.1460 .4033]
L =
        .6814   −.4819   −.2126    .5049   −.0611
        .7017   −.3246    .6251   −.1047   −.0317
        .7388   −.3359   −.3590   −.4408    .1366
        .6787    .5855   −.0859   −.0554   −.4314
        .6342    .6416    .0470    .1460    .4033
>> L′*L
ans =
       2.3654   −.0000    .0000   −.0001    .0000
```

−.0000	1.2049	−.0000	−.0000	.0000
.0000	−.0000	.5744	−.0029	.0001
−.0001	−.0000	−.0029	.4846	−.0050
.0000	.0000	.0001	−.0050	.3722

驗算結果，可證明 $L'L = \Delta$，亦即證明 $L'L$ 構成矩陣 Δ，其主對角線元素為各成分之最大變異數，而各成分之間的共變數為 0，或其相關為 0。

三、該表 L 矩陣之列向量各元素之平方和等於 1

是該「變項」之變異數。例如：第一橫列之平方和為「工作滿意度」這一變項之變異數（z 分數之變異數為 1）：

$$(.6814)^2 + (-.4819)^2 + (-.2126)^2 + (.5049)^2 + (-.0611)^2 = 1.000$$

其中，第一個成分的變異佔這一變項的變異之 46.43，因為 $(.6814)^2 = .4643059$。

而且，L 矩陣各列向量之交互乘積和是為兩個向量所代表之變項的相關。例如第二列向量與第三列向量代表「工作訓練」與「工作條件」兩項滿意度之間的相關：

$$r_{23} = (.7017)(.7388) + (-.3246)(-.3359) + (.6251)(-.3590) + (-.1047)(-.4408) + (-.0317)(.1366)$$

驗算 $LL' = R$

```
>> L*L'
ans =
   1.0004    .4507    .5107    .1970    .1620
    .4507   1.0005    .4449    .2520    .2381
    .5107    .4449   1.0005    .3011    .2269
    .1970    .2520    .3011   1.0000    .6200
    .1620    .2381    .2269    .6200   1.0000
```

而原始的相關係數矩陣 R 是：

```
>> R = [1.000 .451 .511 .197 .162; .451 1.000 .445 .252 .238; .511 .445 1.000 .301 .227;
.197 .252 .301 1.000 .620; .162 .238 .227 .620 1.000]
R =

    1.0000     .4510     .5110     .1970     .1620
     .4510    1.0000     .4450     .2520     .2380
     .5110     .4450    1.0000     .3010     .2270
     .1970     .2520     .3010    1.0000     .6200
     .1620     .2380     .2270     .6200    1.0000
```

由此原始的相關係數矩陣 R 與 LL′ 所複製相關係數矩陣 R 比較可知，兩者幾乎一樣。總之，LL′ 也可複製相關係數矩陣 R，其主對角線的元素代表各變項之變異數，主對角線以外的元素代表各變項之間的相關係數。主對角線各元素之和就是矩陣 R 的跡等於 5，正好是該矩陣的秩。相反的，我們亦可以說，使用主成分之結果，相關矩陣 R 終於被分解為 L 與 L′ 兩個因式。

四、由表 7-1 下面部分可以觀察各個特徵值解釋變異數的百分比

由表 7-1 下面部分可以觀察出，第一個成分之變異數為 2.3654，是特徵值 λ_1，佔總成分變異數之 47.307%（2.3654/5），幾乎達到一半。第二成分之變異數為 λ_2 = 1.2049，佔總變異數之 24.098%（1.2049/5）。第一個成分和第二成分兩者所解釋的變異數就佔總變異數之 71.405%。至於第三成分、第四成分、與第五成分所解釋的變異數佔總變異數之 28.595%。當研究者所用的變項之數目較大時，矩陣 R 的跡（亦即總變異數）也較大。所以，凱塞（Kaiser, 1960）主張將特徵值小於 1 的成分予以放棄，只剩下特徵值大於 1 的成分。關於特徵值大於與小於 1 的成分問題，我們在前面的各章已作了詳細探討，在此不再討論。在本範例只取兩個即可。

五、可以和 SPSS 的語法指令所執行的結果作比較

由本範例使用 MATLAB 來計算矩陣的方法，我們可以由 SPSS 的語法指令所執行的結果作比較。其執行的語法指令如下：（本語法指令儲存在本書 SPSS 的 Syntax CH7-1 檔案中）

```
MATRIX DATA VARIABLES = X1 X2 X3 X4 X5
   /CONTENTS = N CORR
   /FORMAT = UPPER NODIAGONAL.
BEGIN DATA
9147   9147   9147   9147   9147
 .451   .511   .197   .162
 .445   .252   .238
 .301   .227
 .620
END DATA.
subtitle '因素分析'.
FACTOR
        /MATRIX = IN(CORR = *)
        /ANALYSIS = X1 to X5
        /PRINT = ALL
        /CRITERIA = FACTORS(5)／EXTRACTION
        /EXTRACTION
        /ROTATION
        /PLOT = EIGEN ROTATION(1 2).
```


表 7-2 **SPSS 結果輸出報表資料**

成分矩陣（a）

	成分				
	1	2	3	4	5
X1	.681	−.482	−.229	.500	−.039
X2	.702	−.325	.628	−.083	−.036
X3	.739	−.336	−.344	−.457	.117
X4	.679	.586	−.085	−.039	−.433
X5	.634	.642	.043	.130	.409

萃取方法：主成分分析
a. 萃取了 5 個成分

表 7-3 **SPSS 結果輸出報表資料**

解說總變異量

成分	初始特徵值			平方和負荷量萃取			轉軸平方和負荷量		
	總和	變異數的%	累積%	總和	變異數的%	累積%	總和	變異數的%	累積%
1	2.365	47.307	47.307	2.365	47.307	47.307	1.008	20.158	20.158
2	1.205	24.098	71.405	1.205	24.098	71.405	1.005	20.094	40.252
3	.574	11.478	82.883	.574	11.478	82.883	1.003	20.058	60.310
4	.484	9.679	92.561	.484	9.679	92.561	.994	19.870	80.181
5	.372	7.439	100.000	.372	7.439	100.000	.991	19.819	100.000

萃取方法：主成分分析

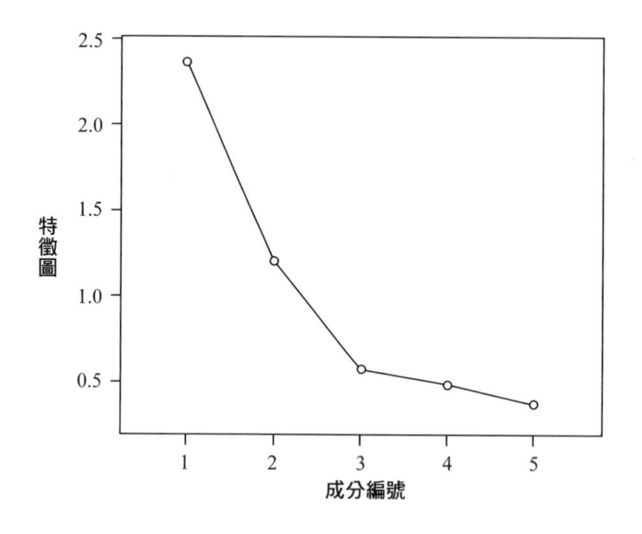

圖 7-1 因素陡坡圖

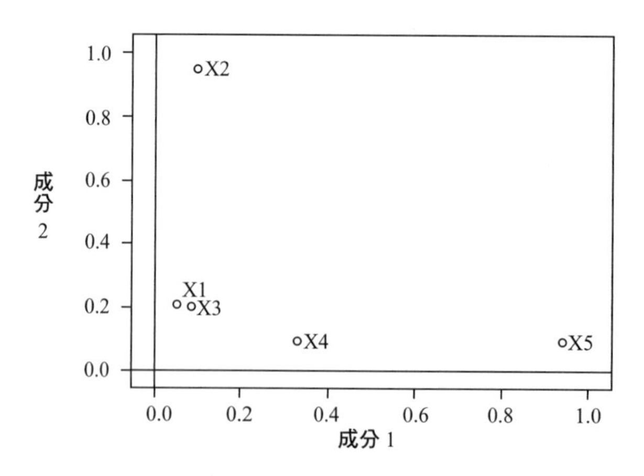

圖 7-2 轉軸後空間中的成分圖

從以上使用矩陣代數與 MATLAB 軟體進行主成分因素分析的結果如表 7-1，我們發現它的演算結果與使用 SPSS 軟體語法指令進行因素分析的結果，在前面三個因素的萃取結果是幾近於相同，而後面二個因素的萃取結果是有些差異，這是由於 MATLAB 的計算其精確度可到小數點十六位數，在我們進行過程中我們使用 MATLAB 軟體到小數點四位數，而 SPSS 是到小數點三位數，因而，在萃取因素的過程中會有誤差的出現，在 MATLAB 軟體的演算中，我們在計算結果之後，都必須有驗證或檢證的過程。

從上述 MATLAB 軟體的演算過程是因素分析中主成分因素初始萃取的過程，在上述 MATLAB 軟體所演算的結果如表 7-1 所呈現的結果與使用 SPSS 語法指令所輸出結果的表 7-2 資料中因素初始萃取解釋總變異量中特徵值萃取的結果是一樣的。至於，轉軸平方和的萃取方法與過程，可以參考前述第六章中所提出的轉軸方法去進行。因此，在此不再贅述。

第七節　因素萃取的最後決定

從前述的探究方法與過程，是在於呈現主成分因素分析五個因素演算與萃取的過程。從前述的探究過程中，我們可以發現在特徵值萃取過程中其中被萃取的五個特徵值中，只有第一與第二個因素被萃取特徵值達到 1 以上。此顯示本範例五個變項的因素分析只能萃取二個因素，我們亦可從 SPSS 語法指令的輸出結果中的陡坡圖 7-1 中理解到只能萃取二個因素。

理解到本範例五個變項的因素分析只能萃取二個因素之後，我們就可依據這樣的概念架構去建構這種二個因素的分析模型，在本節中，我們可依據 SPSS 的語法指令去建構主成分的因素分析模型。

一、SPSS 語法指令的撰寫

在本範例中，我們是以主成分進行因素分析，然後再以最大變異法進行轉軸。所以其 SPSS 的語法指令如下：（本語法指令儲存在本書 SPSS 的 Syntax CH7-2 檔案中）

```
MATRIX DATA VARIABLES = X1 X2 X3 X4 X5
      /CONTENTS = N CORR
      /FORMAT = UPPER NODIAGONAL.
```

```
BEGIN DATA
9147   9147   9147   9147   9147
 .451   .511   .197   .162
 .445   .252   .238
 .301   .227
 .620
END DATA.
subtitle '因素分析'.
FACTOR
        /MATRIX = IN(CORR = *)
        /ANALYSIS = X1 to X5
        /FOAMAT BLANK(.4)
        /PRINT = ALL
        /CRITERIA = FACTORS(2)／EXTRACTION
        /EXTRACTION = PC
        /ROTATION
        /PLOT = EIGEN ROTATION(1 2).
```

二、SPSS 的輸出結果報表資料

從以上 SPSS 的語法指令，我們可以獲得很多的資料，基於研究的需求，我們只顯示下列的 SPSS 輸出結果報表資料以進行分析與說明。

表 7-4 **SPSS 輸出結果報表資料**

解說總變異量

成分	初始特徵值			平方和負荷量萃取			轉軸平方和負荷量		
	總和	變異數的%	累積%	總和	變異數的%	累積%	總和	變異數的%	累積%
1	2.365	47.307	47.307	2.365	47.307	47.307	1.931	38.610	38.610
2	1.205	24.098	71.405	1.205	24.098	71.405	1.640	32.795	71.405
3	.574	11.478	82.883						
4	.484	9.679	92.561						
5	.372	7.439	100.000						

萃取方法：主成分分析

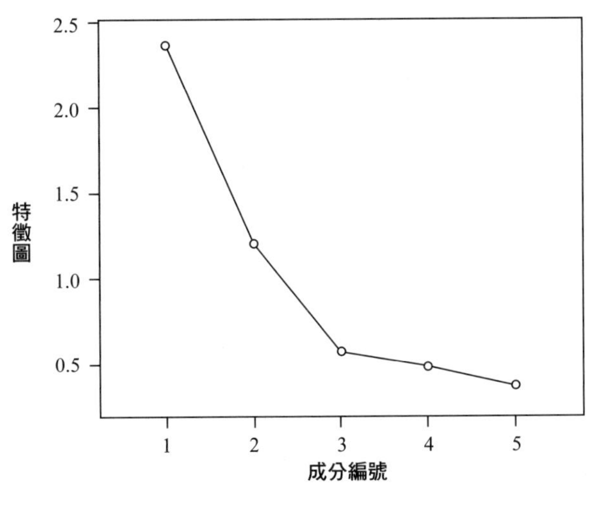

圖 7-3　因素陡坡圖

表 7-5　SPSS 輸出結果報表資料

成分矩陣（a）

	成分	
	1	2
X1	.681	−.482
X2	.702	
X3	.739	
X4	.679	.586
X5	.634	.642

萃取方法：主成分分析
a. 萃取了 2 個成分

表 7-6　SPSS 輸出結果報表資料

轉軸後的成分矩陣（a）

	成分	
	1	2
X1	.834	
X2	.754	
X3	.790	
X4		.878
X5		.896

萃取方法：主成分分析
旋轉方法：含 Kaiser 常態化的 Varimax 法
a. 轉軸收斂於 3 個疊代

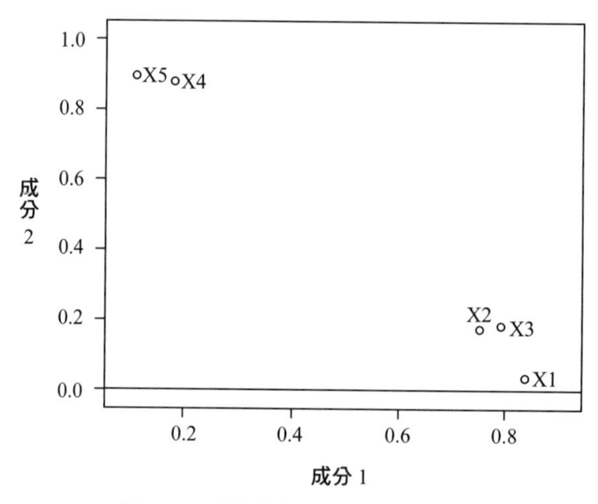

圖 7-4 轉軸後空間中的成分圖

三、SPSS 輸出結果報表資料的說明

從以上 SPSS 輸出結果報表資料中，我們可以參考前述第二章、第三章、第四章與第五章中對於轉軸後因素獲得的問題。在此，我們可以把這個矩陣和未轉軸的因素因解法作比較。在轉軸之前，我們可以看到表 7-5 中大部分的變項對第一個因素的負荷量是高的，而其餘的因素並沒有真正的獲得較顯著的值。然而，經過因素結構的轉軸已澄清與說明了很多問題，使我們對本範例的解釋就變得比較容易。

從上述 SPSS 輸出結果報表 7-6 與輸出結果圖 7-4 轉軸後空間中的成分圖，我們依據這些資料，在實質上基於顯著性較高的負荷量上來考量，然後去解釋因素轉軸後其因素類聚或群集與各因素命名的問題。從輸出結果報表 7-5 中，我們發現因素 1 有 5 個顯著性的負荷量，其值 .4 以上；因為我們在語法指令中已指示 .4 以上的負荷量才會顯示，而因素 2 則有 2 個正的一個負的。然後再檢視輸出結果圖 7-4 轉軸後空間中的成分圖可發現到有若干變項所形成的二個類聚或群集（tow groups of variables）。第一個類聚是工作滿意度（X_1）、工作訓練滿意度（X_2）、與工作條件滿意度（X_3）三者是正的符號。而另外二個變項是醫療照顧滿意度（X_4）與牙齒醫療滿意度（X_5），兩者也是正的符號。如此表示，無論如何，此種現象即表示這二個類聚或群集彼此之間會往正向的方向產生變動。在本範例中這樣的結果即指示工作滿意度（X_1）、工作訓練滿意度（X_2）、與工作條件滿意度（X_3）的上升或增加，醫療照顧滿意度（X_4）與牙齒醫療滿意度（X_5），兩者也會隨之上升或增加，反之亦然。其次回顧到因素 2，我們可以注意到二個變項醫療照顧滿意度（X_4）與牙齒醫療滿意度（X_5）是與醫療滿意度有關，而因素 1 是工作滿意度（X_1）、工作訓練滿意度（X_2）、與工作條件滿意度（X_3）三者的類聚與工作的成分有關。

第八節　結　語

「主成分分析」是一種統計的技術，這種技術或方法可以把一個原始變項的組合轉變成在實質上較少不相關的變項的組合，經由這種轉變而成的變項較少組合可以呈現原始變項組合的大部分資訊。簡言之，主成分分析沒有觀察變項的基本統計模型，其研究焦點是基於主成分的最大變異數的屬性上解釋各觀察變項的整體變異量（total variation），因而主成分分析的目標就是在於達成簡效的原則。而因素分析則有一個觀察變項的基本統計模型，把整體變異數分成共同的與唯一的變異數，集中焦點在一個相對的若干基本因素的基礎上之觀察變項中，解釋共同變異數上，而不在整體變異數上。

本章的目的是在於能夠提供讀者更深入去理解主成分分析的基本原理與性質，依據基本原理與性質我們可以建構萃取與演算過程，

綜合以上的分析，我們的目的是在於展出使用矩陣代數與 MATLAB 軟體進行主成分因素分析的演算與萃取每一個因素的過程。期望這樣的演算與萃取每一個因素的過程，能夠有助於有意想更精進矩陣代數的研究者去體驗進行主成分因素分析演算方程式的應用與萃取每一個因素的概念過程。

Chapter 08

共同因素分析：矩陣的與 MATLAB 電腦軟體的操作

在前述第六章中我們探討因素分析與結構共變數矩陣推論，接著探究有關因素分析的正交因素模型之後，在估計方法之中有一個修正的途徑－主成分因素因解法。

本章主要承繼第六章的主成分因素因解法部分，是 R 矩陣的一種「縮減式」簡單的相關矩陣。即是，我們如何使用這種「縮減式」簡單的相關矩陣去進行共同性 h_i^2 的反覆因解法與共同因素的萃取。在執行過程之中我們使用矩陣代數，以 MATLAB 的軟體來呈現其演算的細節與過程，一方面，可讓我們更深入探究共同因素分析的問題，另一方面，可增進我們對線性代數的認識與興趣。

共同因素分析（common factor analysis），是「因素分析」的一種分析方法，是斯彼爾曼（Spearman, 1904）所創建，然後由賽斯通（Thurstone, 1931, 1947）等加以精進的一種多變項統計分析技術。因素分析方法的種類很多，哈爾曼（Harman, 1960, 1967）與慕雷克（Mulaik, 1972）都有著作推展這種方法。在多變項統計分析技術中，因素分析方法是在行為科學研究的領域中很多研究者所最常用的統計方法之一。然而，由於因素分析方法與主成分分析都使用變異數－共變數矩陣或相關係數矩陣去進行演算與分析，因而二者也經常被混為一談。這是由於萃取因素方法的不同所致。

萃取方法的選擇端視分析者的目標而定。主成分因素（component analysis）被使用於其目標是在於概述大部分的原始資訊（變異數）其以因素的最小數目能達到預測的目的時。在對照之下，共同因素分析（common factor analysis）被使用基本上在於辨識（或認定）反應各變項共持多少的基本因素或維數。這兩種因數模型在前述的各節中已作了很詳細地討論。

本章的目的是在於顯示萃取方法的過程，因為在前述第七章的主成分中即是在完全地呈現主成分的萃取過程，因而本章的目的亦在於展示共同因素分析的萃取過程。

第一節　因素分析的理論基礎

對於因素分析的理論問題，在前述的各個章節中，我們已探討了很多。如在前述的第一章與第二章，我們對於因素分析的理論問題已作了很多與很詳細的探討。在此，我們重複前述的理論問題，作如下的簡要探討。

一、共同因素分析與主成分分析

如在前述第二章與第五章所提出的，分析者可以利用二個基本方法去獲得因素的因解；它們是共同因素分析與主成分分析著稱。要去選擇適當的因素分析模型時，分析家必須理解有關變異數各種類型的某種問題。為了因素分析的目的，整體變異數係由三種所組成（形成）：（1）共同的（common），（2）特殊的（specific）（亦稱為唯一性或獨特性 unique）與（3）誤差（error）。變異數的這三種類型與它們因素模型選擇過程的關係被說明在前述第二章的圖 2-2，共變數或共同變異數（common variance）被界定為一個變項與所有其他變異數在分析中被共有的變異數。特殊變異數是和唯一特殊變項結合的變項。誤差變異數是由於在資料蒐集過程中，測量誤差所產生的，或在已測量的現象中一個隨機的成分（a random component）所產生信度的不足。當吾人使用主成分分析時，吾人必須考量整體的變異數與獲得包含唯一性（unique variate）變異量其中小部分的各因素，而在某些例證中，首先由於在萃取因素很少（few factors）因而無法足夠地包含唯一性或誤差變異量，以致扭曲（distort）整體因素的結構。尤其是，以主成分分析，各單位（單元 unities）被插入相關矩陣的對角線中，如此完整的變異數被促成而成為因素矩陣，就如前述第二章圖 2-2 所示。相反地，以此共同因素分析，共同性（communalitios）被插入對角線中。各共同性是變項之間共同持有的或共同的（common）變異數之估計值。從共同因素分析中獲得的各因素（factors）是僅基於共變數或共同變異數的基礎上。換言之，共同因素可以產生反應變項之間的共變數（標準分數時，即為相關係數），而唯一性變異量部分則只對其所屬變項的變異數有所貢獻。所以，主成分分析是「變異數」導向的方法，而共同因素分析則是「共變數」導向的方法。

從前述第七章的主成分分析中，我們可以發現在萃取因素的過程中其全部的成分都被萃取利用，才能將原來相關矩陣複製出來。質言之，在原來相關矩陣中有多少變項就有多少成分要被萃取利用，才可以複製出與原來相關矩陣元素值相近的相關矩陣。而在共同因素分析中，只要幾個（少於相關矩陣中的變項數）因素被萃取或抽取就可以將原來相關矩陣元素值相近的相關矩陣複製出來。而且，在主成分分析解構相關矩陣 R 時，主對角線的各元素均為 1。這是假定總變異數完全是由各成分所產生，不包含誤差與其他成分在內。但是，使用共同因素分析解構相關矩陣 R 時，主對角線的各元素均小於 1，此表示總變異數之中有一部分是由誤差與其他成分所產生，應將它們自 1 之中扣除。由此觀之，二者的統計模式並不相同。

共同因素與主成分分析模型兩者都廣泛地被利用。一個模型的選擇優於另一個模型是基於兩個準繩：（1）研究者指導（conducting）因素分析的目標與（2）先前認知有關各變項中變異數的量。主成分因素模型在分析者基本上是關切著預測或在各變項的原始組合中所呈現變異數提供最大量部分解釋所需求各因素的最小量數目時，是適當的，與當因素分析者擁有先前的認知提出（建議）特殊的與誤差變異數呈現佔整體變異數一個相當小的比例時，是適當的。對比之下，當基本的目標是在於辨識（或確認）原始變項中所呈現的潛在維度（dimensions）或構念（constructs）時，與研究者對於唯一性誤差變異數的量認知很少，所以希望去消減這樣的變異數，共同因素方法是適當的模型。由於更多限制的假設與它僅僅用於潛在的維數，共同因素分析時常被視為更有理論上的基礎。無論如何，縱然在理論上是有依據的，但是共同因素分析仍然有若干問題。第一，共同因素分析仍然受到因素的不確定性（factor indeterminacy）所困擾，此意指對任何個體的受訪者（或受試者），若干不同的因素得分可以從因素模型所獲得的種種結果來計算。沒有單一的唯一因解法可以在主成分的分析中被發現，但是在大部分的例證中這些差異不是實質的（substantial）問題。第二問題涉及到被使用去呈現（表示；代表）共同持有的變異數其共同性計算的問題。就樣本較大的問題而言，種種計算在電腦實質計算所需時間與資源取得的問題。而且，其各共同性並非總是可估計的或會是無效（例如，各值大於 1 或小於 0）要求淘汰分析中的變項問題。

共同因素分析的種種意涵，已有助於主成分分析的擴大使用。在對於哪一個因素模型是更適當的問題仍然有相當的討論空間時（Borgatta, Kercher, & Stull, 1986; Gorsuch, 1990; Mulaik, 1990; Snook, & Gorsuch, 1989），經驗的研究已證實在許多實例中其結果的相同性。在大部分的應用中，成分分析與共同因素分析可達到實質上相同的結果，如果變項的數目超過 30 或對大部分的變項其共同性超過 0.60。如果研究者是關切著主成分分析的種種假定問題時，那麼共同因素分析應該可以被應用去評估其結構的形成過程。

當因素模型與萃取方法的決定被形成時，分析者即準備去萃取最初未轉軸的因素。在檢驗未轉軸的因素矩陣之際，分析者可以從各變項的一個組合中去探索其資料縮減的可能性與去獲得因素數目要萃取的一個基本估計。各因素數目的最後測定，無論如何必須等到因素矩陣被轉軸與各因素被解釋為止。

二、因素分析的基本原理

在進行探究前述第二章、三章、四章、五章、六章與第七章的主成分分析之後，要理解本章的因素分析也就更加容易多了。因為有關因素分析的基本原理，諸如在第二章中的建構因素分析模型的基本架構與步驟中已作了詳細探討，因而在此不再贅述。因此，有關因素分析的基本原理，在此僅就和本研究有關的部分提出討論。

假如我們有一個隨機樣本，有 P 個在實質上可以觀察的隨機變項 $X_1, X_2, X_3...X_p$ 每一個變項採取離均差分數，所以其平均數為 0，因而其每一個變項的觀察分數可以被視為：

$$X_1 = \ell_{11}Y_1 + \ell_{12}Y_2 + ... + \ell_{m}Y_m$$
$$X_2 = \ell_{21}Y_1 + \ell_{22}Y_2 + ... + \ell_{2m}Y_m$$
$$\vdots$$
$$X_p = \ell_{p1}Y_1 + \ell_{p2}Y_2 + ... + \ell_{pm}Y_m$$

以上的方程式可以被合成為

$$X = YL' + E \qquad (8\text{-}1)$$

其中，ℓ_{ij} = 第 j 個共同因素在第 i 個變項的重要性，亦即是共同因素負荷量。

Y_j = 第 j 個共同因素的變異量。

e_j = 第 j 個唯一性的變異量。

由方程式（8-1）可知，我們有一個共有或共持的 m 個共同因素。其中，我們要假定共同因素變異量 y 間是互為獨立的，其平均數為 0，變異數為 1；唯一性的變異量 e 之間也是互為獨立的，其平均數為 0，變異數為 Ψ_i。塞斯通（Thurstone, 1947）等因素分析的學者把這種 Ψ_i 稱為「唯一性的變異數」或簡稱「唯一性」（uniqueness），它又包括「特殊變異數」（specific variance ）和「誤差變異數」（error variance）兩部分。

依據上面的假定，第 i 個觀察變項的變異數為：

$$\sigma_i^2 = \ell_{i1}^2 + \ell_{i2}^2 + ... + \ell_{im}^2 + \Psi_i \qquad (8\text{-}2)$$

而第 i 個變項與第 j 個變項的共變數就是：

$$\sigma_{ij} = \ell_{i1}\ell_{j1} + \ell_{i2}\ell_{j2} + \ldots + \ell_{im}\ell_{jm} \tag{8-3}$$

上面的方程式（8-2）與（8-3）所呈現的這些關係可以使用下列方程式（8-4）表示如下：

$$\underset{(p\times p)}{\Sigma} = \underset{(p\times m)}{L}\ \underset{(m\times p)}{L'} + \underset{(p\times p)}{\Psi} \tag{8-4}$$

將方程式（8-2）加以轉換，就可以獲得

$$h_i^2 = \sigma_i^2 - \Psi_i = \sum_{i=1}^{m} \ell_{ij}^2 \tag{8-5}$$

這種的「共同性」（communality），是第 i 個變項的總變異數 σ_i^2 中，由共同因素所產生的變異數所佔的百分比；而唯一性 Ψ_i 便是總變異數 σ_i^2 中不是由共同因素所產生的變異數所佔的百分比。因此，共同性事實上便是總變異數 σ_i^2 中扣去唯一性後，剩下來的部分。

方程式（8-4）的 L 稱為「共同因素負荷量」（common factor loadings）矩陣，其形式如下所示：

$$\underset{p\times m}{L} = \begin{bmatrix} \ell_{11} & \ell_{12} & \cdots & \ell_{1m} \\ \ell_{21} & \ell_{22} & \cdots & \ell_{2m} \\ \vdots & \vdots & & \vdots \\ \ell_{p1} & \ell_{p2} & \cdots & \ell_{pm} \end{bmatrix}$$

其中元素 ℓ_{ij} 是第 i 個變項與第 j 個共同因素的共變數。如果 Σ 是相關係數矩陣而不是變異項－共變數矩陣，則 ℓ_{ij} 便是第 i 個變項與第 j 個共同因素的相關。在行為科學的研究中，大多數是使用相關係數矩陣 R 去進行因素分析，因而共同因素負荷量 ℓ_{ij} 可以被視為是代表變項與共同因素之間的相關。就以使用相關係數矩陣 R 為樣本資料的問題而言，因素分析的主要目的是在於從相關係數矩陣 R 中萃取少數幾個共同因素，以構成共同因素負荷量的矩陣 L，然後能夠使用 LL′ 可以幾近精確的複製出與原來的相關係數矩陣 R 相近的相關係數矩陣 R。這樣的複製過程可參考前述的第七章有很詳細的探討。

第二節　縮減式相關係數矩陣

對於共同因素分析的問題，在前面的第二章與第五章中，我們已作了很完整的探討。在本章中，只是在於以矩陣代數的形式來呈現共同因素的萃取過程。

一、回顧

現在回顧在前面的第六章中所提到的，假定特殊變異數的最初估計值 Ψ_i^* 是可資利用的。然後由 $h_i^{*2} = 1-\Psi_i^*$ 來替代 R 矩陣的第 i 個對角線的元素，我們可獲得一個「縮減式」簡單的相關矩陣

$$R_r = \begin{bmatrix} h_1^{*2} & r_{12} & \cdots & r_{1p} \\ r_{12} & h_2^{*2} & \cdots & r_{2p} \\ \vdots & \vdots & \ddots & \vdots \\ r_{1p} & r_{2p} & \cdots & h_p^{*2} \end{bmatrix}$$

現在，除了抽樣的變異量（variation）之外，被縮減式的樣本相關矩陣 R_r（reduced correlation matrix ）的所有元素（或成分），應該由 m 個共同因素來解釋，尤其是 R，被因素因解為

$$R_r = L_r^* L_r^{*\prime} \qquad (6\text{-}22)$$

式中 $L_r^* = \{\ell_{ij}^*\}$ 是已估計的負荷量。

因素分析的主成分因素因解法使用估計值

$$L^*{}_r = \left[\sqrt{\hat{\lambda}_1^*}\, e_1^* \,\vdots\, \sqrt{\hat{\lambda}_2^*}\, \hat{e}_2^* \,\vdots\, \cdots \,\vdots\, \sqrt{\hat{\lambda}_m^*}\, \hat{e}_m^*\right]$$

$$\psi_i^* = 1 - \sum_{j=1}^{m} \ell_{ij}^{*2} \qquad (6\text{-}23)$$

式中 $\left(\hat{\lambda}_i^*, \hat{e}_i^*\right)$, $i = 1, 2, \cdots, m$ 是（最大的）特徵值－特徵向量配對由 R_r 來決定，依序，然後共同性是（re）由下式來估計

$$h_i^{*2} = \sum_{j=1}^{m} \ell_{ij}^{*2} \qquad (6\text{-}24)$$

主成分因素因解法可反覆地被獲得，方程式（6-24）共同性估計值變成下步驟的最初估計值。

二、共同性 h_i^2 的反覆因解法

在因素分析的實際研究中，通常很少使用 S 矩陣。因而，我們就使用 R 矩陣的條例狀況來加以探討。首先討論如何決定共同性 h_i^2，或前述 h_i^{*2} 的問題。

（一）共同性 h_i^{*2} 的決定

在共同因素分析中，依前面各章所呈現的並不像在主成分分析時所使用主對角線的元素都是 1 的相關係數矩陣 R，而是使用如前面所提出的在其主對角線上所呈現共同性 h_i^{*2} 的相關係數矩陣 R_r 或 R^*。換言之，每一個變項的整體變異數 $\sigma_i^2 = 1$ 之中的唯一性 ψ_i 部分必須予以排除。因此，主對角線的元素不是變異數 1，而是各變項之共同性 h_i^{*2} 的相關係數矩陣 R_r，被稱為「減縮式相關係數矩陣」（reduced correlation matrix）。

由此：

$$R_r = R - \hat{\Psi} \tag{8-6}$$

式中 $\hat{\psi}$ 是 ψ 的估計值，亦即：

$$\underset{p \times p}{\hat{\Psi}} = \begin{bmatrix} \hat{\psi}_1 & 0 & \cdots & 0 \\ 0 & \hat{\psi}_2 & \cdots & 0 \\ \vdots & \vdots & & \vdots \\ 0 & 0 & \cdots & \hat{\psi}_p \end{bmatrix}$$

一般而言，我們並不知道 $\hat{\psi}_i$ 為多少？因此就有待我們設法去估計它。實際上，在我們估計唯一性 $\hat{\psi}_i$ 時，也就是要估計共同性 h_i^{*2}，因為 $h_i^{*2} = 1 - \psi_i^*$。使用 R_r 矩陣之後，主對角線以外的元素仍然與矩陣 R 時一樣，仍然代表向量之夾角的餘弦（亦即變項與變項之相關），但是主對角線的元素不是變異數 1，即不再代表其長度為 1（整體變異數）的向量，而只代表共同性 h_i^{*2}，亦即整體變異數減去唯一性所剩餘的部分。

要去估計共同性 h_i^{*2} 的方法很多，常見的方法有：

（1）**最高相關係數的估計法**：把相關係數矩陣第 i 列中，其相關係數最大者

當作 h_i^{*2}，替代相關係數矩陣第 i 個主對角線元素，亦即以 h_i^{*2} 替代原來的 1。如果第 1 列的相關係數為 .6668，就把 h_i^{*2} = .6668 放在第 1 個主對角線的位置。這種方法現在很少被使用。

（2）**多元相關平方的估計法**：即是把第 i 個變項與其餘（p-1）個變項之多元相關係數的平方當作 h_i^{*2}，代入第 i 個主對角線元素的位置。換言之，h_i^{*2} 是要使用：

$$I-\psi^{*}=I-\text{diag}[R^{-1}]^{-1}$$

這個矩陣的主對角線元素 $\text{diag}[1-1/r_{ii}]$ 來估計。因此，首先就要計算矩陣 R（其主對角線元素為 1）的反矩陣 R^{-1}，其次自 1 減去 R^{-1} 第 i 個主對角線元素之倒數，就會獲得 h_i^{*2}。

如果 R^{-1} 第 i 個主對角線元素是 3.3336，那 $h_i^{*2}=1-1/3.3336=.700024$，也是第一個變項與其他（p-1）個變項的多元相關平方。這種方法執行起來比較方便，也比較簡單，其所估計的 h_i^{*2} 值也很準確（參考 Cooley & Lohness, 1971, p.111; Timm, 1975, p.554）。

（3）**共同性 h_i^{*2} 的反覆因解法**：就是利用我們前述主成分分析因解法所計算出來的特徵值，然後依據特徵值的大小，以決定保留 m 個特徵向量。隨後，要求這 m 個特徵向量列元素之平方和，作為共同性 h_i^{*2}。如此，p 個變項就可得到 p 個 h_i^{*2}。將這 p 個 h_i^{*2} 依次代入原來 p×p 階矩陣 R 的主對角線元素的位置，就可獲得一個 R_r 矩陣。接著，我們可再使用上述相對的方法，求取 R_r 矩陣的特徵值，又保留 m 個特徵向量。再計算 m 個特徵向量列元素之平方和，又得到 P 個新的共同性 h_i^{*2}。其次，又用這些 h_i^{*2} 取代以前的 h_i^{*2}，又得一個新的 R_r 矩陣。再使用這一個 R_r 矩陣萃取出特徵值和特徵向量，並用同樣的方法計算出 h_i^{*2}。如此反覆進行，直到 P 個 h_i^{*2} 與前一次的 P 個 h_i^{*2} 產生相聚斂為止，亦即在於達到某正確度以內完全相同為止。此時的 h_i^{*2} 就是我們所要的共同性。（參考，Van de Geer, 1971, pp.143-144; Timm, 1975, p.555）。我們將在下節中呈現這樣的實際計算過程。

（二）共同因素的萃取

我們從前面各章的探討中，可以發現無論使用那一種方法來估計共同性 h_i^{*2}，在共同因素的分析中，我們要使用縮減式相關係數矩陣 R_r 來萃取共同因素，以便獲得一個 $p \times m$ 階的共同因素負荷量矩陣 L。我們希望只要使用較少數的 m 個向度空間（$m \times p$）就能有效代表研究者所要尋求的構念。

在因素分析中，其萃取共同因素的方法，仍然和主成分分析萃取成分的方法一樣。只是在因素分析中，要使用縮減式相關係數矩陣 R_r 為資料罷了。換言之，我們要使用反覆因解法來因解下式的特徵值與特徵向量：

$$(R_r - \lambda I)e = 0 \tag{8-7}$$

要獲得非 0 的因解，必須合乎下式的條例

$$|R_r - \lambda I| = 0 \tag{8-8}$$

使用反覆因解法，我們就可獲得特徵值 λ 與特徵向量 e。這特徵向量被正規化為 1，故 $e'e = 1$。再將 e 正規化為 λ 之後，就可獲得共同因素負荷量 ℓ。最後如果萃取到 m 個共同因素，便可得到一個 $p \times m$ 階的共同因素負荷量矩陣 L。和前述在主成分分析時一樣，共同因素分析所獲得的這些矩陣，仍然有下列所提出的各種重要性質：

$$R_r L = L\Lambda \tag{8-9}$$

$$L'L = \Lambda \tag{8-10}$$

$$LL' = R_r \tag{8-11}$$

或 $$L^* L^{*\prime} = R_r$$

式中，Λ 是由特徵值 λ_i 所構成的對角線矩陣；由 λ_i 的大小就可以觀察出共同因素的重要性。

第三節　範例的演算：MATLAB 軟體的使用

以下我們引用取自前述第七章所使用的美國軍人的調查資料的樣本資料（Statistical Abstracts of the United States, 1985），使用相關矩陣資料以 MATLAB 軟體來進行計算。

本研究題目是研究者有興趣於自五個變項中萃取可能的共同因素，並分析那些變項屬於那一種因素，所以使用因素分析來處理。

一、估計共同性的大小，提出相關矩陣

首先要估計共同性的大小，並提出相關矩陣：依據原始資料去獲得縮減式相關矩陣 R_r。因而，我們要把美國軍人的調查資料的樣本資料，以相關矩陣資料輸入 MATLAB 軟體程式的作業系統。在 Command Window 的輸入視窗中的 To get started, select MATLAB Help or Demos from the Help menu. 之下，以下列方式輸入相關矩陣之後，再按鍵盤中的「enter」就會呈現 R = 之下的相關矩陣資料。

```
>> R = [1.000 .451 .511 .197 .162; .451 1.000 .445 .252 .238; .511 .445 1.000 .301 .227; .197 .252 .301 1.000 .620; .162 .238 .227 .620 1.000]
R =
    1.0000    .4510    .5110    .1970    .1620
     .4510   1.0000    .4450    .2520    .2380
     .5110    .4450   1.0000    .3010    .2270
     .1970    .2520    .3010   1.0000    .6200
     .1620    .2380    .2270    .6200   1.0000
```

依據上述所提出的反覆因解法，我們首先要求 R^{-1}（求得反矩陣的 R）。輸入反矩陣 R 的指令是以英文字母的小寫顯示。

```
>> inv (R)
  =
     1.4784   −.4094   −.5680   −.0146   −.0041
     −.4094   1.3959   −.3573   −.0796   −.1355
     −.5680   −.3573   1.5275   −.2479   −.0160
     −.0146   −.0796   −.2479   1.7048   −.9794
     −.0041   −.1355   −.0160   −.9794   1.6437
```

再依據 $I-\text{diag}[R^{-1}]^{-1}$ 求出

```
>> A = diag (RR)
A =
    1.4784
    1.3959
```

```
    1.5275
    1.7048
    1.6437
>> G = [1-1/1.4784 0 0 0 0;0 1−1/1.3959 0 0 0;0 0 1−1/1.5275 0 0;0 0 0 1−1/1.7048 0;0
0 0 0 1−1/1.6437]
G =
      .3236        0        0        0        0
          0    .2836        0        0        0
          0        0    .3453        0        0
          0        0        0    .4134        0
          0        0        0        0    .3916
```

$R^2_{1.2345} = 1-1/1.4784 = .3236$

$R^2_{2.1345} = 1-1/1.3959 = .2836$

$R^2_{3.1245} = 1-1/1.5275 = .3453$

$R^2_{4.1235} = 1-1/1.7048 = .4134$

$R^2_{5.1234} = 1-1/1.6437 = .3916$

以下將它們依次代入 R 的主對角線位置取代 1 就會得到 R^*。其進行過程如下：

其中使用「G」與「D」英文字母的大寫是在替代演算過程中的矩陣代碼，並不具任何意義。

```
>> (R) + (G)
ans =
    1.3236    .4510    .5110    .1970    .1620
     .4510   1.2836    .4450    .2520    .2380
     .5110    .4450   1.3453    .3010    .2270
     .1970    .2520    .3010   1.4134    .6200
     .1620    .2380    .2270    .6200   1.3916
```

```
>> D = [1 0 0 0 0; 0 1 0 0 0; 0 0 1 0 0; 0 0 0 1 0;0 0 0 0 1]
D =
     1     0     0     0     0
     0     1     0     0     0
     0     0     1     0     0
     0     0     0     1     0
     0     0     0     0     1
```

由於 MATLAB 的軟體在進行計算過程中其標題無法使用英文小寫字母，因而以下 R_r 就以 RR 為代表。若以 R^*，又因 MATLAB 的軟體把「*」的符號標示視為是乘法的指令，因而只好以 RR 為識別。

```
R* =
>> RR = (R) + (G) - (D)
RR =
    .3236    .4510    .5110    .1970    .1620
    .4510    .2836    .4450    .2520    .2380
    .5110    .4450    .3453    .3010    .2270
    .1970    .2520    .3010    .4134    .6200
    .1620    .2380    .2270    .6200    .3916
```

以上我們是使用多元相關平方估計方法來估計 h_i^{*2}，結果獲得上面的縮減式相關矩陣 R_r（或 R^*）。

二、以矩陣 R_r 為資料使用反覆因解法萃取共同因素

以矩陣 R_r 為資料使用反覆因解法萃取共同因素：即是使用方程式（8-2）的特徵值 λ 與特徵向量 e，來進行以下的萃取過程：

```
>> U = [1;1;1;1;1]    >> RR*U      >> B11 = RR*U/1.8293    >> RR*B11
U =                   ans =        B11 =                   ans =
        1               1.6446          .8990                1.5507
        1               1.6696          .9127                1.5682
```

```
        1         1.8293       1.0000          1.7077
        1         1.7834        .9749          1.6665
        1         1.6386        .8958          1.5451

>> B12 = RR*B11/1.7077   >> RR*B12   >> B13 = RR*B12/1.7171   >>RR*B13
B12 =                    ans =       B13 =                    ans =
         .9081             1.5578             .9072             1.5573
         .9183             1.5763             .9180             1.5756
        1.0000             1.7171            1.0000             1.7164
         .9759             1.6757             .9759             1.6749
         .9048             1.5521             .9039             1.5515

>> B14 = RR*B13/1.7164   >> RR*B14   >> B15 = RR*B14/1.7164
B14 =                    ans =       B15 =
         .9073             1.5573             .9097
         .9180             1.5756             .9180
        1.0000             1.7164            1.0000
         .9758             1.6749             .9758
         .9039             1.5515             .9039
```

由於 MATLAB 軟體沒有 λ（lambda），因而我們使用 LA 為代表。而且，特徵向量 e 與因素負荷量符號 ℓ_1, ℓ_2，等也使用大寫字母。

求得第一個特徵值 λ_1

```
>> LA1 = 1.7164
LA1 =
    1.7164
```

接著求得第一個特徵向量 e_1

```
>> E1 = B15/sqrt (B15′*B15)
```

E1 =

.4308

.4359

.4748

.4634

.4292

在此，我們為了要驗證在上述的演算過程是否有錯誤，可以使用 e′e 來進行驗證，如果等於 1 就表示上述的演算過程無誤。

$$[.4308 \quad .4359 \quad .4748 \quad .4634 \quad .4292]\begin{bmatrix} .4308 \\ .4359 \\ .4748 \\ .4634 \\ .4292 \end{bmatrix} = 1$$

```
>> E1′*E1
ans =
    1.0000
```

然後求得第一個

$$\ell_1 = \begin{bmatrix} .4308 \\ .4359 \\ .4748 \\ .4634 \\ .4292 \end{bmatrix} \sqrt{1.7164} = \begin{bmatrix} .5644 \\ .5711 \\ .6221 \\ .6071 \\ .5623 \end{bmatrix}$$

```
>> L1 = E1*sqrt (LA1)
L1 =
    .5644
    .5711
    .6221
    .6071
    .5623
```

```
>> L1*L1′
ans =
      .3186    .3223    .3511    .3426    .3174
      .3223    .3261    .3552    .3467    .3211
      .3511    .3552    .3870    .3776    .3498
      .3426    .3467    .3776    .3685    .3414
      .3174    .3211    .3498    .3414    .3162
```

此時，我們亦可以上述的演算過程是否有錯誤，可以使用 $\lambda_1\lambda'_1$ 來進行驗證，如果等於 1.7164 就表示上述的演算過程無誤。

$$\begin{bmatrix} .5644 \\ .5711 \\ .6221 \\ .6071 \\ .5623 \end{bmatrix} [.5644 \quad .5711 \quad .6221 \quad .6071 \quad .5623] = 1.7164$$

```
>> L1′*L1
ans =
    1.7164
```

以上經過抽取或萃取反覆五次，又經過驗證之後，我們獲得 $\lambda_1 = 1.7164$，和：

$$e_1 = \begin{bmatrix} .4308 \\ .4358 \\ .4748 \\ .4634 \\ .4292 \end{bmatrix} \qquad \ell_1 = \begin{bmatrix} .5644 \\ .5711 \\ .6221 \\ .6071 \\ .5623 \end{bmatrix}$$

上述 e_1 是正規化為 1 的特徵向量，而 ℓ_1 是正規化為 λ_1 的特徵向量，也是我們所抽取到的第一個共同元素向量。接著以下再進行第二個共同元素向量的抽取：

```
>> RR1 = (RR) − (L1*L1′)
RR1 =
```

```
   .0050     .1287     .1599    −.1456    −.1554
   .1287    −.0425     .0898    −.0947    −.0831
   .1599     .0898    −.0417    −.0766    −.1228
  −.1456    −.0947    −.0766     .0449     .2786
  −.1554    −.0831    −.1228     .2786     .0754
```

```
>>RR1*U
ans =
   −.0074
   −.0018
    .0085
    .0066
   −.0073
```

```
>>B21 = RR1*U/.0085
B21 =
   −.8747
   −.2166
   1.0022
    .7731
   −.8543
```

```
>>RR1*B21
ans =
    .1481
   −.0156
   −.1554
   −.1322
    .1818
```

```
>>B22 = RR1*B21/.1818
B22 =
    .8148
   −.0857
   −.8547
   −.7274
   1.0001
```

```
>> RR1*B22
ans =
   −.1930
    .0175
    .0911
    .2010
   −.1418
```

```
>> B23 = RR1*B22/.2010
B23 =
   −.9604
    .0872
    .4533
    .9998
   −.7054
```

```
>> RR1*B23
ans =
    .0429
   −.1226
   −.1546
   −.0548
    .3117
```

```
>> B24 = RR1*B23/.3117
B24 =
    .1375
   −.3934
   −.4960
   −.1758
   1.0000
```

```
>> RR1*B24
ans =
   −.2590
   −.0766
   −.1020
    .3260
    .0987
```

```
>> B25 = RR1*B24/.3260
B25 =
   −.7945
   −.2349
   −.3129
    .9999
    .3027
```

```
>> RR1*B25
ans =
   −.2769
   −.2402
   −.2489
    .2912
    .4829
```

```
>> B26 = RR1*B25/.4829
B26 =
   −.5734
   −.4973
   −.5154
    .6030
    .9999
```

```
>> RR1*B26    >> B27 = RR1*B26/.4758    >> RR1*B27    >> B28 = RR1*B27/.5911
ans =         B27 =                     ans =         B28 =
   -.3925         -.8249                   -.4526         -.7657
   -.2391         -.5025                   -.3094         -.5234
   -.2839         -.5966                   -.3416         -.5779
    .4758         1.0000                    .5143          .8701
    .4372          .9188                    .5911         1.0000

>> RR1*B28    >> B29 = RR1*B28/.5513    >> RR1*B29    >> B30 = RR1*B29/.5843
ans =         B29 =                     ans =         B30 =
   -.4457         -.8085                   -.4633         -.7929
   -.2937         -.5327                   -.3089         -.5282
   -.3348         -.6073                   -.3473         -.5944
    .5231          .9488                    .5360          .9173
    .5513         1.0000                    .5843         1.0000

>> RR1*B30    >> B31 = RR1*B30/.5711    >> RR1*B31    >> B32 = RR1*B31/.5762
ans =         B31 =                     ans =         B32 =
   -.4560         -.7985                   -.4589         -.7965
   -.3029         -.5303                   -.3052         -.5296
   -.3426         -.5998                   -.3443         -.5976
    .5309          .9296                    .5329          .9248
    .5711         1.0001                    .5762         1.0001

>> RR1*B32    >> B33 = RR1*B32/.5743    >> RR1*B33    >> B34 = RR1*B33/.5750
ans =         B33 =                     ans =         B34 =
   -.4578         -.7971                   -.4582         -.7968
   -.3043         -.5299                   -.3046         -.5297
   -.3437         -.5984                   -.3439         -.5981
    .5321          .9265                    .5323          .9258
    .5743          .9999                    .5750         1.0000
```

```
>> RR1*B34   >> B35 = RR1*B34/.5747   >> RR1*B35   >> B36 = RR1*B35/.5748
ans =        B35 =                    ans =        B36 =
   -.4580       -.7969                   -.4581       -.7969
   -.3045       -.5298                   -.3045       -.5298
   -.3438       -.5982                   -.3438       -.5982
    .5322        .9261                    .5323        .9260
    .5747        .9999                    .5748       1.0000

>> RR1*B36   >> B37 = RR1*B36/.5748
ans =        B37 =
   -.4581       -.7969
   -.3045       -.5298
   -.3438       -.5982
    .5323        .9260
    .5748        .9999

>> LA2 = .5748
LA2 =
    .5748
>> E2 = B37/sqrt（B37'*B37）
E2 =
   -.4504
   -.2994
   -.3381
    .5233
    .5651
>> E2'*E2
ans =
    1
>> L2 = E2*sqrt（LA2）
```

```
L2 =
    -.3415
    -.2270
    -.2563
     .3968
     .4284
>> L2'*L2
ans =
     .5748
```

以上經過抽取或萃取反覆十七次，又經過驗證後，我們獲得 $\lambda_1 = .5748$，和：

$$e_2 = \begin{bmatrix} -.4504 \\ -.2994 \\ -.3381 \\ .5233 \\ .5651 \end{bmatrix} \qquad \ell_2 = \begin{bmatrix} -.3415 \\ -.2270 \\ -.2563 \\ .3968 \\ .4284 \end{bmatrix}$$

上述 e_2 是正規化為 1 的特徵向量，而 ℓ_2 是正規化為 λ_2 的特徵向量，也是我們所抽取到的第二個共同元素向量。接著再進行第三個共同元素向量的抽取：

```
>> L2*L2'
ans =
     .1166     .0775     .0875    -.1355    -.1463
     .0775     .0515     .0582    -.0901    -.0973
     .0875     .0582     .0657    -.1017    -.1098
    -.1355    -.0901    -.1017     .1574     .1700
    -.1463    -.0973    -.1098     .1700     .1836

>> RR2 = (RR1) - (L2*L2')
RR2 =
    -.1116     .0512     .0724    -.0102    -.0091
     .0512    -.0940     .0316    -.0046     .0141
```

```
 .0724     .0316   -.1073     .0250   -.0130
-.0102    -.0046    .0250    -.1125    .1086
-.0091     .0141   -.0130     .1086   -.1082
```

```
>> RR2*U    >> B41 = RR2*U/.0086     >> RR2*B41   >> B42 = RR2*B41/.1663
ans =          B41 =                   ans =          B42 =
   -.0073           -.8460                .1571             .9447
   -.0017           -.2017               -.0083            -.0499
    .0086           1.0045               -.1455            -.8752
    .0064            .7425               -.1431            -.8607
   -.0075           -.8677                .1663             .9999
```

```
>> RR2*B42  >> B43 = RR2*B42/.1996   >> RR2*B43   >> B44 = RR2*B43/.2056
ans =          B43 =                   ans =          B44 =
   -.1716           -.8598                .1531             .7444
    .0435            .2179               -.0627            -.3049
    .1262            .6322               -.0884            -.4297
    .1742            .8727               -.1833            -.8914
   -.1996           -.9998                .2056            1.0001
```

```
>> RR2*B44  >> B45 = RR2*B44/.2105   >> RR2*B45   >> B46 = RR2*B45/.2143
ans =          B45 =                   ans =          B46 =
   -.1298           -.6166                .1049             .4895
    .0714            .3394               -.0735            -.3432
    .0550            .2615               -.0261            -.1219
    .1920            .9123               -.2001            -.9335
   -.2105          -1.0000                .2143             .9999
```

>> RR2*B46	>> B47 = RR2*B46/.2173	>> RR2*B47	>> B48 = RR2*B47/.2197
ans =	B47 =	ans =	B48 =
−.0806	−.3709	.0581	.2647
.0719	.3309	−.0684	−.3115
.0013	.0060	.0198	.0903
.2072	.9537	−.2136	−.9720
−.2173	−.9999	.2197	1.0001

>> RR2*B48	>> B49 = RR2*B48/.2217	>> RR2*B49	>> B50 = RR2*B49/.2237
ans =	B49 =	ans =	B50 =
−.0381	−.1720	.0208	.0929
.0643	.2900	−.0601	−.2688
−.0377	−.1702	.0527	.2357
.2190	.9880	−.2237	−1.0000
−.2217	−1.0002	.2234	.9986

>> RR2*B50	>> B51 = RR2*B50/.2243	>> RR2*B51	>> B52 = RR2*B51/.2308
ans =	B51 =	ans =	B52 =
−.0060	−.0267	−.0064	−.0278
.0562	.2505	−.0529	−.2291
−.0651	−.2902	.0755	.3272
.2272	1.0130	−.2308	−1.0001
−.2243	−1.0002	.2258	.9783

>> RR2*B52	>> B53 = RR2*B52/.2284	>> RR2*B53	>> B54 = RR2*B53/.2287
ans =	B53 =	ans =	B54 =
.0163	.0714	−.0244	−.1066
.0489	.2140	−.0461	−.2018
−.0821	.2140	.0882	.3856
.2284	−.3596	−.2287	−.9999
−.2217	.9998	.2206	.9648

```
>> RR2*B54     >> B55 = RR2*B54/.2290     >> RR2*B55     >> B56 = RR2*B55/.2293
ans =          B55 =                      ans =          B56 =
    .0309          .1348                     -.0361          -.1573
    .0439          .1919                     -.0422          -.1838
   -.0931         -.4064                      .0970           .4229
    .2290         1.0000                     -.2293          -.9999
   -.2199         -.9601                     -.2193           .9532

>> RR2*B56     >> B57 = RR2*B56/.2294     >> RR2*B57     >> B58 = RR2*B57/.2297
ans =          B57 =                      ans =          B58 =
    .0402          .1753                     -.0435          -.1895
    .0407          .1775                     -.0396          -.1723
   -.1001         -.4361                      .1026           .4465
    .2294         1.0002                     -.2297          -.9998
   -.2187         -.9534                      .2184           .9506

>> RR2*B58
ans =
    .0462
    .0386
   -.1045
    .2297
   -.2179
>> LA3 = .2297
LA3 =
    .2297
>> B59 = RR2*B58/.2297
B59 =
    .2009
    .1682
   -.4548
```

```
        1.0000
        -.9488
>> E3 = B59/sqrt (B59'*B59)
E3 =
        .1362
        .1140
       -.3084
        .6779
       -.6433
>> E3'*E3
ans =
        1
>> L3'*L3
>> L3 = L3*sqrt (LA3)
L3 =
        .0653
        .0547
       -.1478
        .3249
       -.3083
>> L3'*L3
ans =
        .2297
```

以上經過抽取或萃取反覆十九次，又經過驗證後，我們獲得 $\lambda_3 = .2297$，和：

$$e_3 = \begin{bmatrix} .1362 \\ .1140 \\ -.3084 \\ .6799 \\ -.6433 \end{bmatrix} \qquad \ell_3 = \begin{bmatrix} .0653 \\ .0547 \\ -.1478 \\ .3249 \\ -.3083 \end{bmatrix}$$

上述 e_3 是正規化為 1 的特徵向量，而 ℓ_3 是正規化為 λ_3 的特徵向量，也是我們所抽取到的第三個共同元素向量。接著以下再進行第四個共同元素向量的抽取：

```
>> L3*L3′
ans =
      .0043     .0036    −.0096     .0212    −.0201
      .0036     .0030    −.0081     .0178    −.0168
     −.0096    −.0081     .0218    −.0480     .0456
      .0212     .0178    −.0480     .1056    −.1002
     −.0201    −.0168     .0456    −.1002     .0950

>> RR3 = (RR2)−(L3*L3′)
RR3 =
     −.1158     .0476     .0820    −.0314     .0110
      .0476    −.0970     .0397    −.0224     .0310
      .0820     .0397    −.1292     .0731    −.0586
     −.0314    −.0224     .0731    −.2181     .2088
      .0110     .0310    −.0586     .2088    −.2032
```

以同樣方法反覆十九次，又經過驗證之後，我們獲得 λ_3 = .2297；特徵值小於凱塞的標準。雖然上述的殘差矩陣（RR3）並沒有完全等於 0，但其所剩餘的部分已不具重要性。因此，萃取因素的步驟可到此為止。就實際萃取因素的標準而言，本範例的變項雖然有五個（P = 5），但在未轉軸之前，依據特徵值小於凱塞的標準，只能萃取一個（m = 1）共同因素。要獲得二個共同因素，還要經過轉軸的過程，方可使各變項對各因素的負荷量類聚為兩個構念之可能。

以下表 8-1 的因素分析摘要（未轉軸 F）是上述以相關矩陣資料，以共同因素萃取過程所獲得的結果。

表 8-1 因素分析摘要（未轉軸 F）

變　項	共同因素			共同性
1.工作滿意度	.5644	−.3415	.0633	.4392
2.工作訓練滿意度	.5711	−.2270	.0547	.3807
3.工作條件滿意度	.6221	−.2563	−.1478	.4745
4.醫療照顧滿意度	.6071	.3968	.3249	.6316
5.牙齒醫療滿意度	.5623	.4284	−.3083	.5948
特徵值	1.7164	.5748	.2297	2.5209

表 8-1 因素分析摘要，只是把我們上述以相關矩陣資料，以共同因素萃取過程所獲得的結果呈現出來。依據前述凱塞的標準，在未轉軸之前的因素矩陣，只能萃取一個（m = 1）共同因素。如果要獲得二個共同因素，還要經過轉軸的過程，如前面各章所提出的最大變異法（VARIMAX）與斜交法（OBLIMIN）進行轉軸，方可使各變項對各因素的負荷量類聚為兩個構念之可能。對於進行轉軸的問題，可以參考前述各章的轉軸方法。

第四節　結　語

從以上的共同因素的探究與分析中，我們可以發現本章的探究目的，是在於承繼前述第七章主成分分析萃取因素分析過程有別於或有不同於共同因素萃取因素分析過程的部分。即是在 R 矩陣的一種「縮減的」簡單的矩陣中，我們如何使用這種「縮減的」簡單的矩陣去進行共同性 h_i^2 的反覆因解法與共同因素的萃取。在執行過程之中我們使用矩陣代數，以 MATLAB 的軟體來呈現其萃取因素的細節與過程，一方面，可讓我們更深入探究共同因素分析的問題，另一方面，可增進我們對線性代數的認識與興趣。

從以上的共同因素之探究與分析中，我們可以發現以前述第七章主成分分析相同的相關係數矩陣（相同的問題與相同的五個變項資料）進行共同因素分析萃取因素的過程。其中，二者方法的差異之處，在前述的共同因素分析萃取因素過程之中，相信吾人已盡可能詳細的陳述這樣的萃取因素過程，從其中可以發現與理解共同因素分析方法不同於主成分分析方法之處，與二者的優點。

綜合以上共同因素的探究與前述第七章主成分的分析，就使用目的而言，因素分析與主成分分析有很大的不同。主成分分析通常是被使用在研究問題之前較早階段的研究作為，具有試探的性質。研究者想把許多變項的觀察資料其向度空間予以減少，以嘗試去發現與尋求新的理論模型。因素分析大部分是被使用在研究問題之較後階段的研究作為，尤其是具有驗證的性質之因素分析便是如此。研究者已形成一理論模型，而嘗試去驗證他的理論模型是否能夠適當地去解釋他的觀察資料。（Timm, 1975, p.550; Vande Greer, 1971, pp.140-146; Morrison, 1976, pp.302-307）。此階段也是從探索性因素分析，邁入驗證性因素分析的階段。

由於上述的共同因素分析方法在 SPSS 軟體程式中沒有這種萃取或抽取方法可以被使用去獲得其結果輸出的資料，得以進行對照比較。因而，本文的目的僅是在於承繼前述第六章中所提出的因素分析方法中，雖然提到，但是沒有進一步去探究的問題。在此，我們可以發現因為在前述第七章主成分的分析中，呈現其因素的萃取過程，所以在本文中其主要目的也就是在於呈現使用共同因素的萃取過程。

共同因素分析是第二個重要的因素分析模型，共同因素與主成分分析之間的基本區分是共同因素分析只關切一個變項組合所關聯的共同變異數。其目標是由因素因解在對角線上而不是單元（unities）估計最初的共同性，係由一個「被縮減的」相關矩陣來執行。共同因素與主成分分析之間的差異僅發生在因素的估計與解釋階段，一旦共同性在對角上被替代，那共同因素模型就和主成分分析的相同方式萃取各因素。因素分析者可使用其選取與解釋因素的相對標準作選擇。

從探索性因素到驗證性因素分析

Chapter 09

探索性因素與驗證性因素分析

在以上各章對於探索性因素分析作了很詳細探討之後，我們的確需要深入去探究、去發現與去體驗探索性分析對驗證性因素分析的重要性，它們之間的特點區別何在？它們之間的關係如何？為了確立它們之間在學術上所扮演的角色，以下各章就以這樣的研究取向去進行有關驗證性因素分析的問題。由於，本書是以探索性因素分析為焦點，因而對於驗證性因素分析與結構方程式的建構方法，如 LISREL 語法的撰寫，結構方程式的結構關係模型等等問題在本書中無法以更多的篇幅，更多的面向，與更深入的探究方法去進行分析，因而本書後面的四章就有三章只能僅就驗證性因素分析的測量模型部分進行以下的探討。

第一節　因素分析

從前述的各章中，吾人都集中焦點在多變項技術探索性因素分析的探究，其中吾人雖然時常提到因素結構一詞，但是對於因素結構一詞卻很少對它作深入的探討。

因素分析是當代一種非常重要的統計技術，用來發現一組測量題目背後所隱含的可能結構。傳統的因素分析法，對於研究資料中其因素的抽取與決定，取決於研究者實際所蒐集的資料，也就是一種資料推導或資料所導引（data driven）的探索性因素分析；而在結構方程式模型所進行的因素分析，其測量題目背後所隱含的因素結構，是在資料蒐集之前便已經先行決定，因而研究者所蒐集的資料是用來驗證此一個先前所提出的概念模型是否適當，因此又稱為是一種理論推導或理論所導引（theory driven）的驗證性因素分析。

因素分析，如我們回顧在多變量技術中所學習的，是關切探索很多的變項之間其關係的模式。這些模式可由被稱謂主成分（主成分 principal component），或更多共同的因素來呈現。如對一個因素負荷量很高的各變項，它們就變成基本面向或基本構面（dimension）的描述項（descriptors）。無論如何，研究者對於各變項對各因素負荷量的檢驗，僅有辨識基本面向的特性。

在這一點上，讀者只要研究與熟識因素分析之後，我們就可以理解到在結構方程模型中因素分析的目標與測量模型之間的相似性。各因素，依測量模型的條件方式，是潛在的各變項，每一個變項充當每一個因素的一個指標（因為每一個變項對每一個因素有一個負荷量），依這種方式被使用，因素分析基本上是一種探索性（exploratory）技術，因為研究者對那些變項是那個潛在構念的指標之控制受到限制（即是，那些變項對每一個因素的負荷量）。無論如何，結構方程式模型，可以扮演一種驗證性的角色，因為分析者對每一個構念各指標的界定具有完全控制的能力。同時，結構方程模型允許提供已提出的驗證性因素因解方法（solution）作適配度指標（goodness-of-fit）的一種統計檢定，此以主成分／因素分析是不可能的。由此可知，驗證性因素分析對特殊（specific）各構念的測量之量尺的效度方面是特別有用的（Steenkamp and Trijp, 1991）。

因素分析是一種建構模型的研究途徑（a modeling approach），這樣的研究途徑首先由心理學研究家所發展而成為研究無法觀察變項的一種方法。在假設上就有現存研究心理學的科學概念，或在變項，諸如：智力（intelligence）、動機（motivation）、能力（ability）、態度（attitude）、與意見（opinion）。在因素分析中所呈現的因素，被稱為潛在變項，或被稱為潛在構念。這樣的潛在變項在典型上是無法被直接測量的構面（dimensions），而這些構面在實質上是為社會與行為科學所關切的。所以，這樣的一個潛在變項很廣泛地為一般研究者所公認或所使用為一個個人對於這種無法被觀察構面的理解可以由其構面的各種不同代替物（various proxies of the dimension）來指示，這些不同的代替物通常被歸之為測量指標（indicator），諸如各別的智力測驗分數，可以指示一個個人的智力能力。

如吾人假定結構變項，η 與 ξ，可以個別地代表公司的績效與管理的才能（或管理的能力），是無法觀察與被測量的變項，又稱為潛在變項。雖然 η 與 ξ 的變項是無法觀察與測量的變項，但是公司績效表現的指標，例如，Y_1 = 利潤，與 Y_2 = 公司在公開市場其股票的價格，是可以被觀察與被測量的，被稱為測量指標（indicator）。如此，同樣地，管理才能表現的指標，例如，X_1 = 公司總經理的學經歷，與 X_2 = 公司董事會成員的學經歷，是可以被觀察與被測量的。依此假定一個公司的績效表現，發展到最大，是由於管理能力發揮的原因所產生的。

像徑路分析一樣，因素分析有一段相當長的發展史。最初的理念可回溯到1900 年代初期，而它為大家所獲知，即在英國心理學家 Charles Spearman 應用這種研究途徑最初發展的形式去研究人類能力的結構。Spearman（1904）提出一個個人能力的分數表現，是一般能力的顯示證明（manifestations of a general ability）與其他特殊能力（other specific ability）的顯示證明，諸如言辭或數字的（verbal or numerical abilities）。一般的與特殊的因素被結合著去產生能力的成就表現（the ability performance），這樣的理念被標示為人類能力的二因素理論（the two-factor theory of human abilities）。無論如何，因為更多的研究者變得更有興趣於這種的研究途徑（例如，Turrstone，1935），這樣的理念被擴大去使它能夠適應更多的因素研究與其對應的分析方法被歸之為因素分析。

依一般名詞的界定方式，因素分析是給予正進行假設種種構念以建構假設模型的一種途徑，其途徑是使用可觀察的種種代表性的一種形式（a variety of observable proxies），或可以直接被測量的指標（indicators）。這樣的分析被認為是探索性的（exploratory），亦被稱為探索性因素分析（exploratory factor analysis, EFA）；而當其關切是在於決定多少因素，或多少潛在變項，被需求在一個被假定可觀察的測量組合之中可以很好地解釋其中的關係。這樣的關切方法，或分析方法就是驗證性的（confirmatory），在形式上被歸之為驗證性因素分析（confirmatory factor analysis, CFA），當在其測量之間一個預先存在的關係結構（a preexisting structure of the relationships）是可以被量化與可以被檢驗時。如此，就不同於 EFA，在此種狀況之下，CFA 是不在於關切去發現一個因素的結構，而是在於關切去驗證與檢驗一個被假定因素結構的詳情細節。為了要去考驗檢定一個特殊因素的結構，研究者對於它的成分性質（composition）必須要有某種最初的理念（some initial idea）。在這方面，CFA 被認為是一般建構模型的最佳途徑，該途徑是在於設計去如何檢定有關因素結構的種種假定，在當因素的數目與解釋都依據各測量指標的界定方式而產生，就如預先被假定的一樣。由此，在 CFA 進行的步驟中（a）理論首先呈現；（b）然後假設模型從理論中被獲得，而最後（c）假設模型參數被進行估計與評估，被考驗檢定與評估假設模型是否適配資料，然後若需要修正時，又需再進行估計與評估。

一般而言，在 CFA 進行的步驟中，未知參數的估計問題是值得我們再強調的問題。在 CFA 進行中模型所推導的或所複製的矩陣（reproduced matrix）$\Sigma(\gamma)$ 會盡可能地接近樣本矩陣 S。如果假設的或提出的模型接近或近似矩陣 S 到非常近似的程度，如由適配度指標來測量，它可以被視為是其研究現象的一種似真的描述（as a plausible description of the phenomenon），與其依理論建構的假設模型已受到其理論的支持。否則，這個模型就要被拒絕，其被體現於模型的理論就無法被驗證。在此，我們強調這種考驗檢定的基本原理（testing rational）可以有效的應用於所有 SEM 方法論的檢測，不僅可有效的應用於驗證性因素分析的架構之內，而且可有效的應用於探索性因素分析。

在驗證性因素分析（CFA）的探究中可以發現驗證性因素分析的使用有一個很重要的限制，就是驗證性因素分析的開始，在一個被提出的或被假設的模型被檢測它是否適配於資料之前，就要其被提出的或被假設的模型要有完整詳情的細節被界定。所以，我們在驗證性因素分析時，就要有諸如假設模型、模型界定、模型參數估計等完整詳情的細節要被界定、被辨識、與評估。所以，對驗證性因素分析（CFA），Jöreskog & Sörborm（1993a）提出三個情境作選擇，（a）一個嚴格驗證性情境其中只有一個單一被規劃的模型可以被接受或被拒絕，（b）在對立的模型，或競爭的模型中，在種種被規劃的模型之中，只可從它們之中選擇其一，（c）在一個模型的產生過程中，最初模型的被界定，參數的估計，參數的評估；在無法適配於資料的案例中，其模型要被修正，與重複地被檢定直到可接受的適配度指標被獲得為止。

一個嚴格驗證性情境在實際運作或操作之中是很少有的，因為大部分的研究者並無意去拒絕一個被提出的或被假設的模型。而在驗證性因素分析提出對立的模型，或競爭的模型亦不是常見的，因為大部分的研究者並無意去界定，或無法界定它。這樣的結果，在經驗的研究中似乎是經常面臨的問題（Jöreskog & Sörborm, 1993a; Macoulides, 1989）。在許多 CFA 的應用之中可以說，是真正的具有探索性的與驗證性的特性。因而，在事實上，研究者純粹是以探索性或純粹是以驗證性因素分析處理問題的研究是非常少有的。基於這個原因，任何以相同資料組合進行重複建構模型結果應該很謹慎小心來處理與應該被認為是暫時性（tentative）直到一個被複製的研究可以給予這些模型的成就表示提出更進一步的資訊為止。

第二節　資料推導的探索性因素分析

對於探索性因素分析的問題，在本章中是針對探索性因素分析的方法，仍然以最大概似估計法與最小直接斜交法為主，所以我們僅就以在驗證性因素分析與探索性因素分析有交集的方法與問題來探究。

對於探索性因素分析的問題，在前一節中我們作了簡單的介紹，因而在本節中是針對探索性因素分析的方法，諸如以最大概似估計法與最小直接斜交法為主，至於所謂探索性因素分析中最主要方法，如主成分與共同因素分析在此我們並未涉及，所以我們僅就以在驗證性因素分析與探索性因素分析有交集的方法與問題來探究。

我們知道在驗證性因素分析中，參數的估計方法最常使用的方法是最大概似估計（MLE），而在探索性因素分析中也可使用這種方法。因為在探索性因素分析中有些因素或構念之間是不可有相關存在，所以最小直接斜交法的轉軸方法的使用是適當的，因為在驗證性因素分析中其潛在因素或構念之間是允許相關存在。由於有這些交集的問題，所以，以下有關探索性因素分析的因素模型的建構方法，我們將以使用最大概似估計法與最小直接斜交法為主。

一、變異數或共變數矩陣資料提出

首先我們將把因素分析應用到一個資料組合來說明其基本結構是已知的，而且其觀察資料是沒有抽樣與測量誤差。在此，我們使用前述第五章所引用的範例資料，首先作為資料推導的探索性因素分析，然後再進行驗證性的因素分析。

假定有下列六個變項的組合：

X_1 = 政府是否應該支出更多經費去支持學校的教育

X_2 = 政府是否應該支出更多經費去減低失業率

X_3 = 政府是否應該控制大企業的壟斷

X_4 = 政府是否應該加速消除種族的隔離，透過公車的政策

X_5 = 政府是否體察到少數人可獲得個別的工作配額

X_6 = 政府是否應該支持學前的啟蒙教育計畫

以上的六個變項的組合依據前述第五章問卷調查的方式，獲得受訪者 1000 人的問卷資料，輸入電腦獲得下列相關矩陣的資料如表 9-1。

表 9-1 政治意見變項的相關矩陣

	X_1	X_2	X_3	X_4	X_5	X_6
X_1	1.000	.560	.480	.224	.192	.160
X_2	.560	1.000	.420	.196	.168	.140
X_3	.480	.420	1.000	.168	.144	.120
X_4	.224	.196	.168	1.000	.420	.350
X_5	.192	.168	.144	.420	1.000	.300
X_6	.160	.140	.120	.350	.300	1.000

二、探索性因素分析的語法

本語法指令儲存在本書 SPSS 的 Syntax CH9-2 檔案中。

```
MATRIX DATA VARIABLES = X1 X2 X3 X4 X5 X6
          /CONTENTS = N CORR
          /FORMAT = UPPER NODIAGONAL.
BEGIN DATA
1000    1000    1000    1000    1000    1000
 .560    .480    .224    .192    .160
 .420    .196    .168    .140
 .168    .144    .120
 .420    .350
 .300
END DATA.

subtitle '因素分析'.
FACTOR
        /MATRIX = IN (CORR = *)
        /ANALYSIS = X1 to X6
        /PRINT = ALL
        /EXTRACTION = ML
        /ROTATION = OBLIMIN
        /PLOT = EIGEN ROTATION (1 2).
```

三、SPSS 結果資料報表的輸出與解釋

表 9-2 SPSS 結果資料報表的輸出

表 9-2 之 1

Correlation Matrix[a]

		X1	X2	X3	X4	X5	X6
Correlation	X1	1.000	.560	.480	.224	.192	.160
	X2	.560	1.000	.420	.196	.168	.140
	X3	.480	.420	1.000	.168	.144	.120
	X4	.224	.196	.168	1.000	.420	.350

		X1	X2	X3	X4	X5	X6
	X5	.192	.168	.144	.420	1.000	.300
	X6	.160	.140	.120	.350	.300	1.000
Sig. (1-tailed)	X1		.000	.000	.000	.000	.000
	X2	.000		.000	.000	.000	.000
	X3	.000	.000		.000	.000	.000
	X4	.000	.000	.000		.000	.000
	X5	.000	.000	.000	.000		.000
	X6	.000	.000	.000	.000	.000	

a. Determinant = .325

表 9-2 之 2

Inverse of Correlation Matrix

	X1	X2	X3	X4	X5	X6
X1	1.660	−.691	−.472	−.108	−.074	−.052
X2	−.691	1.534	−.291	−.067	−.046	−.032
X3	−.472	−.291	1.364	−.046	−.031	−.022
X4	−.108	−.067	−.046	1.332	−.429	−.305
X5	−.074	−.046	−.031	−.429	1.269	−.209
X6	−.052	−.032	−.022	−.305	−.209	1.185

表 9-2 之 3

KMO and Bartlett's Test

Kaiser-Meyer-Olkin Measure of Sampling Adequacy.		.718
Bartlett's Test of Sphericity	Approx. Chi-Square	1118.968
	df	15
	Sig.	.000

表 9-2 之 4

Anti-image Matrices

		X1	X2	X3	X4	X5	X6
Anti-image Covariance	X1	.602	−.271	−.208	−.049	−.035	−.027
	X2	−.271	.652	−.139	−.033	−.023	−.018
	X3	−.208	−.139	.733	−.025	−.018	−.014
	X4	−.049	−.033	−.025	.751	−.254	−.193
	X5	−.035	−.023	−.018	−.254	.788	−.139
	X6	−.027	−.018	−.014	−.193	−.139	.844

		X1	X2	X3	X4	X5	X6
Anti-image Correlation	X1	.690[a]	−.433	−.314	−.073	−.051	−.037
	X2	−.433	.713[a]	−.201	−.047	−.033	−.024
	X3	−.314	−.201	.769[a]	−.034	−.024	.017
	X4	−.073	−.047	−.034	.702[a]	−.330	−.243
	X5	−.051	−.033	−.024	−.330	.712[a]	−.170
	X6	−.037	−.024	−.017	−.243	−.170	.751[a]

a. Measures of Sampling Adequacy(MSA)

從表 9-2 之 3 與表 9-2 之 4 可獲知在 15 個相關中以 .01 的顯著水準有 15 個都是顯著性。整體樣本抽取足夠的測量是 .718。Bartlett 球形檢定 1118.968，顯著性 .0000；從因素分析其變項縮減組合的功能觀之是符合樣本抽取足夠測量的門檻。每一個變項亦超過規定的門檻值，可指出其變項縮減的組合符合因素分析的基本要求。最後，除了一個淨相關（one partial correlation）之外，所有變項的相關都相當低，為在縮減組合中變項之間交互關係的另一指標。以上這些測量都指出其變項縮減的組合要執行因素分析是適當的，其因素分析是可進行的。

表 9-2 之 5

Communalities

	Initial	Extraction
X1	.398	.640
X2	.348	.490
X3	.267	.360
X4	.249	.490
X5	.212	.360
X6	.156	.250

Extraction Method: Maximum Likelihood.

表 9-2 之 6

Total Variance Explained

Factor	Initial Eigenvalues			Extraction Sums of Squared Loadings			Rotation
	Total	% of Variance	Cumulative %	Total	% of Variance	Cumulative %	Total
1	2.372	39.527	39.527	1.827	30.458	30.458	1.666
2	1.323	22.051	61.577	.763	12.709	43.167	1.338
3	.711	11.842	73.419				
4	.592	9.873	83.292				

Factor	Initial Eigenvalues			Extraction Sums of Squared Loadings			Rotation
	Total	% of Variance	Cumulative %	Total	% of Variance	Cumulative %	Total
5	.572	9.530	92.823				
6	.431	7.177	100.000				

Extraction Method: Maximum Likelihood.
a. When factors are correlated, sums of squared loadings cannot be added to obtain a total variance.

表 9-2 之 7

Factor Matrix[a]

	Factor	
	1	2
X1	.766	−.232
X2	.670	−.203
X3	.574	−.174
X4	.454	.533
X5	.389	.457
X6	.324	.381

萃取方法：最大概似
a. 2 factors extracted. 4 iterations required.

表 9-2 之 8

Reproduced Correlations

		X1	X2	X3	X4	X5	X6
Reproduced Correlation	X1	.640[b]	.560	.480	.224	.192	.160
	X2	.560	.490[b]	.420	.196	.168	.140
	X3	.480	.420	.360[b]	.168	.144	.120
	X4	.224	.196	.168	.490[b]	.420	.350
	X5	.192	.168	.144	.420	.360[b]	.300
	X6	.160	.140	.120	.350	.300	.250[b]
Residual[a]	X1		3.94E-007	7.89E-007	1.29E-012	6.02E-013	5.79E-013
	X2	3.94E-007		−1.41E-006	−8.45E-013	−1.71E-013	−2.63E-013
	X3	7.89E-007	−1.41E-006		−1.77E-012	−1.20E-012	−1.07E-012
	X4	1.29E-012	−8.45E-013	−1.77E-012		5.29E-008	1.23E-007
	X5	6.02E-013	−1.71E-013	−1.20E-012	5.29E-008		−1.93E-007
	X6	5.79E-013	−2.63E-013	−1.07E-012	1.23E-007	−1.93E-007	

Extraction Method: Maximum Likelihood.
a. Residuals are computed between observed and reproduced correlations. There are 0 (.0%) nonredundant residuals with absolute values greater than 0.05.
b. Reproduced communalities

表 9-2 之 9

Pattern Matrix(a)

	Factor	
	1	2
X1	.800	
X2	.700	
X3	.600	
X4		.700
X5		.600
X6		.500

萃取方法：最大概似
旋轉方法：含 Kaiser 常態化的 Oblimin 法
a. Rotation converged in 3 iterations.

表 9-2 之 10

Structure Matrix

	Factor	
	1	2
X1	.800	
X2	.700	
X3	.600	
X4		.700
X5		.600
X6		.500

萃取方法：最大概似
旋轉方法：含 Kaiser 常態化的 Oblimin 法

表 9-2 之 11

Factor Correlation Matrix

Factor	1	2
1	1.000	.400
2	.400	1.000

萃取方法：最大概似
旋轉方法：含 Kaiser 常態化的 Oblimin 法

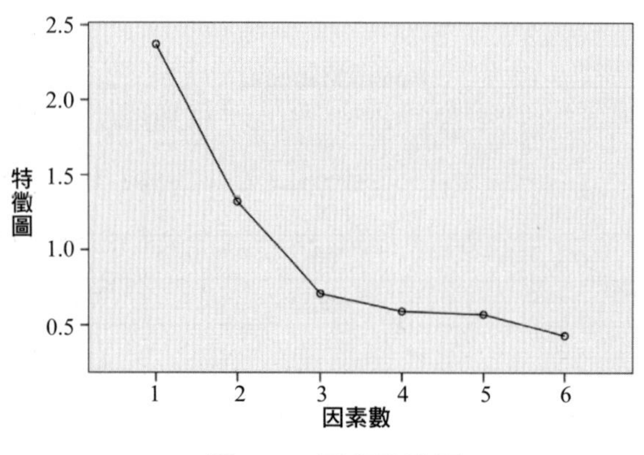

圖 9-1　因素陡坡圖

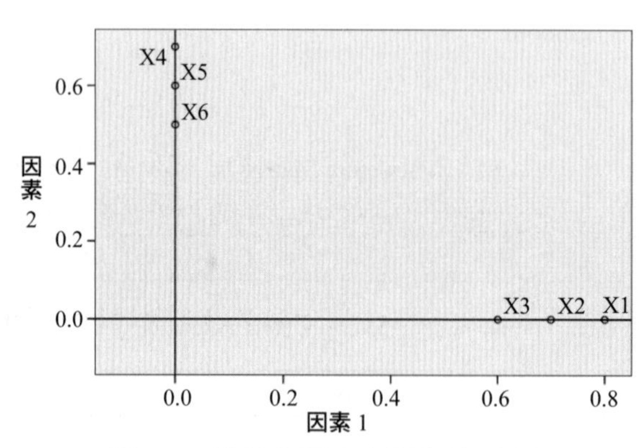

圖 9-2　轉軸後因素空間內的因素圖

表 9-2 之 12

Factor Score Coefficient Matrix

	Factor	
	1	2
X1	.503	.079
X2	.311	.049
X3	.212	.033
X4	.049	.458
X5	.033	.313
X6	.024	.222

萃取方法：最大概似
旋轉方法：含 Kaiser 常態化的 Oblimin 法

表 9-2 之 13

Factor Score Covariance Matrix

Factor	1	2
1	1.172	.999
2	.999	1.065

萃取方法：最大概似
旋轉方法：含 Kaiser 常態化的 Oblimin 法

接著就可依據探索性因素分析的過程或步驟，其過程或步驟和驗證性因素分析是很相似的，首先探討（一）因素分析的目標，（二）設計一個因素分析，（三）因素分析的假定，（四）獲取因素與評估整體適當度，（五）解釋各因素，可經由這種轉軸的過程可以產生一個較簡單的與理論上會產生一個更具有意義的因素組型；其轉軸有（1）正交（最大變異法）轉軸及（2）一個斜交轉軸，利用轉軸法以顯示各測量指標對各因素的負荷量，具有較高負荷量的各變項會被選取去影響代表一個因素命名或標示其意義的一個較高程度。（六）因素分析的效度評估，（七）因素分析結果的分析。

因素（不可和在因子變異數成分中的自變項混淆不清）是統計的單元（statistical entities），各單元被想像為各測量的變項沿著軸散布，可以以點來標示的分類軸（classification axes）。以一般的英文而言，這樣的陳述意指如果你把各因素想像為一個曲線（graph）的軸，那樣我們可以沿著這些軸標示著各變項，沿著每一個軸上各變項的座標點（coordinates）代表變項與每一個因素之間的相關。圖 5-1 顯示政治意見資料的一個標示圖（plot）（其中只有二個因素）。要注意的是對這兩個因素而言，軸線範圍從 −1 到 1，此是這一個相關係數的外部限制（the outer limits）。所以，一個假定變項的位置端視它與二個因素的相關而定。各點（dots）代表與因素 1（經濟政策的意見：垂直軸）有很高相關的三個變項（X_1, X_2 與 X_3），但是和因素 2（人民權利的訴求：水平軸）有一種低的相關。相反的，因素 2 與另三個變項（X_4, X_5, 與 X_6）有很高相關。換言之，三個變項（X_1, X_2 與 X_3）呈現一個類聚，而形成因素 1 為人民對經濟政策意見的態度；而另三個變項（X_4, X_5, 與 X_6）呈現一個類聚，而形成因素 2 為人民對權利訴求的態度。這樣的分析圖（diagram）支持顯示於 R 矩陣的結構中。當然，如果出現一個第三軸，那就可建立一個 3D 的曲線圖。總之，如果有三個以上的因素存在於一個資料組合中，那麼它們就無法完全地由一個兩個向度或兩個面向的分析圖示來呈現。

如果在曲線圖上的每一個軸代表一個因素，那麼進行去形成一個因素的各變項就可以依據它們與一個假定因素有關的程度來標示。一個變項的座標點（coordinates），表示（代表）它與各因素的關係，在一個理想的世界中應該有一個大座標（have a large co-ordinates）在各軸的其中之一上，與有低座標提供任何其他的各因素，這樣的說明指示這種個別的變項僅和一個因素相關。有大的各座標點在相同軸上的各變項被假定是在於去測量某共同基本維度（dimension）的不同面向，沿著一分類軸的一個變項的座標點（coordinate）被稱為一個因素的負荷量。一個因素負荷量就是一個因素與一個變項之間的皮爾森相關係數。我們從有關解釋相關係數中獲知，應該可以理解，假如我們把因素負荷量平方，我們就可獲得一個特別變項（個別變項）對一個因素其實際重要性的一種量數（測量）。

第三節　建構一個有理論基礎的模型與因果關係的一個徑路分析圖

結構方程模型驗證性因素分析，可從前一節的範例中所使用的最大估計方法，與最小直接斜交法所分析的結果作為進一步探討驗證性因素分析的參考。有關研究的資料是獲自前一節的範例中資料組合的基本項目，由 1000 位的受試者，六個個別變項所組成，是一個政府或一個研究機構所進行的調查研究。此時，我們可從前一節的探索性因素分析中發現，受試者對這六個測量變項指標的反應。以給予研究者在以下的驗證性因素分析在模型參數的界定、估計、辨識、與評估中提供參考。

一、發展一個有理論基礎的模型

驗證性的因素分析的使用可以由回顧在多變量中所學習的技術因素分析主成分與共同因素分析，再從前一節的範例中所使用的最大估計方法，與最小直接斜交法所分析的結果作為進一步探討驗證性因素分析的參考。有關研究的資料是關於政治態度的研究。其資料組合的基本項目，由 1000 位的受試者或受訪者，六個個別變項所組成，是一個政府或一個研究機構對其公民所進行政治態度的調查研究。此時，我們可從前一節的探索性因素分析中回顧，受訪者對其政府的政策之態度或立場，六個變項測量 X_1 = 政府是否應該支出更多經費去支持學校的教育；X_2 = 政府是否應該支出更多經費去減低失業率；X_3 = 政府是否應該控制大企業的壟斷；X_4

= 政府是否應該加速消除種族的隔離，透過公車的政策；X_5 = 政府是否體察到少數人可獲得個別的工作配額；與 X_6 = 政府是否應該支持學前的啟蒙教育計劃。因而本節以下即以探索性因素分析中所分析的結果六個觀察變項二個因素，作為提供我們進行驗證性因素分析的資料推導，以其資料的推導，我們以驗證性因素分析的方法，提出依據理論建構的假設模型，透過參數界定、辨識、估計、與評估，或評鑑的程序，使推導資料所建構的假設模型，經過前述驗證性因素分析的方法，使它達到各種適配指標，並成為適配於資料分析的驗證性因素模型。

在前述的推導資料中，從圖 9-2 中呈現各變項的位置端視它與二個因素的相關而定。圖 9-2 中的各點（dots）代表與因素 1（經濟政策的意見：垂直軸）有很高相關的三個變項（X_1, X_2 與 X_3），但是和因素 2（人民權利的訴求：水平軸）有一種低的相關。相反的，因素 2 與另三個變項（X_4, X_5, 與 X_6）有很高相關。換言之，三個變項（X_1, X_2 與 X_3）呈現一個類聚，而形成因素 1 為人民對經濟政策意見的態度；而另三個變項（X_4, X_5, 與 X_6）呈現一個類聚，而形成因素 2 為人民對權利訴求的態度。這樣的分析呈現出有二個態度面向，或構念。如此，假設的模型將假定二個因素（經濟政策與人民權利），以變項的每一個組合充當個別各構念的各指標。二個因素（經濟政策與人民權利）之間亦沒有理由去預期不發生相關的知覺（perceptions）；如此各因素之間也被允許去發生相關的可能。

最近的研究已顯示使用因素分析可以彌補測量模型在理論界定適當的因素負荷量方面之不足（Gerbing & Hamiton, 1996a）。因為因素分析的使用不必僅受限於資料基本維度或面向的探索性分析，是否可使用於驗證性分析，端視研究者個人學術的素養而定。驗證性因素分析可以被使用去檢定特殊的假設。例如，研究者可以預期（expectation 假設）有兩個不同的基本維度（或面向），即某些變項屬於第一個維度（或面向）而其他變項屬於第二個維度（或面向）。如果因素分析被使用去檢定這樣的預期（或假設），那麼它就可以被使用為驗證某一個假設（a certain hypothesis）的方法，而不是被使用為探索基本維度（或面向）的方法。如此，它就被歸之為驗證性因素分析。

二、因果關係的一個徑路分析圖

下步驟是描繪在一個徑路分析圖中的關係。在這個案例中，二個假設的因素被認為是外衍的構念。徑路分析圖，包括測量每一個構念的各變項，被顯示於圖 9-3 中。因素之間的相關是由連接這二構念的曲線來代表。

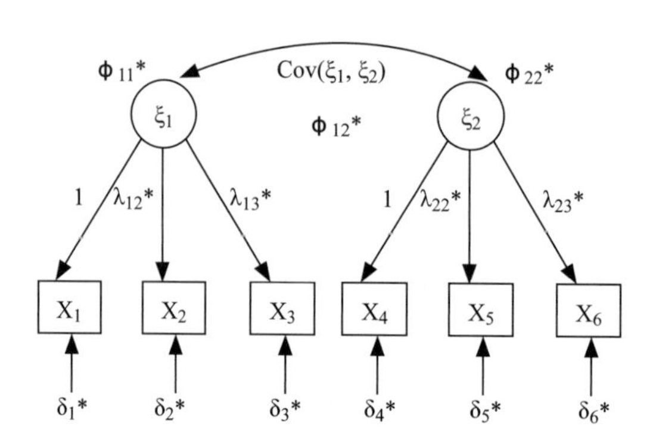

圖 9-3　因果關係的一個徑路分析圖

下步驟就是參考前述在探索性因素分析中所獲得結果去描繪在一個徑路分析圖中的關係。在這個案例中，三個假設的因素被認為是外衍的構念。徑路分析圖，包括測量每一個構念的各變項。在 LISREL 的程式語法中，我們可以把第一個因素轉換為代表三個變項測量指標（X_1, X_2, 與 X_3）的「人民對經濟政策意見的態度」，可簡化為「經濟」，而成為因素 1 或 F1；而把第二個因素轉換為代表三個變項測量指標（X_4, X_5 與 X_6）為「人民對權利訴求的態度」，可簡化為「權利」為 F2（或因素 2），如圖 9-3 所示。

在使用 LISREL 的程式語法之前，首先依前述表 9-3 的資料來建構因果關係的一個徑路分析圖，然後再來進行界定模型參數的數目。

驗證性因素分析模型的範例，我們可依據前述表 9-1 的資料來建構因果關係的一個徑路分析圖，依圖 9-3 可決定模型的參數數目，這些參數可由圖 9-3 中的星標（*）來標示。對於模型參數數目的決定我們可依據 Raykov and Marcoulides（2006）之中所簡要描述的六規則來進行界定。其中依據規則 1，所有 6 個誤差項的變異數是模型參數，與依據規則 3，其中 4 個因素負荷量是模型參數，2 個被要求作為量尺被固定，2 個構念（或因素）的變異數是被指出為模型參數。接著遵循規則 2，潛在變項之間的 2 個變異數一個共變數是模型參數。在本範例中規則 4 應用到本模型是由於潛在變項有可解釋的關係被假定於它們之間。而規則 5，觀察到在圖 9-3 之中沒有雙箭頭的箭矢連接一個依變項與自變項。最後，規則 6 要求每一個潛在變項的量尺被固定。因為這個研究的基本關切是在於經濟與權利之間的關係，所以潛在變項的變異數沒被設定為固定的量尺（are fixed to unity）。這樣的決定使構念的變異數成為模型的自由參數。因此，在圖 9-3 之中的模型參數共有 13 個（4 個因素負荷量 + 3 個因素變異數與共變數 + 6 個誤差變異數 = 13），這些參數由在圖 9-3 之中的星標符號來表示。

三、把徑路分析圖轉換成一系列的結構方程式與界定測量模型

因為在徑路分析圖中的所有構念是外衍的，我們僅需要考慮測量模型與對外衍的各構念與各指標所結合的相關矩陣。以沒有結構的模型而言，測量模型致力於為建構完整結構方程模型而努力（由此我們言及到驗證因素分析）。

測量模型可以僅由一個二構念（a tow-construct）模型（經濟與權利）如表 9-3 中所顯示的來呈現。除此之外，二個構念已被假定是相關的；並有構念之內相關的測量被提出（假定）。

對有興趣的讀者而言，適當的 LISREL 符號是被顯示在表 9-3 中。依據 LISREL 的數學符號呈現方式，其外衍變項以 X 為代表，外衍潛在變項以 ξ 代表；而內衍變項以 Y 為代表，內衍潛在變項以 η 為代表。所以，在下列驗證性因素分析中其二個構念的測量模型的外衍變項以 X_1, X_2, X_3, X_4, X_5, 與 X_6 為代表。

表 9-3　兩個構念的測量模型

	各構念負荷量的指標	
變　項	經　濟	權　利
X_1	0	
X_2	L_2	
X_3	L_3	
X_4		0
X_5		L_5
X_6		L_6

表 9-4　測量模型的 LISREL 符號

外衍變項		外衍構念		誤　差
X_1	=	$\lambda_{11}{}^{x}\xi_1$	+	δ_1
X_2	=	$\lambda_{21}{}^{x}\xi_1$	+	δ_2
X_3	=	$\lambda_{31}{}^{x}\xi_1$	+	δ_3
X_4	=	$\lambda_{42}{}^{x}\xi_2$	+	δ_4
X_5	=	$\lambda_{52}{}^{x}\xi_2$	+	δ_5
X_6	=	$\lambda_{62}{}^{x}\xi_2$	+	δ_6

外衍構念之間的相關（ϕ）

	ξ_1	ξ_2
ξ_1	ϕ_{11}	
ξ_2	ϕ_{21}	ϕ_{22}

第四節　選擇輸入矩陣類型與估計被提出的模型

一、資料的輸入

結構方程模型將適應一個共變數或一個相關矩陣。例如，為了進行驗證性因素分析時，其資料的輸入使用相關矩陣的類型是很普遍的，無論如何，以相關矩陣輸入其目標是在於相互關係模式的一個探索（exploration），所以，相關矩陣是比較被偏愛輸入資料的類型。因而本章是相關係數矩陣為輸入資料，其 6 個變項的相關矩陣被顯示於表 9-1 中。

結構方程模型的基本假設，相同於其他多變量分析的方法，在本章的第一節中的探索性因素分析已作了說明；本範例資料的變項已符合因素分析的要求，所以現在我們可以進行以下的分析與檢測。

二、矩陣資料的輸入與模型的估計

本資料的內容為六個測量變項的相關係數矩陣，為一對稱矩陣。以下程式語法的輸入方式與內容和前述第二節徑路分析圖的建構方法相似，為了連貫性，在此再重複如下：

（一）LISREL 語法（本語法指令儲存在本書的 CH9-1）

```
the model of political opinon
DA NI = 6 NO = 1000
KM SY
1.000
 .560   1.000
 .480    .420   1.000
 .224    .196    .168   1.000
 .192    .168    .144    .420   1.000
 .160    .140    .120    .350    .300   1.000
```

```
MO NX = 6 NK = 2  PH = SY ,FR TD = DI,FR LX = FU,FI
LA
X1 X2 X3 X4 X5 X6
LK
經濟   權利
FR     LX(2, 1) LX(3, 1) LX(5, 2)LX(6, 2)
FR     PH(1, 1)PH(2, 2)
VA 1   LX(1, 1)LX(4, 2)
PD
OU RS EF SS SC
```

（二）SIMPLS 語法（本語法指令儲存在本書的 CH9-1b）

```
the model of political opinon
observed variables: X1 X2 X3 X4 X5 X6
correlation matrix:
1.000
 .560   1.000
 .480    .420   1.000
 .224    .196    .168   1.000
 .192    .168    .144    .420   1.000
 .160    .140    .120    .350    .300   1.000
sample size: 1000
latent variables: 經濟   權利
path:
    經濟   ->X1 X2 X3
    權利   ->X4 X5 X6
Path Diagram
Print Residuals
number of decimal = 4
lisrel output:FS RM RS SC SS EF MI
End of Problem
```

（三）驗證性因素分析模型參數估計與徑路分析圖

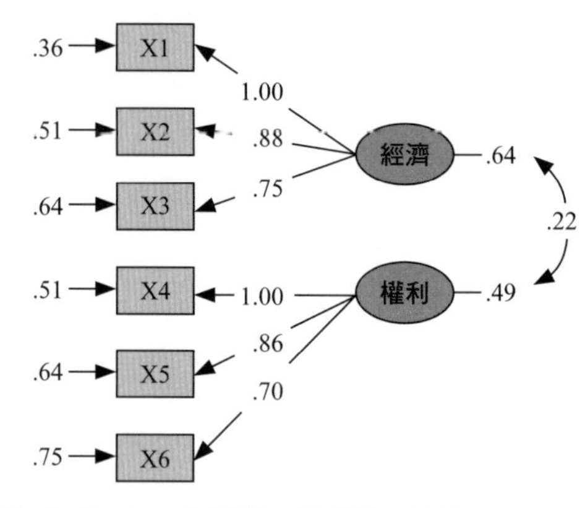

Chi-Square = 0.00，df = 8，P-value = 1.00000，RMSEA = 0.000

圖 9-4　驗證性因素分析模型參數估計與徑路分析圖

三、驗證性因素分析模型的結果

```
the model of political opinon
 DA NI = 6 NO = 1000
 KM SY
1.000
 .560    1.000
 .480     .420    1.000
 .224     .196     .168    1.000
 .192     .168     .144     .420    1.000
 .160     .140     .120     .350     .300    1.000
MO NX = 6 NK = 2  PH = SY ,FR TD = DI,FR LX = FU,FI
LA
X1 X2 X3 X4 X5 X6
LK
經濟　權利
FR      LX(2, 1) LX(3, 1) LX(5, 2) LX(6, 2)
FR      PH(1, 1) PH(2, 2)
VA 1    LX(1, 1) LX(4, 2)
```

PD
OU ALL

在檢視上述的原始徑路分析模型圖之後，我們接著可以檢視 LISREL 輸出結果報表，其中會發現我們所輸入的矩陣資料與語法再次呈現，以便讓研究者看清楚其所輸入的矩陣資料與語法指令是否有誤，以確認我們所輸入的矩陣資料內容無誤。

the model of political opinon

Number of Input Variables 6
Number of Y - Variables 0
Number of X - Variables 6
Number of ETA - Variables 0
Number of KSI - Variables 2
Number of Observations 1000

分析結果以研究者輸入的標題作開端，由下列資料可知，測量變項共計 6 個，外衍測量變項（X）數目 6 個，外衍潛在變項（ξ）或（KSI）數目為 2，樣本數為 1000。

the model of political opinon

Covariance Matrix

	X1	X2	X3	X4	X5	X6
X1	1.00					
X2	.56	1.00				
X3	.48	.42	1.00			
X4	.22	.20	.17	1.00		
X5	.19	.17	.14	.42	1.00	
X6	.16	.14	.12	.35	.30	1.00

被包括在 LISREL 輸出檔案中的相關係數矩陣亦被反應於輸出結果的報表中，

對於潛在地誤差應該可以被檢驗。

the model of political opinon

Parameter Specifications

LAMBDA-X

LAMBDA-X

	經濟	權利
	--------	--------
X1	0	0
X2	1	0
X3	2	0
X4	0	0
X5	0	3
X6	0	4

PHI

	經濟	權利
	--------	--------
經濟	5	
權利	6	7

THETA-DELTA

X1	X2	X3	X4	X5	X6
--------	--------	--------	--------	--------	--------
8	9	10	11	12	13

這是一個相當重要的部分，此部分是在於辨識模型的參數數目是否就如輸入檔案所宣稱的，然後會連續依序標示參數的數目，每一個模型的自由參數會被分配一個個別的號數。在本範例中，雖然沒有發現有相同號碼的參數，一般而言，如果在模型中若有被限制於彼此相等的參數，它們被標示的號碼或號數會相同，然

而被固定的參數就沒有依序被標示號數，反之，它們被分配一個 0（參考下一節的討論）。依據最後被提出的輸出結果報表的部分，LISREL 已解釋該模型一共有 13 個參數（參考圖 9-3）。

```
the model of political opinon
Initial Estimates (TSLS)
        LAMBDA-X
                經濟        權利
              --------    --------
        X1      1.00        --
        X2       .88        --
        X3       .75        --
        X4       --        1.00
        X5       --         .86
        X6       --         .71

        PHI
                經濟        權利
              --------    --------
        經濟      .64
        權利      .22        .49

        THETA-DELTA

                X1        X2        X3        X4        X5        X6
              --------  --------  --------  --------  --------  --------
                .36       .51       .64       .51       .64       .75

the model of political opinon
Number of Iterations = 0
LISREL Estimates (Maximum Likelihood)
```

```
LAMBDA-X
             經濟        權利
           --------    --------
   X1        1.00        --
   X2         .88        --
            (.05)
            15.92
   X3         .75        --
            (.05)
            15.02
   X4         --         1.00
   X5         --          .86
                        (.08)
                        10.72
   X6         --          .71
                        (.07)
                        10.27

   PHI
             經濟        權利
           --------    --------
   經濟        .64
             (.05)
             11.85
   權利        .22        .49
             (.03)      (.06)
             7.95       8.58
```

THETA-DELTA

X1	X2	X3	X4	X5	X6
--------	--------	--------	--------	--------	--------
.36	.51	.64	.51	.64	.75
(.04)	(.04)	(.04)	(.05)	(.04)	(.04)
9.51	14.55	18.24	10.62	14.95	18.29

Squared Multiple Correlations for X - Variables

X1	X2	X3	X4	X5	X6
--------	--------	--------	--------	--------	--------
.64	.49	.36	.49	.36	.25

LISREL 在界定要被估計的自由參數之後，即進行參數估計，由下列數據可知，LISREL 並沒有經過疊代的次數即完成了最大概似估計法。由報表資料可知，以上 13 個參數，每一個結構參數的 t 考驗都達 1.96 的門檻，此表示這些個參數的估計具有統計的意義。其次，PHI（Φ）矩陣的估計結果，顯示兩個外衍變項的 2 個變異數與 1 個共變數的測量達到顯著水準。在 Squared Multiple Correlations for Structural Equations 中各個值的意義類似於迴歸分析的 R^2，唯有迴歸分析的 R^2 是獨立估計的結果，而在此的 Squared Multiple Correlations for Structural Equations 則為兩個方程式同時估計的結果，其嚴謹度較高。其中各個 X 的值為顯示提供解釋變異數的百分比。

值得注意的是，在迴歸分析中，R^2 的顯著性可以利用 F 考驗來進行檢定，因此，一個徑路分析模型可以產生多個 R^2 與 R^2 顯著性考驗，而在 SEM 中，並沒有針對個別迴歸方程式解釋力的 R^2 顯著性進行考驗的檢定，取而代之的則以整體模型的適配度指標來進行評估。在概念上來說，SEM 對於整體模型的評估而非作個別方程式的檢定，才是符合徑路分析模型以整體適配度指標作評估的初衷。

Goodness of Fit Statistics

Degrees of Freedom = 8

Minimum Fit Function Chi-Square = 0.0 (P = 1.00)

Normal Theory Weighted Least Squares Chi-Square = 0.00 (P = 1.00)

The Fit is Perfect !

the model of political opinon

Modification Indices and Expected Change

No Non-Zero Modification Indices for LAMBDA-X

No Non-Zero Modification Indices for PHI

No Non-Zero Modification Indices for THETA-DELTA

以上的數據呈現出一個完全適配的適配指標，並參考圖 9-4 模型參數估計與徑路分析圖所呈現的模型適配指標 Chi-Squres = .00，df = 8，P-value = 1.00000，RMSEA = .000。然後再參考 Modification Indices and Expected Change 的各項，都是 0 修正。由此可以推論本模型是一個完全適配於資料的模型。

Covariance Matrix of Parameter Estimates

	LX 2,1	LX 3,1	LX 5,2	LX 6,2	PH 1,1	PH 2,1
	--------	--------	--------	--------	--------	--------
LX 2,1	.00					
LX 3,1	.00	.00				
LX 5,2	.00	.00	.01			
LX 6,2	.00	.00	.00	.00		
PH 1,1	.00	.00	.00	.00	.00	
PH 2,1	.00	.00	.00	.00	.00	.00
PH 2,2	.00	.00	.00	.00	.00	.00
TD 1,1	.00	.00	.00	.00	.00	.00
TD 2,2	.00	.00	.00	.00	.00	.00
TD 3,3	.00	.00	.00	.00	.00	.00
TD 4,4	.00	.00	.00	.00	.00	.00
TD 5,5	.00	.00	.00	.00	.00	.00
TD 6,6	.00	.00	.00	.00	.00	.00

Covariance Matrix of Parameter Estimates

	TD 6,6

TD 6,6	.00

the model of political opinon

Correlation Matrix of Parameter Estimates

	LX 2,1	LX 3,1	LX 5,2	LX 6,2	PH 1,1	PH 2,1
	--------	--------	--------	--------	--------	--------
LX 2,1	1.00					
LX 3,1	.49	1.00				
LX 5,2	.00	.00	1.00			
LX 6,2	.00	.00	.50	1.00		
PH 1,1	−.65	−.56	.00	.00	1.00	
PH 2,1	−.19	−.16	−.29	−.25	.39	1.00
PH 2,2	.00	.00	−.72	−.63	.03	.46
TD 1,1	.62	.51	.00	.00	−.57	−.14
TD 2,2	−.53	−.20	.00	.00	.29	.09
TD 3,3	−.10	−.33	.00	.00	.14	.05
TD 4,4	.00	.00	.63	.53	.00	−.22
TD 5,5	.00	.00	−.54	−.17	.00	.14
TD 6,6	.00	.00	−.08	−.36	.00	.07

Correlation Matrix of Parameter Estimates

	PH 2,2	TD 1,1	TD 2,2	TD 3,3	TD 4,4	TD 5,5
	--------	--------	--------	--------	--------	--------
PH 2,2	1.00					
TD 1,1	.00	1.00				
TD 2,2	.00	−.42	1.00			
TD 3,3	.00	−.20	.02	1.00		
TD 4,4	−.65	.00	.00	.00	1.00	

TD 5,5	.30	.00	.00	.00	−.36	1.00
TD 6,6	.14	.00	.00	.00	−.17	−.01

Covariance Matrix of Parameter Estimates

	PH 2,2	TD 1,1	TD 2,2	TD 3,3	TD 4,4	TD 5,5
	--------	--------	--------	--------	--------	--------
PH 2,2	.00					
TD 1,1	.00	.00				
TD 2,2	.00	.00	.00			
TD 3,3	.00	.00	.00	.00		
TD 4,4	.00	.00	.00	.00	.00	
TD 5,5	.00	.00	.00	.00	.00	.00
TD 6,6	.00	.00	.00	.00	.00	.00

Correlation Matrix of Parameter Estimates

	TD 6,6

TD 6,6	1.00

the model of political opinon

Covariances

X - KSI

	X1	X2	X3	X4	X5	X6
	--------	--------	--------	--------	--------	--------
經濟	.64	.56	.48	.22	.19	.16
權利	.22	.20	.17	.49	.42	.35

the model of political opinon

First Order Derivatives

LAMBDA-X

	經濟	權利
	--------	--------
X1	.00	.00
X2	.00	.00
X3	.00	.00
X4	.00	.00
X5	.00	.00
X6	.00	.00

PHI

	經濟	權利
	--------	--------
經濟	.00	
權利	.00	.00

THETA-DELTA

	X1	X2	X3	X4	X5	X6
	--------	--------	--------	--------	--------	--------
X1	.00					
X2	.00	.00				
X3	.00	.00	.00			
X4	.00	.00	.00	.00		
X5	.00	.00	.00	.00	.00	
X6	.00	.00	.00	.00	.00	.00

the model of political opinon

Factor Scores Regressions

KSI

	X1	X2	X3	X4	X5	X6
	--------	--------	--------	--------	--------	--------
經濟	.40	.25	.17	.04	.03	.02
權利	.06	.03	.02	.32	.22	.16

the model of political opinon

Standardized Solution

LAMBDA-X

	經濟	權利
	--------	--------
X1	.80	--
X2	.70	--
X3	.60	--
X4	--	.70
X5	--	.60
X6	--	.50

PHI

	經濟	權利
	--------	--------
經濟	1.00	
權利	.40	1.00

這是由 LISREL 所提出的最後因解法（the final solution）。在此要注意的是本部分是在 Covariance Matrix of Y and X 標題之下被提出的矩陣，因此其重點是在已提出的或被假設的模型所推導的共變數矩陣 $\Sigma(\hat{\gamma})$。可以被理解的是在本案例之中 $\Sigma(\hat{\gamma})$ 是相等於樣本共變數矩陣 S，在本範例所提出的是相關係數矩陣，因為已提出的或被假設的模型（本模型）是完全適配或是可完全複製的。

第五節　在 SEM 中模型檢驗的種種限制

對於多變項的技術，一個研究者必須學習的最重要的概念之一，就是沒有單一的（no single）「正確」（correct）方法去應用它們。反之，研究者必須規劃（formulate）其分析的目標與以最適當的方式（manner），應用最適當的技術去達成所要的目標。我們可以發現在某些例證中，種種的關係被要求嚴格地界定，其目標是在於執行該關係的一種證實或驗證。然而在另外某些例證中，種種的關係被放寬地（loosely）界定，其目標是在於能夠發現種種的關係。以每一個極端的例證

（extreme instance），與居間的種種觀點（points in between）來看，即是要求研究者必須妥善規劃符合研究目標所需要的技術能夠應用的問題。

結構方程式模型的應用應該遵循這種相關的信條，它的彈性是在於提供分析者一種具有說服力的分析工具以適合於許多研究目標的達成。但是研究者必須把這些目標界定為一種模型建構的策略指導方針。所以，策略各詞的使用是被設計去指示致力達成於（或邁向於）一種特別結果（specific outcome）的一個行動方案（a plan of action 行動計畫）。在結構方程式模型的案例中，最後的結果總是一案例關係的評估（assessment），無論如何，這樣的評估可以透過許多方法或途徑（avenues）來達成。就我們的目的而言，我們可依結構方程式模型的應用去界定三個不同的策略：1.驗證模型的策略；2.競爭模型的策略；3.模型發展的策略。

一、驗證模型的策略

最直接的應用是一種驗證模型的策略（a confirmatory modeling strategy），在其策略的應用中分析者可界定一個單一的（a single 單式的）模型，而結構方程式模型在習慣上是被使用於去評估它在統計上的顯著性（significance），經由統計上的檢定，雖然這樣的模型似乎可以被視為是最確實的與合於邏輯的應用，但事實上，它卻不是對一個被提出模型進行最嚴格檢定方法，如果被提出的模型僅以具有可接受的適配度（acceptable fit）為其被接受應用的效標（criteria 標準），那研究者只要顯示已發展可提供評估結構方程式模型的技術具有一種驗證性的偏好（a confirmation bias），這樣的驗證性偏好會傾向於只在於驗證模型適配於資料的問題上（Robles, 1996）。因而，研究者並沒有「驗證」（proved 證實）已提出的模型是否具有經驗的意含，而僅以具有可接受的適配度（acceptable fit）為其被接受應用的效標，去驗證它是若干可能接受的模型之一而已。如此，如果有若干不同的模型具有同等地可接受的模型適配度（equally acceptable model fit），那麼所謂採取更嚴格的檢定只是在於考驗或檢定比較可選擇的模型，來達成其適配度的檢定而已。

二、競爭模型的策略

獲得測量與結構模型兩者整體（overall）模型具有一個可接受的適合度指標時，並不向研究者保證其所謂「最好的」模型已被發現。無數可選擇的模型同樣地可以提供一個更好的適合度指標（an even better fit），如此可選擇的模型可作為評估已估計模型的一種方法（a means 手段），依此整體模型的比較方式可以依據一種競爭模型的策略（a competing models strategy）來執行。一個被提出的模型或一個被假定的模型最有力的檢定（test 考驗）是在於能夠去辨識（indentify）與檢定（考驗）競爭的模型，使它們呈現出真正不同假設的結構關係。當比較這些模型時，研究者就可因此更接近競爭的「理論」之檢定。此種方式是比僅一個單一（單式）的「理論」之一種稍微修正具有更強的檢定力。

研究者如何產生這種競爭模型的組合？競爭模型的一個可能來源是基本理論對立的設計規劃（alternative formulations of the underlying theory）。例如，以一個設計規劃，其信賴高於或優於承諾，而在另一方面承諾卻高於或優於信賴。這樣的案例可提供理解競爭模型的基礎。相等的模型（equivalent models）可提供理解發展一個競爭模型組合的一個次觀點。對任何結構方程式模型而言它們可顯示有相同的參數數目與相同的模型適配度指標，但它們之中至少有一模型會顯示其所描述的關係有所不同。這意指在模型適配度指標的達成方面沒有模型是獨特的（unique），任何具有可接受適配度指標的模型而言會有許多可選擇的模型或許多對立的模型（alternative models）具有相同的可接受適配度指標。有一系列的通則化規則或一般化規則（generalized rules）已被界定去辨識任何結構模型是相等的模型（equivalent models）（Lee & Hershberger, 1990）。如依經驗的法則，越複雜的模型，會有越多相等模型的出現。一個第三途徑，四個一組的程式（the TETRAD program），是一個呈現經驗的方法，這樣的方法可以檢測一個結構的模型與可以辨識受到資料所支持的附加關係（Glymour, Scheines, Spirtes, & Kelly, 1987）。以由研究者提供輸入資料矩陣與最初模型的界定，該程式（the TETRAD program）就可檢測其種種關係的模式與孤立這些具有經驗上所支持的關係。該程式以一個簡單的模型開始然後增加種種關係來進行檢測。然而，有許多研究者反對使用這種方法，因為它只是理論上的陳述與太機械式的（too mechanistic）或「黑箱」（black box）作業，但是它可以給予研究者對他們所研究的模型提供某些洞察力以免於他們以其他方式而無法獲得他們所欲求的模型。

競爭模型策略的一個共同例證是因素恆等性（invariance），交叉樣本因素模型同等性（the equality of fator models aross groups）的評估過程。有一個已被建立去評估恆等性的程序，其程序是以最寬鬆的限制模型開始進行評估，然後再緩慢地增加附加的限制進行評估，直到最多限制的模型被檢定或被考驗為止（Marsh & Hoceuar, 1994）。 這樣的種種限制被增加以呈現交叉樣本、交叉因素負荷量、與因素交互相關（fator intercorrelations）的恆等性。這亦是一個巢套模型（a nested model）研究途徑的一個例證，在這樣的一個途徑中構念與觀察測量指標的數目（the number of constructs and indicators）仍然保留不變，但是已估計關係數目會改變。雖然競爭模型在典型上是巢套的模型，但是它們亦可以是非巢套的模型（nonnested）（依構念的數目或觀察測量指標的數目的不同而有區別或有差異），但是這種途徑對模型之間的比較卻要求作模型適配度指標的特殊化測量。

三、模型發展的策略

模型發展的策略不同於前述的二個策略，其中在一個模型被提出之際，其致力於建構模型的目的是在於透過結構模型或測量模型的修正以改善模型。在許多應用中，理論僅能提供一個在理論上辯護模型適當性在經驗上受到支持所形成的一個起始點。如此，分析者必須使用結構方程模型，不僅在經驗上檢測該模型，而且亦提供對模型再界定的洞察力（provide insight into its respecification）。提醒吾人必須留心的，分析者必須是小心的不去使用這種策略到這麼樣的程度。換言之，即是必須留心最後的模型有可接受的適合度，但無法被通則化到其他的樣本或母群體之情況。所以一個模型的再界定總是必須基於理論上的支持來作決定，而不是僅基於經驗的辨護性。

四、適配巢套模型的問題

在前一節中所提出的或所假設的模型與在圖 9-3 所顯示的模型亦有益於在結構方程式檢驗中進行一個非常重要主題的引荐，即是巢套模型（nested model）的考驗檢定。一個模型 M1 被陳述是被巢套（或寄宿）在另一個模型 M2 之中的模型。如果 M1 可從 M2 中參數的一個限制或一個以上的限制中被獲得，其限制是（a）使一個或一個以上的參數等於 0，或設定為其他數值的常數，（b）遵循一種個別的關係（例如，設定它們的一種線性關係等於 0，或設定為其他數值的常數）。例如，一個從被假定設定它的參數二個或二個以上彼此相等的模型，是被巢套於被假設的模型中。一般而言，將某個模型 M1（或一個飽和模型）中的一個或多個參數設定為 0，或設定為其他數值的常數，或設定它的參數二個或二個以上彼此相等，或設定去滿足某種特別關係，進而便可獲得另一模型 M2 的話。

對任何二個模型（稱它們為 M1 與 M2）而言，M1 是被巢套在 M2 之中如果 M1 可以從 M2 中被獲得，可採取限制 M2 中一個或更多模型的自由參數被固定或等於其他參數。如此，M1 可以被視為是 M2 的一個特殊案例（special case）。通常，巢套模型的卡方值會比原始未受限制模型（original unrestricted model）的卡方值還要大，其自由度也會比較大，因此我們就可以進行兩個模型之間的卡方值差異檢定（chi-square difference test），這項卡方值差異的檢定所產生的差異值相對於兩個模型自由度之間的差異值，就可提供研究者作為判斷檢定結果是否達顯著性的參考。卡方值差異檢定的作法，近似於在進行逐步迴歸（stepwise regression）分析時，每增加一些預測變項到迴歸方程式時其 R^2 所產生改變量的檢定（test of change in R^2），或從迴歸方程式中刪減一些預測變項的部分 F 值的檢定（partial-F test，或稱為淨 F 值的檢定）。如果檢定結果未達顯著性，則研究者就可接受巢套模型亦可作為一個可行的模型因解法；如果檢定結果達顯著性，則研究者就不可接受巢套模型可作為一個可行的模型因解法（Long, 1983a）。

第六節　考驗檢定模型的限制：因素負荷量的恆等性

在本節中，我們將使用巢套模型的方法，提出二個限制模型。在本章的經驗研究中所考量的，包括有二個潛在變項的每一個變項，即是能力、動機、與渴望，其真正相等的假設可以課加適當的限制在它們的測量指標上。到最後，負荷量相等被引進相關的測量，與在卡方值所產生的差異值是可以被評估差異檢定，這樣的程序可在本節中使用 SEM 分析來進行探討。其卡方值所產生的差異值評估摘要可參考表 9-5。

要執行這樣的考驗檢定，同等的限制加諸在因素負荷量權利到 X5 與 X6 徑路上。這樣的進行或課加限制，在 LISREL 的程式語法中增加一條輸入界定行列，在這個界定行列上可對個別參數課加同等（equality）限制。

在對應 LISREL 指令檔案中參數限制由增加一個同等（equality）的指令被引進，即設定兩個被包括的參數彼此同等（equality）限制如下：

一、加入 EQ LX(5, 2) LX(6, 2) 同等限制

LISREL 語法與 SIMPLES 語法：在 LISREL 中，這種限制可由在下列的同等界定線輸入下列的指令。

（一）LISREL 語法（本語法指令儲存在本書的 CH9-2 的檔案中）

```
the model of political opinon
DA NI = 6 NO = 1000
```

```
KM SY
1.000
 .560    1.000
 .480     .420    1.000
 .224     .196     .168    1.000
 .192     .168     .144     .420    1.000
 .160     .140     .120     .350     .300    1.000
MO NX = 6 NK = 2 TD = SY
LA
X1 X2 X3 X4 X5 X6
LK
經濟　權利
FR      LX(2, 1) LX(3, 1) LX(5, 2) LX(6, 2)
FR      PH(1, 1) PH(2, 2)
VA 1    LX(1, 1) LX(4, 2)
EQ      LX(5, 2) LX(6, 2)
PD
OU ALL
```

（二）SIMPLIS 語法（本語法指令儲存在本書的 CH9-2b 的檔案中）

```
the model of political opinon
observed variables: X1 X2 X3 X4 X5 X6
correlation matrix:
1.000
 .560    1.000
 .480     .420    1.000
 .224     .196     .168    1.000
 .192     .168     .144     .420    1.000
 .160     .140     .120     .350     .300    1.000
Sample Size = 1000
Latent Variables   經濟   權利
```

Relationships

X1 = 1.00*經濟

X2 = 經濟

X3 = 經濟

X4 = 1.00*權利

X5 = 權利

X6 = 權利

Set the Path from 權利 to X6 and the Path from 權利 to X5 Equal

Path Diagram

Print Residuals

End of Problem

（三）限制模型的參數估計與徑路分析

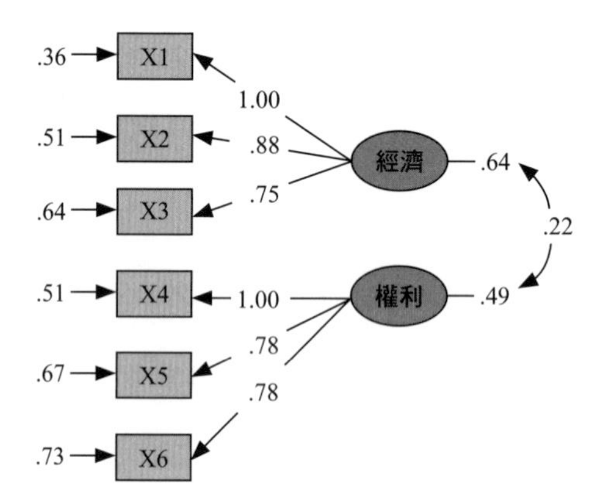

圖 9-5　限制模型的參數估計與徑路分析

在原始的模型中引進這種限制的結果是一個巢套的模型（a nested model），其卡方值增加到（Normal Theory Weighted Least Squares Chi-Square）Chi-Squres = 3.75，而（Minimum Fit Function Chi-Square）Chi-Squres = 3.75，df（自由度）= 9（自由度的數據是獲自 LAMBDA-X 中因為，X_5, X_6 受到同等的限制，減 2 個參數，所以剩下 12 個自由參數，6 個測量指標 6×7/2 = 21，21-12 = 9）。此時，可回顧到沒有因素負荷量恆等性假設的模型產生的卡方值（Normal Theory Weighted Least Squares Chi-Square）Chi-Squres = 0，自由度（df）= 8。這個模型（巢套的

模型）與原始的模型（如圖 9-4）之間卡方值的差異為 ΔT（χ^2） = 3.75-0 = 3.75 對 Δdf = 9−8 = 1，如此是非顯著性。以 0.05 顯著性水準以自由度 1 的卡方分配的臨界值是 3.84146，因為 ΔT（χ^2） = 3.75 < 3.8416。由此我們可以推論課加因素負荷量的同等（identity）是合理可取的，所以權利的測量是完全恆等（tau-equivalent）。因為這樣的限制被發現是可接受的，所以它被保留於模型之內以提出以下的分析。

the model of political opinon

Number of Input Variables	6
Number of Y - Variables	0
Number of X - Variables	6
Number of ETA - Variables	0
Number of KSI - Variables	2
Number of Observations	1000

the model of political opinon

Covariance Matrix

	X1	X2	X3	X4	X5	X6
	--------	--------	--------	--------	--------	--------
X1	1.00					
X2	.56	1.00				
X3	.48	.42	1.00			
X4	.22	.20	.17	1.00		
X5	.19	.17	.14	.42	1.00	
X6	.16	.14	.12	.35	.30	1.00

the model of political opinon

Parameter Specifications

LAMBDA-X

	經濟	權利
	--------	--------
X1	0	0
X2	1	0
X3	2	0
X4	0	0
X5	0	3
X6	0	3

PHI

	經濟	權利
	--------	--------
經濟	4	
權利	5	6

THETA-DELTA

X1	X2	X3	X4	X5	X6
--------	--------	--------	--------	--------	--------
7	8	9	10	11	12

the model of political opinon

Initial Estimates (TSLS)

LAMBDA-X

	經濟	權利
	--------	--------
X1	1.00	--
X2	.88	--
X3	.75	--
X4	--	1.00
X5	--	.79
X6	--	.79

PHI

	經濟	權利
	--------	--------
經濟	.64	
權利	.22	.49

THETA-DELTA

X1	X2	X3	X4	X5	X6
--------	--------	--------	--------	--------	--------
.36	.51	.64	.51	.64	.75

the model of political opinon

Number of Iterations = 3

LISREL Estimates (Maximum Likelihood)

LAMBDA-X

	經濟	權利
	--------	--------
X1	1.00	--
X2	.88	--
	(.05)	
	15.92	
X3	.75	--
	(.05)	
	15.02	
X4	--	1.00
X5	--	.78
		(.06)
		12.13
X6	--	.78
		(.06)
		12.13

PHI

	經濟	權利
	--------	--------
經濟	.64	
	(.05)	
	11.85	
權利	.22	.49
	(.03)	(.06)
	7.97	8.60

THETA-DELTA

X1	X2	X3	X4	X5	X6
--------	--------	--------	--------	--------	--------
.36	.51	.64	.51	.67	.73
(.04)	(.04)	(.04)	(.05)	(.04)	(.04)
9.50	14.55	18.24	10.52	17.51	18.00

Squared Multiple Correlations for X - Variables

X1	X2	X3	X4	X5	X6
--------	--------	--------	--------	--------	--------
.64	.49	.36	.49	.31	.29

Goodness of Fit Statistics

Degrees of Freedom = 9

Minimum Fit Function Chi-Square = 3.75(P = .93)

Normal Theory Weighted Least Squares Chi-Square = 3.75 (P = .93)

Estimated Non-centrality Parameter (NCP) = .0

90 Percent Confidence Interval for NCP = (.0; 1.10)

Minimum Fit Function Value = .0038

Population Discrepancy Function Value (F0) = .0

90 Percent Confidence Interval for F0 = (.0; .0011)

Root Mean Square Error of Approximation (RMSEA) = .0

90 Percent Confidence Interval for RMSEA = (.0; .011)

P-Value for Test of Close Fit (RMSEA < .05) = 1.00

Expected Cross-Validation Index (ECVI) = .033

90 Percent Confidence Interval for ECVI = (.033; .034)

ECVI for Saturated Model = .042

ECVI for Independence Model = 1.38

Chi-Square for Independence Model with 15 Degrees of Freedom = 1370.17

Independence AIC = 1382.17

Model AIC = 27.75

Saturated AIC = 42.00

Independence CAIC = 1417.61

Model CAIC = 98.64

Saturated CAIC = 166.06

Normed Fit Index (NFI) = 1.00

Non-Normed Fit Index (NNFI) = 1.01

Parsimony Normed Fit Index (PNFI) = .60

Comparative Fit Index (CFI) = 1.00

Incremental Fit Index (IFI) = 1.00

Relative Fit Index (RFI) = 1.00

Critical N (CN) = 5769.36

Root Mean Square Residual (RMR) = .016

Standardized RMR = .016

Goodness of Fit Index (GFI) = 1.00

Adjusted Goodness of Fit Index (AGFI) = 1.00

Parsimony Goodness of Fit Index (PGFI) = .43

the model of political opinon

Fitted Covariance Matrix

	X1	X2	X3	X4	X5	X6
X1	1.00					
X2	.56	1.00				
X3	.48	.42	1.00			
X4	.22	.20	.17	1.00		
X5	.18	.15	.13	.39	.97	
X6	.18	.15	.13	.39	.30	1.03

Fitted Residuals

	X1	X2	X3	X4	X5	X6
X1	.00					
X2	.00	.00				
X3	.00	.00	.00			
X4	.00	.00	.00	.00		
X5	.02	.01	.01	.03	.03	
X6	−.02	−.01	−.01	−.04	.00	−.03

Summary Statistics for Fitted Residuals

Smallest Fitted Residual = −.04

Median Fitted Residual = .00

Largest Fitted Residual = .03

Stemleaf Plot

−2|60

−0|64221110000000

0|246

2|84

Standardized Residuals

	X1	X2	X3	X4	X5	X6
	--------	--------	--------	--------	--------	--------
X1	--					
X2	.00	--				
X3	.00	.00	--			
X4	−.06	−.04	−.03	--		
X5	.72	.58	.46	1.86	1.94	
X6	−.67	−.55	−.44	−1.84	−.19	−1.94

Summary Statistics for Standardized Residuals

Smallest Standardized Residual = −1.94

Median Standardized Residual = .00

Largest Standardized Residual = 1.94

Stemleaf Plot

− 1|98

− 0|75421000000000

0|567

1|99

the model of political opinon

Modification Indices and Expected Change

Modification Indices for LAMBDA-X

	經濟	權利
	--------	--------
X1	--	--
X2	--	--
X3	--	--
X4	.01	--
X5	.93	3.75
X6	.82	3.75

Expected Change for LAMBDA-X

	經濟	權利
	--------	--------
X1	--	--
X2	--	--
X3	--	--
X4	.00	--
X5	.04	.07
X6	−.04	−.07

Standardized Expected Change for LAMBDA-X

	經濟	權利
	--------	--------
X1	--	--
X2	--	--
X3	--	--
X4	.00	--
X5	.04	.05
X6	−.03	−.05

No Non-Zero Modification Indices for PHI

Modification Indices for THETA-DELTA

	X1	X2	X3	X4	X5	X6
	--------	--------	--------	--------	--------	--------
X1	--					
X2	--	--				
X3	--	--	--			
X4	.00	.00	.00	--		
X5	.04	.02	.01	2.68	--	
X6	.03	.01	.01	2.53	.01	--

Expected Change for THETA-DELTA

	X1	X2	X3	X4	X5	X6
	--------	--------	--------	--------	--------	--------
X1	--					
X2	--	--				
X3	--	--	--			
X4	.00	.00	.00	--		
X5	.00	.00	.00	.06	--	
X6	.00	.00	.00	−.06	.00	--

Maximum Modification Index is3.75 for Element (5, 2) of LAMBDA-X

Covariance Matrix of Parameter Estimates

	LX 2,1	LX 3,1	LX 5,2	PH 1,1	PH 2,1	PH 2,2
	--------	--------	--------	--------	--------	--------
LX 2,1	.00					
LX 3,1	.00	.00				
LX 5,2	.00	.00	.00			
PH 1,1	.00	.00	.00	.00		
PH 2,1	.00	.00	.00	.00	.00	
PH 2,2	.00	.00	.00	.00	.00	.00
TD 1,1	.00	.00	.00	.00	.00	.00
TD 2,2	.00	.00	.00	.00	.00	.00
TD 3,3	.00	.00	.00	.00	.00	.00
TD 4,4	.00	.00	.00	.00	.00	.00
TD 5,5	.00	.00	.00	.00	.00	.00
TD 6,6	.00	.00	.00	.00	.00	.00

Covariance Matrix of Parameter Estimates

	TD 1,1	TD 2,2	TD 3,3	TD 4,4	TD 5,5	TD 6,6
	--------	--------	--------	--------	--------	--------
TD 1,1	.00					

TD 2,2	.00	.00				
TD 3,3	.00	.00	.00			
TD 4,4	.00	.00	.00	.00		
TD 5,5	.00	.00	.00	.00	.00	
TD 6,6	.00	.00	.00	.00	.00	.00

the model of political opinon

Correlation Matrix of Parameter Estimates

	LX 2,1	LX 3,1	LX 5,2	PH 1,1	PH 2,1	PH 2,2
	--------	--------	--------	--------	--------	--------
LX 2,1	1.00					
LX 3,1	.49	1.00				
LX 5,2	.00	.00	1.00			
PH 1,1	−.65	−.56	.00	1.00		
PH 2,1	−.19	−.16	−.31	.39	1.00	
PH 2,2	.00	.00	−.78	.03	.45	1.00
TD 1,1	.62	.51	.00	−.57	−.14	.00
TD 2,2	−.53	−.20	.00	.29	.09	.00
TD 3,3	−.10	−.33	.00	.14	.05	.00
TD 4,4	.00	.00	.68	.00	−.21	−.65
TD 5,5	.00	.00	−.37	.00	.11	.24
TD 6,6	.00	.00	−.34	.00	.10	.22

Correlation Matrix of Parameter Estimates

	TD 1,1	TD 2,2	TD 3,3	TD 4,4	TD 5,5	TD 6,6
	--------	--------	--------	--------	--------	--------
TD 1,1	1.00					
TD 2,2	−.42	1.00				
TD 3,3	−.20	.02	1.00			
TD 4,4	.00	.00	.00	1.00		

TD 5,5	.00	.00	.00	−.29	1.00	
TD 6,6	.00	.00	.00	−.26	.11	1.00

the model of political opinon

Covariances

X - KSI

	X1	X2	X3	X4	X5	X6
	--------	--------	--------	--------	--------	--------
經濟	.64	.56	.48	.22	.18	.18
權利	.22	.20	.17	.49	.39	.39

the model of political opinon

First Order Derivatives

LAMBDA-X

	經濟	權利
	--------	--------
X1	.00	.00
X2	.00	.00
X3	.00	.00
X4	.00	.00
X5	−.02	−.03
X6	.02	.03

PHI

	經濟	權利
	--------	--------
經濟	.00	
權利	.00	.00

THETA-DELTA

	X1	X2	X3	X4	X5	X6
X1	.00					
X2	.00	.00				
X3	.00	.00	.00			
X4	.00	.00	.00	.00		
X5	−.01	−.01	.00	−.05	.00	
X6	.01	.00	.00	.05	.00	.00

the model of political opinon

Factor Scores Regressions

KSI

	X1	X2	X3	X4	X5	X6
經濟	.40	.25	.17	.04	.02	.02
權利	.06	.03	.02	.33	.19	.18

the model of political opinon

Standardized Solution

LAMBDA-X

	經濟	權利
X1	.80	--
X2	.70	--
X3	.60	--
X4	--	.70
X5	--	.55
X6	--	.55

PHI

	經濟	權利
	--------	--------
經濟	1.00	
權利	.40	1.00

二、加入 EQ LX(2, 1) LX(3, 1) LX(5, 2) LX(6, 2) 同等限制

第二個同等限制在經濟因素的測量指標 X2, X3 上。

在 LISREL 中，這種限制可由在下列的同等界定線輸入下列的指令：

（一）LISREL 的同等限制語法

```
the model of political opinon
DA NI = 6 NO = 1000
KM SY
1.000
 .560   1.000
 .480    .420   1.000
 .224    .196    .168   1.000
 .192    .168    .144    .420   1.000
 .160    .140    .120    .350    .300   1.000

MO NX = 6   NK = 2   PH = SY, FR   TD = DI, FR   LX = FU, FI
LA
X1 X2 X3 X4 X5 X6
LK
經濟   權利
FR      LX(2, 1) LX(3, 1) LX(5, 2) LX(6, 2)
FR      PH(1, 1) PH(2, 2) PH(1, 2)
VA 1    LX(1, 1) LX(4, 2)
EQ      LX(2, 1) LX(3, 1) LX(5, 2) LX(6, 2)
PD
OU RM SS SC MI
```

（二）SIMPLIS 的同等限制語法

```
the model of political opinon
observed variables: X1 X2 X3 X4 X5 X6
correlation matrix:
1.000
 .560   1.000
 .480    .420   1.000
 .224    .196    .168   1.000
 .192    .168    .144    .420   1.000
 .160    .140    .120    .350    .300   1.000

Sample Size = 1000
Latent Variables 經濟 權利
Relationships
Relationships
X1 = 1.00*經濟
X2 = 經濟
X3 = 經濟
X4 = 1.00*權利
X5 = 權利
X6 = 權利
Set the Path from 經濟 to X3 and the Path from 經濟 to X2 Equal
Set the Path from 權利 to X5 and the Path from 經濟 to X2 Equal
Set the Path from 權利 to X6 and the Path from 經濟 to X2 Equal
Set the Path from 權利 to X5 and the Path from 經濟 to X3 Equal
Set the Path from 權利 to X6 and the Path from 經濟 to X3 Equal
Set the Path from 權利 to X6 and the Path from 權利 to X5 Equal
Path Diagram
End of Problem
```

（三）限制模型的參數估計與徑路分析

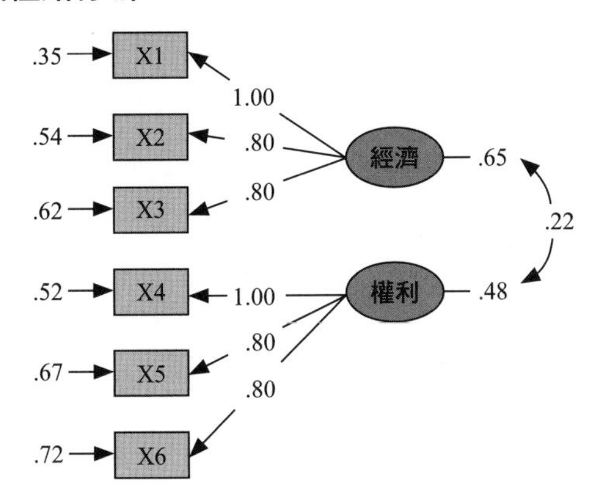

圖 9-6　限制模型的參數估計與徑路分析

最後課加同等限制的結果導致產生另一個巢套模型，其卡方值僅稍微增加到 9.53 與 df = 11，P-value = .57264，RMSEA = .000。由此，回顧到沒有因素負荷量恆等性假設的模型產生的卡方值（Normal Theory Weighted Least Squares Chi-Square）Chi-Squres = 0，自由度（df） = 8，P-value = 1，RMSEA = .000。這個模型（巢套的模型）圖 9-6 與原始的模型（如圖 9-4）之間卡方值的差異為 ΔT = 9.53 − 3.75 = 5.78 對 Δdf = 11 − 9 = 2，如此是非顯著性。以 0.05 顯著性水準以自由度 2 的卡方分配的臨界值是 5.99146，因為 ΔT = 5.78 < 5.99146。由此我們可以推論課加因素負荷量的同等（identity）是合理可取的，所以權利的測量是完全恆等卡方值差異值只到 T = 5.78，對自由度的差異值為 Δdf = 2，（可參考下列 LISREL 報表），如此是非顯著性。以 0.05 顯著性水準以自由度 1 的卡方分配的臨界值是 5.99146。ΔT = 5.78 < 5.99146，因此我們可以推論課加因素負荷量的同等（identity）是合理可取的，所以經濟的測量是完全恆等（tau-equivalent）。因為這樣的限制被發現是可接受的，所以它被保留於模型之內。

```
the model of political opinon

                    Number of Input Variables    6
                    Number of Y - Variables      0
                    Number of X - Variables      6
                    Number of ETA - Variables    0
```

Number of KSI - Variables 2

Number of Observations 1000

the model of political opinon

Covariance Matrix

	X1	X2	X3	X4	X5	X6
X1	1.00					
X2	.56	1.00				
X3	.48	.42	1.00			
X4	.22	.20	.17	1.00		
X5	.19	.17	.14	.42	1.00	
X6	.16	.14	.12	.35	.30	1.00

the model of political opinon

Parameter Specifications

LAMBDA-X

	經濟	權利
X1	0	0
X2	1	0
X3	1	0
X4	0	0
X5	0	1
X6	0	1

PHI

	經濟	權利
經濟	2	
權利	3	4

```
THETA-DELTA
          X1       X2       X3       X4       X5       X6
      -------- -------- -------- -------- -------- --------
          5        6        7        8        9        10

the model of political opinon
Number of Iterations = 4
LISREL Estimates (Maximum Likelihood)
   LAMBDA-X
            經濟      權利
          --------  --------
   X1       1.00       --
   X2        .80       --
           (.04)
           21.70
   X3        .80       --
           (.04)
           21.70
   X4        --       1.00
   X5        --        .80
                     (.04)
                     21.70
   X6        --        .80
                     (.04)
                     21.70

   PHI
            經濟      權利
          --------  --------
   經濟      .65
           (.05)
           13.00
```

```
權利      .22       .48
         (.03)     (.04)
         8.05      11.24

THETA-DELTA
           X1        X2        X3        X4        X5        X6
        --------  --------  --------  --------  --------  --------
           .35       .54       .62       .52       .67       .72
          (.04)     (.03)     (.03)     (.04)     (.04)     (.04)
          9.89     17.21     18.07     13.08     18.26     18.64

Squared Multiple Correlations for X-Variables
           X1        X2        X3        X4        X5        X6
        --------  --------  --------  --------  --------  --------
           .65       .44       .40       .48       .32       .30
```

Goodness of Fit Statistics

Degrees of Freedom = 11

Minimum Fit Function Chi-Square = 9.54 (P = .57)

Normal Theory Weighted Least Squares Chi-Square = 9.53 (P = .57)

Estimated Non-centrality Parameter (NCP) = .0

90 Percent Confidence Interval for NCP = (.0; 9.67)

Minimum Fit Function Value = .0096

Population Discrepancy Function Value (F0) = .0

90 Percent Confidence Interval for F0 = (.0; .0097)

Root Mean Square Error of Approximation (RMSEA) = .0

90 Percent Confidence Interval for RMSEA = (.0; .030)

P-Value for Test of Close Fit (RMSEA < .05) = 1.00

Expected Cross-Validation Index (ECVI） = .031

90 Percent Confidence Interval for ECVI = (.031; .041)

ECVI for Saturated Model = .042

ECVI for Independence Model = 1.38

Chi-Square for Independence Model with 15 Degrees of Freedom = 1370.17

Independence AIC = 1382.17

Model AIC = 29.53

Saturated AIC = 42.00

Independence CAIC = 1417.61

Model CAIC = 88.61

Saturated CAIC = 166.06

Normed Fit Index (NFI) = .99

Non-Normed Fit Index (NNFI) = 1.00

Parsimony Normed Fit Index (PNFI) = .73

Comparative Fit Index (CFI) = 1.00

Incremental Fit Index (IFI) = 1.00

Relative Fit Index (RFI) = .99

Critical N (CN) = 2589.99

Root Mean Square Residual (RMR) = .025

Standardized RMR = .025

Goodness of Fit Index (GFI) = 1.00

Adjusted Goodness of Fit Index (AGFI) = .99

Parsimony Goodness of Fit Index (PGFI) = .52

the model of political opinon

Modification Indices and Expected Change

Modification Indices for LAMBDA-X

	經濟	權利
	--------	--------
X1	.13	.05
X2	5.56	1.32
X3	4.62	.92
X4	.02	.13
X5	.63	2.56

X6	.95	3.67

Expected Change for LAMBDA-X

	經濟	權利
	--------	--------
X1	−.04	−.01
X2	.08	.06
X3	−.07	−.05
X4	.01	.04
X5	.03	.09
X6	−.04	−.11

Standardized Expected Change for LAMBDA-X

	經濟	權利
	--------	--------
X1	−.03	−.01
X2	.06	.04
X3	−.06	−.03
X4	.01	.02
X5	.03	.06
X6	−.03	−.08

Completely Standardized Expected Change for LAMBDA-X

	經濟	權利
	--------	--------
X1	−.03	−.01
X2	.06	.04
X3	−.06	−.03
X4	.01	.02
X5	.03	.06
X6	−.03	−.07

No Non-Zero Modification Indices for PHI

Modification Indices for THETA-DELTA

	X1	X2	X3	X4	X5	X6
	--------	--------	--------	--------	--------	--------
X1	--					
X2	3.87	--				
X3	4.37	.03	--			
X4	.00	.05	.01	--		
X5	.01	.07	.00	2.81	--	
X6	.06	.01	.01	2.00	.10	--

Expected Change for THETA-DELTA

	X1	X2	X3	X4	X5	X6
	--------	--------	--------	--------	--------	--------
X1	--					
X2	.06	--				
X3	−.06	.01	--			
X4	.00	.00	.00	--		
X5	.00	.01	.00	.05	--	
X6	−.01	.00	.00	−.05	−.01	--

Completely Standardized Expected Change for THETA-DELTA

	X1	X2	X3	X4	X5	X6
	--------	--------	--------	--------	--------	--------
X1	--					
X2	.06	--				
X3	−.06	.01	--			
X4	.00	.00	.00	--		
X5	.00	.01	.00	.06	--	
X6	−.01	.00	.00	−.05	−.01	--

Maximum Modification Index is5.56 for Element (2, 1) of LAMBDA-X

the model of political opinon

Standardized Solution

LAMBDA-X

	經濟	權利
	--------	--------
X1	.81	--
X2	.65	--
X3	.65	--
X4	--	.69
X5	--	.56
X6	--	.56

PHI

	經濟	權利
	--------	--------
經濟	1.00	
權利	.40	1.00

the model of political opinon

Completely Standardized Solution

LAMBDA-X

	經濟	權利
	--------	--------
X1	.81	--
X2	.66	--
X3	.63	--
X4	--	.69
X5	--	.56
X6	--	.55

PHI

	經濟	權利
	--------	--------
經濟	1.00	
權利	.40	1.00

THETA-DELTA

X1	X2	X3	X4	X5	X6
--------	--------	--------	--------	--------	--------
.35	.56	.60	.52	.68	.70

第七節　結果的比較

最後課加同等限制的結果導致產生另一個巢套模型，其卡方值僅稍微增加到 9.53 與 df = 2，P-value = .57262，RMSEA = .000。由此，回顧到沒有因素負荷量恆等性假設的模型（模型一：基準模型）產生的卡方值（Normal Theory Weighted Least Squares Chi-Square）Chi-Squres = 0，自由度 (df) = 8，P-value = 1，RMSEA = 0.000。它是一個完全適配的模型，如圖 9-4 所示。而我們所提出模型二：權利同等限制模型（巢套的模型）圖 9-5 與原始的模型（如圖 9-4）之間卡方值的差異為 $\Delta\chi^2 = 3.75-0 = 3.75$，$\Delta df = 9-8 = 1^a$（a 參考表 9-5 下方說明），以 .05 顯著性水準以自由度 1 的卡方分配的臨界值是 3.84146，由此 $\Delta\chi^2 = 3.75 < 3.84168$，是非顯著性。接著，我們提出模型三：經濟與權利同等限制，如圖 9-6 所示，與模型二如圖 9-5 所示，它們之間卡方值的差異為 $\Delta\chi^2 = 9.53-3.75 = 5.78^b$（b 參考表 9-5 下方說明），$\Delta df = 11-9 = 2$，$\Delta\chi^2 = 5.78 < 5.99146$。以 .05 顯著性水準，是非顯著性的。因此我們可以推論課加因素負荷量的同等（identity）是合理可取的，因為這樣的限制被發現是可接受的，所以它被保留於模型之內。

從以上進行各個潛在變項其測量指標的恆等性檢定結果可指出沒有足夠的證據顯示其資料可以否證（disconfirm）因素負荷量同等的假設。一旦我們證明其各個潛在變項的測量的指標可以以相同的測量單位個別地評估它們基本的潛在變項時，即是表示本假設的模型可以適配我們所提出的資料進行驗證性的因素分析。

表 9-5 驗證性二個構念（或因素）模型分析適配度指標評估的摘要表

Overall Model fit				
WLS χ^2	MFF χ^2	RMSEA	df	P-value
模型一：基準模型（無恆等設限）				
0	0	.000	8	1
模型二：權利同等限制				
3.75	3.75	.000	9	0.92719
$\Delta\chi^2 = 3.75 - 0 = 3.75$，$\Delta df = 9 - 8 = 1$[a]，$\Delta\chi^2 = 3.75 < 3.84168$				
模型三：經濟與權利同等限制				
9.53	9.54	.000	11	0.57264
$\Delta\chi^2 = 9.53 - 3.75 = 5.78$[b]，$\Delta df = 11 - 9 = 2$，$\Delta\chi^2 = 5.78 < 5.99146$				

a. 差異值的計算是以模型一為基準值。
b. 差異值的計算是以模型二為基準值。

第八節　結　語

撰寫本章的目的是在於完成了前述的探索性因素分析之後，我們的確需要更深入去探究、去發現、與去體驗探索性分析對驗證性因素分析的重要性，它們之間的特點區別何在？它們之間的關係如何？為了確立它們之間在學術上所扮演的角色，以下各章就以這樣的研究取向去進行有關驗證性因素分析的問題。由於，本書是以探索性因素分析為焦點，因而對於驗證性因素分析與結構方程式的建構方法，如 LISREL 語法的撰寫，結構方程式的結構關係模型等等問題在本章中無法進行探究，只能僅就驗證性因素分析的測量模型部分進行探討。

因素分析是當代一種非常重要的統計技術，用來發現一組測量題目背後所隱含的可能結構。傳統的因素分析法，對於研究資料中其因素的抽取與決定，取決於研究者實際所蒐集的資料，也就是一種資料推導或資料所導引（data driven）的探索性因素分析；而在結構方程式模型所進行的因素分析，其測量題目背後所隱含的因素結構，是在資料蒐集之前便已經先行決定，因而研究者所蒐集的資料是用來驗證此一個先前所提出的概念模型是否適當，因此又稱為是一種理論推導或理論所導引（theory driven）的驗證性因素分析。

依據我們在前述的研究可以發現，探索性因素分析與驗證性因素分析最大不同，是在於其測量的理論架構（或因素結果）在分析過程中所扮演的角色與其檢測時機的差異。就探索性因素分析而言，其測量變項的理論架構是因素分析的產物，而因素結果是從一組獨立的測量指標或題項（items）之間，透過數學的程序與研究者的主觀判斷去決定建構一個具有量化合理性與理論適切性的因素結構，由此因素結構可以呈現或代表其所測量的概念內涵。質言之，理論架構（或因素結構）的呈現對探索性因素分析而言，是一個事後（posterior）概念的呈現；相對比較之下，驗證性因素分析的進行首先必須持有一個特定的理論與概念架構為基礎，然後再透過數學的程序來檢證該理論與概念架構所導出的計量模型是否正確、合乎邏輯，與經驗的驗證性。

依一般的界定方式，因素分析是給予假設種種構念提出建構假設模型的一種途徑，其途徑是使用可觀察的種種代表性的一種形式，或可以直接被測量的指標（indicators）。這樣的分析被認為是探索性的（exploratory），亦被稱為探索性因素分析（EFA）；而當其關切是在於決定多少因素，或多少潛在變項，被需求在一個被假定可觀察的測量組合之中可以很好地解釋其中的關係。這樣的關切方法，或分析方法就是驗證性的（confirmatory），在形式上被歸之為驗證性因素分析（CFA），當在其測量之間一個預先存在的關係結構是可以被量化與可以被檢驗時。如此，就不同於 EFA，在此種狀況之下，CFA 是不在於關切去發現一個因素的結構，而是在於關切去驗證與檢驗一個被假定因素結構的詳情細節。為了要去考驗檢定一個特殊因素的結構，研究者對於它的成分性質（composition）必須要有某種最初的理念（some initial idea）。在這方面，CFA 被認為是一般建構模型的最佳途徑，該途徑是在於設計去如何檢定有關因素結構的種種假定，在當因素的數目與解釋都依據各測量指標的界定方式而產生，就如預先被假定的一樣。因此，在 CFA 進行的步驟（a）理論首先呈現，（b）然後假設模型從理論中被獲得，而最後（c）假設模型參數被進行估計與評估，被考驗檢定與評估假設模型是否適配資料，然後若需要修正時，又需再進行估計與評估。所以，對驗證性因素分析（CFA），Jöreskog, & Sörborm（1993a）提出三個情境作選擇，（a）一個嚴格驗證性情境其中只有一個單一被規劃的模型可以被接受或被拒絕，（b）在對立的模型，或競爭的模型中，在種種被規劃的模型之中，只可從它們之中選擇其一，（c）在一個模型的產生過程中，最初模型的被界定，參數的估計，參數的評估。在無法適配於資料的案例中，其模型要被修正，與重複地被檢定直到可接受的適配度指標被獲得為止。

資料推導的探索性因素分析中，我們使用 SPSS 的語法（Syntax）指令，以相關係數矩陣為輸入資料，並以最大概述估計法進行估計與最小直接斜交法的轉軸方法獲得前述的相關資料，依據在探索性因素分析中所獲得結果去描繪在一個徑路分析圖中的關係。在這個案例中，二個假設的因素被認為是外衍的構念。徑路分析圖，包括測量每一個構念的各變項。在 LISREL 的程式語法中，我們可以把第一個因素轉換為代表 3 個變項測量指標（X1, X2, 與 X3）為「經濟訴求的潛在構念」，可簡化為「經濟」，而成為因素 1 或 F1；而把第二個因素轉換為代表 3 個變項測量指標（X4, X5, 與 X6）為「權利訴求的潛在構念」，可簡化為「權利」為 F2（或因素 2）。

接著，我們可以依據在探索性因素分析中所獲得的啟示，然後再依據前述的理論，提出假設的模型，並把徑路分析圖轉換成一系列的結構方程式與界定測量模型，以 LISREL 與 SIMPLIS 語法去進行界定自由參數、辨識、估計、與評估或評估的過程。在 LISREL 的輸出報表資料中顯示我們所提出的假設模型，其測量適配指標統計量是很適配於資料，是一個很理想的模型。

在獲得很理想的測量適配指標統計量之後，檢驗出我們所提出的假設模型是一個很適配於資料的模型，也是一個完全適配於資料的模型，證明它是一個很理想的模型。此時，我們仍然要使用巢套模型的卡方差異檢定去進行驗證就我們所提出的假設模型是可接受保留的模型。我們可依結構方程式模型的應用去界定四個不同的策略：1. 驗證模型的策略；2. 競爭模型的策略；3. 模型發展的策略；4. 適配巢套模型的問題。對於這四個不同策略的界定與選擇，我們可以參考前述適配巢套模型的為適配巢套模型的界定與選擇。我們將使用巢套模型的方法，提出二個限制模型。到最後，經濟與權利同等限制負荷量相等被引進相關的測量，與在卡方值所產生的差異值是可以被評估差異檢定，這樣的程序可在本節中使用 SEM 分析來進行探討。以上進行各個潛在變項其測量指標的恆等性檢定結果，可指出沒有足夠的證據顯示其資料可以否證（disconfirm）因素負荷量同等的假設。一旦我們證明其各個潛在變項的測量指標可以以相同的測量單位個別地評估它們基本的潛在變項時，即是表示本假設的模型可以適配我們所提出的資料進行驗證性的因素分析。

Chapter 10

從初階到高階的驗證性因素分析

因素分析是當代一種非常重要的統計技術，用來發現一組測量題目背後所隱含的可能結構。傳統的因素分析法，對於研究資料中其因素的抽取與決定，取決於研究者實際所蒐集的資料，也就是一種資料推導或資料所導引（data driven）的探索性因素分析；而在結構方程式模型所進行的因素分析，其測量題目背後所隱含的因素結構，是在資料蒐集之前便已經先行決定，因而研究者所蒐集的資料是用來驗證此一個先前所提出的概念模型是否適當，因此又稱為是一種理論推導或理論所導引（theory driven）的驗證性因素分析。

因素分析，如我們回顧在多變量技術中所學習的，是關切探索很多的變項之間其關係的模式。這些模式可由被稱為主成分（主成分 principal component），或更多共同的因素來呈現。如對一個因素負荷量很高的各變項，它們就變成基本面向或基本構面（dimension）的描述項（descriptors）。無論如何，研究者對於各變項對各因素負荷量的檢驗，僅有辨識基本面向的特性。

在這一點上，讀者只要研究與熟識因素分析之後，我們就可以理解到在結構方程模型中因素分析的目標與測量模型之間的相似性。各因素，依測量模型的條件方式，是潛在的各變項，每一個變項充當每一個因素的一個指標（因為每一個變項對每一個因素有一個負荷量），依這種方式被使用，因素分析基本上是一種探索性（exploratory）技術，因為研究者對那些變項是那個潛在構念的指標之控制負荷量受到限制（即是，那些變項對每一個因素的負荷量）。無論如何，結構方程式模型，可以扮演一種驗證性的角色，因為分析者對每一個構念各指標的界定具有完全控制的能力。同時，結構方程模型允許提供已提出的驗證性因素因解方法（Solution）作適配度指標（goodness-of-fit）的一種統計檢定，此以主成分／因素分析是不可能的。由此可知，驗證性因素分析對特殊（specific）各構念的測量之量尺的效度方面是特別有用的（Steenkamp and Trijp, 1991）。從前述的三章中，我們已接觸到因素分析的基本概念，建構因素分析模型的基本架構，一個心理學範例的說明。從其中我們已概略地瞭解因素分析的重要步驟與方法，並從因素的分析中我們已使用了 SPSS 電腦套裝軟體中分析因素的語法指令（syntax）。因而，本章將以一個心理學範例的說明，首先使用 SPSS 電腦套裝軟體中分析因素的語法指令之選項。

第一節　資料推導的探索性因素分析

因素分析法是取決於研究者實際所蒐集的資料，也就是一種資料推導的探索性因素分析。因此本節以回顧因素分析法來探討其資料推導的過程。因素分析經常被使用去形成問卷，畢竟如果你想要去測量（或量數）一種能力或特性（ability or trait），你需要去保證所有被問到的問題和你企圖去測量（量數）的構念（construct）有關。我們已注意到有很多的學生對有些學科已變得非常緊張或壓力，所以想要設計一個問卷去量數（測量）我們稱呼為「學生學習的焦慮」之特性。我們決定設計一個問卷去測量（量數）學生對學習有關 SPSS 相關學科感到焦慮的各種不同面向（various aspects），我們的製作是基於訪談學生的焦慮與非焦慮（nonanxious）的問卷而發展形成 8 個可能的問題去選擇，每一個問題是遵循一個五點的李克特量尺（Likert scale），其範圍從強烈地不同意、經由不同意、沒有意見、同意、到強烈的同意，的一個陳述，問卷被提出於下列列出的問卷題目中，共有 8 個題目。

該問卷被設計去預測一個假定的個人對於如何學習去使用 SPSS 時會有多少需要的學科令它們焦慮。尤其是，我想要去獲知關於 SPSS 的焦慮是否可以被細分成（be broken down into）焦慮的特別個別形式（specific forms of anxiety），如此，換言之，對 SPSS 產生焦慮的其他特性的研究亦有助益？本問卷係從 Field（2000, p.442）著作中所引用的問卷與資料，其中蒐集 350 份完整的問卷（在這一點上這個案例是虛構是應該變得很明顯）。這種資料被儲存在本書的（CH10-1）檔案中，把資料安裝在 SPSS 的資料編輯檔中。其中要注意每一個問題（變項）係由一種不同的各行（column 橫行）來呈現。其次要注意的是有 8 個變項其標示從 X1 到 X8，每一個都有一個標示其問題。在標示著各變項時，我們可以非常清楚地理解每一個變項代表甚麼意義。

SD：完全不同意，D：不同意，N：沒有意見，A：同意，SA：完全同意。

1. 統計學的問題會使我頭昏腦脹。
2. 我不擅長於統計學的計算與方法。
3. 每當提到集中趨勢時，我就會很快地頭昏。
4. 我的數學向來一直就不擅長。
5. 我在學校就不擅長於數學的學習。
6. 當我嘗試去使用 SPSS 時，我總是無法順利操作。

7. 我對電腦 SPSS 軟體的操作經驗很少。

8. 所有關於電腦 SPSS 的學習都會令我感到厭惡而畏懼。

依據上述的問卷題項，把問卷題項 1 假設為 X_1，問卷題項 2 假設為 X_2，依序為 X_3, X_4, X_5, X_6, X_7 與 X_8。

首先我們由 350 位的受試者或受訪者，8 個個別變項所組成的調查資料，執行如前述 SPSS 輸入這項資料的方法，我們可使用以下途徑獲得相關係數或共變數的矩陣：（1）使用登錄在 SPSS 的原始資料輸入 SPSS 的程式軟體中勾選「Analyze」->「Data Reduction」->「Factor」選項，然後依其程式軟體內定或內建（the default）的選項就可獲得表 10-1 相關係數矩陣的資料。為了想要獲得更多的資料，可使用由內建（the default）的選項就所獲得表 10-1 相關係數矩陣的資料，再使用 SPSS 的 Syntax 語法指令，去獲得吾人所想要的更多更詳細的資料。（2）使用原始資料（問題資料）輸入 MATLAB 的程式軟體中，以獲得相關係數矩陣與共變數矩陣的資料（其執行操作過程可參考，余桂霖，2010a 的著作）。（3）使用登錄在 SPSS 的原始資料經由 LISREL 程式軟體勾選「File」->「New」->「Import Data in Free Format」->轉換成「PRELIS」資料檔，然後使用拉出（run drag）方法，就可獲得共變數矩陣的資料（其拉出方法，可參考下面的範例）。

一、SPSS 的 Syntax 語法指令

（本語法指令儲存在本書 SPSS 檔案 CH10-1 中）

```
MATRIX DATA VARIABLES = X1 X2 X3 X4 X5 X6 X7 X8
        /CONTENTS = N CORR
        /FORMAT = LOWER DIAGONAL.
BEGINDATA
  350    350    350    350    350    350    350    350
1.000
 .479   1.000
 .509    .467   1.000
 .307    .273    .340   1.000
 .323    .295    .408    .669   1.000
 .382    .356    .421    .294    .386   1.000
 .179    .267    .187    .191    .366    .509   1.000
```

```
.312   .341   .370   .310   .453   .560   .559   1.000
END DATA.
subtitle '因素分析'
FACTOR
      /MATRIX = IN (CORR = *)
      /ANALYSIS = X1 X2 X3 X4 X5 X6 X7 X8
      /PRINT = ALL
      /CRITERIA = FACTORS (3)／EXTRACTION
      /EXTRACTION = ML
      /ROTATION = OBLIMIN
      /PLOT = EIGEN ROTATION (1 2)(1 3)(2 3)
```

二、SPSS 結果輸出報表資料

依據上述的語法指令可獲得的資料有：（1）敘述統計表，（2）相關矩陣表，（3）相關矩陣轉換表，（4）KMO 與 Bartlett 檢定表，（5）反映像矩陣表，（6）共同性表，（7）解說總變異量表，（8）因素斜坡圖，（9）因子矩陣表，（10）重製相關表，（11）樣式矩陣表，（12）結構矩陣，（13）因子相關矩陣，（14）轉軸後因素間的因素圖，（15）因子分數係數矩陣，（16）因子分數共變數矩陣。

在 SPSS 程式軟體的應用中以語法指令的使用最方便，所獲得的資料也最多。只要研究者熟悉語法指令的方法，與獲得相關矩陣或共變數矩陣就可依語法指令來使用。

表 10-1　SPSS 結果輸出報表資料相關矩陣表

Correlation Matrix[a]

		X1	X2	X3	X4	X5	X6	X7	X8
Correlation	X1	1.000	.479	.509	.307	.323	.382	.179	.312
	X2	.479	1.000	.467	.273	.295	.356	.267	.341
	X3	.509	.467	1.000	.340	.408	.421	.187	.370
	X4	.307	.273	.340	1.000	.669	.294	.191	.310
	X5	.323	.295	.408	.669	1.000	.386	.366	.453
	X6	.382	.356	.421	.294	.386	1.000	.509	.560

		X1	X2	X3	X4	X5	X6	X7	X8
	X7	.179	.267	.187	.191	.366	.509	1.000	.559
	X8	.312	.341	.370	.310	.453	.560	.559	1.000
Sig. (1-tailed)	X1		.000	.000	.000	.000	.000	.000	.000
	X2	.000		.000	.000	.000	.000	.000	.000
	X3	.000	.000		.000	.000	.000	.000	.000
	X4	.000	.000	.000		.000	.000	.000	.000
	X5	.000	.000	.000	.000		.000	.000	.000
	X6	.000	.000	.000	.000	.000		.000	.000
	X7	.000	.000	.000	.000	.000	.000		.000
	X8	.000	.000	.000	.000	.000	.000	.000	

a. Determinant = .060

表 10-2　SPSS 結果輸出報表資料相關矩陣轉換表

Inverse of Correlation Matrix

	X1	X2	X3	X4	X5	X6	X7	X8
X1	1.566	−.425	−.443	−.120	−.045	−.232	.100	−.049
X2	−.425	1.490	−.370	−.100	.045	−.060	−.161	−.104
X3	−.443	−.370	1.679	−.036	−.299	−.302	.229	−.169
X4	−.120	−.100	−.036	1.871	−1.201	−.077	.182	−.009
X5	−.045	.045	−.299	−1.201	2.201	−.021	−.337	−.315
X6	−.232	−.060	−.302	−.077	−.021	1.798	−.507	−.485
X7	.100	−.161	.229	.182	−.337	−.507	1.674	−.616
X8	−.049	−.104	−.169	−.009	−.315	−.485	−.616	1.875

表 10-3　SPSS 結果輸出報表資料 **KMO** 與 **Bartlett** 檢定表

KMO and Bartlett's Test

Kaiser-Meyer-Olkin Measure of Sampling Adequacy.		.807
Bartlett's Test of Sphericity	Approx. Chi-Square	970.042
	df	28
	Sig.	.000

表 10-4　SPSS 結果輸出報表資料反映像矩陣表

Anti-image Matrices

		X1	X2	X3	X4	X5	X6	X7	X8
Anti-image Covariance	X1	.639	−.182	−.168	−.041	−.013	−.082	.038	−.017
	X2	−.182	.671	−.148	−.036	.014	−.022	−.065	−.037

		X1	X2	X3	X4	X5	X6	X7	X8
	X3	−.168	−.148	.595	−.012	−.081	−.100	.081	−.054
	X4	−.041	−.036	−.012	.535	−.292	−.023	.058	−.003
	X5	−.013	.014	−.081	−.292	.454	−.005	−.092	−.076
	X6	−.082	−.022	−.100	−.023	−.005	.556	−.169	−.144
	X7	.038	−.065	.081	.058	−.092	−.169	.598	−.196
	X8	−.017	−.037	−.054	−.003	−.076	−.144	−.196	.533
Anti-image Correlatio	X1	.842[a]	−.278	−.273	−.070	−.024	−.138	.062	−.028
	X2	−.278	.859[a]	−.234	−.060	.025	−.037	−.102	−.062
	X3	−.273	−.234	.840[a]	−.021	−.156	−.174	.136	−.095
	X4	−.070	−.060	−.021	.719[a]	−.592	−.042	.103	−.005
	X5	−.024	.025	−.156	−.592	.750[a]	−.011	−.176	−.155
	X6	−.138	−.037	−.174	−.042	−.011	.858[a]	−.293	−.264
	X7	.062	−.102	.136	.103	−.176	−.293	.758[a]	−.348
	X8	−.028	−.062	−.095	−.005	−.155	−.264	−.348	.848[a]

a. Measures of Sampling Adequacy (MSA)

表 10-5 SPSS 結果輸出報表資料共同性表

Communalities[a]

	Initial	Extraction
X1	.361	.516
X2	.329	.419
X3	.405	.536
X4	.465	.473
X5	.546	.999
X6	.444	.545
X7	.402	.614
X8	.467	.577

Extraction Method: Maximum Likelihood.
a. One or more communalitiy estimates greater than 1 were encountered during iterations. The resulting solution should be interpreted with caution.

表 10-6 SPSS 結果輸出報表資料解說總變異量表

Total Variance Explained

	Initial Eigenvalues			Extraction Sums of Squared Loadings			Rotation
Factor	Total	% of Variance	Cumulative %	Total	% of Variance	Cumulative %	Total
1	3.647	45.584	45.584	2.300	28.755	28.755	2.325

Factor	Initial Eigenvalues			Extraction Sums of Squared Loadings			Rotation
	Total	% of Variance	Cumulative %	Total	% of Variance	Cumulative %	Total
2	1.145	14.317	59.901	1.668	20.853	49.608	2.423
3	1.023	12.792	72.693	.710	8.869	58.478	2.311
4	.569	7.108	79.802				
5	.492	6.147	85.948				
6	.431	5.386	91.334				
7	.401	5.015	96.349				
8	.292	3.651	100.000				

Extraction Method: Maximum Likelihood.
a. When factors are correlated, sums of squared loadings cannot be added to obtain a total variance.

表 10-7 SPSS 結果輸出報表資料因子矩陣表

Factor Matrix[a]

	Factor		
	1	2	3
X1	.325	.484	.420
X2	.297	.501	.283
X3	.409	.464	.391
X4	.670	.055	.146
X5	.999	−.003	.000
X6	.388	.618	−.109
X7	.367	.515	−.463
X8	.455	.563	−.230

萃取方法：最大概似
a. 3 factors extracted. 9 iterations required.

表 10-8 SPSS 結果輸出報表資料重製相關表

Reproduced Correlations

		X1	X2	X3	X4	X5	X6	X7	X8
Reproduced Correlation	X1	.516[b]	.458	.522	.306	.323	.380	.174	.324
	X2	.458	.419[b]	.464	.268	.295	.394	.236	.352
	X3	.522	.464	.536[b]	.357	.408	.403	.208	.358
	X4	.306	.268	.357	.473[b]	.669	.278	.207	.302
	X5	.323	.295	.408	.669	.999[b]	.386	.366	.453
	X6	.380	.394	.403	.278	.386	.545[b]	.511	.550
	X7	.174	.236	.208	.207	.366	.511	.614[b]	.563
	X8	.324	.352	.358	.302	.453	.550	.563	.577[b]

		X1	X2	X3	X4	X5	X6	X7	X8
Residual[a]	X1		.021	−.013	.001	4.54E-006	.002	.005	−.012
	X2	.021		.003	.005	−8.88E-006	-.038	.031	−.011
	X3	−.013	.003		−.017	2.08E-005	.018	−.021	.012
	X4	.001	.005	−.017		4.39E-006	.016	−.016	.008
	X5	4.54E-006	−8.88E-006	2.08E-005	4.39E-006		−2.72E-005	2.62E-005	−1.21E-005
	X6	.002	−.038	.018	.016	−2.72E-005		−.002	.010
	X7	.005	.031	−.021	−.016	2.62E-005	−.002		−.004
	X8	−.012	−.011	.012	.008	−1.21E-005	.010	−.004	

Extraction Method: Maximum Likelihood.

a. Residuals are computed between observed and reproduced correlations. There are 0 (.0%) nonredundant residuals with absolute values greater than 0.05.

b. Reproduced communalities

表 10-9 SPSS 結果輸出報表資料樣式矩陣表

Pattern Matrix[a]

	Factor		
	1	2	3
X1	.015	.726	.034
X2	−.026	.606	−.105
X3	.113	.674	.012
X4	.639	.118	.040
X5	1.007	−.100	−.088
X6	−.018	.296	−.563
X7	.024	−.124	−.824
X8	.083	.131	−.646

萃取方法：最大概似

旋轉方法：含 Kaiser 常態化的 Oblimin 法

a. Rotation converged in 12 iterations.

表 10-10 SPSS 結果輸出報表資料結構矩陣

Structure Matrix

	Factor		
	1	2	3
X1	.365	.718	−.309
X2	.324	.641	−.374
X3	.447	.726	−.349
X4	.681	.421	−.295
X5	.995	.447	−.483
X6	.378	.547	−.692

	Factor		
	1	2	3
X7	.323	.269	−.777
X8	.432	.471	−.743

萃取方法：最大概似
旋轉方法：含 Kaiser 常態化的 Oblimin 法

表 10-11 SPSS 結果輸出報表資料因子相關矩陣

Factor Correlation Matrix

Factor	1	2	3
1	1.000	.503	−.439
2	.503	1.000	−.463
3	−.439	−.463	1.000

萃取方法：最大概似
旋轉方法：含 Kaiser 常態化的 Oblimin 法

表 10-12 SPSS 結果輸出報表資料因子分數係數矩陣

Factor Score Coefficient Matrix

	Factor		
	1	2	3
X1	.034	.337	.005
X2	.019	.234	−.044
X3	.033	.331	.000
X4	.012	.076	.035
X5	.984	.007	−.097
X6	−.007	.153	−.257
X7	−.043	−.057	−.432
X8	−.018	.083	−.310

萃取方法：最大概似
旋轉方法：含 Kaiser 常態化的 Oblimin 法

表 10-13 SPSS 結果輸出報表資料因子分數共變數矩陣

Factor Score Covariance Matrix

Factor	1	2	3
1	1.889	1.702	1.165
2	1.702	1.968	.098
3	1.165	.098	2.913

萃取方法：最大概似
旋轉方法：含 Kaiser 常態化的 Oblimin 法

在上述的語法指令所獲得的資料中和驗證性因素分析比較有關的，如我們在前一章所使用的資料一樣。由表 10-3 KMO 與 Bartlett 檢定表，其測量是 .807，指示本資料是相當地適合於因素分析。SPSS 提供 Bartlett 球形檢定，此是一種統計的檢定，是在於估計其相關矩陣是否適合於因素因解的檢定。本範例經由 Bartlett 球形檢定可檢測其相關背離正交的程度。一個正交的相關矩陣將有一個行列式是 1，指示其各變項是不相關的。另一方面，如果兩個變項或兩個以上變項之間有一個完全的相關而其行列式將會是 0。對本範例的資料組合而言，Bartlett 球形檢定的統計量是很高的顯著性（P<.0000），意指其相關矩陣不是正交的（即是，各變項之間是相關的）。由此可知，本範例資料是適合於因素因解。無論如何，Bartlett 球形檢定是很少被使用的，因為它對小的樣本是相當敏感，反之，它對大的樣本是可資利用於去推論其相關矩陣之資料是否背離正交。總之，依本範例資料顯示，它是適合於因素因解的。

由表 10-6 解說總變異量，列出結合每一個線性的成分（因素）於萃取之前、萃取之後、與轉軸之後的特徵值。在萃取之前，SPSS 已辨識 12 個線性的成分於資料組合之內。每一個因素所組合的特徵值其呈現的方式可由個別線性的成分來解釋其變異數，而 SPSS 亦依變異數解釋的百分比的方式來展示特徵值。依據表 10-6 解說總變異量，本範例在萃取因素 1 的解釋整體變異數為 28.755%。由萃取因素 2 萃取因素的解釋整體變異數為 20.853%。由輸出結果表 10-6 中，我們可看到在因素分析中前面的因素解釋變異數的百分比較大，尤其是因素 2 提供解釋整體變異數，依此其後的因素解釋變異數的百分比會逐漸一個比一個小。在本範例中 SPSS 依特徵值大 1 為標準去萃取有三個因素。這些因素所組合的特徵值（與解釋變異數的百分比）再次被展出於被標示著「平方和負荷量萃取」的欄位中。在表中這部分的各值是和萃取之前的各值是一樣的。在表中最後部分標示著「轉軸平方和負荷量」的欄位中，轉軸之後的特徵值亦被顯示。轉軸的目的是在使因素的結構能夠發揮到最理想的影響，因而轉軸使本範例所萃取的三個因素其相對重要性被平等化。

SPSS 輸出結果表 10-5 因子（或因素）矩陣亦顯示在萃取之前的成分矩陣。這個矩陣包括每一個變項對每一個因素的負荷量，這樣的矩陣對解釋目的而言並不是特別重要的，但是它引人注目的是在轉軸之前大部分的變項對第一個因素都有很高的負荷量，即是為什麼這個因素（因素 1）可解釋大部分變異數的原因。而表 10-7 為因素未轉軸之間，各因素抽取的變異量。

當嘗試進行一個斜交轉軸時，因素矩陣就會被分裂成兩個矩陣：樣式矩陣（the pattern matrix）如表 10-9 與結構矩陣（the structure matrix）如表 10-10。對正交的轉軸而言這些矩陣是相同的，因而沒有這樣的問題。樣式矩陣包含因素的負荷量，是可與因素矩陣作比較。而結構矩陣要考量到各因素之間的關係（事實上，它是樣式矩陣與包含有各因素之間相關係數矩陣的一個交叉乘積）。大部分的研究者會解釋樣式矩陣，因為它比較簡單；但是，有種種的情境其中樣式矩陣的各值，因為各因素之間的相關，會被抑制或被隱匿。由此觀之，結構矩陣是一種有效的可仔細檢查的方法（a useful double-check）。

SPSS 輸出結果表 10-9 中，矩陣顯示因素 1（F1）似乎是呈現（或代表）對數學的焦慮，因素 2（F2）似乎是呈現（或代表）對統計學的焦慮，因素 3（F3）似乎是呈現（或代表）對 SPSS 電腦軟體學習的焦慮因素。這些資料的呈現方式與 SPSS 輸出結果表 10-9 與表 10-10 中所呈現方式是相同的，只是一個斜交轉軸所呈現的各因素與正交的轉軸所呈現的各因素其解釋與命名不同而已。結構矩陣不同於共持的變異數，不可被忽視。其描述變得更加複雜，因為有若干變項對一個以上的因素負有很高的負荷量。如 SPSS 輸出結果表 10-9 所顯示的，這是因為因素 1、因素 2、與因素 3 之間的相關呈現出來所致。這樣的呈現促成為什麼樣式矩陣較令人喜好使用，以提供解釋的原因：因為它提供有關一個變項對一個因素唯一負荷量的資訊。

輸出結果的最後部分是各因素之間的一個相關矩陣如 SPSS 輸出結果表 10-11，這個矩陣包括各因素之間的相關係數。如從結構矩陣中所預測的各因素之間有很高的相關呈現，這些相關存在的事實告訴我們其被測量的各個構念（constructs 構面）可以是交互相關的。如果各個構念（或構面）是獨立的，那麼我們可預期斜交的轉軸可提供與正交的轉軸一樣的因素因解，而其成分的相關矩陣應該是一個單元矩陣（即是，所有的相關係數是 0）。由此可知，這個最後的矩陣給我們提供一個指引，就是要去假定各因素之間是獨立的，是否合理，就這些資料而言它呈現出我們無法假定各因素之間是獨立的。由以上的資料顯示與其推論可知，正交轉軸的結果應該不會被信賴的；而斜交轉軸的因素因解法可能是更富有意義。

再從上述的圖 10-2 中，我們可以參考表 10-9 與表 10-10 的資料確認 X_1, X_2 與 X_3 經過因素的斜交轉軸後，已形成一個類聚，為因素 2（F2），依據它們的題意，我們可以把它們的類聚命名為對統計學的焦慮；X_4 與 X_5 經過因素的斜交轉

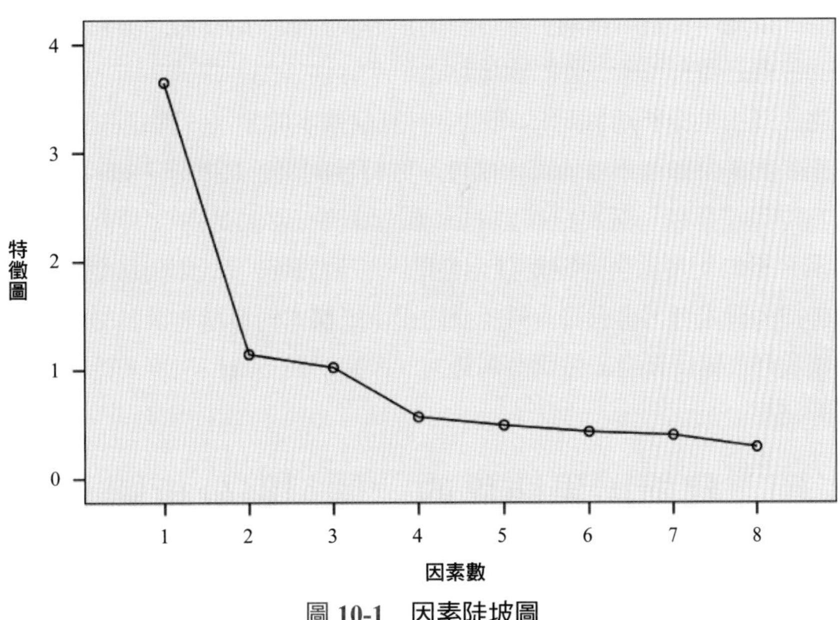

圖 10-1　因素陡坡圖

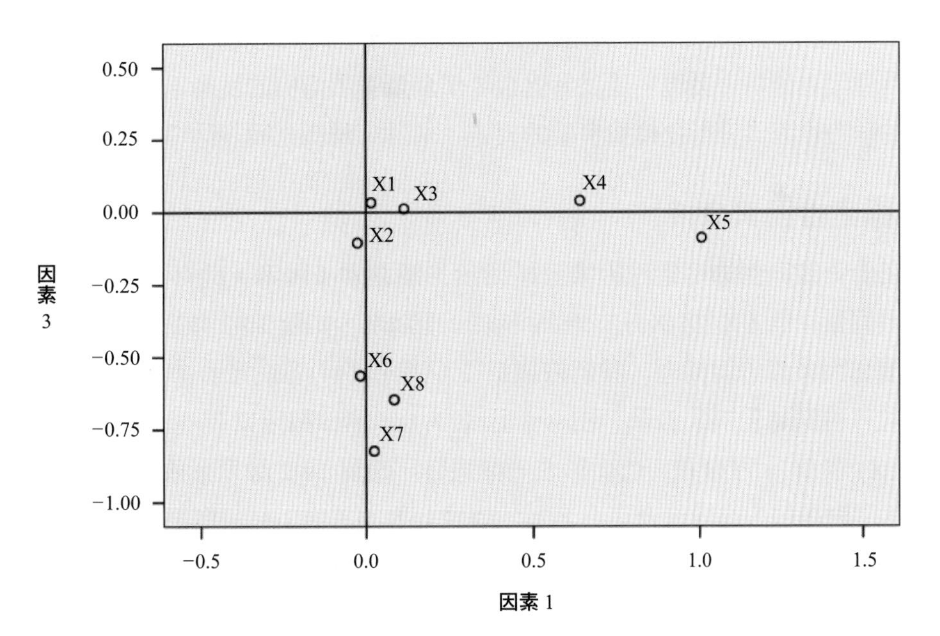

圖 10-2　轉軸後因素空間內的因素圖

軸後，已形成一個類聚，為因素 1（F1），依據它們的題意，我們可以把它們的類聚命名為對數學的焦慮；而 X_6, X_7 與 X_8 的類聚命名為對 SPSS 電腦軟體學習的焦慮。依據一個理論的論述本範例所研究的，各因素之間的相依（the dependence）

是合理的。依此，我們可預期對統計學的焦慮、對數學的焦慮、與對 SPSS 電腦軟體學習的焦慮之間有一個很強的關係存在。

總之，以上的分析可揭示本範例中有三個基本的量尺，而這些量尺可以或不可以與學生對學科學習焦慮性質、屬性、與特性的真正次成分（sub-components）有關。它亦似乎好像一個斜交轉軸的因素因解法被喜愛是由於因素之間相關的原因。因素分析的使用完全純粹是探索性的，它應該僅可以被使用於引導未來的假設，或去提供研究者獲得有關資料組合內組型或樣式的資訊。很多的決定被留給研究者，與我們鼓勵研究者去做賦有創造力的決定，而不是把決定基於你想要的目標去獲得的結果上。

第二節　建構因果關係的一個徑路分析圖

下步驟是描繪在一個徑路分析圖中的關係。在這個案例中，三個假設的因素被認為是外衍的構念。徑路分析圖，包括測量每一個構念的各變項，被顯示於圖 10-3 中，之間的相關是由連接這三個構念的曲線來代表。此時，我們可從前一節的探索性因素分析中發現，受試者對這 8 個測量變項指標的反應。以給予研究者在以下的驗證性因素分析在模型參數的界定、估計、辨識、與評估中提供參考。

一、探索性因素分析

在前一節範例的探索性因素分析指示三個面向（因素）的存在。第一個因素有 2 項測量指標（X_4 與 X_5）一起而形成一個類聚，如圖 10-2 類聚形成因素 1，是一個潛在因素或一個構念。我們依據這 2 個變項的內容或意含命名為「對數學的焦慮」，可簡為化為「數學」F1（或因素 1）。第二個因素有 3 個變項測量指標「X_1, X_2 與 X_3」群聚在一起而形成一個類聚，如圖 10-2 類聚形成因素 2。我們依據這 3 個變項的內容或意含可命名為「對統計學的焦慮」是一個潛在因素或一個構念，可簡化為「統計學」為 F2 或因素 2。第三個因素有 3 個變項測量指標（X_6, X_7 與 X_8）群聚在一起而形成一個類聚，如圖 10-2 類聚形成因素 3，依據這 3 個變項的內容或意含命名為「對 SPSS 電腦軟體學習的焦慮」，可簡化為「電腦」F3（或因素 3）。依據前述這三個因素（數學、統計學、與電腦）之間亦沒有理由去預期它們不發生相關的，如此各因素之間也被允許去發生相關的可能，如表 10-3 所示這三個因素（數學、統計學、與電腦）之間亦相關的。

二、建構因果關係的一個徑路分析圖

下步驟就是參考前述在探索性因素分析中所獲得結果去描繪在一個徑路分析圖中的關係。在這個案例中，三個假設的因素被認為是外衍的構念。徑路分析圖，包括測量每一個構念的各變項。在 LISREL 的程式語法中，我們可以把第一個因素轉換為代表 3 個變項測量指標（X_1, X_2 與 X_3）的「對統計學的焦慮」，可簡化為「統計學」，而成為因素 1 或 F1；而把第二個因素轉換為代表 2 變項測量指標（X_4 與 X_5）為「對數學的焦慮」，可簡化為「數學」為 F2（或因素 2），接著把第三個因素轉換為代表 3 個變項測量指標（X_6, X_7 與 X_8）的「對 SPSS 電腦軟體學習的焦慮」，可簡化為「電腦」，而成為因素 3 或 F3，如圖 10-3。形成「統計學」、「數學」、與「電腦」三個構念，或三個潛在變項，或三個因素的驗證性因素分析模型。

在使用 LISREL 的程式語法之前，首先依前述表 10-1 相關係數矩陣與在下列使用原始資料或問卷資料以 LISREL 軟體程式的視窗拉出的共變數矩陣的資料來建構因果關係的一個徑路分析圖，然後再來進行界定模型參數的數目。

驗證性因素分析模型的範例，我們可依據前述表 10-1 相關係數矩陣在下列使用原始資料或問卷資料以 LISREL 軟體程式的視窗拉出的共變數矩陣的資料來建構因果關係的一個徑路分析圖，依圖 10-3 可決定模型的參數數目，這些參數可由圖 10-3 中的星標（*）來標示。對於模型參數數目的決定我們可依據 Raykov and

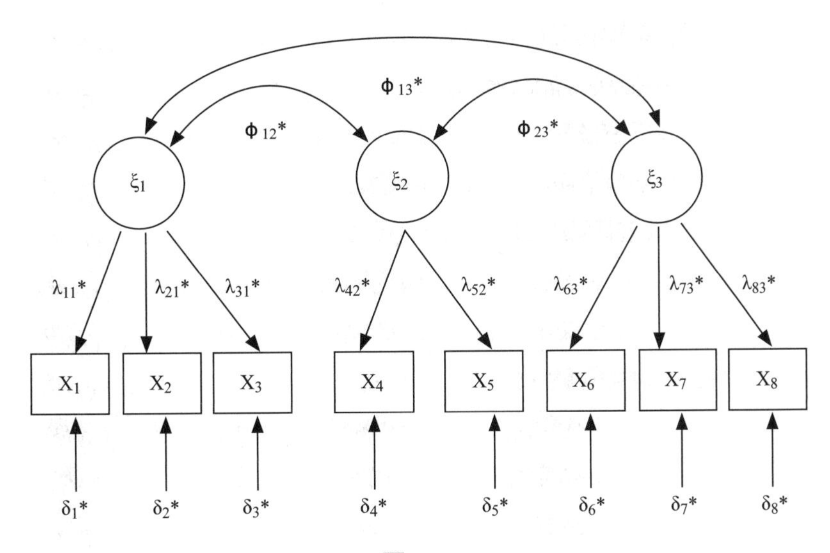

圖 10-3

Marcoulides（2006）著作所簡要描述的六規則來進行界定。其中依據規則 1，所有 8 個誤差項的變異數是模型參數，與依據規則 3，其 8 個因素負荷量亦是模型參數，除此之外，3 個構念（或因素）的變異數是暫時被指出為模型參數（但是要參考規則 6 在本段落後面的用法而定）。接著遵循規則 2，潛在變項之間的 3 個變異數是模型參數。在本範例中規則 4 無法應用到本模型是由於潛在變項沒有可解釋的關係被假定於它們之間。而規則 5，觀察到在圖 10-3 之中沒有雙箭頭的箭矢連接一個依變項與自變項。最後，規則 6 要求每一個潛在變項的量尺被固定。因為這個研究的基本關切是在於統計學、數學、與電腦（如果潛在變項的變異數被設定為 1 時）之間的關係，所以潛在變項的變異數被固定為 1 的單元（are fixed to unity）。這樣的決定使構念的變異數成為固定的參數，而不是模型的自由參數。因此，在圖 10-3 之中的模型參數共有 19 個（8 個因素負荷量 + 3 個因素共變數 + 8 個誤差變異數 = 19），這些參數由在圖 10-3 之中的星標符號來表示。

三、把徑路分析圖轉換成一系列的結構方程式與界定測量模型

因為在徑路分析圖中的所有構念是外衍的，我們僅需要考慮測量模型與對外衍的各構念與各指標所結合的相關矩陣。以沒有結構的模型而言，測量模型致力於為建構完整結構方程模型而努力（由此我們言及到驗證因素分析）。

測量模型可以僅由一個三構念（a three-construct）模型，焦慮「統計學」、「數學」、與「電腦」的三個構念所形成，表 10-14 中所顯示的來呈現。除此之外，三個構念已被假定是相關的；而沒有構念之內相關的測量被提出（假定）。

對有興趣的讀者而言，適當的 LISREL 符號被顯示在表 10-15 中。依據 LISREL 的數學符號呈現方式，其外衍變項以 X 為代表，外衍潛在變項以 ξ 代表；而內衍變項以 Y 為代表，內衍潛在變項以 η 為代表。所以，在下列驗證性因素分析中其三個構念的測量模型的外衍變項以 X1, X2, X3, X4, X5, X6, X7 與 X8 為代表。

表 10-14 三個構念的測量模型

變　項	各構念負荷量的指標		
	統計學	數　學	電　腦
X1	L_1		
X2	L_2		

變　項	各構念負荷量的指標		
	統計學	數　學	電　腦
X3	L_3		
X4		L_4	
X5		L_5	
X6			L_6
X7			L_7
X8			L_8

表 10-15　測量模型的 LISREL 符號

外衍變項		外衍構念		誤　差
X_1	=	$\lambda_{11}{}^{x}\xi_1$	+	δ_1
X_2	=	$\lambda_{21}{}^{x}\xi_1$	+	δ_2
X_3	=	$\lambda_{31}{}^{x}\xi_1$	+	δ_3
X_4	=	$\lambda_{42}{}^{x}\xi_2$	+	δ_4
X_5	=	$\lambda_{52}{}^{x}\xi_2$	+	δ_5
X_6	=	$\lambda_{63}{}^{x}\xi_3$	+	δ_6
X_7	=	$\lambda_{73}{}^{x}\xi_3$	+	δ_7
X_8	=	$\lambda_{83}{}^{x}\xi_3$	+	δ_8

外衍構念之間的相關（ ϕ ）

	ξ_1	ξ_2	ξ_3
ξ_1	–		
ξ_2	ϕ_{21}	–	
ξ_3	ϕ_{31}	ϕ_{32}	-

第三節　選擇輸入矩陣類型與估計被提出的模型

結構方程模型的分析，其資料的輸入的方式有以原始資料的輸入方式與相關係數或共變數矩陣的輸入方式。

一、原始資料的輸入，與求得原始模型參數估計值和徑路圖的方法

在前述第五章中吾人已提到，對於一般的研究生而言，在學習結構方程模型的開始就要他們使用 LISREL 與 SIMPLES 語法指令將會使他們望而卻步。因而，我們體認一般研究生的作法是首先以原始資料的輸入方式，進行以下的步驟，以求得

原始模型參數估計值和徑路圖。

使用登錄在 SPSS 的原始資料經由 LISREL 程式軟體勾選「File」->「New」->「Import Data In Free Format」->轉換成「PRELIS」資料檔，然後使用拉出（run drag）方法。如圖 10-4，在獲得如圖 10-5 之後，我們可在 LISREL 的視窗上按「File」->「New」->「Path Diagram」，如圖 10-5，按「確定」之後，會出現「SYNTAXI」->按「另存新檔」（本檔案以 CH10-3 的檔案儲存在本書 SPSS 的檔案中）->「Set Up」->「Title and Comments..」如圖 10-6 ->「Next」->「Title and Comments..」->「Next」圖 10-7 與圖 10-8 ->「Labels」對話盒，按「Add/Read Variables」「.Read from File」圖 10-9 ->「PRELIS System File」->「Browse」圖 10-10。->「Browse」對話盒，選（）「檔案名稱」「檔案類型」->「OK」->「Labels」對話盒->「Latent Variables, Name」，圖 10-11 輸入「電腦」->「OK」，再輸入「形像」->「OK」->「LISREL Window Application」->「Set Up」->「Build SIMPLIS Syntax F8」。

此時，會出現如下的語法圖 10-12，然後再按「人像 Z」，就可使用圖 10-13 之中的工具。使用滑鼠，按住它，與使用工具中的箭矢，依據我們在前述探索性因素分析中所獲得因子矩陣或結構矩陣資料表 6-6 與表 6-7，及其因素之間是相關資料表 6-8，此表示「統計學」、「數學」與「電腦」是相關。從潛在變項「統計學」拉到測量指標 X1, X2, X3，然後再從潛在變項「數學」拉到測量指標 X4 與 X5，然後，再從潛在變項「電腦」拉到測量指標 X6, X7 與 X8。接著，再使用彎曲的箭矢連接「統計學」、「數學」與「電腦」三個構念。如此，就會呈現圖 10-14。

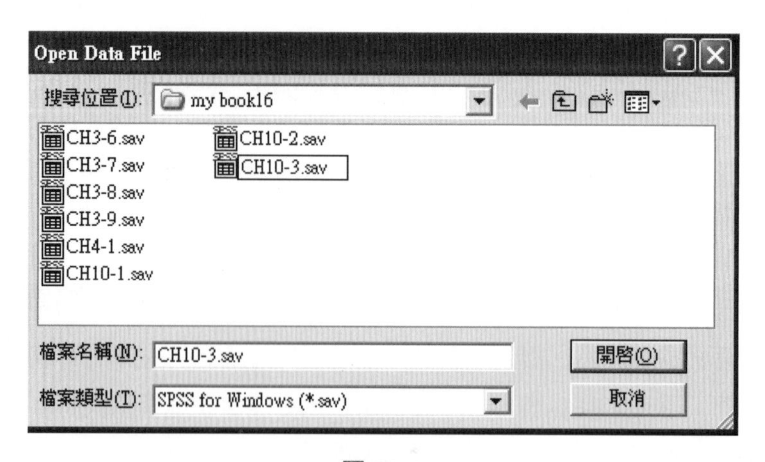

圖 10-4

LISREL Windows Application - CH10-3.PSF

File Edit Data Transformation Statistics Graphs Multilevel SurveyGLIM View Window Help

CH10-3.PSF

	X1	X2	X3	X4	X5	X6	X7	X8
1	2.00	2.00	3.00	1.00	1.00	2.00	2.00	3.00
2	1.00	2.00	3.00	2.00	2.00	2.00	2.00	2.00
3	2.00	4.00	3.00	2.00	3.00	3.00	1.00	2.00
4	3.00	3.00	3.00	2.00	2.00	4.00	3.00	4.00
5	2.00	2.00	2.00	2.00	2.00	3.00	3.00	3.00
6	2.00	4.00	2.00	2.00	2.00	5.00	4.00	4.00
7	2.00	2.00	2.00	2.00	2.00	2.00	2.00	2.00
8	2.00	2.00	2.00	2.00	2.00	2.00	2.00	2.00
9	3.00	5.00	5.00	5.00	5.00	5.00	3.00	5.00
10	2.00	2.00	3.00	2.00	2.00	2.00	1.00	2.00
11	2.00	2.00	2.00	2.00	1.00	2.00	1.00	2.00
12	2.00	4.00	3.00	1.00	2.00	2.00	3.00	3.00
13	3.00	3.00	4.00	3.00	3.00	3.00	2.00	3.00
14	2.00	2.00	4.00	2.00	2.00	4.00	2.00	3.00
15	2.00	2.00	4.00	2.00	2.00	3.00	2.00	3.00
16	3.00	2.00	3.00	2.00	2.00	3.00	2.00	2.00
17	1.00	1.00	2.00	1.00	1.00	1.00	1.00	1.00
18	2.00	3.00	3.00	2.00	3.00	2.00	4.00	3.00
19	2.00	3.00	3.00	1.00	1.00	1.00	1.00	1.00
20	2.00	3.00	5.00	1.00	2.00	5.00	4.00	4.00
21	1.00	4.00	2.00	1.00	1.00	1.00	1.00	2.00
22	3.00	4.00	3.00	2.00	3.00	4.00	5.00	5.00
23	2.00	2.00	4.00	3.00	3.00	3.00	2.00	4.00
	1.00	2.00	2.00	2.00	2.00	1.00	1.00	1.00

圖 10-5

圖 10-6

Title and Comments
Title
Comments
Next >
OK
Cancel

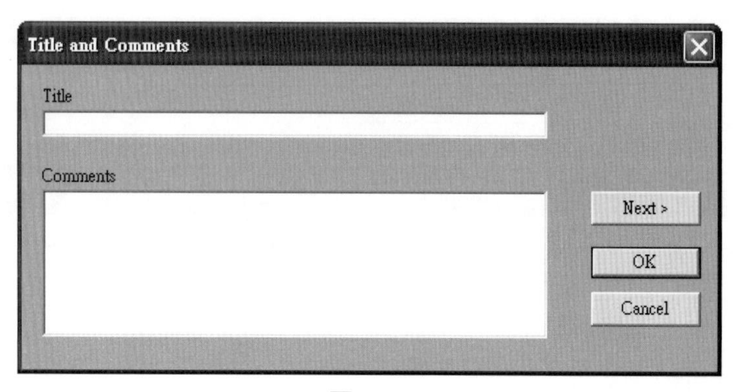

圖 10-7

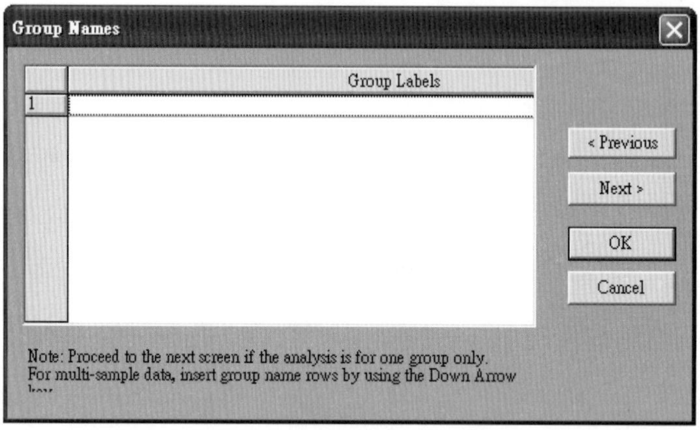

Group Names
Group Labels
1
< Previous
Next >
OK
Cancel
Note: Proceed to the next screen if the analysis is for one group only.
For multi-sample data, insert group name rows by using the Down Arrow

圖 10-8

Labels
Observed Variables
Name
1 VAR 1
2 VAR 2
Latent Variables
Name
< Previous
Next >
OK
Cancel
Add/Read Variables
Add Latent Variables
Move Down
Move Up
Move Down
Move Up
Press the Down Arrow to insert one row at a time once a label has been typed in the previous row
Press the Insert key to insert empty rows or the Delete key to delete selected rows

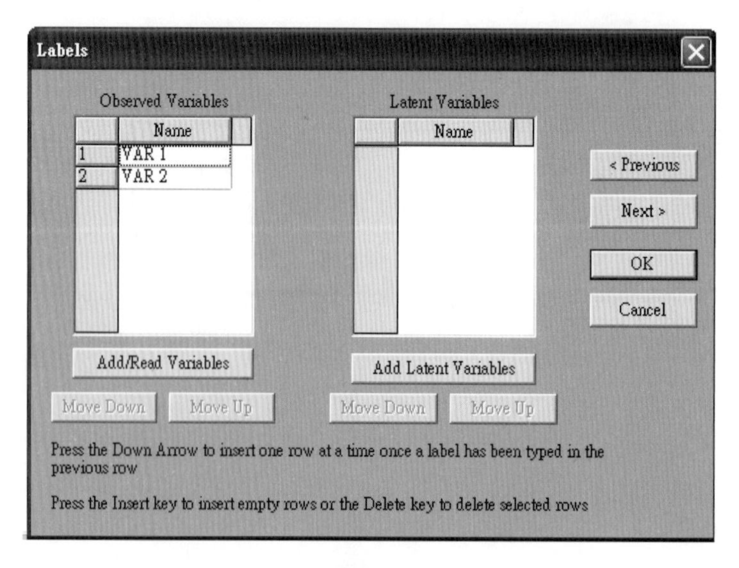

圖 10-9

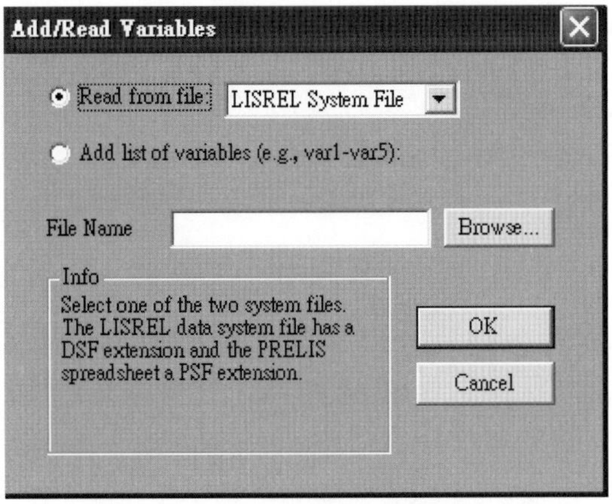

Add/Read Variables
Read from file:
LISREL System File
Add list of variables (e.g., var1-var5):
File Name
Browse...
Info
Select one of the two system files. The LISREL data system file has a DSF extension and the PRELIS spreadsheet a PSF extension.
OK
Cancel

圖 10-10

Labels
Observed Variables
Name
X1
X2
X3
X4
X5
X6
X7
X8
Latent Variables
Name
統計學
數學
< Previous
Next >
OK
Cancel
Add Variables
Add one or list of variables here (e.g., var1 - var5):
電腦
OK
Cancel
Move Down
Move Up
Move Down
Move Up
Press the Down Arrow to insert one row at a time once a label has been typed in the previous row
Press the Insert key to insert empty rows or the Delete key to delete selected rows

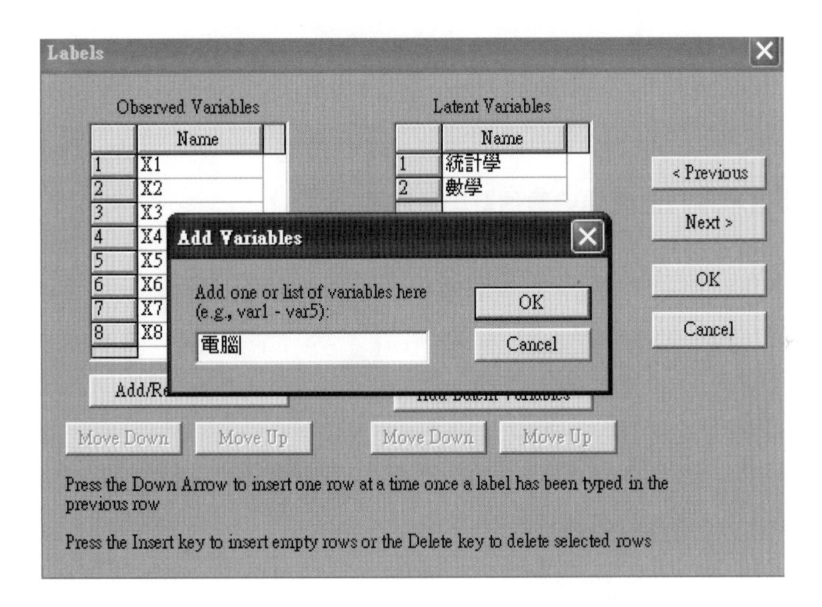

圖 10-11

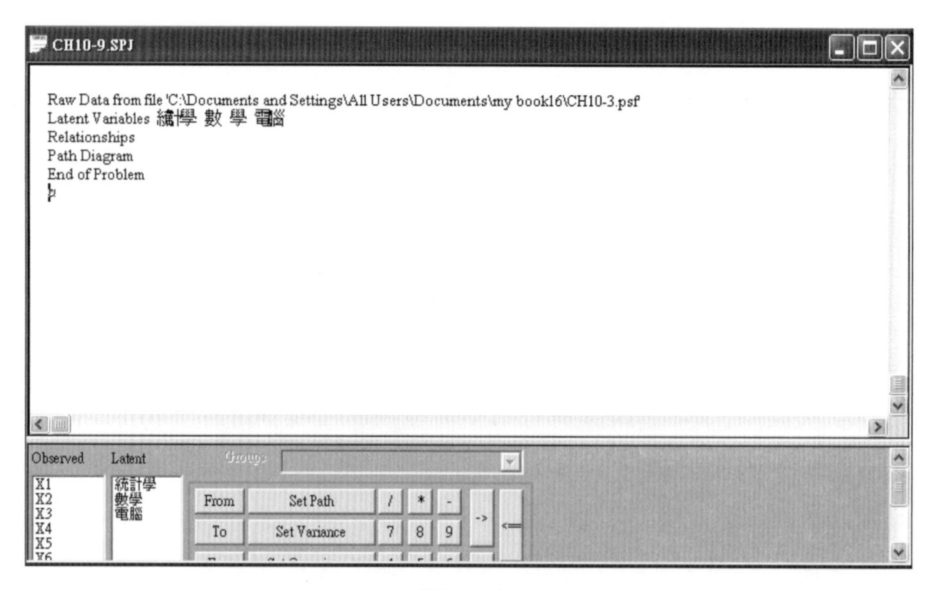

圖 10-12

（一）依上述程序拉出原始參數估計與徑路圖

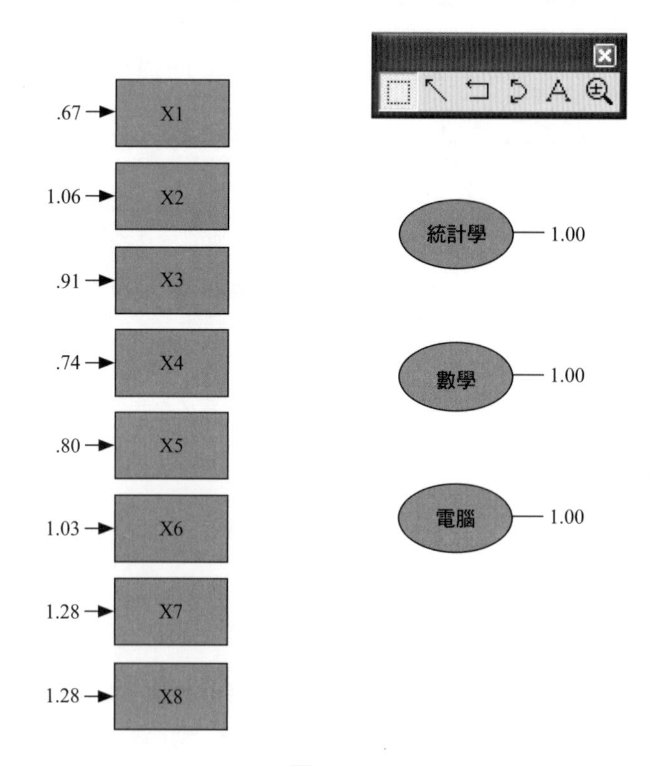

圖 10-13

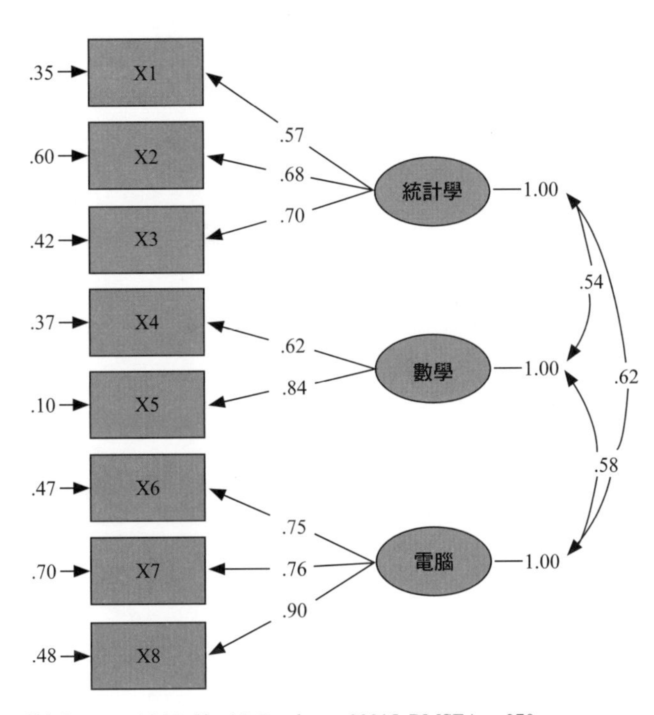

Chi-Square = 45.15, df = 17, P-value = .00015, RMSEA = .070

圖 10-14　使用原始資料求得原始模型參數的估計值和徑路圖

（二）使用原始資料求得共變數矩陣

Covariance Matrix

	X1	X2	X3	X4	X5	X6
	--------	--------	--------	--------	--------	--------
X1	.67					
X2	.40	1.06				
X3	.40	.46	.91			
X4	.22	.24	.28	.74		
X5	.24	.27	.35	.52	.80	
X6	.32	.37	.41	.26	.35	1.03
X7	.17	.31	.20	.19	.37	.58
X8	.29	.40	.40	.30	.46	.64

Covariance Matrix

	X7	X8
X7	1.28	
X8	.72	1.28

（三）求得模型估計參數的界定

Parameter Specifications

LAMBDA-X

	統計學	數學	電腦
X1	1	0	0
X2	2	0	0
X3	3	0	0
X4	0	4	0
X5	0	5	0
X6	0	0	6
X7	0	0	7
X8	0	0	8

PHI

	統計學	數學	電腦
統計學	0		
數學	9	0	
電腦	10	11	0

THETA-DELTA

X1	X2	X3	X4	X5	X6
12	13	14	15	16	17

```
THETA-DELTA
         X7       X8
     --------  --------
         18       19
```

有待估計的參數與我們上述所界定的與圖 10-3 所界定的一樣。

在獲得使用原始資料求得原始模型參數的估計值和徑路圖之後，吾人可以把原始模型參數的估計圖儲存在 Path Diagram 檔案中，然後再按「Setup」->選 LISREL 檔案與 SIMPLES 檔案儲存。此時，吾人亦可以使用共變數矩陣作為執行下列繼續 SEM 分析的輸入矩陣資料。

二、相關係數或共變數矩陣的輸入方式

結構方程模型將適應一個共變數或一個相關矩陣。例如，為了進行驗證性因素分析時，其資料的輸入使用相關矩陣的類型是很普遍的，無論如何，以相關矩陣輸入其目標是在於相互關係模式的一個探索（exploration）。所以，相關矩陣是比較被偏愛輸入資料的類型，八個變項的相關矩陣被顯示於表 10-1 中。在此，本範例模型我們以使用共變數矩陣為輸入資料之原則。

結構方程模型的基本假設，相同於其他多變量分析的方法，在本章第一節中的探索性因素分析已作了說明；本範例資料的變項已符合因素分析的要求，所以現在我們可以進行以下的分析與檢測。

LISREL（參考 Jöeskog, & Söborm, 1993a, 1993b, 1993c, 1999 的著作）可以被使用去提供測量模型與構念相關的估計值。我們要注意到具一個變項以上的各構念其測量模型的估計值，因為估計的程序，構念必須被決定「量尺的不變性」（scale invariant），意指一個構念的各指標必須是「標準化」以一方法去使各個構念可作比較（Jöeskog, 1988b; Long, 1983a），對於這樣的程序有兩個共同的途徑。第一，在每一個構念的各負荷量之一可以被規定或設定於 1.0 的固定值。第二途徑是直接地估計構念的變異數（construct variance）。其中任一個途徑都可產生精確的，相同的估計值，但對理論檢定的目的而言，第二途徑（估計構念的變異數）是值得被推薦的（Anderson and Gerbing, 1982），在這個範例中，我們將使用第二途徑來進行估計、陳述、與說明。

本資料的內容為八個測量變項的共變數／變異數矩陣，為一對稱矩陣，因對角

線上方與下方的元素數據相同，因此上方的數據即予以省略。

（一）LISREL 語法指令

（本語法指令儲存在本書的 CH10-1 檔案中）

```
  the model of psychology
DA NI = 8 NO = 350 MA = CM
          CM
           .67
           .40   1.06
           .40    .46    .91
           .22    .24    .28    .74
           .24    .27    .35    .52    .80
           .32    .37    .41    .26    .35   1.03
           .17    .31    .20    .19    .37    .58   1.28
           .29    .40    .40    .30    .46    .64    .72   1.28
MO NX = 8 NK = 3 TD = SY
LA
X1 X2 X3 X4 X5 X6 X7 X8
LK
FR LX(1, 1) LX(2, 1) LX(3, 1) LX(4, 2) LX(5, 2) LX(6, 3) LX(7, 3) LX(8, 3)
PD
OU RS RM TV SC SS MI
```

（二）SIMPLIS 語法指令

（本語法指令儲存在本書的 CH10-1b 檔案中）

```
the model of psychology
Observed Variables: X1 X2 X3 X4 X5 X6 X7 X8
  Covariance Matrix:
              .67
              .40   1.06
              .40    .46    .91
              .22    .24    .28    .74
```

```
.24   .27   .35   .52   .80
.32   .37   .41   .26   .35   1.03
.17   .31   .20   .19   .37    .58   1.28
.29   .40   .40   .30   .46    .64    .72   1.28

Sample Size = 350
Latent Variables 統計學　數學　電腦
Relationships
X1 = 統計學
X2 = 統計學
X3 = 統計學
X4 = 數學
X5 = 數學
X6 = 電腦
X7 = 電腦
X8 = 電腦
Set the Variance of 統計學 to 1.00
Set the Variance of 數學 to 1.00
Set the Variance of 電腦 to 1.00
Lisrel Output = RS RM TV SC SS MI
Path Diagram
End of Problem
```

（三）模型參數估計與徑路圖

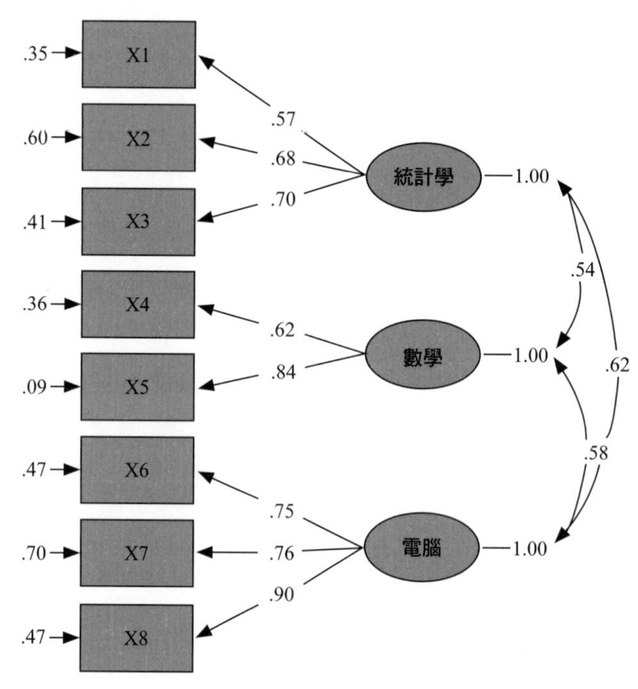

圖 10-15　模型參數估計與徑路圖

三、評估結構模型的辨識

在我們以上程式語法輸入相關矩陣或共變數矩陣之後，會獲得輸出結果報表。辨識在驗證因素分析中是一個相當簡單的問題，而軟體程式的診斷程序（diagnostic procedures）是足以去偵測（detect）辨識的問題，然而如果多元變項被假定是為兩個或兩個以上構念的指標的話，那這樣最普通的辨識問題是會發生。因而辨識問題會發生於這樣的實例中是可能的，但是它們在大部分的驗證性因素分析中是不會遭遇到這樣的問題，它們出現（發生的）的機會係由於有很強的理論根據為支持測量模型的使用，而使其出現的機會被極小化。

第四節　評估適配度的效標

一、參數界定與參數估計結果

the model of psychology

Number of Input Variables	8
Number of Y- Variables	0
Number of X- Variables	8
Number of ETA- Variables	0
Number of KSI- Variables	3
Number of Observations	350

Parameter Specifications

LAMBDA-X

	統計學	數學	電腦
	--------	--------	--------
X1	1	0	0
X2	2	0	0
X3	3	0	0
X4	0	4	0
X5	0	5	0
X6	0	0	6
X7	0	0	7
X8	0	0	8

PHI

	統計學	數學	電腦
	--------	--------	--------
統計學	0		
數學	9	0	
電腦	10	11	0

THETA-DELTA

X1	X2	X3	X4	X5	X6
--------	--------	--------	--------	--------	--------
12	13	14	15	16	17

THETA-DELTA

X7	X8
--------	--------
18	19

上述的參數估計狀況，是各參數估計的結果與統計顯著性考驗檢定，依序為 LAMBDA-X, PHI, THETA-DELTA 的數據。由輸入結果報表可知在本範例中，LISREL 採用最大概似法（ML），總計進行 6 次疊代而完成了所有的參數估計。依據上述圖 10-3 中所提出有星標標示的，計 19 個有待被估計的參數。其中表 10-14 的界定有 8 個因素負荷量，表 10-15 所界定的有 8 個誤差項，再加上外衍構念之間的相關（ϕ）有 3 個，共計 19 個有待被估計的參數。本假設模型有 8 個觀察變項，$8\times9/2=36$ 個估計點，有 $36-19=17$ 個自由度。

the model of psychology

Number of Iterations = 6

LISREL Estimates (Maximum Likelihood)

LAMBDA-X

	統計學	數學	電腦
	--------	--------	--------
X1	.57	--	--
	(.04)		
	12.83		
X2	.68	--	--
	(.06)		
	12.03		
X3	.70	--	--
	(.05)		

	13.78		
X4	--	.62	--
		(.05)	
		13.13	
X5	--	.84	--
		(.05)	
		16.99	
X6	--	--	.75
			(.05)
			14.31
X7	--	--	.76
			(.06)
			12.87
X8	--	--	.90
			(.06)
			15.74

各參數估計的結果，提供了原始估計值（非標準化值）、標準誤與統計顯著性等三種數據，其中顯著性考驗檢定是以 t 檢定來進行，t 值越大表示強度越高，在樣本數為 350 情況之下，t 值的絕對值若超過 1.96 即可視為顯著性。

以 X1 變項為例，它所對應的因素為第一個因素統計學，因此該數值應為因素負荷量（factor loading），其值為 .57，標準誤為 .04，t 值為 12.80（t 值為原始值除以標準誤，為 .57÷.04），因 t 值 12.80 大於 1.96，所以達到顯著性水準，表示該參數具有統計上的意義。

PHI

	統計學	數學	電腦
	--------	--------	--------
統計學	1.00		
數學	.54	1.00	
	(.05)		

```
           10.16
電腦        .62         .58        1.00
          (.05)       (.05)
          12.24       11.57

   THETA-DELTA
             X1        X2        X3        X4        X5        X6
          --------  --------  --------  --------  --------  --------
             .35       .60       .41       .36       .09       .47
           (.04)     (.06)     (.05)     (.04)     (.06)     (.05)
            9.51     10.23      8.43      8.69      1.55      9.40

   THETA-DELTA
             X7        X8
          --------  --------
             .70       .47
           (.07)     (.06)
           10.58      7.75

   Squared Multiple Correlations for X-Variables
             X1        X2        X3        X4        X5        X6
          --------  --------  --------  --------  --------  --------
             .48       .43       .55       .51       .89       .54

   Squared Multiple Correlations for X-Variables
             X7        X8
          --------  --------
             .45       .63
```

上述 PHI 參數估計的結果亦以矩陣形式呈現，各潛在變項的變異數被設定為 1，因此對角線上出現數據為 1。下三角區域的係數可以被視為是標準化參數，各共變數的數值也可成為相關係數。由其數據可知，統計學與數學的相關係數為

.54，t 值為 10.10，達到顯著性水準，有統計上的意義。

在 THETA-DELTA 矩陣結果報表，列出各測量變項的誤差變異數估計值與統計考驗的檢定值。由上述結果報表可知，以 8 個測量變項的測量誤差，以 t 值進行考驗檢定均達到顯著性水準，表示這些誤差變異數均是具有意義的估計值。

在完成各參數被估計之後，LISREL 接著會列出各測量變項與潛在變項的多元相關平方（Squared Multiple Correlation for X Variables），在此，我們以 X 代表 V。此一數值反映了測量變項能夠提供解釋潛在變項的百分比，類似於在迴歸分析中各自變項能夠提供解釋依變項的百分比，R^2。這些數值也反應了測量變項的信度（reliability）。

以 X1（變項 1）為例，表示可提供 48% 的變異數解釋潛在變項，但有 52% 的變異數為誤差變異數。在各測量變項中以 X2 與 X7 可提供變異數解釋潛在變項最低，表示在 8 測量變項中以這兩個測量變項與潛在變項的關係最弱。依據此一原理，我們可以以此來判斷某一特定測量變項對於潛在變項的關係強度。

二、模型適配度指標分析

在前述參數界定與估計之後，接著要來評估參數估計的整體效果，以達到統計上的意義，作為評估被提出的模型或被假設的模型是否可以適配於資料的依據。為了達到這個目的，可以透過以下各項適配度指標來進行評估。其輸出結果報表有關整體適配度指標資料如下：

Goodness of Fit Statistics

Degrees of Freedom = 17

Minimum Fit Function Chi-Square = 46.90 (P = .00013)

Normal Theory Weighted Least Squares Chi-Square = 47.03 (P = .00012)

Estimated Non-centrality Parameter (NCP) = 30.03

90 Percent Confidence Interval for NCP = (13.32; 54.39)

Minimum Fit Function Value = .13

Population Discrepancy Function Value (F0) = .086

90 Percent Confidence Interval for F0 = (.038; .16)

Root Mean Square Error of Approximation (RMSEA) = .071

90 Percent Confidence Interval for RMSEA = (.047; .096)

P-Value for Test of Close Fit (RMSEA < .05) = .070

Expected Cross-Validation Index (ECVI) = .24

90 Percent Confidence Interval for ECVI = (.20; .31)

ECVI for Saturated Model = .21

ECVI for Independence Model = 4.40

Chi-Square for Independence Model with 28 Degrees of Freedom = 1518.64

Independence AIC = 1534.64

Model AIC = 85.03

Saturated AIC = 72.00

Independence CAIC = 1573.50

Model CAIC = 177.33

Saturated CAIC = 246.89

Normed Fit Index (NFI) = .97

Non-Normed Fit Index (NNFI) = .97

Parsimony Normed Fit Index (PNFI) = .59

Comparative Fit Index (CFI) = .98

Incremental Fit Index (IFI) = .98

Relative Fit Index (RFI) = .95

Critical N (CN) = 249.63

Root Mean Square Residual (RMR) = .040

Standardized RMR = .042

Goodness of Fit Index (GFI) = .97

Adjusted Goodness of Fit Index (AGFI) = .93

Parsimony Goodness of Fit Index (PGFI) = .46

從以上各適配測量指標的指數來看，指出這不是一個理想的模型。就絕對適配度指標而言，例如，卡方值與它的 p 值是無法令人滿意的。依本範例的模型其中卡方值，為 WLS 卡方值 47.03，自由度（Degrees of Freedom）為 17，則卡方值 /df = 47.03/17 = 2.7664705 > 2。p 值（p-value）為 .00012 < .1，均方根近似誤（RMSEA）為 .071 > .05，表示被提出的或被假設的模型與觀察值之間有顯著的差異。雖然其 GFI = .93 > .90，達到 .90 以上的門檻。

就增值適配度指標而言，AGFI = .93，NFI = .95，RFI = .95，IFI = .98，NNFI = .97，CFI = .98。均在 .90 以上。

簡效值適配度指標而言，PGFI = .46 < .50 在接受邊緣，PNFI = .59 在 .50 接受門檻以上，但 CN = 249.63 > 200，達可接受的值適配度指標。

由於 RMSEA 信賴區間未落入 .05 之內，同時非趨中性參數（NCP）的 95% 的信賴區間亦未能涵蓋最合理的適配度指標，因此，若採取比較嚴格的說法，本範例的理論模型可以說仍有修正的空間。

三、殘差分析

討論了上述模型適配度指標之後，LISREL 的輸出結果報表之中尚有可衡量被假設模型的適配指標，如測量殘差的問題。殘差分析的數據，可由適配共變數矩陣列出各測量變項的共變數與變異數，也就是由 LISREL 所估計出來的共變數與變異數。

the model of psychology

Fitted Covariance Matrix

	X1	X2	X3	X4	X5	X6
	--------	--------	--------	--------	--------	--------
X1	.67					
X2	.38	1.06				
X3	.40	.48	.91			
X4	.19	.23	.24	.74		
X5	.26	.31	.32	.52	.80	
X6	.26	.31	.33	.27	.36	1.03
X7	.27	.32	.33	.27	.37	.57
X8	.32	.38	.39	.32	.44	.67

Fitted Covariance Matrix

	X7	X8
	--------	--------
X7	1.28	
X8	.69	1.28

Fitted Residuals

	X1	X2	X3	X4	X5	X6
X1	.00					
X2	.02	.00				
X3	.00	−.02	.00			
X4	.03	.01	.04	.00		
X5	−.02	−.04	.03	.00	.00	
X6	.06	.06	.08	−.01	−.01	.00
X7	−.10	−.01	−.13	−.08	.00	.01
X8	−.03	.02	.01	−.02	.02	−.03

Fitted Residuals

	X7	X8
X7	.00	
X8	.03	.00

Summary Statistics for Fitted Residuals

Smallest Fitted Residual = −.13

Median Fitted Residual = .00

Largest Fitted Residual = .08

Stemleaf Plot

−12|5

−10|0

−8|1

−6|

−4|

−2|8180

−0|9621600000000000

0|5147

2|23805

4|466

6|

8|2

Standardized Residuals

	X1	X2	X3	X4	X5	X6
	--------	--------	--------	--------	--------	--------
X1	--					
X2	1.16	--				
X3	−.01	−1.16	--			
X4	1.34	.47	1.84	--		
X5	−1.09	−1.54	1.61	--	--	
X6	2.16	1.62	2.93	−.22	−.61	--
X7	−3.13	−.26	−3.85	−2.57	−.01	.63
X8	−1.08	.62	.19	−.84	1.34	−3.08

Standardized Residuals

	X7	X8
	--------	--------
X7	--	
X8	2.33	--

Summary Statistics for Standardized Residuals

Smallest Standardized Residual = −3.85

Median Standardized Residual = .00

Largest Standardized Residual = 2.93

Stemleaf Plot

−3|811

−2|6

−1|5211

−0|863200000000000

```
  0|2566
  1|233668
  2|239
Largest Negative Standardized Residuals
Residual for     X7 and      X1   -3.13
Residual for     X7 and      X3   -3.85
Residual for     X8 and      X6   -3.08
Largest Positive Standardized Residuals
Residual for     X6 and      X3    2.93
```

我們如果取出上述以原始資料拉回的結構迴歸模型共變數矩陣，也是我們輸入 LISREL 進行本範例（或假設模型）的共變數矩陣。此時，我們可以看到兩者之間數據的差異。以兩者 X1 與 X2 之間共變數為例，前者的值為 .40；而後者的值為 .38。在以 X1 與 X3 之間共變數為例，前者的值為 .40；而後者的值為 .40。此可顯示兩者有殘差存在。LISREL 提供了一個摘要表統合整理出所有觀察資料點與導出值之間的殘差量，列於 Summary Statistics for Fitted Residuals 表中，同時也利用莖葉圖（Stemleaf Plot），繪製出殘差值的分布情形。

由摘要數據可知，最小適配殘差值為 −.13，最大適配殘差值為 .08，殘差的中位數為 .00，這些數據為原始估計量。我們若考量各變項的分散性，以及殘差的集中性與分散性，可將各殘差除以 Z 分數型態以進行標準化，就可獲得標準化殘差，最小標準化殘差值為 −3.85，最大標準化殘差值為 2.93，殘差的中位數為 .00。

```
the model of psychology

                    Qplot of Standardized Residuals

3.5..................................................
   .                                             ..
   .                                            . .
   .                                           .  .
   .                                          .   .
   .                                         .    .
   .                                        .     .
```

```
    .                                                               .           .
    .                                                              .            .
    .                                                            .              .
    .                                                          .                .
    .                                                         .           x      .
    .                                                       .                   .
    .                                                     .         x            .
    .                                                    .                      .
N   .                                                  .          x              .
o   .                                                .         x                 .
r   .                                               .       *                    .
m   .                                             .       x                      .
a   .                                           .        xx                       .
l   .                                          .x                                .
    .                                        .xx                                  .
Q   .                                     x.x                                    .
u   .                                     x                                      .
a   .                                    *                                       .
n   .                               x .                                          .
t   .                          x x .                                              .
i   .                          x  .                                              .
l   .                     x x .                                                   .
e   .           x                .                                               .
s   .     x                    .                                                 .
    .                       .                                                   .
    .     x                 .                                                   .
    .                    .                                                      .
      x                 .                                                       .
    .                 .                                                         .
    .               .                                                           .
    .             .                                                             .
```

```
 .      .                                            .
 .     .                                             .
 .    .                                              .
 .   .                                               .
 .  .                                                .
 ..                                                  .
-3.5..........................................
  -3.5                                              3.5
                    Standardized Residuals
```

討論了上述模型適配度指標之後，LISREL 的輸出結果報表之中尚有可衡量被假設模型的適配指標，如測量殘差的問題。殘差分析的數據，可由適配共變數矩陣列出各測量變項的共變數與變異數，也就是由 LISREL 所估計出來的共變數與變異數。

第五節　解釋與修飾模型

驗證性因素分析（CFA）的目標是：（1）去驗證被提出的或被假設的因素結構，與（2）去探索是否有任何顯著的修正被要求。為了執行這樣的目標，我們可從模型參數估計與徑路圖 10-15 中所獲得的 SPSS 報表的資料，去發現問題。首先要檢測因素負荷量與因素的相關，然後再去尋找模型再界定的可能性。

the model of psychology

Modification Indices and Expected Change

Modification Indices for LAMBDA-X

	統計學	數學	電腦
	--------	--------	--------
X1	--	.54	1.09
X2	--	1.52	.79
X3	--	3.47	.03
X4	5.84	--	5.84
X5	5.84	--	5.84
X6	14.55	.20	--

X7	16.05	.43	--
X8	.00	1.03	--

Expected Change for LAMBDA-X

	統計學	數學	電腦
	--------	--------	--------
X1	--	−.04	−.07
X2	--	−.09	.08
X3	--	.13	.02
X4	.23	--	−.30
X5	−.31	--	.41
X6	.32	−.03	--
X7	−.36	−.05	--
X8	−.01	.08	--

Standardized Expected Change for LAMBDA-X

	統計學	數學	電腦
	--------	--------	--------
X1	--	−.04	−.07
X2	--	−.09	.08
X3	--	.13	.02
X4	.23	--	−.30
X5	−.31	--	.41
X6	.32	−.03	--
X7	−.36	−.05	--
X8	−.01	.08	--

Completely Standardized Expected Change for LAMBDA-X

	統計學	數學	電腦
	--------	--------	--------
X1	--	−.05	−.09
X2	--	−.08	.08
X3	--	.13	.02
X4	.26	--	−.35
X5	−.35	--	.45
X6	.31	−.03	--
X7	−.32	−.04	--
X8	−.01	.07	--

No Non-Zero Modification Indices for PHI

Modification Indices for THETA-DELTA

	X1	X2	X3	X4	X5	X6
	--------	--------	--------	--------	--------	--------
X1	--					
X2	1.36	--				
X3	.00	1.35	--			
X4	2.16	.50	.12	--		
X5	1.99	3.02	1.25	--	--	
X6	3.57	.00	4.45	.70	2.86	--
X7	3.22	1.53	11.13	5.75	4.04	.39
X8	.87	.10	.05	.58	1.80	9.47

Modification Indices for THETA-DELTA

	X7	X8
	--------	--------
X7	--	
X8	5.42	--

Expected Change for THETA-DELTA

	X1	X2	X3	X4	X5	X6
	--------	--------	--------	--------	--------	--------
X1	--					
X2	.05	--				
X3	.00	−.06	--			
X4	.03	.02	.01	--		
X5	−.03	−.05	.03	--	--	
X6	.05	.00	.07	.02	−.05	--
X7	−.06	.05	−.12	−.08	.06	.03
X8	−.03	.01	.01	−.02	.04	−.20

Expected Change for THETA-DELTA

	X7	X8
	--------	--------
X7	--	
X8	.15	--

Completely Standardized Expected Change for THETA-DELTA

	X1	X2	X3	X4	X5	X6
	--------	--------	--------	--------	--------	--------
X1	--					
X2	.06	--				
X3	.00	−.06	--			
X4	.05	.02	.01	--		
X5	−.04	−.06	.04	--	--	
X6	.06	.00	.07	.03	−.05	--
X7	−.06	.04	−.12	−.08	.06	.03
X8	−.03	.01	.01	−.02	.04	−.17

Completely Standardized Expected Change for THETA-DELTA

	X7	X8
	--------	--------
X7	--	
X8	.11	--

Maximum Modification Index is 16.05 for Element (7, 1) of LAMBDA-X

the model of psychology

利用 MI 指數可以作為下步驟，我們想要進行修正模型的具體根據。在 LISREL 分析中，當 MI 指數高於 5 時，即表示該殘差有修正的必要。

從上述資料中，我們可以發現修正 LAMBDA-X 中 X_7 與第一構念或因素可以修正指數 16.05。如此，可以使模型的適配度達到使模型適配資料的程度。這樣的修正在理論上是可以獲得支撐的，因為 X_7 的測量指標變項是我對電腦 SPSS 軟體的操作經驗很少與對統計學的焦慮有關，因為電腦 SPSS 軟體是統計學方程式計算的工具，因而操作少與對統計學的焦慮有關。

Standardized Solution

LAMBDA-X

	統計學	數學	電腦
	--------	--------	--------
X1	.57	--	--
X2	.68	--	--
X3	.70	--	--
X4	--	.62	--
X5	--	.84	--
X6	--	--	.75
X7	--	--	.76
X8	--	--	.90

PHI

	統計學	數學	電腦
	--------	--------	--------
統計學	1.00		

數學	.54	1.00	
電腦	.62	.58	1.00

the model of psychology

Completely Standardized Solution

LAMBDA-X

	統計學	數學	電腦
	--------	--------	--------
X1	.69	--	--
X2	.66	--	--
X3	.74	--	--
X4	--	.72	--
X5	--	.94	--
X6	--	--	.74
X7	--	--	.67
X8	--	--	.79

PHI

	統計學	數學	電腦
	--------	--------	--------
統計學	1.00		
數學	.54	1.00	
電腦	.62	.58	1.00

THETA-DELTA

X1	X2	X3	X4	X5	X6
--------	--------	--------	--------	--------	--------
.52	.57	.45	.49	.11	.46

THETA-DELTA

X7	X8
.55	.37

一、解釋

CFA 的解釋是完全相似於在因素分析中所進行的方式。就我們所進行的範例而言，有三個變項撰寫有很顯著的負荷量在第一個構念上，有二個變項有很顯著的負荷量在第二個構念上，有三個變項撰寫有很顯著的負荷量在第三個構念上。這樣的結果可對照於我們在這一節所進行的因素分析。從其中我們發現探索性與驗證性的因素分析的結果是一樣的，只是在探索性因素分析中其數學呈現為第一因素，同樣有二個變項有很顯著的負荷量在該因素上；統計學呈現為第二因素，同樣有三個變項有很顯著的負荷量在電腦構念上。然而，在驗證性的因素分析中，我們可以在語法中把潛在變項與測量指標變項依其因素負荷量以 relationships 或 path 來撰寫，所以可以以三個變項對第一因素（統計學）；以二個變項對第二因素（數學）；而以三個變項對第三因素（電腦）。

二、模型再界定

對被提出模型或對被假定模型的可能修正可以透過常態化殘差（the normalizd residuals），或標準化殘差（the standardized residuals）與修正指數的檢測來指示。無論如何，在任何的實例中，已提出模型的修正在一個再界定模型可以被檢定之前，首先必須有其理論的辯護性，在本範例中，唯一可能的修正會是以一個變項充當兩個構念的一個測量指標之可能性。

在本實例中，依上述該修正指數（indices）指示可觀察的測量 X7，然後再參考 X4 或 X5 這些變項可以成為第一構念的指標，亦可為第一構念的指標（即是，多重的負荷量或多元負荷量），再界定。

如果在理論上對這樣一個結構的支持無法被發現；如此該模型是無法被再界定的。如果模型的修正是僅被基於修正指數的各值之上，研究者就正可利用這些個別資料的（particular data）唯一性（the uniqueness 獨特性），而其結果最有可能的將會是一個非理論的（a-theoretical），然而在統計上會是顯著性的模型，而這樣的模型在檢定因果的關係中將無法進行通則化，與其模型使用將會受到限制。

驗證性因素分析對於已提出模型提供足夠的支持，係基於在探索性因素分析中所執行的共同因素分析之上。無論如何，研究者應該蒐集附加的資料（additional data）與檢定模型應基於一個新的相關矩陣去透過交叉多重的樣本（across multiple sample）以去保證可以獲得通則化（普遍化）。

第六節　模型修飾的具體程序與結果

前述的驗證性因素分析是以原來的假設模型，與在修飾的情況之下所獲得的進行解釋。為了進一步說明模型修飾的作法與結果，本節可依據前一節 MI 的指數，進行模型的修飾。

在前節的 MI 的指數 Maximum Modification Index is 16.05 for Element (7, 1) of LAMBDA-X。如此，X7. 我對電腦 SPSS 軟體的操作經驗很少與 X4. 我的數學向來一直就不擅長是可由對統計學的構念來提供解釋。因為 X7 與 X4 和統計學構念之間的關係如果含入於模型之中，可以有效的改善模型的適配指標或適配度，是最大的有助於參數的改善。因為這樣的修正在理論上是可以獲得支撐的，因為 X7 的測量指標變項是對電腦 SPSS 軟體的操作經驗很少與 X4 是我的數學向來一直就不擅長，是對統計學焦慮的一種表現。從理論上與實際上來看，吾人若想修正並無不當。由此，吾人可以嘗試將此一參數含入模型後的影響。

一、修正模型的語法與修正模型參數的估計

（一）LISREL 的語法指令（本語法指令儲存在本書的 CH10-2 檔案）

```
  the model of psychology
DA NI = 8 NO = 350 MA = CM
        CM
              .67
              .40     1.06
              .40      .46     .91
              .22      .24     .28     .74
              .24      .27     .35     .52     .80
              .32      .37     .41     .26     .35     1.03
```

```
        .17   .31   .20   .19   .37   .58  1.28
        .29   .40   .40   .30   .46   .64   .72  1.28

MO NX = 8 NK = 3 TD = SY
LA
X1 X2 X3 X4 X5 X6 X7 X8
LK
the model of psychology
DA NI = 8 NO = 350 MA = CM
    CM
        .67
        .40  1.06
        .40   .46   .91
        .22   .24   .28   .74
        .24   .27   .35   .52   .80
        .32   .37   .41   .26   .35  1.03
        .17   .31   .20   .19   .37   .58  1.28
        .29   .40   .40   .30   .46   .64   .72  1.28
MO NX = 8 NK = 3 TD = SY
LA
X1 X2 X3 X4 X5 X6 X7 X8
LK
統計學　數學　電腦
FR LX(1,1) LX(2,1) LX(3,1) LX(3,2) LX(4,1) LX(4,2) LX(5,2) LX(6,1) LX(6,3)
FR LX(7,1) LX(4,2)
PD
OU  RS RM TV SC SS MI
```

（二）SIMPLIS 的語法指令（本語法指令儲存在本書的 CH10-2b 檔案中）

```
the model of psychology
observed variables: X1 X2 X3 X4 X5 X6 X7 X8
```

```
Covariance Matrix
        .67
        .40     1.06
        .40      .46     .91
        .22      .24     .28     .74
        .24      .27     .35     .52     .80
        .32      .37     .41     .26     .35     1.03
        .17      .31     .20     .19     .37      .58     1.28
        .29      .40     .40     .30     .46      .64      .72     1.28
Sample Size = 350
  Sample Size = 350
Latent Variables 統計學 數學 電腦
Relationships
X1 = 統計學
X2 = 統計學
X3 = 統計學
X4 = 統計學  數學
X5 = 數學
X6 = 電腦
X7 = 電腦  統計學
X8 = 電腦
Set the Variance of 統計學 to 1.00
Set the Variance of 數學 to 1.00
Set the Variance of 電腦 to 1.00
Lisrel Output: RS RM TV SC SS MI
Path Diagram
End of Problem
```

（三）修正後模型參數估計與徑路圖

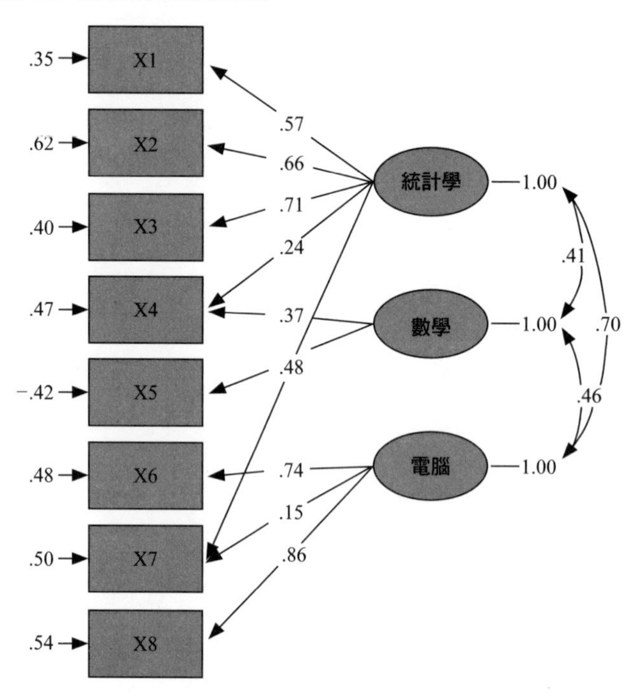

圖 10-16　修正後模型參數估計與徑路圖

二、模型修正後參數估計

the model of psychology

Number of Input Variables	8
Number of Y - Variables	0
Number of X - Variables	8
Number of ETA - Variables	0
Number of KSI - Variables	3
Number of Observations	350

the model of psychology

Covariance Matrix

	X1	X2	X3	X4	X5	X6
	--------	--------	--------	--------	--------	--------
X1	.67					
X2	.40	1.06				
X3	.40	.46	.91			
X4	.22	.24	.28	.74		
X5	.24	.27	.35	.52	.80	
X6	.32	.37	.41	.26	.35	1.03
X7	.17	.31	.20	.19	.37	.58
X8	.29	.40	.40	.30	.46	.64

Covariance Matrix

	X7	X8
	--------	--------
X7	1.28	
X8	.72	1.28

the model of psychology

Parameter Specifications

LAMBDA-X

	統計學	數學	電腦
	--------	--------	--------
X1	1	0	0
X2	2	0	0
X3	3	0	0
X4	4	5	0
X5	0	6	0
X6	0	0	7
X7	8	0	9
X8	0	0	10

```
       PHI
                 統計學      數學       電腦
                --------   --------   --------
   統計學          0
   數學           11          0
   電腦           12         13          0

       THETA-DELTA
                  X1         X2         X3         X4         X5         X6
                --------   --------   --------   --------   --------   --------
                  14         15         16         17         18         19

       THETA-DELTA
                  X7         X8
                --------   --------
                  20         21

 the model of psychology
 Number of Iterations =  9
 LISREL Estimates (Maximum Likelihood)
       LAMBDA-X
                 統計學      數學       電腦
                --------   --------   --------
      X1          .57         --         --
                 (.04)
                 12.98
      X2          .66         --         --
                 (.06)
                 11.82
      X3          .71         --         --
                 (.05)
```

	14.20		
X4	.24	.37	--
	(.09)	(.11)	
	2.63	3.32	
X5	--	1.11	--
		(.21)	
		5.20	
X6	--	--	.74
			(.05)
			14.50
X7	−.48	--	1.15
	(.13)		(.13)
	−3.72		8.96
X8	--	--	.86
			(.06)
			15.26

PHI

	統計學	數學	電腦
	--------	--------	--------
統計學	1.00		
數學	.41	1.00	
	(.09)		
	4.77		
電腦	.70	.46	1.00
	(.05)	(.10)	
	14.04	4.50	

THETA-DELTA

X1	X2	X3	X4	X5	X6
.35	.62	.40	.47	−.42	.48
(.04)	(.06)	(.05)	(.06)	(.47)	(.05)
9.72	10.62	8.42	7.49	−.90	10.10

THETA-DELTA

X7	X8
.50	.54
(.09)	(.06)
5.76	9.34

Squared Multiple Correlations for X - Variables

X1	X2	X3	X4	X5	X6
.48	.41	.56	.36	1.53	.53

Squared Multiple Correlations for X - Variables

X7	X8
.61	.58

Goodness of Fit Statistics

Degrees of Freedom = 15

Minimum Fit Function Chi-Square = 21.10 (P = .13)

Normal Theory Weighted Least Squares Chi-Square = 20.89 (P = .14)

Estimated Non-centrality Parameter (NCP) = 5.89

90 Percent Confidence Interval for NCP = (.0; 22.08)

Minimum Fit Function Value = .060

Population Discrepancy Function Value (F0) = .017

90 Percent Confidence Interval for F0 = (.0; .063)

Root Mean Square Error of Approximation (RMSEA) = .034

90 Percent Confidence Interval for RMSEA = (.0; .065)

P-Value for Test of Close Fit (RMSEA < .05) = .78

Expected Cross-Validation Index (ECVI) = .18

90 Percent Confidence Interval for ECVI = (.16; .23)

ECVI for Saturated Model = .21

ECVI for Independence Model = 4.40

Chi-Square for Independence Model with 28 Degrees of Freedom = 1518.64

Independence AIC = 1534.64

Model AIC = 62.89

Saturated AIC = 72.00

Independence CAIC = 1573.50

Model CAIC = 164.90

Saturated CAIC = 246.89

Normed Fit Index (NFI) = .99

Non-Normed Fit Index (NNFI) = .99

Parsimony Normed Fit Index (PNFI) = .53

Comparative Fit Index (CFI) = 1.00

Incremental Fit Index (IFI) = 1.00

Relative Fit Index (RFI) = .97

Critical N (CN) = 506.74

Root Mean Square Residual (RMR) = .025

Standardized RMR = .024

Goodness of Fit Index (GFI) = .99

Adjusted Goodness of Fit Index (AGFI) = .96

Parsimony Goodness of Fit Index (PGFI) = .41

我們以前述所提到的適配度指標的門檻來進行比較，依本範例的模型其中卡方值，為 WLS 卡方值 20.89，自由度（Degrees of Freedom）為 15，依卡方

值 /df 為 20.89÷15 = 1.39267 < 2。p 值（p-value）為 .14049 > .1，均方根近似誤（RMSEA）為 .034 < .05，表示被提出的或被假設的模型與觀察值之間沒有顯著的差異。

自由度的計算為模型的整體估計點數減去參數估計數，以本範例而言，總計 8 個測量變項可以產生（8×9）/2 = 36 個測量點數。而假設的模型之中，共針對 21 個參數進行估計，因此就剩下 15 個自由度（36-21）。而且 GFI = .99 > .90，達到 .90 以上的門檻。

就增值適配度指標而言，AGFI = .96，NFI = .99，RFI = .97，IFI = 1.00，NNFI = .99，CFI = 1.00。均在 .90 以上。

簡效值適配度指標而言，PGFI = .41 在 .50 門檻以下，PNFI = .53 稍微超過在 .50 門檻以上，CN = 506.74 > 200，達可接受的值適配度指標。

由於 RMSEA 信賴區間落入 .05 之內，同時非趨中性參數（NCP）的 90% 的信賴區間亦能涵蓋最合理的適配度指標，因此，若採取比較嚴格的說法，本範例的理論模型可以說有一個很理想的適配度指標。

我們亦注意到資訊標準值（information criteria values），一般而言，在應用實務上，AIC 指標都是與獨立模型和飽和模型下的 AIC 指標值作比較。基本上，AIC 值愈小愈好，最好要比在獨立模型和飽和模型下的 AIC 指標值還要小；因此，從上述的資料中可獲知，本範例修正後的假設模型提供計算 AIC 指標值的獨立模型（具有 28 個自由度）下的卡方值為 1518.64，本模型的 AIC 指標值為 85.03，獨立模型下的 AIC 指標值為 1534.64，飽和模型下的 AIC 指標值為 72.00，並且本模型的 CAIC 指標值為 177.33，獨立模型下的 CAIC 指標值為 1573.50，飽和模型下的 CAIC 指標值為 246.89，可見本範例假設模型的 AIC 指標值與 CAIC 指標值都比其在獨立模型和飽和模型下的 AIC 指標值和 CAIC 指標值還要小，由此顯示本範例的假設模型已具有可接受的適配的程度。

討論了上述模型適配度指標之後，LISREL 的輸出結果報表之中尚有可衡量被假設模型的適配指標，如測量殘差的問題。殘差分析的數據，可由適配共變數矩陣列出各測量變項的共變數與變異數，也就是由 LISREL 所估計出來的共變數與變異數。

the model of psychology

Fitted Covariance Matrix

	X1	X2	X3	X4	X5	X6
	--------	--------	--------	--------	--------	--------
X1	.67					
X2	.37	1.06				
X3	.41	.47	.91			
X4	.22	.26	.28	.74		
X5	.25	.30	.32	.52	.80	
X6	.30	.34	.37	.25	.38	1.03
X7	.19	.22	.24	.20	.37	.60
X8	.34	.40	.43	.29	.44	.64

Fitted Covariance Matrix

	X7	X8
	--------	--------
X7	1.28	
X8	.70	1.28

Fitted Residuals

	X1	X2	X3	X4	X5	X6
	--------	--------	--------	--------	--------	--------
X1	.00					
X2	.03	.00				
X3	−.01	−.01	.00			
X4	.00	−.02	.00	.00		
X5	−.01	−.03	.03	.00	.00	
X6	.02	.03	.04	.01	−.03	.00
X7	−.02	.09	−.04	−.01	.00	−.02
X8	−.05	.00	−.03	.01	.02	.00

Fitted Residuals

	X7	X8
	--------	--------
X7	.00	
X8	.02	.00

Summary Statistics for Fitted Residuals

Smallest Fitted Residual = −.05

Median Fitted Residual = .00

Largest Fitted Residual = .09

Stemleaf Plot

−4|3

−2|52653

−0|7653160000000000

0|1134909

2|455798

4|

6|

8|2

Standardized Residuals

	X1	X2	X3	X4	X5	X6
	--------	--------	--------	--------	--------	--------
X1	--					
X2	1.59	--				
X3	−.59	−.77	--			
X4	−.02	−.60	.15	--		
X5	−.81	−.99	1.66	--	--	
X6	1.03	.81	1.52	.40	−1.17	--
X7	−.62	2.37	−1.33	−.70	.04	−1.29
X8	−2.13	.03	−1.23	.37	1.08	.33

```
Standardized Residuals
                  X7          X8
               --------    --------
      X7          --
      X8         1.15         --
Summary Statistics for Standardized Residuals
Smallest Standardized Residual = -2.13
Median Standardized Residual =     .00
Largest Standardized Residual =   2.37
Stemleaf Plot
-2|1
-1|
-1|33220
-0|887666
-0|000000000000
 0|2344
 0|8
 1|011
 1|567
 2|4
the model of psychology
                    Qplot of Standardized Residuals
3.5..........................................................
   .                                                       ..
   .                                                      . .
   .                                                     .  .
   .                                                    .   .
   .                                                   .    .
   .                                                  .     .
   .                                                 .      .
   .                                                .       .
```

```
  .                               .       .
  .                              .        .
  .                             .  x      .
  .                             .         .
  .                           . x         .
  .                            .          .
N .                          .  x         .
o .                         .  x          .
r .                         .*            .
m .                       . x             .
a .                     x. x              .
l .                     x.                .
  .                    x.x                .
Q .                    *                  .
u .                   x                   .
a .                 *  .                  .
n .                 x .                   .
t .                xx .                   .
i .                x.                     .
l .              x x.                     .
e .              x .                      .
s .              x.                       .
  .              .                        .
  .             . x                       .
  .            .                          .
  .         x .                           .
  .          .                            .
  .         .                             .
  .        .                              .
  .       .                               .
  .      .                                .
```

.   .   .
.   .   .
. .   .
..   .
−3.5...............................
−3.5   3.5

Standardized Residuals

從以上 Fitted Residuals 與 Standardized Residuals 檢視可知在標準化殘差方面已沒有「差距」，因而這些殘差就不是研究者關切的原因。尤其是，在最大標準化殘差部分中所列舉的各殘差，從莖葉圖（Stemleaf Plot）與標準化殘差 Q 散布圖（Qplot of Standardized Residual）可知已獲得改善，使標準化殘差分布的更均勻或更勻稱。加上下列整體時適配測量指標呈現，將更有助於加強修正後假設模型具有理想適配測量指標的印象。

the model of psychology

Modification Indices and Expected Change

Modification Indices for LAMBDA-X

	統計學	數學	電腦
	--------	--------	--------
X1	--	.63	.92
X2	--	1.42	2.48
X3	--	3.76	.25
X4	--	--	--
X5	--	--	--
X6	3.85	2.40	--
X7	--	.11	--
X8	3.85	1.26	--

Expected Change for LAMBDA-X

	統計學	數學	電腦
	--------	--------	--------
X1	--	−.03	−.07

X2	--	−.05	.14
X3	--	.07	−.04
X4	--	--	--
X5	--	--	--
X6	.18	−.06	--
X7	--	.02	--
X8	−.21	.05	--

Standardized Expected Change for LAMBDA-X

	統計學	數學	電腦
	--------	--------	--------
X1	--	−.03	−.07
X2	--	−.05	.14
X3	--	.07	−.04
X4	--	--	--
X5	--	--	--
X6	.18	−.06	--
X7	--	.02	--
X8	−.21	.05	--

Completely Standardized Expected Change for LAMBDA-X

	統計學	數學	電腦
	--------	--------	--------
X1	--	−.03	−.08
X2	--	−.05	.14
X3	--	.08	−.04
X4	--	--	--
X5	--	--	--
X6	.18	−.06	--
X7	--	.02	--
X8	−.19	.04	--

No Non-Zero Modification Indices for PHI

Modification Indices for THETA-DELTA

	X1	X2	X3	X4	X5	X6
X1	--					
X2	2.52	--				
X3	.35	.59	--			
X4	.21	.02	1.01	--		
X5	.48	1.61	4.07	--	--	
X6	1.13	.49	1.77	1.01	3.06	--
X7	.01	7.18	3.78	.78	.35	.56
X8	2.26	.10	.13	.00	1.09	.11

Modification Indices for THETA-DELTA

	X7	X8
X7	--	
X8	.27	--

Expected Change for THETA-DELTA

	X1	X2	X3	X4	X5	X6
X1	--					
X2	.06	--				
X3	−.02	−.04	--			
X4	.01	.00	−.03	--		
X5	−.02	−.04	.05	--	--	
X6	.03	−.03	.04	.03	−.05	--
X7	.00	.11	−.08	−.03	.02	−.05
X8	−.05	−.01	−.01	.00	.03	.02

Expected Change for THETA-DELTA

	X7	X8
X7	--	
X8	.04	--

Completely Standardized Expected Change for THETA-DELTA

	X1	X2	X3	X4	X5	X6
X1	--					
X2	.07	--				
X3	−.03	−.04	--			
X4	.02	.00	−.03	--		
X5	−.02	−.04	.06	--	--	
X6	.04	−.02	.05	.03	−.05	--
X7	.00	.10	−.07	−.03	.02	−.04
X8	−.05	−.01	−.01	.00	.03	.02

Completely Standardized Expected Change for THETA-DELTA

	X7	X8
X7	--	
X8	.03	--

Maximum Modification Index is 7.18 for Element (7, 2) of THETA-DELTA

the model of psychology

Standardized Solution

LAMBDA-X

	統計學	數學	電腦
X1	.57	--	--

X2	.66	--	--
X3	.71	--	--
X4	.24	.37	--
X5	--	1.11	--
X6	--	--	.74
X7	−.48	--	1.15
X8	--	--	.86

PHI

	統計學	數學	電腦
統計學	1.00		
數學	.41	1.00	
電腦	.70	.46	1.00

the model of psychology

Completely Standardized Solution

LAMBDA-X

	統計學	數學	電腦
X1	.69	--	--
X2	.64	--	--
X3	.75	--	--
X4	.27	.44	--
X5	--	1.24	--
X6	--	--	.73
X7	−.43	--	1.02
X8	--	--	.76

PHI

	統計學	數學	電腦
	--------	--------	--------
統計學	1.00		
數學	.41	1.00	
電腦	.70	.46	1.00

THETA-DELTA

X1	X2	X3	X4	X5	X6
--------	--------	--------	--------	--------	--------
.52	.59	.44	.64	−.53	.47

THETA-DELTA

X7	X8
--------	--------
.39	.42

三、修正後結構迴歸模型分析終結徑路分析圖

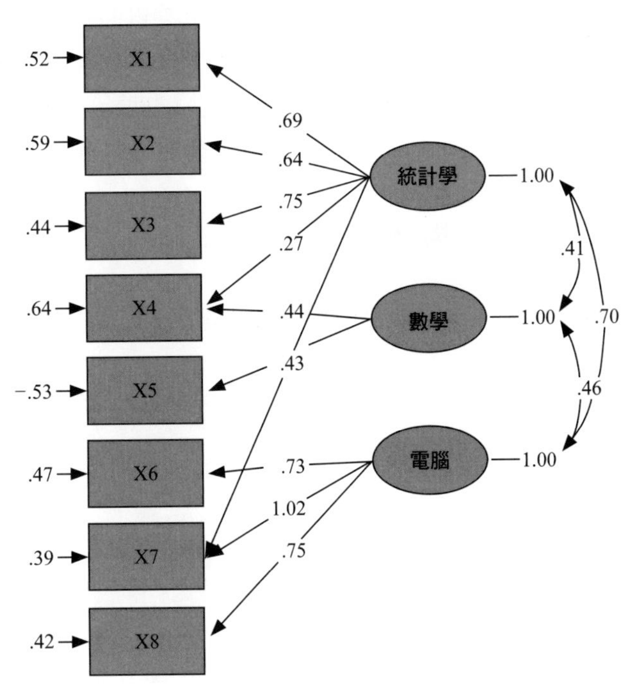

圖 10-17

第七節　高階的驗證性因素分析

驗證性因素分析的優異之一，是它對於其所提出的或其所假設的模型具有高度的變化性與彈性。它可以依據它的理論，提出其高階的驗證性因素分析。

所謂高階的驗證性因素分析（higher-order confirmtory factor analysis, HCFA），即意指在驗證性因素分析的模型中，其因素的結構顯示有其高低不同階層的區分。質言之，即是在我們運用驗證性因素分析檢驗所提出的理論模型時，基於理論模型的複雜性的需要，潛在變項或因素之間可能會有更高階的潛在結構存在。換言之，就是說在模型中的觀察變項可能會受到某一組潛在變項或因素的影響，稱為初階因素（first-order factors），而這些潛在變項或因素又可能會受到某一個或某些共同因素的影響，稱為高階因素（higher-order factors），這些被涉及高階因素的驗證性因素分析，就被稱為高階的驗證性因素分析。

依據前述的範例，我們已注意到有很多的學生對有些學科已變得非常緊張或壓

力，所以我們設計一個問卷去量數（測量）我們稱呼為「學生學習的焦慮」之特性。依據上述資料（八個觀察變項）進行驗證性因素分析的結果，我們分析出有三個潛在變項或因素，為統計學的憂慮、數學的憂慮、與電腦的憂慮的三個潛在構念。現在，我們可以依據一般大學生對學科學習的焦慮理論，建構一個「大學生對對學科學習焦慮的管理量表」，去進行一個高階的驗證性因素分析。

一、資料的輸入、語法、與參數估計

（一）LISREL 的語法指令（本語法指令儲存在本書的 CH10-3 檔案）

```
the model of psychology
DA NI = 8 NO = 350 MA = CM
        CM
         .67
         .40    1.06
         .40     .46    .91
         .22     .24    .28    .74
         .24     .27    .35    .52    .80
         .32     .37    .41    .26    .35    1.03
         .17     .31    .20    .19    .37     .58    1.28
         .29     .40    .40    .30    .46     .64     .72    1.28
MO NY = 8 NK = 1 NE = 3 BE = FU GA = FI PS = SY TE = SY
LA
X1 X2 X3 X4 X5 X6 X7 X8
LE
統計學   數學   電腦
LK
焦慮
FR LY(2,1) LY(3,1) LY(4,1) LY(4,2) LY(6,3) LY(7,1) LY(7,3)
FR LY(8,3) GA(1,1) GA(2,1) GA(3,1)
VA 1   LY(1,1)
VA 1   LY(5,2)
VA 1   LY(6,3)
```

```
PD
OU    SE TV SS SC MI
```

（二）SIMPLIS 的語法指令（本語法指令儲存在本書的 CH10-3b 檔案中）

```
the model of psychology
 observed variables: X1 X2 X3 X4 X5 X6 X7 X8
  Covariance Matrix
    .67
    .40    1.06
    .40     .46    .91
    .22     .24    .28    .74
    .24     .27    .35    .52    .80
    .32     .37    .41    .26    .35    1.03
    .17     .31    .20    .19    .37     .58    1.28
    .29     .40    .40    .30    .46     .64     .72    1.28
Sample Size = 350
Latent Variables 統計學 數學 電腦  焦慮
Relationships
X1 = 1.00*統計學
X2 = 統計學
X3 = 統計學
X4 = 統計學 數學
X5 = 1.00*數學
X6 = 1.00*電腦
X7 = 統計學 電腦
X8 = 電腦
統計學 = 焦慮
數學 = 焦慮
電腦 = 焦慮
Set the Variance of 焦慮 to 1.00
Lisrel Output = SE TV SS SC MI
```

Path Diagram

End of Problem

（三）高階模型參數估計與徑路圖

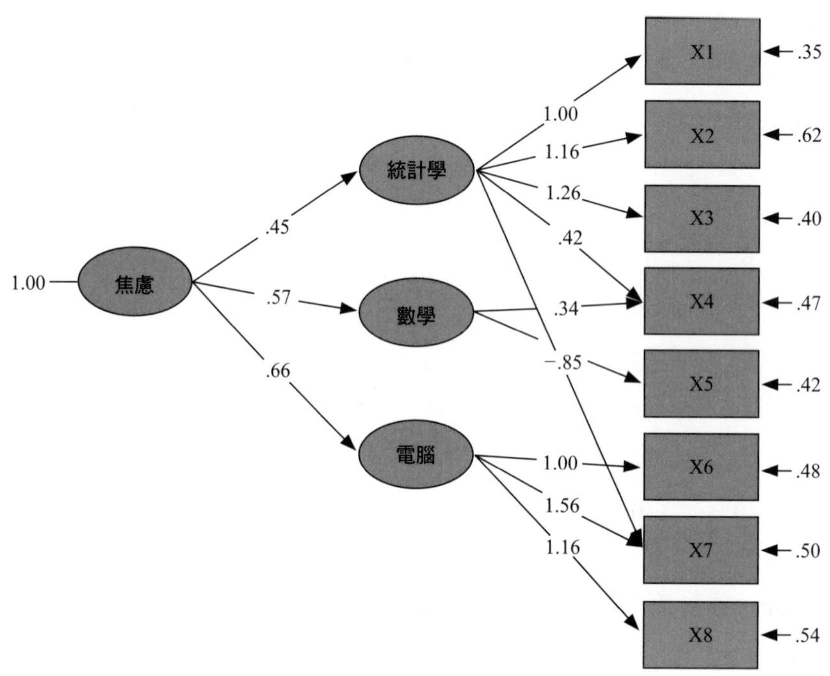

圖 10-18　高階模型參數估計與徑路圖

二、參數界定與參數估計結果

the model of psychology

Number of Input Variables	8
Number of Y - Variables	8
Number of X - Variables	0
Number of ETA - Variables	3
Number of KSI - Variables	1
Number of Observations	350

首先 LISREL 的輸出結果報表指示測量變項共計 8 個，內衍測量變項（Y）數目 8，內衍潛在變項（ETA；初階潛在變項或因素）數目 3，外衍潛在變項或因素（KSI；高階潛在變項或因素）數目為 1，樣本數為 350。

接著 LISREL 的輸出結果報表列出所讀入的 8 個變項的變異數與共變數矩陣資料如下：

the model of psychology

Covariance Matrix

	X1	X2	X3	X4	X5	X6
	--------	--------	--------	--------	--------	--------
X1	.67					
X2	.40	1.06				
X3	.40	.46	.91			
X4	.22	.24	.28	.74		
X5	.24	.27	.35	.52	.80	
X6	.32	.37	.41	.26	.35	1.03
X7	.17	.31	.20	.19	.37	.58
X8	.29	.40	.40	.30	.46	.64

Covariance Matrix

	X7	X8
	--------	--------
X7	1.28	
X8	.72	1.28

接著列出高階驗證性因素分析模型所進行估計的 21 個參數，分別是因素負荷量 7 個（1 至 7），結構參數 3 個（8 至 10），初階因素被高階因素解釋剩餘的殘差變異數 3 個（11 至 13），與觀察變項預測誤差 8 個（14 至 21）。

the model of psychology

Parameter Specifications

LAMBDA-Y

	統計學	數學	電腦
	--------	--------	--------
X1	0	0	0
X2	1	0	0
X3	2	0	0
X4	3	4	0
X5	0	0	0
X6	0	0	0
X7	5	0	6
X8	0	0	7

GAMMA

	焦慮

統計學	8
數學	9
電腦	10

PSI

統計學	數學	電腦
--------	--------	--------
11	12	13

THETA-EPS

X1	X2	X3	X4	X5	X6
--------	--------	--------	--------	--------	--------
14	15	16	17	18	19

THETA-EPS

X7	X8
20	21

高階驗證性因素分析的結果指出，LISREL 進行了 34 次的疊代才完成了所有的參數估計，然而，高階驗證性因素分析的結果與初階驗證性因素分析的結果應該是一樣的，其差異之處是在前述初階驗證性因素分析中我們把各個因素的變異數界定為 1，為模型測量的固定量尺。而在高階驗證性因素分析中我們把因素負荷量 LY(1, 1)、LY(5, 2)、與 LY(6, 3) 界定為 1，為模型測量的固定量尺。所以，我們從整體模型適配度測量指標的估計上觀察，其結果是相同的。

the model of psychology

Number of Iterations = 34

LISREL Estimates (Maximum Likelihood)

LAMBDA-Y

	統計學	數學	電腦
X1	1.00	--	--
X2	1.16	--	--
	(.12)		
	9.70		
X3	1.26	--	--
	(.12)		
	10.63		
X4	.42	.34	--
	(.16)	(.16)	
	2.59	2.07	
X5	--	1.00	--
X6	--	--	1.00
X7	−.85	--	1.56

```
            (.23)               (.20)
            -3.62               7.84
X8          --          --      1.16
                                (.09)
                                12.67
```

以上參數估計的結果與顯著性檢定考驗與初階驗證性因素分析模型完全一樣，表示高階驗證性因素分析的設定並不影響低階因素參數的估計。

```
      GAMMA
                 焦慮
              --------
統計學            .45
                (.05)
                 9.85
數學              .57
                (.05)
                11.03
電腦              .66
                (.06)
                11.42
```

```
      Covariance Matrix of ETA and KSI
              統計學      數學       電腦       焦慮
            --------   --------   --------   --------
統計學         .32
數學           .25        1.22
電腦           .30         .38        .55
焦慮           .45         .57        .66       1.00
```

潛在變項的變異數與共變數參數估計的結果，包括了高階因素與低階因素。

PHI

焦慮
1.00

PSI

Note: This matrix is diagonal.

統計學	數學	電腦
.12	.90	.11
(.03)	(.47)	(.05)
4.11	1.89	2.37

低階因素被高階因素解釋後的殘差變異量，如果達顯著性水準，表示各低階因素具有未被解釋的獨特性。在本範例中數學因素解釋後的殘差變異量未達顯著性水準表示數學因素沒具有未被解釋的獨特性。

Squared Multiple Correlations for Structural Equations

統計學	數學	電腦
.62	.27	.80

低階因素對高階因素的解釋力，類似於迴歸分析中的 R Squre。

Squared Multiple Correlations for Reduced Form

統計學	數學	電腦
.62	.27	.80

以上參數估計的結果顯示，除了數學因素解釋後的殘差變異量未達顯著性水準之外，所有參數估計值均具有顯著性的意義。其中潛在變項的變異數與共變數參數估計值（ETA 與 KSI 矩陣）雖然被列出，但是並未提供顯著性檢定，因為這些參數只是作為 GAMMA 矩陣進行估計的基礎。

高階因素對初階因素的結構參數取代了 ETA 與 KSI 矩陣，因而造成 ETA 與

KSI 矩陣的估計沒有被繼續處理，然後卻造成了 PSI 需要被檢定，PSI 矩陣就是各低階因素被解釋後的殘差變異量。如果達顯著性水準，表示各低階因素具有未被解釋的獨特性。在本範例中數學因素解釋後的殘差變異量未達顯著性水準表示數學因素沒具有未被解釋的獨特性。而報表中亦指出，三個初階因素可以被解釋的變異量分別為 62%、27%、與 80%，表示高階因素（學生對學科的焦慮）對於統計學與 SPSS 電腦軟體操作的焦慮之解釋較強，而對於數學的焦慮之解釋則較弱。

接著是測量變項的測量殘差估計值（THETA-EPS）與顯著性檢定，從下列的數據與前述初階驗證性因素分析模型的估計值與顯著性檢定完全相同；此可以證明高階因素的設定並不會影響初階因素與測量變項之間的關係。

THETA-EPS

X1	X2	X3	X4	X5	X6
.35	.62	.40	.47	−.42	.48
(.04)	(.06)	(.05)	(.06)	(.47)	(.05)
9.72	10.62	8.42	7.49	−.90	10.10

THETA-EPS

X7	X8
.50	.54
(.09)	(.06)
5.76	9.34

Squared Multiple Correlations for Y - Variables

X1	X2	X3	X4	X5	X6
.48	.41	.56	.36	1.53	.53

Squared Multiple Correlations for Y - Variables

X7	X8
.61	.58

三、模型適配度的分析

從下列整體適配度的統計量來看，我們以前述所提到初階驗證因素分析模型的適配度指標的門檻來進行比較，與上述圖 10-18 下方所顯示的統計量是一樣的。依本範例高階驗證因素分析的模型其中卡方值，為 WLS 卡方值 20.89，自由度（Degrees of Freedom）為 15，依卡方值／df 為 20.89÷15 = 1.39267 < 2。p 值（p-value）為 .14049 > .1，均方根近似誤（RMSEA）為 .034 < .05，表示被提出的或被假設的模型與觀察值之間沒有顯著的差異。

自由度的計算為模型的整體估計點數減去參數估計數，以本範例而言，總計 8 個測量變項可以產生（8×9）/2 = 36 個測量點數。而假設的模型之中，共針對 21 個參數進行估計，因此就剩下 15 個自由度（36-21）。這是由於初階驗證因素分析模型是以三個潛在變項的變異數固定為 1，為固定量尺。而高階驗證因素分析的模型中則界定三個因素負荷量固定為 1，為固定量尺。所以，兩者的自由度，與其他以下適配度的統計量亦是相同的。而且 GFI = .99 > .90，達到 .90 以上的門檻。

就增值適配度指標而言，AGFI = .96，NFI = .99，RFI = .97，IFI = 1.00，NNFI = .99，CFI = 1.00，均在 .90 以上。

簡效值適配度指標而言，PGFI = .41 在 .50 門檻以下，PNFI = .53 稍微超過在 .50 門檻以上，CN = 506.74 > 200，達可接受的值適配度指標。

由於 RMSEA 信賴區間落入 .05 之內，同時非趨中性參數（NCP）的 90% 的信賴區間亦能涵蓋最合理的適配度指標，因此，若採取比較嚴格的說法，本範例的理論模型可以說有一個很理想的適配度指標。

我們亦注意到資訊標準值（information criteria values），一般而言，在應用實務上，AIC 指標都是與獨立模型和飽和模型下的 AIC 指標值作比較。基本上，AIC 值愈小愈好，最好要比在獨立模型和飽和模型下的 AIC 指標值還要小；因此，從上述的資料中可獲知，本範例修正後的假設模型提供計算 AIC 指標值的獨立模型（具有 28 個自由度）下的卡方值為 1518.64，本模型的 AIC 指標值為 85.03，獨立模型下的 AIC 指標值為 1534.64，飽和模型下的 AIC 指標值為 72.00，並且本模型的 CAIC 指標值為 177.33，獨立模型下的 CAIC 指標值為 1573.50，飽和模型下的 CAIC 指標值為 246.89，可見本範例假設模型的 AIC 指標值與 CAIC 指標值都比其在獨立模型和飽和模型下的 AIC 指標值和 CAIC 指標值還要小，由此顯示本範例的假設模型已具有可接受的適配的程度。

Goodness of Fit Statistics

Degrees of Freedom = 15

Minimum Fit Function Chi-Square = 21.10 (P = .13)

Normal Theory Weighted Least Squares Chi-Square = 20.89 (P = .14)

Estimated Non-centrality Parameter (NCP) = 5.89

90 Percent Confidence Interval for NCP = (.0; 22.08)

Minimum Fit Function Value = .060

Population Discrepancy Function Value (F0) = .017

90 Percent Confidence Interval for F0 = (.0; .063)

Root Mean Square Error of Approximation (RMSEA) = .034

90 Percent Confidence Interval for RMSEA = (.0; .065)

P-Value for Test of Close Fit (RMSEA < .05) = .78

Expected Cross-Validation Index (ECVI) = .18

90 Percent Confidence Interval for ECVI = (.16; .23)

ECVI for Saturated Model = .21

ECVI for Independence Model = 4.40

Chi-Square for Independence Model with 28 Degrees of Freedom = 1518.64

Independence AIC = 1534.64

Model AIC = 62.89

Saturated AIC = 72.00

Independence CAIC = 1573.50

Model CAIC = 164.90

Saturated CAIC = 246.89

Normed Fit Index (NFI) = .99

Non-Normed Fit Index (NNFI) = .99

Parsimony Normed Fit Index (PNFI) = .53

Comparative Fit Index (CFI) = 1.00

Incremental Fit Index (IFI) = 1.00

Relative Fit Index (RFI) = .97

Critical N (CN) = 506.74

Root Mean Square Residual (RMR) = .025

Standardized RMR = .024

Goodness of Fit Index (GFI) = .99

Adjusted Goodness of Fit Index (AGFI) = .96

Parsimony Goodness of Fit Index (PGFI) = .41

the model of psychology

Modification Indices and Expected Change

Modification Indices for LAMBDA-Y

	統計學	數學	電腦
	--------	--------	--------
X1	--	.63	.92
X2	--	1.42	2.48
X3	--	3.76	.25
X4	--	--	--
X5	--	--	--
X6	3.85	2.40	--
X7	--	.11	--
X8	3.85	1.26	--

Expected Change for LAMBDA-Y

	統計學	數學	電腦
	--------	--------	--------
X1	--	−.02	−.09
X2	--	−.04	.19
X3	--	.07	−.06
X4	--	--	--

X5	--	--	--
X6	.32	−.05	--
X7	--	.02	--
X8	−.37	.04	--

Standardized Expected Change for LAMBDA-Y

	統計學	數學	電腦
	--------	--------	--------
X1	--	−.03	−.07
X2	--	−.05	.14
X3	--	.07	−.04
X4	--	--	--
X5	--	--	--
X6	.18	−.06	--
X7	--	.02	--
X8	−.21	.05	--

Completely Standardized Expected Change for LAMBDA-Y

	統計學	數學	電腦
	--------	--------	--------
X1	--	−.03	−.08
X2	--	−.05	.14
X3	--	.08	−.04
X4	--	--	--
X5	--	--	--
X6	.18	−.06	--
X7	--	.02	--
X8	−.19	.04	--

No Non-Zero Modification Indices for BETA

No Non-Zero Modification Indices for GAMMA

No Non-Zero Modification Indices for PHI

No Non-Zero Modification Indices for PSI

Modification Indices for THETA-EPS

	X1	X2	X3	X4	X5	X6
X1	--					
X2	2.52	--				
X3	.35	.59	--			
X4	.21	.02	1.01	--		
X5	.48	1.61	4.07	--	--	
X6	1.13	.49	1.77	1.01	3.06	--
X7	.01	7.18	3.78	.78	.35	.56
X8	2.26	.10	.13	.00	1.09	.11

Modification Indices for THETA-EPS

	X7	X8
X7	--	
X8	.27	--

Expected Change for THETA-EPS

	X1	X2	X3	X4	X5	X6
X1	--					
X2	.06	--				
X3	−.02	−.04	--			
X4	.01	.00	−.03	--		
X5	−.02	−.04	.05	--	--	
X6	.03	−.03	.04	.03	−.05	--
X7	.00	.11	−.08	−.03	.02	−.05
X8	−.05	−.01	−.01	.00	.03	.02

Expected Change for THETA-EPS

	X7	X8
X7	--	
X8	.04	--

Completely Standardized Expected Change for THETA-EPS

	X1	X2	X3	X4	X5	X6
X1	--					
X2	.07	--				
X3	−.03	−.04	--			
X4	.02	.00	−.03	--		
X5	−.02	−.04	.06	--	--	
X6	.04	−.02	.05	.03	−.05	--
X7	.00	.10	−.07	−.03	.02	−.04
X8	−.05	−.01	−.01	.00	.03	.02

Completely Standardized Expected Change for THETA-EPS

	X7	X8
X7	--	
X8	.03	--

Maximum Modification Index is 7.18 for Element (7, 2) of THETA-EPS

the model of psychology

Standardized Solution

LAMBDA-Y

	統計學	數學	電腦
X1	.57	--	--

X2	.66	--	--
X3	.71	--	--
X4	.24	.37	--
X5	--	1.11	--
X6	--	--	.74
X7	−.48	--	1.15
X8	--	--	.86

GAMMA

	焦慮
統計學	.79
數學	.52
電腦	.89

Correlation Matrix of ETA and KSI

	統計學	數學	電腦	焦慮
統計學	1.00			
數學	.41	1.00		
電腦	.70	.46	1.00	
焦慮	.79	.52	.89	1.00

PSI

Note: This matrix is diagonal.

統計學	數學	電腦
.38	.73	.20

the model of psychology

Completely Standardized Solution

LAMBDA-Y

	統計學	數學	電腦
	--------	--------	--------
X1	.69	--	--
X2	.64	--	--
X3	.75	--	--
X4	.27	.44	--
X5	--	1.24	--
X6	--	--	.73
X7	−.43	--	1.02
X8	--	--	.76

GAMMA

	焦慮

統計學	.79
數學	.52
電腦	.89

Correlation Matrix of ETA and KSI

	統計學	數學	電腦	焦慮
	--------	--------	--------	--------
統計學	1.00			
數學	.41	1.00		
電腦	.70	.46	1.00	
焦慮	.79	.52	.89	1.00

PSI

Note: This matrix is diagonal.

統計學	數學	電腦
.38	.73	.20

THETA-EPS

X1	X2	X3	X4	X5	X6
.52	.59	.44	.64	−.53	.47

THETA-EPS

X7	X8
.39	.42

四、高階驗證因素分析的模型標準化終解徑路圖

從以上數據可以得知，測量變項與初階因素的標準化因素負荷量均達到十分理想，其各參數的係數值是相同的。

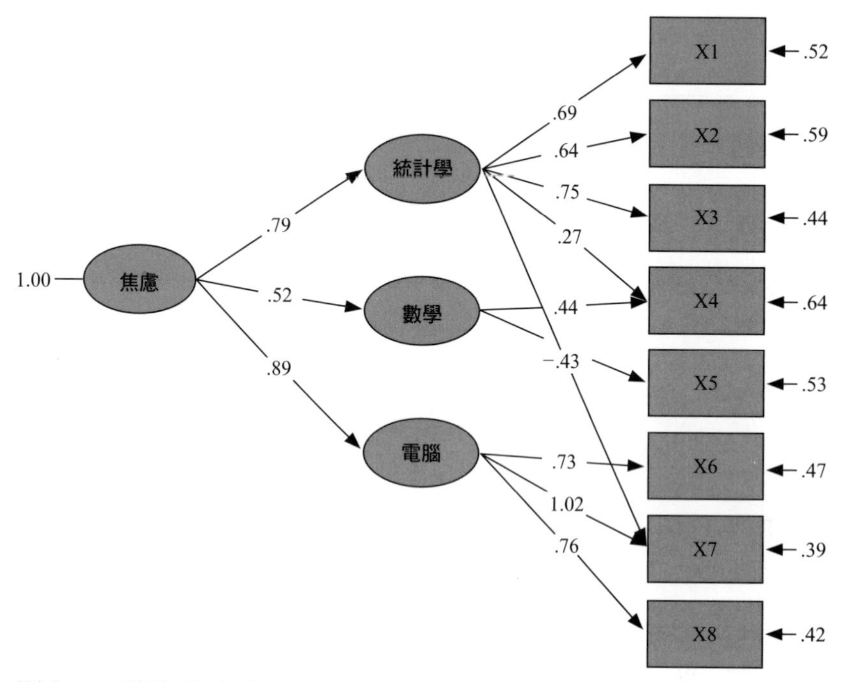

圖 10-19　高階模型參數估計標準化終解徑路圖與徑路圖

第八節　結　語

本章的撰寫目標是嘗試以問卷的設計去預測一個假定的個人對於如何學習去使用 SPSS 時會有多少需要的學科令它們焦慮。尤其是，我想要去獲知關於 SPSS 的焦慮是否可以被細分成焦慮的特別個別形式（specific forms of anxiety），換言之，對 SPSS 產生焦慮的其他特性的研究亦有助益？本問卷係從 Field（2000, p.442）著作中所引用的問卷與資料，其中蒐集 350 完整的問卷（在這一點上這個案例是虛構是應該變得很明顯）。

首先，我們使用探索性因素分析，以使用最大概似估計方法，然後再使用最小直接斜交轉軸方法探索出 X_1、X_2 與 X_3 經過因素的斜交轉軸後，已形成一個類聚，為因素 2（F2），依據它們的題意，我們可以把它們的類聚命名為對統計學的焦慮；X_4 與 X_5 經過因素的斜交轉軸後，已形成一個類聚，為因素 1（F1），依據它們的題意，我們可以把它們的類聚命名為對數學的焦慮；而 X_6、X_7 與 X_8 的類聚命名為對 SPSS 電腦軟體學習的焦慮。依據一個理論的論述本範例所研究的，各因素之間的相依（the dependence）是合理的。因此，我們可預期對統計學的焦慮、對數學的焦慮、與對 SPSS 電腦軟體學習的焦慮三個潛在變項或因素之間有一個很強的關係存在。依據這樣的資料可以啟示我們進一步去進行初階的驗證性因素分析。

為了使用共變數矩陣為輸入資料，我們使用輸入 SPSS 的原始問卷資料檔案，輸入 LISREL 軟體程式中轉換為 PRELIS 檔案，然後再依據前述如圖 10-4 至圖 10-12 的方法，拉出如圖 10-13 與圖 10-14 的模型參數估計與徑路圖，以獲得初階的驗證性因素分析的結果。此種方法是在於呈現以 SPSS 的原始問卷資料檔案拉出初階的驗證性因素分析模型之過程，使初學者在尚未熟練 LISREL 的語法指令之前，可以慢慢揣摩，以便可以逐漸體驗 LISREL 語法指令的應用。

在進行初階的驗證性因素分析中，我們亦呈現初階的驗證性因素分析模型的修正過程，其修正的問題，需要有理論依據才可以對我們所提出的或所假設的初階的驗證性因素分析模型進行修正的事宜。

就高階的驗證性因素分析模型而言，其最重要的係數是高階因素的因素負荷量，該參數反應了高階因素對於初階因素的解釋力，其初階因素的解釋力列於 Gamma 的矩陣中。LISREL 輸出結果報表資料中指出，高階因素（一般大學生對於學科的焦慮）對於 SPSS 電腦軟體操作的學習所產生的焦慮影響最大（γ = .89），其次為統計學的學習焦慮（γ = .79），最後是數學的學習焦慮（γ = .52）。而在修正後初階的驗證性因素分析模型中，這些高階因素的因素負荷量，是由初階因素之間的相關係數來表示，其分別為統計學的學習焦慮與數學的學習焦慮之間的相關為 .41，數學的學習焦慮與 SPSS 電腦軟體操作的學習焦慮之間的相關為 .70，統計學的學習焦慮與 SPSS 電腦軟體操作的學習焦慮之間的相關為 .45。由以上比較我們可以獲知 γ 係數與相關係數之間的性質相差甚大，而且其數據的意義與解讀的方式亦大不相同。因而，我們究竟應該以初階的驗證性因素分析模型或以高階的驗證性因素分析模型來進行反應一般大學生對於學科的焦慮之理論因素效果，我們除了依據簡約原則來判斷之外，也應用檢視數據所提供的資訊，配合文獻與學理的討論，從其中去獲得最合理的論證。

Chapter 11

驗證性因素分析：交叉驗證與恆等性檢定

第一節 緒 言

在科學的研究中理論所關切的某些變項是無法直接地被觀察，這是基於因素分析的基本理念。因而，這些無法直接被觀察的變項被歸之為潛在的變項或因素。在潛在的變項無法被觀察之際，有關它們的資訊，吾人可以留心藉由可觀察的變項來間接地獲得。所以，因素分析是以研究一個可觀察變項組合之間的共變關係為揭露一個較少數目的潛在變項之一種統計程式。

一、探索性與驗證性因素分析的比較

對於探索性因素分析的模型可以以下列圖 11-1 來進行說明，依此圖的顯示，其觀察變項是由方形符號來代表，而潛在變項由圓形符號來代表。一條直的箭矢指向由一潛在變項到一個觀察變項，係指示潛在變項對觀察變項的因果影響。而二個潛在變項之間的彎曲箭矢則在於指示這些變項是相關的。

在圖 11-1 中的頂端的圓形符號代表潛在的變項 ξ_1、ξ_2、與 ξ_3，這些因素之間的彎曲箭矢是在於指示它們是彼此相關的。這些因素中的每一個因素會因果地影響每一個觀察變項，被包括標示著 X_1 到 X_9 在方形的方盒中，其中由箭矢從各個 ξ 指向各個 X。標示著各個 ξ 的元素被稱為共同因素，因為它們的影響共同持有在一個以上的觀察變項中，或由一個以上的觀察變項所共同持有。在圖中底部的各個 δ，從 δ_1 到 δ_9 被稱為唯一因素（unique factors），或為各變項的誤差。在探索性因素的模型中，唯一因素，或各變項的誤差，被假定彼此，與共同因素是不相關的，所以在它們彼此之間沒有彎曲箭矢連接著。

由圖 11-1 中所呈現的模型被歸之為一個探索性因素模型的事實，它卻無法完全反映共同因素與觀察變項被分析的數目。所以，研究者無法界定模型中變項之間的結構關係，而必須假定：

（1）所有共同因素是相關的（或在探索性因素分析的某些類型中其所有共同因素是不相關的）；
（2）所有觀察變項是直接地受到所有共同因素所影響；
（3）所有觀察變項是受到其唯一因素所影響；
（4）各個唯一因素之間彼此是不相關的；
（5）所有 ξ 與所有 δ 是不相關的。

這些假設被製作因而無法顧及到實質問題的適當性，所以附帶條件與一般性任意的假設（arbitrary assumptions）就必須被課加或被利用以便可以去進行模型參數的估計。因而使探索性因素模型無能力去進行結合有意義的限制，以達到其課加附帶條件限制的效果。

由於探索性因素分析模型的種種限制已多半被驗證性因素分析模型的發展所克服（Jöeskog 1967, 1969），在驗證性因素分析模型中，研究者可以在其模型上課加可實質產生作用的種種條件限制。這些條件限制的效果可以決定或測定（1）那些共同因素的配對是相關的，（2）那些觀察變項受到那些共同因素所影響，（3）那些唯一因素，或那些觀察變項誤差的配對是相關的。統計的檢定或考驗可以被執行去測定其樣本資料是否與已所課加的條件限制一致。換言之，統計的檢定可以檢定其樣本資料是否可以驗證在實質上已產生的模型。依此意義，該模型才可以被認為是驗證性。

探索性與驗證性因素分析模型之間的區分，可由在圖 11-1 的探索性因素分析模型與在圖 11-2 驗證性因素分析模型來進行比較以獲得理解。在驗證性因素分析模型中，共同因素 ξ_1 與 ξ_3 可以被假定是不相關，而在探索性因素分析模型中所有的共同因素必須被假定是相關的，或所有的共同因素必須被假定是不相關的。在驗證性因素分析模型中，可觀察變項僅受某些共同因素所影響，例如，X_1 可以被假

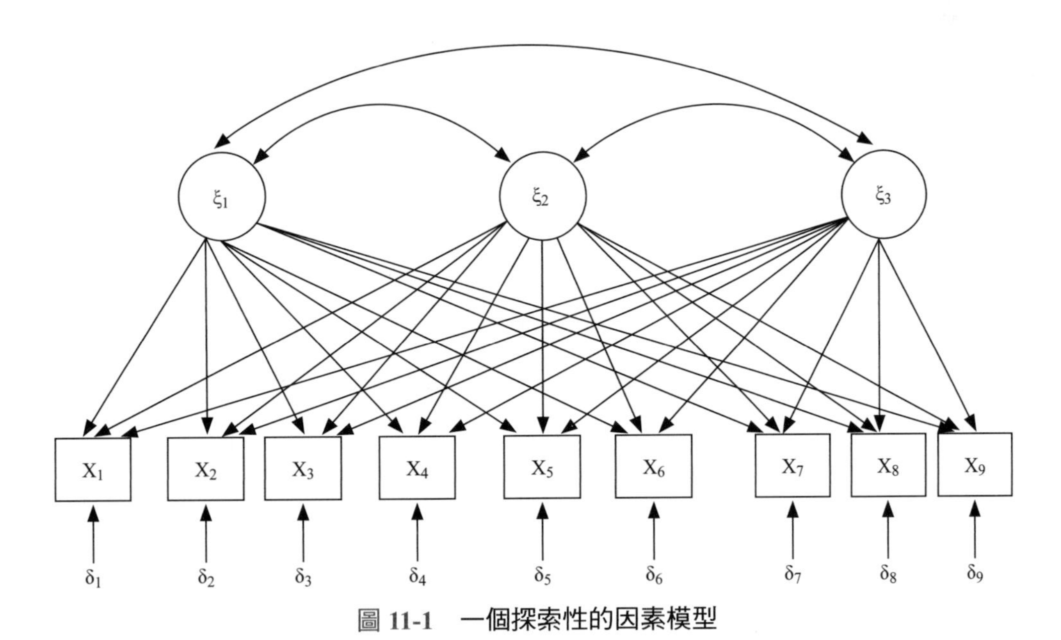

圖 11-1　一個探索性的因素模型

定不受到 ξ_2 與 ξ_3 所影響。由此可知，在探索性因素分析模型中所有的觀察變項是受到所有的共同因素所影響。在驗證性因素分析模型的範例中，如在圖 11-2 中其唯一因素或誤差項，有二個唯一因素 δ_2 與 δ_4 被假定是相關的，由彎曲箭矢連結二者，指示它們是相關的。由此，在探索性因素分析模型所有的唯一因素是不相關的，其每一個唯一因素與每一個可觀察變項相連結。

在實際的運作中，研究者並沒有一個單一的，令人執著的模型於心中。反之，會掌握由實質理論所指導的同等合理的模型中作選擇。

二、共同因素之間的結構關係

因素模型通常可由一個較少的因素數目或一個較少的潛在變項的變項數目之方式來進行解釋一個觀察變項組合中的共同變異量（covariation）。所以，共同因素時常會有顯著性的理論所關切，而依此大部分的研究者就會關切這些因素之間的結構關係。在驗證性因素模型可以給予提供這些共同因素之間的關係進行分析之際，一般而言，對於吾人所關切的這些共同因素之間的結構參數之測定仍然是不足的。因為估計結構參數要求把一種結構方程式模型應用於共同因素的分析，以相同的方法結構方程式模型同樣地可以被應用於可以被觀察變項的分析。例如，圖 11-2 與圖 11-3 包括有相同的可觀察的與潛在的變項。圖 11-3 的差異是其中它假定

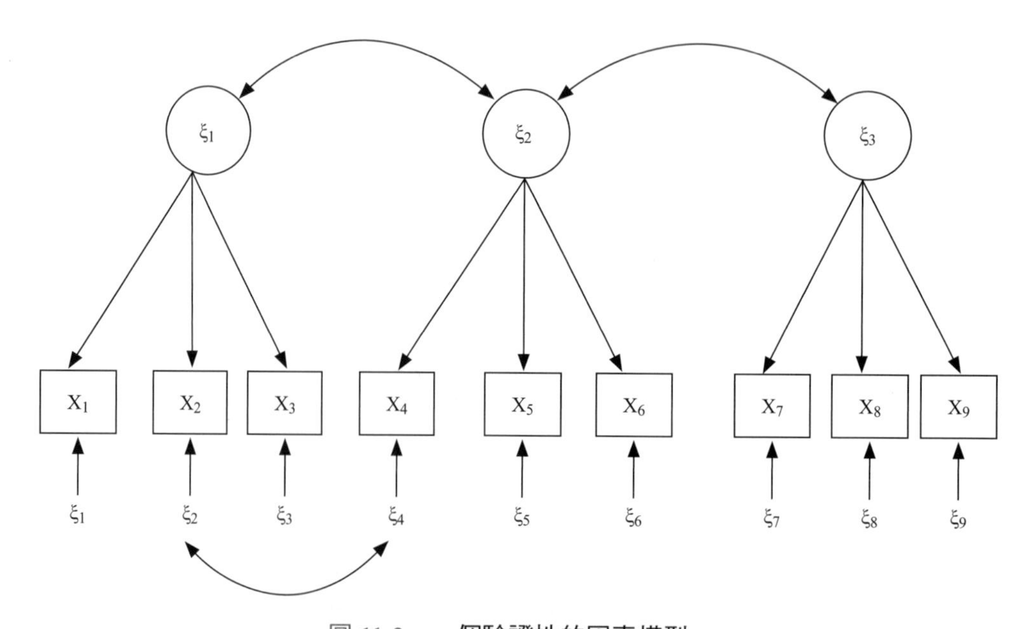

圖 11-2　一個驗證性的因素模型

共同因素 ξ_1 在因果上影響 ξ_2，與 ξ_1 與 ξ_2 在因果的關係上影響 ξ_3。所以，這種潛在變項之間結構關係的結合通常可以由所謂的共變數結構模型來進行分析，或更普遍的，可由 LISREL 分析模型來執行。有關共變數結構模型與 LISREL 分析模型的探討，超越本書所探究的範圍，讀者若有興趣可參考本書的系列著作（余桂霖，2010c）。

雖然驗證性因素模型受限於無法進行分析共同因素之間的結構關係，它仍然是一個極具彈性的模型，它可處理很多重要的問題。這些包括：（1）在測量的模型中潛在變項被進行估計中可以消除測量誤差；（2）多元（多重）測量指標模型其中每一個潛在變項的若干測量指標（或測量變項）是可以利用的，與一個因素模型是可以被使用去測定共同因素之間的關係；與（3）多方法與多特色的模型，其中每一個實質的因素可以以若干方法進行測量，希望可以消除測量方法所產生影響或效果的扭曲。

三、本文的研究架構

本文的驗證性因素模型將以四個步驟來呈現，（1）數學模型的界定，涉及模型各成分（或各元素）的形式界定與假設的陳述。因為驗證性因素模型允許研究者去課加種種限制條件於實際應用的時機上，它將證實研究者實際應用的考量如何轉變成種種限制條件於模型上。（2）在模型已被界定之後，它必須被測定該模型是否已被辨識，辨識涉及測定其模型的參數是否可提供達成一個唯一因解法（a unique solution）。如果其模型無法被辨識，那該模型的參數就無法被估計，而該模型的就必須被重新考量。（3）一旦模型的辨識已被建立或被達成，其模型的估計就可以開始進行。即考量獲自樣本的資訊如何可以被使用去獲得母群體參數的估計。（4）在一個模型已被估計之後，其模型適配度的評估或評鑑就要被進行，其過程涉及進行假設的檢定考驗與產生界定的研究。（5）多分組或多重樣本分析的複核效化或交叉驗證有效性。

第二節　驗證性因素模型的界定

驗證性因素模型的界定要求進行下列形式的與明確的陳述：（1）共同因素的數目；（2）觀察變項的數目；（3）共同因素之間的變異數與共變數；（4）觀察變項與潛在變項之間的關係；（5）唯一性因素（unique factors）與觀察變項之間的關係；（6）唯一性因素之間的變異數與共變數。驗證性因素模型的最大彈性來自它可以依據一個假定實際應用的需求去界定這些成分或元素中每一個的能力。

一、一個非正式的引述

在提出一個正式的描述之前，驗證性因素模型的基本成分可以使用 Lawley and Maxwell（1971）提出檢測學生學科成績的一個模型來進行分析。其中有 6 個學科，N = 200 位男學生。其模型如圖 11-3 所示。

Lawley and Maxwell（1971）在這個案例中，有 6 個學科為觀察變項 X_1（蓋爾文，Gaelic）、X_2（英文，English）、X_3（歷史，History）、X_4（算術，Arithmetic）、X_5（代數，Algebra）、X_6（幾何學，Geometry），形成 2 個因素 ξ_1 與 ξ_2。本研究範例是依據 Lawley and Maxwell（1971）的檢測方法對某高中的學生進行 6 個學科為觀察變項 X_1（數學，M）、X_2（物理，P）、X_3（化學，C）、X_4（國文，N）、X_5（英文，E）、X_6（史地，H），形成 2 個因素 ξ_1 與 ξ_2。N = 330 位男學生。

依因素分析的專業術語，我們可陳述 X_1、X_2、與 X_3 負荷在 ξ_1 上，而 X_4、X_5、與 X_6 負荷在 ξ_2 上。依據圖 11-3 所示直線的箭矢指向各個觀察變項。各個觀察變項與各因素之間的關係我們可以以一組方程式來界定，被歸之為因素方程式。這些方程式是：

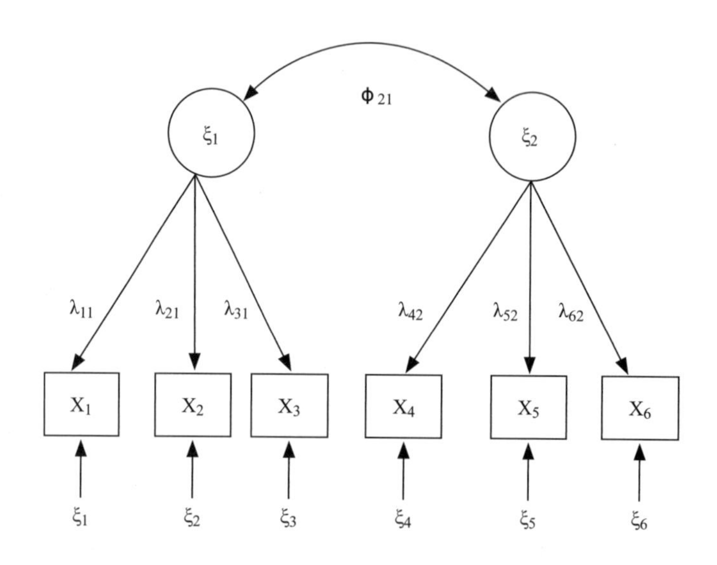

圖 11-3　構念相關的兩個因素模型

$$X_1 = \lambda_{11}\xi_1 + \delta_1 \quad X_2 = \lambda_{21}\xi_1 + \delta_2 \quad X_3 = \lambda_{31}\xi_1 + \delta_3$$
$$X_4 = \lambda_{42}\xi_2 + \delta_4 \quad X_5 = \lambda_{52}\xi_2 + \delta_5 \quad X_6 = \lambda_{62}\xi_2 + \delta_6 \tag{11-1}$$

其中，δ_1 是影響 X_1 的唯一因素，依序 δ_2、δ_3、δ_4、δ_5、與 δ_6 是影響 X_2、X_3、X_4、X_5、與 X_6 的唯一因素。λ_{ij} 是各個觀察變項 X_i 在 ξ_j 的共同因素。

這些方程式是相同於一個簡單的迴歸方程式：

$$Y = \alpha + \beta X + e \tag{11-2}$$

式中 Y 是一個觀察的依變項，X 是一個觀察的自變項，而 e 是一個誤差項在於指示 X 所無法完全解釋 Y 的部分。所以，其因素方程式可以被視為是觀察的自變項（各個 X 變項）對無法觀察的變項（各個 ξ）的迴歸。因素負荷（在方程式 11-2 中的各個 λ）對應於斜率係數（在方程式 11-2 中的 β）。在方程式（11-2）β 是在於指示自變項 X 中一個單位的改變產生在依變項 Y 中一個預期 β 單位的改變。因素方程式不同於迴歸方程式是在因素方程式沒有截距，或等式（equivalently），它們有被設定或被固定為 0 的一個截距。這是因為在因素分析中它通常被假定各變項是由它們的平均數來進行測量，關於此問題我們會在以下作更詳細的討論。如在迴歸分析中，依變項與自變項之間的關係是不正確的，這是可由方程式（11-2）e 的誤差項來反映，而在因素方程式中由方程式（11-1）中的唯一因素在圖 11-3 的各個 δ 來呈現。

如果我們的模型是探索性的因素模型，其中每一個觀察變項都會有負荷量在每一個共同因素上如圖 11-1 所示，這些附加的負荷量如以圖 11-3 來呈現，與如果這些附加的負荷量被包括在驗證性的模型中，其所產生的因素方程式會是：

$$X_1 = \lambda_{11}\xi_1 + \lambda_{12}\xi_2 + \delta_1 \quad X_2 = \lambda_{21}\xi_1 + \lambda_{22}\xi_2 + \delta_2 \quad X_3 = \lambda_{31}\xi_1 + \lambda_{32}\xi_2 + \delta_3$$
$$X_4 = \lambda_{41}\xi_1 + \lambda_{42}\xi_2 + \delta_4 \quad X_5 = \lambda_{51}\xi_1 + \lambda_{52}\xi_2 + \delta_5 \quad X_6 = \lambda_{61}\xi_1 + \lambda_{62}\xi_2 + \delta_6 \tag{11-3}$$

如果這些方程式被使用而不使用方程式（11-2）中的，那方程式（11-3）中的這些方程式，其中的負荷量就會解釋為多元迴歸中的迴歸係數。例如，在方程式中 X_1 方程式中的負荷量就會解釋為：在 ξ_1 中一個單位的增加會產生在 X_1 中 λ_{11} 單位的一個預期的增加，如果 ξ_2 維持不變，或保持恆定時；與同樣地，ξ_2 中一個單位的增加會產生在 X_1 中 λ_{12} 單位的一個預期的增加，如果 ξ_1 維持不變，或保持恆定時。在我們的範例中要決定去使用方程式（11-1）作為對立的方程式（11-3）是基於實質的考量。如果方程式（11-3）被考量是較令人滿意的，那它就可以被使用。由此可知，驗證性因素分析不同於探索性因素分析的區分所在就是方程式（11-3）必須被使用於探索性因素分析中。

在 Lawley and Maxwell（1971）提出檢測學生學科成績的一個模型分析中預測代表因素 1（F1）的 ξ_1 與代表因素 2（F2）的 ξ_2 之間發生相關是可能的，這種相關可由雙箭頭的彎曲線連接 ξ_1 與 ξ_2，可由標示著 ϕ_{12} 的符號來呈現；如果 ξ_1 與 ξ_2 被假定有單位的變異數，ϕ_{12} 可以相稱於或相當於 ξ_1 與 ξ_2 之間的一種相關；如果 ξ_1 與 ξ_2 被假定沒有單位的變異數，ϕ_{12} 可以相稱於或相當於 ξ_1 與 ξ_2 之間的一種共變數。

唯一的各因素亦可以被假定是相關的。在驗證性因素分析中可以假定測量誤差之間是相關，如可以假定 ξ_1 與 ξ_4 之間是相關，如果有理論上的支持。然而在探索性的因素分析中所有的測量誤差之間被假定是不相關的。

一個簡單的測量模型，這樣非正式的界定可作為去引介涉及於界定一個驗證性因素分析的基本問題。在這個問題焦點的探究上以使用矩陣代數來提供一個更正式地界定是必要的。

二、一個更正式的界定

因素分析企圖依一個無法觀察因素組合的方式去解釋一個觀察變項組合的變異量與共變量，每一個觀察變項被概念化為一個更多因素的一個線性函數。這些因素有二個類型；即可直接地影響一個以上觀察變項的共同因素，與可以直接地影響一個與僅一個觀察變項的唯一的或殘差的因素。在數學上觀察變項與因素之間的關係被呈現係以

$$X = \Lambda\xi + \delta \quad (11\text{-}4)$$

式中 X 是觀察變項的一個（q×1）向量；ξ 是共同因素的一個（s×1）向量；Λ 是使觀察變項的各個 X 與潛在變項的各個 ξ 發生相關的因素負荷量的一個（q × S）矩陣；而 δ 是唯一或殘差因素的一個（q×1）向量。它被假定在 X 方面觀察變項的數目（或變項數）是比 ξ 方面共同因素的數目（或共同因素的因素數）多；即是 $q > s$。

方程式（11-4）中觀察的與潛在的變項兩者被假定它們的測量是來自它們平均數的離差或離均差（as deviation from their means）。如此，每一個向量的預期值

（the expected value of）是一個包含各個 0 的向量：$E(x) = 0$；$E(\xi) = 0$；與 $E(\delta) = 0$。因為這個假定僅包含原點的一個改變（only a change in orign），它並不影響各變項之間的共變數，因此並沒有限制該模型的彈性。例如，假定 U 與 V 為具有平均數 μ 與 ν 的二個變項，與假定 $u = U - \mu$ 與 $v = V - \nu$，然後 $Cov(U, V) = Cov(u, v)$。如此，如果我們僅關切 U 與 V 之間的共變數，它就不管我們是使用原始變項或使用它們的平均數的離差或離均差作為測量變項。假定以 0 為平均數的一個實際優點是其共變數是等於或等同於各變項乘積 0 平均數的預期值。如此，在 $E(UV) \neq Cov(U, V)$ 時，它維持

$$E(uv) = E[(U - \mu)(V - \nu)] = Cov(U, V) = Cov(u, v)$$

假定在驗證性因素分析模型中觀察的與潛在的變項之平均數為 0，可允許我們依向量乘積的預期值方式去界定一個含有各變項向量共變數的矩陣。假定 q 是為 $E(q) = 0$ 的一個隨機變項（$n \times 1$）的向量。假定 Q 可以被界定為 $E(qq')$，其中 Q 的第（i, j）元素被標示為 q_{ij}。例如，假定 q 包含三個變項（$n = 3$），則

$$qq' = \begin{bmatrix} q_1 \\ q_2 \\ q_3 \end{bmatrix} \begin{bmatrix} q_1 & q_2 & q_3 \end{bmatrix} \begin{bmatrix} q_1q_1 & q_1q_2 & q_1q_3 \\ q_2q_1 & q_2q_2 & q_2q_3 \\ q_3q_1 & q_3q_2 & q_3q_3 \end{bmatrix}$$

或

$$Q = E(qq') = \begin{bmatrix} E(q_1q_1) & E(q_1q_2) & E(q_1q_3) \\ E(q_2q_1) & E(q_2q_2) & E(q_2q_3) \\ E(q_3q_1) & E(q_3q_2) & E(q_3q_3) \end{bmatrix}$$

$$= \begin{bmatrix} q_{11} & q_{12} & q_{13} \\ q_{21} & q_{22} & q_{23} \\ q_{31} & q_{32} & q_{33} \end{bmatrix} \quad (11\text{-}5)$$

如此，Q 的第（ij）個元素，是 q_i 與 q_j 乘積的預期值。

因為它被假定各個 q_i 被測量為來自它們的平均數的離差或離均差。所以，$q_{ij} = Cov(q_i, q_j)$ 與 $q_{ii} = Cov(q_i, q_i) = VAR(q_i)$，依此，

$$Q=\begin{bmatrix} VAR(q_1) & COV(q_1, q_2) & COV(q_1, q_3) \\ COV(q_2, q_1) & VAR(q_2) & COV(q_2, q_3) \\ COV(q_3, q_1) & COV(q_3, q_2) & VAR(q_3) \end{bmatrix}$$

因為 X_i 與 X_j 的共變數是等於 X_j 與 X_i 的共變數，如果 $q_{ij} = q_{ji}$ 與 Q 是一個對稱的矩陣（即是，$Q = Q'$）。諸如 Q 矩陣被稱為變異數／共變數矩陣，或可以只被稱為共變數矩陣。

有很多的假設與定義現在可以被陳述。總之，以上所探究的這些結果可以被摘述於表 11-1 中。被包括於 X 中各觀察變項的母群體之共變數矩陣被稱為 $\Sigma = E(XX')$，一個（$q \times q$）的對稱矩陣。Σ 的第（i, j）個元素 σ_{ij} 是 X_i 與 X_j 之間共變數母群體的值，與可以被界定為 $\sigma_{ij} = E(X_iX_j)$。如果各個 X 是標準化為有 1 的變異數，那 $E(X_iX_j)$ 是 X_i 與 X_j 之間的相關，而 Σ 就是母群體的相關矩陣。

表 11-1　驗證性因素模型的摘要

矩陣	向度	平均數	共變數	向度	描述
ξ	$(s\times1)$	0	$\Phi = E(\xi\xi')$	$(s \times s)$	共同因素
X	$(q\times1)$	0	$\Sigma = E(XX')$	$(q\times q)$	觀察變項
Λ	$(q\times s)$	–	–	–	X 對 ξ 的負荷量
δ	$(q\times1)$	0	$\Theta = E(\delta\delta')$	$(q\times q)$	唯一因素

因素方程式：　$X = \Lambda\xi + \delta$　（11-4）

共變數方程式：　$\Sigma = \Lambda\Phi\Lambda' + \Theta$　（11-5）

假設：

（1）各變項由它們的平均數來進行測量

（2）觀察變項的數目比共同因素的數目多；即是，$q > s$。

（3）共同因素與唯一性因素是不相關的：$E(\xi\delta') = 0$ 或 $E(\delta\xi') = 0$

共同因素之間的共變數被包括於 Φ 之中，是一個（$s\times s$）的對稱矩陣。Φ 的一個個體元素 ϕ_{ij}，是潛在變項 ξ_1 與 ξ_2 之間的共變數。因為各因素有 0 的預期值，所以 $\phi_{ij} = E(\xi_i\xi_j)$ 或 $\Phi = E(\xi\xi')$。如果我們假定共同因素是不相關的，那 Φ 非對角線上的各元素會被限制為 0。如果每一個共同因素以一個單位變異數被標準化，那 Φ 會是一個矩陣，與在對角線上的各元素，與在非對角線上的共同因素之間相關的矩陣。

殘差因素之間的共變數被包括在母群體矩陣 Θ 之中，是一個（q×q）的對稱矩陣。Θ 的第（ij）個元素 θ_{ij}，是唯一性因素 δ_i 與 δ_j 之間的共變數。唯一性因素被假定有 0 的平均數。以相同的方法在迴歸分析方程式中誤差的方式被假定有 0 的平均數。它遵循 $\theta_{ij} = E(\delta_i\delta_j)$，或以矩陣的符號法，$\Theta = E(\delta\delta')$。在大部分的探索性因素模型與驗證性因素模型二者的處理方式中，Θ 所有非對角線上的各元素被假定為 0，是在於指示唯一性因素 δ_i 影響觀察變項 X_i 與唯一性因素 δ_j 影響觀察變項 X_j 是不相關的（因為所有的 $i \neq j$）。在驗證性因素模型的處理方式中，Θ 非對角線上的各元素不必被受限制要等於 0。這樣可允許影響一個觀察變項的唯一性因素與影響某些其中觀察變項的唯一性因素發生相關。允許相關的誤差在進行檢定考驗與再進行檢定考驗，及在檢定考驗同組模型（panel models）中是特別有效的。

在共同因素被允許它們之間是相關與唯一性因素被允許它們之間是相關之際，在數學上這樣的形式可以被呈現為對所有 ξ_i 與 δ_j 中，$E(\xi_i\delta_j) = 0$。在矩陣代數中，這樣的假設可以被呈現為 $E(\xi\delta') = 0$ 或相等於 $E(\delta\xi') = 0$。

要說明驗證性因素模型的結構與假設，上述 Lawley and Maxwell（1971）六個觀察變項與二個共同因素模型的案例可以被提出，首先以矩陣的符號法的形式呈現，然後再擴大探討辨識、估計、與假設檢定的理念。

首先我們要把各觀察變項、共同因素、與唯一性因素之間的關係呈現於下列的方程式（11-6）的組合之中。

其因素方程式可以被寫成如下列的形式：

$$X_1 = \lambda_{11}\xi_1 + \underline{0}\xi_2 + \delta_1；X_2 = \lambda_{21}\xi_1 + \underline{0}\xi_2 + \delta_2；X_3 = \lambda_{31}\xi_1 + \underline{0}\xi_2 + \delta_3；$$
$$X_4 = \underline{0}\xi_1 + \lambda_{42}\xi_2 + \delta_4；X_5 = \underline{0}\xi_1 + \lambda_{52}\xi_2 + \delta_5；X_6 = \underline{0}\xi_1 + \lambda_{62}\xi_2 + \delta_6 \quad (11\text{-}6)$$

以上的因素方程式可以以矩陣的形式被寫成如下列的形式：

$$\begin{bmatrix} X_1 \\ X_2 \\ X_3 \\ X_4 \\ X_5 \\ X_6 \end{bmatrix} = \begin{bmatrix} \lambda_{11} & \underline{0} \\ \lambda_{21} & \underline{0} \\ \lambda_{31} & \underline{0} \\ \underline{0} & \lambda_{42} \\ \underline{0} & \lambda_{52} \\ \underline{0} & \lambda_{62} \end{bmatrix} \begin{bmatrix} \xi_1 \\ \xi_2 \end{bmatrix} + \begin{bmatrix} \delta_1 \\ \delta_2 \\ \delta_3 \\ \delta_4 \\ \delta_5 \\ \delta_6 \end{bmatrix} \quad (11\text{-}7)$$

在上述底部被劃線的各參數是在於強調如果它們已被限制等於其所假定的值，此種作法是在於鼓勵讀者去執行必要的矩陣演算或操作以便能夠從方程式（11-7）中去重新建構方程式（11-6）。

考量方程式（11-6）中的預測的觀察變項 X_1，$X_1 = \lambda_{11}\xi_1 + \underline{0}\xi_2 + \delta_1$ 是被界定為其潛在變項 ξ_1、ξ_2、與 δ_1 的一個線性組合，其 ξ_1 的係數是 λ_{11}，指示其潛在變項 ξ_1 一個單位的改變產生 λ_{11} 單位 X_1 方面一個平均數的改變。而 ξ_2 的係數是被固定為 0，指示其潛在變項 ξ_2 的改變並沒有直接造成 X_1 方面的改變。

注意二因素的模型係假定 X_1、X_2、與 X_3 是外衍潛在變項（ξ_1）的測量指標（indicators），而 X_4、X_5、與 X_6 是 ξ_2 的測量指標。而且，它假設二個因素是相關的。如此，二個因素模型的正確性質被假設是一種先驗的（a priori）。在前述的各章中所討論的因素模型並沒有這樣的先驗性的假設被建立，這就是驗證性因素分析與探索性因素分分析之間的最大差異之一。

在檢視方程式（11-6）中各個方程式，我們可以看到每一個觀察變項僅負荷在一個共同因素上，而對其他共同因素的負荷量被限制為 0。在驗證性因素分析模型中它一直是由研究者去決定那些負荷量要被估計，與那些要被限制等於 0 或被固定為某固定值為止。

每一個觀察變項 X_i 亦會受到一個單一的殘差或唯一的因素所影響。所以，δ_i 依此意義就是殘差或唯一的因素，即是它對稱於由觀察變項 X_i 無法由一個或一個以上的共同因素來進行解釋的部分。這樣的殘差或唯一的因素時常被視為是隨機的測量誤差，對每一個觀察變項而言它是唯一的因素，因而，它們很少受到實質的考量。

在圖 11-3 中彎曲的雙箭頭對應因素之間的共變數，因而雙箭頭的箭矢連接 ξ_1 與 ξ_2 表示 ξ_1 與 ξ_2 之間的共變數，它是由標示著 $\phi_{12} = \phi_{21}$ 於 Φ 矩陣之中：

$$\Phi = \begin{bmatrix} \phi_{11} & \phi_{12} \\ \phi_{21} & \phi_{22} \end{bmatrix}$$

Φ 對角線的各元素或成分是共同因素的變異數，與如此的這樣界定這些未被測量變項的量尺。一個潛在變項量尺的重要性被討論於下列的第三節中。

殘差因素之間的變異數與共變數是被包含於 Θ 之中：

$$\Theta = \begin{bmatrix} \theta_{11} & 0 & 0 & 0 & 0 & 0 \\ 0 & \theta_{22} & 0 & 0 & 0 & 0 \\ 0 & 0 & \theta_{33} & 0 & 0 & 0 \\ 0 & 0 & 0 & \theta_{44} & 0 & 0 \\ 0 & 0 & 0 & 0 & \theta_{55} & 0 \\ 0 & 0 & 0 & 0 & 0 & \theta_{66} \end{bmatrix}$$

對角線的各元素或成分是相當於殘差因素的變異數，對角線的各元素可指示在方程式中的唯一性因素可解釋一觀察變項與方程式中唯一性因素可解釋另一觀察變項之間的共變數。

三、共變數結構

在本範例中觀察變項與潛在變項之間的關係已以多元迴歸分析的相同方法被界定。無論如何，其中有一個重要的差異存在，在多元迴歸分析與因素分析的二個分析中其依變數是可以被觀察之際，自變數在因素模型中是無法被觀察的。其結果，模型的參數無法由迴歸各 ξ 的自變數預測各 X 的依變數中被直接地評估。因為因素方程式（11-4）無法直接地被評估，所以它是需要去檢測被包含在矩陣 Σ 之中其各觀察變項之間的共變數結構，其檢測可依方程式（11-4）右手邊所意含的結構開始進行。這可由多元迴歸方程式（11-4）的轉置與取它的預期值來執行。

$$\Sigma = E(XX') = E[(\Lambda\xi + \delta)(\Lambda\xi + \delta)]$$

因為一個矩陣總和的轉置是等於矩陣轉置的總和，與一個矩陣乘積的轉置是反階轉置的乘積，它遵循

$$\Sigma = E[(\Lambda\xi + \delta)(\xi'\Lambda' + \delta')]$$

對矩陣使用分配的性質與取預期值

$$\begin{aligned} \Sigma &= E[\Lambda\xi\xi'\Lambda' + \Lambda\xi\delta' + \delta\xi'\Lambda' + \delta\delta'] \\ &= E[\Lambda\xi\xi'\Lambda'] + E[\Lambda\xi\delta'] + E[\delta\xi'\Lambda'] + E[\delta\delta'] \end{aligned}$$

矩陣 Λ 的參數不包含隨機變項，因為參數的母群體值是常數（縱然未知）。這允許我們去書寫為

$$\Sigma = \Lambda E[\xi\xi']\Lambda'_0 + \Lambda E[\xi\delta'] + E[\delta\xi']\Lambda' + E[\delta\delta'] \quad (11\text{-}8)$$

最後，因為 $E[\xi\xi']$ 被界定為 Φ，所以 $E[\delta\delta']$ 被界定為 Θ，而 δ 與 ξ 是被假定為不相關的，方程式（11-8）可以被簡化為：

$$\Sigma = \Lambda\Phi\Lambda' + \Theta \quad (11\text{-}9)$$

這樣重要的方程式被歸之為共變數方程式。

有某些讀者在最後的導數（the last derivation）中可以不遵循矩陣的操作方式，去理解在學習矩陣的操作方式過程中其所體驗的要領，去進行自己所導致的結果。在方程式的左邊包含觀察變項之間 $q(q + 1)/2$ 不同的變異數與共變數。在方程式的右邊包含從 Λ 中各 ξ 之間 qs 的可能負荷量，$s(s + 1)/2$ 自變項與共變數；與各 δ 之間的 $s(s + 1)/2$ 自變項與共變數。如此，方程式（11-9）可以把 Σ 的 $q(q + 1)/2$ 不同的元素分解成 $[qs + s(s + 1)/2 + q(q + 1)/2]$ 未知，從矩陣 Λ, Φ 與 Θ 中的獨立參數。有待被估計的未知參數已被連接到觀察變項之間的母群體變異數與共變數。不像在 Λ, Φ 與 Θ 中的參數，這些變異數與共變數可以直接地以樣本資料被進行估計。它是這樣連結使估計成為可能。在估計進行之前，要去決定是否可以獲得參數的唯一估計的方法是辨識的問題。

第三節　驗證性因素模型的辨識

一、估計與辨識

在為估計參數辯護其正當性是需要依仗模型的辨識，而估計與辨識是個別的問題（參考，Wonnacott and Wonnacott, 1979: 276）。估計涉及到使用樣本資料去進行母群體參數的估計。在驗證性因素模型中這個問題涉及使用樣本共變數矩陣，稱為 S，去估計在 Λ, Φ 與 Θ 中的參數。以這種問題的關切是偏好的問題（是基於平均數的估計值等於真正的參數？）與效果（正被使用的樣本資料是以最有效的方法被使用？）。辨識是關切模型的參數是否是唯一地被決定。如果一個模型沒有被辨識，那要去唯一地決定參數是不可能的，縱然每一個觀察變項對整體母群體的值是已獲知。在驗證性因素模型中這意指縱然母群體的共變數矩陣 Σ 是已知（即是，不必以樣本矩陣 S 來進行估計），然而若要唯一地解答共變數方程式 $\Sigma = \Lambda\Phi\Lambda' + \Theta$ 以求得 Λ, Φ 與 Θ 中的參數是不可能的。如果模型未被辨識，會發現無限的參數值是可能的，其每一組合都是符合共變數的方程式。

估計假定該模型是被辨識，包括在 S 中的樣本資料與有關模型結構的資訊（即是，有關即將要被估計參數的限制條例）是被使用去發現母群體參數 $\hat{\Lambda}, \hat{\Phi}$ 與 $\hat{\Theta}$ 中的估計值。這些估計值可依據方程式 $\hat{\Sigma} = \hat{\Lambda}\hat{\Phi}\hat{\Lambda}' + \hat{\Theta}$ 產生或導出各觀察變項的母群體變異數與共變數的預測值。所以，估計問題是在於發現 $\hat{\Lambda}, \hat{\Phi}$ 與 $\hat{\Theta}$ 這樣的已預測的共變數矩陣 $\hat{\Sigma}$ 會盡可能接近在 S 中所包含可觀察的變異數與共變數。這樣的目標如何被達成與「盡可能接近」到在下列第四節所意指的。現在，這是有關辨識與估計的主題：是要嘗試去估計未被辨識模型產生參數的武斷估計與無意義的解釋。注意電腦的程式可執行估計已辨識的與未辨識的模型，並可提供已辨識的模型案例中有用的資訊，與提出未辨識的模型案例中無意義的資訊。因而，辨識在估計進行之前就必須被建立。

辨識不是驗證性因素模型的唯一問題，例如，辨識是聯立方程式模型（simultaneous equation models）與探索性因素模型的一個重要問題。一個重要的實際差異存在於驗證性因素模型與這些其他模型的辨識之間。對聯立方程式模型與探索性因素模型而言，有可以依慣例被應用於經常遭遇到一個很大類型模型的規則進行處理。就聯立方程式模型而言，就有知名秩與階的條件狀況來進行辨識（參考，例如，Wonnacott and Wonnacott, 1979）；而就探索性因素模型而言就有參數的數目相對於觀察變項之間變異數與共變數的數目之比率規則（參考，例如，Lawley and Maxwell, 1971）。就驗證性因素模型而言，只限於特殊案例是可資利用的規則。其結果，假定一個已辨識的模型，辨識的問題出現在驗證性因素模型的處理中成為最大的實際困難問題之一。

二、辨識

要理解為什麼辨識是一個問題，可以去重新回溯如下的問題。考量在方程式（11-10）中所呈現的因素模型：

$$X = \Lambda\xi + \delta \tag{11-10}$$

如在第二節所顯示的，這個模型意指各可觀察變項的變異數與共變數，與各參數 Λ, Φ 與 Θ 是依據共變數方程式而相關

$$\Sigma = \Lambda\Phi\Lambda' + \Theta \tag{11-11}$$

除非有種種的限制條件被課加在 Λ, Φ 與 Θ 中的參數上之外，如果有一個參數的組合滿足方程式（11-11）的條件，就將會有很多這樣的組合數目出現，要去看看為什麼會如此，假定 M 是任何（s×s）的反矩陣。如果我們界定 $\ddot{\Lambda} = \Lambda M^{-1}$；$\ddot{\xi} - M\xi$；與 $\ddot{\Phi} = M\Phi M'$，Λ, Φ 與 Θ 矩陣，與 $\ddot{\Lambda}, \ddot{\Phi}$ 與 $\ddot{\Theta}$ 矩陣二者可以滿足方程式（11-11）與方程式（11-13），這可以很容易被證明。

$$\begin{aligned}\ddot{\Lambda}\ddot{\xi} + \delta &= (AM^{-1})(M\xi) + \delta \\ &= \Lambda(M^{-1}M)\xi + \delta \\ &= \Lambda\xi + \delta \end{aligned} \qquad (11\text{-}12)$$

如此，如果 $X = \Lambda\xi + \delta$，那 $X = \ddot{\Lambda}\ddot{\xi} + \delta$ 亦會是真。可以把相同的程式應用於共變數方程式（11-11），

$$\begin{aligned}\ddot{\Lambda}\ddot{\Phi}\ddot{\Lambda}' + \Theta &= (\Lambda M^{-1})(M\Phi M')(M'^{-1}\Lambda) + \Theta \\ &= \Lambda(MM^{-1})\Phi(M'M'^{-1})\Lambda' + \Theta \\ &= \Lambda\Phi\Lambda' + \Theta = \Sigma \end{aligned} \qquad (11\text{-}13)$$

如此，如果 $\Sigma = \Lambda\Phi\Lambda' + \Theta$，那 $\Sigma = \ddot{\Lambda}\ddot{\Phi}\ddot{\Lambda}' + \Theta$ 亦是真的。因為在字母頂端加上「‥」的矩陣並不等於原始的矩陣，除非 M = I，M 反矩陣可提供一個同等滿意模型的因解法。即是，該模型是未辨識的。

（一）共變數結構

為了要說明這樣的理念，考量使用上述的範例，基於證明的目的，假定上述的六個觀察變項的母群體共變數矩陣是：（本語法指令檔案資料儲存在本書的 CH11-6 檔案中）

$$\Sigma = \begin{bmatrix} 47.55 & 7.72 & 27.00 & 7.09 & 9.23 & 17.03 \\ 7.72 & 21.31 & 13.21 & 3.47 & 4.55 & 8.33 \\ 27.00 & 13.21 & 73.88 & 12.14 & 15.90 & 29.15 \\ 7.09 & 3.47 & 12.14 & 10.19 & 9.31 & 17.07 \\ 9.23 & 4.55 & 15.90 & 9.31 & 18.07 & 22.35 \\ 17.03 & 8.33 & 29.15 & 17.07 & 22.35 & 61.23 \end{bmatrix}$$

假定母群體參數矩陣 Λ, Φ 與 Θ 是未知的，除非它們必須複製母群體共變數矩陣，Σ 假定如以上的矩陣，此時我們代入方程式 $\Sigma = \Lambda\Phi\Lambda' + \Theta$。

考量矩陣 $\Lambda^{(1)}$, $\Phi^{(1)}$, 與 $\Theta^{(1)}$ 為母群體參數的可能結果。如果它們被界定為

$$\Lambda^{(1)}=\begin{bmatrix}3.97 & 0\\ 1.94 & 0\\ 6.80 & 0\\ 0 & 2.67\\ 0 & 3.49\\ 0 & 6.40\end{bmatrix}$$

$$\Phi^{(1)}=\begin{bmatrix}1.00 & 0.67\\ 0.67 & 1.00\end{bmatrix}$$

$$\Theta^{(1)}=\begin{bmatrix}31.78 & 0 & 0 & 0 & 0 & 0\\ 0 & 17.54 & 0 & 0 & 0 & 0\\ 0 & 0 & 27.68 & 0 & 0 & 0\\ 0 & 0 & 0 & 3.08 & 0 & 0\\ 0 & 0 & 0 & 0 & 5.88 & 0\\ 0 & 0 & 0 & 0 & 0 & 20.26\end{bmatrix}$$

$$\Sigma=\Lambda\Phi\Lambda'+\Theta$$

$$=\begin{bmatrix}3.97 & 0\\ 1.94 & 0\\ 6.80 & 0\\ 0 & 2.67\\ 0 & 3.49\\ 0 & 6.40\end{bmatrix}\begin{bmatrix}1.00 & 0.67\\ 0.67 & 1.00\end{bmatrix}\begin{bmatrix}3.97 & 1.94 & 6.80 & 0 & 0 & 0\\ 0 & 0 & 0 & 2.67 & 3.49 & 6.40\end{bmatrix}$$

$$+\begin{bmatrix}31.78 & 0 & 0 & 0 & 0 & 0\\ 0 & 17.54 & 0 & 0 & 0 & 0\\ 0 & 0 & 27.68 & 0 & 0 & 0\\ 0 & 0 & 0 & 3.08 & 0 & 0\\ 0 & 0 & 0 & 0 & 5.88 & 0\\ 0 & 0 & 0 & 0 & 0 & 20.26\end{bmatrix}$$

$$=\begin{bmatrix}47.55 & 7.72 & 27.00 & 7.09 & 9.23 & 17.03\\ 7.72 & 21.31 & 13.21 & 3.47 & 4.55 & 8.33\\ 27.00 & 13.21 & 73.88 & 12.14 & 15.90 & 29.15\\ 7.09 & 3.47 & 12.14 & 10.19 & 9.31 & 17.07\\ 9.23 & 4.55 & 15.90 & 9.31 & 18.07 & 22.35\\ 17.03 & 8.33 & 29.15 & 17.07 & 22.35 & 61.23\end{bmatrix}$$

那麼等式 $\Sigma = \Lambda^{(1)}\Phi^{(1)}\Lambda^{(1)'} + \Theta^{(1)}$ 維持不變。如此，Σ 的 $21 = [q(q + 1)/2]$ 的獨立元素被分解成，在此被複製為，$36 = qs + [s(s + 1)/2] + [q(q + 1)/2]$ 的 $\Lambda^{(1)}$、$\Phi^{(1)}$、與 $\Theta^{(1)}$ 的矩陣獨立元素。「(1)」的矩陣可以滿足於真正參數矩陣所要求的條件：它們的維度是正確的與它們可以複製母群體共變數矩陣。唯一留下的問題是，它們是唯一的，或有其他正確維度的矩陣亦可以複製母群體共變數矩陣？即是，該模型是被辨識的？

要說明為什麼如現在被陳述的這個模型是未辨識的，假定 $M^{(1)}$ 與 $M^{(1)^{-1}}$ 被界定為

$$M^{(1)} = \begin{bmatrix} 1 & 0 \\ 0 & 1 \end{bmatrix}$$

$$M^{(1)^{-1}} = \begin{bmatrix} 1 & 0 \\ 0 & 1 \end{bmatrix}$$

新 Λ 與 Φ 的矩陣可能被形成，可由執行在參數矩陣之第一個組合上的矩陣的乘法：

$$\Lambda^{(2)} = \Lambda^{(1)} M^{(1)^{-1}}$$

$$= \begin{bmatrix} 3.97 & 0 \\ 1.94 & 0 \\ 6.80 & 0 \\ 0 & 2.67 \\ 0 & 3.49 \\ 0 & 6.40 \end{bmatrix} \begin{bmatrix} 1 & 0 \\ 0 & 1 \end{bmatrix}$$

$$= \begin{bmatrix} 3.9700 & 0 \\ 1.9400 & 0 \\ 6.8000 & 0 \\ 0 & 2.6700 \\ 0 & 3.4900 \\ 0 & 6.4000 \end{bmatrix}$$

與 $\Phi^{(2)} = M^{(1)}\Phi^{(1)}M^{(1)'}$

$$= \begin{bmatrix} 1 & 0 \\ 0 & 1 \end{bmatrix} \begin{bmatrix} 1.00 & 0.67 \\ 0.67 & 1.00 \end{bmatrix} \begin{bmatrix} 1 & 0 \\ 0 & 1 \end{bmatrix}$$

$$= \begin{bmatrix} 1.0000 & .6700 \\ .6700 & 1.0000 \end{bmatrix}$$

我們可以使用 MATLAB 的電腦軟體進行演算，在進行演算過程之中，我們可以使用英文的發音以替代希臘字母，執行指令。

```
>>SIGMA2 = LAMDA2*PH2*LAMDA2′ + GETA
SIGMA2 =
   47.4609    7.7018   26.9960    7.1019    9.2831   17.0234
    7.7018   21.3036   13.1920    3.4705    4.5363    8.3187
   26.9960   13.1920   73.9200   12.1645   15.9004   29.1584
    7.1019    3.4705   12.1645   10.2089    9.3183   17.0880
    9.2831    4.5363   15.9004    9.3183   18.0601   22.3360
   17.0234    8.3187   29.1584   17.0880   22.3360   61.2200
```

以 $\Theta^{(1)}$ 仍然未改變，這些新的參數矩陣有像矩陣的第一個組合相同的維度，它可滿足第一個要求。把「(2)」的參數替代共變數方程式，以複製母群體共變數矩陣 Σ。即是，$\Sigma = \Lambda^{(2)}\Phi^{(2)}\Lambda^{(2)\prime} + \Theta^{(1)}$。由此，第二個要求條件被滿足。因為二個參數矩陣組合可複製共變數矩陣 Σ，它們都被認為可以獲得共變數方程式的解答。如果研究者在資料蒐集之後，在依據理論提出假設模型之中即進行推導或複製母群體共變數矩陣 Σ，去比較依樣本資料所推導或複製母群體共變數矩陣 Σ，如果所推導或複製母群體共變數矩陣 Σ 接近矩陣 S，即表示二者矩陣之間沒有顯著性的差異。換言之，即表示我們依據理論所提出的假設模型適配於樣本資料。這是我們進行驗證性因素模型分析的目的。

當然，要達成上述使用矩陣代數與使用 MATLAB 的電腦軟體進行演算，不是一般研究生或讀者的能力所能達成的。在本節中提到共變數結構的問題，推導或複製母群體共變數矩陣 Σ 時，如果我們可以辨識上述的問題，即是模型已辨識。

關於辨識的問題，除了共變數結構辨識的問題之外，還有以下的問題有待更進一步地去探討。

（二）辨識的界定

我們的範例在於說明一個因素模型，如果沒有加諸限制於模型的參數上，那它就是未被辨識。在驗證性因素模型的分析中，其測量模型所決定的是整體模型中其觀察變項或測量變項與潛在變項之間的關係。測量模型的辨識主要涉及到潛在變項量尺的界定或設定問題。因為潛在變項是由 SEM 分析所估計出來，而非實際地去觀測各變項，因此我們在界定模型參數估計時，必須給予一個特定的單位尺度，此時可以將潛在變項的變異數設定為 1，也就是將潛在變項給予一個標準化的變異數作為共同測量的單位。在本範例的模型中就是界定潛在變項的變異數為 1。

另一種的界定或設定方法是將潛在變項所影響的各個觀察變項或測量變項，指定其中一個變項的因素負荷量（或迴歸係數）為 1，也就是將觀察變項或測量變項的單位界定或設定為潛在變項的參考量尺，並使潛在變項的變異數得以成為自由參數。

除了對模型的負荷量與潛在變項的變異數進行界定或設定為 1 的固定量尺之外，還有所謂「剛好辨識」、「不足辨識」與「過份辨識」的問題，以下我們就以一個因素模型與二個因素模型為例來進行說明。

三、一個因素的模型

考量在圖 11-4 中所描述的一個因素模型。假定 $P = 2$；即是，一個因素有 2 個測量指標被假定。如我們在第二章所討論的，在圖 11-4 中所假設的因素模型可以由下列方程式的組合來呈現

$$X_1 = \lambda_1\xi + \delta_1\text{；}X_2 = \lambda_2\xi + \delta_2 \quad (11\text{-}14)$$

共變數矩陣 Σ，變數之間是由

$$\Sigma = \begin{bmatrix} \sigma_1^2 & \sigma_{12} \\ \sigma_{21} & \sigma_2^2 \end{bmatrix} \quad (11\text{-}15)$$

假設潛在因素 ξ 的變異數是一個，誤差項（δ）與潛在構念是不相關的，與誤差項彼此是不相關的，各測量指標的變異數與共變數是如下列方程式所給予

$$\sigma_1^2 = \lambda_1^2 + V(\delta_1) \quad \sigma_2^2 = \lambda_2^2 + V(\delta_2) \quad \sigma_{12} = \sigma_{21} = \lambda_1\lambda_2 \quad (11\text{-}16)$$

依這些方程式，λ_1、λ_2、$V(\delta_1)$、與 $V(\delta_2)$ 是模型參數，其共變數矩陣的元素是模型參數的函數是很明顯。讓我們進一步界定一個向量，以方程式（11-15）代入

方程式（11-16），可獲得

$$\Sigma(\theta)=\begin{bmatrix}\lambda_1^2+V(\delta_1) & \lambda_1\lambda_2 \\ \lambda_1\lambda_2 & \lambda_2^2+V(\delta_2)\end{bmatrix} \quad (11\text{-}17)$$

$\Sigma(\theta)$ 是共變數矩陣，即是參數向量 θ 的結果。注意到每一個參數向量將產生一個唯一的（unique）的共變數矩陣。

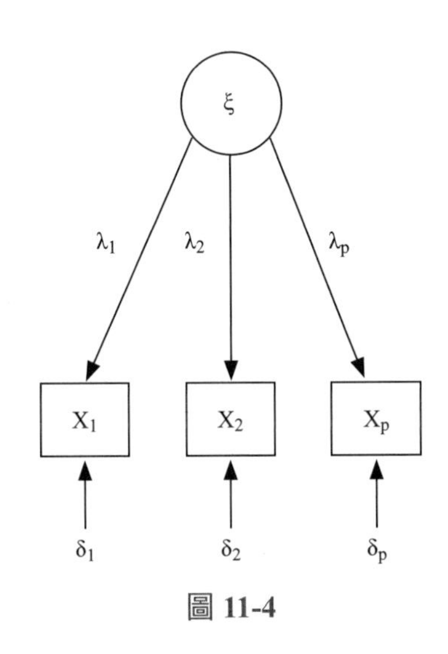

圖 11-4

驗證性因素分析的問題基本上要減去估計樣本共變數矩陣 S 所給予的模型參數（即是，估計值 θ），讓我們假設 $\hat{\theta}$ 是包含有參數估計值的向量。現在，所給予的參數估計值，我們可以計算已估計的共變數矩陣，可使用方程式（11-16）。假定 $\hat{\Sigma}(\hat{\theta})$ 是已估計的共變數矩陣，所以，當參數估計值被獲得時，即是 S 矩陣盡可能接近 $\hat{\Sigma}(\hat{\theta})$（即是，$S = \hat{\Sigma}(\hat{\theta})$）。在方程式的計算中，通常會使用 $\hat{\Sigma}$ 去指示 $\hat{\Sigma}(\hat{\theta})$ 或 $\hat{\Sigma}(\hat{\gamma})$。

以上所討論的二個測量指標的模型中有三個方程式，為共變數矩陣每一個非複製元素的方程式（即是，σ_1^2、σ_2^2、與 $\sigma_{12} = \sigma_{21}$）。一般而言，共變數矩陣非複製的元素（non-duplicatedelements）數目將等於「$p(p + 1)$」／2。但是，有四個參數要被估計：λ_1、λ_2、$V(\delta_1)$ 與 $V(\delta_2)$，即是被假設圖 11-4 所討論的二個測量指標的模型的因素模型是不足的被辨識（under-identified），為要被估計的參數比唯一的方程式（unique equations）還要多。換言之，在不足辨識的模型中有待被估計的參數比在共變數矩陣的唯一的元素數目還要多，也就是說，圖 11-4 所討論的二個測量指標的模型的因素模型中有 4 個參數，然而其唯一的方程式卻只有 3 個。這樣的模型就是所謂的不足的被辨識。一個不足辨識的模型，如果有某些束縛（constraints）或某些設限（restrictions）被置在各參數上時，才可以被估計。例如：（1）加入更多的明顯的變項或測量指標到模型裡；（2）把多餘的參數固定其數值為 0；（3）設定某幾個參數的數值相等；當然，當研究者如此進行設定條件限制時，他必須理解上述的更動模型中參數的作法，都要有理論依據的支持其正當性才行，否則，若只純為瞭解模型的辨識問題而盲目，隨機地設定有待估計的條件限制，是沒有意義可言。因而，在此參數的辨識的主要目的，即是在探究何種條件下，可以獲得理論假設建構中的各個參數，都可以獲得有唯一的因解（uniquesolution）。所以，我們必須獲知何謂「剛好辨識」與「過度辨識」的問題。

現在考量在圖 11-4 中所描述的一個因素模型。假定 $P = 3$；即是，一個因素有 3 個測量指標被假定。如我們在第二章所討論的，在圖 11-4 中可被擴大為三個測量指標所假設的因素模型可以由下列方程式的組合來呈現

$$X_1 = \lambda_1\xi + \delta_1；X_2 = \lambda_2\xi + \delta_2；X_3 = \lambda_3\xi + \delta_3 \tag{11-18}$$

共變數矩陣 Σ，變數之間是由

$$\Sigma = \begin{bmatrix} \sigma_1^2 & \sigma_{12} & \sigma_{13} \\ \sigma_{21} & \sigma_2^2 & \sigma_{23} \\ \sigma_{31} & \sigma_{32} & \sigma_3^2 \end{bmatrix} \tag{11-19}$$

假設潛在因素 ξ 的變異數是一個，誤差項（δ）與潛在構念是不相關的，與誤差項彼此是不相關的，各測量指標的變異數與共變數是如下列方程式所給予

$$\begin{gathered} \sigma_1^2 = \lambda_1^2 + V(\delta_1) \quad \sigma_2^2 = \lambda_2^2 + V(\delta_2) \quad \sigma_3^2 = \lambda_3^2 + V(\delta_3) \\ \sigma_{12} = \sigma_{21} = \lambda_1\lambda_2 \quad \sigma_{23} = \sigma_{32} = \lambda_2\lambda_3 \quad \sigma_{13} = \sigma_{31} = \lambda_1\lambda_3 \end{gathered} \tag{11-20}$$

依這些方程式，λ_1、λ_2、λ_3、$V(\delta_1)$、$V(\delta_2)$、與 $V(\delta_3)$ 是模型參數，其共變數矩陣的元素是模型參數的函數是很明顯。讓我們進一步界定一個向量，以方程式（11-19）代入方程式（11-20），可獲得

$$\Sigma(\theta)=\begin{bmatrix}\lambda_1^2+V(\delta_1) & \lambda_1\lambda_2 & \lambda_1\lambda_3\\ \lambda_1\lambda_2 & \lambda_2^2+V(\delta_2) & \lambda_2\lambda_3\\ \lambda_1\lambda_3 & \lambda_2\lambda_3 & \lambda_3^2+V(\delta_3)\end{bmatrix} \quad (11\text{-}21)$$

以上所討論的三個測量指標的模型中有三個方程式，為共變數矩陣每一個非複製元素的方程式（即是，σ_1^2、σ_2^2、σ_3^2、與 $\sigma_{12}=\sigma_{21}$、$\sigma_{13}=\sigma_{31}$、$\sigma_{23}=\sigma_{32}$）。一般而言，共變數矩陣非複製的元素（non-duplicated elements）數目將等於「p(p + 1)」／2。但是，有六個參數要被估計：λ_1、λ_2、λ_3、$V(\delta_1)$、$V(\delta_2)$、與 $V(\delta_3)$。

現在我們有 6 個方程式與 6 個參數要被估計。由此可知，這個模型是剛好辨識（just-identified），與將產生一個精確的因解（an exact solution）；也就是說，方程式可以獲得唯一的精確的因解（an unique and exact solution）。只是，在這種情況下的缺點是：其模型中可以用的訊息均被使用作估計參數之用，因而沒有多餘的訊息可被使用來進行考驗檢定模型與資料的適配度；換言之，它的自由度是 0（即是 df = 0），雖然，在剛好辨識的模型中，它的模型的適配度剛好都會呈現完全適配（perfect fit），但是適配度這麼樣好的模型，卻往往不具有實用的價值（James, Mulaik, & Brett, 1982）。

接下去，考量在圖 11-4 中可被擴大為四個測量指標來描述的一個因素模型。假定 P = 4；即是，一個因素有 4 個測量指標被假定。在圖 11-4 中所假設的因素模型可以由下列方程式的組合來呈現

$$X_1=\lambda_1\xi+\delta_1\text{；}X_2=\lambda_2\xi+\delta_2\text{；}X_3=\lambda_3\xi+\delta_3\text{；}X_4=\lambda_4\xi+\delta_4 \quad (11\text{-}22)$$

共變數矩陣 Σ，變數之間是由

$$\Sigma=\begin{bmatrix}\sigma_1^2 & \sigma_{12} & \sigma_{13} & \sigma_{14}\\ \sigma_{21} & \sigma_2^2 & \sigma_{23} & \sigma_{24}\\ \sigma_{31} & \sigma_{32} & \sigma_3^2 & \sigma_{34}\\ \sigma_{41} & \sigma_{42} & \sigma_{43} & \sigma_4^2\end{bmatrix} \quad (11\text{-}23)$$

假設潛在因素 ξ 的變異數是一個，誤差項（δ）與潛在構念是不相關的，與誤差項彼此是不相關的，各測量指標的變異數與共變數是如下列方程式所給予

$$\sigma^2{}_1=\lambda^2{}_1+V(\delta_1)\quad \sigma_2^2=\lambda_2^2+V(\delta_2)\quad \sigma_3^2=\lambda_3^2+V(\delta_3)\quad \sigma_4^2=\lambda_4^2+V(\delta_4)$$

$$\sigma_{12}=\sigma_{21}=\lambda_1\lambda_2 \quad \sigma_{23}=\sigma_{32}=\lambda_2\lambda_3 \quad \sigma_{13}=\sigma_{31}=\lambda_1\lambda_3 \quad \sigma_{24}=\sigma_{42}=\lambda_2\lambda_4$$
$$\sigma_{14}=\sigma_{41}=\lambda_1\lambda_4 \quad \sigma_{34}=\sigma_{43}=\lambda_3\lambda_4 \tag{11-24}$$

依這些方程式，λ_1、λ_2、λ_3、λ_4、$V(\delta_1)$、$V(\delta_2)$、$V(\delta_3)$ 與 $V(\delta_4)$ 是模型參數共有 8 個，其共變數矩陣的元素是模型參數的函數是很明顯。讓我們進一步界定一個向量，以方程式（11-23）代入方程式（11-24），可獲得

$$\Sigma(\theta)=\begin{bmatrix} \lambda_1^2+V(\delta_1) & \lambda_1\lambda_2 & \lambda_1\lambda_3 & \lambda_1\lambda_4 \\ \lambda_2\lambda_1 & \lambda_2^2+V(\delta_2) & \lambda_2\lambda_3 & \lambda_2\lambda_4 \\ \lambda_3\lambda_1 & \lambda_3\lambda_2 & \lambda_3^2+V(\delta_3) & \lambda_3\lambda_4 \\ \lambda_4\lambda_1 & \lambda_4\lambda_2 & \lambda_4\lambda_3 & \lambda_4^2+V(\delta_4) \end{bmatrix} \tag{11-25}$$

由上述 4 個測量指標一個因素模型是過度辨識（over-identified），如有 10 個方程式與僅有 8 個方程式要被估計，因而結果會產生 2 個過度辨識的方程式。此時，有待被估計的參數個數仍為 8，而方程式的個數卻為 10，這種未知參數的個數（數目）少於線性獨立方程式數目（個數）的情況，即被稱為過度辨識；也就是說，在這種情況之下，方程式通常有很多的因解，卻沒有唯一的精確因解。然而，在實務應用上，我們卻可以給予設定某固定值後，即可使得模型參數獲得某種適當的因解；因此，在 SEM 的方法論中，研究者比較偏好這種過度辨識的模型，因為它提供研究者許多可以自主決定的彈性空間，同時它亦有多餘的自由度可提供作為考驗檢定模型與資料之間是否有適配的機會和可能性，也唯有當此可能性存在時，發現一個適配模型才會變成是一件有意義的事（MacCallum, 1995）。

四、構念相關的兩因素模型

現在我們考量六個測量的兩因素模型，如圖 11-5，可由下列方程式來呈現：

$$X_1=\lambda_1\xi_1+\delta_1；X_2=\lambda_2\xi_1+\delta_2；X_3=\lambda_3\xi_1+\delta_3$$
$$X_4=\lambda_4\xi_2+\delta_4；X_5=\lambda_5\xi_2+\delta_5；X_6=\lambda_6\xi_2+\delta_6 \tag{11-26}$$

注意二因素的模型係假定 X_1、X_2，與 X_3 是外衍潛在變項（ξ_1）的測量指標（indicators），而 X_4、X_5、與 X_6 是 ξ_2 的測量指標。而且，它假設二個因素是相關的。如此，二個因素模型的正確性質被假設是一種先驗的（a priori）。在前述的各章中所討論的因素模型並沒有這樣的先驗性的假設被建立。這就是驗證性因素分析

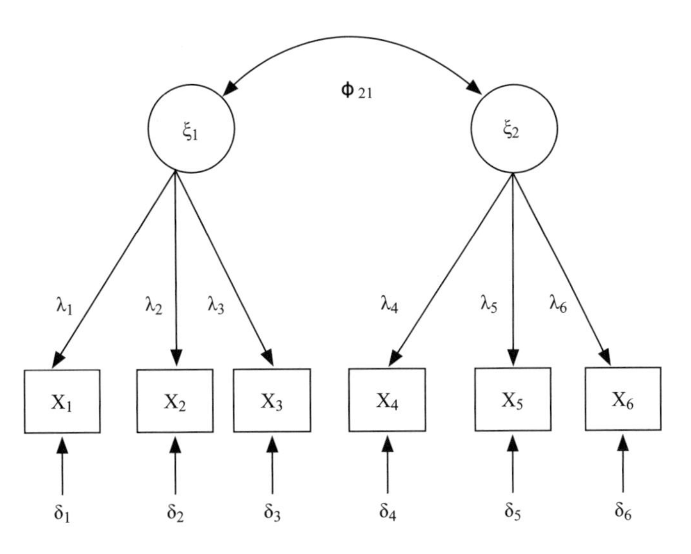

圖 11-5　構念相關的兩個因素模型

與探索性因素分析之間的最大差異之一。

共變數矩陣 Σ，變數之間是由

$$\Sigma=\begin{bmatrix} \sigma_1^2 & \sigma_{12} & \sigma_{13} & \sigma_{14} & \sigma_{15} & \sigma_{16} \\ \sigma_{21} & \sigma_2^2 & \sigma_{23} & \sigma_{24} & \sigma_{25} & \sigma_{26} \\ \sigma_{31} & \sigma_{32} & \sigma_3^2 & \sigma_{34} & \sigma_{35} & \sigma_{36} \\ \sigma_{41} & \sigma_{42} & \sigma_{43} & \sigma_4^2 & \sigma_{45} & \sigma_{46} \\ \sigma_{51} & \sigma_{52} & \sigma_{53} & \sigma_{54} & \sigma_5^2 & \sigma_{56} \\ \sigma_{61} & \sigma_{62} & \sigma_{63} & \sigma_{64} & \sigma_{65} & \sigma_6^2 \end{bmatrix} \tag{11-27}$$

假設潛在因素 ξ 的變異數是二個，誤差項（δ）與潛在構念是相關的，與誤差項彼此是不相關的，各測量指標的變異數與共變數是如下列方程式所給予

$$\begin{aligned} &\sigma_1^2=\lambda_1^2+V(\delta_1) \quad \sigma_2^2=\lambda_2^2+V(\delta_2) \quad \sigma_3^2=\lambda_3^2+V(\delta_3) \quad \sigma_4^2=\lambda_4^2+V(\delta_4) \\ &\sigma_5^2=\lambda_5^2+V(\delta_5) \quad \sigma_6^2=\lambda_6^2+V(\delta_6) \\ &\sigma_{12}=\sigma_{21}=\lambda_1\lambda_2 \quad \sigma_{23}=\sigma_{32}=\lambda_2\lambda_3 \quad \sigma_{13}=\sigma_{31}=\lambda_1\lambda_3 \quad \sigma_{24}=\sigma_{42}=\lambda_2\lambda_4 \\ &\sigma_{14}=\sigma_{41}=\lambda_1\lambda_4 \quad \sigma_{34}=\sigma_{43}=\lambda_3\lambda_4 \quad \sigma_{15}=\sigma_{51}=\lambda_1\lambda_5 \quad \sigma_{16}=\sigma_{61}=\lambda_1\lambda_6 \end{aligned} \tag{11-28}$$

依這些方程式，$\lambda_1, \lambda_2, \lambda_3, \lambda_4, \lambda_5, \lambda_6, V(\delta_1), V(\delta_2), V(\delta_3), V(\delta_4), V(\delta_5), V(\delta_6)$ 與 ϕ_{21} 是模型參數共有 13 個，21 個方程式。因而結果會產生 8 個過度辨識的方程式，讓

我們進一步界定一個向量，以方程式（11-27）代入方程式（11-28），可獲得

$$\Sigma(\theta)=\begin{bmatrix} \lambda_1^2+(\delta_1) & \lambda_1\lambda_2 & \lambda_1\lambda_3 & \lambda_1\lambda_4\phi_{21} & \lambda_1\lambda_5\phi_{21} & \lambda_1\lambda_6\phi_{21} \\ \lambda_2\lambda_1 & \lambda_2^2+(\delta_2) & \lambda_2\lambda_3 & \lambda_2\lambda_4\phi_{21} & \lambda_2\lambda_5\phi_{21} & \lambda_2\lambda_6\phi_{21} \\ \lambda_3\lambda_1 & \lambda_3\lambda_2 & \lambda_3^2+(\delta_3) & \lambda_3\lambda_4\phi_{21} & \lambda_3\lambda_5\phi_{21} & \lambda_3\lambda_6\phi_{21} \\ \lambda_4\lambda_1\phi_{21} & \lambda_4\lambda_2\phi_{21} & \lambda_4\lambda_3\phi_{21} & \lambda_4^2+(\delta_4) & \lambda_4\lambda_5 & \lambda_4\lambda_6 \\ \lambda_5\lambda_1\phi_{21} & \lambda_5\lambda_2\phi_{21} & \lambda_5\lambda_3\phi_{21} & \lambda_5\lambda_4 & \lambda_5^2+(\delta_5) & \lambda_5\lambda_6 \\ \lambda_6\lambda_1\phi_{21} & \lambda_6\lambda_2\phi_{21} & \lambda_6\lambda_3\phi_{21} & \lambda_6\lambda_4 & \lambda_6\lambda_5 & \lambda_6^2+(\delta_6) \end{bmatrix} \quad (11\text{-}29)$$

第四節　驗證性因素模型的估計

在辨識已被建立之後，估計就可以開始。估計因素模型的一般目標是在於發現各參數的估計值，即是在前一節所提到的複製樣本觀察變項的變異數與共變數矩陣，盡可能接近已被界定某意義的共變數之估計值。在本節中有若干估計方法被提出，若要去辯護這些方法在一種形式統計上的正當性是超越本章探究的範圍，但是若要呈現每一種估計方法的一般特性是可能的。對於這些技術方法的詳細討論，可參考 Browne, (1974), Joreskog and Goldgberger (1972; 1975), Bentler and Bonett (1980) 等的著作。

研究者以一個觀察資料樣本開始進行研究，從樣本資料中去建構樣本的 S 共變數矩陣以各元素 S_{ij}，對角線的元素是觀察變項的變異數，而在非對角線的元素是觀察變項的共變數，如果資料是標準化的，那 S 矩陣就會包含各觀察變項之間的種種相關。

母群體共變數矩陣 Σ 是與前一節所提到的共變數方程式 $\Sigma = \Lambda\Phi\Lambda' + \Theta$ 所產生的母群體參數有關。依相同的方法 Σ 的一個估計值是依母群體參數透過共變數方程式 $\hat{\Sigma}=\hat{\Lambda}\hat{\Phi}\hat{\Lambda}'+\hat{\Theta}$ 的估計方式被界定。其中在希臘字母上帶帽係指示這種矩陣包含母群體參數估計值。這些估計值必須滿足種種的限制條件被利用課加在模型上。估計涉及要去發現 $\hat{\Lambda}$, $\hat{\Phi}$, 與 $\hat{\Theta}$ 的各值，這些值可產生一個已估計的共變數矩陣 Σ，並使這樣地矩陣盡可能的接近樣本共變數矩陣 S。

去思考以下的估計過程是有用的，考量所有可能擁有 Λ, Φ 與 Θ 矩陣維度的組合。許多這種可能的矩陣必須從考量之中被排除，因為它們無法併入種種的限制條件被利用課加在 Λ, Φ 與 Θ 上。假定 Λ^*, Φ^* 與 Θ^* 是併入課加種種限制條件的任何

矩陣，這種矩陣組合係依據方程式 $\Sigma^* = \Lambda^*\Phi^*\Lambda^{*\prime} + \Theta^*$ 的方式去界定一個矩陣 Σ^*。如果矩陣 Σ^* 是接近矩陣 S，我們就可推論 Λ^*, Φ^* 與 Θ^* 是母群體參數合理的估計值。這可以被辯護其正當性因為 Σ^* 值係由 Λ^*, Φ^* 與 Θ^* 所意含的值，是與觀察資料一致。所以，估計的問題是在於測量 Σ^* 是如何接近 S，與去發現 Λ^*, Φ^* 與 Θ^* 所複製或所推導的 Σ^* 是如何盡可能接近矩陣 S 的各值或各元素。

測量一個假定的 Σ^* 是如何接近樣本共變數矩陣 S 的一種函數（a function）是被稱為一個適配函數（a fitting function）。一個適配函數是被設計為 $F(S; \Sigma^*)$；或去指示 Σ^* 是由 Λ^*, Φ^* 與 Θ^* 所界定，它可以被寫成 $F(S; \Lambda^*, \Phi^*, \Theta^*)$。這樣的函數被界定遍及所有可能的矩陣 Λ^*, Φ^* 與 Θ^*，即表示滿足於對 Λ, Φ 與 Θ 的種種限制條件。如果一組具有「*」的矩陣產生矩陣 Σ_1^*，而一個第二組所產生的 Σ_2^*，如果 $F(S; \Sigma_1^*) < F(S; \Sigma_2^*)$，那表示 Σ_1^* 被認為是比 Σ_2^* 較接近 S。而 Λ_1^*, Φ_1^* 與 Θ_1^* 這些值是把適配函數極小化適配於一個假定 S 的這些值，是母群體參數的樣本估計值，進一步可以被設計為 $\hat{\Lambda}, \hat{\Phi}$ 與 $\hat{\Theta}$。

在驗證性因素模型中，至少有以下四種適配函數，為參數估計的方法。

一、參數估計的方法

在本章的第一節中所討論的參數唯一解法（Raykov & Marcoulies, 2001）提出簡要的判斷原則通常是在模型獲得辨識之後成為後續參數估計的根源。在模型參數確定之後，接著即可開始進行結構方程式模型的估計。所謂參數估計（parameter estimation），簡言之，就是選取某種適配函數（fitting functions），也稱為差異函數（discrepancy function），或損耗函數（loss function），來縮減理論所隱含的共變數矩陣 $\Sigma(\gamma)$ 與樣本共變數矩陣 S 之間的差距，且使其差距愈小愈好（Long, 1983b）。

目前常用的估計方法與適配函數的類型於 SEM 分析之中有四：（一）未加權的或一般的最小平方法（unweighted or ordinary leasts quares，ULS 或 OLS），（二）最大概似法（maximum likelihood estimation, ML），（三）概化的最小平方（generalized least squares, GLS），（四）漸近分配自由（asymptotically distribution free）。上述每一種估計方法的應用都是被基於一個對應適配函數的極小化之上。

（一）未加權的或一般最小平方法（ULS 或 OLS）

ULS 或 OLS 法是利用下列公式來縮減適配函數（F_{ULS}），即是可使該公式值達到最小的估計值，就是 ULS 估計值：

$$F_{ULS} = .5tr[S - \Sigma(\gamma)^2] \quad (11\text{-}30)$$

其中，tr（.）求「跡」（trace）的意思，亦表示去求取括弧中矩陣的對角線元素之和。

ULS 估計法，一般而言，並不需要某種統計次數分配常態性的假設，就可獲得其穩定估計的結果（Bentler & Week, 1980）；甚至在使用大的樣本之下，所獲得的 ULS 估計值亦會是不偏估的（unbiased）。然而，這種估計法卻有兩項限制：一是沒有適當的統計檢定方法可使用，另一則是 ULS 估計值是 SEM 估計法中唯一具有測量單位相依特性（scale depend）。換言之，即是可轉換一下變項的測量單位，就會獲得不同的結果，因而無法真正反應資料轉換的影響效果。而其他估計法就無此特性。

（二）最大概似法（ML）

ML 法是以下列公式來求得適配函數的最小值：

$$F_{ML} = \text{"dis tan ce"}(S, \Sigma(\gamma)) = -\ln|S\ \Sigma(\gamma)^{-1}| + tr(S\ \Sigma(\gamma)^{-1}) - P \quad (11\text{-}31)$$

其中，$1n|\Sigma(\gamma)|$ 是求矩陣行列式（determinant）的自然對數之意。ML 法是適用於大的樣本，其觀察（測驗）變項為連續變項，而且其潛在變項（即 η 與 ξ）都符合多變量常態性的假設。此時 ML 的估計值會與 GLS 估計值一樣，具有理想漸近的特性。換言之，在滿足多變量常態性的假設之下（multivariate normality assumption），而且使用大的樣本時，ML 的估計值會具有：（1）它的期望值會愈來愈接近母群體的真正參數值，此特性即是「不偏估性」（unbiasedness）；（2）其估計值的抽樣分配變異數（及其標準差）會變得很小，而使它具有「一致性」（consistency）；（3）其估計值的抽樣分配會漸近呈現常態分配的形狀。

除此之外，在常態分配且使用大的樣本之下，ML 的估計值、標準誤與卡方值檢定的結果，都會是適當的與可信的；但是，當其觀察（測驗）變項為次序變項，而且其分配呈現嚴重偏態或呈現峰態分配時，其 ML 的估計值、標準誤與卡方值檢定的結果，都會是不適當的與不可信的。

（三）概化的最小平方（GLS）

GLS 法是一種較為複雜的估計方法，它採用樣本共變數矩陣的倒數作為加權值，並嘗試使用下列公式來求得適配函數的最小值：

$$F_{GLS} = .5tr[I-S^{-1}\Sigma(\gamma)^2] \quad (11\text{-}32)$$

GLS 法適用於大的樣本，其觀察（測驗）變項為連續變項，而且其潛在變項（即 η 與 ξ）都符合多變量常態性的假設，此時 GLS 估計值會具有理想漸近的特性，它的統計特性非常接近 ML 的估計值，然而對於常態性假設的要求並沒有像 ML 法那麼樣嚴格（Browne, 1974）。

（四）漸近分配自由（ADF）

ADF 法是由 Bollen（1984）所提出的一種無需常態性假設為基礎的參數估計方法，由於不需考慮常態性分配假設的問題，因此稱為分配自由（distribution free）。ADF 法也是加權最小平方法（weighted least-squares, WLS）的一種特例，利用特殊的 W^{-1} 權數，來消除多變量常態性假設的影響。因而嘗試使用下列公式來求得適配函數的最小值：

$$F_{ADF} = (S-\sigma(\gamma))'W^{-1}(S-\sigma(\gamma)) \quad (11\text{-}33)$$

ADF 法如前述由於不需考慮常態性分配假設的問題，因此在使用 ADF 法有下列限制：（1）ADF 的適配函數所處理的是測量變項的峰度問題，因此在使用 ADF 分析時，必須使用原始資料為輸入資料，而無法使用共變數或相關矩陣為輸入資料。（2）ADF 法的計算過程較為複雜，要對在導出共變數矩陣過程中的各變項的非常態性進行校正的處理，需要耗費較多的電腦記憶體，使用者必須要有較多的電腦記憶體才行。（3）因為其參數估計使用四級動差運算，因此需要大的樣本才能使其估計結果趨於穩定（West, Finch, Curran, 1995）。所以，使用 ADF 法的樣本要達到 2500 以上才會趨於穩定。

一般而言，以上所提出的參數估計方法，執行起來各有其特定的使用時機與限制，ULS 法、GLS 法、ML 法，是使用遞迴式的或反覆式的（iterative）估計程式，是屬於使用完整資訊的估計技術（full information techniques），即是參數估計時必須考量到模型中其他方程式，以獲得各參數的估計值，所謂完整資訊是指充分的運用模型中的所有計量資訊，以獲得最理想的估計值，因此比較容易受到模型界定誤差的影響，這是因為起始值設定的問題。所以，當我們所進行分析的變項都有相同的測量單位時，一般使用 ULS 估計法即可。而 GLS 與 ML 估計法則有待其觀察變項的資料滿足於多變量常態性假設時，才可以被使用。然而這兩種估計方法所估計的估計值具有理想的漸近特性，亦可以使用於大樣本的估計，所以使其估計值具有不偏估性，與使其變異數可達到最小。有些學者專家（如：Bollen，1989，Raykov & Widaman，1995）發現 ML 法具有統計學上的強韌性，即使研究的資料有稍微偏離常態時，ML 法仍然可穩定的進行估計。因此，多數的統計軟體程式都將它內定為一種參數值的估計方法，如 LISREL8.0 版的程式即是如此。而當研究的資料有嚴重的偏離常態分配時，便可使用不受多變量常態性假設限制的 ADF 估計法。

二、模型參數的遞迴式或反覆式估計

最後的問題是「使用以上任何的估計方法」，我們如何才可真正地估計一個所假定的模型參數，以便產生使經驗性共變數矩陣 S 與模型所推導的共變數矩陣 $\Sigma(\gamma)$ 盡可能地接近？為了要回答這個問題，我們必須訴諸於特殊數據的慣例（special numerical routines）。它們的目標是在於對應於被選擇的估計方法使其適配函數極小化。在一個連續的，遞迴式的，或反覆式的進行這些特殊數據的慣例，依據下列原則選擇提供模型參數值的方式。

由於參數估計值的大小是由選擇上述所探討的估計方法所估計出來的，因此，估計的程式必須能夠不斷的去嘗試各種可能的數值以獲得最適合的結果，即是使共變數矩陣 S 與模型所推導的共變數矩陣 $\Sigma(\gamma)$ 盡可能地接近，或使其差距極小化。如果我們以人為的方式來計算去求取最佳的因解法，是一件曠日廢時的工作，但是若透過分析軟體，電腦可以快速的反覆式的進行估計，每一次的估計都可以稍微縮小觀察矩陣與理論模型矩陣的差距，或縮小共變數矩陣 S 與模型所推導的共變數矩陣 $\Sigma(\gamma)$ 的差距，直到無法進一步的有效改善模型的適配指標，電腦即自動停止參數估計，達成聚斂（converge），獲得一組最佳的參數值，此被稱為最後的因解（final solution）。對於這樣進行聚斂以獲得最後因解的過程被稱為一種連續的，遞迴式的，或反覆式的估計（iterative estimation）。

對於在最後反覆式估計的步驟上所獲得的參數估計值，必須達成最後的聚斂才可代表是模型參數所要求的估計值，才具有意義。有時候 SEM 的反覆式估計在一定的次數內無法獲得有效的聚斂以獲得最後的因解，即使得到任何的參數估計值也不具有意義，是不可信的。如果聚斂無法產生，在 SEM 的反覆式估計中其執行的軟體就會提出警告的標示。

以聚斂以獲得最後的因解的方法，在 SEM 的分析中亦可對每一個所獲得的參數估計值提供抽樣變異性（variability）的一種測量，被稱為標準誤（standard error），用以反應每一個參數估計值的可能波動範圍，也就是在於估計誤差的大小。利用參數估計值除以標準誤可以計算出統計檢定的 t 值，然後再配合 t 分配的概念，以進行每一個參數估計值的顯著性檢定或考驗。一般而言，如果其 t 值的絕對值大於 2，則該參數估計值即可達到 .05 的顯著性水準。

第五節　參數估計的實際考量與執行

依一般名詞的界定方式，因素分析是給予正進行假設種種構念以建構假設模型的一種途徑，其途徑是使用可觀察的種種代表性的一種形式（a variety of observable proxies），或可以直接被測量的指標（indicators）。這樣的分析被認為是探索性的（exploratory），亦被稱為探索性因素分析（exploratory factor analysis, EFA）；而當其關切是在於決定多少因素，或多少潛在變項，被需求在一個被假定可觀察的測量組合之中可以很好地解釋其中的關係。這樣的關切方法，或分析方法就是驗證性的（confirmatory），在形式上被歸之為驗證性因素分析（confirmatory factor analysis, CFA），當在其測量之間一個預先存在的關係結構（a preexisting structure of the relationships）是可以被量化與可以被檢驗時。如此，就不同於 EFA，在此種狀況之下，CFA 是不在於關切去發現一個因素的結構，而是在於關切去驗證與檢驗一個被假定因素結構的詳情細節。為了要去考驗檢定一個特殊因素的結構，研究者對於它的成分性質（composition）必須要有某種最初的理念（some initial idea）。在這方面，CFA 被認為是一般建構模型的最佳途徑，該途徑是在於設計去如何檢定有關因素結構的種種假定，在當因素的數目與解釋都依據各測量指標的界定方式而產生，就如預先被假定的一樣。由此，在 CFA 進行的步驟中：（a）理論首先呈現。（b）然後假設模型從理論中被獲得，而最後（c）假設模型參數被進行界定、估計、辨識、與評估，被考驗檢定與評估假設模型是否適配資料，然後若需要修正時，又需再進行估計與評估。總之，其 CFA 進行的步驟就如前述第六章與第七章所進行的分析。

一般而言，在 CFA 進行的步驟中，未知參數的估計問題是值得我們再強調的問題。在 CFA 進行中模型所推導的或所複製的矩陣（reproduced matrix）$\Sigma(\theta)$ 會盡可能地接近樣本矩陣 S。如果假設的或提出的模型接近或近似矩陣 S 到非常近似的程度，如由適配度指標來測量，它可以被視為是其研究現象的一種似真的描述（as a plausible description of the phenomenon），與其依理論建構的假設模型已受到其理論的支持。否則，這個模型就要被拒絕，其被體現於模型的理論就無法被驗證。在此，我們強調這種考驗檢定的基本原理（testing rational）可以有效的應用於所有 SEM 方法論的檢測，不僅可有效的應用於驗證性因素分析的架構之內，而且可有效的應用於探索性因素分析。

在驗證性因素分析（CFA）的探究中可以發現驗證性因素分析的使用有一個很重要的限制，就是驗證性因素分析的開始，在一個被提出的或被假設的模型被檢測它是否適於資料之前，就要其被提出的或被假設的模型要有完整詳情的細節被界定。所以，我們在驗證性因素分析時，就要有諸如假設模型、模型界定、模型參數估計等完整詳情的細節要被界定，被辨識與評估。所以，對驗證性因素分析（CFA），Joreskog & Sorbom（1993a）提出三個情境作選擇，（a）一個嚴格驗證性情境其中只有一個單一被規劃的模型可以被接受或被拒絕，（b）在對立的模型，或競爭的模型中，在種種被規劃的模型之中，只可從它們之中選擇其一，（c）在一個模型的產生過程中，最初模型的被界定，參數的估計，參數的評估。在無法適配於資料的案例中，其模型要被修正，與重複地被檢定直到可接受的適配度指標被獲得為止。

一個嚴格驗證性情境在實際運作或操作之中是很少有的，因為大部分的研究者並無意去拒絕一個被提出的或被假設的模型。而在驗證性因素分析提出對立的模型，或競爭的模型亦不是常見的，因為大部分的研究者並無意去界定，或無法界定它。這樣的結果，在經驗的研究中似乎是經常面臨的問題（Joreskog & Sorbom, 1993a; Macoulides, 1989）。在許多 CFA 的應用之中可以說，是真正的具有探索性的與驗證性的特性。因而，在事實上，研究者純粹是以探索性或純粹是以驗證性因素分析處理問題的研究是非常少有的。基於這個原因，任何以相同資料組合進行重複建構模型結果，應該很謹慎小心來處理與應該被認為是暫時性（tentative）直到一個被複製的研究可以給予這些模型的成就表示提出更進一步的資訊為止。

我們知道在驗證性因素分析中，參數的估計方法最常使用的方法是最大概似估計（MLE），而在探索性因素分析中也可使用這種方法。因為在探索性因素分析中有些因素或構念之間是不可有相關存在，所以最小直接斜交法的轉軸方法的使用是適當的，因為在驗證性因素分析中其潛在因素或構念之間是允許相關存在。由於有這些交集的問題，所以，以下有關探索性因素分析的因素模型的建構方法，我們將以使用最大概似估計法與最小直接斜交法為主。

在本範例中，我們可依據前一節的提示與上述的探究來進行估計，而在我們的範例是以二個潛在構念來提供解釋各測量指標之間的相關。此時，我們有兩種選擇。其一是，如前述使用探索性因素分析，可使用最大概似法（maximum likelihood estimation, ML）得到參數估計值，然後再執行最小直接斜交法進行轉軸，進行其因素分析，其二，可以使用 LISREL 的程式語法來進行分析。

本研究範例是依據 Lawley and Maxwell（1971）的檢測方法對某高中的學生進行 6 個學科為觀察變項 X_1（數學，M）、X_2（物理，P）、X_3（化學，C）、X_4（國文，N）、X_5（英文，E）、X_6（史地，H），形成 2 個因素 ξ_1 與 ξ_2。N = 330 位男學生。其共變數矩陣資料如表 11-2：

表 11-2

X_1	X_2	X_3	X_4	X_5	X_6
47.3361					
7.2211	21.7884				
26.0881	12.7123	71.8841			
7.1287	3.1689	11.9781	10.9881		
9.5510	5.3340	16.4412	10.1002	17.9910	
15.9110	8.0012	27.9921	17.9981	22.1023	62.8830

一、探索性因素分析語法指令的界定

獲得表 11-2 相關係數矩陣資料之後，我們使用 SPSS 因素分析的語法指令以獲得有關資料如下：

（語法指令儲存在本書 SPSS 的 Syntax CH11-1 檔案中）

```
MATRIX DATA VARIABLES = X1 X2 X3 X4 X5 X6
/CONTENTS = N COV
/FORMAT = LOWER DIAGONAL.
BEGIN DATA
  330    330    330    330    330    330
```

```
47.3361
 7.2211    21.7884
26.0881    12.7123    71.8841
 7.1287     3.1689    11.9781    10.9881
 9.5510     5.3340    16.4412    10.1002    17.9910
15.9110     8.0012    27.9921    17.9981    22.1023    62.8830
END DATA.
subtitle '因素分析'
FACTOR
   /MATRIX = IN (COV = *)
   /ANALYSIS = X1 X2 X3 X4 X5 X6
   /PRINT = ALL
   /CRITERIA = FACTORS (2)／EXTRACTION
   /EXTRACTION = ML
   /ROTATION = OBLIMIN
   /PLOT = EIGEN ROTATION (1 2).
```

二、探索性因素分析由 SPSS 所輸出結果報表資料

依據上述的語法指令可獲得的資料有：（1）共變數矩陣，（2）相關矩陣表，（3）相關矩陣轉換表，（4）KMO 與 Bartlett 檢定表，（5）反映像矩陣表，（6）共同性表，（7）解說總變異量表，（8）因素斜坡圖，（9）因數矩陣表，（10）重製相關表，（11）樣式矩陣表，（12）結構矩陣，（13）因數相關矩陣，（14）轉軸後因素間的因素圖，（15）因數分數係數矩陣，（16）因數分數共變數矩陣。

在 SPSS 程式軟體的應用中以語法指令的使用最方便，所獲得的資料也最多。只要研究者熟悉語法指令的方法，與獲得相關矩陣或共變數矩陣就可依語法指令來使用。

在上述的語法指令所獲得的資料中和驗證性因素分析比較有關的，如我們在前一章所使用的資料一樣。其資料如表 11-3，11-4，11-5，11-6，11-7，11-9，11-10，11-11，11-12，11-13，11-14，11-15，與 11-16。由表 11-6 KMO 與 Bartlett 檢定表，其測量是 .814，指示本資料是相當地適合於因素分析。SPSS 提供 Bartlett 球

形檢定，此是一種統計的檢定，是在於估計其相關矩陣是否適合於因素因解的檢定。本範例經由 Bartlett 球形檢定可檢測其相關背離正交的程度。一個正交的相關矩陣將有一個行列式是 1，指示其各變項是不相關的。另一方面，如果兩個變項或兩個以上變項之間有一個完全的相關而其行列式將會是 0。對本範例的資料組合而言，Bartlett 球形檢定的統計量是很高的顯著性（P < .0000），意指其相關矩陣不是正交的（即是，各變項之間是相關的）。由此可知，本範例資料是適合於因素因解。無論如何，Bartlett 球形檢定是很少被使用的，因為它對小的樣本是相當敏感，反之，它對大的樣本是可資利用於去推論其相關矩陣之資料是否背離正交。總之，依本範例資料顯示，它是適合於因素因解的。

由表 11-9 解說總變異量，列出結合每一個線性的成分（因素）於萃取之前、萃取之後、與轉軸之後的特徵值。在萃取之前，SPSS 已辨識 12 個線性的成分於資料組合之內。每一個因素所組合的特徵值其呈現的方式可由個別線性的成分來解釋其變異數，而 SPSS 亦依變異數解釋的百分比的方式來展示特徵值。如此，本範例在萃取之前的因素 1 解釋整體變異數的 44.66%。由輸出結果表 11-9 中，我們可看到在因素分析中前面的因素解釋變異數的百分比相當大，尤其是因素 1，依此其後的因素解釋變異數的百分比會逐漸一個比一個小。在本範例中 SPSS 依特徵值大 1 為標準去萃取有二個因素。這些因素所組合的特徵值（與解釋變異數的百分比）再次被展出於被標示著「平方和負荷量萃取」的欄位中。在表中這部分的各值是和萃取之前的各值是一樣的。在表中最後部分標示著「轉軸平方和負荷量」的欄位中，轉軸之後的特徵值亦被顯示。轉軸的目的是在使因素的結構能夠發揮到最理想的影響，因而轉軸使本範例所萃取的二個因素其相對重要性被平等化。

表 11-3　SPSS 輸出結果報表資料（共變數矩陣）

Covariance Matrix

	X1	X2	X3	X4	X5	X6
X1	47.336	7.221	26.088	7.129	9.551	15.911
X2	7.221	21.788	12.712	3.169	5.334	8.001
X3	26.088	12.712	71.884	11.978	16.441	27.992
X4	7.129	3.169	11.978	10.988	10.100	17.998
X5	9.551	5.334	16.441	10.100	17.991	22.102
X6	15.911	8.001	27.992	17.998	22.102	62.883

表 11-4 **SPSS 輸出結果報表資料（相關矩陣表）**

Correlation Matrix[a]

		X1	X2	X3	X4	X5	X6
Correlation	X1	1.000	.225	.447	.313	.327	.292
	X2	.225	1.000	.321	.205	.269	.216
	X3	.447	.321	1.000	.426	.457	.416
	X4	.313	.205	.426	1.000	.718	.685
	X5	.327	.269	.457	.718	1.000	.657
	X6	.292	.216	.416	.685	.657	1.000
Sig. (1-tailed)	X1		.000	.000	.000	.000	.000
	X2	.000		.000	.000	.000	.000
	X3	.000	.000		.000	.000	.000
	X4	.000	.000	.000		.000	.000
	X5	.000	.000	.000	.000		.000
	X6	.000	.000	.000	.000	.000	

a. Determinant = .118

表 11-5 **SPSS 輸出結果報表資料（相關矩陣轉換表）**

Inverse of Correlation Matrix

	X1	X2	X3	X4	X5	X6
X1	1.295	−.093	−.446	−.097	−.098	−.041
X2	−.093	1.147	−.254	.055	−.179	−.035
X3	−.446	−.254	1.541	−.156	−.261	−.179
X4	−.097	.055	−.156	2.506	−1.123	−.897
X5	−.098	−.179	−.261	−1.123	2.438	−.657
X6	−.041	−.035	−.179	−.897	−.657	2.140

表 11-6 **SPSS 輸入結果報表資料（KMO 與 Bartlett 檢定表）**

KMO and Bartlett's Test

Kaiser-Meyer-Olkin Measure of Sampling Adequacy.		.814
Bartlett's Test of Sphericity	Approx. Chi-Square	696.272
	df	15
	Sig.	.000

表 11-7 **SPSS 輸出結果報表資料（反映像矩陣表）**

Anti-image Matrices

		X1	X2	X3	X4	X5	X6
Anti-image Covariance	X1	.772	−.062	−.224	−.030	−.031	−.015
	X2	−.062	.872	−.144	.019	−.064	−.014
	X3	−.224	−.144	.649	−.040	−.069	−.054
	X4	−.030	.019	−.040	.399	−.184	−.167
	X5	−.031	−.064	−.069	−.184	.410	−.126
	X6	−.015	−.014	−.054	−.167	−.126	.467
Anti-image Correlation	X1	.828[a]	−.076	−.316	−.054	−.055	−.024
	X2	−.076	.851[a]	−.191	.032	−.107	−.022
	X3	−.316	−.191	.836[a]	−.079	−.135	−.098
	X4	−.054	.032	−.079	.781[a]	−.454	−.387
	X5	−.055	−.107	−.135	−.454	.806[a]	−.288
	X6	−.024	−.022	−.098	−.387	−.288	.832[a]

a. Measures of Sampling Adequacy (MSA)

表 11-8 **SPSS 輸出結果報表資料（共同性表）**

Communalities

	Initial	Extraction
X1	.228	.318
X2	.128	.169
X3	.351	.620
X4	.601	.753
X5	.590	.694
X6	.533	.624

Extraction Method: Maximum Likelihood.

表 11-9 **SPSS 輸出結果報表資料（解說總變異量表）**

Total Variance Explained

Factor	Initial Eigenvalues			Extraction Sums of Squared Loadings			Rotation
	Total	% of Variance	Cumulative %	Total	% of Variance	Cumulative %	Total
1	3.082	51.375	51.375	2.680	44.660	44.660	2.549
2	.998	16.632	68.007	.499	8.313	52.973	2.021
3	.782	13.027	81.034				
4	.516	8.608	89.641				
5	.347	5.784	95.426				

Factor	Initial Eigenvalues			Extraction Sums of Squared Loadings			Rotation
	Total	% of Variance	Cumulative %	Total	% of Variance	Cumulative %	Total
6	.274	4.574	100.000				

Extraction Method: Maximum Likelihood.

a. When factors are correlated, sums of squared loadings cannot be added to obtain a total variance.

表 11-10 SPSS 輸出結果報表資料（因數矩陣表）

Factor Matrix[a]

	Factor	
	1	2
X1	.438	.355
X2	.320	.258
X3	.610	.499
X4	.848	−.185
X5	.828	−.087
X6	.780	−.124

萃取方法：最大概似

a. 2 factors extracted. 4 iterations required.

表 11-11 SPSS 輸出結果報表資料（重製相關表）

Reproduced Correlations

		X1	X2	X3	X4	X5	X6
Reproduced Correlation	X1	.318[b]	.232	.444	.306	.332	.298
	X2	.232	.169[b]	.323	.223	.242	.217
	X3	.444	.323	.620[b]	.425	.462	.414
	X4	.306	.223	.425	.753[b]	.718	.685
	X5	.332	.242	.462	.718	.694[b]	.657
	X6	.298	.217	.414	.685	.657	.624[b]
Residual[a]	X1		−.007	.003	.007	−.005	−.006
	X2	−.007		−.002	−.018	.027	−.001
	X3	.003	−.002		.002	−.005	.003
	X4	.007	−.018	.002		−1.23E−005	2.32E−005
	X5	−.005	.027	−.005	−1.23E−005		−2.17E−005
	X6	−.006	−.001	.003	2.32E−005	−2.17E−005	

Extraction Method: Maximum Likelihood.

a. Residuals are computed between observed and reproduced correlations. There are 0 (.0%) nonredundant residuals with absolute values greater than 0.05.

b. Reproduced communalities.

表 11-12 SPSS 輸出結果報表資料（樣式矩陣表）

Pattern Matrix[a]

	Factor	
	1	2
X1	.002	.563
X2	.003	.409
X3	−.002	.789
X4	.904	−.056
X5	.786	.069
X6	.784	.009

萃取方法：最大概似
旋轉方法：含 Kaiser 常態化的 Oblimin 法
a. Rotation converged in 4 iterations.

表 11-13 SPSS 輸出結果報表資料（結構矩陣）

Structure Matrix

	Factor	
	1	2
X1	.373	.564
X2	.272	.411
X3	.519	.788
X4	.867	.540
X5	.831	.587
X6	.790	.526

萃取方法：最大概似
旋轉方法：含 Kaiser 常態化的 Oblimin 法

表 11-14 SPSS 輸出結果報表資料（因數相關矩陣）

Factor Correlation Matrix

Factor	1	2
1	1.000	.660
2	.660	1.000

萃取方法：最大概似
旋轉方法：含 Kaiser 常態化的 Oblimin 法

表 11-15 **SPSS 輸出結果報表資料（因數分數係數矩陣）**

Factor Score Coefficient Matrix

	Factor	
	1	2
X1	.029	.209
X2	.017	.125
X3	.071	.527
X4	.428	.068
X5	.313	.145
X6	.250	.077

萃取方法：最大概似
旋轉方法：含 Kaiser 常態化的 Oblimin 法

表 11-16 **SPSS 輸出結果報表資料（因數分數共變數矩陣）**

Factor Score Covariance Matrix

Factor	1	2
1	2.032	1.972
2	1.972	1.897

萃取方法：最大概似
旋轉方法：含 Kaiser 常態化的 Oblimin 法

SPSS 輸出結果表 11-10 因數（或因素）矩陣亦顯示在萃取之前的成分矩陣。這個矩陣包括每一個變項對每一個因素的負荷量，這樣的矩陣對解釋目的而言並不是特別重要的，但是它引人注目的是在轉軸之前大部分的變項對第一個因素都有很高的負荷量，即是為什麼這個因素（因素 1）可解釋大部分變異數的原因。這就前述圖 11-1 中呈現 X1 到 X6 觀察變項都在因素 1 與因素 2 有因素負荷量的原因。

當嘗試進行一個斜交轉軸時，因素矩陣就會被分裂成兩個矩陣：樣式矩陣（the pattern matrix）與結構矩陣（the structure matrix）。對斜交的轉軸而言這些矩陣是相同的，因而沒有這樣的問題。樣式矩陣包含因素的負荷量，是可與因素矩陣作比較。而結構矩陣要考量到各因素之間的關係（事實上，它是樣式矩陣與包含有各因素之間相關係數矩陣的一個交叉乘積）。大部分的研究者會解釋樣式矩陣，因為它比較簡單；但是，有種種的情境其中樣式矩陣的各值，因為各因素之間的相關，會被抑制或被隱匿。由此觀之，表 11-13 結構矩陣是一種有效的可仔細檢查的方法（a useful double-check）。

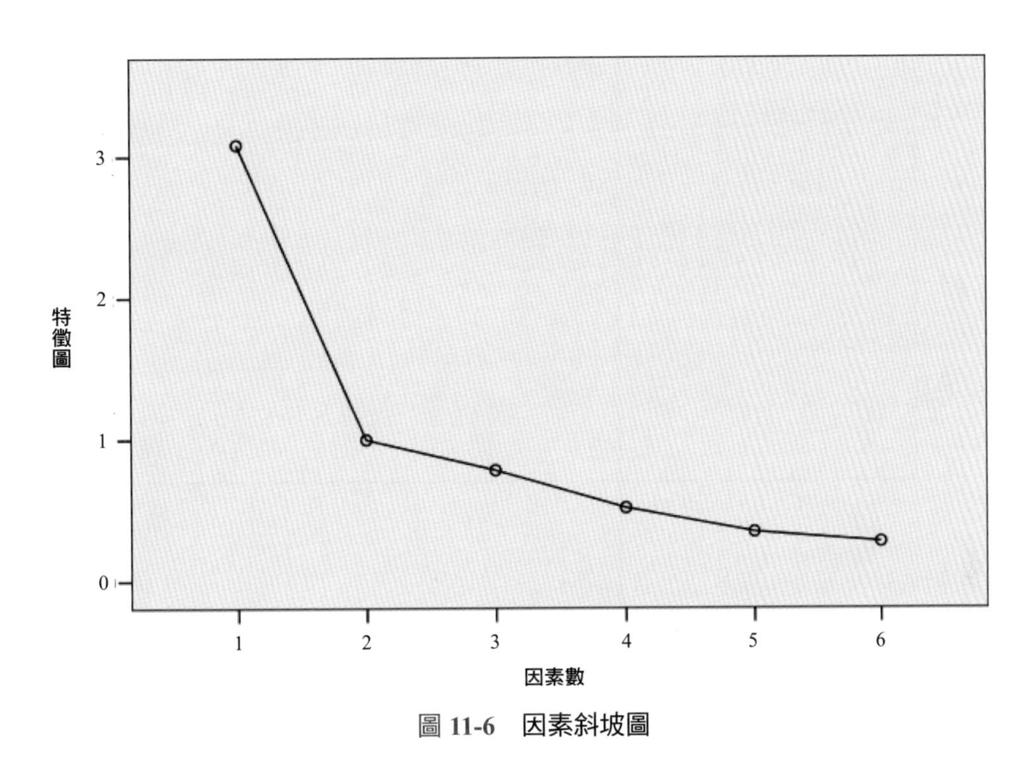

圖 11-6　因素斜坡圖

SPSS 輸出結果表 11-12 中，矩陣顯示因素 1（F1）似乎是呈現出 X4、X5、X6 的類聚，因素 2（F2）似乎是呈現 X1、X2、X3 的類聚。這些資料的呈現方式與 SPSS 輸出結果表 11-12 中所呈現方式是相同的，只是一個斜交轉軸所呈現的各因素與正交的轉軸所呈現的各因素其解釋與命名不同而已。結構矩陣不同於共持的變異數，不可被忽視。其描述變得更加複雜，因為有若干變項對一個以上的因素負有很高的負荷量。如 SPSS 輸出結果表 11-12 所顯示的，這是因為因素 1 與因素 2 之間的相關呈現出來所致。這樣的呈現促成為什麼樣式矩陣較令人喜好使用，以提供解釋的原因：因為它提供有關一個變項對一個因素唯一負荷量的資訊。再加上我們可參考圖 11-9 轉軸後因素間的因素圖，就會更加確認 X1、X2、與 X3 形成一個因素的類聚，而 X4、X5、X6 則形成另一個因素的類聚。由此呈現出因素 1 為學生數理學科的類聚，因素 2 為學生文史學科的類聚。依據學科性質的歸類，我們就可以依其學科性質的歸類給予其學科的類聚因素加以命名。

輸出結果的最後部分是各因素之間的一個相關矩陣如 SPSS 輸出結果表 11-14。這個矩陣包括各因素之間的相關係數。如從結構矩陣中所預測的各因素之間有很高的相關呈現。這些相關存在的事實告訴我們其被測量的各個構念（constructs 構面）可以是交互相關的。如果各個構念（或構面）是獨立的，那麼

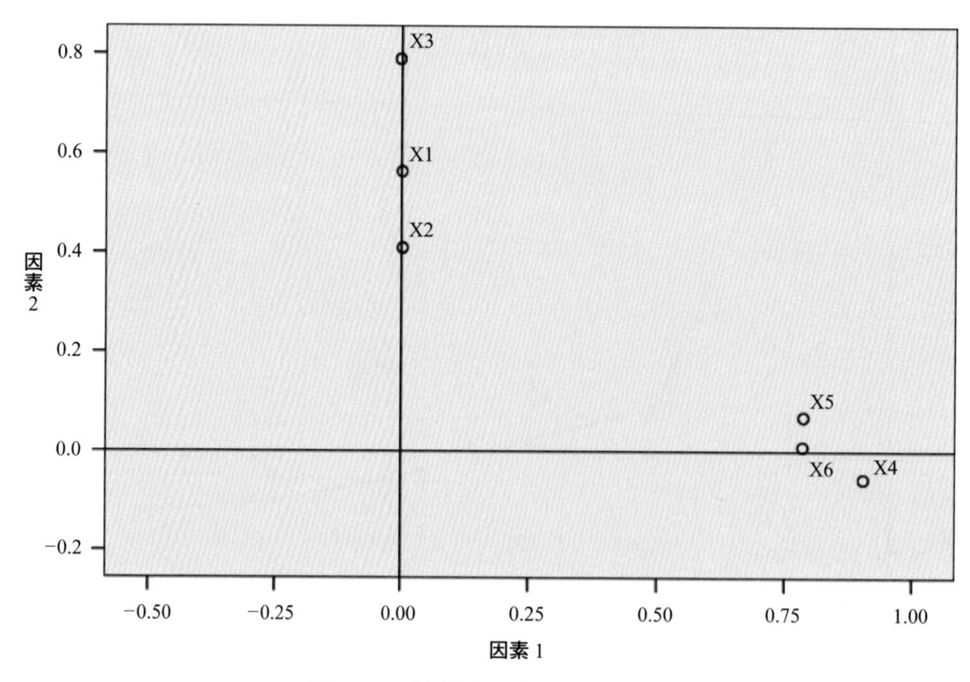

圖 11-7　轉軸後因素間的因素圖

我們可預期斜交的轉軸可提供與正交的轉軸一樣的因素因解，而其成分的相關矩陣應該是一個單元矩陣（即是，所有的相關係數是 0）。由此可知，這個最後的矩陣給我們提供一個指引，就是要去假定各因素之間是獨立的，是否合理；就這些資料而言它呈現出我們無法假定各因素之間是獨立的。由以上的資料顯示與其推論可知，正交轉軸的結果應該不會被信賴的，而斜交轉軸的因素因解法可能是更富有意義。

依據一個理論的論述本範例所研究的，各因素之間的相依（the dependence）是合理的。依此，我們可預期數理的因素與文史因素之間有一個很強的關係存在。

總之，以上的分析可揭示本範例中有二個基本的量尺，而這些量尺可以或不可以與學科的性質、屬性、與特性的真正次成分（sub-components）有關。它亦好像一個斜交轉軸的因素因解法被喜愛是由於因素之間相關的原因。因素分析的使用完全純粹是探索性的，它應該僅可以被使用於引導未來的假設，或去提供研究者獲得有關資料組合內組型或樣式的資訊。很多的決定被留給研究者，與我們鼓勵研究者去做賦有創造力的決定，而不是把決定基於你想要的目標去獲得的結果上。

二、建構因果關係的一個徑路分析圖

下步驟是描繪在一個徑路分析圖中的關係。在這個案例中，二個假設的因素被認為是外衍的構念。徑路分析圖，包括測量每一個構念的各變項，被顯示於圖 11-5 中。學科之間的相關是由連接這二構念的曲線來代表。並製作表 11-17 來呈現學科領域的兩構念的測量模型。

表 11-17 一個兩構念的測量模型

變 項	各構念負荷量的指標	
	數 理	文 史
X_1 數學分數	L_1	
X_2 物理分數	L_2	
X_3 化學分數	L_3	
X_4 國文分數		L_4
X_5 英文分數		L_5
X_6 史地分數		L_6

三、把徑路分析圖轉換成一系列的結構方程式與界定測量模型

因為在徑路分析圖中的所有構念是外衍的，我們僅需要考慮測量模型與對外衍的各構念與各指標所結合的共變數或相關矩陣。以沒有結構的模型而言，測量模型建於致力為建構完整結構方程模型而努力（由此我們言及驗證性因素分析）。

測量模型可以僅由一個兩構念（a two-construct）模型（數理與文史）如表 11-17 中所顯示的來呈現。除此之外，兩個構念已被假定是相關的；而沒有構念之內相關的測量被提出（假定）。

對有興趣的讀者而言，我們可以以 LISREL 符號顯示在表 11-18 中。

表 11-18 測量模型的 LISREL 符號

外衍變項		外衍構念		誤 差
X_1	=	$\lambda^x_{11}\xi_1$	+	δ_1
X_2	=	$\lambda^x_{21}\xi_1$	+	δ_2
X_3	=	$\lambda^x_{31}\xi_1$	+	δ_3
X_4	=	$\lambda^x_{42}\xi_2$	+	δ_4

外衍變項		外衍構念		誤 差
X_5	=	$\lambda^x_{52}\xi_2$	+	δ_5
X_6	=	$\lambda^x_{61}\xi_1$	+	δ_6

外衍構念之間的相關（ϕ）

ξ_1	ξ_2	
ξ_1	–	
ξ_2	ϕ_{21}	–

四、資料的輸入，矩陣類型的選擇與估計模型的提出

在本範例中是以共變數矩陣資料為輸入方式。

（一）LISREL 的語法指令

（本語法指令存在本書 CH11-1 檔案）

```
the model of boy data
DA NI = 6 NO = 330 MA = CM
CM
47.3361
 7.2211    21.7884
26.0881    12.7123    71.8841
 7.1287     3.1689    11.9781    10.9881
 9.5510     5.3340    16.4412    10.1002    17.9910
15.9110     8.0012    27.9921    17.9981    22.1023    62.8830
MO NX = 6 NK = 2 TD = SY
LA
X1 X2 X3 X4 X5 X6
LK
  數理   文史
FR LX(1, 1) LX(2, 1) LX(3, 1) LX(4, 2) LX(5, 2) LX(6, 2)
PD
OU RS EF FS SS SC MI ND = 4
```

（二）SIMPLIS 的語法指令

（本語法指令存在本書 CH11-1b 檔案）

```
the model of boy data
observed variables: X1 X2 X3 X4 X5 X6
covariance matrix:
47.3361
 7.2211   21.7884
26.0881   12.7123   71.8841
 7.1287    3.1689   11.9781   10.9881
 9.5510    5.3340   16.4412   10.1002   17.9910
15.9110    8.0012   27.9921   17.9981   22.1023   62.8830
sample size = 330
latent variables：數理  文史
path
     數理->X1 X2 X3
     文史->X4 X5 X6
set the variance of 數理 to 1.00
set the variance of 文史 to 1.00
print residuals
  number of decimal = 4
lisrel output: FS RM RS FS EF SC SS MI WP
path diagram
end of problem
```

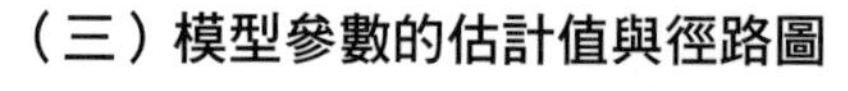

（三）模型參數的估計值與徑路圖

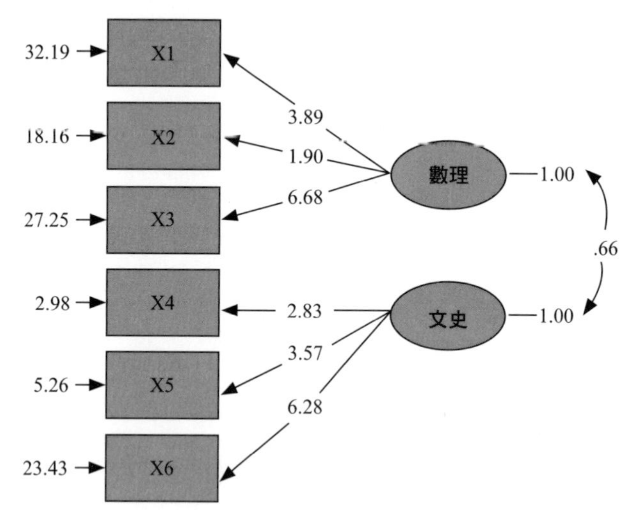

圖 11-8　模型參數的估計值與徑路圖

第六節　評估適配度的效標

一、假設

結構模型的基本假設，相同於其他多變項的方法，凡是有興趣的讀者可以複習這些結果，就說明的目的而言，如果各變項被辨識是符合這些假設，然後我們就可以採取去檢驗各拂意（或不良）估計值的結果。

二、去發現是否有拂意（有不良）的估計值

the model of boy data

Number of Input Variables	6
Number of Y - Variables	0
Number of X - Variables	6
Number of ETA - Variables	0
Number of KSI - Variables	2
Number of Observations	330

分析結果以研究者輸入的標題作為開端，首先介紹模型當中各變項的數目。測量變項共有 6 個，外衍變項（X）的數目 6 個，外衍潛在變項（KSI）數目為 2，樣本數為 330。表 11-18 包括 LISREL 對測量模型與構念相關的估計值，並從 SPSS 所輸出結果報表資料可以檢視本測量的模型並沒有拂意的估計值。

the model of boy data

Covariance Matrix

	X1	X2	X3	X4	X5	X6
	--------	--------	--------	--------	--------	--------
X1	47.3361					
X2	7.2211	21.7884				
X3	26.0881	12.7123	71.8841			
X4	7.1287	3.1689	11.9781	10.9881		
X5	9.5510	5.3340	16.4412	10.1002	17.9910	
X6	15.9110	8.0012	27.9921	17.9981	22.1023	62.8830

the model of boy data

Parameter Specifications

LAMBDA-X

	數理	文史
	--------	--------
X1	1	0
X2	2	0
X3	3	0
X4	0	4
X5	0	5
X6	0	6

PHI

	數理	文史
	--------	--------
數理	0	
文史	7	0

THETA-DELTA

X1	X2	X3	X4	X5	X6
--------	--------	--------	--------	--------	--------
8	9	10	11	12	13

the model of boy data

Number of Iterations = 3

LISREL Estimates (Maximum Likelihood)

LAMBDA-X

	數理	文史
	--------	--------
X1	3.8912	--
	(.4170)	
	9.3323	
X2	1.9047	--
	(.2882)	
	6.6079	
X3	6.6807	--
	(.5318)	
	12.5628	
X4	--	2.8307
		(.1559)
		18.1546

```
X5      --      3.5677
               (.2008)
               17.7704
X6      --      6.2814
               (.3841)
               16.3528
```

各參數估計結果，提供了原始估計值（非標準化數值）、標準誤、與統計顯著性等三種數據，其中統計顯著性以 t 檢定來進行，t 值越大表示其強度越強，在樣本數為 100 之下，t 值的絕對值若超過 1.96 即可視為顯著性。從以上的資料可知各參數估計結果是統計上的顯著性。


```
PHI
         數理        文史
       --------    --------
數理    1.0000
文史     .6634     1.0000
        (.0515)
        12.8742

THETA-DELTA
        X1         X2         X3         X4         X5         X6
     --------   --------   --------   --------   --------   --------
     32.1949    18.1604    27.2526     2.9751     5.2624    23.4268
     (3.0838)   (1.5263)   (5.3013)    (.3910)    (.6491)   (2.4333)
     10.4399    11.8984     5.1408     7.6085     8.1075     9.6276

Squared Multiple Correlations for X - Variables
        X1         X2         X3         X4         X5         X6
     --------   --------   --------   --------   --------   --------
       .3199      .1665      .6209      .7292      .7075      .6275
```

三、評估或評鑑模型的適配度指標

在進行本節探究有關評估或評鑑模型的適配度指標之前，對於本假設兩因素模型的驗證性因素分析其模型的適配度指標評估或評鑑，可以參考前一章的檢定與適配度的評估方法，依據 Jorcskog（1970）與 Long（1983b）的著作所提出的檢定與適配度的評估方法，進行檢定與適配度的評估我們所假設兩因素模型的驗證性因素分析模型。因而，本節探究有關評估或評鑑模型的適配度指標之焦點只作簡單的提示而已。

在解釋驗證性因素分析結果的第一個步驟是去評估或評鑑整體模型的適配度指標。如果模型的適配度測量指標是達到足夠的適當性，與對研究者的標準是達到可接受的水準，那麼我們就可進行已估計模型參數的評估與解釋。整體模型的適配度指標可由統計上的卡方（χ^2）檢定來進行評估，因而可啟發去使用很多適配度的測量指標。

Goodness of Fit Statistics

Degrees of Freedom = 8

Minimum Fit Function Chi-Square = 4.0871 (P = .8492)

Normal Theory Weighted Least Squares Chi-Square = 4.0502 (P = .8526)

Estimated Non-centrality Parameter (NCP) = .0

90 Percent Confidence Interval for NCP = (.0; 3.3644)

Minimum Fit Function Value = .01242

Population Discrepancy Function Value (F0) = 0.0

90 Percent Confidence Interval for F0 = (.0; .01023)

Root Mean Square Error of Approximation (RMSEA) = .0

90 Percent Confidence Interval for RMSEA = (.0; 0.03575)

P-Value for Test of Close Fit (RMSEA < .05) = .9829

Expected Cross-Validation Index (ECVI) = .1033

90 Percent Confidence Interval for ECVI = (.1033; .1136)

ECVI for Saturated Model = .1277

ECVI for Independence Model = 2.8220

Chi-Square for Independence Model with 15 Degrees of Freedom = 916.4367

Independence AIC = 928.4367

Model AIC = 30.0502

Saturated AIC = 42.0000

Independence CAIC = 957.2312

Model CAIC = 92.4384

Saturated CAIC = 142.7809

Normed Fit Index (NFI) = .9955

Non-Normed Fit Index (NNFI) = 1.0081

Parsimony Normed Fit Index (PNFI) = .5310

Comparative Fit Index (CFI) = 1.0000

Incremental Fit Index (IFI) = 1.0043

Relative Fit Index (RFI) = .9916

Critical N (CN) = 1618.3289

Root Mean Square Residual (RMR) = .3103

Standardized RMR = .01305

Goodness of Fit Index (GFI) = .9959

Adjusted Goodness of Fit Index (AGFI) = .9893

Parsimony Goodness of Fit Index (PGFI) = .3794

(一) 卡方（χ^2）檢定

卡方（χ^2）的統計量是被使用去檢定下列虛無與對立的假設

$$H_0：\Sigma = \Sigma(\theta)$$
$$H_0：\Sigma \neq \Sigma(\theta)$$

式中 Σ 是母群體矩陣與 $\Sigma(\theta)$ 是已估計模型參數共變數矩陣，從參數向量中產生以界定已假設的模型。要去檢定考驗以上的假設，樣本共變數矩陣 S 被使用為 Σ 的一個估計式，而 $\Sigma(\hat{\theta})= \hat{\Sigma}$ 是獲自參數估計值的共變數矩陣的估計式，即已估計的共變數矩陣。然後，虛無假設就變成 $S = \hat{\Sigma}$ 或 $S - \hat{\Sigma} = 0$。換言之，虛無假設是在於檢定考驗樣本與已估計的共變數矩陣之間是否有差異，是一個虛無的或 0 的矩陣。在此要提醒注意的是在本模型案例中是希望未能拒絕虛無假設，使樣本矩陣與已估計的共變數矩陣之間未能達到差異的程度，而使它可以導致被推論在統計意義上已假設的模型適合於（或適配於）資料。一個卡方（χ^2）值為（Minimum Fit Function Chi-Square = 4.0871）4.0871，自由度 = 8，依卡方值／df = 4.0871／8 = .5108875 < 2。p 值（p-value）為 .85257 > .1，以 .05 的顯著性水準，本模型的卡方（χ^2）值的考驗檢定是不顯著的，而保留虛無假設，即是在統計上本假設的模型適配於資料。

（二）模型適配度的啟發式測量

卡方（χ^2）的統計量對樣本的大小是很敏感的。就一個大的樣本而言，縱然在 $S - \hat{\Sigma}$ 中的差異將會是統計上的顯著性，然而在實際上這樣的顯著性並不具有意義。這樣的結果，使研究者在典型上會傾向於減低對卡方（χ^2）檢定的信度，因而會訴諸於其他評估模型適合於資料的方法（Bearden, Sharma, and Teel, 1982）。大約有 30 個評估模型適配度的測量指標已被提出於 Marsh, Balla 與 McDonald 的著作之中（1988）。大部分的適配度測量指標被設計去提供一個殘差矩陣作摘要的測量，此就是樣本與已估計的共變數矩陣之間差異的測量（即是，$RES = S-\hat{\Sigma}$）。LISREL 的版本在第七版本以上的，有三種這樣的測量：適配度指標（Goodness of Fit Index, GFI）；已修正的適配度指標（Adjusted Goodness of Fit Index, AGFI）；均方根殘差（Root Mean Square Residual, RMSR）。

適配度指標（Goodness of Fit Index），亦可使用下列程式來獲得：

$$GFI = 1 - \frac{tr[(\hat{\Sigma}^{-1}S - I)^2]}{tr[(\hat{\Sigma}^{-1}S)^2]} \qquad (11\text{-}34)$$

可呈現由模型來預測 S 矩陣中變異數與共變數的數量。依此意義，它類似於多元迴歸中 R^2 的解釋一樣。在此要注意的是當 GFI = 1 時，$S = \hat{\Sigma}$（即是，RES = 0），而當 GFI = <1 時對已假設的模型，即意指不完全地適配於資料。無論如何，它已顯示 GFI，與 AGFI 是會受到樣本大小與測量指標數目的影響。

GFI 與 AGFI 都具有標準化的特性，其數值是介於 0 至 1 之間，指標值越接近 1，表示模型適配度越高，越接近 0，表示模型適配度越低。在進行 SEM 分析中假設模型的適配度，其 GFI 與 AGFI 這兩個指標值通常都會非常接近 1.00，一般而言，這兩個指標值要大於 .90 才可被視為具有良好的適配度指標（Hu & Bentler, 1999）。在本案例模型，GFI 指標為 1.0000，AGFI 指標為 .9893，這兩個指標值都達到 .90 的門檻，即表示假設模型的適配情形相當理想。由上述表資料數據中的

DP 值為 (6 × 7)／2 = 21，自由估計參數為 13。

若依據前述的適配度指標來檢定，可指出這是一個理想的模型。就絕對適配度指標而言，例如，卡方值與它的 p 值是令人滿意的。依本範例的模型如前面已提到的卡方值，一個卡方（χ^2）值為（Minimum Fit Function Chi-Square = 4.0871）4.0871，自由度 = 8，依卡方值／df = 4.0871／8 = .518875 < 2。p 值（p-value）為 .85257 > .1，達到 .05 的顯著性水準，均方根近似誤（RMSEA）為 .0000 < .05，表示被提出的或被假設的模型與觀察值之間沒有顯著的差異。而且 GFI = 1.0000 > .90，達到 .90 以上的門檻。

就增值適配度指標而言，AGFI = .9893，NFI = .9955，RFI = .9916，IFI = 1.0043，NNFI = 1.0000，CFI = 1.0000。均在 .90 以上。

簡效值適配度指標而言，PGFI = .3794 < .50 在 .50 門檻以下，PNFI = .5310 在 .50 門檻以上，CN = 1618.3283 > 200，除了 PGFI 之外，達可接受的值適配度指標。

由於 RMSEA 信賴區間落入 .05 之內，同時非趨中性參數（NCP）的 90% 的信賴區間亦能涵蓋最合理的適配度指標，因此，若採取比較嚴格的說法，本範例的理論模型可以說有一個很理想的適配度指標。

我們亦注意到資訊標準值（information criteria values），一般而言，在應用實務上，AIC 指標都是與獨立模型和飽和模型下的 AIC 指標值作比較。基本上，AIC 值愈小愈好，最好要比在獨立模型和飽和模型下的 AIC 指標值還要小；因此，從上述的資料中可獲知，本範例修正後的假設模型提供計算 AIC 指標值的獨立模型（具有 15 個自由度）下的卡方值為 916.4367，本模型的 AIC 指標值為 30.0502，獨立模型下的 AIC 指標值為 928.4367，飽和模型下的 AIC 指標值為 42.0000，並且本模型的 CAIC 指標值為 92.4384，獨立模型下的 CAIC 指標值為 957.2312，飽和模型下的 CAIC 指標值為 142.7809，可見本範例修正後的假設模型的 AIC 指標值與 CAIC 指標值都比其在獨立模型和飽和模型下的 AIC 指標值和 CAIC 指標值還要小，由此顯示本範例的假設模型已具有可接受的適配的程度。

（三）殘差分析

從下列部分資料數據，我們如果取出原始的表 11-3 共變數矩陣所提供一個假設的或樣本共變數矩陣，也是我們輸入 LISREL 進行本範例（或假設模型）的共變數矩陣與上述所呈現適配的共變數矩陣（Fitted Covariance Matrix）作比較。此時，我們可以看到兩者之間數據的差異很小。換言之，就是如我們在前述中所提到的，$\hat{\Sigma}$ 或 $\Sigma(\theta)$ 共變數矩陣接近 S 共變數矩陣。當 $\hat{\Sigma}$ 愈接近 S 時，即表示模型愈適配資料結構，模型適配度指標愈佳；反之，當 $\hat{\Sigma}$ 愈偏離 S 時，即表示模型愈不適配資料結構，模型適配度指標愈差。若以推論統計中的顯著性檢定程式而言，所謂的模型適配度指標檢定，即是在於比較 S 和 $\hat{\Sigma}$ 之間的差異，並在於考驗檢定其差異是否達到統計學上的顯著性程度之意（Bollen, 1989）。

（四）一個說明的範例

現在我們可考量在前述圖 11-5，與 LISREL 輸出報表中的資料來輸入於下列矩陣，由於與圖 11-5 所假設的模型參數估計值所獲得的數據只是到小數點第四位，因而我們以 LISREL 輸出報表中的資料數據為主。

如樣本共變數矩陣 S 為表 11-1 所示，S =

47.3361					
7.2211	21.7884				
26.0881	12.7123	71.8841			
7.1287	3.1689	11.9781	10.9881		
9.5510	5.3340	16.4412	10.1002	17.9910	
15.9110	8.0012	27.9921	17.9981	22.1023	62.8830

假定母群體參數矩陣 Λ, Φ, 與 Θ 是未知的，除非它們必須複製母群體共變數矩陣，Σ 假定如以上的矩陣，此時我們代入方程式 $\Sigma = \Lambda\Phi\Lambda' + \Theta$。

```
LISREL Estimates (Maximum Likelihood)

        LAMBDA-X
              數理       文史
            --------   --------
    X1      3.8912       --
           (.4170)
            9.3323
    X2      1.9047       --
           (.2882)
            6.6079
```

```
 X3    6.6807       --
      (.5318)
      12.5628
 X4      --       2.8307
                 (.1559)
                 18.1546
 X5      --       3.5677
                 (.2008)
                 17.7704
 X6      --       6.2814
                 (.3841)
                 16.3528
```


$$\Lambda_x = \begin{bmatrix} 3.8912 & 0 \\ 1.9047 & 0 \\ 6.6807 & 0 \\ 0 & 2.8307 \\ 0 & 3.5677 \\ 0 & 6.2814 \end{bmatrix}$$

```
PHI
         數理       文史
       --------   --------
 數理    1.0000
 文史     .6634     1.0000
        (.0515)
        12.8742
```

$$\Phi = \begin{bmatrix} 1.0000 & .6634 \\ .6634 & 1.0000 \end{bmatrix}$$

THETA-DELTA

X1	X2	X3	X4	X5	X6
32.1949	18.1604	27.2526	2.9751	5.2624	23.4268
(3.0838)	(1.5263)	(5.3013)	(.3910)	(.6491)	(2.4333)
10.4399	11.8984	5.1408	7.6085	8.1075	9.6276

$$\Theta = \begin{bmatrix} 32.1949 & 0 & 0 & 0 & 0 & 0 \\ 0 & 18.1604 & 0 & 0 & 0 & 0 \\ 0 & 0 & 27.2526 & 0 & 0 & 0 \\ 0 & 0 & 0 & 2.9751 & 0 & 0 \\ 0 & 0 & 0 & 0 & 5.2624 & 0 \\ 0 & 0 & 0 & 0 & 0 & 23.4268 \end{bmatrix}$$

$$\Sigma = \Lambda\Phi\Lambda' + \Theta$$

$$= \begin{bmatrix} 3.8912 & 0 \\ 1.9047 & 0 \\ 6.6807 & 0 \\ 0 & 2.8307 \\ 0 & 3.5677 \\ 0 & 6.2814 \end{bmatrix} \begin{bmatrix} 1.0000 & .6634 \\ .6634 & 1.0000 \end{bmatrix}$$

$$\begin{bmatrix} 3.8912 & 1.9047 & 6.6807 & 0 & 0 & 0 \\ 0 & 0 & 0 & 2.8307 & 3.5677 & 6.2814 \end{bmatrix}$$

$$+ \begin{bmatrix} 32.1949 & 0 & 0 & 0 & 0 & 0 \\ 0 & 18.1604 & 0 & 0 & 0 & 0 \\ 0 & 0 & 27.2526 & 0 & 0 & 0 \\ 0 & 0 & 0 & 2.9751 & 0 & 0 \\ 0 & 0 & 0 & 0 & 5.2624 & 0 \\ 0 & 0 & 0 & 0 & 0 & 23.4268 \end{bmatrix}$$

```
>> SIGMA = LAMX*PH*LAMX' + DELTA
SIGMA =
   47.3363    7.4116   25.9959    7.3072    9.2097   16.2149
    7.4116   21.7883   12.7247    3.5768    4.5081    7.9370
```

25.9959	12.7247	71.8844	12.5456	15.8120	27.8390
7.3072	3.5768	12.5456	10.9880	10.0991	17.7808
9.2097	4.5081	15.8120	10.0991	17.9909	22.4102
16.2149	7.9370	27.8390	17.7808	22.4102	62.8828

由此我們可以比較 S 和 $\hat{\Sigma}$ 之間的差異，進行考驗檢定其差異是否達到統計學上的顯著性程度之意（Bollen, 1989）。從以上 S 和 $\hat{\Sigma}$ 之間的各元素幾乎非常接近，由此可推理本範例所提出或所假設的模型是適配於我們所提出的研究資料。

我們亦可以以兩者 X1（M，數學）與 X2（P，物理）之間共變數為例，前者的值為 7.2211；而後者的值為 7.4116。再以 X1（M，數學）與 X3（C，化學）之間共變數為例，前者的值為 26.0881；而後者的值為 25.9957。此可顯示兩者的差異很小。LISREL 提供了一個摘要表統合整理出所有觀察資料點與導出值之間的殘差量，列於 Summary Statistics for Fitted Residuals 表中，同時也利用莖葉圖（Stemleaf Plot），繪製出殘差值的分布情形。

由摘要數據可知，最小殘差值為 −.5672，最大殘差值為 .8260，殘差的中位數為 .00。這些數據為原始估計量。我們若考量各變項的分散性，以及殘差的集中性與分散性，可將各殘差除以 Z 分數型態以進行標準化，就可獲得標準化殘差。

the model of boy data

Fitted Covariance Matrix

	X1	X2	X3	X4	X5	X6
	--------	--------	--------	--------	--------	--------
X1	47.3361					
X2	7.4116	21.7884				
X3	25.9957	12.7249	71.8841			
X4	7.3070	3.5768	12.5453	10.9881		
X5	9.2094	4.5080	15.8115	10.0993	17.9910	
X6	16.2143	7.9369	27.8380	17.7810	22.4103	62.8830

Fitted Residuals

	X1	X2	X3	X4	X5	X6
	--------	--------	--------	--------	--------	--------
X1	.0000					
X2	−.1905	.0000				
X3	.0924	−.0126	.0000			
X4	−.1783	−.4079	−.5672	.0000		
X5	.3416	.8260	.6297	.0009	.0000	
X6	−.3033	.0643	.1541	.2171	−.3080	.0000

Summary Statistics for Fitted Residuals

Smallest Fitted Residual = −.5672

Median Fitted Residual = .0000

Largest Fitted Residual = .8260

Stemleaf Plot

− 0|6

− 0|4332200000000

0|11223

0|68

Standardized Residuals

	X1	X2	X3	X4	X5	X6
	--------	--------	--------	--------	--------	--------
X1	--					
X2	−.1722	--				
X3	.1825	−.0200	--			
X4	−.2938	−.7540	−1.0982	--		
X5	.4242	1.1716	.8904	.0158	--	
X6	−.1789	.0458	.0950	1.3410	−1.3376	--

Summary Statistics for Standardized Residuals

Smallest Standardized Residual = −1.3376

```
Median Standardized Residual =      .0000
Largest Standardized Residual =    1.3410
Stemleaf Plot
- 1|31
- 0|8322000000000
  0|1249
  1|23

the model of boy data
                       Qplot of Standardized Residuals
 3.5 ..........................................................
    .                                                          ..
    .                                                         . .
    .                                                       .   .
    .                                                     .     .
    .                                                   .       .
    .                                                 .         .
    .                                               .           .
    .                                             .             .
    .                                           .               .
    .                                         .                 .
    .                                       .                   .
    .                                     .                     .
    .                                  x .                      .
    .                                    .                      .
 N  .                                 x                         .
 o  .                               .                           .
 r  .                             x                             .
 m  .                          x .                              .
 a  .                       x  .                                .
 l  .                     x  .                                  .
```

```
   .                             x .                                                         .
 Q .                              x                                                          .
 u .                              .                                                          .
 a .                           . x                                                           .
 n .                          .  x                                                           .
 t .                         .   x                                                           .
 i .                        .  x                                                             .
 l .                       . x                                                               .
 e .                      .                                                                  .
 s .                     .x                                                                  .
   .                    .                                                                    .
   .                   . x                                                                   .
   .                  .                                                                      .
   .                 .                                                                       .
   .                .                                                                        .
   .               .                                                                         .
   .              .                                                                          .
   .             .                                                                           .
   .            .                                                                            .
   .           .                                                                             .
   .          .                                                                              .
   .  .                                                                                      .
   . .                                                                                       .
-3.5.......................................................................
   -3.5                                                                                   3.5
                              Standardized Residuals
```

the model of boy data

Modification Indices and Expected Change

Modification Indices for LAMBDA-X

	數理	文史
	--------	--------
X1	--	.0004
X2	--	.0333
X3	--	.0297
X4	1.7893	--
X5	1.7982	--
X6	.0003	--

Expected Change for LAMBDA-X

	數理	文史
	--------	--------
X1	--	−.0174
X2	--	.0834
X3	--	−.2953
X4	−.3257	--
X5	.4171	--
X6	.0093	--

Standardized Expected Change for LAMBDA-X

	數理	文史
	--------	--------
X1	--	−.0174
X2	--	.0834
X3	--	−.2953
X4	−.3257	--
X5	.4171	--
X6	.0093	--

Completely Standardized Expected Change for LAMBDA-X

	數理	文史
X1	--	−.0025
X2	--	.0179
X3	--	−.0348
X4	−.0983	--
X5	.0983	--
X6	.0012	--

No Non-Zero Modification Indices for PHI

Modification Indices for THETA-DELTA

	X1	X2	X3	X4	X5	X6
X1	--					
X2	.0296	--				
X3	.0333	.0004	--			
X4	.0029	1.3885	.5511	--		
X5	.0221	2.0029	.2560	.0003	--	
X6	.0571	.0063	.0455	1.7982	1.7893	--

Expected Change for THETA-DELTA

	X1	X2	X3	X4	X5	X6
X1	--					
X2	−.2765	--				
X3	.9610	−.0480	--			
X4	.0391	−.6070	−.6414	--		
X5	.1399	.9444	.5616	.0126	--	
X6	−.4413	−.1048	.4565	1.7546	−2.1765	--

Completely Standardized Expected Change for THETA-DELTA

	X1	X2	X3	X4	X5	X6
	--------	--------	--------	--------	--------	--------
X1	--					
X2	−.0086	--				
X3	.0165	−.0012	--			
X4	.0017	−.0392	−.0228	--		
X5	.0048	.0477	.0156	.0009	--	
X6	−.0081	−.0028	.0068	.0667	−.0647	--

Maximum Modification Index is 2.00 for Element (5, 2) of THETA-DELTA

the model of boy data

Factor Scores Regressions

KSI

	X1	X2	X3	X4	X5	X6
	--------	--------	--------	--------	--------	--------
數理	.0308	.0267	.0624	.0334	.0238	.0094
文史	.0042	.0037	.0086	.1155	.0823	.0325

（五）完全標準化的因解

在完全標準化的因解中對於各個構念的變異數估計值被標準化，其各測量指標的變異數估計值亦會被標準化。在下述的報表資料中，指示這樣的因解法（solution）是有效的，是可接受的。

the model of boy data

Standardized Solution

LAMBDA-X

	數理	文史
	--------	--------
X1	3.8912	--

X2	1.9047	--
X3	6.6807	--
X4	--	2.8307
X5	--	3.5677
X6	--	6.2814

PHI

	數理	文史
數理	1.0000	
文史	.6634	1.0000

the model of boy data

Completely Standardized Solution

LAMBDA-X

	數理	文史
X1	.5656	--
X2	.4081	--
X3	.7880	--
X4	--	.8540
X5	--	.8411
X6	--	.7921

PHI

	數理	文史
數理	1.0000	
文史	.6634	1.0000

THETA-DELTA

X1	X2	X3	X4	X5	X6
--------	--------	--------	--------	--------	--------
.6801	.8335	.3791	.2708	.2925	.3725

（六）完全標準化因解的最終因解徑路圖

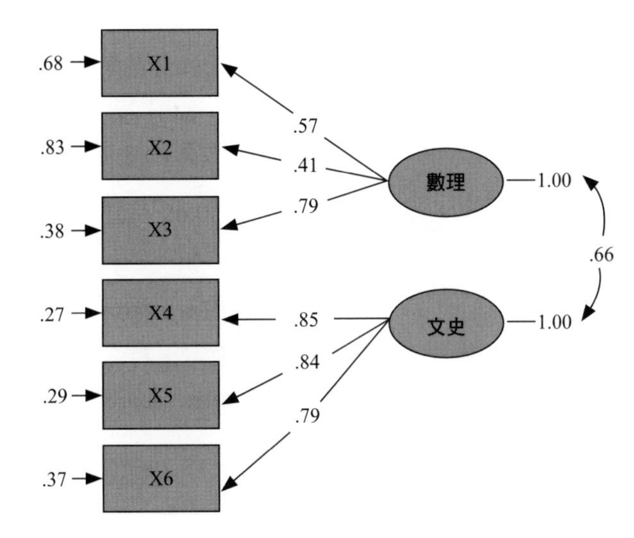

Chi-Square = 4.05, df = 8, P-value = .85257, RMSEA = .000

圖 11-9　完全標準化的因解與最終的因解徑路圖

第七節　多分組或多重樣本分析複核效化

在許多研究情境中，很多研究者有興趣於關切去測定一個假設的因素模型執行交叉多分組或多樣本的結果是否有差異或是一樣。例如，我們可以有興趣去關切測定前述所假設的兩因素模型其相關構念之間的因素負荷量、誤差變異數、與共變數，在男性樣本與女性樣本之間是否有差異或是一樣。或我們可以有興趣去關切測定其所假設的因素模型在兩個不同的區段時間，其所研究的問題在這兩個不同的區段時間是否產生變動、改變、或變化。

所謂複核效化或交叉有效性（cross-validation）是指測量的結果具有跨樣本或跨情境的有效性。在測量的使用上，複核效化或交叉有效性的概念很早就受到普遍的重視，在早期是被應用於迴歸分析的一種統計技術，用於檢定迴歸係數的穩定性

（Mosier, 1951; Cattin, 1980），隨後由於測量理論與統計技術的發展，因而凡是在不同情境之下其測量結果穩定性的檢定，都可以被視為是複核效化或交叉有效性的一種作法。

如果我們可以有興趣去關切測定前述所假設的兩因素模型其相關構念之間的因素負荷量、誤差變異數、與共變數，在男性樣本與女性樣本之間是否有差異或是一樣。對於這樣問題的虛無與對立假設是：

$$
\begin{aligned}
H_0：\quad & \Lambda_x^{男性} = \Lambda_x^{女性} \\
& \Theta_\delta^{男性} = \Theta_\delta^{女性} \\
& \Phi^{男性} = \Phi^{女性} \\
H_1：\quad & \Lambda_x^{男性} \neq \Lambda_x^{女性} \\
& \Theta_\delta^{男性} \neq \Theta_\delta^{女性} \\
& \Phi^{男性} \neq \Phi^{女性}
\end{aligned}
$$

這些假設可執行兩個個別的分析來進行考驗檢定。首先，每一個樣本的個別模型進行估計。其整體的卡方（χ^2）值是等於（同等於）每一個模型卡方（χ^2）值的總和，其整體的自由度是等於每一個模型自由度的總和。這樣的分析被歸之為不受限制的分析（the unconstrained analysis），為兩個分組（如實驗組與控制組）模型的參數矩陣是不受限制的，是彼此相等的。在第二個分析中即被假定這兩個因素之間的因素負荷量、誤差變異數、與共變數是相同的。即是，這兩個樣本的參數矩陣是同等的受限制，與該分析是同等的使用聯合的樣本（the combined sample）（即是男性的與女性的樣本）去進行一個因素模型的估計，這樣的分析被歸之為受限制的分析。這些假設可執行一種卡方（χ^2）差異的檢定方法來進行考驗檢定。這二個分析的卡方（χ^2）差異檢定係遵循一個卡方（χ^2）與自由度的分配等於這二個分析自由度中的差異。

在下列不受限制分析的 LISREL 程式指令中，MATRIX DATA 指令中的分裂選項（the SPLIT option）被使用去指示多矩陣（multiple matrices）將被讀取。而 LISREL 將會把性別變項為 1 的值分配或指派為第一個樣本，把其值為 2 的指派為第二個樣本。在 LISREL 程式指令中第一個共變數矩陣是為男性，第二個共變數矩陣是為女性。

結構方程式模型（SEM）對於因素恆等性的檢定，是由下列的各假設模型的分析與比較來進行。

模型一：基準模型（baseline model），即是因素結構假設相等。基準模型是由兩個獨立無關連，但是其結構相同的驗證性因素分析模型所組成的一個組合，其卡方值（χ^2）為兩個個別樣本以同一個因素結構進行估計的總和。

模型二：因素負荷量恆等的模型，因素結構在不同母群體之間被假設是相等的，此種狀況之下其因素負荷量被假設有跨樣本的恆等性的限制。換言之，也就是說兩個樣本的 Λ_x 矩陣假設為等同。

模型三：因素負荷量與測量殘差變異數恆等的模型。此模型比模型二更進一步去假設測量殘差變異數具有跨母群體的恆等性。也就是兩個樣本的 Λ_x 矩陣與 Θ_δ 矩陣被假設為等同。

模型四：因素負荷量、測量殘差變異數、因素或潛在變項的變異數與共變數均恆等的模型。此模型，依此意義，當然比前述模型二與模型三更具有跨母群體的恆等性。換言之，也就是說兩個樣本的 Λ_x 矩陣、Θ_δ 矩陣、與 Φ 矩陣被假設為等同。此時，由於所有的模型參數都被設定等同，因而可以被視為是完全等同的模型。

我們可以使用以上所提出的四個假設模型，進行層次不同的因素恆等性檢定，在進行因素恆等性檢定之中，當模型中越多的參數被設定時，也越可反映其因素恆等性越強。依此意義，即表示越多的參數被設定為恆等性時，其自由度也就越來越大，其卡方值（χ^2）也會越來越大。此際，我們可以利用卡方差異檢定，以測定我們所設定的等同是否具有顯著的影響，當卡方差異檢定達顯著性時，即表示所檢定的恆等性假設可以被拒絕。相對的，卡方差異檢定未達顯著性時，即表示所檢定的恆等性假設可以被保留。

以下我們就依據上述所提出的四個假設模型，進行層次不同的因素恆等性檢定如下。

一、模型一：多重樣本因素結構假設相等

（一）LISREL 的語法指令（本語法指令儲存在本書 CH11-2 檔案中）

```
    the model of cross validaty
group 1 : boys
DA NI = 6 NO = 330 NG = 2 MA = CM
CM
```

```
47.3361
 7.2211   21.7884
26.0881   12.7123   71.8841
 7.1287    3.1689   11.9781   10.9881
 9.5510    5.3340   16.4412   10.1002   17.9910
15.9110    8.0012   27.9921   17.9981   22.1023   62.8830
MO NX = 6 NK = 2 TD = SY
LA
X1 X2 X3 X4 X5 X6
LK
數理　文史
FR LX(2, 1) LX(3, 1) LX(5, 2) LX(6, 2)
VA 1 LX(1, 1)
VA 1 LX(4,2)
PD
OU RS EF SS SC

group 2: girls
DA NI = 6 NO = 310 NG = 2 MA = CM
CM
46.3361
10.3211   21.0556
26.1881   15.6123   65.8842
 6.3287    4.1688   10.9781   11.1881
 9.5510    6.3340   14.4432   12.1023   22.9910
15.9168    9.2012   25.9921   20.9981   27.1023   69.8830
MO NX = 6 NK = 2 TD = SY
LA
X1 X2 X3 X4 X5 X6
LK
```

數理　文史
FR LX(2, 1) LX(3, 1) LX(5, 2) LX(6, 2) TD(1, 1) TD(2, 2) TD(3, 3) TD(4, 4) TD(5, 5)
FR TD(6, 6)
VA 1 LX(1, 1)
VA 1 LX(4, 2)
OU

（二）SIMPLIS 語法指令（本語法指令儲存在本書 CH11-2b 檔案中）

the model of cross validaty
group 1: boys
observed variables: X1 X2 X3 X4 X5 X6
covariance matrix:

```
47.3361
 7.2211   21.7884
26.0881   12.7123   71.8841
 7.1287    3.1689   11.9781   10.9881
 9.5510    5.3340   16.4412   10.1002   17.9910
15.9110    8.0012   27.9921   17.9981   22.1023   62.8830
```

sample size = 330
latent variables：數理　文史
relationships:
X1 = 1*數理
X2 X3 = 數理
X4 = 1*文史
X5 X6 = 文史

group 2: girls
observed variables: X1 X2 X3 X4 X5 X6
covariance matrix:

```
46.3361
10.3211   21.0556
```

```
26.1881   15.6123   65.8842
 6.3287    4.1688   10.9781   11.1881
 9.5510    6.3340   14.4432   12.1023   22.9910
15.9168    9.2012   25.9921   20.9981   27.1023   69.8830
sample size = 310
latent variables：數理　文史
relationships:
X1 = 1*數理
X2 X3 = 數理
X4 = 1*文史
X5 X6 = 文史
set the variance of 數理 free
set the variance of 文史 free
set the covariance of 數理 文史 free
set the error variance of X1-X6 free
number of decimal = 4
lisrel output:FS EF RM RS MI SC SS WP
path diagram
end of problem
```

（三）模型一：多重樣本因素結構假設相等模型參數估計與徑路圖

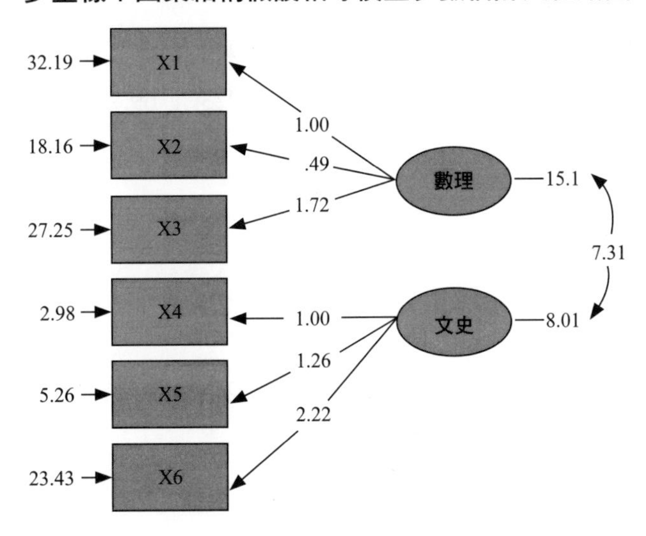

圖 11-10　多重樣本因素結構假設相等模型參數估計與徑路圖

（四）LISREL 結果輸出報表與檢定

the model of cross validaty

Number of Input Variables	6
Number of Y - Variables	0
Number of X - Variables	6
Number of ETA - Variables	0
Number of KSI - Variables	2
Number of Observations	330
Number of Groups	2

group 2: girls

DA NI = 6 NO = 310 NG = 2 MA = CM

CM

46.3361

10.3211　21.0556

26.1881　15.6123　65.8842

```
 6.3287    4.1688   10.9781   11.1881
 9.5510    6.3340   14.4432   12.1023   22.9910
15.9168    9.2012   25.9921   20.9981   27.1023   69.8830
MO NX = 6 NK = 2 TD = SY
LA
X1 X2 X3 X4 X5 X6
LK
數理  文史
FR LX(2,1) LX(3,1) LX(5,2) LX(6,2) TD(1,1) TD(2,2) TD(3,3) TD(4,4) TD(5,5)
FR TD(6,6)
VA 1 LX(1,1)
VA 1 LX(4,2)
OU
```

group 2: girls

```
                    Number of Input Variables    6
                    Number of Y - Variables      0
                    Number of X - Variables      6
                    Number of ETA - Variables    0
                    Number of KSI - Variables    2
                    Number of Observations     310
                    Number of Groups             2
```

the model of cross validaty

```
        Covariance Matrix

              X1         X2         X3         X4         X5         X6
          --------   --------   --------   --------   --------   --------
   X1       47.34
   X2        7.22      21.79
```

X3	26.09	12.71	71.88			
X4	7.13	3.17	11.98	10.99		
X5	9.55	5.33	16.44	10.10	17.99	
X6	15.91	8.00	27.99	18.00	22.10	62.88

group 2: girls

Covariance Matrix

	X1	X2	X3	X4	X5	X6
X1	46.34					
X2	10.32	21.06				
X3	26.19	15.61	65.88			
X4	6.33	4.17	10.98	11.19		
X5	9.55	6.33	14.44	12.10	22.99	
X6	15.92	9.20	25.99	21.00	27.10	69.88

the model of cross validaty

Parameter Specifications

LAMBDA-X

	數理	文史
X1	0	0
X2	1	0
X3	2	0
X4	0	0
X5	0	3
X6	0	4

PHI

	數理	文史
	--------	--------
數理	5	
文史	6	7

THETA-DELTA

X1	X2	X3	X4	X5	X6
--------	--------	--------	--------	--------	--------
8	9	10	11	12	13

group 2: girls

Parameter Specifications

LAMBDA-X

	數理	文史
	--------	--------
X1	0	0
X2	14	0
X3	15	0
X4	0	0
X5	0	16
X6	0	17

PHI

	數理	文史
	--------	--------
數理	18	
文史	19	20

THETA-DELTA

X1	X2	X3	X4	X5	X6
21	22	23	24	25	26

the model of cross validaty

Number of Iterations = 3

LISREL Estimates (Maximum Likelihood)

LAMBDA-X

	數理	文史
X1	1.00	--
X2	.49	--
	(.09)	
	5.68	
X3	1.72	--
	(.23)	
	7.52	
X4	--	1.00
X5	--	1.26
		(.07)
		16.89
X6	--	2.22
		(.14)
		15.92

PHI

	數理	文史
數理	15.14	
	(3.24)	

	4.67	
文史	7.31	8.01
	(1.17)	(.88)
	6.23	9.08

THETA-DELTA

X1	X2	X3	X4	X5	X6
--------	--------	--------	--------	--------	--------
32.19	18.16	27.25	2.98	5.26	23.43
(3.08)	(1.53)	(5.30)	(.39)	(.65)	(2.43)
10.44	11.90	5.14	7.61	8.11	9.63

Squared Multiple Correlations for X - Variables

X1	X2	X3	X4	X5	X6
--------	--------	--------	--------	--------	--------
.32	.17	.62	.73	.71	.63

Group Goodness of Fit Statistics

Contribution to Chi-Square = 4.09

Percentage Contribution to Chi-Square = 53.24

Root Mean Square Residual (RMR) = .31

Standardized RMR = .013

Goodness of Fit Index (GFI) = 1.00

the model of cross validaty

Fitted Covariance Matrix

	X1	X2	X3	X4	X5	X6
	--------	--------	--------	--------	--------	--------
X1	47.34					
X2	7.41	21.79				
X3	26.00	12.72	71.88			

X4	7.31	3.58	12.55	10.99		
X5	9.21	4.51	15.81	10.10	17.99	
X6	16.21	7.94	27.84	17.78	22.41	62.88

Fitted Residuals

	X1	X2	X3	X4	X5	X6
	--------	--------	--------	--------	--------	--------
X1	.00					
X2	−.19	.00				
X3	.09	−.01	.00			
X4	−.18	−.41	−.57	.00		
X5	.34	.83	.63	.00	.00	
X6	−.30	.06	.15	.22	−.31	.00

Summary Statistics for Fitted Residuals

Smallest Fitted Residual = −.57

Median Fitted Residual = .00

Largest Fitted Residual = .83

Stemleaf Plot

− 0|6

− 0|4332200000000

0|11223

0|68

Standardized Residuals

	X1	X2	X3	X4	X5	X6
	--------	--------	--------	--------	--------	--------
X1	--					
X2	−.17	--				
X3	.18	−.02	--			
X4	−.29	−.75	−1.10	--		

```
X5       .42     1.17     .89     .02      --
X6      -.18      .05     .09    1.34   -1.34      --
```

Summary Statistics for Standardized Residuals

Smallest Standardized Residual = −1.34

Median Standardized Residual = .00

Largest Standardized Residual = 1.34

Stemleaf Plot

```
- 1|31
- 0|8322000000000
  0|1249
  1|23
```

the model of cross validaty

Qplot of Standardized Residuals

```
3.5 ..................................................................
 .                                                                ..
 .                                                               . .
 .                                                             .   .
 .                                                           .     .
 .                                                         .       .
 .                                                       .         .
 .                                                     .           .
 .                                                   .             .
 .                                                 .               .
 .                                               .                 .
 .                                             .                   .
 .                                           .                     .
 .                                x .                              .
 .                                 .                               .
```

```
N  .                                               x                                  .
o  .                                            .                                     .
r  .                                         x                                        .
m  .                                     x  .                                         .
a  .                                 x   .                                            .
l  .                               x   .                                              .
   .                                x .                                               .
Q  .                                 x                                                .
u  .                               .                                                  .
a  .                            . x                                                   .
n  .                          .  x                                                    .
t  .                          .  x                                                    .
i  .                       .  x                                                       .
l  .                     . x                                                          .
e  .                   .                                                              .
s  .                   .x                                                             .
   .                  .                                                               .
   .                . x                                                               .
   .               .                                                                  .
   .             .                                                                    .
   .           .                                                                      .
   .           .                                                                      .
   .         .                                                                        .
   .         .                                                                        .
   .       .                                                                          .
   .      .                                                                           .
   .    .                                                                             .
   .   .                                                                              .
   ..                                                                                 .
−3.5...................................................................
     −3.5                                                                           3.5
```

Standardized Residuals

the model of cross validaty

Within Group Standardized Solution

LAMBDA-X

	數理	文史
	--------	--------
X1	3.89	--
X2	1.90	--
X3	6.68	--
X4	--	2.83
X5	--	3.57
X6	--	6.28

PHI

	數理	文史
	--------	--------
數理	1.00	
文史	.66	1.00

the model of cross validaty

Within Group Completely Standardized Solution

LAMBDA-X

	數理	文史
	--------	--------
X1	.57	--
X2	.41	--
X3	.79	--
X4	--	.85
X5	--	.84
X6	--	.79

PHI

	數理	文史
數理	1.00	
文史	.66	1.00

THETA-DELTA

X1	X2	X3	X4	X5	X6
.68	.83	.38	.27	.29	.37

group 2: girls

Number of Iterations = 3

LISREL Estimates (Maximum Likelihood)

LAMBDA-X

	數理	文史
X1	1.00	--
X2	.61	--
	(.09)	
	7.00	
X3	1.57	--
	(.20)	
	7.75	
X4	--	1.00
X5	--	1.30
		(.07)
		18.15
X6	--	2.26
		(.13)
		18.01

PHI

	數理	文史
	--------	--------
數理	16.59	
	(3.43)	
	4.84	
文史	7.00	9.27
	(1.18)	(.94)
	5.96	9.85

THETA-DELTA

X1	X2	X3	X4	X5	X6
--------	--------	--------	--------	--------	--------
29.74	14.97	24.79	1.92	7.23	22.52
(3.05)	(1.42)	(4.75)	(.35)	(.80)	(2.45)
9.75	10.56	5.22	5.49	9.05	9.20

Squared Multiple Correlations for X - Variables

X1	X2	X3	X4	X5	X6
--------	--------	--------	--------	--------	--------
.36	.29	.62	.83	.69	.68

Global Goodness of Fit Statistics

Degrees of Freedom = 16

Minimum Fit Function Chi-Square = 7.68 (P = .96)

Normal Theory Weighted Least Squares Chi-Square = 7.68 (P = .96)

Estimated Non-centrality Parameter (NCP) = .0

90 Percent Confidence Interval for NCP = (.0; .0)

Minimum Fit Function Value = .012

Population Discrepancy Function Value (F0) = .0

90 Percent Confidence Interval for F0 = (.0; .0)

Root Mean Square Error of Approximation (RMSEA) = .0

90 Percent Confidence Interval for RMSEA = (.0; .0)

P-Value for Test of Close Fit (RMSEA < .05) = 1.00

Expected Cross-Validation Index (ECVI) = .11

90 Percent Confidence Interval for ECVI = (.11; .11)

ECVI for Saturated Model = .066

ECVI for Independence Model = 2.91

Chi-Square for Independence Model with 30 Degrees of Freedom = 1844.46

Independence AIC = 1868.46

Model AIC = 59.68

Saturated AIC = 84.00

Independence CAIC = 1934.00

Model CAIC = 201.67

Saturated CAIC = 313.38

Normed Fit Index (NFI) = 1.00

Non-Normed Fit Index (NNFI) = 1.01

Parsimony Normed Fit Index (PNFI) = .53

Comparative Fit Index (CFI) = 1.00

Incremental Fit Index (IFI) = 1.00

Relative Fit Index (RFI) = .99

Critical N (CN) = 2660.41

Group Goodness of Fit Statistics

Contribution to Chi-Square = 3.59

Percentage Contribution to Chi-Square = 46.76

Root Mean Square Residual (RMR) = .36

Standardized RMR = .012

Goodness of Fit Index (GFI) = 1.00

group 2: girls

Fitted Covariance Matrix

	X1	X2	X3	X4	X5	X6
	--------	--------	--------	--------	--------	--------
X1	46.34					
X2	10.05	21.06				
X3	26.11	15.82	65.88			
X4	7.00	4.24	11.02	11.19		
X5	9.13	5.53	14.37	12.09	22.99	
X6	15.83	9.59	24.91	20.95	27.32	69.88

Fitted Residuals

	X1	X2	X3	X4	X5	X6
	--------	--------	--------	--------	--------	--------
X1	.00					
X2	.27	.00				
X3	.08	−.21	.00			
X4	−.67	−.07	−.04	.00		
X5	.42	.80	.07	.02	.00	
X6	.08	−.39	1.08	.05	−.22	.00

Summary Statistics for Fitted Residuals

Smallest Fitted Residual = −.67

Median Fitted Residual = .00

Largest Fitted Residual = 1.08

Stemleaf Plot

− 0|7

− 0|4221000000000

0|11134

0|8

1|1

Standardized Residuals

	X1	X2	X3	X4	X5	X6
	--------	--------	--------	--------	--------	--------
X1	--					
X2	.32	--				
X3	.15	−.47	--			
X4	−1.00	−.14	−.09	--		
X5	.37	.96	.07	.37	--	
X6	.04	−.27	.60	.60	−.86	--

Summary Statistics for Standardized Residuals

Smallest Standardized Residual = −1.00

Median Standardized Residual = .00

Largest Standardized Residual = .96

Stemleaf Plot

− 1|0

− 0|95

− 0|3110000000

0|11344

0|66

1|0

group 2: girls

Qplot of Standardized Residuals

```
3.5 ..........................................................................
  .                                                                        ..
  .                                                                       . .
  .                                                                     .   .
  .                                                                   .     .
  .                                                                 .       .
  .                                                               .         .
```

```
   .                                                                  .              .
   .                                                               .                 .
   .                                                             .                   .
   .                                                          .                      .
   .                                                       .                         .
   .                                                    .                            .
   .                                             x    .                              .
   .                                               .                                 .
N  .                                         x   .                                   .
o  .                                           .                                     .
r  .                                        x   .                                    .
m  .                                      x  .                                       .
a  .                                      x.                                         .
l  .                                  x   .                                          .
   .                                x .                                              .
Q  .                               x                                                 .
u  .                              .                                                  .
a  .                             .   x                                               .
n  .                           .   x                                                 .
t  .                         .   x                                                   .
i  .                       .   x                                                     .
l  .                     .  x                                                        .
e  .                   .                                                             .
s  .                  .   x                                                          .
   .                 .                                                               .
   .               .   x                                                             .
   .              .                                                                  .
   .           .                                                                     .
   .          .                                                                      .
   .         .                                                                       .
   .        .                                                                        .
```

```
 .     .                                                        .
 .    .                                                         .
 .   .                                                          .
 .  .                                                           .
 . .                                                            .
 ..                                                             .
-3.5..........................................................
   -3.5                                                       3.5
                        Standardized Residuals
```


group 2: girls

Within Group Standardized Solution

LAMBDA-X

	數理	文史
	--------	--------
X1	4.07	--
X2	2.47	--
X3	6.41	--
X4	--	3.04
X5	--	3.97
X6	--	6.88

PHI

	數理	文史
	--------	--------
數理	1.00	
文史	.56	1.00

group 2: girls

Within Group Completely Standardized Solution

LAMBDA-X

	數理	文史
X1	.60	--
X2	.54	--
X3	.79	--
X4	--	.91
X5	--	.83
X6	--	.82

PHI

	數理	文史
數理	1.00	
文史	.56	1.00

THETA-DELTA

X1	X2	X3	X4	X5	X6
.64	.71	.38	.17	.31	.32

the model of cross validaty

Common Metric Standardized Solution

LAMBDA-X

	數理	文史
X1	3.98	--
X2	1.95	--
X3	6.83	--

X4	--	2.94
X5	--	3.70
X6	--	6.52

PHI

	數理	文史
	--------	--------
數理	.96	
文史	.63	.93

the model of cross validaty

Common Metric Completely Standardized Solution

LAMBDA-X

	數理	文史
	--------	--------
X1	.58	--
X2	.42	--
X3	.82	--
X4	--	.88
X5	--	.82
X6	--	.80

PHI

	數理	文史
	--------	--------
數理	.96	
文史	.63	.93

THETA-DELTA

X1	X2	X3	X4	X5	X6
.69	.85	.40	.27	.26	.35

group 2: girls

Common Metric Standardized Solution

LAMBDA-X

	數理	文史
X1	3.98	--
X2	2.41	--
X3	6.26	--
X4	--	2.94
X5	--	3.83
X6	--	6.64

PHI

	數理	文史
數理	1.05	
文史	.60	1.08

group 2: girls

Common Metric Completely Standardized Solution

LAMBDA-X

	數理	文史
X1	.58	--
X2	.52	--
X3	.75	--

```
X4      --      .88
X5      --      .85
X6      --      .82

    PHI
          數理      文史
        --------  --------
數理      1.05
文史       .60      1.08

    THETA-DELTA
          X1        X2        X3        X4        X5        X6
        --------  --------  --------  --------  --------  --------
           .63       .70       .36       .17       .35       .34
```


二、模型二：多重樣本的複核化，因素負荷量的恆定檢定

（一）LISREL 語法指令

（本語法指令儲存在本書 CH11-3 的檔案中）

```
the model of cross validaty
group 1:boys
DA NI = 6 NO = 330 NG = 2 MA = CM
CM
47.3361
 7.2211  21.7884
26.0881  12.7123  71.8841
 7.1287   3.1689  11.9781  10.9881
 9.5510   5.3340  16.4412  10.1002  17.9910
15.9110   8.0012  27.9921  17.9981  22.1023  62.8830
MO NX = 6 NK = 2 TD = SY
LA
```

```
X1 X2 X3 X4 X5 X6
LK
數理　文史
FR LX(2, 1) LX(3, 1) LX(5, 2) LX(6, 2)
VA 1 LX(1, 1)
VA 1 LX(4, 2)
PD
OU RS EF SS SC

group 2: girls
DA NI = 6 NO = 310 NG = 2 MA = CM
CM
 46.3361
 10.3211    21.0556
 26.1881    15.6123    65.8842
  6.3287     4.1688    10.9781    11.1881
  9.5510     6.3340    14.4432    12.1023    22.9910
 15.9168     9.2012    25.9921    20.9981    27.1023    69.8830
MO NX = 6 NK = 2 TD = SY
LA
X1 X2 X3 X4 X5 X6
LK
數理　文史
FR LX(2, 1) LX(3, 1) LX(5, 2) LX(6, 2) TD(1, 1) TD(2, 2) TD(3, 3) TD(4, 4) TD(5, 5)
FR TD(6, 6)
VA 1 LX(1, 1)
VA 1 LX(4, 2)
EQ LX(6, 2) LX(1, 6, 2)
EQ LX(5, 2) LX(1, 5, 2)
EQ LX(3, 1) LX(1, 3, 1)
EQ LX(2, 1) LX(1, 2, 1)
```

OU

（二）SIMPLIS 語法指令

（本語法指令儲存在本書 CH11-3b 的檔案中）

```
the model of cross validaty
group 1: boys
observed variables: X1 X2 X3 X4 X5 X6
covariance matrix:
 47.3361
  7.2211   21.7884
 26.0881   12.7123   71.8841
  7.1287    3.1689   11.9781   10.9881
  9.5510    5.3340   16.4412   10.1002   17.9910
 15.9110    8.0012   27.9921   17.9981   22.1023   62.8830
sample size = 330
latent variables：數理　文史
relationships:
X1 = 1*數理
X2 X3 = 數理
X4 = 1*文史
X5 X6 = 文史

group 2: girls
observed variables: X1 X2 X3 X4 X5 X6
covariance matrix:
 46.3361
 10.3211   21.0556
 26.1881   15.6123   65.8842
  6.3287    4.1688   10.9781   11.1881
  9.5510    6.3340   14.4432   12.1023   22.9910
 15.9168    9.2012   25.9921   20.9981   27.1023   69.8830
```

sample size = 310
latent variables: 數理　文史
set the variance of 數理 free
set the variance of 文史 free
set the covariance of 數理　文史 free
set the error variance of x1-x6 free
number of decimal = 4
lisrel output:FS EF RM RS MI SC SS WP
path diagram
end of problem

（三）多重樣本因素負荷量恆定的模型參數估計與徑路圖

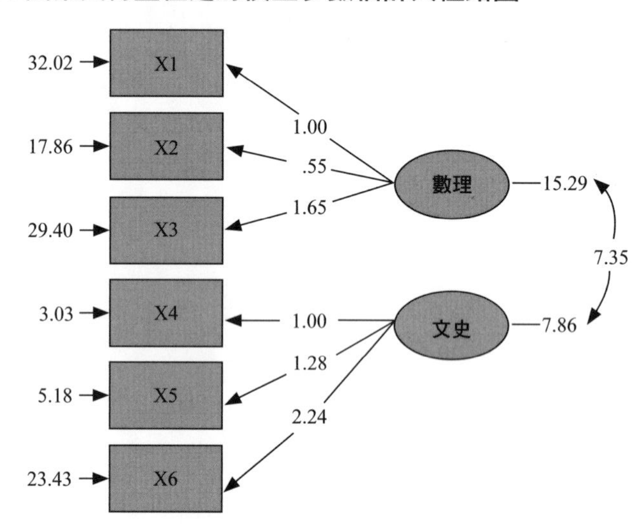

圖 11-11　因素負荷量恆定的模型參數估計與徑路圖

（四）LISREL 結果輸出報表資料

Global Goodness of Fit Statistics

Degrees of Freedom = 20

Minimum Fit Function Chi-Square = 9.78 (P = .97)

Normal Theory Weighted Least Squares Chi-Square = 9.78 (P = .97)

Estimated Non-centrality Parameter (NCP) = .0

90 Percent Confidence Interval for NCP = (.0; .0)

Minimum Fit Function Value = .015

Population Discrepancy Function Value (F0) = .0

90 Percent Confidence Interval for F0 = (.0; .0)

Root Mean Square Error of Approximation (RMSEA) = .0

90 Percent Confidence Interval for RMSEA = (.0; .0)

P-Value for Test of Close Fit (RMSEA < .05) = 1.00

Expected Cross-Validation Index (ECVI) = .10

90 Percent Confidence Interval for ECVI = (.10; .10)

ECVI for Saturated Model = .066

ECVI for Independence Model = 2.91

Chi-Square for Independence Model with 30 Degrees of Freedom = 1844.46

Independence AIC = 1868.46

Model AIC = 53.78

Saturated AIC = 84.00

Independence CAIC = 1934.00

Model CAIC = 173.93

Saturated CAIC = 313.38

Normed Fit Index (NFI) = .99

Non-Normed Fit Index (NNFI) = 1.01

Parsimony Normed Fit Index (PNFI) = .66

Comparative Fit Index (CFI) = 1.00

Incremental Fit Index (IFI) = 1.01

Relative Fit Index (RFI) = .99

Critical N (CN) = 2451.62

Group Goodness of Fit Statistics

Contribution to Chi-Square = 4.60

Percentage Contribution to Chi-Square = 47.04

Root Mean Square Residual (RMR) = .63

Standardized RMR = .022

Goodness of Fit Index (GFI) = .99

三、模型三：多重樣本因素負荷量與測量殘差變異數的恆定檢定

（一）LISREL 語法指令

（本語法指令儲存在本書 CH11-4 的檔案中）

```
the model of cross validaty
group 1:boys
DA NI = 6 NO = 330 NG = 2 MA = CM
CM
47.3361
 7.2211   21.7884
26.0881   12.7123   71.8841
 7.1287    3.1689   11.9781   10.9881
 9.5510    5.3340   16.4412   10.1002   17.9910
15.9110    8.0012   27.9921   17.9981   22.1023   62.8830
MO NX = 6 NK = 2 TD = SY
LA
X1 X2 X3 X4 X5 X6
LK
數理 文史
FR LX(2, 1) LX(3, 1) LX(5, 2) LX(6, 2)
VA 1 LX(1, 1)
VA 1 LX(4, 2)
PD
OU RS EF SS SC

group 2: girls
DA NI = 6 NO = 310 NG = 2 MA = CM
CM
46.3361
10.3211   21.0556
26.1881   15.6123   65.8842
```

```
 6.3287    4.1688   10.9781   11.1881
 9.5510    6.3340   14.4432   12.1023   22.9910
15.9168    9.2012   25.9921   20.9981   27.1023   69.8830
MO LX = IN TD = IN MA = CM
LA
X1 X2 X3 X4 X5 X6
LK
數理  文史
VA 1 LX(1,1)
VA 1 LX(4,2)
```


（二）SIMPLIS 語法

（本語法指令儲存在本書 CH11-4b 的檔案中）

```
the model of cross validaty
group 1: boys
 observed variables: X1 X2 X3 X4 X5 X6
covariance matrix:
47.3361
 7.2211   21.7884
26.0881   12.7123   71.8841
 7.1287    3.1689   11.9781   10.9881
 9.5510    5.3340   16.4412   10.1002   17.9910
15.9110    8.0012   27.9921   17.9981   22.1023   62.8830
sample size = 330
latent variables：數理  文史
relationships:
X1 = 1*數理
X2 X3 = 數理
X4 = 1*文史
X5 X6 = 文史
```

```
group 2: girls
observed variables: X1 X2 X3 X4 X5 X6
covariance matrix:
46.3361
10.3211   21.0556
26.1881   15.6123   65.8842
 6.3287    4.1688   10.9781   11.1881
 9.5510    6.3340   14.4432   12.1023   22.9910
15.9168    9.2012   25.9921   20.9981   27.1023   69.8830
sample size = 310
latent variables：數理  文史
set the variance of 數理 free
set the variance of 文史 free
set the covariance of 數理  文史 free
set the error variance of X1-X6 equal
number of decimal = 4
lisrel output:FS EF RM RS MI SC SS WP
path diagram
end of problem
```

（三）多重樣本因素負荷量與測量殘差變異數的恆定檢定

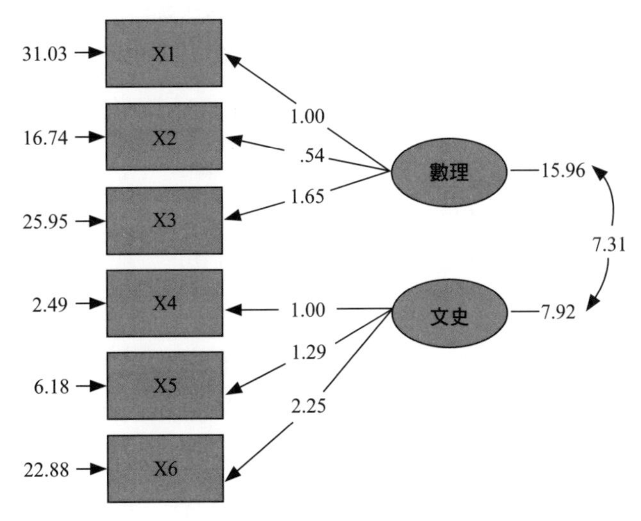

圖 11-12　多重樣本因素負荷量與測量殘差變異數的恆定檢定

（四）LISREL 輸出結果報表資料：整體適配度指標

Global Goodness of Fit Statistics

Degrees of Freedom = 26

Minimum Fit Function Chi-Square = 22.60 (P = .66)

Normal Theory Weighted Least Squares Chi-Square = 22.41 (P = .67)

Estimated Non-centrality Parameter (NCP) = .0

90 Percent Confidence Interval for NCP = (.0; 11.01)

Minimum Fit Function Value = .035

Population Discrepancy Function Value (F0) = .0

90 Percent Confidence Interval for F0 = (.0; .017)

Root Mean Square Error of Approximation (RMSEA) = .0

90 Percent Confidence Interval for RMSEA = (.0; .036)

P-Value for Test of Close Fit (RMSEA < .05) = .99

Expected Cross-Validation Index (ECVI) = .091

90 Percent Confidence Interval for ECVI = (.091; .11)

ECVI for Saturated Model = .066

ECVI for Independence Model = 2.91

Chi-Square for Independence Model with 30 Degrees of Freedom = 1844.46

Independence AIC = 1868.46

Model AIC = 54.41

Saturated AIC = 84.00

Independence CAIC = 1934.00

Model CAIC = 141.79

Saturated CAIC = 313.38

Normed Fit Index (NFI) = .99

Non-Normed Fit Index (NNFI) = 1.00

Parsimony Normed Fit Index (PNFI) = .86

Comparative Fit Index (CFI) = 1.00

Incremental Fit Index (IFI) = 1.00

Relative Fit Index (RFI) = .99

Critical N (CN) = 1289.51

Group Goodness of Fit Statistics

Contribution to Chi-Square = 11.66

Percentage Contribution to Chi-Square = 51.58

Root Mean Square Residual (RMR) = .96

Standardized RMR = .031

Goodness of Fit Index (GFI) = .99

四、模型四：多重樣本因素負荷量，測量殘差變異數，因素或潛在變項的變異數與共變數均恆等

（一）LISREL 的語法指令（本語法指令儲存在本書 CH11-5 檔案中）

```
the model of cross validaty
group 1:boys
DA NI = 6 NO = 330 NG = 2 MA = CM
CM
 47.3361
  7.2211     21.7884
```

```
26.0881    12.7123    71.8841
 7.1287     3.1689    11.9781    10.9881
 9.5510     5.3340    16.4412    10.1002    17.9910
15.9110     8.0012    27.9921    17.9981    22.1023    62.8830
MO NX = 6 NK = 2 TD = SY
LA
X1 X2 X3 X4 X5 X6
LK
數理 文史
FR LX(2, 1) LX(3, 1) LX(5, 2) LX(6, 2)
VA 1 LX(1, 1)
VA 1 LX(4, 2)
PD
OU RS EF SS SC

group 2: girls
DA NI = 6 NO = 310 NG = 2 MA = CM
CM
46.3361
10.3211    21.0556
26.1881    15.6123    65.8842
 6.3287     4.1688    10.9781    11.1881
 9.5510     6.3340    14.4432    12.1023    22.9910
15.9168     9.2012    25.9921    20.9981    27.1023    69.8830
MO NX = 6 LX = IN PH = IN TD = IN
LA
X1 X2 X3 X4 X5 X6
LK
數理    文史
VA 1 LX(1, 1)
```

```
VA 1 LX(4, 2)
PD
OU
```

（二）LISRIL 的另一種語法指令（本語法指令儲存在本書 CH11-5b 檔案中）

```
the model of cross validaty
group 1:boys
DA NI = 6 NO = 330 NG = 2 MA = CM
CM
 47.3361
  7.2211   21.7884
 26.0881   12.7123   71.8841
  7.1287    3.1689   11.9781   10.9881
  9.5510    5.3340   16.4412   10.1002   17.9910
 15.9110    8.0012   27.9921   17.9981   22.1023   62.8830
MO NX = 6 NK = 2 TD = SY
LA
X1 X2 X3 X4 X5 X6
LK
數理　文史
FR LX(2, 1) LX(3, 1) LX(5, 2) LX(6, 2)
VA 1 LX(1, 1)
VA 1 LX(4, 2)
PD
OU RS EF SS SC

group 2: girls
DA NI = 6 NO = 310 NG = 2 MA = CM
CM
 46.3361
 10.3211   21.0556
```

```
26.1881   15.6123   65.8842
 6.3287    4.1688   10.9781   11.1881
 9.5510    6.3340   14.4432   12.1023   22.9910
15.9168    9.2012   25.9921   20.9981   27.1023   69.8830
MO NX = 6 NK = 2 TD = SY
LA
X1 X2 X3 X4 X5 X6
LK
數理　文史
FR LX(2, 1) LX(3, 1) LX(5, 2) LX(6, 2)
VA 1 LX(1, 1)
VA 1 LX(4, 2)
EQ TD(6, 6) TD(1, 6, 6)
EQ TD(5, 5) TD(1, 5, 5)
EQ TD(4, 4) TD(1, 4, 4)
EQ TD(3, 3) TD(1, 3, 3)
EQ TD(2, 2) TD(1, 2, 2)
EQ TD(1, 1) TD(1, 1, 1)
EQ PH(2, 2) PH(1, 2, 2)
EQ PH(2, 1) PH(1, 2, 1)
EQ PH(1, 1) PH(1, 1, 1)
EQ LX(6, 2) LX(1, 6, 2)
EQ LX(5, 2) LX(1, 5, 2)
EQ LX(3, 1) LX(1, 3, 1)
EQ LX(2, 1) LX(1, 2, 1)
OU
```

（三）SIMPLIS 語法指令

（本語法指令儲存在本書 CH13-5c 檔案中）

```
the model of cross validaty
group 1: boys
observed variables: X1 X2 X3 X4 X5 X6
covariance matrix:
47.3361
 7.2211   21.7884
26.0881   12.7123   71.8841
 7.1287    3.1689   11.9781   10.9881
 9.5510    5.3340   16.4412   10.1002   17.9910
15.9110    8.0012   27.9921   17.9981   22.1023   62.8830
sample size = 330
latent variables：數理  文史
relationships:
X1 = 1*數理
X2 X3 = 數理
X4 = 1*文史
X5 X6 = 文史
group 2: girls
observed variables: X1 X2 X3 X4 X5 X6
covariance matrix:
46.3361
10.3211   21.0556
26.1881   15.6123   65.8842
 6.3287    4.1688   10.9781   11.1881
 9.5510    6.3340   14.4432   12.1023   22.9910
15.9168    9.2012   25.9921   20.9981   27.1023   69.8830
sample size = 310
latent variables：數理  文史
number of decimal = 4
```

lisrel output:FS EF RM RS MI SC SS WP

path diagram

end of problem

（四）模型四：因素負荷量，測量殘差變異數，因素或潛在變項的變異數與共變數均恆等參數估計與徑路圖

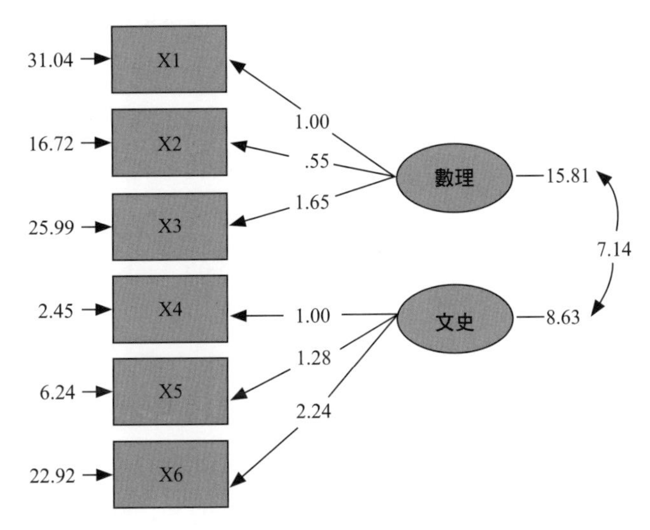

圖 11-13　因素負荷量，測量殘差變異數，因素或潛在變項的變異數與共變數均恆等參數估計與徑路圖

（五）LISREL 結果輸出報表資料：整體適配度指標

Global Goodness of Fit Statistics

Degrees of Freedom = 29

Minimum Fit Function Chi-Square = 26.29 (P = .61)

Normal Theory Weighted Least Squares Chi-Square = 25.65 (P = .64)

Estimated Non-centrality Parameter (NCP) = .0

90 Percent Confidence Interval for NCP = (.0; 12.12)

Minimum Fit Function Value = .041

Population Discrepancy Function Value (F0) = .0

90 Percent Confidence Interval for F0 = (.0; .019)

Root Mean Square Error of Approximation (RMSEA) = .0

90 Percent Confidence Interval for RMSEA = (.0; .036)

P-Value for Test of Close Fit (RMSEA < 0.05) = .99

Expected Cross-Validation Index (ECVI) = .086

90 Percent Confidence Interval for ECVI = (.086; .11)

ECVI for Saturated Model = .066

ECVI for Independence Model = 2.91

Chi-Square for Independence Model with 30 Degrees of Freedom = 1844.46

Independence AIC = 1868.46

Model AIC = 51.65

Saturated AIC = 84.00

Independence CAIC = 1934.00

Model CAIC = 122.65

Saturated CAIC = 313.38

Normed Fit Index (NFI) = .99

Non-Normed Fit Index (NNFI) = 1.00

Parsimony Normed Fit Index (PNFI) = .95

Comparative Fit Index (CFI) = 1.00

Incremental Fit Index (IFI) = 1.00

Relative Fit Index (RFI) = .99

Critical N (CN) = 1204.43

Group Goodness of Fit Statistics

Contribution to Chi-Square = 13.04

Percentage Contribution to Chi-Square = 49.58

Root Mean Square Residual (RMR) = 1.51

Standardized RMR = .046

Goodness of Fit Index (GFI) = .99

第八節　結　語

從以上多樣本（男性與女性二個樣本），一個未限制的與一個限制多樣本分析所獲得的結果，與從其中所摘取的表 11-19 觀之，依據一般的卡方差異檢定，只要進行模型一與模型四的卡方差異檢定即可。在前述的 LISREL 語法指令中，在 MODEL LX = IN TD = IN PH = IN MA = CM。IN 的選項是在於界定對應（或對稱）

矩陣各元素的估計值應該是被限制是同等。因而，從其中所摘取的表 11-19 中來進行檢測這二個分析所給予的卡方值（χ^2），未限制分析的卡方值（χ^2）是等於 7.68 與自由度（df）16，P-value = .95791，RMSEA = .000 與一個被限制分析的卡方值（χ^2）是等於 25.65 與自由度（df）29。二者的差異值 18.97（即是，25.65−7.68）與自由度的差異值 13（即是，29−16），以一個 α 值 .05 的水準，是不顯著的。詳言之，$\Delta\chi^2 = 25.65-7.68 = 18.97$，$\Delta df = 26-13 = 13$，以 .05 的 α 的顯著性水準，$\Delta\chi^2 = 18.97 < 22.3620$。由此吾人可以推論，吾人無法拒絕虛無假設。如此，它可以被推論提供男性與女性二個樣本的因素結構是相同的。

從其中所摘取的表 11-19 中亦提供因素負荷量的估計值與被限制分析的平方的多元相關。從其中吾人可以檢視所有的因素負荷量是高的，與由其平方的多元相關可以指示所有的測量或量數是它們所對應的各個構念（或潛在變項）的可信指標。換言之，即是在於指出各個測量指標（或觀察變項）對應於其各個潛在變項的可信指標。多重樣本分析是相當具有說服力，其中它可以被使用於去檢定假定的一種變化形式（to test a variety of hypothesis）。例如，吾人可以假定二個樣本的因素模型僅以二個因素之間共變數是同等的。這樣的一個假定可以由一個未限制的與一個限制的分析來進行檢定。這樣的檢定就如吾人上述所進行的假設檢定一樣。

表 11-19　驗證性二個構念（或因素）模型分析適配度指標評估的摘要表

Overall Model fit				
WLSχ^2	MFFχ^2	RMSEA	df	P-value
模型一：基準模型（無恆等設限）				
7.68	7.68	.000	16	0.95791
模型二：因素負荷量同等限制				
9.78	9.78	.000	20	0.97195
9.78−7.68 = 2.1[a]，$\Delta df = 20 - 16 = 4$，$\Delta\chi^2 = 2.1 < 9.48773$　以 α = .05 水準				
模型三：因素負荷量與測量殘差變異數恆等的模型同等限制				
22.41	22.60	.000	26	.66617
22.41 − 9.78 = 12.63[b]，$\Delta df = 6$，$\Delta\chi^2 = 12.63 > 12.5916$　以 α = .05 水準				
模型四：因素負荷量，測量殘差變異數，因素或潛在變項的變異數與共變數均恆等的模型				
25.65	26.29	.000	29	.64395
25.65 − 22.41 = 3.24[c]，$\Delta df = 29 - 26 = 3$，$\Delta\chi^2 = 3.24 < 7.8173$　以 α = .05 水準				

a. 差異值的計算是以模型一為基準值
b. 差異值的計算是以模型二為基準值
c. 差異值的計算是以模型三為基準值

從以上四個假設各種同等模型的檢定所獲得的結果，我們可以進行如下總結摘要如下：

模型一是將兩個獨立的驗證性因素分析模型整合為一個統一的驗證性因素分析模型，其假設目標是在於檢驗其共變數矩陣或相關係數矩陣是否等同的假設，經過卡方差異檢定考驗的結果顯示並沒有顯著性的差異，而保留了此一假設。依據此結果我們可以推論，模型一的男女樣本分組的驗證性因素分析模型整合為一個統一的驗證性因素分析模型的假設是可接受的。

模型二與模型一的卡方差異檢定，增加了因素負荷量恆等的限制，經過卡方差異檢定的結果顯示並沒有顯著性的差異，其模型適配度指標並沒有降低 9.78−7.68 = 2.1，$\Delta df = 20-16 = 4$，$\Delta\chi^2 = 2.1 < 9.48773$ 以 $\alpha = .05$ 水準，$P > .05$。表示兩個分組樣本在因素負荷量參數上並沒有顯著的差異，其因素負荷量是等同的。

模型二與模型一的卡方差異檢定，增加了因素負荷量與測量殘差變異數恆等的限制，經過卡方差異檢定考驗的結果顯示是有顯著性的差異，換言之，其模型適配度指標也有顯著的降低，22.41−9.78 = 12.63，$\Delta df = 6$，$\Delta\chi^2 = 12.63 > 12.5916$，以 $\alpha = .05$ 水準，$P < .05$。所以，因素負荷量與測量殘差變異數恆等的假設是被拒絕的，是無法被接受的。但是，為了顯示恆等性的檢定，我們仍然繼續探討模型四的卡方差異檢定。

模型四與模型三的卡方差異檢定，增加了因素負荷量，測量殘差變異數與因素或潛在變項的變異數與共變數均恆等的限制，經過卡方差異檢定考驗的結果顯示並沒有顯著性的差異，換言之，其模型適配度指標並沒有顯著的降低，25.65−22.41 = 3.24，$\Delta df = 29-26 = 3$，$\Delta\chi^2 = 3.24 < 7.8173$ 以 $\alpha = .05$ 水準，$P > .05$。此顯示無論增加因素負荷量的恆等限制假定，或增加測量殘差變異數的恆等限制假定，或增加因素或潛在變項的變異數與共變數均恆等的等等假設，都未造成其模型適配度指標的降低，即表示分組樣本之間的同等性是存在的。

從實際面向觀之，以我們所提出的假設模型是適配於所提的資料。詳言之，從我們所提出的假設模型中所建構的兩個因素或潛在變項數理與文法學科的分類屬性可以反映我們所提出資料男女智能表現的兩個面向。

Chapter 12

從探索性因素分析到結構方程式模型分析

我們從 Johnson & Wichern 的著作中（1998, p.565）在提出因素分析的遠景與策略之後，隨後提出結構方程式模型。再從國內林清山的著作中（民國 77，p.394）在因素分析的新研究趨勢中提出「結構公式模式」（Structural Equation Model）的統計模式，用於說明各種潛在變項之間的因果關係和結構，認為這是因素分析和徑路分析的綜合應用，是值得我們注意的研究趨勢。

第一節　結構方程式模型的概述

結構方程式模型（Structural Equation Models, SEM）方法學的發展，是由於過去多年以來許多專家學者致力於統計學方法的研究與發展，不斷地研究、探索、驗證、改進、突破、累積、與融合其他多變項統計學的技術，逐漸加以延伸、推廣、與改良而來，因而很難確定是由某一位專家或學者所單獨研發或創造出來的。但是，就這個研究領域的主要貢獻者而言，當今學術界的專家學者仍然公推瑞典的學者 K.G.. Jöeskog 與 D. Söborm 兩位。然而就事實而言，首先設計用來分析共變數結構模型（covariance structure model）的程式，是由 K.G..Jöeskog 與 M.van Thillo 兩位在 1972 年，在美國教育測驗服務處（Educational Testing Services, ETS）作進修研究時所研發出來的，取名為 LISREL。第一版的 LISREL 程式，由於其功能有限，無法發揮與擴大。直到，K.G.. Jöeskog 回到瑞典與 D. Söborm 合作繼續研發，到了第八版（Jöeskog & Söborm, 1993a）之後，把其程式融入視窗介面與繪圖功能，及增加類似於英文文法格式撰寫的 SIMPLIS 語法程式的功能，令使用者感覺到在使用上的簡易性與親切性之後，LISREL 程式的功能才深受歡迎。

多變項技術與方法的發展，在 1987 年，Hayduk 著作（1987）出版一本正式的教科書，對 LISREL 方法學作有系統的介紹之後，結構方程式模型才正式被編輯為「多變項統計學」教科書的一個專章（Hair, Anderson, Tatham, & Black, 1995; 1998）。有些教科書或書籍把它分成兩個章節「驗證性的因素分析」與「共變數結構模型」來分章專門介紹（Sharma, 1996）。此時，再加上電腦作業視窗化系統視窗化（Windows），與網際網路（internet）的出現及普遍化。接著微軟（Microsoft）公司視窗化的軟體在作業系統方面逐漸取得主導優勢地位之後，許多不同的軟體程式亦相繼被開發出來，諸如：比較有名的 EQS、AMOS、Mplus、LISCOMP 等。

由於以上情況的相繼湧現，使許多專家學者領悟到 SEM 的發展與受到研究者的歡迎程度，而感覺到 SEM 不再是完全等於 LISREL，它還包括其他各種不同的軟體程式在內。尤其是在 1994 年有一本學術性的期刊成立，取名為「Structural Equation Modeling: A Multidisciplinary Journal」，並成為一本專門研究 SEM 方法論或方法學的專屬刊物；因此，在 1995 年全球資訊網（world wide web, WWW）出現後，就不再有專家學者主張 LISREL 就是等於 SEM 的說法。此後，SEM 一詞被正式稱為「結構方程式模型」。雖然有如此的發展，然而，SEM 仍然是以 LISREL 為主的一套統計方法論。SEM 發展至今儼然成為統計方法論新興的一種顯學，在多變項技術方法與線性模型（linear model）的發展中已成為主流的統計方法論之趨勢。

有了以上的認知之後，對社會科學的研究者或讀者而言，要使自己的專家領域的研究邁向科學化的研究途徑中，若有興趣於與有意使用結構方程式模型作為自己研究論文的方法時，究竟應該如何著手？依個人多年以來從事政治哲學與政治學方法論教學經驗，提出個人研究的心得為本書的撰寫內容，能夠拋磚引玉提供社會科學的研究者或讀者一些指引。

結構方程式是線性方程式的組合，這些組合可以依它們被假定為原因與結果變項的方式去界定其現象的意義。依據它們一般現象的形式，這些模型允許無法直接被測量的變項，被包括於其中。因而，結構方程式是特別有助於社會與行為科學的研究，尤其是被使用於去研究個人社會地位與其成就之間關係、公司利潤的決定因素、公司的經營策略與形象、組織結構與組織發展之間的關係、就業的差別待遇、精神戰力的模型、與心理分析等。其研究領域的含蓋範圍甚廣，所以，結構方程式可被擴展到生態學，精神測定學等。因此，對於結構方程式的理論與應用，我們可參考許多專家學者的著作，諸如：Bartholomew(1987)，Bentler(1980, pp.419-456)，Bollen(1989)，Bollen and Currand(2006)，Byrne(1998)，Duncan(1975)，Goldberger(1972, pp.979-1001)，Hayduk(1987)，Heise(1975)，Joreskog and Sorbom(1979)，Raykov and Marcoulides(2006)。

在結構方程式的建構中，我們需要誠如 Bollen and Long（1993）所提出的五個步驟：（1）模型的界定（model specification）；（2）模型的辨識（model identification）；（3）參數的估計（parameter estimation）；（4）適配度的檢定（test of goodness-of fit）；（5）模型的修正（model modification）。對於結構方程式模型的建構，雖然可依據 Bollen and Long（1993）所提出的五個步驟來進行，但是其中每一步驟的進行過程是理論、假設、模型、資料、界定、估計、檢定、辨識、評估、修正、適配、與檢驗等，與 LISREL 軟體程式操作交織進行的過程，這樣的進行過程是非常複雜的。其中處處是知識與經驗的驗證與累積。所以，以下就個人學習過程中所累積的心得與經驗報告於後。

首先在本章的開始，我們提出資料推導的探索性因素分析，接著我們應該提出結構方程式模型建構的雛型或輪廓，以便可以大約地認識與理解結構方程式模型是甚麼？究竟是甚麼回事？

第二節　資料推導的探索性因素分析

對於探索性因素分析的問題，在前面幾章中我們作了很詳細的介紹，因而在本章中是針對探索性因素分析的方法，仍然以最大概似估計法與最小直接斜交法為主，所以我們僅就以在驗證性因素分析與探索性因素分析有交集的方法與問題來探究。

對於探索性因素分析的問題，在前一節中我們作了簡單的介紹，因而在本節中是針對探索性因素分析的方法，諸如以最大概似估計法與最小直接斜交法為主，至於所謂探索性因素分析中最主要方法，如主成分與共同因素分析在此我們並未涉及，所以我們僅就以在驗證性因素分析與探索性因素分析有交集的方法與問題來探究。

我們知道在驗證性因素分析中，參數的估計方法最常使用的方法是最大概似估計（MLE），而在探索性因素分析中也可使用這種方法。因為在探索性因素分析中有些因素或構念之間是不可有相關存在，所以最小直接斜交法的轉軸方法之使用是適當的，因為這種轉軸方法可使構念之間發生相關。而在驗證性因素分析中其潛在因素或構念之間是允許相關存在。由於有這些交集的問題，所以，以下有關探索性因素分析的因素模型的建構方法，我們將以使用最大概似估計法與最小直接斜交法為主。

一、探索性因素分析語法指令的界定

首先我們將把因素分析應用到一個資料組合來說明其基本結構是已知的，而且其觀察資料是沒有抽樣與測量誤差。在此，我們使用以下所引用的範例資料，首先以該範例資料作為來進行資料推導的探索性因素分析，然後再進行驗證性的因素分析。

本研究範例為一個多重樣本的結構方程式模型分析，由於在前面第十一章第一

節的探索性與驗證性因素分析的比較中，已很詳盡提出探索性因素分析的限制。因而，在此我們僅就一個樣本資料進行探索性因素分析。

表 12-1 觀察變項的變異數—共變數矩陣與平均數，N = 152

Y1	15.21					
Y2	6.73	7.39				
X1	1.22	.98	1.85			
X2	1.00	.97	.79	1.99		
X3	.91	.76	.36	.49	2.55	
X4	1.45	1.43	1.18	.83	1.50	10.49
平均數	20.41	10.07	3.84	3.29	2.60	6.43


```
MATRIX DATA VARIABLES = Y1 Y2 X1 X2 X3 X4
          /CONTENTS = N COV
          /FORMAT = LOWER DIAGONAL.
BEGIN DATA
 152    152    152    152    152    152
15.21
 6.73   7.39
 1.22    .98   1.85
 1.00    .97    .79   1.99
  .91    .76    .36    .49   2.55
 1.45   1.43   1.18    .83   1.50   10.49
END DATA.
subtitle '因素分析'.
FACTOR
        /MATRIX = IN (COV = *)
        /ANALYSIS = Y1 Y2 X1 X2 X3 X4
        /PRINT = ALL
        /CRITERIA = FACTORS (2)／EXTRACTION
        /EXTRACTION = ML
        /ROTATION = OBLIMIN
```

/PLOT = EIGEN ROTATION(1 2).

二、探索性因素分析由 SPSS 所輸出結果報表資料

依據上述的語法指令可獲得的資料有：（1）共變數矩陣；（2）相關矩陣表；（3）相關矩陣轉換表；（4）KMO 與 Bartlett 檢定表；（5）反映像矩陣表；（6）共同性表；（7）解說總變異量表；（8）因數矩陣表；（9）重製相關表；（11）樣式矩陣表；（12）結構矩陣；（13）因數相關矩陣；（14）因數分數係數矩陣；（15）因數分數共變數矩陣；（16）因素斜坡圖；（17）轉軸後因素間的因素圖。

在 SPSS 程式軟體的應用中以語法指令的使用最方便，所獲得的資料也最多。只要研究者熟悉語法指令的方法，與獲得相關矩陣或共變數矩陣就可依語法指令來使用。

在上述的語法指令所獲得的資料中和驗證性因素分析比較有關的，如我們在前一章所使用的資料一樣。其資料如表 12-2 之 1，12-2 之 2，12-2 之 3，12-2 之 4，12-2 之 5，12-2 之 6，12-2 之 7，12-2 之 8，12-2 之 9，12-2 之 10，12-2 之 11，12-2 之 12，12-2 之 13 與 12-2 之 14。由表 12-2 之 4 KMO 與 Bartlett 檢定表，其測量是 .647，指示本資料是適合於因素分析。SPSS 提供 Bartlett 球形檢定，此是一種統計的檢定，是在於估計其相關矩陣是否適合於因素因解的檢定。本範例經由 Bartlett 球形檢定可檢測其相關背離正交的程度。一個正交的相關矩陣將有一個行列式是 0.358，指示其各變項是不相關的。另一方面，如果兩個變項或兩個以上變項之間有一個完全的相關而其行列式將會是 0。對本範例的資料組合而言，Bartlett 球形檢定的統計量是很高的顯著性（P<.0000），意指其相關矩陣不是正交的（即是，各變項之間是相關的）。由此可知，本範例資料是適合於因素因解。無論如何，Bartlett 球形檢定是很少被使用的，因為它對小的樣本是相當敏感，反之，它對大的樣本是可資利用於去推論其相關矩陣其資料是否背離正交。總之，依本範例資料顯示，它是適合於因素因解的。

由表 12-2 之 7 解說總變異量，列出結合每一個線性的成分（因素）於萃取之前、萃取之後、與轉軸之後的特徵值。每一個因素所組合的特徵值其呈現的方式可由個別線性的成分來解釋其變異數，而 SPSS 亦依變異數解釋的百分比的方式來展示特徵值。如此，本範例在萃取之前的因素 1 解釋整體變異數的 26.644%。由輸出結果表 12-2 之 7 中，我們可看到在因素分析中前面的因素解釋變異數的百分比相

當大，尤其是因素 1，依此其後的因素解釋變異數的百分比會逐漸一個比一個小。在本範例中 SPSS 依特徵值大 1 為標準去萃取有二個因素。這些因素所組合的特徵值（與解釋變異數的百分比）再次被展出於被標示著「平方和負荷量萃取」的欄位中，在表中這部分的各值是和萃取之前的各值是一樣的。在表中最後部分標示著「轉軸平方和負荷量」的欄位中，轉軸之後的特徵值亦被顯示。轉軸的目的是在使因素的結構能夠發揮到最理想的影響，因而轉軸使本範例所萃取的二個因素其相對重要性被平等化。

表 12-2 SPSS 輸出結果報表資料

表 12-2 之 1

Covariance Matrix

	Y1	Y2	X1	X2	X3	X4
Y1	15.210	6.730	1.220	1.000	.910	1.450
Y2	6.730	7.390	.980	.970	.760	1.430
X1	1.220	.980	1.850	.790	.360	1.180
X2	1.000	.970	.790	1.990	.490	.830
X3	.910	.760	.360	.490	2.550	1.500
X4	1.450	1.430	1.180	.830	1.500	10.490

表 12-2 之 2

Correlation Matrix[a]

		Y1	Y2	X1	X2	X3	X4
Correlation	Y1	1.000	.635	.230	.182	.146	.115
	Y2	.635	1.000	.265	.253	.175	.162
	X1	.230	.265	1.000	.412	.166	.268
	X2	.182	.253	.412	1.000	.218	.182
	X3	.146	.175	.166	.218	1.000	.290
	X4	.115	.162	.268	.182	.290	1.000
Sig.(1-tailed)	Y1		.000	.002	.013	.038	.082
	Y2	.000		.001	.001	.016	.024
	X1	.002	.001		.000	.022	.000
	X2	.013	.001	.000		.004	.013
	X3	.038	.016	.022	.004		.000
	X4	.082	.024	.000	.013	.000	

a. Determinant = .358

表 12-2 之 3

Inverse of Correlation Matrix

	Y1	Y2	X1	X2	X3	X4
Y1	1.689	−1.038	−.114	.011	−.054	.019
Y2	−1.038	1.762	−.122	−.176	−.075	−.081
X1	−.114	−.122	1.304	−.440	−.015	−.232
X2	.011	−.176	−.440	1.266	−.162	−.038
X3	−.054	−.075	−.015	−.162	1.140	−.279
X4	.019	−.081	−.232	−.038	−.279	1.161

表 12-2 之 4

KMO and Bartlett's Test

Kaiser-Meyer-Olkin Measure of Sampling Adequacy.		.647
Bartlett's Test of Sphericity	Approx. Chi-Square	152.274
	df	15
	Sig.	.000

表 12-2 之 5

Anti-image Matrices

		Y1	Y2	X1	X2	X3	X4
Anti-image Covariance	Y1	.592	−.349	−.052	.005	−.028	.010
	Y2	−.349	.567	−.053	−.079	−.037	−.039
	X1	−.052	−.053	.767	−.267	−.010	−.153
	X2	.005	−.079	−.267	.790	−.112	−.026
	X3	−.028	−.037	−.010	−.112	.877	−.211
	X4	.010	−.039	−.153	−.026	−.211	.861
Anti-image Correlation	Y1	.586[a]	−.602	−.077	.007	−.039	.014
	Y2	−.602	.605[a]	−.080	−.118	−.053	−.056
	X1	−.077	−.080	.703[a]	−.342	−.012	−.189
	X2	.007	−.118	−.342	.697[a]	−.135	−.031
	X3	−.039	−.053	−.012	−.135	.722[a]	−.242
	X4	.014	−.056	−.189	−.031	−.242	.698[a]

a. Measures of Sampling Adequacy (MSA)

表 12-2 之6

Communalities[a]

	Initial	Extraction
Y1	.408	.843
Y2	.433	.513
X1	.233	.401
X2	.210	.364
X3	.123	.135
X4	.139	.171

Extraction Method: Maximum Likelihood.
a. One or more communalitly estimates greater than 1 were encountered during iterations. The resulting solution should be interpreted with caution.

表 12-2 之 7

Total Variance Explained

	Initial Eigenvalues			Extraction Sums of Squared Loadings			Rotation
Factor	Total	% of Variance	Cumulative %	Total	% of Variance	Cumulative %	Total
1	2.259	37.643	37.643	1.599	26.644	26.644	1.548
2	1.170	19.496	57.139	.828	13.794	40.439	1.353
3	.918	15.306	72.445				
4	.738	12.301	84.745				
5	.556	9.261	94.006				
6	.360	5.994	100.000				

Extraction Method: Maximum Likelihood.
a. When factors are correlated, sums of squared loadings cannot be added to obtain a total variance.

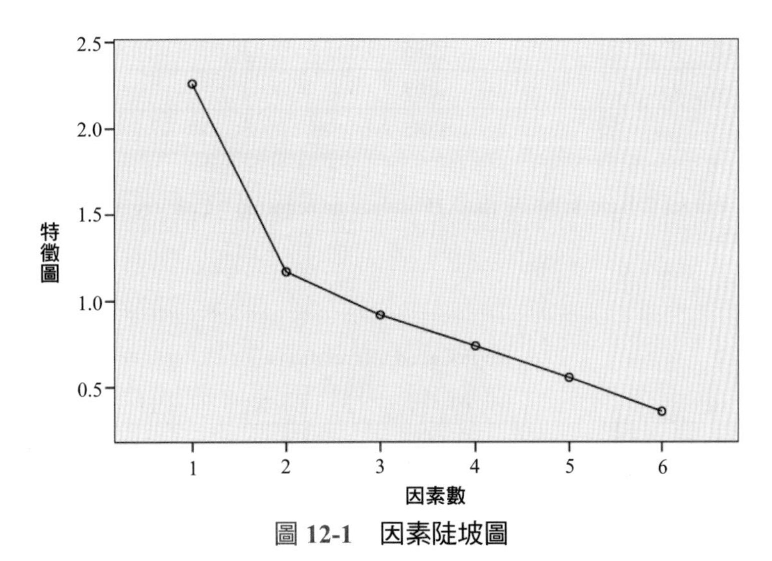

圖 12-1　因素陡坡圖

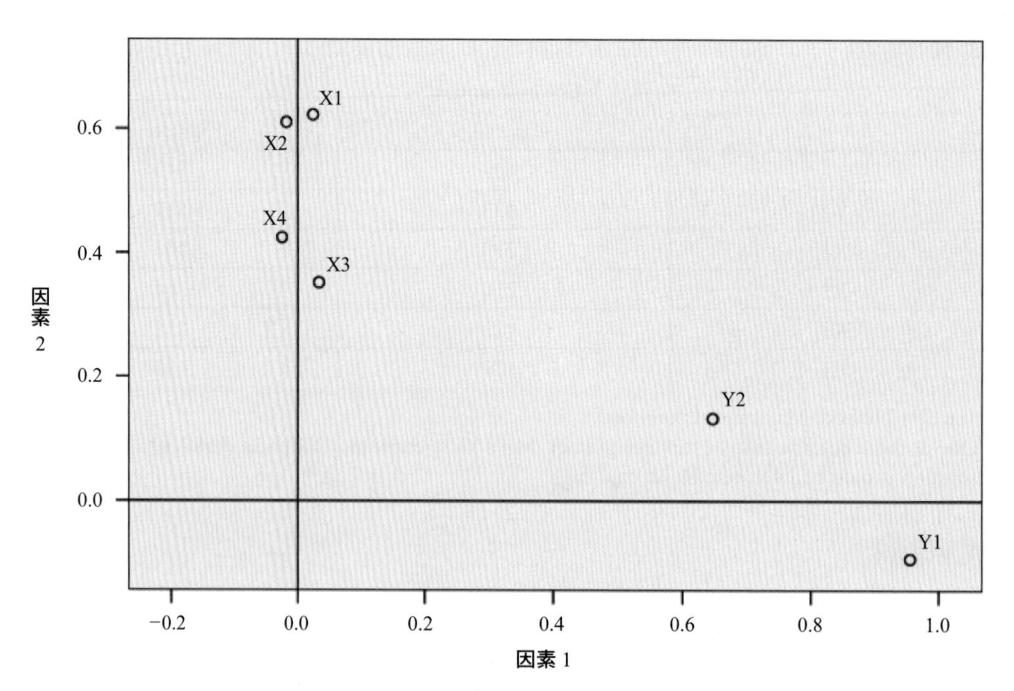

圖 12-2　轉軸後因素空間內的因素圖

表 12-2 之 8

Factor Matrix[a]

	Factor	
	1	2
Y1	.907	−.139
Y2	.711	.076
X1	.333	.539
X2	.285	.531
X3	.207	.304
X4	.185	.370

萃取方法：最大概似

a. Attempted to extract 2 factors. More than 25 iterations required. (Convergence = .004). Extraction was terminated.

表 12-2 之 9

Reproduced Correlations

		Y1	Y2	X1	X2	X3	X4
Reproduced Correlation	Y1	.843[b]	.635	.227	.184	.146	.117
	Y2	.635	.512[b]	.278	.243	.171	.160
	X1	.227	.278	.401[b]	.381	.233	.261

		Y1	Y2	X1	X2	X3	X4
	X2	.184	.243	.381	.364[b]	.220	.250
	X3	.146	.171	.233	.220	.135[b]	.151
	X4	.117	.160	.261	.250	.151	.171[b]
Residual[a]	Y1		.000	.003	−.003	.000	−.002
	Y2	.000		−.013	.010	.004	.002
	X1	.003	−.013		.030	−.067	.007
	X2	−.003	.010	.030		−.003	−.068
	X3	.000	.004	−.067	−.003		.139
	X4	−.002	.002	.007	−.068	.139	

Extraction Method: Maximum Likelihood.

a. Residuals are computed between observed and reproduced correlations. There are 3 (20.0%) nonredundant residuals with absolute values greater than 0.05.

b.Reproduced communalities

表 12-2 之 10

Pattern Matrix[a]

	Factor	
	1	2
Y1	.955	−.093
Y2	.647	.133
X1	.024	.623
X2	−.018	.611
X3	.033	.352
X4	−.025	.425

萃取方法：最大概似

旋轉方法：含 Kaiser 常態化的 Oblimin 法

a.Rotation converged in 3 iterations.

表 12-2 之 11

Structure Matrix

	Factor	
	1	2
Y1	.914	.329
Y2	.705	.419
X1	.299	.633
X2	.252	.603
X3	.189	.367
X4	.162	.413

萃取方法：最大概似

旋轉方法：含 Kaiser 常態化的 Oblimin 法

表 12-2 之 12

Factor Correlation Matrix

Factor	1	2
1	1.000	.442
2	.442	1.000

萃取方法：最大概似
旋轉方法：含 Kaiser 常態化的 Oblimin 法

表 12-2 之 13

Factor Score Coefficient Matrix

	Factor	
	1	2
Y1	.773	.043
Y2	.186	.152
X1	.049	.371
X2	.036	.339
X3	.022	.146
X4	.017	.181

萃取方法：最大概似
旋轉方法：含 Kaiser 常態化的 Oblimin 法

表 12-2 之 14

Factor Score Covariance Matrix

Factor	1	2
1	1.348	1.147
2	1.147	1.124

萃取方法：最大概似
旋轉方法：含 Kaiser 常態化的 Oblimin 法

SPSS 輸出結果表 12-2 之 8 因子（或因素）矩陣亦顯示在萃取之前的成分矩陣。這個矩陣包括每一個變項對每一個因素的負荷量，這樣的矩陣對解釋目的而言並不是特別重要的，但是它引人注目的是在轉軸之前大部分的變項對第一個因素都有很高的負荷量，即是為什麼這個因素（因素 1）是依變項（Y_1 與 Y_2）形成因素 1 的類聚，X_1 到 X_4 觀察變項（自變項）形成因素 2 的類聚，符合因素分析過程中同值性類聚。這就圖 12-2 中呈現 Y_1 與 Y_2 形成因素 1 的類聚，有很高的負荷量，X_1 到 X_4 觀察變項（自變項）形成因素 2 的類聚，並且有很高的負荷量。

當嘗試進行一個斜交轉軸時，因素矩陣就會被分裂成兩個矩陣：樣式矩陣（the pattern matrix）與結構矩陣（the structure matrix）。對斜交的轉軸而言這些矩陣是相同的，因而沒有這樣的問題。樣式矩陣包含因素的負荷量，是可與因素矩陣作比較。而結構矩陣要考量到各因素之間的關係（事實上，它是樣式矩陣與包含有各因素之間相關係數矩陣的一個交叉乘積）。大部分的研究者會解釋樣式矩陣，因為它比較簡單；但是，有種種的情境其中樣式矩陣的各值，因為各因素之間的相關，會被抑制或被隱匿。由此觀之，表 12-2 之 11 結構矩陣是一種有效的可仔細檢查的方法（a useful double-check）。

參考圖 12-2 與 SPSS 輸出結果表 12-2 之 10 中，矩陣顯示因素 1（F1）似乎是呈現出依變項 Y_1 與 Y_2 的類聚，X_1 到 X_4 似乎是呈現出因素 2（F2）的類聚。這些資料的呈現方式與 SPSS 輸出結果表 12-2 之 10 中所呈現方式是相同的，只是一個斜交轉軸所呈現的各因素與正交的轉軸所呈現的各因素其解釋與命名不同而已。結構矩陣不同於共持的變異數，不可被忽視。其描述變得更加複雜，因為有若干變項對一個以上的因素負有很高的負荷量。如 SPSS 輸出結果表 12-2 之 10 所顯示的，這是因為因素 1 與因素 2 之間的相關呈現出來所致。這樣的呈現促成為什麼樣式矩陣較令人喜好使用，以提供解釋的原因：因為它提供有關一個變項對一個因素唯一負荷量的資訊。再加上我們可參考圖 12-2 轉軸後因素間的因素圖，就會更加確認形成 Y_1 與 Y_2 一個因素的類聚，而 X_1 到 X_4 則形成另一個因素的類聚。由此呈現出因素 1 為能力的類聚，因素 2 為社會經濟地位的類聚。依據學科性質的歸類，我們就可以依其學科性質的歸類給予其學科的類聚因素加以命名。

輸出結果的最後部分是各因素之間的一個相關矩陣如 SPSS 輸出結果表 12-2 之 12，這個矩陣包括各因素之間的相關係數。如從結構矩陣中所預測的各因素之間有很高的相關呈現，這些相關存在的事實告訴我們其被測量的各個構念（constructs 構面）可以是交互相關的。如果各個構念（或構面）是獨立的，那麼我們可預期斜交的轉軸可提供與正交的轉軸一樣的因素因解，而其成分的相關矩陣應該是一個單元矩陣（即是，所有的相關係數是 0）。由此可知，這個最後的矩陣給我們提供一個指引，就是要去假定各因素之間是獨立的，是否合理；就這些資料而言它呈現出我們無法假定各因素之間是獨立的。由以上的資料顯示與其推論可知，正交轉軸的結果應該不會被信賴的，而斜交轉軸的因素因解法可能是更富有意義。

依據一個理論的論述本範例所研究的，各因素之間的相依（the dependence）

是合理的。依此，我們可預期能力的因素與社會經濟地位因素之間有一個很強的關係存在。

總之，以上的分析可揭示本範例中有二個基本的量尺，而這些量尺可以或不可以與學科的性質、屬性、與特性的真正次成分（sub-components）有關。它亦似乎好像一個斜交轉軸的因素因解法被喜愛是由於因素之間相關的原因。因素分析的使用完全純粹是探索性的，它應該僅可以被使用於引導未來的假設，或去提供研究者獲得有關資料組合內組型或樣式的資訊。很多的決定被留給研究者，與我們鼓勵研究者去做賦有創造力的決定，而不是把決定基於你想要的目標去獲得的結果上。

綜合言之，在本節的探索性因素分析中已使用最大概似估計（MLE）與最小直接斜交法，呈現以上各表的資料，顯示我們所提出的資料適合於進行探索性因素分析。從陡坡圖 12-1 中已指出它可以萃取 2 個因素，從轉軸後因素空間內的因素圖 12-2 中我們可以發現 X_1、X_2、X_3、與 X_4 類聚形成一個因素，可以依據其每一個題項所意含的意義為社會經濟地位的類聚，而 Y_1 與 Y_2 類聚形成一個因素，依據其每一個題項所意含的意義為能力的類聚。由以上資料推導的探索性因素分析可以提供我們以下進行驗證性因素分析架構的啟發。

第三節　依據理論建構因果關係的一個徑路分析圖

要顯示證明一個結構方程式模型，考慮以下列有關能力（ability）的範例為本章探究的主題。一般的能力在行為科學中是構念範圍很大的研究領域之一。依據一個主流的理論，例如 Horn（1982）的觀點，人類的智力能力可以約略地被分類成二個主要領域，即是流通的（fluid）與具體化的（crystallized）的智力，流通的智力是一般智力的成分，即是反映個人很快地去處理一種潛在大量資訊的能力以便可以去尋求解決問題是基於其系絡上是他們的教育與先驗社會化過程中所不熟悉的部分。隱喻的說，流通的智力可以被認為是類似於個人頭腦的硬體（brain's hardware）或是類似於個人頭腦的機制（mechanics）。所以，流通的智力並不包含我們想起或記憶早期在我們生活中透過文化的涵化或教育系統所獲得的知識之能力，反而涉及到我們去致力尋求解決不熟悉的問題之能力。另一方面，具體化的智力是吾人修補知識的能力，就像早期在我們生活中透過文化的涵化或教育系統所獲得的知識，依此意義，具體化的智力可以被認為是類似於個人頭腦的軟體。依程式界定的方式，流通智力的考驗檢定經常會包含以沒有系絡可循的符號系列處理方式，而這些符號系列的被發現與被使用，是為了要達到正確解答的特殊規則。而對於具體化智力的檢定在典型上是要包括評估受訪者或受試者在某些領域的知識水準之題目。

範例的結構迴歸模型，在本章中的考量重點是集中焦點於二個流通的智力研究的次能力上，即是在於呈現個人家庭的社會經濟地位與個人能力表現之間的關係（在一個被設計的經驗研究背景之中）。個人家庭的社會經濟地位可以把吾人的能力與推論使用類推法（analogies）與概化（通則化）到更廣博系絡的規則。個人家庭的社會經濟地位的關係屬於我們去理解個人能力表現之間關係模式的能力，在社會心理學（或能力上）去運轉它，與亦使用以行為科學元素的方式作為個人行為能力的推理形式。本範例的研究資料，是從 N = 152 位在社會工作就業職場的能力表現與其學業成就樣本，有六個測量變項指標，資料的常態性是合理的。

結構迴歸模型的範例被呈現於圖 12-3 中，而觀察的相關係數矩陣被顯示於表 12-3 中。模型最初是以 LISREL 符號被規劃，使用 Y_1, Y_2, X_1, X_2, X_3 到 X_4 為觀察變項測量指標。

為了提供模型有某些實質的意義，我們可以假定該模型有一個潛在的外衍變項是社會經濟地位（Socioeconomic Status, SES），與一個潛在的內衍變項是個人能力成就表現（Ability）。一個潛在變項是由四個觀察變項測量指標來進行測量。如此，個人家庭的社會經濟地位是由四個觀察變項測量指標 X_1, X_2, X_3 與 X_4 來進行測量，例如，它們個別地，是父親的教育程度、母親的教育程度、父親的職業成就，與家庭的文化背景。而個人能力成就表現是由 Y_1 與 Y_2 來進行測量，例如，它們個別地，是個人在社會工作就業職場的能力表現與學業成就表現的觀察測量指標分數在一個標準化成就測驗的表現。

在建構結構方程式模型的模型參數界定、辨識、估計、與評估的步驟進行之中都需要透過電腦與軟體程式的執行才能夠達成。這個軟體程式我們可使用由 Jöreskog and Sörborm (1996a), (1996b) 所發展，而現在仍然深受研究者所喜歡的軟體 LISREL。以下我們就其要點陳述如下：

一、LISREL 模型

LISREL 的模型是由下列方程式所給予

$$\underset{(m\times 1)}{\eta} = \underset{(m\times m)(m\times 1)}{\beta\eta} + \underset{(m\times n)(n\times 1)}{\Gamma\xi} + \underset{(m\times 1)}{\zeta} \qquad (12\text{-}1)$$

其測量模型方程式是：

$$\underset{(p\times 1)}{Y} = \underset{(p\times m)(m\times 1)}{\Lambda_y \eta} + \underset{(p\times 1)}{\varepsilon} \qquad (12\text{-}2)$$
$$\underset{(q\times 1)}{X} = \underset{(q\times n)(m\times 1)}{\Lambda_x \xi} + \underset{(q\times 1)}{\delta}$$

以

$$E(\zeta)=0；\quad Cov(\zeta)=\Psi$$
$$E(\varepsilon)=0；\quad Cov(\varepsilon)=\Theta_\varepsilon$$
$$E(\delta)=0；\quad Cov(\delta)=\Theta_\delta \qquad (12\text{-}3)$$

在此，ζ, ε, 與 δ 是彼此不相關的；$Cov(\xi)=\Phi$；ζ 與 ξ 是不相關的；ε 與 η 是不相關的；δ 與 ξ 是不相關的；β 在對角線上有 0；而 $I-B$ 是非特異（nonsingular）。除了方程式（12-3）的假定之外，我們還要取 $E(\xi)=0$ 與 $E(\eta)=0$。

在方程式（12-1）中 ξ 與 η 未知變項的量（quantity）是原因與結果的變項，通常是無法被觀察的，它們有時候被稱為潛在變項。在方程式（12-2）中 Y 與 X 的變項是線性地 η 與 ξ 和透過 Λ_Y 與 Λ_X 係數矩陣而發生相關的變項，因而這些變項是可以被測量的。它們的觀察值可構成資料。而方程式（12-2）有時候被稱為測量的方程式。

二、建構一個徑路分析圖

此際，我們要製作在徑路系統中不受其他變項所影響的外衍變項與會受到其他變項所影響的內衍變項，並加以區分。每一個依變項結合著一個殘差。某些傳統習慣會支配或影響一個徑路分析圖（path diagram）所產生的推論。其徑路分析圖被建構如下（一條直線的箭矢代表一個徑路）：

1. 一條直線的箭矢從它的來源被引到每一個依變項（內衍的）。
2. 一條直線的箭矢從它的殘差被引到每一個依變項。
3. 一條曲線的雙箭矢是被引到自變項（外衍的）每一個配對之間，被認為是有非零的相關。

對相關曲線的雙箭矢（雙箭頭）是一種相關係數的指示，而其他的連接關係是直線的，是由單一的一個箭頭的箭矢所指示。

範例（12-1） 一個徑路分析圖與構結構方程式

結構迴歸模型的範例被呈現於圖 12-3 中，而觀察的相關係數矩陣被顯示於表 12-3 中。模型最初是以 LISREL 符號被規劃，使用 Y_1, Y_2, X_1, X_2, X_3 到 X_4 為觀察變項測量指標。

為了提供模型有某些實質的意義，我們可以假定該模型有一個潛在的外衍變項是（Intelligenc）社會經濟地位（Socioeconomic Status, SES），與一個潛在的內衍變項是個人能力表現（Ability）。社會經濟地位潛在變項是由四個觀察變項測量指標來進行測量，而能力是由二個觀察變項測量指標來進行測量。如此，社會經濟地位（SES）是由四個觀察變項測量指標 X_1, X_2, X_3 與 X_4 來進行測量，例如，它們個別地，是父親的教育程度、母親的教育程度、父親的職業與家庭的文化背景。能力（Ability）是由 Y_1 與 Y_2 來進行測量，例如，它們個別地，是個人在社會工作就業職場的能力表現與學業成就表現的觀察測量指標分數在一個標準化成就測驗的表現。以下我們就依據前面表 12-1 中所提出的觀察變項的變異數—共變數矩陣，加上平均數為表 12-3，去建構圖 12-3。

表 12-3 觀察變項的變異數—共變數矩陣與平均數，N = 152

Y_1	15.21					
Y_2	6.73	7.39				
X_1	1.22	.98	1.85			
X_2	1.00	.97	.79	1.99		
X_3	.91	.76	.36	.49	2.55	
X_4	1.45	1.43	1.18	.83	1.50	10.49
平均數	20.41	10.07	3.84	3.29	2.60	6.43

考量下列所提供的一個原因與結果變項的徑路分析圖：

表 12-3 之 1 中的 Λ_X 是 X 測量指標的負荷量矩陣，Λ_Y 是 Y 測量指標的負荷量矩陣，Θ_δ 是各個 δ 共變數矩陣，Θ_ε 是各個 ε 共變數矩陣，Φ 是各個 ξ 的共變數矩陣，B 是 β 係數的矩陣，Γ 是 γ 係數的矩陣，與 Ψ 是各個 ψ 的共變數矩陣。

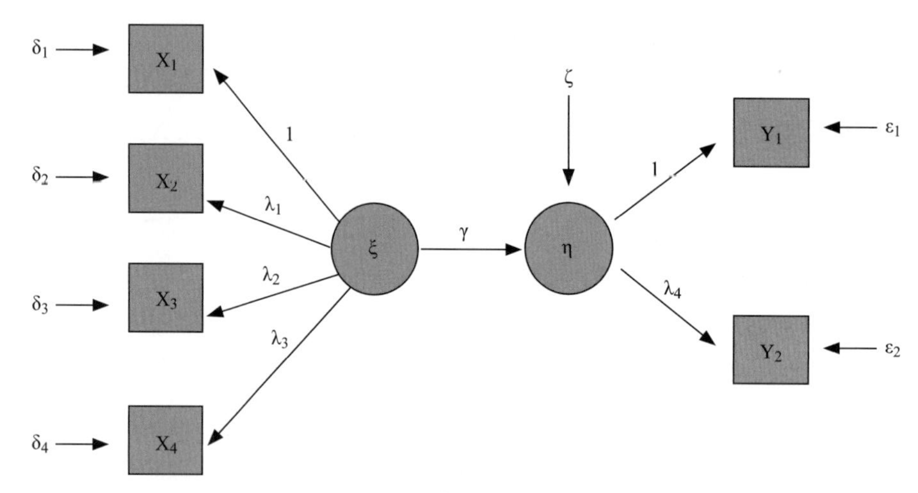

圖 12-3　一個徑路分析圖與結構方程式

表 12-3 之 1　在 LISREL 中無法被觀察構念的結構模型參數矩陣呈現形式

參數矩陣	LISREL 符號	階
Λ_X	LX	NX × NK
Λ_Y	LY	NY × NE
Θ_δ	TD	NX × NX
Θ_ε	TE	NY × NY
Φ	PHI	NK × NK
B	BE	NK × NK
Γ	GA	NE × NK
Ψ	PSI	NK × NK

第四節　結構方程式模型範例參數的界定與辨識

在綜合前述第十一章所提出有關測量模型以上述 LISREL 符號數學方式的呈現之後，我們在此將準備承繼在前述所提出有關結構方程式模型，進行參數的界定、辨識與估計問題，以進一步探討在有關模型的界定、辨識與估計問題。

一、模型的界定

依據 Raykov and Marcoulides（2006）所界定的規則在前述第二章所提出有關模型的界定有：

規則 1，所有自變項的變異數是模型的參數。

規則 2，在所有自變項之間的共變數是模型的參數。

規則 3，所有連結潛在變項與其測量指標的因素負荷量是模型的參數。

規則 4，所有觀察的或潛在變項的迴歸係數是模型的參數。

規則 5，依變項之間的變異數與共變數，及依變項與自變項之間的共變數決不是模型的參數。

規則 6，在一個模型中被包含的每一個潛在變項其潛在量尺的計量需要被設定。

依據上述 Raykov and Marcoulides（2006, pp.17-21）對模型參數的界定，如在我們討論驗證性因素分析中所提到的，每一個量尺必須透過兩個方法之一來製作量尺的不變性或恆定性（invariant）（即是，在這個分析中，我們使用在前述中所使用過的方法 2，即是我們可以設定每一個構念對一個其所對應的測量變項或指標的負荷量為 1.0。基於量尺的恆定性，使結構與測量模型的係數不會受到所選擇研究途徑的影響。因而，對於模型參數的界定，我們可以參考上述的模型參數界定六規則，以及前述第十一章的界定規則來進行界定。接下來基於方便我們可使用 LISREL 將以矩陣型態列出所有參數的估計狀況，包括被自由參數估計以及被固定為 0 或 1 的參數。

要決定圖 12-3 中模型的參數，我們可以遵循在 Raykov and Marcoulides（2006）所討論的界定模型參數六規則。因而，對於模型參數的界定，我們可以參考 Raykov and Marcoulides（2006）第二章的模型參數界定六規則來進行界定。接下來基於方便我們可使用 LISREL 將以矩陣型態列出所有參數的估計狀況，包括被自由參數估計以及被固定為 0 或 1 的參數。被估計的參數會依 LAMBDA-Y，其中負荷量的測量變項 Y_1 被設定為固定參數 1，以作為固定量尺，而其餘 1 個負荷量的測量變項 Y_2 被界定為有待被估計的自由參數。在 LAMBDA-X（因素負荷量）負荷量的測量變項 X_1 被設定為固定參數 1，而 X_3, X_2 與 X_4 為自由參數。在 BETA（外衍潛在變項對內衍變項解釋的結構係數）中 ETA（η）的結構係數被界定為模型的自由參數。在 GAMMA（外衍變項間的結構係數）中 GAMMA 的結構係數被界定為模型的自由參數。在 PHI（外衍變項間的相關係數）中的相關係數被界定為模型的自由參數。在 PSI（內衍變項誤差變異數）中 ETA 的誤差變異數（ζ）為模型的自由參數，在 THETA-EPS 中 Y_1 與 Y_2 的測量誤差都被界定為模型的自由參數。在 THETA-DELTA 矩陣中 X_1−X_4 的測量誤差都被界定模型的自由參數。所以，在本假設的模型中其有待被進行估計的自由參數為 13 個。

我們亦可以詳細說明提供測量與結構模型圖 12-3 中的矩陣。

我們可依據這樣的徑路分析圖，對應於結構方程式（12-2）

$$\begin{bmatrix} X_1 \\ X_2 \\ X_3 \\ X_4 \end{bmatrix} = \begin{bmatrix} 1 \\ \lambda_1 \\ \lambda_2 \\ \lambda_3 \end{bmatrix} \xi + \begin{bmatrix} \delta_1 \\ \delta_2 \\ \delta_3 \\ \delta_4 \end{bmatrix}$$

$$X \quad \Lambda_x \quad \xi \quad \delta$$

由以上所示可知，徑路分析圖對如何規劃或建構一個結構方程式模型是具有輔助性的作用。因為它可指示因果的方向與本質，使我們可依據徑路分析圖來思考問題。

依據方程式（12-1）與（12-2）的模型，可提供我們所想要去嘗試建構的結構方程式模型與案例，諸如依據這些方程式可去界定多變項的線性迴歸模型與因素分析模型是可行的。

上述進行的是有關外衍的潛在變項（KSI）與觀察變項（X_1, X_2, X_3 與 X_4）相關。如圖 12-3 所示其中負荷量的測量變項 X_1 被設定為固定參數 1，而 X_2, X_3 與 X_4 為自由參數。δ（Delta）為測量誤差都被界定為模型的自由參數。

$$\begin{bmatrix} Y_1 \\ Y_2 \end{bmatrix} = \begin{bmatrix} 1 \\ \lambda_3 \end{bmatrix} \eta + \begin{bmatrix} \varepsilon_1 \\ \varepsilon_2 \end{bmatrix}$$

$$Y \quad \Lambda_y \quad \varepsilon$$

上述進行的是有關內衍的潛在變項（ETA）與觀察變項（Y_1 與 Y_2）相關。在現行的案例，Y_1 被設定固定參數 1。ε（Epsilon）為觀察變項 Y 的誤差項。

$$1 \quad \eta = [\gamma_1 \quad \gamma_2] \begin{bmatrix} \xi_1 \\ \xi_2 \end{bmatrix} + \zeta$$

$$B \quad \eta \quad \Gamma \quad \xi \quad \zeta$$

上述進行的是有關內衍的潛在變項對外衍的潛在變項相關的結構方程式模型。在進行的範例中僅有一個內衍的潛在變項，由此 B 是等於 1。而 ζ（Zeta）被歸之為殘差，或被歸之為方程式中的誤差。

二、模型的辨識

我們的範例在於說明一個因素模型，如果沒有加諸限制於模型的參數上，那它就是未被辨識。在驗證性因素模型的分析中，其測量模型所決定的是整體模型中其觀察變項或測量變項與潛在變項之間的關係。測量模型的辨識主要涉及到潛在變項量尺的界定或設定問題。因為潛在變項是由 SEM 分析所估計出來，而非實際地去觀測各變項，因此我們在界定模型參數估計時，必須給予一個特定的單位尺度，此時可以將潛在變項的變異數設定為 1，也就是將潛在變項給予一個標準化的變異數作為共同測量的單位。

另一種的界定或設定方法是將潛在變項所影響的各個觀察變項或測量變項，指定其中一個變項的因素負荷量（或迴歸係數）為 1，也就是將觀察變項或測量變項的單位界定或設定為潛在變項的參考量尺，並使潛在變項的變異數得以成為自由參數。在本範例的模型中就是界定觀察變項或測量變項與潛在變項之間的量尺為 1。

除了對模型的負荷量與潛在變項的變異數進行界定或設定為 1 的固定量尺之外，還有所謂「剛好辨識」、「不足辨識」與「過分辨識」的問題，在前述第十一章中，我們已作詳細的探討。以下我們就以本模型為例來進行說明。

對於模型的辨識問題，雖然在前述第十一章中我們已作詳細的探討，然而，在本章中吾人再作綜合性的探討，其要點如下：

（一）整體模型的辨識性

首先是去計算資料的數目，再去計算模型參數可以被進行估計的自由參數有多少個，稱為測量資料數（the numbers of data point; DP）。測量資料數與樣本測量之中的共變數與變異數數目有關，可利用下列方程式去進行計算：

$$\text{測量資料點數（DP）} = \frac{(p+q)(p+q+1)}{2} \qquad (12\text{-}4)$$

其中 p + q 表示測量變項的數目，其中 p 為外衍變項的數目，q 為內衍變項的數目。依據本範例有 6 個測量變項，可產生 21 個測量資料點數，而依據吾人前述被本範例模型界定有待進行被估計的自由參數有 13 個。如果測量資料數多於被界定有待進行被估計的自由參數數目，這樣的模型被視為是「過分辨識」，為進行結構方程式模型分析的必要條件。如果測量資料數剛好等於被界定有待進行被估計的自由參數數目，這樣的模型被視為是「剛好辨識」。在這樣的案例中，可進行被估計的自由參數數目完全等同可複製或導出樣本觀察測量變項的共變數矩陣，又稱為飽和模型（saturated model）。在飽和模型之中，其估計模型與實際模型的共變結構完全等同，因而其卡方值與自由度等於 0，其 P-value 等於 1。這樣的分析模型是無意義的，因為其假設無法被檢定。如果測量資料數少於被界定有待進行被估計的自由參數數目，這樣的模型被視為是「不足辨識」，其參數無法被估計。在不足辨識的情況之下，如果要使結構方程式模型分析能夠順利進行，研究者可以將部分參數設定為固定值，或不進行估計，或將部分參數進行設限，或將部分參數刪除於模型分析之外，使得測量資料點數能夠多於被界定有待進行被估計的自由參數數目，才可以使得結構方程式模型分析能夠順利進行。總而言之，只有在過分辨識的必要條件之下，結構方程式模型分析才可利用不同的參數估計方法，對於模型的參數進行最佳的估計，可以從無限組合的因解中找到最佳的因解方法，並從模型參數進行的最佳估計中，獲得整體模型的適配度的評估中進行模型的比較。

（二）測量模型的辨識性

在個別測量模型的辨識中，其主要問題是在於潛在變項量尺的設定。換言之，測量模型的辨識是在於處理測量變項與因素之間的關係，去建立每一個因素的量尺。因為潛在變項是由結構方程式模型分析所估計出來，而非實際的觀察變項所估計出來，因此有必要給予一個特定的量尺單位。因而，我們可以將潛在變項的變異數設定為 1，也就是將潛在變項強制以標準化變異數來作為共同的量尺單位。另一種作法是將潛在變項所影響的各測量變項中指定其中一個變項的因素負荷量（或迴歸係數）為 1，也就是將測量變項的量尺單位設定為潛在變項的參考量尺，並使潛在變項的變異數得以自由估計。

當假定潛在變項作為影響外衍變項時，上述這兩種方式都可以用來設定測量模型的單位。但是，當假定潛在變項作為影響內衍變項時，潛在變項的本身就成為估計的主要對象，此時應設定測量變項的因素負荷量為 1，使潛在變項的變異數可以自由估計。

（三）結構模型的辨識性

建立模型辨識性的第三個步驟是去檢測模型的結構部分，以確認結構模型之中的參數設定是正當的。此時，可以忽略測量變項之間的關係，只要考量到模型的處理可使潛在變項的彼此關係產生迴歸係數的結構部分。如果潛在依變項（內衍變項）都沒有或都彼此無法作預測（其 Beta 矩陣完全是 0）那模型的結構部分就可以被辨識。在小的樣本案例中如果只有一個潛在依變項（內衍變項），如此，模型的結構部分就可以被辨識。如果潛在內衍變項彼此可作預測，此時要注意模型中的潛在內衍變項是可遞迴的模型，那它們之間就沒有回溯（no feedback loop），沒有相關的干擾項（誤差）的假設。此時，模型的結構部分仍然是可以被辨識的。

如果一個模型是是非遞迴的，那它在潛在內衍變項彼此之間是具有回溯的關係（feedback loop），有相關干擾項的假設。因而，其結構模型就會涉及過多的參數有待估計而無法被辨識，研究者就必須應用策略來使模型能夠被辨識。有二個附加條件對非遞迴的結構模型的辨識是必要的，每一個條件可以個別地應用於模型中的每一個方程式。第一，每一個方程式至少要有潛在內衍變項數目減一個變項不屬於非遞迴的徑路；第二，用以進行計算標準誤的資訊矩陣（information matrix）是滿秩的（full rank），並可以求出反矩陣的資訊（inverted information matrix），如果從大部分的 SEM 軟體程式中無法獲得一個反矩陣的資訊，即表示第二個條件無法獲得滿足，在進行 SEM 分析中就會出現警語，警告基於無法獲得一個反矩陣資訊的辨識不足問題。如果在檢測模型之後，其測量資料點的數目超過已估計的參數數目，與模型的測量與結構二部分其整體模型有被辨識的適配測量指標顯示，即表示已被辨識。

第五節　結構方程式模型參數的估計

任何結構方程式模型中最主要的計量程序就是參數估計（parameter estimation），未知的參數以這樣的方式被估計，即使模型能夠具有分析樣本共變數矩陣或樣本相關係數矩陣的能力，與在某些環境之中可使樣本產生某種結果的能力。為了要說明估計過程的這種特性，讓我們再次注意到圖 12-3 中的徑路分析圖，與前節中所呈現來連接模型方程式的界定。如前述討論中所提到的或所指出的徑路分析圖與方程式系統來製作有關被涉及變項之間其關係的假設。在此，本模型可提供它們的變異數與共變數之含意。這些含意可使用很簡單的關係來呈現其線性變項組合的變異數與共變數。基於呈現的方式簡便性，在本文之中對這些關係的呈現方式我們把它們歸之為變異數與共變數呈現的四法則；這些法則是遵循變異數與共變數的形式來界定（Hays, 1994）。

對於結構方程式模型參數的估計，我們可以參考前述第十一章的論述。綜合言之，在本節所進行的討論是在於顯示或在於證明在圖 12-3 中所呈現的模型，意指就如任何結構方程式模型所顯示的一樣。共變數矩陣的一種特殊元素的結構是由模型依據個別呈現的方式所複製或所推導的。一般而言，未知模型的參數是非線性的函數。如果參數的某些值被輸入，就有某些函數關係會呈現，依此方式我們就可依輸入元素的數目以獲得一個如數的共變數矩陣。事實上，依 SEM 程式要使一個模型適配於資料的過程可以被視為是參數的適當值重複地被插入於矩陣直到某一最適當值被插入或最理想的標準被達成為止的過程，這樣的標準是依據它的參數近似於（proximity to）樣本共變數矩陣 S 的元素值為止。在本節中所討論的參數唯一解法（Raykov & Marcoulies, 2000）提出簡要的判斷原則通常是在模型獲得辨識之後成為後續參數估計的根源。在模型參數確定之後，接著即可開始進行結構方程式模型的估計。所謂參數估計（parameter estimation），簡言之，就是選取某種適配函數（fitting functions），也稱為差異函數（discrepancy function），或損耗函數（loss function），來縮減理論所隱含的共變數矩陣 $\Sigma(\gamma)$ 與樣本共變數矩陣 S 之間的差距，且使其差距愈小愈好（Long, 1983b）。

目前常用的估計方法與適配函數的類型於 SEM 分析之中有四：（一）未加權的或一般的最小平方法（unweighted or ordinary least squares, ULS 或 OLS），（二）最大概似法（maximum likelihood estimation, ML），（三）概化的最小平方（generalized least squares, GLS），（四）漸近分配自由（asymptotically distribution free）。上述每一種估計方法應該都是被基於一個對應適配函數的極小化之上。依據我們目前 LISREL 的估計方法是以最大概似法（maximum likelihood estimation, ML）為主要方法。

一個被提出或被假定的結構方程式模型是如何被推導出一個共變數矩陣 $\Sigma(\gamma)$，這樣的矩陣所以會適配於觀察樣本的共變數矩陣是透過對模型參數的適當選取方式來達成。接著其次要探討的問題是我們如何去測量或評估矩陣 S 與 $\Sigma(\gamma)$ 之間的差異程度？在 SEM 的分析中這是一個特別重要的問題，因為這種問題的探討可以有助於我們去評估或去評鑑模型的適配指標。事實上，如果矩陣 S 與 $\Sigma(\gamma)$ 之間的差異程度非常小，並可提供一個個別的（或理想的）未知參數的組合，依據此未知參數的組合我們可推論該模型適配於資料，或可推論該模型可呈現資料的研究是合乎邏輯的。另一方面，如果矩陣 S 與 $\Sigma(\gamma)$ 之間的差異程度非常大，我們就可推論該模型不適配於或不符合於觀察的資料。對於這樣的不適配或不符合至少有兩個理由：（1）已提出的模型是有缺點，依此意義即是被提出的模型無法勝任或負荷去分析參數值相互關係的變項矩陣，或（2）資料不完整，依此意義即是依某種方法執行分析時，由於資料內容的不足而無法測量出被研究現象各構念或各面向之間的相互關係，而這些構念的相互關係在模型中是可反映的。由此，為了要持續模型適配指標的評估，就要有某一種方法被要求去評估被推導的矩陣 $\Sigma(\gamma)$ 不同於樣本共變數矩陣的程度。

為了要去說明這種方法，有需要去介紹一種新的概念，即是去說明這兩個矩陣之間的差距（distance）。換言之，需要有一個可比較各值量數的方法，即是，單一量數數據的方法（single numbers），即由前者減後者的一個簡式減法就足以去評估它們之間的差距。但是，這種方法無法直接地以矩陣 S 與 $\Sigma(\gamma)$ 之間相減的方式來執行，也就是說，從 $\Sigma(\gamma)$ 矩陣減去 S 矩陣無法產生一個單一量數數據；反之，可依據矩陣減法之規則（Johnson & Wichern, 2002）由一個類似元素差異所組成的矩陣來執行。這種單一量數數據的產生是取這兩個矩陣對應元素之間的平方和。如果這種單一量數數據愈大，表示這兩個矩陣之間的差異很大；其單一量數數據愈小，即表示這兩個矩陣之間的相似性愈大。因為在 SEM 分析中這種單一量數數據在 S 矩陣的元素與被含入共變數矩陣 $\Sigma(\gamma)$ 模型的元素（the model-implied covariance matrix）作比較之後，這種單一量數數據的產生是一種被通則化或被一般化的差距（a generalized distance），也是模型參數及可觀察變項變異數與共變數的一種函數關係。由此，我們若要去測量或評估矩陣 S 與 $\Sigma(\gamma)$ 之間的差異程度，就要一方面參考矩陣差距之間，與模型參數及可觀察變項變異數與共變數的關係；另一方面要參考一種適配度函數的關係，因為被界定為二個矩陣之間的差距，與適配度的函數值總是正數的，或是 0。無論甚麼時候，當其適配度的函數值是 0 時，唯有那時候，被包括的二個矩陣才是一樣的，或是相同的。它的產生端視矩陣之間的差距如何被界定而定，因而會有若干適配度的函數值產生。這些適配度的函數是依據它們對應參數估計的方法來產生，對於適配度函數的問題我們將於下一節來探討。

第六節　選擇輸入矩陣類型與估計被提出的模型

一、資料的輸入

結構方程模型將適應一個共變數或一個相關矩陣。例如，為了進行驗證性因素分析時，其資料的輸入使用相關矩陣的類型是很普遍的，無論如何，以相關矩陣輸入其目標是在於相互關係模式的一個探索（exploration），所以，相關矩陣是比較被偏愛輸入資料的類型。無論如何，相關矩陣在許多的應用中已獲得廣泛的使用。在結構方程模型中的相關矩陣完全是一個「標準化的」變異數／共變數矩陣，其中每個變項測量的量尺（the scale）可以以此標準差的乘積除以變異數或共變數來移動（is removed）。所以，研究的目標是僅在於去理解各構念之關係的模式時，相關的使用是適當的，但是無法去解釋一個構念的整體變異數。另一適當的使用是在作交叉不同變項的比較，因為共變數會受到測量尺度（the scale of measurement）所影響。所以，從相關矩陣所獲得的各係數總是以標準化的單位（are always in standardized unites）為標準，相同於迴歸分析中 β 係數的使用（beta weights），而其範圍是在 −1.0 與 +1.0 之間。而且，研究顯示相關矩陣提供各係數的顯著性更保守的估計，而不會向上形成偏態（is not upwardly biased）。

摘要言之，研究者使用變異數／共變數矩陣為資料輸入形式或為資料研究形式的時候，即是執行一個真正「理論檢定」之時，如果變異數／共變數可滿足於方法論的種種假設，那它即是可以成為，提供因果關係有效資料的適當形式。無論如何，研究者時常僅是關切關係的模式（pattern），而並不關切如在理論檢定所需要的整體解釋（total explanation）時，使用相關矩陣為資料輸入形式或為資料研究形式是可接受的，任何時候相關矩陣被使用時，分析者應小心地解釋種種的結果，與對不同情境通則化的問題。

本章是共變數矩陣為輸入資料其 6 個變項的共變數矩陣被顯示於表 12-1 中，研究者可以使用共變數矩陣作為輸入資料。

二、矩陣資料的輸入與模型的估計

本資料的內容為 6 個測量變項的相關係數矩陣，為一對稱矩陣。以下程式語法的輸入方式與內容和前述徑路分析圖的建構方法相似，為了連貫性，在此再重複如下：

（一）LISREL 語法（本語法指令儲存在本書的 CH12-1 檔案中）

```
The Model of Socioeconomic Status
DA NI = 6 NO = 152 MA = CM
CM
15.21
 6.73    7.39
```

```
 1.22   .98  1.85
 1.00   .97   .79  1.99
  .91   .76   .36   .49  2.55
 1.45  1.43  1.18   .83  1.50  10.49
ME
20.41 10.07  3.84  3.29  2.60  6.40
MO NX = 4 NY = 2 NK = 1 NE = 1 GA = FI PS = SY TE = SY TD = SY
LA
Y1 Y2 X1 X2 X3 X4
LE
能力
LK
社經
FR LY(2, 1) LX(2, 1) LX(3, 1) LX(4, 1) GA(1, 1)
VA 1 LY(1, 1)
VA 1 LX(1, 1)
PD
  OU RS EF FS SS SC MI
```

（二）SIMPLIS 語法指令（本語法指令儲存在本書的 CH12-1b 檔案中）

```
the model of effect data
observed variables: Y1 Y2 X1 X2 X3 X4
covariance matrix:
15.21
 6.73  7.39
 1.22   .98  1.85
 1.00   .97   .79  1.99
  .91   .76   .36   .49  2.55
 1.45  1.43  1.18   .83  1.50  10.49
Sample Size: 152
Latent Variables：社經　能力
```

```
Relationships:
  X1 = 1*社經
  X2 X3 X4 = 社經
  Y1 = 1*能力
  Y2 = 能力
能力 = 社經
print residuals
number of decimal = 4
lisrel output: FS RM RS FS EF SC SS MI WP
path diagram
```

（三）模型參數估計與徑路圖

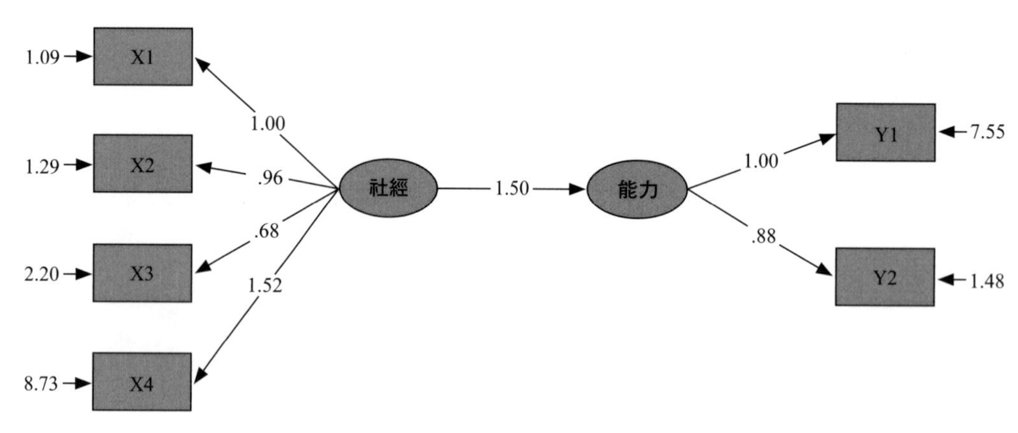

圖 12-4

三、結果檢查分析與評估適配度的效標

（一）整體模型其輸入變項的說明

分析結果以研究者輸入的標題作開端，由下列資料可知，測量變項共計 6 個，內衍測量變項（Y）數目 2 個，外衍測量變項（X）數目 4 個，內衍潛在變項（η）或（ETA）數目為 1，外衍潛在變項數目 1 個，樣本數為 152。

The Model of Socioeconomic Status

Number of Input Variables	6
Number of Y - Variables	2
Number of X - Variables	4
Number of ETA - Variables	1
Number of KSI - Variables	1
Number of Observations	152

The Model of Socioeconomic Status

Covariance Matrix

	Y1	Y2	X1	X2	X3	X4
Y1	15.21					
Y2	6.73	7.39				
X1	1.22	.98	1.85			
X2	1.00	.97	.79	1.99		
X3	.91	.76	.36	.49	2.55	
X4	1.45	1.43	1.18	.83	1.50	10.49

The Model of Socioeconomic Status

Parameter Specifications

LAMBDA-Y

	能力
Y1	0
Y2	1

LAMBDA-X

	社經
X1	0
X2	2

```
      X3          3
      X4          4

      GAMMA
                 社經
                --------
 能力              5

      PHI
                 社經
                --------
                  6
 PSI
                 能力
                --------
                  7

 THETA-EPS
                  Y1          Y2
                --------    --------
                  8           9

 THETA-DELTA
                  X1          X2          X3          X4
                --------    --------    --------    --------
                  10          11          12          13
```

由上述的報表資料可知本假設模型，輸入的變項有 6 個，Y 變項有 2 個，X 變項有 4 個，ETA 變項有 1 個，KSI 變項有 1 個，樣本數 152。而對於模型估計參數，依前述的界定有待被進行估計的自由參數為 13 個，和圖 12-3 所提出結構模型參數估計與徑路分析圖所界定的一樣。

（二）最大概似估計

以下資料數目是使用最大概似估計方法所獲得的，總計只進行 8 次疊代即完成了所有的參數估計。各參數估計的結果，提供了原始估計值（非標準化值），標準誤與統計顯著性等三種數據，其中顯著性考驗檢定是以 t 檢定來進行，t 值越大表示強度越高，在樣本數為 152 情況之下，t 值的絕對值若超過 1.96 即可視為顯著性。

對於 t 檢定的進行，在前述的各章中我們已提到可以以圖 12-4 顯示後，再勾選「T-values」就可模型估計參數的 t 值，其中若有呈現紅色數據的參數，即表示其值沒有大於 1.96，而沒有達到 .05 的顯著性水準。或從以下資料數目去檢視，我們可獲知在已界定的模型估計參數中，除了 ETA2 的結構係數沒有達到 .05 的顯著性水準之外，其餘均達顯著性水準，具有統計上的意義。

在信度方面（即是，多元相關平方）Y 的各個測量指標都非常的高，Y1 = .50，Y2 = .80 以上，而 X 的各個測量指標較低。而對於結構係數的解釋，在 η 的變異數 47% 是由外衍構念 ξ 所提供的解釋。整體模型的變異數是由所有的結構係數所提供的解釋是等於 47%。而整體模型適配度指標是完全的，不是因為模型是飽和的，而是因為樣本共變數矩陣被計算時假定為參數的已知數。所以，所有參數估計值是以 .05 的水準，除了 THETA-EPS 的 Y2 是不顯著之外，都達到統計上的顯著性。

```
The Model of Socioeconomic Status
Number of Iterations = 8
LISREL Estimates (Maximum Likelihood)

         LAMBDA-Y
                  能力
                --------
         Y1       1.00
         Y2        .88
                  (.21)
                  4.09

         LAMBDA-X
                  社經
```

```
          --------
 X1         1.00
 X2          .96
            (.23)
            4.15
 X3          .68
            (.21)
            3.23
 X4         1.52
            (.44)
            3.48

 GAMMA
           社經
          --------
 能力       1.50
            (.51)
            2.94

 Covariance Matrix of ETA and KSI
           能力       社經
          --------   --------
 能力       7.66
 社經       1.14        .76

 PHI
           社經
          -------
             .76
            (.24)
            3.14
```

PSI

能力
5.96
(1.75)
3.42

Squared Multiple Correlations for Structural Equations

能力
.22

THETA-EPS

Y1	Y2
7.55	1.48
(1.97)	(1.38)
3.83	1.08

Squared Multiple Correlations for Y-Variables

Y1	Y2
.50	.80

THETA-DELTA

X1	X2	X3	X4
1.09	1.29	2.20	8.73
(.21)	(.22)	(.28)	(1.13)
5.16	5.87	7.92	7.70

Squared Multiple Correlations for X-Variables

X1	X2	X3	X4
.41	.35	.14	.17

（三）模型適配度指標分析

在前述參數界定與估計之後，接著要來評估參數估計的整體效果，以達到統計上的意義，作為評估被提出的模型或被假設的模型是否可以適配於資料的依據。為了達到這個目的，可以透過以下各項適配度指標來進行評估。其輸出結果報表有關整體適配度指標資料如下：

Goodness of Fit Statistics

Degrees of Freedom = 8

Minimum Fit Function Chi-Square = 7.81 (P = .45)

Normal Theory Weighted Least Squares Chi-Square = 7.51 (P = .48)

Estimated Non-centrality Parameter (NCP) = .0

90 Percent Confidence Interval for NCP = (.0; 10.14)

Minimum Fit Function Value = .052

Population Discrepancy Function Value (F0) = .0

90 Percent Confidence Interval for F0 = (.0; .067)

Root Mean Square Error of Approximation (RMSEA) = .0

90 Percent Confidence Interval for RMSEA = (.0; .092)

P-Value for Test of Close Fit (RMSEA < .05) = .72

Expected Cross-Validation Index (ECVI) = .23

90 Percent Confidence Interval for ECVI = (.23; .29)

ECVI for Saturated Model = .28

ECVI for Independence Model = 1.23

Chi-Square for Independence Model with 15 Degrees of Freedom = 173.33

Independence AIC = 185.33

Model AIC = 33.51

Saturated AIC = 42.00

Independence CAIC = 209.47

Model CAIC = 85.82

Saturated CAIC = 126.50

Normed Fit Index (NFI) = .95

Non-Normed Fit Index (NNFI) = 1.00

Parsimony Normed Fit Index (PNFI) = .51

Comparative Fit Index (CFI) = 1.00

Incremental Fit Index (IFI) = 1.00

Relative Fit Index (RFI) = .92

Critical N (CN) = 389.69

Root Mean Square Residual (RMR) = .19

Standardized RMR = .039

Goodness of Fit Index (GFI) = .98

Adjusted Goodness of Fit Index (AGFI) = .96

Parsimony Goodness of Fit Index (PGFI) = .37

從以上各適配測量指標的指數來看，指出這是一個理想的模型。就絕對適配度指標而言，例如，卡方值與它的 p 值是令人滿意的。依本範例的模型其中卡方值，為 WLS 卡方值 7.51，自由度（Degrees of Freedom）為 8，依卡方值／df 比率 7.51/8 = 0.93875 < 2。p 值（p-value）為 0.48229 > 0.1，均方根近似誤（RMSEA）為 0.0000 < 0.05，表示被提出的或被假設的模型與觀察值之間沒有顯著的差異。而且 GFI = 0.98 > 0.90，達到 0.90 以上的門檻。

就增值適配度指標而言，AGFI = 0.96，NFI = 1.00，RFI = 0.92，IFI = 1.00，NNFI = 1.00，CFI = 1.00。均在 0.90 以上。

簡效值適配度指標而言，PGFI = .51 > .50 稍為超過在 .50 的門檻，PNFI = .37 < .50 在 0.50 門檻以下，CN = 389.69 > 200，達可接受的值適配度指標。

由於 RMSEA 信賴區間落入 .05 之內，同時非趨中性參數（NCP）的 90% 的信賴區間亦能涵蓋最合理的適配度指標，因此，若採取比較嚴格的說法，本範例的理論模型可以說有一個很理想的適配度指標。

我們亦注意到資訊標準值（information criteria values），一般而言，在應用實務上，AIC 指標都是與獨立模型和飽和模型下的 AIC 指標值作比較。基本上，AIC

值愈小愈好，最好要比在獨立模型和飽和模型下的 AIC 指標值還要小；因此，從上述的資料中可獲知，本範例修正後的假設模型提供計算 AIC 指標值的獨立模型（具有 15 個自由度）下的卡方值為 173.33，本模型的 AIC 指標值為 33.51，獨立模型下的 AIC 指標值為 185.33，飽和模型下的 AIC 指標值為 42.00，並且本模型的 CAIC 指標值為 85.82，獨立模型下的 CAIC 指標值為 209.47，飽和模型下的 CAIC 指標值為 126.50，可見本範例假設模型的 AIC 指標值與 CAIC 指標值都比其在獨立模型和飽和模型下的 AIC 指標值和 CAIC 指標值還要小，由此顯示本範例的假設模型已具有可接受的適配的程度。

（四）殘差分析

討論了上述模型適配度指標之後，LISREL 的輸出結果報表之中尚有可衡量被假設模型的適配指標，如測量殘差的問題。殘差分析的數據，可由適配共變數矩陣列出各測量變項的共變數與變異數，也就是由 LISREL 所估計出來的共變數與變異數。

The Model of Socioeconomic Status

Fitted Covariance Matrix

	Y1	Y2	X1	X2	X3	X4
	--------	--------	--------	--------	--------	--------
Y1	15.21					
Y2	6.73	7.39				
X1	1.14	1.00	1.85			
X2	1.09	.96	.73	1.99		
X3	.77	.68	.51	.50	2.55	
X4	1.73	1.52	1.16	1.11	.78	10.49

Fitted Residuals

	Y1	Y2	X1	X2	X3	X4
	--------	--------	--------	--------	--------	--------
Y1	.00					
Y2	.00	.00				
X1	.08	−.02	.00			

X2	−.09	.01	.06	.00		
X3	.14	.08	−.15	−.01	.00	
X4	−.28	−.09	.02	−.28	.72	.00

Summary Statistics for Fitted Residuals

Smallest Fitted Residual = −.28

Median Fitted Residual = .00

Largest Fitted Residual = .72

Stemleaf Plot

−0|3321100000000000

0|1111

0|7

Standardized Residuals

	Y1	Y2	X1	X2	X3	X4
	--------	--------	--------	--------	--------	--------
Y1	--					
Y2	--	--				
X1	.40	−.14	--			
X2	−.38	.06	1.54	--		
X3	.35	.32	−1.86	−.05	--	
X4	−.36	−.18	.14	−1.53	2.29	--

Summary Statistics for Standardized Residuals

Smallest Standardized Residual = −1.86

Median Standardized Residual = .00

Largest Standardized Residual = 2.29

我們如果取出原始的表 12-1 所假定的模型提供一個假設的或樣本共變數矩陣，也是我們輸入 LISREL 進行本範例（或假設模型）的共變數矩陣與上述所呈現適配的共變數矩陣（Fitted Covariance Matrix）作比較。此時，我們可以看到兩者之間數據的差異幾乎接近 0。換言之，就是如我們在第二章中所提到的，$\hat{\Sigma}$ 或 $\Sigma(\gamma)$ 共變數矩陣接近 S 共變數矩陣。以兩者 Y1 與 Y2 之間共變數為例，前者的值為 15.21；而後者的值為 15.21，其殘差 = 0。在以 Y1 與 Y2 之間共變數為例，前者的值為 6.73；而後者的值為 6.73，其殘差 = 0。此可顯示兩者幾乎沒有殘差存在。LISREL 提供了一個摘要表統合整理出所有觀察資料點與導出值之間的殘差量，列於 Summary Statistics for Fitted Residuals 表中，同時也利用莖葉圖（Stemleaf Plot），繪製出殘差值的分布情形。

由摘要數據可知，最小殘差值為 −1.86，最大殘差值為 2.29，殘差的中位數為 .00，這些數據為原始估計量。我們若考量各變項的分散性，以及殘差的集中性與分散性，可將各殘差除以 Z 分數型態以進行標準化，就可獲得標準化殘差。

```
Stemleaf Plot
-1|95
-0|442110000000
 0|11334
 1|5
 2|3
```

```
The Model of Socioeconomic Status
                         Qplot of Standardized Residuals
3.5..........................................................
   .                                                       ..
   .                                                      . .
   .                                                     .  .
   .                                                    .   .
   .                                                   .    .
   .                                                  .     .
   .                                                 .      .
   .                                                .       .
   .                                               .        .
   .                                              .         .
```

Normal Quantiles

```
 . .                                  .
 ..                                   .
-3.5...............................................................
 -3.5                                  3.5
                          Standardized Residuals
```

The Model of Socioeconomic Status

Modification Indices and Expected Change

No Non-Zero Modification Indices for LAMBDA-Y

No Non-Zero Modification Indices for LAMBDA-X

No Non-Zero Modification Indices for GAMMA

No Non-Zero Modification Indices for PHI

No Non-Zero Modification Indices for PSI

Modification Indices for THETA-DELTA-EPS

	Y1	Y2
X1	.27	.19
X2	.21	.11
X3	.04	.02
X4	.09	.00

Expected Change for THETA-DELTA-EPS

	Y1	Y2
X1	.18	−.11
X2	−.16	.08
X3	.08	.04
X4	−.23	.02

Completely Standardized Expected Change for THETA-DELTA-EPS

	Y1	Y2

X1	.03	−.03
X2	−.03	.02
X3	.01	.01
X4	−.02	.00

Modification Indices for THETA-DELTA

	X1	X2	X3	X4
X1	--			
X2	2.37	--		
X3	3.47	.00	--	
X4	.02	2.33	5.22	--

Expected Change for THETA-DELTA

	X1	X2	X3	X4
X1	--			
X2	.38	--		
X3	−.36	−.01	--	
X4	.06	−.61	.93	--

Completely Standardized Expected Change for THETA-DELTA

	X1	X2	X3	X4
X1	--			
X2	.20	--		
X3	−.16	.00	--	
X4	.01	−.13	.18	--

Maximum Modification Index is 5.22 for Element (4, 3) of THETA-DELTA

The Model of Socioeconomic Status

Factor Scores Regressions

ETA

	Y1	Y2	X1	X2	X3	X4
	--------	--------	--------	--------	--------	--------
能力	.16	.74	.08	.06	.03	.01

KSI

	Y1	Y2	X1	X2	X3	X4
	--------	--------	--------	--------	--------	--------
社經	.01	.05	.25	.20	.08	.05

The Model of Socioeconomic Status

Standardized Solution

LAMBDA-Y

	能力

Y1	2.77
Y2	2.43

LAMBDA-X

	社經

X1	.87
X2	.84
X3	.59
X4	1.33

GAMMA

	社經

能力	.47

Correlation Matrix of ETA and KSI

	能力	社經
能力	1.00	
社經	.47	1.00

PSI

能力
.78

Regression Matrix ETA on KSI (Standardized)

	社經
能力	.47

The Model of Socioeconomic Status

Completely Standardized Solution

LAMBDA-Y

	能力
Y1	.71
Y2	.89

LAMBDA-X

	社經
X1	.64
X2	.59
X3	.37
X4	.41

```
 GAMMA
          社經
        --------
能力       .47

 Correlation Matrix of ETA and KSI
          能力       社經
        --------   --------
能力      1.00
社經       .47      1.00

 PSI
          能力
        --------
           .78

 THETA-EPS
           Y1         Y2
        --------   --------
           .50        .20

 THETA-DELTA
           X1         X2         X3         X4
        --------   --------   --------   --------
           .59        .65        .86        .83

 Regression Matrix ETA on KSI (Standardized)
          社經
        --------
能力       .47
```

（五）整體的、直接的、與間接的影響或效果

在無法被觀察的構念結構模型中，其中所產生的各種影響或效果可以被分類為：（1）各構念之間的影響；（2）內衍構念（即是 η）與它們各個測量指標之間的影響；（3）外衍構念（即是 ξ）與它們各個測量指標之間的影響。這些影響或效果都被報告呈現在下列資料中。要注意的是它們是非標準化的。

```
The Model of Socioeconomic Status
Total and Indirect Effects
          Total Effects of KSI on Y
                    社經
                  --------
          Y1        1.50
                    (.51)
                    2.94
          Y2        1.31
                    (.37)
                    3.54

The Model of Socioeconomic Status
Standardized Total and Indirect Effects
          Standardized Total Effects of KSI on Y
                    社經
                  --------
          Y1        1.30
          Y2        1.15

          Completely Standardized Total Effects of KSI on Y
                    社經
                  --------
          Y1         .33
          Y2         .42
```

（六）模型參數估計與徑路標準化的最終因解圖

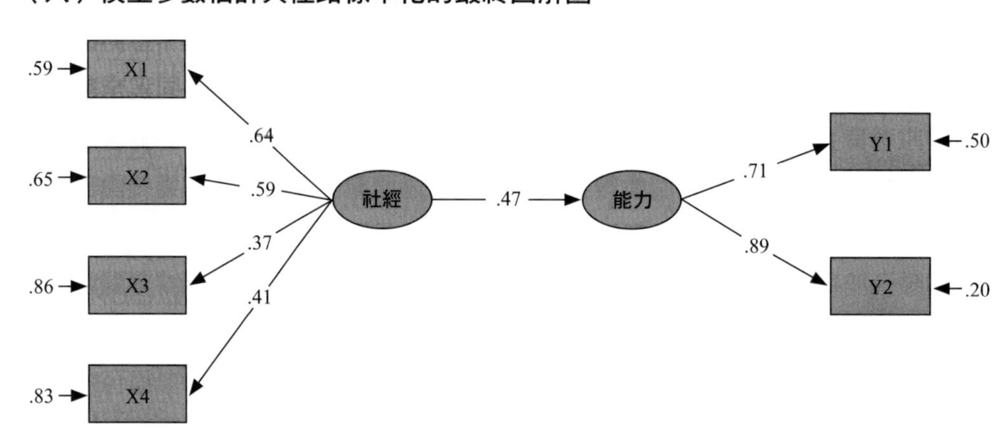

Chi-Square = 7.51，df = 8，P-value = .48229，RMSEA = .000

圖 12-5　模型參數估計與徑路標準化的最終因解圖

第七節　隱含的共變數矩陣

在本節所謂隱含的共變數矩陣（implied covariance matrix），也就是在前述第十一章中所提到的被推導的共變數矩陣或被複製的共變數矩陣（reproduced covariance matrix）。在 SEM 模型的分析過程，在方法論上，也是一種推論統計的過程：亦即是，由研究者提出問題，形成研究假設，蒐集樣本資料以進行假設考驗的檢定，然後再根據資料分析的結果作推論與解釋母群體的真實現象。換言之，就是依據某種理論，研究者提出問題假設的模型建構，形成虛無假設，蒐集樣本資料，然後再進行考驗檢定資料結構與理論模型建構之間的差異程度，接著再依據某種理論進行模型的修正，並依據資料分析的結果進行解釋理論模型的涵義。

因此，根據 SEM 模型分析的方法論，在其被提出或被假設模型進行整體適配度指標檢定時，從技術上來說，即是在檢測根據理論模型所建構出來的矩陣 $\hat{\Sigma}$（即為隱含的共變數矩陣）與樣本的矩陣 S（研究者所蒐集樣本資料之間的共變數矩陣）之間的差距，當 $\hat{\Sigma}$ 愈接近 S 時，即表示模型愈適配資料結構，模型適配度指標愈佳；反之，當 $\hat{\Sigma}$ 愈偏離 S 時，即表示模型愈不適配資料結構，模型適配度指標愈差。若以推論統計中的顯著性檢定程序而言，所謂的模型適配度指標檢定，即是在於比較 S 和 $\hat{\Sigma}$ 之間的差異，並在於考驗檢定其差異是否達到統計學上的顯著性程度之意（Bollen, 1989）。

一、無法被觀察構念的模型

本範例模型以前述圖 12-3 所假設的模型參數估計值，其範例模型可由前述的方程式來呈現：

$$\eta = \Gamma\xi + B\eta + \zeta \qquad (12\text{-}5)$$

$$Y = \Lambda^{y}\eta + \Theta_{\varepsilon} \qquad (12\text{-}6)$$

$$X = \Lambda^{x}\xi + \Theta_{\delta} \qquad (12\text{-}7)$$

方程式（12-5）假定結構模型的部分，而方程式（12-6）與方程式（12-7）則假定測量模型的部分。因為模型中的各構念是無法被觀察的，而是可由它們個別的測量指標來測量。所以，其隱含的共變數矩陣包括各個構念它們個別的測量指標之間的共變數。共變數矩陣 Σ_{XX}，是各個外衍構念它們個別的測量指標之間的共變數矩陣，是等於

$$\begin{aligned}
\Sigma_{XX} = COV(XX) = E(XX') \\
&= E[(\Lambda_X\xi + \delta)(\Lambda_X\xi + \delta)'] \\
&= \Lambda_X E(\xi\xi')\Lambda_X{}' + \Lambda_X E(\xi\delta') + \Lambda_X E(\delta\xi) + E(\delta\delta') \\
&= \Lambda_X \Phi \Lambda_X{}' + 0 + 0 + \Theta_\delta \\
&= \Lambda_X \Phi \Lambda_X{}' + \Theta_\delta \qquad (12\text{-}8)
\end{aligned}$$

共變數矩陣 Σ_{YY}，是各個內衍構念它們個別的測量指標之間的共變數矩陣，是等於

$$\begin{aligned}
\Sigma_{YY} = COV(YY) = E(YY') \\
&= E[(\Lambda_Y\eta + \varepsilon)(\Lambda_Y\eta + \varepsilon)'] \\
&= \Lambda_Y E(\eta\eta')\Lambda_Y{}' + \Lambda_Y E(\eta\varepsilon') + \Lambda_Y E(\varepsilon\eta) + E(\varepsilon\varepsilon') \\
&= \Lambda_X \Sigma_{\eta\eta} \Lambda_Y{}' + 0 + 0 + \Theta_\varepsilon
\end{aligned}$$

$$\begin{aligned}
\Sigma_{\eta\eta} &= E(\eta\eta') \\
&= E[(I-B)^{-1}\Gamma\xi + (I-B)^{-1}\zeta][(I-B)^{-1}\Gamma\xi + (I-B)^{-1}\zeta]' \\
&= (I-B)^{-1}\Gamma E(\xi\xi')\Gamma'(I-B)^{-1'} + (I-B)^{-1}E(\zeta\zeta')(I-B)^{-1'} \\
&= (I-B)^{-1}\Gamma\Phi\Gamma'(I-B)^{-1'} + (I-B)^{-1}\Psi(I-B)^{-1'} \\
&= (I-B)^{-1}[\Gamma\Phi\Gamma' + \Psi](I-B)^{-1'} \qquad (12\text{-}9)
\end{aligned}$$

把方程式（12-9）代入 Σ_{YY} 方程式

$$\Sigma_{YY} = \Lambda_Y[(I-B)^{-1}(\Gamma\Phi\Gamma' + \Psi)(I-B)^{-1'}]\Lambda_Y' + \Theta_\varepsilon \qquad (12\text{-}10)$$

共變數矩陣 Σ_{XY}，是各個外衍構念與各個內衍構念的測量指標之間的共變數矩陣，是由下列方程式所假定

$$\begin{aligned}\Sigma_{XY} = COV(XY) &= E(XY') \\ &= E[(\Lambda_X\xi + \delta)(\Lambda_Y\eta + \varepsilon)'] \\ &= \Lambda_X E(\xi\eta')\Lambda_Y' + \Lambda_X E(\xi\varepsilon') + E(\delta\eta')\Lambda_Y' + E(\delta\varepsilon') \\ &= \Lambda_X \Sigma_{\xi\eta}\Lambda_Y' + 0 + 0 + 0 \qquad (12\text{-}11)\end{aligned}$$

共變數矩陣 $\Sigma_{\eta\xi}$，是由下列方程式來假定各個外衍構念與各個內衍構念之間關係的共變數矩陣

$$\begin{aligned}\Sigma_{\eta\xi} &= E(\eta\xi') \\ &= E[(I-B)^{-1}\Gamma\xi\xi' + (I-B)^{-1}\zeta\xi'] \\ &= (I-B)^{-1}\Gamma E(\xi\xi') + (I-B)^{-1}E(\zeta\xi') \\ &= (I-B)^{-1}\Gamma\Phi + 0 \\ &= (I-B)^{-1}\Gamma\Phi \qquad (12\text{-}12)\end{aligned}$$

把方程式（12-11）代入方程式（12-10）獲得

$$\Lambda_X\Phi\Gamma'(I-B)^{-1'}\Lambda_Y' \qquad (12\text{-}13)$$

由此，共變數矩陣 Σ，是無法被觀察構念模型的共變數矩陣，是等於

$$\Sigma = \begin{bmatrix} \Sigma_{YY} & \Sigma_{YX} \\ \Sigma_{XY} & \Sigma_{XX} \end{bmatrix} \qquad (12\text{-}14)$$

或

$$\Sigma = \begin{bmatrix} \Lambda_Y[(I-B)^{-1}(\Gamma\Phi\Gamma' + \Psi)(I-B)^{-1'}]\Lambda_Y' + \Theta_\varepsilon & \Lambda_Y(I-B)^{-1}\Gamma\Phi\Lambda_X' \\ \Lambda_X\Phi\Gamma'(I-B)^{-1'}\Lambda_Y' & \Lambda_X\Phi\Lambda_X' + \Theta_\delta \end{bmatrix} \qquad (12\text{-}15)$$

依據本範例可參考圖 12-3 一個徑路分析圖與結構方程式，可知本範例沒有 B

迴歸係數，所以本範例共變數矩陣 Σ 的方程式可以如下：

$$\Sigma = \begin{bmatrix} \Lambda_Y(\Gamma\Phi\Gamma' + \Psi)\Lambda_Y' + \Theta_\varepsilon & \Lambda_Y\Gamma\Phi\Lambda_X' \\ \Lambda_X\Phi\Gamma'\Lambda_Y' & \Lambda_X\Phi\Lambda_X' + \Theta_\delta \end{bmatrix} \quad (12\text{-}16)$$

二、一個說明的範例

現在我們可考量在前述圖 12-3 與所假設的模型參數估計值，與上述 LISREL 輸出報表中的資料來輸入於下列矩陣，由於與上述在最大概似估計中所獲得假設的模型參數估計值的數據只是到小數點第二位，因而我們以 LISREL 輸出報表中的資料數據為主：

```
LAMBDA-Y
            能力
          --------
    Y1      1.00
    Y2      0.88
           (.21)
            4.09
```

$$\Lambda_Y = \begin{bmatrix} 1.00 \\ .88 \end{bmatrix}$$

```
LAMBDA-X
            社經
          --------
    X1      1.00
    X2       .96
           (.23)
            4.15
    X3       .68
           (.21)
            3.23
    X4      1.52
```

(.44)

3.48

$$\Lambda_X = \begin{bmatrix} 1.00 \\ .96 \\ .68 \\ 1.52 \end{bmatrix}$$

GAMMA

```
            社經
            --------
 能力        1.50
            (.51)
            2.94
```

$\Gamma = 1.50$

PHI

```
            社經
            -------
             .76
            (.24)
            3.14
```

$\Phi = .76$

PSI

```
            能力
            --------
            5.96
            (1.75)
            3.42
```

$\Psi = 5.96$

THETA-EPS

```
            Y1          Y2
            --------    --------
```

7.55	1.48
(1.97)	(1.38)
3.83	1.08

$$\Theta_\varepsilon = \begin{bmatrix} 7.55 & \\ 0 & 1.48 \end{bmatrix}$$

THETA-DELTA

X1	X2	X3	X4
1.09	1.29	2.20	8.73
(.21)	(.22)	(.28)	(1.13)
5.16	5.87	7.92	7.70

$$\Theta_\delta = \begin{bmatrix} 1.09 & & & \\ 0 & 1.29 & & \\ 0 & 0 & 2.20 & \\ 0 & 0 & 0 & 8.73 \end{bmatrix}$$

本範例模型的隱含矩陣，我們是以 MATLAB（7.1）來進行計算，如上所述由於在 MATLAB 程式軟體中無法使用希臘字母，因而在進行計算過程中，我們以 LAMBADX 代表 Λ_X，LAMBADY 代表 Λ_Y，GAMMA 代表代表 Γ，THETA-DELTA 代表 Θ_δ，THETA-EPS 代表 Θ_ε，SIGMA 代表 Σ，以利 MATLAB 的操作，其操作過程如下：

（一）求取 $\Lambda_Y(\Gamma\Phi\Gamma' + \Psi)\Lambda_Y' + \Theta_\varepsilon$

$\Gamma = 1.50$

$$\Gamma\Phi\Gamma' + \Psi = 1.500 \times 0.76 \times 1.500 + 5.96$$
$$= 7.6700$$

$$\Lambda_Y(\Gamma\Phi\Gamma' + \Psi)\Lambda_Y' + \Theta_\varepsilon$$
$$= \begin{bmatrix} 1.00 \\ .88 \end{bmatrix} 7.6700\, [1.00 \quad .88] + \begin{bmatrix} 7.55 & 0 \\ 0 & 1.48 \end{bmatrix}$$

$$=\begin{bmatrix}15.2200 & 6.7496\\ 6.7496 & 7.4196\end{bmatrix}$$

（二）求取 $\Lambda_Y\Gamma\Phi\Lambda_X{}'$

$$=\begin{bmatrix}1.00\\ .88\end{bmatrix}1.500\times 0.76\,[1.00 \quad .96 \quad .68 \quad 1.52]$$

$$=\begin{bmatrix}1.1400 & 1.0944 & .7752 & 1.7328\\ 1.0032 & .9631 & .6822 & 1.5249\end{bmatrix}$$

（三）求取 $\Lambda_X\Phi\Gamma'\Lambda_Y{}'$

$$=\begin{bmatrix}1.00\\ .96\\ .68\\ 1.52\end{bmatrix}.76\times 1.500[1.00 \quad .88]\begin{bmatrix}1.1400 & 1.0032\\ 1.0944 & .9631\\ .7752 & .6822\\ 1.7328 & 1.5249\end{bmatrix}$$

（四）求取 $\Lambda_X\Phi\Lambda_X{}'+\Theta_\delta$

$$=\begin{bmatrix}1.00\\ .96\\ .68\\ 1.52\end{bmatrix}.76[1.00 \quad .96 \quad .68 \quad 1.52]+\begin{bmatrix}1.09 & & & \\ 0 & 1.29 & & \\ 0 & 0 & 2.20 & \\ 0 & 0 & 0 & 8.73\end{bmatrix}$$

$$=\begin{bmatrix}1.8500 & .7296 & .5168 & 1.1522\\ .7296 & 1.9904 & .4961 & 1.1090\\ .5168 & .4961 & 2.5514 & .7855\\ 1.1552 & 1.1090 & .7855 & 10.4859\end{bmatrix}$$

最後，我們求得所謂隱含的共變數矩陣（implied covariance matrix）。

$$\Sigma=\begin{bmatrix}\Lambda_Y(\Gamma\Phi\Gamma'+\Psi)\Lambda_Y{}'+\Theta_\varepsilon & \Lambda_Y\Gamma\Phi\Lambda_X{}'\\ \Lambda_X\Phi\Gamma'\Lambda_Y{}' & \Lambda_X\Phi\Lambda_X{}'+\Theta_\delta\end{bmatrix}$$

在我們求得所謂隱含的共變數矩陣的最後步驟中，由於矩陣代數計算的複雜性與困難性，我們必須充分地使用 MATLAB 軟體程式的優勢。此時，我們可以把前述進行演算的結果，如把求取 $\Lambda_Y(\Gamma\Phi\Gamma'+\Psi)\Lambda_Y{}'+\Theta_\varepsilon$ 的結果設定代碼如 MYA；

然後依序把求取 $\Lambda_Y\Gamma\Phi\Lambda_X'$ 的結果設定代碼如 MYB；$\Lambda_X\Phi\Gamma'\Lambda_Y'$ 的結果設定代碼如 MYC；$\Lambda_X\Phi\Lambda_X' + \Theta_\delta$ 的結果設定代碼如 MYD。代入 MATLAB 軟體程式中如下：

```
>> SIGMA = [MYA MYB; MYC MYD]
SIGMA =
   15.2200    6.7496    1.1400    1.0944     .7752    1.7328
    6.7496    7.4196    1.0032     .9631     .6822    1.5249
    1.1400    1.0032    1.8500     .7296     .5168    1.1552
    1.0944     .9631     .7296    1.9904     .4961    1.1090
     .7752     .6822     .5168     .4961    2.5514     .7855
    1.7328    1.5249    1.1552    1.1090     .7855   10.4859
```


以上所求得的所謂隱含的共變數矩陣，我們可把它與前述的樣本矩陣 S 進行比較，看看或仔細觀察它們之間是否有顯著的差異？如果沒有顯著的差異，那即表示 H_0 或虛無假設被獲得接受或保留其結果。換言之，就是 S 與 $\hat{\Sigma}$ 之間沒有差異。

```
S =
 15.21
  6.73   7.39
  1.22    .98   1.85
  1.00    .97    .79   1.99
   .91    .76    .36    .49   2.55
  1.45   1.43   1.18    .83   1.50   10.49
```

最後，我們把以上的矩陣代表上述的方程式（12-16），就可獲得假設模型的隱含共變數矩陣，這樣的矩陣依據 SEM 的統計檢定程序，研究者根據理論所提出的假設模型建構，通常都是以符號來表示理論模型建構間的變異數—共變數矩陣，這樣的矩陣被稱為模型隱含的共變數矩陣（model implied covariance matrix），而研究者所蒐集樣本變項資料間的共變數矩陣，則是以 S 符號來表示。誠如上面所提出的假設模型共變數矩陣各元素的數值愈接近樣本共變數矩陣中相似各元素的數值，即表示樣本資料的 S = 根據理論建構參數所推導或所複製出的 $\hat{\Sigma}$，或者，H_0：S 中的估計參數 = $\hat{\Sigma}$ 中的所有理論建構參數（即 H_0：$\Sigma = \Sigma(\theta)$ 或 $\Sigma = \Sigma(\gamma)$，但實際檢定時，我們通常都是以 S 來取代 Σ，以 $\hat{\Sigma}$ 來取代 $\Sigma(\theta)$ 或 $\Sigma(\gamma)$，畢竟 Σ、$\Sigma(\theta)$、與 $\Sigma(\gamma)$ 都是未知的母群體共變數矩陣）。因此，SEM 中的適配度指標檢定程序，即在於比較 S 與 $\hat{\Sigma}$ 之間的差異，並檢定該差異是否可達到統計上的顯著性（Bollen, 1989）。在研究進行中，研究者都期望獲得「不要拒絕虛無假設」的檢定結果（Diamantopoulos & Siguaw, 2000; Raykov & Marcoulides, 2000; Schumacker & Lomax, 1996）；也就是希望 H_0 被獲得接受或保留的結果。換言之，就是 S 與 $\hat{\Sigma}$ 之間沒有差異。

由此結果和在 LISREL 輸出結果報表資料中適配的共變數矩陣中（Fitted Covariance Matrix）的各元素數據比較會發現兩者之間幾乎沒有差異。然後再與表 12-1 是依圖 12-3 所假定的模型提供一個假設的或樣本共變數矩陣 S 作比較，我們亦會發現兩者之間也幾乎沒有差異。

第八節　多樣本平均數結構分析

一、多樣本的分析

許多研究，尤其是，在社會的與行為的科學中，可進行檢驗在其研究中一個現象的結構中有二個或更多分組（團體）之間的差異性與相似性。例如，分組（團體）可依年齡、教育水準、國籍、種族、宗教、或政治聯盟，或政黨界定方式而有所不同。當相同的現象被研究於所有的分組（團體）中時，要擁有一種方法論的方法，而這種方法允許研究者可以依據所關切的特殊構面的分組（團體）作比較與可以精確指出它們的相似性或差異性。SEM 可提供一種很廣泛與很容易應用的方法以給予指導進行這些類型的比較，並使用一般模型適配的途徑作修正。這種通則或概通則（generalization）可以說明分組（團體）的比較，需要在所有被包括的樣本中同時地進行估計各模型之事實。這種通則或概論是可應用於兩種類型，即僅適用於一個觀察變項組合的共變數矩陣（就是僅適用於它們共變數矩陣的分析中），與可適用於它們的共變數／平均數矩陣（即是適用於它們的平均數結構分析中）。

要去達成通則或概論，關切的模型被假定於每一個分組（團體）之中，然後它們同時進行參數估計。這是經由一個合成適配函數的極小化來達成，換言之，即是由增加交叉所有研究分組（團體）的適配函數所產生的結果，由此，對於樣本的大小可以依據比例來衡量。這樣就可允許在所有的分組（團體）之中同時進行模型的參數估計。以合成適配函數的極小化去考驗檢定整體模型的適配測量指標是可行的，其過程就如在一個單一分組（團體）或母群體案例中進行考驗檢定一樣。由此，因而要去課加限制於模型參數上，與交叉所有研究分組之中，然後再對受制於這些限制的整體模型去進行估計與考驗檢定是可行的。這可以以一種方法來達成，即是非常類似於使一個模型適配於一個單一分組（團體）的方法，以我們現在正在進行的一個被擴大的聯立的或同時並立的模型（an extended simultaneous model），限制參數於交叉所有研究分組之中以滿足課加限制，來進行說明。

在結構方程式模型的分析（SEM）中，如果要執行把觀察變項的平均數含入於分析之中，即是要達成使一個模型適用於樣本共變數／平均數矩陣。我們可採取一種特殊的界定方式，如我們在第十一章所討論的界定方式。由此，在要使模型適用於共變數／平均數矩陣當中，我們可以使用一個擴大適配函數與一個模型案例作比較，這種模型案例僅適配於一個被假定模型中的共變數矩陣的模型。這種擴大原始適配函數的特殊之界定方式代表觀察變項的平均數與這些由模型所推導的平均數之間的一個加權的平方差異的總和，以加權成為模型所推導的共變數矩陣 Σ 的反矩陣對應的元素。就如該模型就具有被分析變項變異數與共變數的某些意含，而且它亦有觀察變項平均數所產生的種種結果。這些結果可以很容易觀察到是可由任何線性變項組合的平均數去獲得，其中觀察的或潛在的或兩者，是否只是它們平均數相同線性的組合。

二、變項的平均數的界定法則

一個線性變項組合的平均數與它的組成成分之平均數之間的關係被假定依如下特殊法則來界定，在本章中把它與 Raykov & Marcoolides 的著作（2006, pp22-26）中變異數與共變數的界定四個法則合併，而為第五法則。

法則 5：任何二個隨機變項 X 與 Y 和任何被假定的常數 a 與 b，

$$M(aX + bY) = aM(X) + bM(Y)，$$

式中 M(.) 指出平均數。

這個法則的效度（validity）直接來自平均數累加的屬性（Hays, 1994）。法則 5 很明顯的可以被概化到（或通則化到）任何數目的變項數，即是可以被應用於線性變項組合的平均數，而不管它們的變項組合有多大。

研究者一旦決定執行一個平均數結構分析，SEM 的分析程式即會自動地擴大執行如上述所提到地特殊界定的適配函數，此程式可評估具有平均數結構的模型。這種適配函數的一種極小化，在當一個模型適配於平均數結構時，就會指示研究者此時正是尋求它的參數估計值之時，使產生被推導的（或被複製的）共變數／平均數矩陣可以盡可能接近觀察變項的共變數／平均數矩陣。由此，在其被計算後的最終解，觀察變項的變異數、共變數、與平均數是由適配的模型所推導的元素盡可能達到接近的程度。

本範例的目的是在於呈現如何在一個統合模型（PA-LV 徑路分析）中，進行多樣本的平均數結構分析。由於統合模型不僅要涉及測量模型的設定，也要涉及到結構模型。因此，統合模型的平均數結構分析會比前述第十一章所探討的驗證性因素分析模型（CFA）複雜，因為平均數結構設定不僅要進行跨樣本的比較，也要進行不同模型之間恆等性的檢定，在恆等性的檢定獲得適當的滿足時，進行平均數的比較才具有意義。

為了使我們前述所探討的範例可以進行跨樣本的平均數結構檢定，前述所探討的範例其主要內容是在於檢驗「社經地位」對「能力表現」的影響，而且這兩個變項都是潛在變項，「社經地位」是由四個測量變項，而「能力表現」是由二個測量變項來進行測量。現在我們範例的多樣本是指男性與女性不同性別的受試者樣本。利用多樣本統合模型分析技術，增加平均數結構的設定，使我們得以在 PA-LV 徑路分析的架構之下，進行男性與女性不同性別的受試者樣本是否具有差異。

三、平均數模型的界定

對於統合模型的設定，我們可從圖 12-3 的徑路來進行界定。

1. 模型中有 4 個外衍測量變項（X1, X2, X3, 與 X4），2 個內衍測量變項（Y1 與 Y2）。
2. 模型中有 1 個外衍潛在變項（ξ），1 個內衍潛在變項（η）。
3. 模型中有 4 個外衍測量殘差變項（$\delta_1, \delta_2, \delta_3, \delta_4$），2 個內衍測量殘差變項（$\varepsilon_1, \varepsilon_2$），1 個解釋殘差（$\zeta_1$），其變異量被界定為自由參數。
4. 每一個測量變項僅受一個潛在變項所影響，會產生 4 個外衍測量變項因素負荷量的參數（$\gamma_1, \gamma_2, \gamma_3, \gamma_4$），與 2 個內衍測量變項因素負荷量的參數（$\lambda_1, \lambda_2$）。
5. 為了使潛在變項的量尺得以確立，潛在變項與測量變項的因素負荷量（X1 與 Y1 的因素負荷量）被設定為 1。

為了進行跨樣本測量模型恆等性的檢定，必須增加下列的設定：

6. 測量模型因素負荷量，結構模型的迴歸係數要被設定等同。
7. 觀察變項的截距要被估計，共有 6 個 tau 參數要被估計，然而這 6 個參數要被設定為跨樣本等同，因此兩個樣本僅需估計一次。
8. 潛在變項平均數要被估計，因而有一個 Kappa 參數與一個 Alpha 參數要被估計。而另一樣本的 Kappa 參數與 Alpha 參數要被設定為 0，以作為參照。

本節中係以顯示驗證為目的，我們使用 LISREL 程式，所以必須提醒一個多樣本的執行方法。為了去傳達這樣的資訊，很多指令的界定被介紹如下：

四、LISREL 語法

（本指令資料儲存在本書的檔案 CH12-2）

```
The Model of Socioeconomic Status
GROUP 1
DA NI = 6 NO = 152 NG = 2 MA = CM
CM
15.21
 6.73   7.39
 1.22    .98   1.85
 1.00   1.00    .79   1.99
  .91    .76    .36    .49   2.55
 1.45   1.43   1.18    .83   1.50   10.49
ME
20.41  10.07   3.84   3.45   2.95   6.40
MO NX = 4 NY = 2 NK = 1 NE = 1 LX = FR LY = FR TY = FR TX = FR AL = FR KA =
   FR TD = SY
LA
Y1 Y2 X1 X2 X3 X4
LE
能力
LK
```

```
社經
FI LX(1, 1) LY(1, 1)
VA 1 LY(1, 1)
VA 1 LX(1, 1)
PD
OU

GROUP 2
DA NI = 6 NO = 165 MA = CM
CM
14.88
 6.69   7.26
 1.37    .96   1.77
 1.01    .55    .75   1.64
  .84    .72    .32    .28   2.05
 1.22   1.40   1.18    .77   1.10  10.02
ME
19.95   9.61   3.52   3.08   2.45   5.92
MO  LX = IN TX = IN LY = IN TY = IN GA = IN TD = SP  AL = FI KA = FI
LA
Y1 Y2 X1 X2 X3 X4
LE
能力
LK
社經
PD OU RS EF FS SS SC MI
```

五、模型參數估計與徑路圖

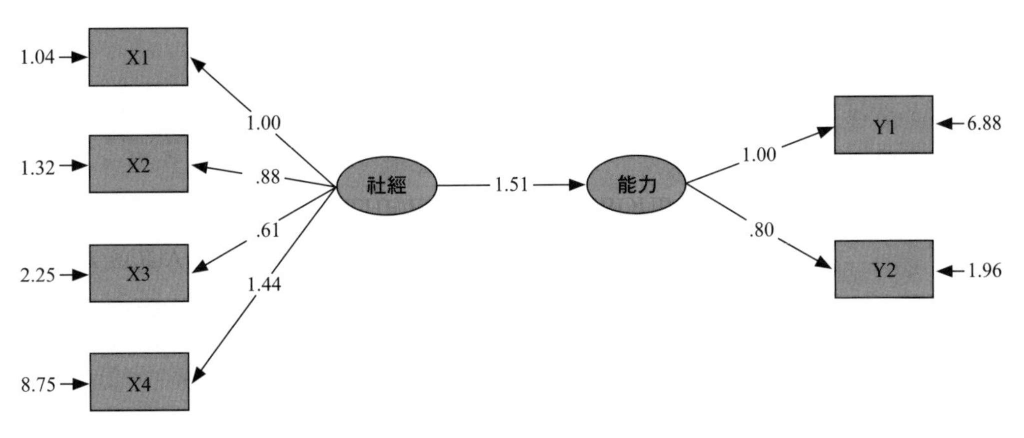

圖 12-6　模型參數估計與徑路圖

六、結果的檢查與分析

從以上 LISREL 的輸出結果報表資料中，我們可以看到二個樣本資料的讀入，在共變數矩陣之後會列出各個測量變項的平均數數據。在輸出結果報表資料中的上半部是男性樣本的變數矩陣與其各個觀察變項的平均數資料，而下半部則是女性樣本的變數矩陣與其各個觀察變項的平均數資料。

```
The Model of Socioeconomic Status
GROUP 1 Male
DA NI = 6 NO = 152   NG = 2 MA = CM
CM
15.21
 6.73   7.39
 1.22    .98   1.85
 1.00   1.00    .79   1.99
  .91    .76    .36    .49   2.55
 1.45   1.43   1.18    .83   1.50  10.49
ME
20.41  10.07   3.84   3.45   2.95   6.40
```

MO NX = 4 NY = 2 NK = 1 NE = 1 LX = FR LY = FR TY = FR TX = FR AL = FR KA = FR TD = SY

LA

Y1 Y2 X1 X2 X3 X4

LE

能力

LK

社經

FI LX(1, 1) LY(1, 1)

VA 1 LY(1, 1)

VA 1 LX(1, 1)

PD

OU

GROUP 2 Female

Number of Input Variables	6
Number of Y-Variables	2
Number of X - Variables	4
Number of ETA - Variables	1
Number of KSI - Variables	1
Number of Observations	165
Number of Groups	2

The Model of Socioeconomic Status

Covariance Matrix

	Y1	Y2	X1	X2	X3	X4
	--------	--------	--------	--------	--------	--------
Y1	15.21					
Y2	6.73	7.39				
X1	1.22	.98	1.85			

X2	1.00	1.00	.79	1.99		
X3	.91	.76	.36	.49	2.55	
X4	1.45	1.43	1.18	.83	1.50	10.49

Means

Y1	Y2	X1	X2	X3	X4
20.41	10.07	3.84	3.45	2.95	6.40

GROUP 2 Female

Covariance Matrix

	Y1	Y2	X1	X2	X3	X4
Y1	14.88					
Y2	6.69	7.26				
X1	1.37	.96	1.77			
X2	1.01	.55	.75	1.64		
X3	.84	.72	.32	.28	2.05	
X4	1.22	1.40	1.18	.77	1.10	10.02

Means

Y1	Y2	X1	X2	X3	X4
19.95	9.61	3.52	3.08	2.45	5.92

（一）模型的界定

模型的界定從以上 LISREL 的輸出結果報表資料中列出有 29 個被估計的參數。在男性的樣本中，被估計的參數包括了二個因素的變異數（6, 7），二個內衍變項的測量殘差變項的變異數（8, 9），四個外衍變項的測量殘差變項的變異數（11, 12, 13）。對於平均數的估計，則出現在 Alpha 參數（20）為內衍潛在變項的截距與 Kappa 參數（21）為外衍潛在變項截距的估計上。這兩個截距均可反應變項的得分水準之高低（平均數）。

```
The Model of Socioeconomic Status
Parameter Specifications
LAMBDA-Y EQUALS LAMBDA-Y IN THE FOLLOWING GROUP
LAMBDA-X EQUALS LAMBDA-X IN THE FOLLOWING GROUP
GAMMA EQUALS GAMMA IN THE FOLLOWING GROUP
        PHI
                社經
              --------
                 6

        PSI
                能力
              --------
                 7

        THETA-EPS
                 Y1         Y2
              --------   --------
                 8          9

        THETA-DELTA
                 X1         X2         X3         X4
              --------   --------   --------   --------
                 10         11         12         13

TAU-Y EQUALS TAU-Y IN THE FOLLOWING GROUP
TAU-X EQUALS TAU-X IN THE FOLLOWING GROUP
        ALPHA
                能力
```

```
        --------
          20
KAPPA
          社經
        --------
          21
```

Alpha 為內衍變項的截距，Kappa 為外衍變項的截距，均為在於呈現出變項的得分水準之高低（平均數）。

在女性樣本方面，被估計的參數包括內衍與外衍測量模型的因素負荷量參數（1 至 4），二個潛在變項的迴歸係數的參數則位於第 5 個參數，各個測量變項的截距參數位於第 14 至 19 個參數，測量變項的截距 Tau-Y 為內衍測量變項的截距，而 Tau-X 為外衍測量變項的截距，均為在於呈現出變項的得分水準之高低（平均數）。

```
GROUP 2 Female
Parameter Specifications
     LAMBDA-Y
             能力
           --------
     Y1       0
     Y2       1

     LAMBDA-X
             社經
           --------
     X1       0
     X2       2
     X3       3
     X4       4

     GAMMA
             社經
```

```
              --------
 能力              5

 PHI
              社經
              --------
                22

 PSI
              能力
              --------
                23

 THETA-EPS
               Y1          Y2
              --------    --------
               24          25

 THETA-DELTA
               X1          X2          X3          X4
              --------    --------    --------    --------
               26          27          28          29

 TAU-Y
               Y1          Y2
              --------    --------
               14          15

 TAU-X
               X1          X2          X3          X4
              --------    --------    --------    --------
```

16 17 18 19

TAU-Y 為內衍測量變項的截距，TAU-X 為外衍測量變項的截距。

（二）參數估計結果的分析

平均數結構的徑路分析，與驗證性因素分析相似，最重要的參數是潛在變項平均數（Alpha，Kappa 參數）的估計，利用這些的參數估計數標準誤，可以計算顯著性檢定的統計量（t value）。

```
The Model of Socioeconomic Status
Number of Iterations = 9
LISREL Estimates (Maximum Likelihood)
LAMBDA-Y EQUALS LAMBDA-Y IN THE FOLLOWING GROUP
LAMBDA-X EQUALS LAMBDA-X IN THE FOLLOWING GROUP
GAMMA EQUALS GAMMA IN THE FOLLOWING GROUP
          Covariance Matrix of ETA and KSI
                    能力        社經
                  --------    --------
        能力        8.48
        社經        1.27         .84

          Mean Vector of Eta-Variables
                    能力
                  --------
                     .54
          PHI
                    社經
                  --------
                     .84
                    (.20)
                    4.10
```

```
PSI
           能力
         --------
           6.56
          (1.55)
           4.23

Squared Multiple Correlations for Structural Equations
           能力
         --------
            .23

THETA-EPS
            Y1          Y2
         --------    --------
           6.88        1.96
          (1.61)       (.92)
           4.27        2.13

Squared Multiple Correlations for Y-Variables
            Y1          Y2
         --------    --------
            .55         .73

THETA-DELTA
            X1          X2          X3          X4
         --------    --------    --------    --------
           1.04        1.32        2.25        8.75
           (.19)       (.20)       (.28)      (1.11)
           5.36        6.66        8.15        7.92
```

Squared Multiple Correlations for X - Variables

X1	X2	X3	X4
--------	--------	--------	--------
.45	.33	.12	.17

TAU-Y EQUALS TAU-Y IN THE FOLLOWING GROUP

TAU-X EQUALS TAU-X IN THE FOLLOWING GROUP

ALPHA

能力

−.06

(.37)

−.16

KAPPA

社經

.40

(.13)

3.03

Group Goodness of Fit Statistics

Contribution to Chi-Square = 10.12

Percentage Contribution to Chi-Square = 47.71

Root Mean Square Residual (RMR) = .20

Standardized RMR = .041

Goodness of Fit Index (GFI) = .98

The Model of Socioeconomic Status

Modification Indices and Expected Change

Modification Indices for LAMBDA-Y

能力

```
Y1         .49
Y2         .46

Expected Change for LAMBDA-Y
           能力
           --------
Y1         -.21
Y2          .07

Standardized Expected Change for LAMBDA-Y
           能力
           --------
Y1         -.62
Y2          .20

Completely Standardized Expected Change for LAMBDA-Y
           能力
           --------
Y1         -.16
Y2          .07

Modification Indices for LAMBDA-X
           社經
           --------
X1         1.35
X2          .27
X3         1.05
X4          .02

Expected Change for LAMBDA-X
           社經
```

X1	−.30
X2	.06
X3	.12
X4	−.03

Standardized Expected Change for LAMBDA-X

	社經

X1	−.28
X2	.05
X3	.11
X4	−.03

Completely Standardized Expected Change for LAMBDA-X

	社經

X1	−.20
X2	.04
X3	.07
X4	−.01

No Non-Zero Modification Indices for GAMMA

No Non-Zero Modification Indices for PHI

No Non-Zero Modification Indices for PSI

Modification Indices for THETA-DELTA-EPS

	Y1	Y2
	--------	--------
X1	.08	.15
X2	.43	.48
X3	.01	.07

X4	.14	.02

Expected Change for THETA-DELTA-EPS

	Y1	Y2
	--------	--------
X1	.09	−.09
X2	−.21	.16
X3	.05	.07
X4	−.28	.07

Completely Standardized Expected Change for THETA-DELTA-EPS

	Y1	Y2
	--------	--------
X1	.02	−.02
X2	−.04	.04
X3	.01	.02
X4	−.02	.01

Modification Indices for THETA-DELTA

	X1	X2	X3	X4
	--------	--------	--------	--------
X1	--			
X2	.96	--		
X3	3.14	.04	--	
X4	.00	1.35	5.05	--

Expected Change for THETA-DELTA

	X1	X2	X3	X4
	--------	--------	--------	--------
X1	--			

X2	.18	--		
X3	−.30	.03	--	
X4	−.01	−.41	.89	--

Completely Standardized Expected Change for THETA-DELTA

	X1	X2	X3	X4
	--------	--------	--------	--------
X1	--			
X2	.09	--		
X3	−.14	.02	--	
X4	.00	−.09	.17	--

Modification Indices for TAU-Y

Y1	Y2
--------	--------
.12	.12

Expected Change for TAU-Y

Y1	Y2
--------	--------
−.09	.09

Modification Indices for TAU-X

X1	X2	X3	X4
--------	--------	--------	--------
1.03	.05	3.00	.09

Expected Change for TAU-X

X1	X2	X3	X4
--------	--------	--------	--------
−.13	.03	.19	−.07

```
No Non-Zero Modification Indices for ALPHA
No Non-Zero Modification Indices for KAPPA
The Model of Socioeconomic Status
Within Group Standardized Solution
         LAMBDA-Y
               能力
              --------
         Y1     2.91
         Y2     2.32

         LAMBDA-X
               社經
              --------
         X1      .92
         X2      .81
         X3      .56
         X4     1.32

         GAMMA
               社經
              --------
        能力      .48

         Correlation Matrix of ETA and KSI
               能力        社經
              --------    --------
        能力    1.00
        社經     .48        1.00

         PSI
               能力
```

```
        --------
          .77

   Regression Matrix ETA on KSI (Standardized)
            社經
        --------
 能力       .48

The Model of Socioeconomic Status
Within Group Completely Standardized Solution
   LAMBDA-Y
            能力
        --------
 Y1         .74
 Y2         .86

   LAMBDA-X
            社經
        --------
 X1         .67
 X2         .57
 X3         .35
 X4         .41

   GAMMA
            社經
        --------
 能力       .48

   Correlation Matrix of ETA and KSI
            能力       社經
```

```
             --------   --------
 能力          1.00
 社經           .48       1.00

  PSI
              能力
             --------
               .77

  THETA-EPS
               Y1         Y2
             --------   --------
               .45        .27

  THETA-DELTA
               X1         X2         X3         X4
             --------   --------   --------   --------
               .55        .67        .88        .83

  Regression Matrix ETA on KSI (Standardized)
              社經
             --------
 能力           .48

GROUP 2 Female
Number of Iterations = 9
LISREL Estimates (Maximum Likelihood)
  LAMBDA-Y
              能力
             --------
 Y1            1.00
```

```
Y2          .80
           (.13)
           6.27

LAMBDA-X
           社經
         --------
X1         1.00
X2          .88
           (.14)
           6.38
X3          .61
           (.13)
           4.81
X4         1.44
           (.27)
           5.23

GAMMA
           社經
         --------
能力       1.51
           (.33)
           4.52

Covariance Matrix of ETA and KSI
           能力       社經
         --------   --------
能力       8.38
社經       1.16        .77
```

```
PHI
           社經
         --------
            .77
           (.18)
           4.20

PSI
           能力
         --------
           6.64
          (1.51)
           4.39

Squared Multiple Correlations for Structural Equations
           能力
         --------
            .21

THETA-EPS
            Y1          Y2
         --------    --------
           6.34        2.02
          (1.54)       (.90)
           4.10        2.25

Squared Multiple Correlations for Y - Variables
            Y1          Y2
         --------    --------
            .57         .72
```

THETA-DELTA

X1	X2	X3	X4
.95	1.07	1.83	8.40
(.17)	(.16)	(.22)	(1.01)
5.58	6.66	8.42	8.30

Squared Multiple Correlations for X-Variables

X1	X2	X3	X4
.45	.35	.14	.16

TAU-Y

Y1	Y2
19.91	9.62
(.28)	(.21)
71.09	46.47

TAU-X

X1	X2	X3	X4
3.48	3.09	2.56	5.88
(.10)	(.09)	(.09)	(.20)
36.19	33.64	27.14	28.92

Global Goodness of Fit Statistics

Degrees of Freedom = 25

Minimum Fit Function Chi-Square = 21.22 (P = .68)

Normal Theory Weighted Least Squares Chi-Square = 21.13 (P = .69)

Estimated Non-centrality Parameter (NCP) = .0

90 Percent Confidence Interval for NCP = (.0; 10.33)

Minimum Fit Function Value = .067

Population Discrepancy Function Value (F0) = .0

90 Percent Confidence Interval for F0 = (.0; .033)

Root Mean Square Error of Approximation (RMSEA) = .0

90 Percent Confidence Interval for RMSEA = (.0; .051)

P-Value for Test of Close Fit (RMSEA < .05) = .94

Expected Cross-Validation Index (ECVI) = .23

90 Percent Confidence Interval for ECVI = (.23; .26)

ECVI for Saturated Model = .13

ECVI for Independence Model = 1.18

Chi-Square for Independence Model with 30 Degrees of Freedom = 360.60

Independence AIC = 384.60

Model AIC = 79.13

Saturated AIC = 84.00

Independence CAIC = 441.70

Model CAIC = 217.14

Saturated CAIC = 283.87

Normed Fit Index (NFI) = .94

Non-Normed Fit Index (NNFI) = 1.01

Parsimony Normed Fit Index (PNFI) = .78

Comparative Fit Index (CFI) = 1.00

Incremental Fit Index (IFI) = 1.01

Relative Fit Index (RFI) = .93

Critical N (CN) = 658.93

Group Goodness of Fit Statistics

Contribution to Chi-Square = 11.09

Percentage Contribution to Chi-Square = 52.29

Root Mean Square Residual (RMR) = .18

Standardized RMR = .042

Goodness of Fit Index (GFI) = .98

```
GROUP 2 Female
Modification Indices and Expected Change
         Modification Indices for LAMBDA-Y
                  能力
                --------
         Y1        .49
         Y2        .50

         Expected Change for LAMBDA-Y
                  能力
                --------
         Y1         .21
         Y2        -.08

         Standardized Expected Change for LAMBDA-Y
                  能力
                --------
         Y1         .62
         Y2        -.23

         Completely Standardized Expected Change for LAMBDA-Y
                  能力
                --------
         Y1         .16
         Y2        -.08

         Modification Indices for LAMBDA-X
                  社經
                --------
         X1       1.35
         X2        .30
```

```
X3     1.14
X4      .02

 Expected Change for LAMBDA-X
          社經
          --------
X1          .30
X2         -.06
X3         -.12
X4          .04

 Standardized Expected Change for LAMBDA-X
          社經
          --------
X1          .27
X2         -.06
X3         -.10
X4          .03

 Completely Standardized Expected Change for LAMBDA-X
          社經
          --------
X1          .20
X2         -.04
X3         -.07
X4          .01

No Non-Zero Modification Indices for GAMMA
No Non-Zero Modification Indices for PHI
No Non-Zero Modification Indices for PSI
          Modification Indices for THETA-DELTA-EPS
```

	Y1	Y2
	--------	--------
X1	.28	.01
X2	.57	2.22
X3	.01	.68
X4	1.00	.56

Expected Change for THETA-DELTA-EPS

	Y1	Y2
	--------	--------
X1	.15	−.02
X2	.21	−.29
X3	−.03	.19
X4	−.70	.37

Completely Standardized Expected Change for THETA-DELTA-EPS

	Y1	Y2
	--------	--------
X1	.03	−.01
X2	.04	−.08
X3	−.01	.05
X4	−.06	.04

Modification Indices for THETA-DELTA

	X1	X2	X3	X4
	--------	--------	--------	--------
X1	--			
X2	3.07	--		
X3	2.67	.84	--	
X4	.04	1.08	2.98	--

Expected Change for THETA-DELTA

	X1	X2	X3	X4
	--------	--------	--------	--------
X1	--			
X2	.28	--		
X3	−.24	−.13	--	
X4	.06	−.32	.58	--

Completely Standardized Expected Change for THETA-DELTA

	X1	X2	X3	X4
	--------	--------	--------	--------
X1	--			
X2	.16	--		
X3	−.12	−.07	--	
X4	.01	−.08	.13	--

Modification Indices for TAU-Y

Y1	Y2
--------	--------
.12	.12

Expected Change for TAU-Y

Y1	Y2
--------	--------
.04	−.01

Modification Indices for TAU-X

X1	X2	X3	X4
--------	--------	--------	--------
1.03	.05	3.00	.09

Expected Change for TAU-X

X1	X2	X3	X4
.04	−.01	−.11	.04

No Non-Zero Modification Indices for ALPHA

No Non-Zero Modification Indices for KAPPA

Max. Mod. Index is 5.05 for Element (4, 3) of THETA-DELTA in Group 1

GROUP 2 Female

Within Group Standardized Solution

LAMBDA-Y

	能力
Y1	2.90
Y2	2.30

LAMBDA-X

	社經
X1	.87
X2	.77
X3	.54
X4	1.26

GAMMA

	社經
能力	.46

Correlation Matrix of ETA and KSI

能力 社經

```
         --------    --------
能力       1.00
社經        .46        1.00

 PSI
          能力
        --------
           .79

 Regression Matrix ETA on KSI (Standardized)
          社經
        --------
能力       .46

GROUP 2 Female
Within Group Completely Standardized Solution
 LAMBDA-Y
          能力
        --------
 Y1        .75
 Y2        .85

 LAMBDA-X
          社經
        --------
 X1        .67
 X2        .60
 X3        .37
 X4        .40

 GAMMA
```

	社經

能力	.46

Correlation Matrix of ETA and KSI

	能力	社經
	--------	--------
能力	1.00	
社經	.46	1.00

PSI

能力

.79

THETA-EPS

Y1	Y2
--------	--------
.43	.28

THETA-DELTA

X1	X2	X3	X4
--------	--------	--------	--------
.55	.65	.86	.84

Regression Matrix ETA on KSI (Standardized)

	社經

能力	.46

The Model of Socioeconomic Status

```
Common Metric Standardized Solution

         LAMBDA-Y

                    能力
                  --------
         Y1         2.90
         Y2         2.31

         LAMBDA-X

                    社經
                  --------
         X1          .90
         X2          .79
         X3          .55
         X4         1.29

         GAMMA

                    社經
                  --------
         能力        .47

         Covariance Matrix of ETA and KSI

                    能力       社經
                  --------   --------
         能力       1.01
         社經        .49       1.05

         PSI

                    能力
                  --------
                     .78
```

```
        Regression Matrix ETA on KSI (Standardized)
                    社經
                  --------
        能力         .47

The Model of Socioeconomic Status
Common Metric Completely Standardized Solution
        LAMBDA-Y
                    能力
                  --------
        Y1           .75
        Y2           .85

        LAMBDA-X
                    社經
                  --------
        X1           .67
        X2           .58
        X3           .36
        X4           .40

        GAMMA
                    社經
                  --------
        能力         .47

        Covariance Matrix of ETA and KSI
                    能力        社經
                  --------    --------
        能力        1.01
        社經         .49        1.05
```

PSI

能力
.78

THETA-EPS

Y1	Y2
.46	.27

THETA-DELTA

X1	X2	X3	X4
.58	.73	.96	.86

Regression Matrix ETA on KSI (Standardized)

	社經
能力	.47

GROUP 2 Female

Common Metric Standardized Solution

LAMBDA-Y

	能力
Y1	2.90
Y2	2.31

LAMBDA-X

社經

```
        X1          .90
        X2          .79
        X3          .55
        X4         1.29

         GAMMA
                   社經
                 --------
        能力        .47

         Covariance Matrix of ETA and KSI
                   能力        社經
                 --------    --------
        能力        .99
        社經        .45         .96

         PSI
                   能力
                 --------
                    .79

         Regression Matrix ETA on KSI (Standardized)
                   社經
                 --------
        能力        .47

 GROUP 2 Female
 Common Metric Completely Standardized Solution
         LAMBDA-Y
                   能力
                 --------
```

```
 Y1          .75
 Y2          .85

 LAMBDA-X
            社經
          --------
 X1          .67
 X2          .58
 X3          .36
 X4          .40

 GAMMA
            社經
          --------
 能力        .47

 Covariance Matrix of ETA and KSI
            能力      社經
          --------  --------
 能力        .99
 社經        .45       .96

 PSI
            能力
          --------
             .79

 THETA-EPS
             Y1        Y2
          --------  --------
             .42       .28
```

THETA-DELTA

X1	X2	X3	X4
--------	--------	--------	--------
.53	.59	.79	.82

Regression Matrix ETA on KSI (Standardized)

	社經

能力	.47

.58 → X1
.73 → X2
.96 → X3
.86 → X4
社經 → X1 .67
社經 → X2 .58
社經 → X3 .36
社經 → X4 .40
社經 — .47 → 能力
能力 → Y1 .75
能力 → Y2 .85
Y1 ← .46
Y2 ← .27

Chi-Square = 21.13，df = 25，P-value = .68538，RMSEA = .000

圖 12-7　平均數結構 PA-LV 徑路分析最終徑路圖

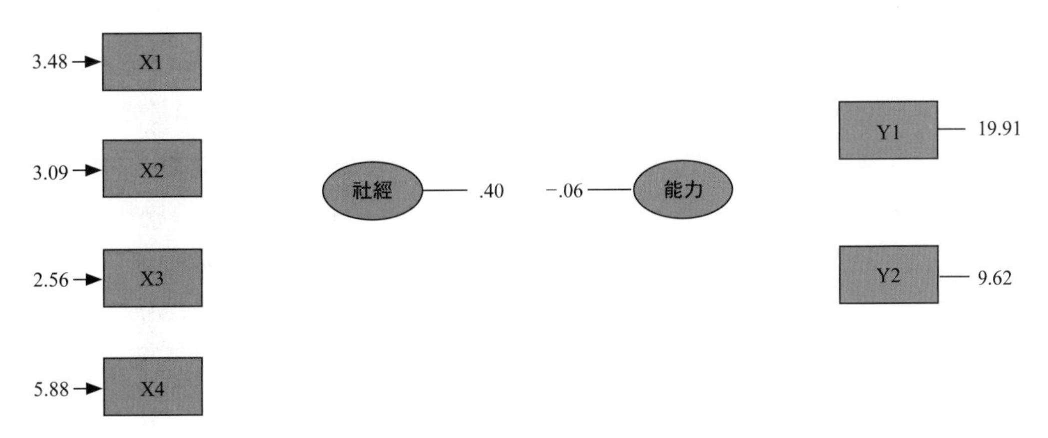

圖 12-8　平均數結構 PA-LV 徑路分析平均數結構顯示圖

本節平均數結構分析所提出的 Alpha 與 Kappa 係數，是以男性受試者樣本來進行估計，然後把女性受試者樣本的 Alpha 與 Kappa 係數設定為 0，以作為與男性受試者樣本平均數的參照。當其數值為正數時，表示男性受試者樣本平均數高於女性受試者樣本。反之，當其數值為負數時，表示男性受試者樣本平均數低於女性受試者樣本。依據我們進行估計的結果發現，外衍潛在變項社經的截距估計數為 .40（$t = 3.03$，$p < .01$），而內衍潛在變項能力的截距估計數為 −.06（$t = -.16$，$p > .01$），兩者估計數值一個正值，一個負值，表示在社經的截距男性受試者樣本平均數高於女性受試者樣本，而在能力的截距估計數則女性受試者樣本高於男性受試者樣本（參考表 12-4）。

表 12-4 平均數結構 PA-LV 徑路分析參數估計結果

變　項		因素負荷量	殘差 δ	截距 τ	Factor	因素平均數 k	t
測量模型					結構模型		
外衍變項	X_1	.67	.58	3.48	社經	.40	3.03**
	X_2	.58	.73	3.09			
	X_3	.36	.96	2.56			
	X_4	.40	.85	5.88			
內衍變項	Y_1	.75	.46	19.91	能力	−.06	−.16
	Y_2						
					迴歸係數	.47	4.52**

**$p < .01$

第九節　基準模型

由於平均數結構檢驗是基於因素恆等性存在的情況之下來進行測量變項截距估計與潛在變項平均數估計，因此，基準模型應為無平均數結構設定的恆等性模型。依此，我們提出無平均數結構設定的恆等性模型作為基準模型，進行無平均數結構的恆等性模型的估計。

一、基準模型的 LISREL 語法

（本語法指令儲存在本書 CH12-3 的檔案中）

```
The Model of Socioeconomic Status
GROUP 1
```

```
DA   NI = 6   NO = 152   NG = 2   MA = CM
CM
15.21
 6.73   7.39
 1.22    .98   1.85
 1.00   1.00    .79   1.99
  .91    .76    .36    .49   2.55
 1.45   1.43   1.18    .83   1.50   10.49
ME
20.41  10.07   3.84   3.45   2.95   6.40
MO   NX = 4   NY = 2   NK = 1   NE = 1   PS = DI, FR   GA = FU, FI   TE = SY, FI
 LA
 Y1   Y2   X1   X2   X3   X4
 LE
 能力
 LK
 社經
FR   LY(2, 1)   LX(2, 1)   LX(3, 1)   LX(4, 1)   GA(1, 1)
FR   TE(1, 1)   TE(2, 2)
VA   1   LY(1, 1)
VA   1   LX(1, 1)
PD
OU SE TV RS AM FS EF SS SC MI

GROUP 2
DA   NI = 6   NO = 165   MA = CM
CM
14.88
 6.69   7.26
 1.37    .96   1.77
 1.01    .55    .75   1.64
```

```
 .84    .72    .32    .28   2.05
 1.22   1.40   1.18   .77   1.10  10.02
ME
19.95   9.61   3.52   3.08  2.45  5.92
MO  LX = IN  LY = IN  GA = IN  TD = SY  TE = SP
 LE
 能力
 LK
 社經
PD
OU RS EF FS SS SC MI
```

二、模型參數的估計與徑路分析圖

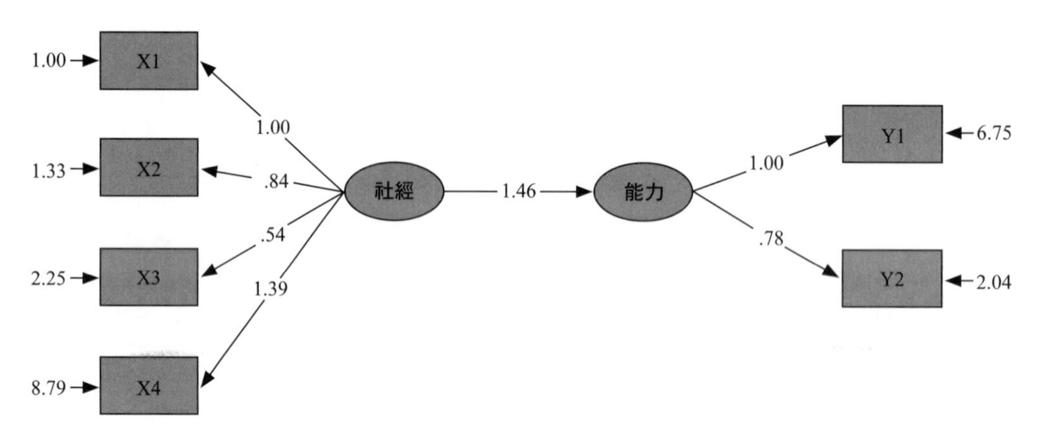

圖 12-9　模型參數的估計與徑路分析圖

三、整體模型適配度的估計

Global Goodness of Fit Statistics

Degrees of Freedom = 21

Minimum Fit Function Chi-Square = 17.68 (P = .67)

Normal Theory Weighted Least Squares Chi-Square = 17.60 (P = .67)

Estimated Non-centrality Parameter (NCP) = .0

90 Percent Confidence Interval for NCP = (.0; 9.92)

Minimum Fit Function Value = .056

Population Discrepancy Function Value (F0) = .0

90 Percent Confidence Interval for F0 = (.0; .031)

Root Mean Square Error of Approximation (RMSEA) = .0

90 Percent Confidence Interval for RMSEA = (.0; .055)

P-Value for Test of Close Fit (RMSEA < .05) = .93

Expected Cross-Validation Index (ECVI) = .20

90 Percent Confidence Interval for ECVI = (.20; .23)

ECVI for Saturated Model = .13

ECVI for Independence Model = 1.18

Chi-Square for Independence Model with 30 Degrees of Freedom = 360.60

Independence AIC = 384.60

Model AIC = 59.60

Saturated AIC = 84.00

Independence CAIC = 441.70

Model CAIC = 159.54

Saturated CAIC = 283.87

Normed Fit Index (NFI) = .95

Non-Normed Fit Index (NNFI) = 1.01

Parsimony Normed Fit Index (PNFI) = .67

Comparative Fit Index (CFI) = 1.00

Incremental Fit Index (IFI) = 1.01

Relative Fit Index (RFI) = .93

Critical N (CN) = 694.71

Group Goodness of Fit Statistics

Contribution to Chi-Square = 8.92

Percentage Contribution to Chi-Square = 50.45

Root Mean Square Residual (RMR) = .18

Standardized RMR = .040

Goodness of Fit Index (GFI) = .98

四、模型適配度分析與比較

從以上所獲得的 LISREL 輸出報表資料，我們把它們匯聚，然後整理成平均數結構 PA-LV 徑路分析模型適配度評估摘要表，如表 12-5 所示。這兩個統合模型的適配度測量指標十分接近，並且進行兩個模型之間卡方值的差異檢定的結果顯示未達顯著的水準，其 $\Delta\chi^2 = 21.13-17.60 = 3.53$ ，$\Delta df = 25-21 = 4$ $\Delta\chi^2 = 3.53 < 9.48772$，$p > .05$。表示增加平均數與截距參數並不影響模型適配度的計算。然而，我們亦要注意的是，由於平均數與截距參數的增加並沒有改變模型結構，僅產生自由參數數目的增加，因此卡方值的差異量只是單純地反應了結構方程式模型分析技術複雜度提高後的影響，而與我們所提出假設模型與實際觀察的適配度無關。

表 12-5 平均數結構 PA-LV 徑路分析模型適配度評估摘要表

Model	Chi-squre	df	P-value	NCP	RMSEA	NNFI	CFI	GFI
基準模型	17.60	21	.67411	.0	.000	1.01	1.00	.98
平均數模型	21.13	25	.68538	.0	.000	1.01	1.00	.98
	$\Delta\chi^2 = 21.13-17.60 = 3.53$ $\Delta df = 25-21 = 4$ $\Delta\chi^2 = 3.53 < 9.48772$ $P > .05$							

五、結構方程式模型分析的完成

從上面圖 12-7 平均數結構 PA-LV 徑路分析最終徑路圖中，我們可以發現其最終的數據是採用跨樣本等同性的基本假設，以提供研究者進行驗證與檢定。其所有參數估計的結果與顯著性檢定都被列於表 12-4 中。

依據表 12-4 的數據顯示兩個潛在變項平均數的組間差異，社經的截距估計數為 .40（$t = 3.03$，$p < .01$），而內衍潛在變項能力的截距估計數為 −.06（$t = -.16$，$P > .01$）。兩者估計數值一個正值，一個負值，表示在社經的截距男性受試者樣本平均數高於女性受試者樣本，而在能力的截距估計數則女性受試者樣本高於男性受試者樣本。其迴歸係數為 .47，表示潛在變項社經地位可以有效的預測潛在變項能力表現，其整體適配度良好，$\Delta\chi^2 = 21.13-17.60 = 3.53$，$\Delta df = 25-21 = 4$，$\Delta\chi^2 = 3.53 < 9.48772$，$P > .05$，其所提出的假設模型是適配於資料的分析。

第十節 結 語

本章的目的是在於承繼本書的探究脈絡，從探索性到驗證性因素分析的主題，最後一章（本章）即是在於指出驗證性因素分析只是結構方程式模型中測量模型的部分而已，因而提出本章的主題以完成結構方程式模型中包括測量模型與結構模型的統合。並以從探索性因素分析到結構方程式模型分析為題來指出探索性因素分析所扮演的角色，並以結構方程式模型來說明各潛在變項之間的因果關係與結構，這是因素分析和徑路分析的統合。

對於本範例的研究資料，我們從探索性因素分析中可以獲知其主要功能為：（一）可以使研究者能夠進行測量效度的檢證。我們可以利用一組題目與潛在構念（或抽象構念）之間關係的檢驗，提出計量的證據，以探討潛在構念（或因素）的結構與其存在的形式，進而可以確立潛在構念（變項或因素）的因素效度（factorial validity）。（二）探索性因素分析可以幫助研究者簡化其測量的內容。質言之，即是可以將複雜的共變數結構予以簡化，能夠使許多有相似概念的變項，透過數學關係的轉換，而可以簡化成某些特定的與同質性的類別。最後，探索性因素分析可以被使用來協助測量題目或量表的製作，進行項目的分析，檢驗試題的優劣好壞。而且亦可以針對每一個題目的特性進行精密的測量，比較其相對的重要性。近年來，由於電腦與軟體程式的發展，使得因素分析的應用已有多種不同的變化，例如以驗證性因素分析為核心的結構方程式模型技術與應用軟體程式的不斷被開發更新，使得因素分析的應用空間更加擴展。

結構方程式模型（Structural Equation Models, SEM）方法學的發展已達成熟的今天，除了傳統的探索性因素分析之外，研究者多了一種新的因素分析方法或技術，也就是驗證性因素分析，使得進一步持續進行潛在構念的探究。從前述各章的探究，我們可以體驗到，雖然驗證性因素分析可以增強因素分析的理論與邏輯的合理性，因而在其應用上比探索性因素分析增加了許多的彈性，諸如：允許多維或多面向假設的因素分析，提供多重因素模型的檢測指標，便捷的模型修正程序等等，然而，因素分析是否能夠達到分析的精確性，操作的可靠性，以獲得具有客觀的與有效的結果，仍然是潛在的威脅到因素分析在學術上產生貢獻的最關鍵因素。

附件

卡方（χ^2）差異檢定表

Table T.3 X2 Critical Points

Example

Pr(f > 23.8277) = 0.25

Pr(r2 > 31.4104) = 0.05

For df = 20

Pr(x2 > 37.5662) = 0.01

df \Pr	0.250	0.100	0.050	0.025	0.010	0.005	0.001
1	1.32330	2.70554	3.84146	5.02389	6.63490	7.87944	10.828
2	2.77259	4.60517	5.99146	7.37776	9.21034	10.5966	13.816
3	4.10834	6.25139	7.81473	9.34840	11.3449	12.8382	16.266
4	5.38527	7.77944	9.48773	11.1433	13.2767	14.8603	18.467
5	6.62568	9.23636	11.0705	12.8325	15.0863	16.7496	20.515
6	7.84080	10.6446	12.5916	14.4494	16.8119	18.5476	22.458
7	9.03715	12.0170	14.0671	16.0128	18.4753	20.2777	24.322
8	10.2189	13.3616	15.5073	17.5345	20.0902	21.9550	26.125
9	11.3888	14.6837	16.9190	19.0228	21.6660	23.5894	27.877
10	12.5489	15.9872	18.3070	20.4832	23.2093	25.1882	29.588
11	13.7007	17.2750	19.6751	21.9200	24.7250	26.7568	31.264
12	14.8454	18.5493	21.0261	23.3367	26.2170	28.2995	32.909
13	15.9839	19.8119	22.3620	24.7356	27.6882	29.8195	34.528
14	17.1169	21.0641	23.6848	26.1189	29.1412	31.3194	36.123
15	18.2451	22.3071	24.9958	27.4884	30.5779	32.8013	37.697
16	19.3689	23.5418	26.2962	28.8454	31.9999	34.2672	39.252
17	20.4887	24.7690	27.5871	30.1910	33.4087	35.7185	40.790
18	21.6049	25.9894	28.8693	31.5264	34.8053	37.1565	42.312
19	22.7178	27.2036	30.1435	32.8523	36.1909	38.5823	43.820
20	23.8277	28.4120	31.4104	34.1696	37.5662	39.9968	45.315
21	24.9348	29.6151	32.6706	35.4789	38.9322	41.4011	46.797
22	26.0393	30.8133	33.9244	36.7807	40.2894	42.7957	48.268
23	27.1413	32.0069	35.1725	38.0756	41.6384	44.1813	49.728
24	28.2412	33.1962	36.4150	39.3641	42.9798	45.5585	51.179
25	29.3389	34.3816	37.6525	40.6465	44.3141	46.9279	52.618
26	30.4346	35.5632	38.8851	41.9232	45.6417	48.2899	54.052
27	31.5284	36.7412	40.1133	43.1945	46.9629	49.6449	55.476
28	32.6205	37.9159	41.3371	44.4608	48.2782	50.9934	56.892
29	33.7109	39.0875	42.5570	45.7223	49.5879	52.3356	58.301
30	34.7997	40.2560	43.7730	46.9792	50.8922	53.6720	59.703
40	45.6160	51.8051	55.7585	59.3417	63.6907	66.7660	73.402
50	56.3336	63.1671	67.5048	71.4202	76.1539	79.4900	86.661
60	66.9815	74.3970	79.0819	83.2977	88.3794	91.9517	99.607
70	77.5767	85.5270	90.5312	95.0232	100.425	104.215	112.317
80	88.1303	96.5782	101.879	106.629	112.329	116.321	124.839
90	98.6499	107.565	113.145	118.136	124.116	128.299	137.208
100	109.141	118.498	124.342	129.561	135.807	140.169	149.449
Z+	+0.6745	+1.2816	+1.6449	+1.9600	+2.3263	+2.5758	+3.0902

+For df greater than 100,theexpression

Follows the standardized normal distribution , where k represents the degrees of freedom.

Source : From E.S. Pearson and H.O. Hartley, eds.,BiometrikaTablesforStatisticians,vol.1,3ded.,table 8,Cambridge University Press,NewYork,1966.Reproduced by permission of the editors and trustees of Biometrika.

References

參考書目

參考書目

中文部分

余桂霖　**多元迴歸分析**。臺北：五南圖書出版股份有限公司民國 99a 年。

余桂霖　**結構方程式模型分析**。臺北：五南圖書出版股份有限公司民國 99c 年。

林清山　**多變項分析統計法**。臺北：東華書局，民國 77 年。

林清山　**心理與教育統計學**。臺北：東華書局，民國 81 年。

外文部分

Alwin, D. F. (1973). The use of factor analysis in the construction of linear composites in social research. *Sociological Methods and Research, 2*, 191-214.

Anderson J. C., & Gerbing. D. W. (1982), Some Methods for Respecifying Measurement Models to Obtain Unidimensional Construct Measures. *Journal of Marketing Research* 19 (November): 453-60.

Anderson, T. W., & Rubin, H. (1956). Statistical inference in factor analysis. *Proceeding of the Third Berkeley Symposium on Mathematical Statistics and Probability, 5*, 111-150.

Anderson, T. W. (1984). *An Introduction to Multivariate Statistical Analysis*, 2nd ed. John Wiley, New York.

Arrindell, W. A., & van der Ende, J. (1985). An empirical test of the utility of the observer to variables ratio in factor and components analysis. *Applied Psychological Measurement, 9*, 165-178.

Bartholomew, D. J. (1987). Latent Variable Models and Factor Analysis. London

Griffin.

Bartlett, M. S . (1937). The Statistical Conception of Mental Factor. *British Journal of Psychology, 28*, 97-104.

Bartlett, M. S. (1954). A Notc on Multiply Factors for Various Chi-Squared Approximations. *Journal of the Royal Statistical Society (B) 16*, 296-298.

Basilevsky, A. (1994). Statistical Factor Analysis and Related Methods. New York: Wiley.

Bearden, W. O., Sharma, S.,&Teel, J.E. (1982). Sample Size Effects on Chi Square and Other Statistics Used in Evaluating Causal Models, *Journal of Marteting Research, 19*(November), 425-430.

Bentler, P. M. (1980). Multivariate Analysis with Latent Variables: Causal Modeling. *Annual Review of Psychology, 31*, 419-56.

Bentler, P. M., & Bonnett, D. (1980). Significance tests and goodness of fit in the analysis of covariance structures. *Psychological Bulletin, 88*, 588-606.

Bentler, P. M., & Week, D. G.. (1980). Linear structural equations with latent variables. *Psychometrika, 45*, 289-308.

Bentler, P. M. (1992), *EQS: Structural Equations Program Manual.* Los Angeles: BMDP Statistical Software.

Bielby, W. T., and Hauser, R. M. (1977) Structural Equation Models. *Annual Review of Sociology, 3*, 137-161.

Bock, R. D. (1975). *Multivariate statistical methods in behavioral research*. New York: McGraw-Hill.

Bollen, K. A. (1984). Multiple indicators: Internal consistency of no necessary relationship? *Quality and Quantity, 18*, 377-385.

Bollen, K. A. (1989). *Structural equations with latent variables*. New York: Wiley

Bollen, K. A., & Arminger, G.. (1991). Observational residuals in factor analysis and structural equation models. In E M. Marsden (Ed.), *Sociological Methodology* (pp. 235-262). Oxford: Basil-Blackwell.

Bollen, K. A., & Long, J. S. (Ed.)(1993). *Testing structural equation models.*

Thousand Oaks. CA:Sage.

Bollen, K. A., & Curran, E J. (2006). *Latent curve models: A structural equation approach.* New York: Wiley.

Borgatta, E. F., Kercher, K., & Stull, D.E. (1986). A Cautionary Note on the Use of Principal Components Analysis. *Sociological Methods and Research 15*, 160-68.

Browne, M.W. (1968). A comparison of factor analytic technique. *Psychmetrika, 33*, 267-334.

Browne, M.W. (1974). Generalized least-squares estimators in the analysis of covariance structures. *South African Statistical Journal, 8*, 1-24.

Byrne, B. M. (1998). *Structural equation modeling with LISREL, PRELIS, and SIMPLIS: Basic concepts, applications, and programming*. Mahwah, NJ: Lawrence Erlbaum Associates.

Carroll, J. B. (1953). Approximating simple structure in factor analysis. *Psychmetrika, 18*, 22-38.

Cattell, R. B. (1952). *Factor Analysis*. New York: Harper and Bros.

Cattell, R. B. (1966a). *The scientific analysis of personality*. Chicago: Aldine.

Cattell, R. B. (1966b). The Scree Test for the Number of Factors. *Multivariate Behavioral Research 1*(4):245-76.

Cattell, R. B. (1966c). The Meaning and Strategic Use of Factor Analysis, in R. B. Cattell (ed.), *Handbook of Multivariate Experimental Psychology*, Rand McNally, Chicago.

Cattell, R. B., Balcar, K. R., Horn, J. L. & Nesselroade. J. R. (1969) Factor Matching procedures: An Improvement of the s index; with tables. *Educational and Psychological Measurement*, 29:781-92.

Cattin, P. (1966). The screen test for the number of factor. *Multivariate Behavioral Research, 1*, 245-276.

Chatterjee, S., Jamieson, L. & Wiseman, F. (1991). Identifying Most Influential Observations in Factor Analysis. *Marketing Science, 10* (1), 145-60.

Christoffersson, A. (1975). Factor Analysis of dichotomized variables. *Psychometrika, 40*, 5-32.

Cliff, N., & Hamburger, C. D. (1967) The Study of Sampling Errors in Factor Analysis by Mcans of Artificial Experiments. *Psychological Bulletin, 68*, 430-45.

Cliff, N. (1987). *Analyzing multivariate data*. New York: Harcourt, Brace Jovanovich.

Cliff, N. (1988). The Eigenvalue-Greater-than-One Rule and the Reliability of Components, *Psychological Bulletin, 103* (2), 276-279.

Comrey, A. L. (1962). The minimum residual method of factor analysis. *Psychological Reports, 11*, 15-18.

Comrey, A. L. (1973). *A First Course in Factor Analysis*. New York: Academic Press.

Comrey, A. L.,& Lee, B. (1992). *A First Course in Factor Analysis*. (2nd ed.) Hillsdale, NJ: Erlbaum.

Cooley, W. W., & Lohnes, P. R. (1971). *Multivariate data analysis.* New York: Wiley.

Diamantopoulos, A., & Siguaw, J. A. (2000). *Introducting LISREL: A Guide for the uninitiated*. Thousand Oaks, CA: Sage.

Dillon, W. R. and M. Goldstein (1984). *Multivariate Analysis*, Wiley, New York.

Dillon, W. R., Mulani, N., & Frederick, D. G. (1989). On the Use of Component Scores in the Presence of Group Structure. Journal of Consumer Research 16:106-12.

Duncan, O. D. (1966). Path analysis: sociological examples. *American Journal of Sociology, 72*, 1-16.

Duncan, O. D. (1975), *Introduction to Structural Equation Models*. New York: Academic Press.

Dunteman, G. E. (1989). *Principal components analysis.* Sage university paper series On quantitative applications in the social sciences,07-069. Newbury

Park, CA:Sage.

Eysenck, H.J. (1953). *The structure of human personality.* New York: Wiley.

Field, A. (2000). *Discovering Statistcs Using SPSS for Windows*. London: Sage Publications.

Frucher, B. (1954). *Introduction to Factor Analysis*. New York: Van Nostrand.

Gerbing, D. W., & Hamilton, J. G. (1996a). Viability of Exploratory Factor Analysis as a Precursor to Confirmatory Factor Analysis, *Structural Equation Modeling , 3*(1): 62-72.

Glymour, C., Schemes, R., Spirtes, R., & Kelly, K. (1987). Discovering Casual Structure: Artificial Intelligence. *Philosophy of Science and Statistician Models*, New York: Academic Press.

Goldberger, A. S. (1972). Structural equation methods in the social sciences. *Econometrica, 40*, 979-1001.

Gorsuch, R. L. (1983) *Factor Analysis*. Hillsdale, NJ.: Erlbaum.

Gorsuch, R. L. (1990) Common Factor Analysis Versus Component Analysis: Some Well and Little Known Facts. *Multivariate Behavioral Research, 25*, 33-39.

Green, B. F., Jr. (1976). On the factor score controversy. *Psychometrika,41*, 263-266.

Guadagnoli, E. & Velicer, W. (1988). Relation of sample size to the stability of Component patters. *Psychological Bulletin, 103*, 265-275.

Guilford, J.P. (1977). The invariance problem in factor analysis. *Educational and Psychological Measurement, 37*, 11-19.

Guttman, L. (1953). Image theory for the structure of quantitative variates. *Psychometrika, 18*, 227-296.

Guttman, L. (1954). Some necessary conditions for common factor analtsis. *Psychometrika, 19*, 149-161.

Hair, J. F., Anderson, R. E., Tatham, C. B., & Black, W. C. (4th) (1995). *Multivariate Data Analysis with Readings.* Prentice Hall, Englewood Cliffs,

New Jersey.

Hair, J. F., Anderson, R. E., Tatham, C. B., & Black, W. C. (5th ed.) (1998). *Multivariate Data Analysis*. Upper Saddle River, NJ: Prentice Hall, Englewood Cliffs, Ncw Jersey.

Hakstian, A. R. (1971). A comparative evaluation of several prominent methods of oblique factor transformation. *Psychometrika, 36*, 175-193.

Hakstian, A. R., & Abell, R.A. (1974). A further comparative of oblique factor transformation methods. *Psychometrika, 39*, 429-444.

Hakstian, A. R., & Jone, W. H. (1966). Factor analysis by minimizing residuals (Mineres). *Psychometrika, 31*, 351-368.

Harman, H. H. (1960). *Modern Factor Analysis*, Univ. of Chicago Press, Chicago.

Harman, H. H. (1967). *Modern Factor Analysis* (2nd ed.), Univ. of Chicago Press, Chicago.

Harman, H. H. (1976). *Modern Factor Analysis* (3nd ed.), Univ. of Chicago Press, Chicago.

Harris, C. W. & Kaiser, H. F. (1964). Oblique factor analysis solution by orthogonal Transformation. *Psychometrika, 29*, 347-362.

Hayduk, L. A. (1987). *Structural Equation Modeling with LISREL*. Baltimore: The Johns Hopkins University Press.

Hayduk, L. A. (1996), *LISREL Issues, Debates and Strategies*. Baltimore: Johns Hopkins University Press.

Hays, W L. (1994). *Statistics*. Fort Worth, TX: Holt, Rinehart and Winston.

Heise, D. R. (1975). *Causal Analysis*. New York: John Wiley.

Horn, J. L. (1965). An empirical comparison of various methods for estimating common factor scores. *Educational and Psychological Measurement, 25*, 313-322.

Horn, J. L. (1965). A Rationale and Test for the Number of Factors in Factor Analysis, *Psychometrika, 30*, 179-186.

Horn. J. L. (1982). The aging of human abilities. In B. B. Wolman (Ed.),

Handbook of developmental psychology (pp. 847-870). New York: McGraw-Hill.

Horst, P. (1965). *Factor Analysis of Data Matrices.* New York: Holt Rinehart and Winsdon.

Hotelling, H. (1933). Analysis of a complex of statistical variables into principal Component. *Journal of Educational Psychology, 24*, 417-441, 498-520.

Hutcheson, G., & Sofroniou, N. (1999). *The multivariate social scientist.* London: Sage.

Jackson, J. E. (1991). *A User's Guide to Principal Components*, Wiley, New York.

James, L. R., Mulaik, S A., & Brett, J. M. (1982). *Causal Analysis: Assumptions, Models, and Data*, Beverly Hills: Sage.

Johnson, R. A., & Wichern, D. W. (1998). *Applied Multivariate Statistical Analysis*. Toronto: Prentice-Hall Canada Inc.,

Johnson, R. A., & Wichern, D. W (2002). *Applied multivariate statistical analysis.* Upper Saddle River, NJ: Prentice Hall.

Jolliffe, I. T. (1972). Discarding variables in a principal component analysis, I: artifical Data. *Applied Statistics, 21*, 160-173.

Jolliffe, I. T. (1986). *Principal component analysis.* New York: Springer-Verlag.

Jöeskog, K. G. (1963). *Statistical Estimation in Factor Analysis: A New Technique and Its Foundation. Stockholm:* Almquist and Wiksell.

Jöeskog, K. G. (1966). Testing a simple structure hypothesis in factor analysis. *Psychometrika, 31*, 165-178.

Jöeskog, K. G. (1967). Some contributions to maximum likelihood factor analysis. *Psychometrika, 32*, 443-482.

Jöeskog, K. G. (1969). A general approach to confirmatory maximum likelihood factor analysis. *Psychometrika, 34*, 183-202.

Jöeskog, K. G. (1970). A general method for analysis of covariance structure. *Biometrika, 57*, 239-251.

Jöeskog, K. G., Goldberger, A. S. (1972). Factor analysis by generalized least squares. *Psychometrika, 37*, 243-260.

Jöeskog, K. G. & van Thillo, M. (1972). *LISREL: A general computer program for estimating a linear structural system involving multiple indicators of unmeasured variables.* Princeton, NJ: Educational Testing Services.

Jöeskog, K. G., Goldberger, A. S. (1975). Estimation of a model with multiple indicators and multiple causes of a single latent variable. *Journal of the American Statistical Association, 70*, 631-639.

Jöeskog, K. G. (1976). *Analyzing Psychological Data by Structural Analysis of Covariance Matrices.* Research Report 76-9. University of Uppsala, Statistics Department.

Jöeskog, K. G., & Söborm, D. (1979). *Advances in factor analysis and structural equation models.* Cambridge, MA: Abt Books.

Jöeskog, K. G., & Söborm, D. (1981), *LISREL- User's guide.* Uppsala, Sweden: University of Uppsala.

Jöeskog, K. G. (1988a), *LISREL VII: Analysis of Linear Structure Relationships by the Method of Maximum Likelihood.* Mooresville, I11.: Scientific Software.

Jöeskog, K. G. (1988b), *LISREL 7.* Chicago: SPSS, Inc.

Jöeskog, K. G, & Söborm D. (1993a). *LISREL8: User's reference guide.* Chicago, IL: Scien-tific Software Inc.

Jöeskog, K. G., & Söborm, D. (1993b). *PRELIS2: A Preprocessor for LISREL.* Chicago, IL: Scientific Software Inc.

Jöeskog, K. G., & Söborm, D. (1993c). *LISREL8: The SIMPLIS command language.* Chicago, IL: Scientific Software Inc.

Jöeskog, K. G., & Söborm, D. (1996a). *LISREL8: User's reference guide.* Chicago: Scientific Software Internatioal.

Jöeskog, K. G., & Söborm, D. (1996b). *PRELIS: User's reference guide.* Chicago: Scientific Software Internatioal.

Jöeskog, K. G., & Söborm, D. (1999). *LISREL8.30: User's reference guide.* Chicago, IL: Scientific Software Inc.

Kaiser, H. F. (1958). The varimax criterion for analytic rotation in factor analysis. *Psychometrika, 23*, 187-200.

Kaiser, H. F. (1960). The application of electronic computers to factor analysis. *Educational and Psychological Measurement, 20*, 141-151.

Kaiser, H. F. (1970). A Second-Generation Little Jiffy. *Psychometrika* 35:401-15.

Kaiser, H. F. (1974). Little Jiffy, Mark IV. *Educational and Psychology Measurement, 34*, 111-17.

Kaiser, H. F., & Caffrey, J. (1965). Alpha factor analysis. *Psychometrika, 30*, 1-14.

Kass, R. A., & Tinsley, H. E. A. (1979). Factor analysis. *Journal of Leisure Resarch, 11*, 120-138.

Kenny, D. A. (1979). *Correlation and Causation.* New York: Wiley

Khatree, R., & Naik, D. N. (1999). *Applied multivariate statistics.* Cary, NC: SAS Institute.

Kim, J. O., & Mueller, C.W. (1978). *Introduction to factor analysis: What it is and How to do it.* Beverly Hulls and London: Sage Publication.

Kim, J. O., & Mueller, C.W. (1978). *Factor Analysis: Statistical Methods and Practical Issues.* Beverly Hulls and London: Sage Publication.

Land, K. O. (1969). Principles of path analysis. pp.3-37 In E. F. Borgatta(ed.). *Sociological Methodology.* San Francisco: Lossey-Bass.

Lawley, D. N., & Maxwell, A. E. (1971). *Factor Analysis as a Statistical Method.* London: Butterworth and Co.

Lee, S.Y., & Hershberger, S. (1990), A Simple Rule for Generating Equivalent Models in Structural Equation Modeling. *Multivariate Behavioral Research, 25*, 313-34.

Linn, R. L. (1968). A Monte Carlo approach to the number of factor problems. *Psychometrika, 33*, 37-71.

Long, J. S. (1983a). *Confirmatory Factor Models*, Sage, Beverly Hills, Calif.

Long, J. S. (1983b). *Covariance structure models: An introduction to LISREL.* Beverly Hills, CA: Sage.

MacCallum, R. C. (1986). Specification Searche in Covariance Sttucture Modeling. *Psychological Bulletion, 100*, 107-120.

MacCallum, R. C. (1995). Model specification: Procedures, strategies , and related issues, In R. H. Hoylc (Ed.), *Structural equation modeling : Concepts, issues, and applications* (pp.16-36). Thosand Oaks, CA: Sage.

MacCallum, R. C,. Widaman, K. F., Zhang, S., & Hong, S. (1999). Sample size in factor analysis. *Psychological Methods, 4*, 84-99.

Marcoulides, G. A. (1989). Structural equation modeling for scientific research. *Journal of Business and Society, 2*(2), 130-138.

Marcoulides, G. A., & Drezner, Z.(2001). Specification searches in structural equation modeling with a genetic algorithm. In G. A. Marcoulides & R. E. Schumacker(Eds.). *New developments and techniques in structural equation modeling* (pp.247-268). Mahwah, NJ: Lawrence Erlbaum Associates.

Marsh, H. W., & Hoceuar, D.(1985), Application of Confirmatory Factor Analysis to the Study of Self-Concept: First- and Higher-Order Factor Models and Their Invariance Across Groups. *Psychological Bulletin, 97*(1), 562-82.

Marsh, H. W., & Hoceuar, D.(1994), Confirmatory Factor Analysis Models of Factorial Invariance: A Multifaceted Approach. *Structural Equation Modeling, 1* (10), 5-34.

Marsh, H. W., Balla, J. R.,&McDonald, R. (1988). Goodness-of-Fit Indexes in Confirmatory Factor Analysis: The Effects of Sample Size, *Psychological Bulletin, 103*, 391-410.

McDonald, R. (1985). Factor Analysis and Related Techniques, Lawrence Erlbaum, Hillsdale, N.J.

McDonald, R. & Mulaik, S. A. (1979). Determinacy of Common Factors: A Nontechnical Review, *Psychological Bulletin, 86*, 297-306.

Morrison, D. F. (1976). *Multivariate Statistical Method* (2 nd ed.). New York : McGrew-Hill.

Mosier, C.I. (1951). Batteries and profiles. In E. F. Linquist(Ed.). *Educational measurement* (pp.764-808). Washington, DC: Amerucan Council on Educatiob.

Mulaik, S. A. (1972). *The foundations of factor analysis.* New York: McGraw-Hill.

Mulaik, S. A. (1990) Blurring the Distinction Between Component Analysis and Common Factor Analysis. *Multivariate Behavioral Research, 25*, 53-59.

Mulaik, S. A., & McDonald, R. P. (1978) The Effect of Additional Variables on Factor Indeterminacy in Models with a Single Common Factor. *Psychometrika 43*, 177-92.

Muthen, B., and D. Kaplan (1985). A Comparison of Methodologies for the Factor Analysis of Nonnormal Likert Variables. *British Journal of Mathematical and Statistical Psychology, 38*, 171-89.

Muthen. L.K., & Muthen, B. 0. (2002). How to use a Monte Carlo study to decide on sample size and determine power. *Structural Equation Modeling, 9*, 599-620.

Namboodiri, K. (1984). *Matrix algebra: an introduction.* Sage university Paper series on quantitative applications in the social science, 07-33. Beverly Hill, CA:Sage.

Nunnally, J. L. (1978) *Psychometric Theory*, 2d ed. New York: McGraw-Hill.

Overall, J. E., Klett, C. J. (1972). Applied Multivariate Analysis. New York: McGraw-Hill.

Pedhazur, E. J. (1975). Analytic methods in studies of educational effects. In F. N. Kerlinger (Ed.), *Review of research in education 3*. Itasca, Ill.: Peacock.

Pedhazur, E. J. (1977). coding subject in repeated measures designs. *Psychological Bulletin, 84*, 298-305.

Pedhazur, E. J., & Tetenbaum T. J. (1979). Bem sex role inventory: A theoretical and methodological critique. *Journal of Personality and Social Psychology, 37*, 996-1016.

Pedhazur, E. J. & Schmelkin, L. (1991). *Measurement, design and analysis.*

Hillsdale, NJ: Erlbaum.

Pedhazur, E. J. (1997). *Multiple regression in behavioral research: Explanation and prediction* (4 th. ed). New York: Thomson Learning, Inc.

Pearson, K. (1901). On lines and planes of closets fit of system of points is pace. *Philosophy Magazine, 6*, 559-572.

Raykov, T. (1994). Studying correlates and predictors of longitudinal change using structural modeling. *Applied Psychological Measurement, 17*, 63-77.

Raykov, T., & K. F. Widaman (1995), Issues in Applied Structural Equation Modeling Research. *Structural Equation Modeling, 2*(4), 289-318.

Raykov, T, & Marcoulides, G. A. (1999). On desirability of parsimony in structural equation model selection. *Structural Equation Modeling, 6*, 292-300.

Raykov, T. (2000). On sensitivity of structural equation modeling to latent relationship misspecification. *Structural Equation Modeling, 7*, 596-607.

Raykov, T. (2001). Testing multivariable covariance structure and means hypotheses via structural equation modeling. *Structural Equation Modeling, 8*, 224-256.

Raykov, T. (2004). Behavioral scale and measurement invariance evaluation via latent variable modeling. *Behavior Therapy, 33*, 299-331.

Raykov, T. (2005). Analysis of longitudinal studies with missing data using covariance structure modeling with full-information maximum likelihood. *Structural Equation Modeling, 12*, 493-505.

Raykov, T, & Penev, S. (1999). On structural equation model equivalence. *Multivariate Behavioral Research, 34*, 199-244.

Raykov, T, & Marcoulides, G. A. (2000). *A first course in structural equation modeling*. Mahwah, N J: Lawrence Erlbaum Association.

Raykov, T, & Penev, S. (2001). The problem of equivalent structural equation models: An individual residual perspective. In G. A. Marcoulides & R. E. Schumacker (Eds.), *New developments and techniques in structural equation modeling* (pp.297-321). Mahwah, NJ: Lawrence Erlbaum.

Raykov, T, & Marcoulides, G. A. (2001). Can there be infinitely many models equivalent to a given covariance structure model? *Structural Equation Modeling, 8*, 142-149.

Raykov, T., & Marcoulides, G. A. (2006). *A First Course in Structural Modeling.* London, Mahwah, NJ: Lawrence Erlbaum Associates.

Reilly, T. (1995), A Necessary and Sufficient Condition for Identification of Confirmatory Factor Analysis Models of Complexity One. *Sociological Methods and Research, 23*(4): 421-51.

Rencher, A.C. (1992). Interpretation of Canonical Discriminant Functions, Canonical Variates and Principal Components. *The American Statistician, 46*, 217-225.

Rencher, A.C. (1998). *Multivariate Statistical Inference and Applications.* New York: John Wiley & Sons, Inc.

Robles, J. (1996), Confirmation Bias in Structural Equation Modeling. *Structural Equation Modeling, 3*(1), 307-22.

Rummel, R. J. (1967). Understanding factor analysis. *Conflict Resolution, 11*. 444-480.

Rummel, R. J. (1970). *Applied Factor Analysis*, Northwestern Univ. Press, Evanston, I11.

Satorra, A., and P. Bentler (1994), Correction to Test Statistics and Standard Errors in Covariance Structure Analysis. In A. Von Eye and C. Clogg (eds.). *Latent Variable Analysis: Applications for Developmental Research*, Newbury Park, Calif.: Sage, pp. 399-419.

Schumacker, R. E., & Lomax, R. G. (1996). *A beginner's guide to structural equation modeling*. Mahwah, NJ: Erlbaum.

Schumacker, R. E., & Marcoulides, G. A. (Eds.). (1999). *Interaction and nonlinear effects in structural equation modeling.* Mahwah, NJ: Lawrence Erlbaum Associates.

Sharma, S. (1996). *Applied Multivariate Techniques.* New York: John Wiley &

Sons. Inc.

Smith, Scott M. (1989). PC-MDS: *A Multidimensional Statistics Pakage.* Provo, Utah: Brigham Young University Press.

Snook, S.C., & Gorsuch, R. L. (1989) Principal Component Analysis Versus Common Factor Analysis: A Monte Carlo Study. *Psychological Bulletin, 106,* 148-54.

Spearman, C. (1904). A General Intelligence Objectivity, Objectively Determined and Measured, *American Journal of Psychology, 15,* 201-293.

SPSS, (1990)Inc. SPSS Advanced Statistics Guide, 4th ed. Chicago.

SPSS Inc, (1997). SPSS Base7.5 syntax reference guide. SPSS Inc.

Statistical Abstracts of the United States. (1985). Washington, DC:US. Department of Commerce, Bureau of Census.

Steenkamp, J. E. M., and van Trijp, H. C. M. (1991), The Use of LISREL in Validating Marketing Constructs. *International Journal of Research in Marketing, 8* (4), 283-99.

Steiger, J. H. (1998). A note on multiple sample extensions of the RMSEA fit index. *Structural Equation Modeling, 5*, 411-419.

Steiger, J. H., & Lind, J. C. (1980, June). *Statistically based tests for the number of common factors.* Paper presented at the Psychometric Society annual meeting, Iowa City, IA.

Steiger, J. H. (1990), Structural Model Evaluation and Modification: An Interval Estimation Approach. *Multivariate Behavioral Research* 25: 173-80.

Stevens, J. P. (1992). *Applied multivariate statistics for the social sciences* (2nd edition). Hillsdale, NJ: Erlbaum.

Stewart, D. W. (1981). The Application and Misapplication of Factor Analysis in Marketing Research. *Journal of Marketing Research, 18*(2), 51-62.

Stinchcombe, A. L. (1971). A heuristic procedure for interpreting factor analysis. *American Sociological Review, 36*, 1080-1084.

Tanaka, J. (1987), How Big Is Enough? Sample Size and Goodness-of-Fit in

Structural Equation Models with Latent Variables. *Child Development*, 58, 134-46.

Tabachnick, B. G. & Fidel, L. S. (1996). *Using multivariate statistics.* (3rd edition). New York: Harper & Row.

Tatsuoka, M. M. (1971). *Multivariate Analysis: Technique for Educational and Psychological Research.* New York: John Wiley & Sons.

Thurstone, L. L. (1931). *Multiple Factor Analysis.* Psychological Review, 38, 406-427.

Thurstone, L. L. (1947). *Multiple Factor Analysis.* Chicago: The University of Chicago Press.

Timm, N. H. (1975). *Multivariate Analysis:with Applications in Education and Psycho- Logy.* Monterey, Calif.: Books/Cole.

Tremblay, P. F., and R. G. Gardner (1996), On the Growth of Structural Equation Modeling in Psychological Journals. *Structural Equation Modeling 3*(2), 93-104.

Thurstone, L. L. (1947). *Multiple Factor Analysis.* Chicago: University of Chicago Press.

Tinsley, H. E. A., Tinsley, D. J. (1987). Use of factor analysis in counseling psychology research. *Journal of Counseling Psycholigy, 34*, 414-424.

Timm, N. H. (1975). *Multivariate Analysis: with Application in Education and Psychology.* Monterey, Calif.: Brooks/Cole.

Tucker, L.R. (1966). Some mathematical notes on three mode factor analysis. *Psychometrika, 31*, 279-311.

Tucker, L.R. (1971). Relation of factor score estimate to their use. *Psychometrika, 36*, 427-436.

Tukey, J. W. (1977). *Exploratory Data Analysis*, Addison-Wesley, Reading, Mass.

Velicer, W. F., and Jackson, D. N. (1990) Component Analysis Versus Common Factor Analysis: Some Issues in Selecting an Appropriate Procedure. *Multivariate Behavioral Research, 2*, 1-28.

Van de Geer, J. P. (1971). *Introduction to Multivariate Analysis for the Social Science*. San Francisco, Calif.: Freeman.

West, S. G., Finch, J. F., & Curran, P. J. (1995). Structural equation models with non-normal variables: Problems and remedies. In R. H. Hoyle(Ed.), *Structural equation modeling: Concepts, Issues and applications* (pp.56-75). Thousand Oak, CA: Sage.

Wonnacot, R. A., & Wonnacot, T. H. (1979). *Econometrics.* New York: John Wiley.

國家圖書館出版品預行編目資料

因素分析：從探索性到驗證性的因素分析／余桂霖著. ——初版. ——臺北市：五南, 2012.07

面； 公分.

ISBN 978-957-11-5888-4（平裝）

1.統計套裝軟體 2.統計分析 3.因素分析

512.4　　98025029

1H66

因素分析：從探索性到驗證性的因素分析

作　　者 — 余桂霖（53.9）

發 行 人 — 楊榮川

總 編 輯 — 王翠華

主　　編 — 張毓芬

責任編輯 — 侯家嵐

文字編輯 — 鐘秀雲

封面設計 — 盧盈良

出 版 者 — 五南圖書出版股份有限公司

地　　址：106台北市大安區和平東路二段339號4樓

電　　話：(02)2705-5066　傳　　真：(02)2706-6100

網　　址：http://www.wunan.com.tw

電子郵件：wunan@wunan.com.tw

劃撥帳號：01068953

戶　　名：五南圖書出版股份有限公司

台中市駐區辦公室/台中市中區中山路6號

電　　話：(04)2223-0891　傳　　真：(04)2223-3549

高雄市駐區辦公室/高雄市新興區中山一路290號

電　　話：(07)2358-702　傳　　真：(07)2350-236

法律顧問　元貞聯合法律事務所　張澤平律師

出版日期　2012年7月初版一刷

定　　價　新臺幣880元